厚德博學
經濟匡時

新时代财政学教材系列

财政管理教程

刘小兵　主　编
范子英　副主编

上海财经大学出版社

图书在版编目(CIP)数据

财政管理教程 / 刘小兵主编. —上海：上海财经大学出版社，2023.3
(匡时·新时代财政学教材系列)
ISBN 978-7-5642-4122-3/F·4122

Ⅰ.①财… Ⅱ.①刘… Ⅲ.①财政管理-高等学校-教材 Ⅳ.①F810.2

中国国家版本馆 CIP 数据核字(2023)第 019434 号

责任编辑：徐 超
封面设计：张克瑶
版式设计：朱静怡

财政管理教程

著 作 者：刘小兵 主编 范子英 副主编
出版发行：上海财经大学出版社有限公司
地　　址：上海市中山北一路 369 号(邮编 200083)
网　　址：http://www.sufep.com
经　　销：全国新华书店
印刷装订：上海新文印刷厂有限公司
开　　本：787mm×1092mm 1/16
印　　张：33.75(插页:2)
字　　数：659 千字
版　　次：2023 年 3 月第 1 版
印　　次：2023 年 3 月第 1 次印刷
印　　数：0 001—3 000
定　　价：79.00 元

总　序

改革开放以来，中国财政进行了广泛而深刻的变革，为我国经济的快速增长做出了巨大贡献。进入新时代，财政被赋予更加重要的使命。党的十八届三中全会指出“财政是国家治理的基础和重要支柱”。因此，从理论上总结中国财政改革与发展的实践，将其写进教材，编写出版新时代背景下的财政学系列教材，具有鲜明的理论与实践意义。

上海财经大学高度重视新时代财政学教材系列的编写工作，成立由上海财经大学原党委书记丛树海教授担任主任的编审委员会，成员包括蒋洪教授、胡怡建教授、马国贤教授、刘小川教授、朱为群教授、刘小兵教授、付文林教授、邓淑莲教授和范子英教授。在编审委员会的指导与审核下，广泛听取财政部和学术界的意见与建议，充分研讨教材的理论框架、写作思路和内容安排，组建各教材编写团队，形成成熟可靠的工作方案。

“新时代财政学教材系列”的总体编写风格是：将实践总结与理论升华相贯穿，注重提炼和升华中国财政实践的理论内涵和理论思想。写作中，以公共财政为主线，服从财政本质属性与实践运行规律；深刻把握中国财政发展的历史进程，梳理总结中国财政改革与实践的经验；广泛借鉴国际范围内的经验教训，注重历史和当前、宏观与微观、中国与世界多种视角的联系与整合。

鉴于所涉面广，“新时代财政学教材系列”准备采取分批编写的办法，成熟一本推出一本，计划用两到三年时间推出十本左右相关教材，完整涵盖财政的各个领域，从而完成对中国财政改革实践的理论总结与展望的任务。

上海财经大学公共经济与管理学院
“新时代财政学教材系列”编审委员会
2020 年 7 月

前　言

财政管理是财政实践中的主要工作内容，也是体现国家治理体系和治理能力现代化的重要环节。财政管理学是财政学科发展和建设的核心内容之一。近年来，随着我国财政收支实践的快速发展与收支规模的急剧扩大，财政管理日益成为我国财政持续发展的核心问题。但长期来，我国对财政管理的研究和重视并不尽如人意，财政学科缺乏对财政管理领域的系统研究和相关学科建设，财政管理课程和教材相对弱化，高质量、能结合国情特别是能将我国七十年来财政改革与实践的成功经验吸纳总结进教材的尚不多见，至今尚未有一本大家比较公认的教材。甚至有些学校的财政专业至今尚未开设财政管理课程，从而导致财政学专业本科学生缺乏财政管理知识，硕士、博士则缺乏对财政管理理论和制度的研究，这种状况显然与快速发展的公共财政实践不相匹配，有必要尽快改变这种现状。

正是基于以上考虑，本教材编写团队尝试根据团队各成员长期的教学经验，结合我国的富有成效的财政管理改革成果，编撰一部财政管理学教材，以期抛砖引玉，为财政学科建设添砖加瓦。本教材具有如下四个特点：

1. 以公共财政为主线，服从财政本质属性。本教材在公共财政框架下，关注政府财政的基本支出，关注公共服务均等化，关注转移支付，关注政府采购和国库集中收付，关注预算民主和法制，关注财政绩效和风险控制等重点要素的管理。

2. 基于中国财政实践背景。本教材充分结合我国财政运行的实际情况，但又不局限于对我国情况的介绍，而是在财政运行规范的基础上，建立管理的理论和规则，所以是财政管理学，不是财政管理。

3. 从宏观管理到微观管理。本教材将财政管理的宏观问题诸如宏观税负水平适度性、支出结构合理性、财政有效范围，以及对未来财政管理制度改革的展望等，微观问题如采购和工程管理、国库制度、科目划分，以及信息公开等，纳入财政管理的视野和范畴。在管理理论基础上，介绍管理的具体方法和技术路线。有利于学习的完整性和适用性。

4. 引入最新的财政管理观念和内容。本教材注重将我国七十年来财政改革与实践的成功经验吸纳总结进教材，财政绩效管理、PPP、中期财政规划、综合财务报告、财政风险管理、财政信息公开等内容悉数纳入本教材，上海财经大学中国公共财政研究院长期以来一直关注、参与和跟踪我国的财政改革与实践，在该领域研究具有较大优势。

本教材的框架是基于丛树海教授在多年前构建的框架的基础上经进一步讨论与完善而确定，全书共计十五章内容。其中，第一、十五章由刘小兵、纪凡、汪殊逸撰写，第二、四章由张雷宝撰写，第三章由付芳撰写，第五、六、十四章由章辉撰写，第七章由冯旭南撰写，第八章由罗小兰撰写，第九、十三章由范子英撰写，第十章由郑春荣撰写，第十一章由任晓辉撰写，第十二章由徐署娜撰写。全书最终定稿由刘小兵和范子英负责。由于水平有限，不足之处在所难免，期望各位专家学者以及使用本书的师生们提出宝贵意见和建议。

编者

2022 年 10 月

目　录

第一章　概　论

本章主要内容

本章作为整个教材的概论，主要说明四个问题：第一，界定财政管理的概念及其边界，解释为何本教材是按照这样一个体系展开；第二，给出财政管理的目标和应当遵循的原则，为后面各项财政管理活动提供理论基础与遵循；第三，讨论财政管理的手段与依据，为分析财政管理活动和本教材体系的构建提供一个制度框架；第四，分析财政管理作为现代国家治理体系的重要组成部分具体应由哪些机构组织实施，它与政府的其他行政管理机构、监督机构以及立法机构之间是什么关系。

第一节　财政管理目标与原则

一、财政管理与财政学

财政是以国家为主体、体现国家职能和满足社会公共需要的政府经济活动，既是一个经济范畴，也是一个政治范畴。从起源上看，社会生产力的提高使人类社会出现私有财产，社会分裂为阶级产生了国家，国家的产生和发展就必须依赖强制力手段在社会分配中占有一部分国民收入来维持国家机构的运行和国家职能的发挥，所以说财政是社会生产力发展到一定阶段的产物，并随着国家的产生而逐步发展。恩格斯在论述国家的产生时指出，“为了维持这种公共权力，就需要公民缴纳费用——捐税……随着文明时代的向前发展，甚至捐税也不够了，国家就发现期票、借债，即发行公债”。[①]纵观我国几千年留存下来的古籍，可以看到“国用”“国计”“度支”“理财”等一类用词，都是关于当今的“财政”即政府理财之道的记载，还有“治粟内史”“大农令”“大司农”一

---

① 马克思、恩格斯：《马克思恩格斯全集》第 21 卷，人民出版社 1965 年版，第 195 页。

类用词,则是有关当今财政管理部门的记载。据考证,我国政府文献中最早启用"财政"一词是清朝光绪二十四年,即1898年,在戊戌变法"明定国是"诏书中有"改革财政,实行国家预算"的条文。辛亥革命时期,孙中山先生在宣传三民主义时曾多次应用"财政"一词强调财政改革,民国政府成立时,主管国家收支的机构命名为财政部。根据财政功能和性质的不同,在不同历史阶段,人们又把"财政"称作"国家财政""公共财政"等。

从本质上看,财政首先是属于经济范畴,财政学是一门经济学科,是经济学的一个分支。但是,经济与政治本来就是不可分的,而财政这种经济行为或经济现象的一个重要特点,是它与政治的关系更为紧密。它是一种国家或政府的经济行为,体现以国家意志为中心的分配关系,因而财政概念是一个二元概念,是经济因素和政治因素的结合体或融合体。研究财政问题,就必须从经济学和政治学的双重角度来思考政府行为。立足于我国社会主义市场经济的实践,党的十八届三中全会提出"财政是国家治理的基础和重要支柱,在优化资源配置、维护市场统一、促进社会公平、实现国家长治久安中承担着重要职责",这是从国家治理现代化的角度界定财政的地位和功能,为建立现代财政制度提供理论前提,也为财政学的建设和创新提供一种新思路、新方向。可以说,财政学的地位和作用在经济发展和社会进步的过程中不断得到深化和延伸。

相较而言,什么是财政管理在理论界和实务界还没有达成清晰、准确的共识,我们需要对财政管理的含义进行讨论。实际上,我们每个人每天都在做财政管理:我是一个学生,今天的伙食费是50元,我要怎么安排一日三餐让我既能填饱肚子,又能兼顾口味和经济;我是一名普通上班族,下个月准备添置一部手机,我需要在多长的一段时间内准备这笔资金并规划这段时间的消费和储蓄;我是一家上市公司的执行总裁,根据年度经营计划我要如何安排资金完成公司的设计、生产、销售等环节并获得足够的经济收益。由此可见,财政管理是一种机制,是经济主体为实现既定的利益目标,对自身收入来源、支出方向和往来数量进行整体的规划和安排。作为公共经济主体的管理者——政府,为了履行"优化资源配置、维护市场统一、促进社会公平、实现国家长治久安"等职责,当然也需要进行财政管理活动。财政管理的范围可大可小,大到国家资源配置问题,小到一元钱如何支配,它们都与管理的资金密不可分。所以,财政管理是政府为了履行职能,贯彻实施国家财政政策和财政规章制度,依法运用一定手段,对财政资金的收支活动进行决策、计划、组织、协调和监督等行为方式的总称。通俗地说,财政管理就是将政府视为经济主体,研究如何筹集财政资金、财政资金如何在各级政府部门和政府机构内部合理流动以及如何流出的过程,监督财政资金得到合法、合理以及有效的运用。同时,政府的财政管理与普通个体不同,普通个体的目标以经济利益为重,政府的财政管理既是政府管理活动的重要内容,也是整个国民经济管理活动的重要组成部分，它的最终目的是更好地满足社会公共需要，而不局限于经济利益。

比较财政学和财政管理，可以发现它们有着共同的理论基础和实践目标，但它们在研究范围和研究内容上还存在着些许不同。财政学是经济学和政治学的结合，它是将财政的基本内容——税收收入、财政支出等纳入宏观经济分析的框架形成的财政理论，研究政府行为对私人部门的影响，是提供财政政策或货币政策的基础。而财政管理是在经济学、政治学的基础上，引入了管理学、法学、会计学等相关内容，其中还涉及行政机构、行政体系、运行程序和管理机制，比如如何划分不同财政层级的功能、如何确定资金拨付的顺序、如何保证账目的清晰准确、如何评价资金的利用效率等。在公共经济部门，政治程序的合法合规有时候比决策内容更能体现法治精神和管理理念。在财政管理中，充分了解通过立法程序所产生的政治程序，是政府进行财政管理的基础。从这个意义上来说，财政管理更像是在财政学理论的指导下对政府财务信息的运用与实践。如果把政府比作一个人，财政就是政府的心脏，财政学就是研究心脏的理论，而财政管理就像是人体的血管通道，政府依靠自己的行政力量产生血液，通过血管将财政资金源源不断地输送到人体的各个器官，确保各个器官相互配合、健康有序的运转。

二、财政管理的目标

财政是政府经济的核心，财政管理在政府管理中居于重要的地位。财政管理是国家对财政资金的收支活动进行决策、计划、组织、协调和监督等行为方式的总称，它思考的是如何用公共资金来处理公共事务。社会主义市场经济体制下，财政管理的职能是政府职能的具体化和延伸。与财政职能相对应，财政管理要实现满足社会公共需要、促进经济发展、调节收入分配和保持社会稳定四大目标。

（一）满足社会公共需要

财政管理的首要目的就是筹集财政收入，着力构建与经济发展水平相适应、满足人民需求的、可持续的公共服务体系。社会公共需要是指社会民众自发的不能完全依靠市场机制很好解决的需要，可以分为三个层次：第一个层次是保证国家安全和民众基本生存权利与财产权利的需要，如国防、外交、司法、公安、环境保护等；第二个层次是大型基础设施和公共设施建设的需要，如公路、铁路、水利、邮政、电力等，为民众发展生产提供基本的物质保障；第三个层次是在物质生活基本满足的前提下日益增长的需要，如十九大报告中提出新时代人民群众的需要已经从“物质文化需要”发展到“美好生活需要”，从“提高落后的社会生产”转变为“解决发展不平衡不充分”的需要。在上述三个层次中，第一层次是典型的公共需要，具有相对稳定性质，其他两个层次在不同的发展阶段呈现不同的表现形式。

(二)促进经济发展

在社会主义市场经济条件下,市场机制在资源配置中起着基础性和决定性作用,财政管理的作用就是要贯彻落实财政学关于政府与市场边界的理论,确保社会资源在公私两大部门之间的最佳配置,通过税收、补贴、公债、转移支付等举措保持社会供需平衡、维持物价稳定、调节经济结构、实现充分就业。针对经济运行的不同形态,采取相机抉择的财政政策调节经济总量和经济结构,比如增加或压缩政府性购买支出,刺激或抑制社会总需求,提供就业岗位;调整税率结构,参与生产要素的组合与分配,扶持产业发展,促进转变经济发展方式,增加商品生产和社会总供给;调控资源配置的总量、结构和方向,实现资源在国民经济各部门和各地区间的优化配置,实现有限社会资源的最大效能。各项财政政策的有效落实,都需要高效的财政管理来实现,促进国民经济健康发展。

(三)调节收入分配

公平的收入分配是市场经济稳定运行的内在要求,并主要通过市场机制来实现。由于存在禀赋差异、投入多寡、信息不对称等原因,完全依靠市场分配会造成较大的收入差距,甚至形成两极分化。财政管理实质上是不同主体之间利益再分配的过程,构建科学合理的税收制度、完善社会保障体系,有效调整国民收入分配的方向、数量和结构,促进实现国民收入的公平分配,是财政管理的客观需要。具体来说,合理的税制应该适应社会主义市场经济发展需要,一个有效的税收法律体系,既要体现公平竞争原则、维护市场竞争秩序,也要量能课税、将纳税人的税收负担控制在合理范围之内;建立和完善社会保障体系,有效发挥社会保障的"安全阀"和"减震器"的作用,最大程度消除经济发展过程中的不稳定因素,为人民群众的生产生活注入强心剂,促进社会安全稳定。

(四)保持社会稳定

完成改革和发展的繁重任务,必须保持长期和谐稳定的社会环境,这是财政管理的最终目的。经过多年的改革发展,我国已初步建立起社会主义市场经济体制,但社会经济生活中不稳定不确定因素仍然较多,特别是随着全面深化改革不断推进,对维护社会稳定提出了新的任务和要求。不断整顿和规范市场经济秩序,是社会主义市场经济健康发展的必然要求。通过实施严格有效的财政管理,完善科学的财政管理体制,综合发挥计划、组织、协调和监督职能,进一步规范政府行为,营造更加公正、透明、有序的市场环境,对于促进社会经济发展、人民美好生活具有重要意义。

三、财政管理的原则

(一)依法行政,依法理财

依法行政和理财是依法治国基本方略的重要内容,是建设法治政府的核心,是市场经济体制条件下对政府行为的要求，也是政治、经济及法治建设发展到一定阶段的必然产物。财政部门作为重要的宏观调控部门，其管理活动必须严格按照法律法规及相关规定来进行，这是财政管理的基本原则。财政部门要将依法行政、依法理财贯穿始终，建立健全有利于可持续发展的财政法制体系、运行机制和管理制度，做到“有法可依”；将财政收支纳入法制化轨道，严格财政行政执法，压缩自由裁量权，进一步规范财政管理行为，提高财政管理水平，做到“有法必依”；加大执法监督力度，推动财政工作的公开、透明、规范和高效，建立财政绩效全方位评价制度，确保财政活动符合社会公众的根本利益，做到“执法必严”。

(二)科学规划，预算为重

财政管理是对政府“钱袋子”的筹集、分配和使用的过程，必须以科学、严谨的规划为前提，以预算管理为核心要点。预算管理既是财政管理的重要组成部分，也是政府管理经济的重要手段，它可以立足经济社会发展全局，帮助校验规划的可行性，发挥资源配置功能，合理引导资源利用，提升资金使用效率，促进经济可持续发展；预算管理也是风险控制的重要组成抓手，通过建立全方位、全流程的过程监控指标体系，实现对财政资金的全面监督，确保财政资金的使用安全；预算管理还是协调经济和社会发展的重要工具，通过完善预算绩效评价体系，进一步健全公共财政体制，提高财政支出效益，提升财政管理水平。因此，科学规划、预算为重是财政管理必须坚持的原则之一。

(三)相机抉择，适时调整

经济运行的不同阶段会呈现不同的特点，财政管理必须依照国内外经济形势、管理任务和管理对象相机抉择、适时调整，增强财政管理的科学性、针对性和有效性。例如2008年在全球金融危机的冲击下，我国经济增长明显放缓，暴露出我国内外经济不协调、产业结构不合理等问题，我国政府及时调整宏观经济取向，实施积极的财政政策和适度宽松的货币政策，扩大政府公共投资，实施重点项目建设和结构性减税政策，刺激国内消费需求，为我国有效应对金融危机、保持经济平稳较快发展发挥了重大作用；2020年初爆发新冠肺炎疫情，为应对疫情冲击带来的不利影响，我国维持积极财政政策的基调不变，破例将财政赤字率提高到3%以上，政策取向也从减税降费调整为支出结构优化，因为连续两年的大规模减税降费使得财政收支平衡压力较大，单纯依靠扩大财政支出规模达不到预期效益，于是立足“双循环”的发展背景，向内挖潜，优化财政支出结构，促进财政管理提质增效、积极有为。

(四)统一领导、分级管理

在实施财政管理时，要坚持统一领导、分级管理的原则。它是按照民主集中制原则，正确处理中央与地方以及地方各级之间在预算管理和资金使用上集权与分权的关系。统一领导是指在全国范围内按照统一的财政方针、政策、计划和制度；分级管理是承认地方财政的相对独立性，赋予地方财政相应的自主权，使它们在不违背中央统一领导的前提下具有因地制宜管理本级财政收支和制定本地区的实施办法的权力。[①]通过统一领导保证财政政策的长期连贯，利于统筹和组织财税资源的整合利用，发挥社会主义制度的优越性，通过分级管理调动各级地方政府的积极性和主动性，因地制宜、因时施策，确保国家财政任务的顺利完成。

第二节　财政管理的范围

一、财政管理的对象

财政管理是政府参与宏观调控而产生的，其客体涵盖国民经济与社会发展的各个方面。具体来说，财政管理既涉及财政法律体系和财政管理制度的建设与完善、财政政策的制定与实施、财政预算的编制与执行、财政绩效的评价与监督等框架性内容，又涉及财政收入的筹集与征纳、财政支出的拨付与运用、财政机构设置与人员配备、财政理论发展与信息化工具应用等实践内容，还需要厘清政府职能边界，正确处理好政府与市场的关系，解决教育、医疗卫生、社会保障等民生问题，稳定国有企业、国有资本运营等国有经济发展。因此，财政管理的客体不仅贯穿财政活动的全过程，还涉及国民经济的各个领域，包括预算管理、税收管理、支出管理、采购管理、投资管理、国库管理、债务管理、预算外资金管理、社保管理、财政监督和绩效评价、财政信息化建设等各方面。

二、财政管理的主体

财政管理是国家为实现其职能而进行的一种分配与再分配活动，是一个复杂的运行机制，其管理主体是多层次的，主要包括财政法规的立法主体、财政政策的决策主体、财政政策的执行主体等。根据不同主体的地位与职责，承担相应的责任。具体来说，我国财政管理的主体可以分为三个层次。

（一）立法主体：全国人民代表大会和地方各级人民代表大会

全国人民代表大会主要负责制定具有重要地位、用以明确基本法律责任和义务、具有全局性和长期性的财政法律，如《预算法》《会计法》《企业所得税法》《个人所得税法》《税收征收管理法》等，同时负责监督、审查、批准中央预算和决算报告；地方各级人

---

① 王美涵：《税收大辞典》，辽宁人民出版社 1991 年版，第 192 页。

民代表大会负责制定地方性财政法规，监督、审查、批准本级预算和决算报告。

(二)决策主体：国务院和地方各级人民政府

国务院作为最高行政机关，负责制定财政行政法规和重大财政政策并负责中央预算的执行；地方各级人民政府负责制定地方性财政法规并负责本级预算的执行。

(三)执行主体：财政部和地方各级财政部门

作为财政管理的具体执行主体，负责制定财政规章制度，实施财政收支计划及日常管理活动，包括拟订财税发展战略、规划、政策和改革方案并组织实施，管理中央及地方各项财政收支，拟订和执行政府国内债务管理制度和政策，编制国有资产管理情况报告等。

三、财政管理与政府预算

根据经济学原理，资源的稀缺性是政府干预经济的最主要动因。这一假设的前提是市场机制运行的动力是利润最大化，在这个特定的动力面前，资源的利用、生产和分配都会受到一定程度的扭曲，这种扭曲会产生某些社会问题，如资源分配不均、收入差距过大，导致生产能力及资源利用方面的差异，并由此影响产量和价格因素。即使在经济发展水平大幅提高的今天，资源的稀缺性依然存在，传统理论中关于政府的角色和定位也依然适用。为了弥补市场机制的不健全，政府通过财政手段参与配置财富资源和社会资源，促进经济的可持续发展和维护社会公平。但是在现实实践中，广泛的政府参与也会对经济发展和投资支出产生不利影响，如过多的政府支出依赖贷款而非税收，财政赤字率不断走高，政府债务逐年增加；政府支出过于偏向社会性支出，不可避免地影响经济增长和创造就业，给政府未来偿债能力造成压力；经济增长缺乏持续性，失业又进一步压缩需求，经济增长进入恶性循环。于是，为了规范政府干预经济行为，最大程度减小政府干预的不利影响，使政府的收入和支出具体化，预算成为政府用来平衡各方发展的一种机制，即在经济、投资、资本以及社会之间做出平衡，在稳定经济发展、国民收入增长、预算赤字在合理范围的前提下，控制政府支出规模和方向、增进社会福利、保障和改善民生，也可以说预算是政府在实现财政管理职能时政治、经济与社会的综合反映。

预算的体系是如何构成呢？按照政权结构和行政区域来划分，我国实行一级政府一级预算，设立中央、省(自治区、直辖市)、市(设区的市、自治州)、县(自治县、不设区的市、市辖区)、乡(民族乡、镇)五级预算。按照现行复式预算体系划分，分为一般公共预算、政府性基金预算、国有资产经营预算和社会保障预算，共同组成了我国预算体系的“四本账”。

预算的过程大致可以分为四个阶段：

(1)预算草案的准备与编制；

(2)预算草案的审议与批准；

(3)预算的执行与调整；

(4)决算和绩效评价。

其中，预算草案的准备与编制是对未来一段时间内(一般为一年)的收入和支出进行概算，是预算工作的起点，也是整个预算工作的核心环节。预算草案的审议与批准是各级人民代表大会的重要工作，是了解政府收支行为的重要渠道，也是执行预算方案的政府人员筹集和使用资金的依据。预算的执行与调整是政府根据审议通过的预算方案付诸实施，是财政管理的关键内容。决算和绩效评价包括：汇报预算结果是否与预算决策相一致、预算执行是否经济高效、政府人员是否适当履行职责等，是整个预算工作的承接与转折点。

预算与财政管理的关系可以从理论和实务两个角度来分析。预算通常由政治家或上层管理者从较大的范围和较高的项目层次上来进行分析，决定一些重大决策，解决干什么的问题，而财政管理的决策相对较小，是由较低层次的公共组织来完成，回答怎样干的问题，从这个意义上来说，预算涵盖了财政管理。比如政府决定在一条波涛汹涌的河流上修筑大坝，就是对防洪需要做出反应，所做出的决策是预算性的，并在预算文件上做了记录，而在预算决策之后，所有关于资金的处理都属于财政管理的范畴，考虑的是如何运用特定的技术来履行机构的职能，从这个意义上说，财政管理被认为是遵循和执行预算决策的具体工作。就像政治和管理的区别一样，预算和财政管理并不是完全可以分开的。预算为财政管理提供了议程，财政管理中的技术操作是用来为制定和分析预算方案收集信息的。从实践中来讲，财政管理与技术操作也是密不可分。技术可以按控制、管理、计划分为管理类和分析类、资产和负债管理类(从会计的角度而言)、预算程序阶段类。为了阐明预算和财政管理的关系，具体的技术操作见表1—1中列示，如在预算准备与编制阶段需要预测收入和支出，为筹集多少钱以及需要使用多少钱的讨论提供基础；如在执行阶段需要使用成本—效益分析，将政策、项目或运作方式的成本及收益加以比较，选择最有利的条件执行。从上面的分析中可以看到，预算和财政管理两者在概念上以及实践中的不同，预算侧重于政治活动及过程，可以被看作是冰山的顶部，通常最为耀眼，而财政管理活动则侧重于技术，在一整套行为中占比更大，但却不容易被看到。对财政这座冰山而言，最好是能够在看到其浮出水面的部分的同时，也关注到水下的部分。[①]

---

① [美]B. J. 理德、约翰·W. 斯韦恩著，朱萍、蒋洪译：《公共财政管理》，中国财政经济出版社2001年版，第13—17页。

表1—1 预算阶段和财政管理的技术

阶 段	技术/领域
1.编制	预测收入和支出、成本分析、资本预算、债务管理、风险管理、养老金管理及其他有关人员的问题、评价财政状况、经济发展和发展财政
2.批准	政策制定者考察在编制阶段和收入中得到的相关信息
3.执行	会计、收入管理、支出管理、购买、现金管理和投资
4.决策与评估	决策审计

第三节 财政管理的手段与依据

一、财政管理手段及其演变

财政管理的手段是指财政管理主体所选择的、用以达到财政管理目标的方法和工具,可以分为经济手段、法律手段和行政手段三大类。

（一）经济手段

财政管理的经济手段是财政管理主体在不违背市场经济运行机制和经济主体经营权利与利益的前提下,总结、利用客观经济规律,通过预算、税收、转移支付、补贴及罚金等方法,调整被管理对象的经济利益,引导、约束及控制被管理对象的经济行为而达到宏观调控预期和财政管理目标。比如通过征收环境保护税促使企业改进生产技术,降低污染排放,促进产业结构转型升级;通过补贴新能源汽车生产商降低汽车价格,鼓励民众消费新能源汽车;通过加收滞纳金促使纳税人及时缴税。经济手段是以经济杠杆为工具,以物质利益为核心,对被管理对象发出的都是经济信息,而他们对这些信息是极其敏感的,会很快接受并据此调整自己的行为,因而运用经济手段具有收效快、范围广的特点,是财政管理中最常用的手段。

（二）法律手段

财政管理的法律手段是指为了保证财政职能的实现而进行的财政立法、财政执法、财政执法监督及财政法制宣传等一系列活动,具有权威性、强制性、规范性的特点,是财政管理中其他手段的基础、前提和保障。其中,推进财政立法,是将财政管理的各个方面都纳入法制化轨道,有助于财政管理的集中统一,保证财政管理工作和社会生活的秩序;健全财政执法和监督机制、维护财政管理对象的合法权益、提高财政工作人员和公民的财政法律意识和法制观念,则是依法管理财政的核心内容。比如我国已颁布实施《预算法》《税收征收管理法》《会计法》《审计法》及多项法律,对各项财政管理活动及实施主体与客体进行规范，并与《刑法》《民法典》等构成较完备的法律体系。

（三）行政手段

财政管理的行政手段是指财政机关依靠国家的行政力量，通过颁布行政命令，制定政策、指示、规定、办法等方式，对商业经济活动进行宏观调控或干预的方式，主要包括财政管理机构的设置、人员的选拔与培养、财政机构的事务性管理、财政行政法规和行政监督等内容。其中，我国财政管理机构与我国政权结构和经济管理体制相适应，实行以中央统一领导、分级管理的财政体制，一级政府一级财政；财政工作人员按照法律法规、工作制度、工作纪律与道德规范组织选拔、培训与培养，不断提高财政人员工作素质；财政机构的事务性管理是指保证财政机构正常运行的日常性事务，如财务、后勤、宣传等工作；财政行政法规和行政监督是指财政部门对自身工作自查自纠，提升内部管理水平而开展的管理活动。行政手段能维持行政管理系统的集中统一，保证国家的方针政策、规章制度和财政计划朝着一个共同的目标前进，逐步达到既定目的，并在缓解经济波动、协调经济结构方面，具有较强的灵活性和及时性；但行政手段不利于发挥下级的积极性、主动性和创造性，使用不当会矫枉过正，甚至损害市场经济运行机制。因此，财政管理中只能适时适量采用行政手段。

二、财政管理的依据

财政管理的依据是国家法律法规。实施财政管理，必须以国家法律法规为依据，坚持依法理财、依法管理。国家法律法规是进行财政管理活动的准绳，对财政管理活动涉及的任何一方都具有约束力，必须共同遵守执行，任何违反国家法律法规的行为都要受到法律的惩罚。我国财政法律制度涵盖预算管理、财政收入管理、财政支出管理、财务及资产管理、会计管理、财政监督管理等各个领域（详见表1－2），主要制度包括：

表1－2　　我国财政法律制度体系

类　别	名　称
预算管理	《预算法》《全国人民代表大会常务委员会关于加强中央预算审查的决定》《预算法实施条例》等
财政收入管理	《企业所得税法》《个人所得税法》《车船税法》《城市维护建设税法》《税收征管法》《关于外商投资企业和外国企业适用增值税、消费税、营业税等税收暂行条例的决定》《增值税暂行条例》《税收征收管理法实施细则》《发票管理办法》《政府非税收入管理办法》等
财政支出管理	《预算法》《预算法实施细则》《国家金库条例》《国家金库条例实施细则》《财政国库管理制度改革试点方案》《财政国库管理制度改革试点资金支付管理办法》《财政国库管理制度改革试点会计核算暂行办法》《政府采购法》等

续表

类 别	名 称
财务及资产管理	《国有资产法》《国有资产评估管理办法》《企业财务通则》《行政单位财务规则》《事业单位财务规则》《行政单位国有资产管理暂行办法》《事业单位国有资产管理暂行办法》《金融资产管理公司条例》《金融企业财务规则》《金融企业国有资本保值增值结果确认暂行办法》《金融企业国有资产评估监督管理暂行办法》《金融企业国有资产转让管理办法》等
会计管理	《会计法》《票据法》《证券法》《总会计师条例》《企业财务会计报告条例》《企业会计准则》等
财政监督管理	《预算法》《审计法》《注册会计师法》《审计法实施条例》《财政违法行为处罚处分条例》《财务部门实施会计监督办法》等

(一)预算管理的法律制度

预算是政府对未来一段时间内(一般为一年)的收入和支出的预先结算,包括中央预算和地方预算。预算法律制度,是调整在国家进行预算资金的筹措、分配、使用和管理过程中发生的经济关系的法律规范的总称,在财政法的体系中处于核心地位。我国现行预算法律制度由《预算法》《全国人民代表大会常务委员会关于加强中央预算审查的决定》《预算法实施条例》等组成。其中,1995 年 1 月 1 日起施行的《预算法》是我国财政法规范性文件体系中的一部至为重要的法律,其宗旨是强化预算的分配和监督职能,健全预算管理,加强宏观调控,保障经济和社会的健康发展,最新版本是 2018 年 12 月 29 日第十三届全国人民代表大会常务委员会第七次会议时修正,并自公布之日起施行。修订后的《预算法》将政府全部收支纳入预算管理,接受人民监督,预算审核重点转向支出预算和政策。

(二)财政收入管理的法律制度

财政收入管理的法律制度包括税收管理法律制度和非税收入管理法律制度,税收管理法律制度主要有《企业所得税法》《个人所得税法》《车船税法》《城市维护建设税法》《税收征管法》《关于外商投资企业和外国企业适用增值税、消费税、营业税等税收暂行条例的决定》等法律或决定,以及《增值税暂行条例》《税收征收管理法实施细则》《发票管理办法》等行政法规、规章或规范性文件。非税收入管理法律制度主要有财政部 2016 年 3 月 15 日发布的《政府非税收入管理办法》,对行政事业性收费收入、政府性基金收入、罚没收入、国有资源(资产)有偿使用收入、国有资本收益等进行管理和监督。

(三)财政支出管理的法律制度

财政支出管理的法律制度包括国库管理法律制度、政府采购管理法律制度等,其中,国库管理法律、法规主要有《预算法》《预算法实施细则》《国家金库条例》《国家金库条例实施细则》《财政国库管理制度改革试点方案》《财政国库管理制度改革试点资金支付管理办法》《财政国库管理制度改革试点会计核算暂行办法》等，现行以国库单一账户体系为基础、资金缴拨以国库集中收付为主要形式的财政国库管理制度是基于2001年3月发布的《财政国库管理制度改革试点方案》建立起来的，对于加强财政收支管理监督、提高财政资金的使用效率发挥了重要的作用。政府采购管理法律制度由《政府采购法》及一系列规章、规范性文件组成。此外，国家有关农业、教育、科技、文化等方面的专门法律、行政法规中也对相应领域的财政支出规定了原则要求。

（四）其他相关的法律制度

财政管理的法律制度还涉及财务及资产管理、会计管理、财政监督管理等各个领域，分别有《国有资产法》《国有资产评估管理办法》《企业财务通则》《行政单位财务规则》《事业单位财务规则》《行政单位国有资产管理暂行办法》《事业单位国有资产管理暂行办法》；《会计法》《票据法》《证券法》《总会计师条例》《企业财务会计报告条例》《企业会计准则》；《预算法》《审计法》《注册会计师法》《审计法实施条例》《财政违法行为处罚处分条例》《财务部门实施会计监督办法》，以上法律、法规和规范性文件共同组成了我国财政管理的法律制度体系。

三、财政管理的基础

财政管理的基础是指为财政管理工作提供基础标准、基本手段、基本模式的总称，包括财政管理体制、收支分类标准、政府会计等内容。在社会主义市场经济条件下，财政管理具有满足社会公共需要、促进经济发展、调节收入分配和保持社会稳定的职能，其基础覆盖财政运行的方方面面，既是制定财政政策和编制财政预算的信息来源，也是实施财政政策和执行财政预算的重要支撑。各项基础工作是否扎实、规范，直接影响到预算的科学制定和财政管理的有效落实，因此，做好财政管理的基础工作是更好地践行为国理财、为民服务的财政工作宗旨。

财政管理体制是指国家划分中央政府和地方各级政府以及财政部门和其他国家机关、企业事业单位之间在财政管理方面的职责、权力、收支范围和机构设置等各项法规和制度的总称，是国家财政管理的一项根本制度和国民经济管理体制的一个重要组成部分。它的任务就是规定财政管理权限及相互间的制衡关系，使国家财力在各级政府及各区域间合理分配，实质上就是财政资金分配的集权与分权问题，主要包括财政管理主体和级次的确定、财政管理权限的划分、财政收支范围的划分和财政调节制度的安排等内容。其中，财政管理的主体和级次与政权结构和行政区划密切挂钩，一级政权设立一级财政，相应建立一级预算，我国政权结构有五个级次，相应财政管理体制存在五级层次；财政管理权限是指政府财政方针政策和财政管理法律法规的各项权利，如各级人民代表大会具有财政法律法规的制定权、解释权和修订权，各级政府具有预决算的编制权、执行权和调整权，全国人民代表大会制定全国性的财政政策和法律法令，各地方人民代表大会制定地区性的财政政策和法规制度；财政收支范围的划分实际上是确定中央和地方以及地方各级政府事权和财权，收支范围划分是否合理关系到财政管理体制运行是否有效、各级政府职能能否充分实现、财政管理目标是否有效达成，因而是整个财政管理体制设计的核心问题，然而，现阶段的财政收支范围划分不足以解决各级次及各地方政府财政收支均衡的所有问题，因此需要在既定的财政收支范围划分的基础上进行收支水平的调节，这种调节由中央主导，分为各级政府间的纵向转移支付和各地区间的横向转移支付，以期使财政资金公平分配和使用，达到各级政府事权和财权的最终统一。新中国成立以来，我国的财政管理体制经历了由高度集中的统一收支管理体制转向中央统一领导、分级管理体制的过程，不同时期的财政管理体制有过各种变化，集中和分散的程度不同，分级管理的形式也不同，但在大部分时期内，是同当时政治经济发展情况和经济管理体制的要求相适应的。虽然现行的财政管理体制仍然存在诸多问题，但从发展的历程和趋势来看，我国仍在不断改进和革新的过程，尤其是“省直管县”“乡财县管”这类管理体制的创新，都是我国在改革创新上的积极探索，力求进一步完善财政管理体制，找到处理中央与地方合理、稳定、规范的形式。

政府收支分类是对政府的收入和支出进行类别和层次划分，以全面、准确、清晰地刻画政府的收支活动，是财政管理基础工作的核心。2006 年以前，我国政府收支分类是计划经济时期参照苏联财政管理模式确定的，随着社会主义市场经济的发展、财政管理体制框架的确定，原有老科目体系的弊端越来越明显，主要体现在收支科目与实际情况不适应、分类归纳不清晰、与国际通行做法不一致，为此，财政部认真研究政府收支分类的国际经验，结合建立完善财政体系的新要求，在各方支持和建议下形成《政府收支分类改革方案》并于 2007 年 1 月 1 日起实施。改革主要包括三方面内容：一是对政府收入进行统一分类，全面、规范、明细地反映政府各项收入来源。在原来一般预算收入、政府性基金预算收入、债务预算收入的基础上，将预算外收入和社会保险基金收入纳入了政府收支分类范畴，并按照科学标准和国际通行做法重新划分。二是确立新的政府支出功能分类，更加清晰地反映政府职能活动的支出总量、结构与方向。新的支出功能分类不再按经费性质设置科目，而是按政府的职能设置，如国防、教育等。三是确立新的政府支出经济分类，明细反映政府各项支出的具体用途。如政府教育支出，究竟是盖了校舍、买了设备还是发了工资，可通过经济分类来反映。新的政府收支分类解决了支出预算“外行看不懂、内行说不清”的问题，清楚地说明政府的钱是怎么来的、干了什么事、花了多少钱、结余了多少钱，财政的政务公开就有了基础，依法理财就有了科学的依据，加强财政监督和引导社会各界关注监督政府预算也就有了取得实效的前提。自此，财政部每年都会针对科目体系应用中遇到的新情况新问题进行适度调整，打好财政管理工作的基础。

政府会计是指政府采用一定的确认、计量和报告方法，核算反映政府资金和资源在其范围内运动的过程和结果，以财务报告的形式全面系统地反映政府财务状况、财务管理业绩、资金运行情况、预算执行结果以及政府受托责任等信息，是财政管理的重要工具基础。1988 年开始实施的《财政总预算会计制度》《行政单位会计制度》和《事业单位会计制度》是把收付实现制作为其主要的核算基础，无论是在会计核算支撑还是预算资金信息的提供都发挥了很大作用。但随着经济社会发展，预算会计标准体系难以适应新形势新情况的需要，不能如实反映政府"家底"和政府运行成本，难以满足编制政府综合财务报告的信息需求。2010 年国际会计师联合会（IFAC）呼吁进行权责发生制会计改革，建立先进的政府会计准则，提高政府财务信息质量、透明度和政府财务管理水平，并以此作为促进全球金融稳定的措施。因此，政府会计制度改革经历了十余年的艰难摸索，在 2017 年 10 月发布《政府会计制度——行政事业单位会计科目和报表》，自 2019 年 1 月 1 日起全面施行。改革涉及的范围和内容很多，主要有政府会计目标由原来的为管理者服务拓展到反映政府受托责任和信息有用性的双重目标；在坚持收付实现制的基础上，将权责发生制运用到资产、负债、净资产范围；完善核算体系、核算内容和账务处理方法，比如增加资产折旧和摊销，负债按照应缴、往来款项改进了会计处理方法；完善财务报表体系和结构，试编政府综合财务报告；等等。这些改革可以更好地反映政府财务状况和成本信息，为预算绩效管理夯实基础，有力促进财政管理水平提升。

第四节 财政管理的机构与环境

一、政府行政管理与财政管理

明确了财政管理的目标、原则、范围及手段之后，到底由什么机构或组织来执行财政管理？它们各自之间又是什么关系？我国专门从事财政管理的机构以行政机构为主，主要是指政府财政机关、审计机关、公共基金的管理机关、税务机关和海关。

政府财政机关是我国从事财政管理的核心部门，中央设置财政部，各级地方政府设置财政厅、局、处、所等。财政部是中华人民共和国国务院的组成部门，主要职能包括管理各项财政收支；拟订财税发展战略、规划、政策和改革方案并组织实施，分析预测宏观经济形势，参与制定宏观经济政策；拟订中央与地方、国家与企业的分配政策；

起草财政、财务、会计管理的法律、行政法规草案，制定部门规章并监督执行；组织涉外财政、债务等国际谈判并草签有关协议、协定等。财政部下设办公厅、政策研究室、综合司、条法司、税政司、关税司、预算司、国库司、国防司、经济建设司、行政政法司、科教和文化司、社会保障司、自然资源和生态环境司、农业农村司、资产管理司、金融司、国际经济关系司（港澳台办公室）、国际财金合作司、会计司、监督评价局、人事教育司等。地方各级政府按照《预算法》的要求，设置财政厅、局、处、所，承担财政管理和日常监督的具体工作。

审计机关是国家对财政、财务收支活动和经济效益进行审查监督的专门机关，依法代表国家行使审计监督权，具有独立性和权威性。根据我国宪法和《审计条例》的规定，国务院设立审计署，在国务院总理领导下，主管全国的审计工作；县级以上地方各级人民政府设立审计机关对本级人民政府和上一级审计机关负责并报告本区域内的审计工作；审计机关根据工作需要，还可以在重点地区、部门设立派出机构进行审计监督。可以说，审计机关是维护国家财经法纪、提高财政管理效益、建立健全我国财政经济监督机制的客观需要，能够及时发现和查处各种违法违纪行为，向有关部门提出完善财经法规的建议；能够督促财政管理资金增收节支、增产节约，使有限的资金发挥更大的效益；能够独立于财政管理系统开展客观的、公正的、独立的审计监督，促进社会主义法制建设和财政管理目标的实现。

公共基金的管理机关是指各级政府设立的住房公积金管理中心、养老保险金管理中心等。虽然这部分机构所管理的资金不属于政府，但政府作为资金的信托管理者，仍然承担着保值、增值及按时足额拨付的责任，是我国财政管理机构中不可缺少的一部分。

税务机关和海关主要负责政府公共收入的筹集和管理。1994 年分税制改革以后，为了适应划分中央和地方收入来源的财政管理体制，将省以下原来的税务局分设为国家税务局和地方税务局，按照税种实现分权、分税、分管。2016 年“营改增”开始推进，原作为地方主体税种的营业税改为国家税务局征收的增值税，地方税务局工作量大幅减少，2018 年 3 月，省级和省级以下的国税与地税机构合并，实行以国家税务总局为主与省（区、市）人民政府双重领导管理体制，具体承担所辖区域内的非税收入征管、各项税收等职责。海关是行使进出口监督管理职权的国家行政机关，专门负责征收关税、代征增值税和消费税，还负有进出境监管、查缉走私、编制统计等职能，所征收的税款全部解缴国库。税务机关和海关作为主要财政收入来源的筹集机构，不仅需要按照预算目标，按时按量征集税收，同时也是与纳税人直接接触的第一线，当前社会对税收的认识还存在较大的片面性，税收观念淡薄，以权代法、以言代法的现象时有发生，税收管理是税收工作的重中之重。税务机关和海关需要联系社会主义市场经济发展和新常态下税收工作的实际，做到既依法办事、依率计征，又藏富于民、培养后续税源，帮助企业促产增收，还要依据《税收征管法》的授权，对纳税义务人和扣缴义务人执行税收政策和相关财经法规、行政法规、规章制度的情况及其财务收支行为和经济活动进行稽查。

政府财政机关、审计机关、公共基金的管理机关、税务机关和海关，它们有着各自的行政体系，却有着共同的管理目标，维护的都是国家利益，体现的都是最广大人民群众的根本意志。在国务院统一领导下，围绕各自行政体系内的财政财务收支、会计凭证、会计账簿、会计报表等载体，在财政管理的决策、计划、组织、协调和监督各个环节发挥自己的作用，相互补充、相互促进。

二、立法机构监督与财政管理

财政监督是为保障国家财政管理的有序和有效，依法对财政运行主体的财政财务行为所实施的监控、检查、督促等行为的总称，它是确保财政职能正常发挥的重要手段，是财政工作的重要组成部分。财政监督可以分为广义和狭义两种，狭义上的财政监督是指财政管理的执行主体即国家财政机关依照法定的程序和权限，对各级财政机关的管理行为进行审查和稽核的活动，它是行政管理机构内部的自查自纠。广义上的财政监督是指具有财政监督权力的各主体依法对财政机关所实施的检查和监督行为，包括立法机关监督、行政机关监督、社会中介组织监督、社会民众和媒体监督等。本小节论述的重点是立法机关的财政监督。

在我国，立法机关监督指的是全国人民代表大会及其常委会对财政的监督。全国人民代表大会作为最高国家权力机关，代表国家和人民的意志，集中统一掌握和行使国家权力。它对财政管理的监督体现在两个方面：一是立法监督，二是预算监督。立法监督是通过行使立法权监督财政管理过程，就如前文所述，财政管理的依据是以宪法为核心的财政法律制度体系，对于权力机关而言，宪法层次的监督是其特有的并且是根本的，宪法决定其他监督机构的地位和权限，而现行已颁布实施的《预算法》《企业所得税法》《个人所得税法》《税收征管法》《国有资产法》《会计法》《审计法》等属于常规层次的财政监督，涉及财政管理的各个主体以及财政收支的全过程，是立法机构财政监督的具体体现。预算监督属于立法机构的日常监督，每年全国人民代表大会听取政府工作报告和决算报告、审议并批准下一年度预算报告，通过对预算收支指标的预测、分析和核算，审核各部门的预算和财务计划，判断是否与国民经济和社会发展计划指标协调同步，是否存在突破预算、造成浪费等现象来参与财政监督。

总的来说，财政管理是在以财政部门为核心的行政机构牵头，税务部门、审计部门相配合，立法机构和监督机构相辅助共同完成的政府行为。虽然它们不属于同一个体系,但都是为了实现国家的宏观经济调控目标、保障社会经济的稳定发展,根据国家的法律法规对财政收支及政府行为展开工作,使得财政管理更加科学、规范和高效。

本章小结

本章作为整个教材的概论,主要阐述的是与财政管理有关的概念性、框架性问题。首先界定什么是财政管理,它不是高高在上、远在天边的事务,而是每个人每天都需要做到的日常选择,只是它的行动主体是维护民众共同利益的政府,刻画的是政府为实现既定的利益目标,依法运用一定手段,对财政资金的收入来源、支出方向和往来数量进行整体的规划和安排。它与财政学有着共同的理论基础和实践目标,但在研究范围和研究内容上还存在着些许不同,是在经济学、政治学的基础上,引入了其他学科的相关内容,更偏向具体的技术操作和程序。

其次,阐述财政管理在社会主义市场经济条件下的目标是满足社会公共需要、促进经济发展、调节收入分配和保持社会稳定,应当遵循的原则是依法行政、依法理财,科学规划、预算为重,相机抉择、适时调整和统一领导、分级管理,为政府财政收支活动提供了理论基础和准绳。

再次,分析理解财政管理的手段和依据,主要是依据国家法律法规,综合运用经济、法律和行政手段对经济活动进行宏观调控或干预,三种手段相互补充、互为促进,共同推动财政管理目标和任务的实现。

最后,进一步认识财政管理作为现代国家治理体系的重要组成部分,是以财政部门为核心的行政机构牵头,税务部门、审计部门相配合,立法机构和监督机构相辅助共同完成的政府行为,是一个综合性的复杂机制。

此外,本章还论述了预算在财政管理中的作用以及财政管理的基础性工作。在搭建一个简单的财政管理框架之后,方便读者进一步详细阅读和理解财政管理的细节内容。

本章名词解释

预算　财政管理　财政管理体制　政府收支分类

本章复习思考题

1. 财政管理与财政学有什么联系和区别?
2. 财政管理在政府管理中的地位如何?与其他管理有什么关系?
3. 如何看待预算在财政管理中的作用?
4. 财政管理的基础除了本章提到的之外,还有哪些?
5. 常用的财政管理的经济手段有哪些?请举例说明
6. 近年来我国财政管理领域的主要改革有哪些?

第二章　财政管理体制

本章主要内容

本章简要提炼了财政管理体制(即政府间财政关系)的科学内涵和主要类型,剖析和刻画了财政管理体制改革(即改革开放以来我国财税改革的核心内容)应遵循的主要原则,全面回顾了新中国成立以来财政管理体制由计划经济体制下的传统模式向适应社会主义市场经济体制的新模式转变的简要历程,以及刻画了财政管理体制对经济发展方式转变的复杂影响。

目前全世界约200多个主权国家和地区中,既有梵蒂冈、新加坡、安道尔、摩纳哥、列支敦士登、瑙鲁、圣马力诺、马耳他骑士团等8个微型国家或城市国家(通常只设中央一级政府),也有25个国家设立中央和地方两级政府,以及67个国家设立三级政府(如美国及欧盟主要成员国等)。与大多数国家的政府组织架构不同,我国的行政区划则主要有五个行政层级:中央(国家)、省(自治区、直辖市)、市(地区、自治州、盟)、县(区、旗、县级市)、乡(镇、街道)。大致情形是,我国平均每个省(含直辖市和自治区)管辖大约10个地级市和90多个县级单位,每个县平均管辖15个乡镇。显然,对于只设一级政府的小国或城市型国家来说,多级政府之间财政管理体制问题是不存在的,而对于多层级政府体系的国家来说,则需要费心考虑不同层级政府之间的职能划分、收入划分、事权划分等十分重要又比较头疼的财政体制安排问题。

第一节　财政管理体制概述

一、财政管理体制的基本内涵

财政管理活动从内涵上看,通常可相对划分为两种不同类型:一是如何科学规范地管理政府财政相关利益部门活动，以正确处理政府与百姓的财政利益关系；二是如何科学规范地管理政府系统内部的不同层次财政主体活动，以正确处理不同层级政府之间的财政利益关系。围绕后一种相对抽象的财政管理活动而构建的相应制度安排，即为财政管理体制，其核心是财政资金分配和管理过程中的集权与分权问题。从中国历史上的朝代更迭或动乱事件来看，大部分往往源于未能正确处理好政府与百姓的财政利益关系（如“苛政猛于虎”导致官逼民反），但也有相当部分是因为未能正确处理好中央政府与地方政府之间的财政利益关系所致（即中央与地方政府之间的财政体制未能理顺或不稳定所致）。可见，财政管理体制就是指一国公共治理过程中处理不同层级政府财政利益关系的框架体系、基本制度及其管理形式，其在一国社会经济发展进程中的重要性不容低估。

从实践来看，财政管理体制是处理各级政府间财政关系的核心和根本的管理制度，其实质是处理各级政府间在财政资金分配和管理上的集权与分权、集中与分散的关系问题。在财政实践中，一国政府的各项职能往往是由各级政府共同承担的，而为了保证各级政府共同完成一定的政治、经济以及社会管理职能，就必须在中央与地方政府以及地方各级政府之间，明确划分各自的财政收支范围、财政资金支配权和财政管理权。

通常，财政管理体制的概念有广义和狭义之分。广义的财政管理体制主要包括预算管理体制、预算外资金管理体制、税收管理体制、公共部门财务管理体制、固定资产投资管理体制、国有企业财务管理体制等内容（见图 2－1）。狭义的财政管理体制是指政府预算管理体制，它划分各级政府间的财力，规定了预算资金使用的范围、方向和权限。在本章，关于财政管理体制的讨论主要指的是政府预算管理体制，即重点探讨不同层级政府在处理财政资金分配和管理上的财政关系问题。

就狭义而言，财政管理体制的内容主要涉及如下几个方面：(1)财政分配和管理机构的设置。目前，我国财政管理机构分为中央、省、设区的市、县、乡五级。(2)财政管理权责的划分。(3)财政收支的划分。例如，税收相对划分为中央税、地方税以及中央与地方共享税三种类型。这里，政府间财政收支划分是财政管理体制的核心内容。(4)在不同政府间财政收支划分不对称的情况下，政府间转移支付制度的设计和安排问题。根据国际经验，政府间财政收支划分呈现的基本特征是收入结构与支出结构的非对称性安排，即收入结构划分以中央政府为主，支出结构划分往往以地方政府为主。这种非对称性安排的目的，一是维护中央政府的权威性；二是由地方政府为主提供本地的公共产品和服务，往往要比中央政府更有针对性、更便利。

值得指出，预算管理体制是财政管理体制的核心。由于国家预算集中了国家的主要财力，是国家有计划地组织财政分配的基本形式，因此，在一定范围内通常把预算管理体制狭义地称为财政管理体制。

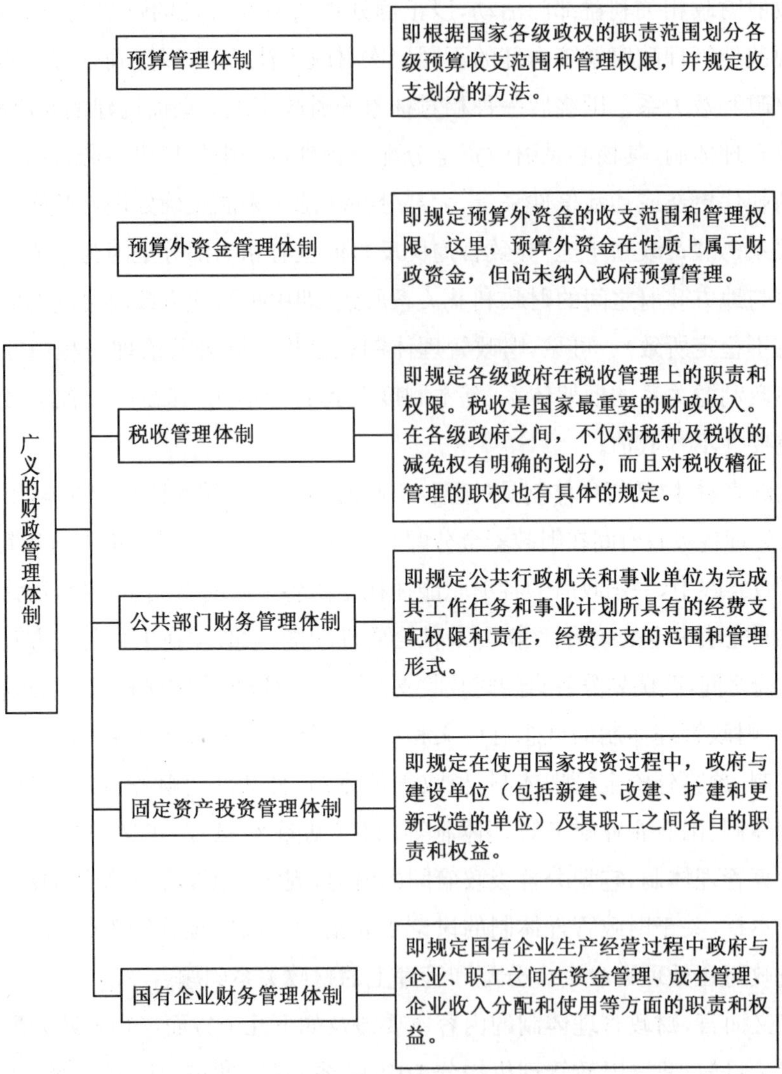

图 2—1　广义财政管理体制的内涵及其说明

二、财政管理体制的主要类型

在财政管理实践中，财政体制受一国行政体制和经济体制的支配性影响，有集权式、分权式和折中式（又称混合式）三种基本形式。这里主要讨论集权式和分权式两种财政体制模式。

（一）集权型财政体制模式

集权型财政体制模式是指一国在划分财政收支权限时把绝大部分财政收支管理职权集中于中央政府，地方政府只承担很少的财政职能、只享受很少的财政收入权限或地方政府的大部分财政职能均由中央政府指定，其所需财政资金大部分均由中央政府通过转移支付来承担的财政收支划分类型。集权型模式的特点是全部或绝大部分财政收入划归中央政府，全部或绝大部分财政支出由中央政府承担，相应的财政收支立法权和管理权也归属于中央政府。地方政府完全依赖中央政府，实质是中央政府在地方的分支机构或执行机构，主要任务是执行中央政府分派的各项职能。

通常，集权型财政体制模式适合于规模非常小的国家和一些政治经济高度集中统一的国家。例如，新加坡人口总数仅500万左右，中央政府完全有能力直接管理国家全部事务，没有必要进行多层次的分权。再比如，我国在解放初期，政治经济高度集中统一，要求事权高度统一于中央政府，因此，采取集权型模式是完全必要的。

集权型财政体制模式的优点是可以集中力量解决社会经济发展的重大问题，便于统筹规划，便于树立中央政府的权威，有利于国家的统一。缺点是容易造成决策失误和管理效益低下，不利于根据各地的不同特点采取相应的财政管理措施，从而难以适应各地经济发展的实际需要。

(二)分权型财政体制模式

分权型财政体制模式是指一国在划分财政收支权限时把大量财政管理职权都划归地方政府的财政收支划分类型。分权型财政体制模式的特点是地方政府承担大量财政职能，享有大量或大部分财政收入，地方政府具有相对独立的财政收支立法权和管理权，具有相对独立的财政收支范围。总体上，分权型模式适合于地方政府独立性较强的联邦制国家或地方自治较完善的分权制国家。

值得指出，传统的财政分权理论也被称作财政联邦主义(Fiscal Federalism)，其代表人物是蒂伯特(Tiebout)、奥茨(Oates)和马斯格雷夫(Musgrave)。因其三人在这一领域的先驱性贡献，传统的财政分权理论也被称为TOM模型。传统的财政分权理论研究的主题是政府职能和财政工具如何在不同级次的政府间进行合理配置的问题(Oates,1999)。TOM模型认为，收入再分配和宏观经济稳定是中央政府的职能，因此，只有资源配置职能是地方政府涉足的领域。

传统的财政体制分权理论着重于对财政分权的合理性和必要性给出一定的解释和说明，其研究的一个基本问题是如何将各项财政职能及相应的财政收支工具在各级政府之间进行适当的或最优的分配(即财政联邦主义)。财政联邦主义的核心观点认为：如果将资源配置的权力更多地向地方政府倾斜，那么通过地方政府间的竞争，能够使地方政府更好地反映纳税人的偏好，从而加强对政府行为的预算约束，相当程度上改变中央政府财政政策难以真实和准确地反映地方民众偏好的不合理状态。概括起来，财政体制分权模式的主要理论基础都包括：(1)蒂伯特(Tiebout,1956)“以足投票”理论。蒂伯特首先从公共品入手，假定居民可以自由流动，具有相同偏好和收入水平的居民会自动聚集到某一地方政府周围，居民的流动性会带来政府间的竞争，一旦政府不能满足其要求，那么居民可以“用脚投票”迁移到自己满意的地区，结果地方政府要吸引选民，就必须按选民的要求供给公共品，从而可以达到帕累托效率。也就是说，在居民的流动性约束下，地方政府有最有效提供公共品的内在动力。(2)马斯格雷夫(Musgrave，1959)的财政职能分权思想。马斯格雷夫主要从考察财政的三大职能出发，分析了中央和地方政府存在的合理性和必要性，并认为宏观经济稳定与收入再分配职能应由中央政府负责，因为地方政府对宏观经济稳定实施控制缺乏充足的财力，另外经济主体的流动性也严重束缚了地方政府进行收入再分配的尝试；资源配置政策则应根据各地居民的偏好不同而有所差别，在这方面地方政府比中央政府更适合，更有利于经济效率的提高和社会福利水平的改进。为此，必须赋予地方政府相对独立的财政权力。(3)奥茨(Oates，1972)的比较优势分权定理。奥茨在《财政联邦主义》一书中，通过一系列假定提出了分散化提供公共品的比较优势，即奥茨“分权定理”：对某种公共品来说，如果对其消费涉及全部地域的所有人口的子集，并且关于该公共品的单位供给成本对中央政府和地方政府都相同，那么让地方政府将一个帕累托有效的产出量提供给他们各自的选民则总是要比中央政府向全体选民提供的任何特定的且一致的产出量有效率得多。因为与中央政府相比，地方政府更接近自己的公众，更了解其所管辖区选民的效用与需求。也就是说，如果下级政府能够和上级政府提供同样的公共品，那么由下级政府提供则效率会更高一些。显然，在信息不对称条件下，地方政府较之中央政府在提供区域性公共品方面更具信息方面的相对优势。

总体上，在多级公共行政体制下，分权型财政体制模式有利于地方政府根据本地实际情况采取相应的财政政策，更好地满足当地居民对公共产品的偏好，也利于提高财政资金使用的效益，促进区域经济增长。例如，1997年的世界发展报告《变革世界中的政府》提供的数据显示，在发达国家，省(州)级政府财政支出占各级政府支出总额的平均比重只有30%左右，最分权的加拿大和日本也仅60%。而中国的省级财政支出近十几年来一直维持了占全国财政支出的将近70%，这在一定程度上解释了改革开放后中国经济增长的一个重要动力来源[①]。当然，分权型体制的缺点也是明显的。例如，分权制模式难以解决公共产品的“外部效应”问题，难以完成某些需要巨额资金的公共投资项目，对于具有较大规模效应的项目则难以提高财政资金的使用效益。此外，分权制模式有时也不利于国家的集中统一和综合国力的提高。

综上所述，一国的财政管理体制直接决定了各级政府财力配置的状况以及财政地位的强弱，是国民经济管理体制的极其重要的组成部分。

---

①　张军：《中国分权给经济学贡献了什么》，http://www.eeo.com.cn/observer/special/2008/04/16/96952.html，2008年4月16日。

专栏 2-1　蒂伯特模型与以足投票

蒂伯特出生于 1924 年，卒于 1968 年，享年 43。1957 年，他在密歇根大学取得经济学博士学位。1963—1968 年，他是华盛顿大学的教授。他以蒂伯特模型而著名。1956 年，蒂伯特在《政治经济学》发表了《地方支出的纯理论》，这是蒂伯特模型的雏形。

蒂伯特模型又称为"以足投票"理论，该模型论证了地方政府提供公共产品的有效性。蒂伯特认为，人们为了最大化自己的效用，会选择到一个地方政府提供的公共产品和所征收的税收的最佳组合的地方去居住，选择的过程就是以足投票的过程。当每个人都得到他或她所需要的公共产品并且对税收水平满意之后，人们将不再流动。此时，帕累托最优就实现了。

但蒂伯特模型是有一系列假定条件的，它们是：(1)人们完全自由流动，可以去任何符合他们偏好模式的社区；(2)人们充分了解各个社区税收和支出组合的区别；(3)存在着足够多的社区供选择；(4)不考虑就业机会对自由流动的限制；(5)公共服务不产生外部经济或外部不经济；(6)治理者按照原有居民的偏好提供公共服务，因此存在一个最优社区规模，当公共服务以最低平均成本提供的时候，就达到了社区的最优规模；(7)人口规模低于最优水平的社区吸引外来居民以降低公共服务提供的平均成本，高于最优规模的社区通过经济力量的作用减少人口，处于最优水平上的社区则尽力保持人口均衡。

当然，这些条件有时候并不符合现实。例如，人们并不能自由流动，人口流动是需要成本的，况且要考虑的不仅仅是税收和公共产品的组合，还有历史、文化、宗教、地理环境等因素。尽管如此，蒂伯特模型至少可以说明一点，在竞争性的地方政府之间，以足投票的过程可以促进地方公共产品供给效率的提高。在某种程度上，蒂伯特模型揭示了地方财税体制与制度对区域经济社会发展的重要影响力。

第二节　我国财政管理体制改革的基本原则与简要历程

一、我国财政管理体制改革的基本原则

作为划分各级政府间财政关系的根本制度，财政管理体制的构建及其评价往往需要依据一定的基本原则。所谓的财政管理体制原则，就是指分析、评价或设计财政管

理体制时所依据的一般性或通用性的基本思想和准则。显然，财政管理体制原则的表述有时不可避免具有一定的主观性，并在不同的国情条件下以及一个国家的不同历史时期往往具有不同的核心特性。这里，主要结合中国国情，对财政管理体制原则进行一般性的理论探讨。

(一)财政体制与行政体制相适应原则

财政体制与行政体制相适应原则不仅仅是“一级政府、一级财政”原则这么简单，而是财政体制与行政体制互为前提、协同适应的复杂问题(见图 2—2)。理论上不难发现，在国内政府间财政管理体制问题研究领域，多数学者的观点认为各级政府的事权划分不清是导致财政支出责任划分不清的前提，而事权划分不清与行政管理体制的不完善则有直接和密切的关系。也就是说，行政体制的内在缺陷直接导致了政府间的财政体制的缺陷。进一步说，财政体制的改革必然受到行政管理体制的制约。“在我国，目前的状况是主管部门主要掌握着公共服务事项的决策权，地方政府主要承担执行的责任。支出责任的划分状况是，主管部门和地方政府相互钓鱼，最后的资金支出缺口往往留给了地方政府，形成‘上级请客、下级埋单’的局面。也就是说，有事权的决策权，并且决定了实行公共服务事项或者标准的决策者不承担全部的支出责任。”①这就是行政管理体制决定和约束了财政管理体制，是形成事权与财力不匹配的主要原因。如果财政体制简单地适应行政体制的话，那么，财政体制的内在缺陷就永远无法消除。因此，财政体制适应行政体制的前提必然是行政体制自身的改革与完善。

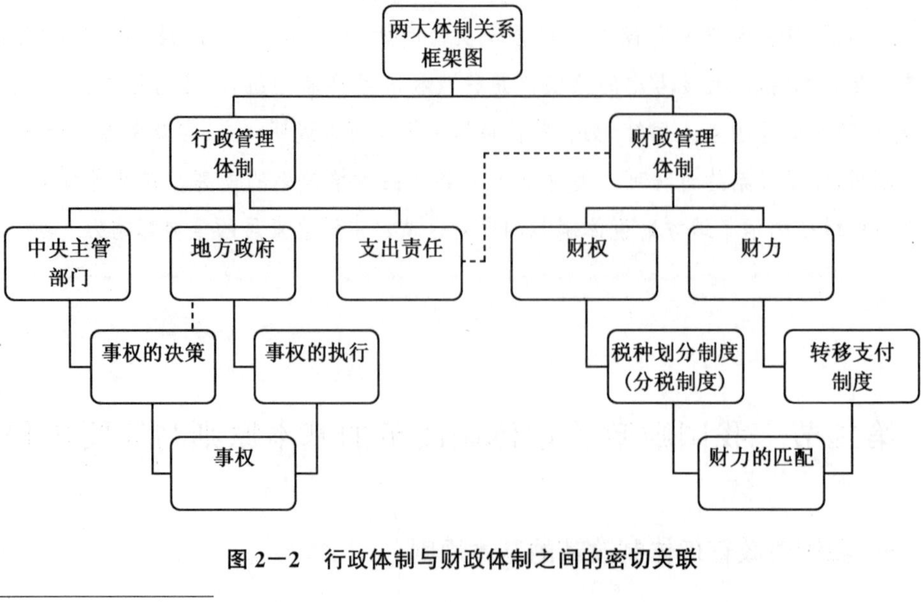

图 2—2 行政体制与财政体制之间的密切关联

① 倪红日:《中国行政管理体制与财政体制的联动改革》，载:《中国改革的下一步:变化与选择——第 64 次中国改革国际论坛论文集》，中国经济出版社 2008 年版，第 65 页。

从另一方面前，行政管理体制改革的推进也不可避免地会受到现有财政体制的约束。如图 2—2 所示，财政体制与行政体制之间是一种互相联系、互为前提、相互掣肘的密切关系，因此，必须进行联动性的改革以使财政体制与行政体制相适应。事实上，行政体制往往决定了各级政府公共服务职责（即事权）的划分，财政体制决定了财权和财力如何在政府主管部门（尤其是在各级政府）之间的划分。这两个体制的关系最终要汇集在事权与财力如何匹配上，其中支出责任的划分是两个体制相衔接的一个具体的关键层面，它既与行政管理体制的设置有关，又与财政体制的设置有关。

（二）财政体制的适度分权原则

财政体制的适度分权原则是指按法定标准在中央与地方之间以及地方各级之间划分财政权（包括财政立法权、财政资金分配权、财政管理权等），而不是高度的集权或完全的分权。在我国，适度分权原则是划分财政资金支配权、财政管理权、财政立法权等财政权的基本准则，特别具有现实意义。适度分权原则既反对中央高度集权，又反对地方各自为政。按适度分权原则划分财政权，既要考虑地方利益，调动地方发展经济、增收节支的积极性，又要逐步提高中央财政收入的比重，适当增加中央财力，增强中央政府的宏观调控能力。因此，适度分权原则有利于调动中央和地方两个积极性，有利于促进国家财政收入合理增长。从根本上讲，这里的适度分权原则是由"统一领导，分级管理"原则发展演变而来。

如前面所述，财政体制的分权原则基本无人质疑，布坎南、蒂伯特、奥茨等西方财政经济学者的理论分析也已相当充分，但问题的关键仍在于财政分权的适度性。事实上，中西双方的学者尽管都不同程度地承认财政分权的必要性，但究竟分权到什么程度才算是适度或科学？对此问题，国内外仍然缺乏全面、有力和明确的科学论述。当然，基于问题本身的复杂性，财政适度分权问题的争论与探索必然会经历漫长的过程。理论上的基本线索是，财政体制的适度分权必然面临两种不同的思考路径：(1)财政体制的适度分权是以中央集权为主的分权；(2)财政体制的适度分权是以地方政府为主的分权。从中国现有的国情以及历史传统来看，许多学者认为中国财政体制的适度分权应以中央集权为主，即由中央政府占主导财政地位。其主要的理论依据在于：如果没有集权，就不成其为一个国家，这既有政治上保证中央凝聚力、统御全局和稳定社会的需要，也有经济上保证中央政府实施宏观调控、平衡地区差距、提高财政活动效率、防止地区间恶性竞争的需要。如果上述分析和表述较为准确的话，在中国现有的财政体制中应要确保中央政府的财政集权地位，即必须在财力上保证中央财政收入占全部财政收入的大头。不难发现，1994 年前后我国财政理论界关于提高财政收入"两个比重"的大讨论，对这种以倾向于集权的适度分权改革的必要性曾有过较充分的论证。当然，这与我国的历史文化传统和政治、经济体制有着密切的关联。

在财政管理实践中，财政体制适度分权原则不仅要求合理划分财政管理权，而且强调合理划分其他财政权，其对财政管理及其立法的具体要求往往是：(1)在财政收入的总量分配上，保证中央财政集中全国大部分财力；(2)明确各级政府的事权，在此基础上划清各级财政的收支范围；(3)设置中央、地方共享的财政收入和共同承担的财政支出，使各级财政既相对独立又相互联系；(4)实行一级政府一级预算，各级财政在其法定收支范围内自求平衡；(5)中央政府对地方政府以及地方上级政府对下级政府推行较为规范的转移支付制度；(6)实施税收分级管理，属于哪一级财源的税收则由相应级次的政府设置独立机构负责征管或由统一的税收机构征收但收入分流和分管；(7)财政立法权基本集中于中央政府机关，地方立法机关的财政立法权限于制定调整地方财政分配关系的法规以及实施国家财政法律、法规的实施细则或实施办法。

(三)财力与事权(或公共支出责任)相匹配原则

理论上，最佳的财政体制运行机制是各级政府的事权与财力大致相匹配，有多少钱办多少事。显然，无论哪级政府"事大财小"还是"事小财大"，都会造成一定的效率损失。例如，"事大财小"会出现"小马拉大车"的问题，导致公共产品供给的减少。同样，"事小财大"则会出现"大马拉小车"的问题，造成稀缺财政资源的浪费。

财权与财力概念有着本质的区别。财权是指在法律允许下，各级政府负责筹集和支配收入的财政权力，主要包括税权、收费权及发债权以及其他财政管理和立法权力；财力则是指各级政府在一定时期内拥有的以货币表示的财政资源，来源于本级政府税收、上级政府财政转移支付、非税收入及各种政府债务等。显然，财力主要指对一定的财政资金的配置权(包括各级政府自有财政资金以及上级政府的财政转移财力)。此外，财权与财力既有联系又有区别。拥有财权的政府，一般拥有相应的财力，但政府拥有财力不一定有财权。上级政府的财权常大于其最终支配的财力。由于一部分财力要转移给下级政府使用，结果是下级政府的 财力往往大于其财权。这种财权与财力关系的现实框架，是目前国际上经济发达国家通常使用的制度框架。①

显然，这里必须注意财力与财权概念的差异。对中外地方政府而言，现实中的财权与事权往往是无法或很难统一、对称或匹配的，甚至有专家认为地方政府的财权与

---

① 倪红日：《突破"事权与财权统一"》，《财经》2007年第2期。

事权也不应完全统一、对称或匹配。[①] 其背后的原因既有一国政治统一的考虑，也有全国宏观调控方面的顾虑。事实上，中国地区间经济社会存在的巨大差距，决定了中国各地方政府的财权与事权匹配原则在实践中难以实现。基于此，财政体制的财权与事权相统一或匹配的提法可能未必科学合理，而财力与事权（即各级政府的公共支出责任）相统一或匹配原则的提法就相对更为科学合理一些。对上级政府的财政转移支付资金而言，与其说是地方政府的一种财权，更不如说是地方政府的一种可支配财力较为科学一些。

值得指出的是，从我国 1994 年的分税制改革开始，财政体制改革的实践已经背离财权与事权相统一或匹配的理论原则。在我国，各级政府的事权和财权已不是原来意义上的统一，中央政府拥有了更大财权，省以下地方政府的财权与其支出（事权）相比要更小。这种改革后所形成的现实已成为目前争论的背景。由此导致的一个理论问题必然是：究竟是我国财政体制改革走错了路，还是原有的事权与财权相一致理论原则滞后了？当然，更重要的问题是，未来的财政体制改革应该遵循原有的事权与财权相一致原则，还是应该有所创新和突破？对此问题的思考与探索理应进一步深入下去。显然，改革开放以来这种理论与体制或制度之间发生明显的矛盾和碰撞是常有的事。

在财政管理实践中，财力与事权相结合的原则是划分各级政府财政收支范围的基本准则，是指各级政府组织、安排财政收支的财力（不一定是财权）应与其承担的政府支出职能相应或相称。当然，在不严格的情况下，财政体制的事权与财权相结合（而非相一致或统一）仍是分权式财政管理体制的基本原则。也就是说，必须将所有的财权（即财政管理和立法权）在不同层级的政府间进行科学合理的配置，而不是由某一级政府来独享。由于事权的范围和规模与财政收支的范围和规模密不可分，因而事权的划分与财权的划分亦密不可分。事权是财政体制关系的核心，行使事权是取得财力与财权的科学依据；而财力或财权则是各级政府行使事权的物质基础。事权与财力、财权的内在联系表明事权应与财力和财权相结合，从各级政府的职能上考察，各级政府的职能优势不同，由其安排的财政收支也应不一样。归根结底地说，事权与财权相结合的结果就必然表现为各级政府掌握与其事权相称的可支配财力。

（四）公平与效率兼顾原则

效率与公平是财政管理体制改革的两个相互矛盾的目标。经济发展需要效率，社

---

① 事权与财权的概念为中国财政理论所特有，国际财政分权理论基本上不使用这样的表述。这一理论和概念的形成，与中国计划经济历史密切相关。事权与财权的关系讨论产生于计划经济时期，发展于中国改革开放初期，基本论点是各级政府的事权与财权应该统一。现在许多人依然在使用这样的表述和理论。

会稳定需要公平。我国地区间社会经济条件、发展水平差异较大,并且全国普遍存在效率低下的问题,财政管理体制改革若过分强调公平,则必然造成有限的资源由高效率地区向低效率地区转移,造成资源浪费和更为严重的低效率问题。也就是说,如果片面地强调了财政体制改革的公平或均衡,就会忽视地区发展的积极性,降低地方财政改革的主观努力程度。但若一味追求效率,则将导致各地区财政能力差距越来越大,加大经济发展的阻力。因此,处理效率与公平的矛盾,应实行效率优先,兼顾公平,实现财政管理体制公平与效率相统一。

不妨可以说,在"坚持把发展作为第一要务"的科学发展观指导思想下,中国现行财政体制改革必须兼顾公平与效率并突出效率的优先地位,最终实现以效率保障公平,以公平促进效率。

在我国,按照财政体制的目标任务和制度设计,在政府财力较为紧张的前提下,既要力求保证提供必要的公共品供给,又要保护和发挥各地发展经济、增收节支的积极性,避免财政财力供给的"吃大锅饭"和"养懒汉"现象,就必须遵循公平与效率兼顾且突出效率的基本原则。与此同时,效率优先原则也是中央和富裕地区有足够的转移支付资金支持相对贫困地区的重要保障,即是保障财力供应过程中的结果公平的重要保障。为此,推行"财政收支挂钩、全额比例分成"的政府财力分配办法,建立健全政府间激励性转移支付制度和财政收入超收激励机制,可能就是一种有益的财政体制改革尝试。

在财政管理实践中,为贯彻效率优先、兼顾公平原则,相应的财政体制改革措施和政策主要体现在:(1)在划分税种时,应遵循征管便利原则,以节约征税成本、提高征税效率;(2)在划分财政权时,充分发挥各级政府的职能优势,充分调动地方发展经济的积极性;(3)在规定共享财政收入分享比例时,实行贡献越大分享比例越大;(4)中央政府通过对地方政府的各种基本公平目标的转移性财力补助,从而使全国各地的基本公共服务提供水平大致均等。

(五)遵循法治原则

完善公共财政体制,必须坚持依法理财,努力建设法治财政,并在全社会形成公共财政法治精神。这是财政体制改革法治原则的重要体现。事实上,世界上实行分税制财政管理体制的国家无一不是制定系统、完善的法律来调整财政分配关系,无一不在财政管理体制中贯彻法治原则。因此,我国完善公共财政体制的关键在坚持依法理财。①

比较而言,我国有关现行财政体制的内容,只在《宪法》中简单地提了一笔,并没有以法律的形式对相关内容作详细规定。相关法规只停留在1993年12月15日国务院

① 钟阳胜:《完善公共财政体制与建设法治财政》,《人民日报》2006年2月22日。

颁发的《关于实行分税制财政管理体制的决定》基础上，而且对事权、财权、转移支付等内容也是粗线条的规定，仍缺乏可操作性。基于此，就目前我国财政体制法治性而言，在某种意义上是“人治”大于“法治”、“上级”决定“下级”，政府间的事权、财权、转移支付等重大事项调整，往往只是依据政府或政府部门的“红头文件”。[①] 为此，借鉴国际经验，我国就应研究出台《政府间财政关系法》《转移支付法》，修订《预算法》，真正以“法”的形式规范政府间财政行为，实现“人治”财政向“法治”财政的重大转变。

众所周知，公共财政实质是市场经济财政，而市场经济又是法治经济。因此，公共财政收支活动的每个环节都应在法律框架内进行，依法理财是公共财政体制最基本的原则。这就是说，公共财政体制应以法律制度为基础，以运作规范、程序正当为要求，以财政行为依法依规为准则。具体地讲，财政体制的法治原则主要体现在：(1)依法安排收支和编制预算。预算反映一定时期政府依法行政，进行经济调节、市场监管、社会管理、公共服务的政策取向，必须依法编制。例如，按照宪法和预算法的规定，各级政府收支范围应是法律事先确定而不应人为随意调整，相应的收支数据也应真实、完整、统一、准确、可靠并对社会公开。(2)按照一定的体制框架和管理程序依法审批预算。政府编制的预算必须经过同级人民代表大会审查批准才具有法律效力。超出同级人大审议通过的财政预算范围的支出特别是重大支出，政府临时作出后须报同级人大常委会审议批准，才能追加预算项目或调整预算支出，而不能由政府单独审批，更不能由行政领导个人决定。(3)依法执行预算。依法执行预算是依法理财的关键。在预算实施的过程中，有四个环节特别重要：一是预算收入的执行，即收入的组织。财税部门要按照有关法律法规，及时、足额征收应征的预算收入，包括税和非税收入。任何地方、部门或领导个人都不得擅自越权减征、免征应征的预算收入，不得截留、占用或混库、挪用，也不得拖欠。二是预算支出的执行。必须根据经依法批准的预算安排，将各项支出适时、正确地拨付落实到用款部门和单位。三是预算执行的调整。因执行中情况的变化，可能会对预算进行调整，但这种调整必须依法进行，经过法定程序审查批准。四是预算执行中的分析检查。政府财政部门必须注重分析检查各项预算的收支情况，建立财政分析制度、财税联席会议制度和财政部门领导分工负责抓收入制度。(4)依法进行决算。决算是财政收支的终结。在我国，各级政府财政部门必须依法进行决算，决算结果须报本级人民政府审定后提请同级人大常委会审查批准，并以政府名义报上一级政府备案。政府各部门的决算须在规定时限内报同级政府财政部门审核。财政部门审核后发现有不符合法律法规规定的，应予以纠正。(5)依法进行预算监督。预算监督是依法理财的重要环节，贯穿于预算的编制、审议批准、执行审查和决算的全

---

① 王振宇：《反思分税制改革》，《瞭望》2009年11月18日。

过程。各级人大及其常委会依法履行监督职权。政府及政府财政部门必须自觉接受同级人大及其常委会、上级人大及其常委会的预算监督。政府审计部门的审计是在政府行政首长领导下,代表政府或接受同级人大常委会的委托,对财政预算和执行预算情况进行监督。财政部门的会计审计主要对政府部门进行内部审计,有些项目必要时也可聘请社会中介机构协助审计。这些是相关部门的法定职权,任何单位都必须自觉接受、主动配合。

二、我国财政管理体制的简要历程

在中国,财政管理体制的改革探索基本实行自上而下、向下分权或授权的改革模式,这种向下分权的改革路径决定了我国财政体制一直以来缺乏稳定性。对这一过程的回顾与分析将有益于未来财政管理体制的积极探索。自 1949 年新中国成立以来,中国财政走过了半个多世纪的风雨历程,财力由小到大,由弱变强,财政管理体制也基本实现了由计划经济体制下的传统模式向适应社会主义市场经济的新体制转变。

概括起来,中国财政管理体制的演变过程主要经历了以下三个阶段。

(一)1949—1978 年间的统收统支财政体制尝试

新中国成立之年到改革开放前,我国实行传统的计划经济管理体制。在此背景下,财政作为国家筹集、运用资金的主要渠道和实现资源配置的重要工具,基本上实行由中央高度集中的"统收统支"财政管理体制。其中,由于不同时期的政治经济形势,也经历了几次重大调整。一是 1958 年在"大跃进"推动下,我国财政体制实行"以收定支、五年不变",以扩大地方财权。同时,对国有企业实行利润留成制度,扩大企业自主权,调动各方积极性。二是 1961 年中央决定实行"调整、巩固、充实、提高"的方针,着手对国民经济进行调整。财政体制调整的主要内容是加强集中统一,国家财权基本集中到中央、大区和省(市、自治区)三级。同时,还调整了企业留成比例,将全国企业平均利润留成比例从 13.2%降到 6.9%,并规定了用途。三是在 1966 至 1976 年"文化大革命"期间,为维护社会基本稳定,最大限度地满足国家政权机关正常运转,我国财政体制不得不被动地进行频繁调整,收支指标、分成比例基本是一年一变。

(二)1978—1993 年间的财政包干体制实践

1978 年党的十一届三中全会以后,财政管理体制作为整个经济体制改革的突破口,率先起步,打破了过去"统得过死、管得过细"的局面,实行了包干办法,建立了中央与地方政府之间的"分灶吃饭"体制框架。这一阶段又具体分为如下几个重要改革时期。

一是 1980 年开始实施的"划分收支、分级包干"财政管理体制。政府之间的分配关系由"一灶吃饭"改为"分灶吃饭",财力分配由过去的"条条"为主改为以"块块"为主，收支划分和分成比例由过去的“一年一定”改为“五年一定”。此次改革是新中国成立以来第一次比较全面、深刻的财政管理体制改革，极大地调动了地方的积极性。但也存在一些问题，主要是由于当时我国正在进行经济调整，减收增支的因素较多，因此体制在执行中不得不调整原“五年一定”的包干指标，导致资金过于分散，加剧了中央财政收不抵支的困难。

二是1985年的“划分税种、核定收入、分级包干”财政管理体制。主要是在第二步利改税基础上，1984年国务院颁布《国营企业第二步利改税试行办法》，将原来的工商税按性质分为增值税、营业税、产品税、盐税，开征了资源税，恢复了房产税、土地使用税、车辆牌照使用税和城市维护建设税，划分中央财政固定收入、地方财政固定收入和中央地方共享收入，并按收支划分范围和确定的收支基数，中央与地方进行分成。总体上，1985年财政管理体制保持了“分灶吃饭”的优点，让地方获得了较大的自由裁量权，可以统筹安排地方支出，同时也使中央的收入能够大体与地方财政保持同步增长。但是，由于地方留成较少，组织财政收入的积极性受到影响，出现了减税让利过多、财政收入增长缓慢甚至滑坡等现象，影响了国家财政的稳定与平衡。当然，地方政府与中央政府在财政体制框架内的博弈行为古今中外都不同程度地存在。

三是1988年后财政包干体制的进一步完善。为强化中央财力和中央宏观调控能力，按照1987年党的十三大确定的“一个中心、两个基本点”的方针，财政管理体制也相应进行了调整，改进并丰富了包干办法，具体包括六种形式：收入递增包干、上解额递增包干、定额上解、总额分成、总额分成加增长分成、定额补助。这一时期包干体制的主要效用是“边际增量分成”，地方增收的留成比例较高，提高了地方组织收入的积极性；同时，改变了财权高度集中的状况，增强了地方财力，提高了地方政府统筹辖区经济社会发展的能力。

（三）1994年以来的分税制财政管理体制改革探索

为了进一步理顺和稳定中央与地方政府之间责任和财力分配关系，适应市场经济发展需要，针对包干体制的弊端，在立足国情并合理借鉴国际经验的基础上，1994年我国开始实施分税制财政管理体制改革。

分税制是中央与地方政府之间划分税收收入的各种制度的总称。由于税收的划分涉及财力在各级政府之间的分配，形成了各级政府履行职能的物质保证，因此，财政体制即以此为名。分税制财政体制是市场经济国家普遍实施的财政体制，我国从1994年税制改革之后开始实行。从改革成效来看，分税制财政体制提高了“两个比重”（即中央财政收入占全国财政收入的比重和财政收入占*GDP*的比重），更重要的是，它明确按照构建市场经济体制的要求进行，初步构建了市场经济体制下政府间财政关系的基本框架。

1994年以来我国分税制财政体制改革的主要内容如下：

1.按照中央和地方政府的事权，划分各级财政的支出范围

中央财政主要负担国家安全、外交和中央机关运转所需经费，调整国民经济结构、协调地区发展、实施宏观调控必需的支出以及由中央直接管理的事业发展支出。具体包括：中央统管的基本建设投资，中央直属企业的技术改造和新产品试制经费，地质勘探费、由中央财政安排的支农支出，国防费、武警经费，外交和援外支出，中央级行政管理费，由中央负担的国内外债务还本付息支出，以及中央本级负担的公检法支出和文化、教育、卫生、科学等各项事业费支出。地方财政主要负担本地区政权机关运转以及本地区经济、事业发展所需的支出。包括地方统筹的基本建设投资，地方企业的技术改造和新产品试制经费，支农支出，城市维护和建设经费，地方文化、教育、卫生、科学等各项事业费和行政经费，公检法支出，部分武警经费，民兵事业费，价格补贴支出以及其他支出。

2.根据财权与事权相结合原则，合理划分中央与地方收入

按照税制改革后的税种设置，将维护国家权益、实施宏观调控所必需的税种划为中央税；将适宜地方征管的税种划为地方税，并充实地方税税种，增加地方税收入；将与经济发展直接相联系的主要税种划为中央与地方共享税。具体划分如下：

中央固定收入包括：关税，海关代征消费税和增值税，中央企业所得税，地方银行和外资银行及非银行金融企业所得税，铁道部门、各银行总行、各保险总公司等集中缴纳的收入（包括营业税、所得税、利润和城市维护建设税），中央企业上交利润等。外贸企业出口退税，除1993年地方已经负担的20%部分列入地方上交中央基数外，以后发生的出口退税全部由中央财政负担。

地方固定收入包括：营业税（不包括铁道部门、各银行总行、各保险总公司等集中缴纳的营业税），地方企业所得税（不含上述地方银行和外资银行及非银行金融企业所得税），地方企业上交利润，城镇土地使用税，个人所得税，固定资产投资方向调节税，城市维护建设税（不含铁道部门、各银行总行、各保险总公司等集中缴纳的部分），房产税，车船使用税，印花税，屠宰税，农牧业税，农业特产税，耕地占用税，契税，遗产和赠予税，土地增值税，国有土地有偿使用收入等。

中央与地方共享税包括：增值税、资源税、证券交易税。增值税中央分享75%，地方分享25%；资源税按不同的资源品种划分，大部分资源税作为地方收入，海洋石油资源税作为中央收入；证券交易印花税，中央地方各分享50%。

在划分税种的同时，分设中央税务机构和地方税务机构，实行分别征税。中央税种和共享税种由国税局负责征收，其中共享收入按比例分给地方；地方税种由地税局征收。

3. 中央财政对地方税收返还数额的确定

为了保持地方既得利益，中央财政对地方税收返还数额以 1993 年为基期年核定。1993 年中央从地方净上划的收入数额（即消费税和 75%增值税之和减去中央下划地方收入），全额返还地方，保证地方既得财力，并以此作为中央财政对地方的税收返还基数。1994 年以后，税收返还额在 1993 年基数上逐年递增，递增率按全国增值税和消费税的平均增长率的 1∶0.3 系数确定，即上述两税全国平均每增长 1%，中央财政对地方税收返还增加 0.3%。如若 1994 年以后中央净上划收入达不到 1993 年基数，则相应扣减税收返还数额。

4. 原体制中央补助、地方上解及有关结算事项的处理

为顺利推行分税制改革，1994 年实行分税制以后，原体制的分配格局暂时不变，过渡一段时间再逐步规范化。原体制中央对地方的补助继续按规定补助。原体制地方上解按不同体制类型执行：对实行递增上解的地区，按原规定继续递增上解；对实行定额上解的地区，按规定的上解额，继续定额上解；实行总额分成和原分税制试点地区，暂按递增上解办法，即按 1993 年实际上解数，并核定一个递增率，每年递增上解。原来中央拨给地方的各项专款，该下拨的继续下拨。地方 1993 年承担的 20%部分出口退税以及其他年度结算的上解和补助项目相抵后，确定一个数额，作为一般上解或一般补助处理，以后年度按此定额结算。

随着时间的推移，财政体制在 1994 年的框架上不断做着调整和改革。在事权和支出责任的划分上，多年以来几乎未做变动。然而，诸如政府与市场边界不清、中央与地方职责交叉重叠等问题影响到了市场、中央和地方各自职能的发挥。2016 年，国务院出台了《关于推进中央与地方财政事权和支出责任划分改革的指导意见》。未来的事权划分将在以下框架进行：根据财政联邦制的相关理论，划分中央和地方的事权，减少共同事权，建立事权划分的动态调整机制；事权与支出责任相匹配。

在收入划分上，企业所得税和个人所得税已经调整为中央与地方六四分成的共享税；出口退税从 2004 年开始由中央与地方共同负担，以 2003 年为基数，超过基数部分的出口退税额中央与地方各承担一部分，2005 年开始中央承担 92.5%，地方承担 7.5%，2015 年 1 月 1 日起，出口退税全部由中央负担。

转移支付方面也进行了较大改革：1995 年开始实行的过渡期转移支付现在调整为均衡性转移支付，用客观因素作为财政转移支付的依据；2014 年，国务院发布了《关于改革和完善中央对地方转移支付制度的意见》。

1994 年以来，具体税种改革比较频繁，有一些是影响深远的改革，也影响到了政府间收入划分。例如，2016 年 5 月 1 日起，全面推开“营改增”试点，增值税收入也调整为中央和地方五五分成。

此外,1994 年以来,各地也按照分税制财政管理体制的基本原则,结合本地实际,初步明确了省以下各级政府的收支范围,建立了省对下转移支付体系,基本形成了较为彻底的纵向分税机制。同时,不断创新财政管理方式,陆续实施了"省直管县"和"乡财县管"改革,减少了财政管理级次,提高了财政资金使用效率。

专栏 2-2　我国中央对地方转移支付制度及未来改革方向

目前,中央对地方的转移支付分为一般性转移支付和专项转移支付。一般性转移支付即无条件拨款,包括均衡性转移支付、老少边穷地区转移支付、成品油税费改革转移支付、体制结算补助、基层公检法司转移支付、基本养老金转移支付、城乡居民医疗保险转移支付。我国一般性转移支付项目种类多、目标多元,均等化功能较弱;除了均衡性转移支付,其他一般性转移支付由于蕴涵了中央政府的政策意图,被规定了具体使用方向,不能被地方政府统筹使用,不是严格的无条件转移支付。

专项转移支付即有条件拨款,拨款提供者指定了拨款的用途,拨款接受者必须按规定的方式使用拨款资金。我国专项转移支付涉及领域过宽,分配使用不够科学;一些项目行政审批色彩较重,与简政放权改革的要求不符;地方配套压力较大,财政统筹能力较弱;转移支付管理漏洞较多、信息不够公开透明。

税收返还是 1994 年分税制改革之时为确保地方既得利益而做出的妥协。中央对地方的税收返还是按照来源地规则设计的。在此规则下,各辖区获得的税收返还数额取决于向中央贡献了多少税收,不取决于各辖区的人口、人均收入、地理特征以及其他影响财政能力的因素。因此,税收返还不具备均等化效应,受益的主要是发达省份,是造成分税制后地区间差距拉大的其中一个因素。

图 2—3 是 2008 年至 2017 年中央对地方转移支付概览。从图可见,由于独特的制度设计原因,十年间税收返还一直维持在一个稳定的水平。一般性转移支付和专项转移支付的相对比重在 2011 年出现了反转。一般性转移支付和专项转移支付相对趋势的变化与近些年我国转移支付制度改革的取向有关。因为专项转移支付制度存在审批时间长、多头申报、预算支出进度慢等管理问题,同时,一般性转移支付给予下级政府更大的资金使用自由度,所以在改革中倾向于减少专项转移支付的比重,增加一般性转移支付的比重。2011 年之后,一般性转移支付和专项转移支付占整个转移支付的比重逐渐拉开了差距。2011 年,一般性转移支付占中央对地方补助收入的比重为 45.87%,专项转移支付所占比重为 41.51%。2017 年,一般性转移支付占中央对地方补助收入的比重为 54.03%,专项转移支付所占比重为 33.64%。

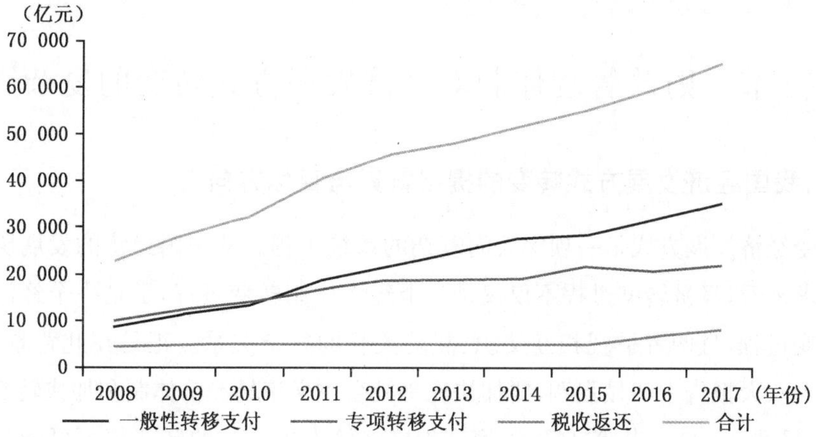

注：为简化中央与地方财政结算关系，从2009年起，将地方上解与中央对地方税收返还作对冲处理。

图2—3　中央对地方转移支付和税收返还概览

未来中央对地方的转移支付将以推进地区间基本公共服务均等化为主要目标，以一般性转移支付为主体，完善一般性转移支付增长机制，清理、整合、规范专项转移支付，严格控制专项转移支付项目和资金规模，增强地方财政的统筹能力。未来改革将主要包括以下几大方面。

1. 优化转移支付结构。在合理划分中央和地方事权与支出责任的基础上，形成以均衡地区间基本财力、由地方政府统筹安排使用的一般性转移支付为主体，一般性转移支付和专项转移支付相结合的转移支付制度。

2. 完善一般性转移支付制度。清理整合一般性转移支付，建立以均衡性转移支付为主体、以老少边穷地区转移支付为补充并辅以少量体制结算补助的一般性转移支付体系。同时，建立一般性转移支付稳定增长机制。增加一般性转移支付规模和比例，逐步将一般性转移支付占比提高到60%以上，根据2016年和2017年全国财政决算，2016年一般性转移支付占比已经超过60%，2017年一般性转移支付占比为61.63%。

3. 完善专项转移支付。对于中央和地方共同事权项目，以及少量中央委托事权项目及引导类、救济类、应急类项目设立的专项转移支付，要建立健全定期评估和退出机制；严格控制新设专项；取消地方资金配套要求；逐步取消竞争性领域专项转移支付。

第三节 财政管理体制对经济发展方式转变的复杂影响

一、我国经济发展方式转变的提出背景与目标方向

转变经济发展方式是一项宏大而复杂的系统工程。从中国经济的发展历程及其内在需求来看,经济转型过程不仅仅是一个经济体制转变过程,更是一个经济发展方式的转变过程,且两者呈现相互交织、互动关联的复杂关系。正是在此背景下,2012年党的十八大报告中明显强调,要加快完善社会主义市场经济体制和加快转变经济发展方式(见图2—4)。当然,任何国家和地区经济发展方式的转变都不可能是无条件的、自然而然发生的,客观上都需要相匹配的财政体制机制的保障以及金融等其他体制机制的"保驾护航"。

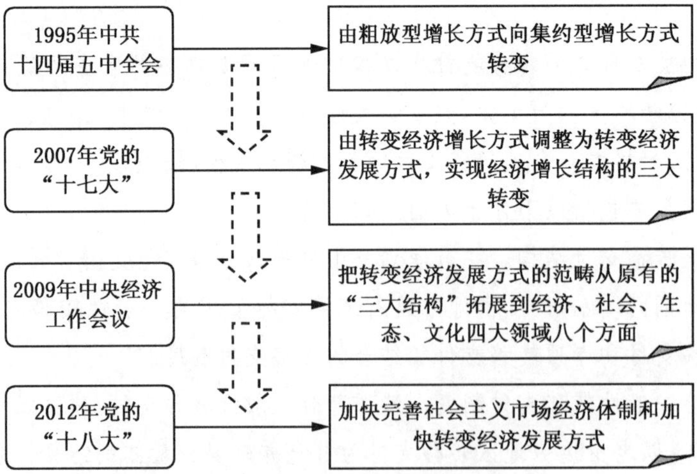

图2—4 我国经济发展方式的复杂转变历程

从现有文献来看,经济转型较早是在20世纪60年代由苏联提出,我国则从1995年第九个5年计划也曾提出将粗放型经济向集约型经济转变以及从计划经济转为市场经济。随后,2011年我国政府正式公布的"十二五"规划第一次把加快转变经济发展方式作为改革"主线",在此基础上,其明确提出"十二五"期间我国重点要理顺各级政府间财政分配关系,健全公共财政体系,完善预算制度和税收制度,积极构建有利于经济发展方式转变的财政体制。在"十三五"期间,转变发展方式依然是我国经济发展的主线。例如,我国"十三五"规划明确提出,全面适应经济发展新常态,确保转变经济

发展方式取得实质性进展。目前,国内学者的基本共识是:(1)可以从不同角度阐述经济发展方式转变的重要性,经济发展方式的转变需要跟经济增长方式区分开来;(2)从更高的层次和更深的内涵来看,客观上中国经济发展方式需要转变,并在适当经济增长的基础上,从经济结构、产业结构、资源、环境、民生等更多角度,实现经济发展方式的转变;(3)在未来相当长时期"以改革促转变"的实践中,中国经济发展方式转变已迫在眉睫,并承受着"不得不转"以及"早转胜晚转"的政策期望和现实压力。

作为一种已取得较大共识的科学论断,以转变经济发展方式为主线的核心是"加快"和"转变"两个关键词,其重大现实意义主要体现在三个方面:(1)以加快转变经济发展方式为主线,是推动科学发展的必由之路。不难发现,传统的经济发展方式以高投入、高消耗、高污染、低效益("三高一低")为主要特征。这种外延式、粗放型的经济发展方式固然奠定了中国经济长期、快速发展的良好基础,但其不良弊端越来越暴露出来,以至使得中国经济发展方式陷入了"非转不可"或"不得不转"的困境和窘境。传统经济发展方式导致了经济社会发展中的一些较尖锐的矛盾和问题。例如,以片面追求 *GDP* 为导向,忽视民生的保障和改善,忽视社会事业的健康发展,忽视资源节约和环境保护;贫富差距拉大,城乡和区域发展不平衡;投资、消费和出口不协调,产业和产品的低端化扩张倾向愈演愈烈;等等。以加快转变经济发展方式为主线,就是要走上新的发展道路,即科学发展之路,始终做到坚持科学发展,更加注重以人为本,更加注重全面协调可持续发展,更加注重统筹兼顾,更加注重保障和改善民生,促进社会公平正义。(2)以加快转变经济发展方式为主线,符合我国的基本国情和发展阶段性新特征。经过改革开放 40 多年来社会生产力的快速发展,我国的综合国力大幅提升,但总体上仍处于社会主义初级阶段,人民小康生活还处于低水平、不全面、不平衡状态,发展仍是解决我国所有问题的关键。(3)加快转变经济发展方式本质上是我国经济社会领域的一场广泛而深刻的变革或革命。加快转变经济发展方式不仅是我国经济领域的一场深刻变革,而且是我国经济社会领域的一场深刻革命,将贯穿于经济社会发展的全过程和各领域。基于经济活动本身的复杂性和系统性,任何国家或地区经济发展方式转变必须是多维度的,而不是单线条的。立足不同层面或观测视角,图 2—5 较全方位地刻画了我国经济发展方式转变的复杂过程及其内在逻辑关联。应指出,从经济发展方式或模式的旧常态转向新常态是仅具有相对意义上的过程演变和状态切换。虽然经济"新常态"在很多情形下尚未完全成为一种稳固的形态,但仍可从哲学层面和战略层面进行探讨。概括地讲,这里所描述的经济转型在转向的"新常态"是指在现代中国经济发展新理念和新规则的基础上构建的较稳固和可持续的新秩序、新态势和新状态。结合当前我国的财税实践和改革新政,新常态下的转型特征初具雏形。

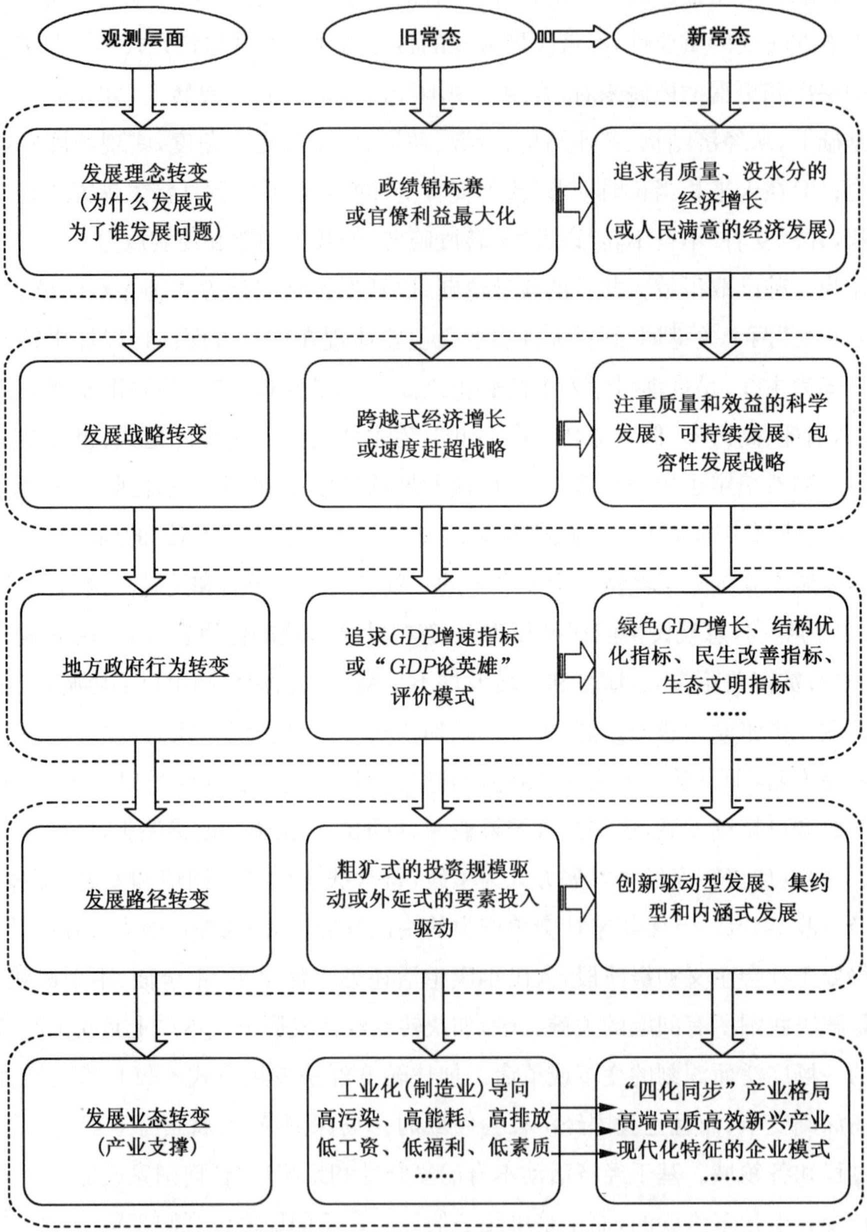

图 2—5 经济发展方式的多维度转变及其内在逻辑关系示意图

二、财政管理体制促进经济发展方式转变的机理假设

转变经济发展方式客观上既需要从微观主体角度调整经济要素的配置方式并提高配置效率，也需要政府的宏观财税体制机制的保障与推动。地方财政体制作为调控社会经济发展的重要制度安排，具有范围广、规模大、影响深等特点和优势，并在加快

转变经济发展方式中有着非常重要的基础地位。改革和完善财政体制等相关的体制机制，将是进一步推进我国经济发展方式转变的重要保障。这使得如何构建有利于经济发展方式转变的地方财政体制显得尤为重要，也将在一定程度上决定着中国经济发展方式转变的快慢及其成效。理论上，地方财税体制一直且将继续是促进我国经济发展方式转变的重要变量之一，且不同的地方财税体制会对经济发展方式转变产生一定的异质性效应。当然，不同的体制和机制安排会导致不同的激励效应，从而对区域经济发展方式转变产生不同的作用结果(见图 2－6)。

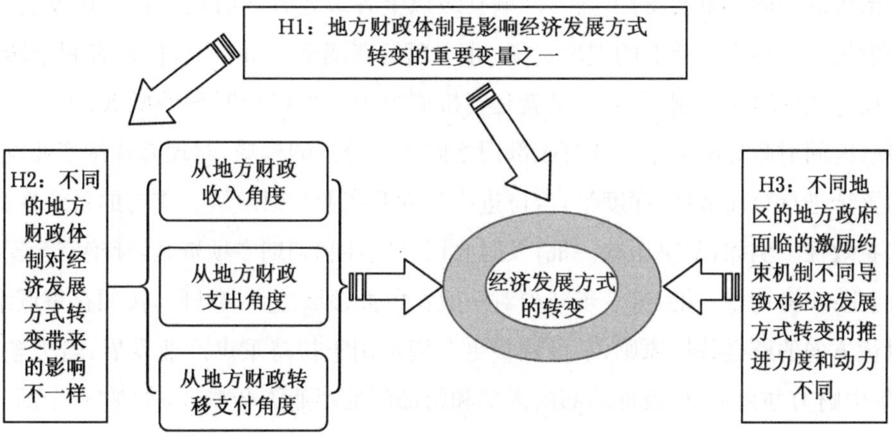

图 2－6 地方财政体制促进经济发展方式转变的基本假设模型

理由和依据主要如下：

(1)地方财税体制改革同时具有经济性、社会性和政治性的广义内涵，因此，其有可能成为当前复杂背景下经济发展方式转变的一个重要切入口和突破口。事实上，财税制度和政策本身是各级政府调节经济发展的基本手段。公共财政以社会公共需要的满足作为财政分配的基本目标，地方政府在教育、卫生、社会保障、环境等方面公共服务和产品的供给也是以财政为重要基础。不仅如此，公共财政以现代意义的具有公开性、透明度、完整性、事前确定、严格执行的预算作为基本管理制度，财政管理的民主化、法治化和透明化也是转变政府职能、推进社会主义民主政治的重要方式。从发展来看，自从 1998 年我国政府公开提出建立公共财政制度框架以来，我国在公共财政体制建设方面取得了许多积极的成果，包括实行部门预算改革，推行“乡财县管”和“省直管县”等体制创新，推行财政绩效评价制度和绩效预算制度试点等，这些都为未来时期的公共财税体制改革奠定了坚实的基础。

当然，地方财税体制改革的基本原则必须是坚持划清政府与市场的作用边界。在区域经济发展方式转变过程中，对扶持战略新兴产业发展的地方财税政策进行改革，就必须划清政府与市场的关系。改革实践中,地方政府应当遵循市场经济规律,在产业获取资源的环节,要着眼于建立有限型政府,政府的作用仅限于对市场缺陷的补位和校正,以不干扰市场价格信号为边界,减少竞争性领域的财政投入。而在产业发展环境方面,则要着力建设服务型政府,积极主动承担提供优质公共服务的财政责任,加快完善市场经济体系,创造良好的市场竞争环境。

(2)以深化预算改革为核心的地方财政体制机制改革,可以进一步强化财政预算对经济发展方式转变(如产业转型升级)的基础和支撑作用。主要理由:①坚持财政是国家治理的基础和重要支柱,需要理顺县级以上各级地方政府在扶持产业发展、促进经济发展方式转变事项上的支出责任,并实现动态调整。事实上,构建有利于转变经济发展方式的财税体制,首要之义就是要按照财力与事权相匹配的要求,进一步理顺各级政府间财政分配关系。②打破部门之间条块分割的格局,对现有扶持产业发展的专项资金进行全面清理、深度整合,可进一步提升产业性财政资金支持的系统性、针对性和有效性。例如,坚决压减一批,及时收回一次性和到期专项资金,杜绝资金安排固化、僵化;积极调整一批,进一步减少对一般竞争性领域的直接补助,按照存量调结构、增量优方向的资金扶持原则,积极调整更多资金用于扶持重点产业发展;着力整合一批,集中财力办大事,积极推动部门内部和跨部门的产业资金整合,实现"一个部门、一个专项"(如浙江省财政部门首创的"专项性一般转移支付制度"模式)[①],加快解决专项资金用途交叉、使用分散的问题;加快下放一批,即对一些适合市县政府统筹管理的专项资金,要切块安排,并尽可能把同类资金打捆下达,由当地政府结合地方实际自主安排。③深化财政资金分配方式改革,可进一步提升财政资金对产业发展的扩张效应。例如,由以往直接定项目向竞争性分配转变。在资金分配环节,改变过去层层按额度报项目、批项目的做法,采取竞争性分配方法,实现项目选择多中选好、好中选优,真正把有限的资金用在最急需支持的区域产业和项目上。再如,由财政单一扶持向财银(即财政与银行)、财企(即财政与企业)合作扶持新机制转变。积极采用贷款贴息、以奖代补、政府购买等方法,充分发挥地方财政资金的"四两拨千斤"作用或种子机制作用。④强化预算绩效管理。强化绩效管理,将绩效评价从具体项目扩大到对各部门、各地区开展扶持产业发展的活动,可以提高财政的资源配置效益。例如,建立健全财政扶持产业专项资金的绩效评价和项目跟踪反馈机制,积极推动绩效评价对象由企

---

① 在浙江,随着地方公共财政越来越向民生倾斜,义务教育阶段免学杂费和课本费、新型农村合作医疗制度、生态公益林补偿机制等民生项目曾经都被设为专项转移支付项目,但其实质上是对这些受益人群普惠性的转移支付资金,更多的是体现均衡性、均等化。即从资金性质上看属于一般财力性补助。因此,浙江省财政厅从2009年起,进一步规范了这类资金的财政管理运行机制,创新性地将14项约45亿元资金纳入一般转移支付范畴,并称之为专项性一般转移支付制度模式。

业和项目向部门、地区整体转变，加快建立“花钱必问效、无效必问责”的绩效管理新机制。此外，还应强化财政管理制度建设，所有专项资金分配都要先定办法、后分资金，确保资金安排有章可循，构建财政性资金高效运行新机制。

值得指出，盘活财政存量资金是预算改革的重要方向，对提高财政资金使用效益、促进经济发展方式转变具有重要意义。为此，就需要全面核实地方财政、部门存量资金基数，限期办理存量资金收回、交回手续。制订财政存量资金盘活方案，对统筹使用沉淀的存量资金建立任务清单和时间表，用于增加公共服务供给以及区域经济转变发展亟须资金支持的重大领域和项目。完善定期清理机制，在目前每年年底清理财政存量资金的基础上，年度执行中再集中清理一次，避免新增结转结余。建立财政存量资金与转移支付安排、地方政府债券发行、库款调拨等挂钩机制。

(3)通过深化地方财政体制改革，可以进一步扩大地方财政的资源聚集和产业助推功能。内在的逻辑关系包括：①地方财政体制改革，可以促进地方政府事权与支出责任相匹配，共同落实产业发展的政府责任。从分级负责角度，通常省级财政要负责做好专项资金政策的顶层设计、健全制度体系；市县财政处在财税政策落实的第一线，要强化监管，负责审核项目申报材料的真实性。从部门分工协作角度，财政部门和业务主管部门要各司其职、各负其责，共同落实扶持产业发展的相关责任。实践中，业务主管部门解决项目管理中“做什么、怎么做”的问题，财政部门则解决资金管理中“给多少、怎么给”的问题。②正确处理各级政府间的收入关系，对区域产业升级和发展转型至关重要。例如，遵循公平、效率原则，将税基分布不均衡、税基流动性大的税种，更多地向上集中(如中央或省级)，进一步减少下级政府对企业跨地区发展或者兼并重组的行政限制，则会更有利于打造大企业、大集团的转型发展模式；减少或摈弃按企业行政隶属关系划分政府间税收的税收体制；为充分调动各级政府加快发展重点产业的积极性，省级政府宜强化对各地财税收入质量的考核，对各地财政收入中重点产业所提供的税收占比提升较快的给予一定的财政奖励。③构建有利于资源积聚的财税机制，可以助推区域经济发展方式转变。例如，以平衡地区间利益关系为切入点，加快建立健全区域间分工合作、互惠共赢的财税协调机制，引导更多资源向重要地区、重点园区集中，打造区域经济的新增长极，以点带面促进区域经济的转型发展。

总体上，地方政府可以通过财政支出工具来影响和引导经济结构的优化以及发展方式的转变，主要途径是通过调整和引导产业结构调整、对科教文卫等方面的民生支出以及在资源环境等方面的奖励处罚支出等，如图 2—7 所示。其中：在产业结构方面，经济发展方式的转变要求产业结构由第一、二产业带动转变为由第一、二、三产业协调发展(如加快服务业的发展)；在民生方面，教育支出引致的人力资本提升，科技创新投入增强了经济转型技术含量，以及社会保障综合投入等都对推动经济发展方式的转变意义重大;在资源环境的开发和保护方面,政府的财政支出是投资环境保护的重要来源之一,并且对引导企业和社会环境保护投入起到了重要的带头作用。随着财政支出政策不断完善,财政对环境保护的投入力度不断加强,为加快转变经济发展方式提供了有效的资金保障。通过加大财政支出对资源环境的投入力度,支持节能技术改造、水污染防治、淘汰落后产能、建筑节能、农村环保以及环境检测监察等,把节能减排作为经济发展的重点,促进节能增效和生态环保,这有利于资源的节约和环境保护的产业结构调整,有利于生产方式和消费模式的改善,从而实现资源节约型和环境友好型的社会建设。

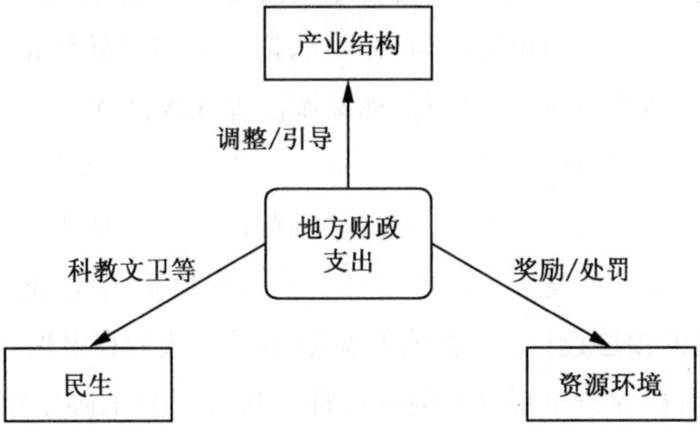

图 2—7　地方财政支出促进区域经济发展方式转变的简单模型

(4)完善各类财政转移支付制度,可助推区域经济发展方式的渐进转变。在我国,加快转变经济发展方式,推动经济社会全面协调可持续发展,一个重要任务是缩小地区间发展差距,推动东中西经济协调发展。当前,我国城乡、区域之间的发展差距,首先体现在财力和公共服务水平的差距上。财力和公共服务水平的差距既是经济发展不平衡的结果,又是造成经济社会发展新的不平衡的原因。因此,扭转区域和城乡经济发展不平衡的趋势,就必须完善财政转移支付制度,充分发挥财政均衡制度功能。通过建立健全省以下财政转移支付制度,进一步实现区域和城乡均等化发展,对经济发展方式转变的协调和均衡推进具有重要的意义。同中央对地方转移支付类似,省以下转移支付也包括一般性转移支付和专项转移支付两种。其中:一般性转移支付包括均衡性转移支付、调整工资的转移支付、政策性转移支付、农村税费改革的转移支付、激励性转移支付以及生态转移支付等(如图 2—8 所示)。现实中,均衡性转移支付、调整工资的转移支付、农村税费改革的转移支付是省级以下的一般性转移支付的主要种类,并在规模上占了主体地位。值得指出,在财政转移支付制度体系中,大多数转移支付项目都与民生保障、公共服务供给等政策目标息息相关,而这些政策目标的实现程度则将直接或间接地为经济发展方式转变提供重要支撑。例如,进一步扩大教育、卫生、文化等领域基本公共服务的均等化供给,就可在一定程度上实现改善民生目标的同时，不断培育出区域经济增长的新动力或新方向。

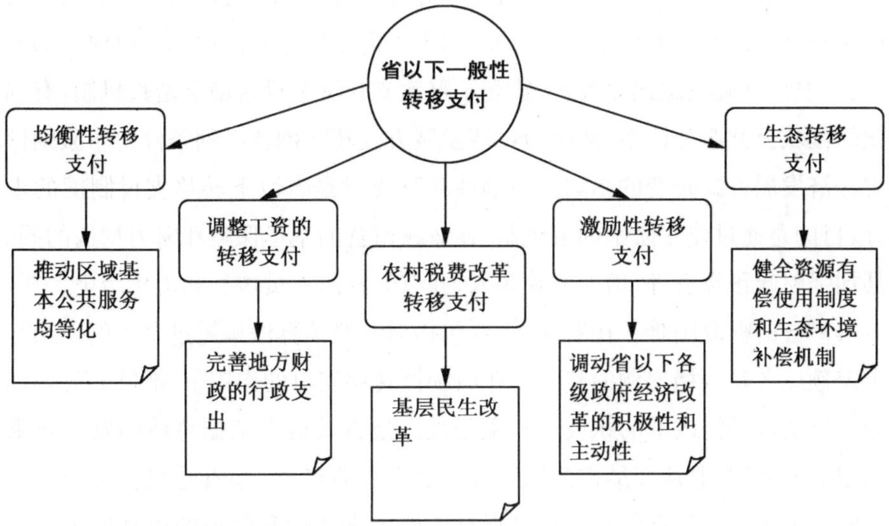

图 2—8　省以下一般性财政转移支付的构成及作用

进一步的分析发现，不同的转移支付制度通过不同的路径对区域经济发展方式转变产生重要影响。具体内容包括：①均衡性转移支付对经济发展方式转变的影响。均衡性转移支付是重点用于保障机关事业单位职工工资的发放以及机构正常运转的基本支出等，特别用于保证中央出台的重点民生支出的需求，支持农业、教育、科技等事业的发展，推动区域基本公共服务均等化。均衡性转移支付在维持地方财政本级财政支出的同时，还对民生支出加以平衡，从而提高居民的生产生活、受教育程度以及实现科技创新等，这些都直接推动了经济发展方式的转变。另外，有些地方政府规定补助资金不得用于"形象"和"政绩"工程，一经发现，会酌情扣减下一年度的转移支付资金。这也就间接性地抑制了地方政府为了政绩而发展的扭曲发展观，从而在新的经济发展方式中有利于推动本地经济的发展。②调整工资的转移支付对经济发展方式转变的影响。调整工资的转移支付是为了改革现行公务员工资制度，调整事业单位工作人员的收入分配制度，以及增加离退休人员离退休费等设立的。而政策性转移支付是用于弥补公检法司部门的基本运转经费不足，主要为了解决公检法司民警的工资发放以及部门正常运转经费的需要，切实提高县市的政法经费基本保障能力。这两项转移支付也是为了完善地方财政的行政支出，通过阳光化工资制度，也能有效地避免政府官员的贪污腐败现象的发生，为经济发展方式的转变肃清道路。③农村税费改革转移支付对经济发展方式转变的影响。农村税费改革转移支付是为了确保农民负担得到明显的减轻，保障乡镇机构和村级组织的正常运转，保证农村义务教育经费的正常需要，主要用于农村义务教育、农村“五保”供养、人口与计划生育、乡村道路建设、义务兵家属优待、乡镇及参与农村税费改革的农村办事处保运转、村干部报酬和村级办公等方面。该类型转移支付从基层的民生改革出发，加大了向经济相对落后的农村地区的财政投入，加大了农村基础设施建设投入，建立了财政支农资金投入稳定增长机制，有利建立均等化的区域公共服务体系，从而为经济发展方式转变创新有利条件。④激励性转移支付对经济发展方式转变的影响。激励性转移支付是省以下转移支付制度的重要组成部分，目的是通过建立激励约束机制，在兼顾市县的基本保障和财力均衡的同时，鼓励市县加强财政预算管理，增加财政收入，并有效控制人员增长和消化历史欠账，来进一步缓解市县的财政困难。在浙江，主要包括对一般预算增幅超过全省的平均水平市县给予定额或者是分档比例的奖励。在激励性转移支付的作用下，能够充分调动省以下各级政府实现经济改革的积极性和主动性。地方政府会依据总体的发展要求建立适合自己的发展规划，从而助推区域经济发展方式的转变。⑤生态转移支付对经济发展方式转变的影响。生态转移支付是指对实施生态建设和保护的市县给予一定财政补贴的一项转移支付制度，是有利于实现科学发展的财税制度，是建立健全资源有偿使用制度和生态环境补偿机制的重要内容。在我国，由于生态污染和保护问题具有明显的跨辖区、跨流域的特征，所以其治理过程往往涉及多个同一级别的行政单元和利益相关方，这就决定了地方政府财政转移支付操作的复杂性和特殊性。因为很难在互不隶属的同级地方行政单位间建立一种直接的财政预算资金拨付关系，因此，可以通过建立生态补偿基金的方式，对流域水环境、自然保护区和生态功能区的环境保护进行横向转移支付。横向转移支付是地方政府间传统意义上的纵向转移支付的一种必要补充，这种透明度较高的补偿手段可以在协调和处理不同辖区之间的利益关系方面发挥不可替代的作用。⑥专项转移支付对经济发展方式转变的影响。省对下的专项转移支付，即为实现某种特定的政策经济目标或者专项任务，由省级财政向省以下政府提供的专项补助，旨在重点解决国计民生的急需事项，以及地方经济发展中的急需事项，这体现了地方政府对宏观经济的引导作用。专项转移支付的使用能够体现出省级政府的政策意图，对医疗、教育等专项补助需要根据不同时期的经济社会发展薄弱环节和宏观调控的变化而进行调整。围绕转变经济发展方式的宗旨，地方政府可以通过专项资金的合理配置来进行宏观的调控，重点选择经济发展中的薄弱环节来进行补助(如浙江的海洋经济产业发展战略)。对专项转移支付的规范和完善，有利于地方财力与事权相匹配，能够促进基本公共服务均等化，进而促进转变经济发展方式，推动经济社会可持续发展。

简要总结和回顾前述分析，可初步提出如下三个基本理论假设：(1)财政是国家治理的基础和重要支柱，而地方财政体制机制则是促进经济发展方式转变的重要变量之一。地方财政体制的改革能够有效推动经济发展方式的转变，并能够在产业结构、民生保障以及资源环境等方面提供有效和有力的政策支持。(2)在我国，地方财政体制机制可具体从地方财政收入、地方财政支出以及转移支付三个不同角度对区域经济发展方式的转变产生不同的影响或效果。换句话说，不同的地方财政体制对经济发展方式转变带来的影响是不一样的。大概来讲，地方财政收入主要通过税收结构的不同效应对经济发展方式的转变产生重要影响；地方财政支出则是通过对产业结构调整、民生投入以及资源环境的投入等实现对经济发展方式转变的推动；地方财政转移支付则通过不同类型的转移支付制度安排以及针对不同的转移支付对象，实现对经济发展方式转变的渐进推动。(3)地方财政体制机制的不同安排会产生不同的激励效应，激励程度的高低直接或间接引致地方政府等相关经济主体的不同行为反应，也就关系到各地方推进经济发展方式转变的力度。例如，促进产业集群发展的激励机制引导各地进行产业结构的优化配置；缓解下级政府财政困难的激励机制则重点在于引导财政困难的地方政府提高财政收入，保障各项公共财政支出；生态环保类的激励机制则注重于生态环境的保护，注重环境保护性开发则给予奖励，对不利于生态环保的行为则给予财政惩罚，即是为了在实现经济发展方式转变过程中"建立资源节约型、环境友好型社会"的基本目标而建立的。显然，在不同的体制激励以及机制约束下，各地政府推进区域经济发展方式转变以及开展相应改革的动力和力度是不同的。

专栏 2-3　浙江省"省直管县"财政体制的改革与实践

2006 年 11 月，浙江省决定在义乌进行扩大经济社会管理权限试点，标志着浙江省启动了第四轮强县扩权或"省直管县"改革。人们已经注意到，浙江发展县域经济取得突出成绩，一个直接原因来源于强县扩权或"省直管县"的改革。这一制度设计至少在两个方面有着强大的政策空间和实践动力：一方面它与我国"十一五"规划提到的逐步减少政府层级改革，以及温家宝总理强调的有条件的地方应当积极推进财政体制的"省直管县"改革密切相关；另一方面是在统筹城乡和建设社会主义新农村的大背景下，此项制度设计和突破，对于促进县域经济发展、建立和完善以县(市)为主的公共服务体系具有重要的实践意义。

义乌是浙江中部乃至沿海省份国际化程度最高的一个县级市，人口 68 万人，外来人口达到 100 万人。全球 60 万种日用小商品中 52 万种商品的定价机制在这里，而常住的义乌外商就有 6 000 多人。义乌现在已是规模很大的城市构架，它的经济实力已超过金华。经济基础也能够影响甚至决定上层建筑，如果不给它更多的权限，将对发展势头强劲的义乌带来很大的束缚和障碍。浙江省先后于

1992年、1997年和2002年三次进行强县扩权改革，在2002年的扩权改革中，数百项本属于地级市的经济管理权限降至义乌、萧山等20个县(市、区)。扩权改革政策的实施，极大地改善了县域经济发展的环境，促进了县域经济的快速发展。经济理论界认为，民营经济发达、省管县的实施，使得浙江省财政收入平均每年递增25%，农民人均收入连续20多年居全国第一位，城镇居民收入全国排名第一，县域经济总量已经占到全省经济总量的80%，浙江通常被作为"省管县"的成功范例。在2005年"全国百强县"中，浙江占去30个，将近1/3。这意味着浙江58县(市)中的一半名列其中。从经济学实证研究出发，也证明"省管县"的体制与浙江省强大的县域经济密不可分。只有强市还不足以使省域经济发达，只有强县才能强省，这已成为省级决策层的共识。

在浙江此次扩权改革中，义乌市可根据经济社会发展需要，调整、优化政府机构设置和人员编制方案，可设立海关、出入境检验检疫、外汇管理、股份制商业银行等相关分支机构，适当增加市场监管、社会管理和公共服务部门的人员编制。可以说，这也是这次强县(市)扩权最引人注目的地方。经济强县发展越快，在经济事务、社会事务管理中碰到的问题就越多，在这个意义上，浙江等发达省份强县(市)扩权或省直管县的愿望越强烈。人们发现浙江县域经济大发展的原因除了"草根经济"之外，"省直管县"也是重要的浙江经验，"省直管县"已成为发展县域经济的新动力。值得指出，自2002年以来先后有安徽、湖北、河南、山东、江苏、海南、福建、湖南、河北等20多个省份，先后将部分归属于地级市的经济社会管理权直接赋予经济强县，在财政体制和行政体制等方面试行"省管县"改革。

本章小结

从内涵上看，财政管理活动通常可相对划分为两种不同类型：一是如何科学规范地管理政府财政相关利益部门活动，以正确处理政府与百姓的财政利益关系；二是如何科学规范地管理政府系统内部的不同层次财政主体活动，以正确处理不同层级政府之间的财政利益关系。围绕后一种相对抽象的财政管理活动而构建的相应制度安排，即为财政管理体制，其核心是财政资金分配和管理过程中的集权与分权问题。在财政管理实践中，财政体制受一国行政体制和经济体制的支配性影响，从而有集权式、分权式和折中式(又称混合式)三种基本形式。

一国财政管理体制往往规定、限定或制约了各级政府理财的博弈空间、活动范围、效能水平甚至绩效状态，因此，财政管理体制是政府理财行为的最基础性影响因素或约束条件。例如，不同的财政管理体制会导致不同的政府理财成本。进一步说，财政管理体制越复杂、层级越多，相应的政府理财成本就越高。有大量事实可以表明,财政管理体制会对政府理财效率产生重要影响,换句话说,不规范和不完善的财政管理体制会产生显著的政府理财效率损失。

作为划分各级政府间财政关系的根本制度,财政管理体制的构建及其评价往往需要依据一定的基本原则。这些主要包括:财政体制与行政体制相适应原则;财政体制的适度分权原则;财力与事权(或公共支出责任)相匹配原则;公平与效率兼顾原则;财政体制的法治原则。

在中国,财政管理体制的改革探索基本实行自上而下、向下分权或授权的改革模式,这种向下分权的改革路径决定了我国财政体制一直以来缺乏稳定性。在一定程度上,1994年我国构建的分税制财政体制是对财政包干体制的否定,使中央与地方财政关系进入了一个公开化的、制度化的财政利益规则关系。当然,目前分税制财政体制因为面临诸多缺陷而广受批评(如客观上导致一些县乡财政的严重困难等)。此外,我国大部分省级政府按照分税制的要求,都在不同程度地探索省以下地方财政分税分级管理体制,部分省份实践的"省直管县"和"乡财县管"等改革措施既是对既有"一级政府一级财政"原则的重要突破,也是基于基本国情和体制现状的重要探索。

财政管理体制是促进经济发展方式转变的重要变量之一。地方财政体制的改革能够有效推动经济发展方式的转变,并能够在产业结构、民生保障以及资源环境等方面提供有效和有力的政策支持。在我国,地方财政体制机制可具体从地方财政收入、地方财政支出以及转移支付三个不同角度对区域经济发展方式的转变产生不同的影响或效果。地方财政体制机制的不同安排会产生不同的激励效应,激励程度的高低直接或间接引致地方政府等相关经济主体的不同行为反应,也就关系到各地方推进经济发展方式转变的力度。

本章名词解释

财政管理体制　政府间转移支付制度　全国性公共产品　地方性公共产品　财政联邦主义　分税制财政管理体制　省直管县　乡财县管

本章复习思考题

1. 财政管理体制的内涵与实质是什么?

2. 简述我国财政管理体制改革的简要历程。

3. 为什么我国1994年要进行分税制财政管理体制改革?改革的主要内容及其存留问题是什么?

4. 经济发展方式转变的目标是什么?从地方财政实践来看,地方财政管理体制与经济发展方式具有什么样的内在逻辑关系?

第三章 政府收支分类及科目管理

本章主要内容

本章主要介绍政府收支分类科目的设置原理、收支分类科目的历史演进，以及如何结合国际经验对我国政府收支分类科目进行管理。第一，探讨政府收支分类的重要性、设置目标、设置原则及我国政府收支分类改革；第二，从设置原理、历史演进、国际经验和实践情况介绍和分析政府收入分类科目；第三，从设置原理、历史演进、国际经验和实践情况介绍和分析政府支出分类科目；第四，提出政府收支分类科目管理的几个侧重点。

第一节 政府收支分类

政府收支分类，就是在政府财政管理中，按照特定的原则和标准，对政府收入和支出进行类别和层次的划分，将其进行科学、系统的归并和排列，以全面、准确、清晰地反映政府的经济活动。政府的经济活动名目繁多，收支分类根据其内在性质和相互联系，建立一个框架和体系，为财政资金的分配、使用和统计分析提供条件。

政府收支分类科目是政府收支的总分类和明细分类，系统地反映了政府收入的来源和政府支出的方向，是编制政府预决算、组织预算执行、预算单位进行会计明细核算以及政府财政统计的重要依据。政府收支分类科目由政府收入分类科目和政府支出分类科目组成，分为类、款、项、目四级，它们之间的关系是：前者是后者的概括和汇总，后者是前者的具体化和补充。

一、政府收支分类的重要性

政府收入来自社会、经济的各个方面，政府支出用于支付开支的方方面面，内容十分繁杂。政府收支分类的目的，是知晓政府收支的来源和去向，分析财政收入和支出的变化规律,优化收支结构,使财政资源配置效率更高。对于财政管理来说,政府收支分类具有极其重要的作用。

（一）政府收支分类是财政管理的一项基础性工作

对政府收支进行科学的分类,是充分反映政府经济活动的根本前提,也是财政管理工作的基础,涉及政府管理的各个环节,同时也涉及众多的政府收支管理部门。政府收支分类是政府预算管理的基本条件和要求,预算编制、执行和决算都需要政府收支分类为其提供基础性的技术平台,各级政府、各部门或单位据此自下而上地编制汇总出统一规范的政府预算。政府收支分类的变化,也会对财政总预算会计和行政事业单位预算会计核算提出新要求。另外,政府收支分类也有利于增加财政管理的透明度,并开展有效的财政监督。对政府收支项目进行归类和明细划分,会清晰地反映财政收支情况,便于社会各界了解和评价财政收支情况,加强财政内部和外部监督。

（二）政府收支分类为财政决策提供信息

政府收支活动广泛地分布于不同的时间、空间和行政级次,政府收支分类能为政府财政决策提供系统性的、分类别、分层次的信息,帮助政府及时、准确地做出政策决策。从政府公共资金运行角度,政府的收支活动反映着国民经济和社会发展中各种错综复杂的关系。对政府收支按不同标准,从不同角度进行分类,可以充分认识和掌握政府收支规律,科学有效地编制政府预算和执行预算。通过研究分析政府收支管理中的问题,并结合不断变化的政治、经济和社会情况,政府会及时地对收支科目进行调整和修改,以保证履行其职责,更好地满足社会公共需要,不断地提高财政管理和决策水平。

（三）有利于政府对财政资金的管理,确保政府职能实现

对政府收支中相同性质的项目进行合理的归类,能根据各类收支的特点制定与之相适应的管理办法。这既能将各种政府收支分别实施管理,明确不同类别收支管理的权责要求,又能反映国家一定时期内的路线方针政策,确保实现政府职能。在市场经济条件下,政府的重要职能,就是弥补市场失灵,满足社会公共需要。政府收支分类体现政府职能和政府活动的范围,能够准确反映政府所承担内外职能的具体情况。当政府转变职能时,政府的活动方式及范围也需要做出相应调整。政府收支分类能够帮助政府分清主次,突出收支重点,使政府财政分配更为规范,更有成效,强化财政管理,保障政府职能的顺利实现。

二、政府收支分类的设置目标

设置政府收支分类时,要根据公共财政体系的需要,便于实现市场经济条件下的政府职能,形成一套既适合本国国情、又符合国际通行做法的规范合理的政府收支分

类体系，为深化财政体制改革、提高预算透明度、强化财政监督和管理创造有利条件。

（一）满足政府财政管理的需要

政府收支分类是对政府财政主体经济业务进行分类的标志，必须充分满足政府管理的需要，提供财政收支方面的各项重要指标。政府收支分类的设置要考虑政府收支核算指标的一致性和可比性，并保持相对稳定，同时还要兼顾灵活性，确保政府收支信息能够在地区、部门以至在全国范围内综合汇总和分析利用。政府收支分类及核算内容、使用方法等一般来说是统一制定的，根据财税改革情况和预算管理实际需要对原有科目进行必要的调整。

（二）全面反映政府的经济活动

政府收支分类要全面、准确地反映政府收支活动全貌。凡是由财政分配、管理的收支，均属于政府收支，应作为政府收支的分类范围。按照收支管理主体和财务制度规定，政府公共部门的预算收支、预算外收支、事业收支、经营收支、其他收支等，以及社会保障部门管理的社会保险基金收支，都应作为广义的政府收支，纳入政府收支分类范围，形成完整、统一的政府收支分类体系。

（三）统计口径具有可比性

一国的政府收支分类体系与国民经济核算体系、金融统计核算体系是相互关联的。一般来说，三者都需要与国际通行统计标准进行接轨，使宏观经济指标及财政金融指标不仅具有国际的可比性，还在不同时期、不同地区具有统计数据上的可比性。一旦国际经济组织对相关统计标准进行了修订，本国的统计核算体系也要随之调整，以利于宏观分析决策和国际比较交流。

三、政府收支分类的设置原则

政府收支分类的设置设计和会计科目的设置较为相似，要在客观现实条件的基础上，遵循一定的原则和要求，全面、准确、系统、完整地反映政府收支范围，以保证信息需求者能够及时取得所需要的核算指标，并且能够发挥监督和检查作用。

（一）公开透明原则

政府收支分类的设置要符合市场经济条件下公共财政的基本要求，清晰完整地反映财政资金的来龙去脉、政府具体的收支活动及政府职能的实现过程。因而，政府收支分类科目和相关收支分类数据要能及时公开，并具有较高的透明度，全面地反映政府的所有经济业务，规范和约束政府职能的行使范围及手段。

（二）科学合理原则

政府收支分类是对收支科目的科学划分和合理细化。大类的划分要从不同角度反映政府收支活动，还要根据不同部门、不同业务的需要进行逐步细化。每一级收支科目与下设的明细科目数量要适当,数量过多会分割政府活动,不易看清收支项目的全貌。科目过少又会使分类过于简化,难以准确反映政府的经济业务。任何一项收支业务发生时,都应能找到恰当的收支科目。

(三)相称相斥原则

此原则为统计角度的分类原则。相称原则即所有收支分类加总起来正好能够反映政府全部收支活动,既没有反映政府收支以外的事项,也没有遗漏政府收支范围内的任何一项。相斥原则即不同种类之间不能存在内容、范围等方面的交叉,否则会使得分类结果难以单独反映本类别情况,并降低不同类别之间的横向可比性。

(四)便于操作原则

政府收支分类应便于实际业务的操作需要。收支科目的编码、名称、核算内容、层次等应是统一的,并尽量保持稳定。科目编码体系的设置应满足系统性、可扩展性、通用性、唯一性等基本要求。为了适应"大数据"时代,政府收支分类的设置不仅要考虑财政部门的数据特征,还要考虑与相关部门数据的关联性和差异性,按照信息标准化的要求进行调整。

四、政府收支分类改革

新中国成立后,我国的国家预算体系和政府收支分类体系是按照苏联预算管理模式建立的。在长期实行计划经济体制的过程中,传统的政府收支分类虽然由简到繁不断地修改和完善,但总体框架基本没变。随着公共财政体制的逐步建立和各项财政改革的深入,针对传统政府收支分类出现的问题,我国于2007年全面实施了政府收支分类改革,对政府收支分类进行了类别和层次的重新划分。收支分类改革的目标是"体系完善、反映全面、分类明细、口径可比、便于操作",改革的基本原则是"公开透明、符合国情、便于操作"。这次政府收支分类改革是新中国成立以来财政分类统计体系最为重大的一次调整,直接关系到政府预算的公开透明与政府职能的合理转变,对我国的财政预算制度产生了重要影响。

(一)政府收支分类改革的内容

2007年政府收支分类改革将政府收入和支出按国际通行做法进行了分类,收入除按国际标准划分收入分类外,还将预算外收入和社会保险基金收入纳入了范畴,扩大了收入范围。在支出方面,建立了新的政府支出功能分类和经济分类体系,对原有科目进行了完善和扩充。另外还建立了新的科目编码体系,类级科目编码长度为3位,其他级次都为2位。改革后,收入按经济性质分为类、款、项、目四级科目,支出功能分类分为类、款、项三级科目,支出经济分类设置类、款两级科目。2007年政府收支类级科目如表3－1所示。

表 3—1 **2007 年政府收支类级科目**

收入类级科目	支出类级科目	
	支出功能分类类级科目	支出经济分类类级科目
1. 税收收入 2. 社会保险基金收入 3. 非税收入 4. 贷款转贷回收本金收入 5. 债务收入 6. 转移性收入	1. 一般公共服务 2. 外交 3. 国防 4. 公共安全 5. 教育 6. 科学技术 7. 文化体育与传媒 8. 社会保障和就业 9. 社会保险基金支出 10. 医疗卫生 11. 环境保护 12. 城乡社区事务 13. 农林水事务 14. 交通运输 15. 工业商业金融等事务 16. 其他支出 17. 转移性支出	1. 工资福利支出 2. 商品和服务支出 3. 对个人和家庭的补助 4. 对企事业单位的补贴 5. 转移性支出 6. 赠与 7. 债务利息支出 8. 债务还本支出 9. 基本建设支出 10. 其他资本性支出 11. 贷款转贷及产权参股 12. 其他支出

资料来源:《2007 年政府收支分类科目》,财政部。

新的政府收支分类体系由“收入分类”“支出功能分类”“支出经济分类”三部分构成。收入分类全面、清晰地反映政府各项收入的来源和性质。支出功能分类完整、直观地反映政府各项职能活动和政策目标,类、款、项三级科目主要根据政府职能,按由大到小、由粗到细分层次设置。支出经济分类全面、规范、明细地反映政府各项支出的具体用途。

(二)政府收支分类改革的进步

2007 年政府收支分类改革完善了财政信息系统,新的科目体系与部门分类编码和基本支出预算、项目支出预算相配合,对政府各项收支进行多种属性定位。这次改革建立了新的收入分类体系、支出功能分类和经济分类体系。

1. 新的收入分类体系

第一,扩展了政府收入涵盖范围。政府收入既包括征收的税收,也包括上缴财政的各种收费收入。传统的政府收入分类以预算内收入为主,新分类体系在原有一般预算收入、基金预算收入和债务预算收入外,增加了财政预算外收入和社会保险基金收入等本应属于政府收入范畴的收入,从而使政府收入分类体系更加完整和统一。

第二,整合了科目结构。传统的政府收入分类基本上是将各种收入简单罗列,没有进行系统划分。如 2006 年收入分类类级科目 42 个,增值税等各项税收就占了 34 个,与行政性收费收入、罚没收入等同为类级科目。新收入分类体系根据国际货币基金组织的收入分类方法，结合了我国实际情况，按照收入形式将其划分为税收收入、非税收入、社会保险基金收入等 6 大类，使收入的归类更加合理。

第三，收入分类体系的设置较为细致。传统收入分类科目分为类、款、项三个层次，新收入分类设置了类、款、项、目四级科目，层次更加清晰，科目设置更加明细。在具体设置中，原收入分类的“类”变成了“款”，“款”变成了“项”，“项”变成了“目”，细化到“目”级科目，能够较清晰地反映政府各项收入的具体来源，有利于增强财政收支的透明度及预算管理的分析比较。

2. 新的支出功能分类体系

第一，分类更加规范和完整。传统政府支出主要按经费性质进行分类，新的政府支出功能分类统一按支出功能设置类、款、项三级科目，确保集中、直观反映政府职能活动。原来分散在好几类支出科目中的职能，基本也能在一类科目中得到反映。新的支出功能分类包括财政预算内、预算外和社会保险基金在内的政府支出，从而使政府支出分类体系更加完整。

第二，科目设置更加科学。功能科目根据支出体现的政府职能进行了归集，而不再按支出主体的主管部门设置。类和款级科目根据单位的职能来确定，项级科目根据单位性质和经费性质确定。根据预算细化和财政支出统计分析的需要，项级科目采用了按职能、活动、行业和资金用途等四种不同的办法来充分体现预算细化、透明的要求。

第三，口径更加接近国际标准。新分类与国际标准的功能分类总体框架及分类原则基本一致，这就为同口径下的政府支出国际比较分析创造了有利条件。我国类级科目是 17 个，主要是单设了“外交”和“科学技术”，增设了“转移性支出”和“其他支出”，另外将国际标准的大类“经济事务”分解成了“农林水事务”“交通运输”和“工业商业金融事务”等 3 类。通过财政收支信息的国际比较和分析，可以更好地借鉴其他国家的财政管理经验。

3. 新的支出经济分类体系

第一，建立了完整的经济分类体系。传统的支出目级科目虽然类似于经济分类，但并不是系统的、真正意义上的支出经济分类，只是在一般预算支出、政府性基金支出下分设的科目，是粗略反映政府部分支出性质的附属科目表。新的政府收支分类设置了统一完整的支出经济分类，不仅将原人员支出和公用支出两部分进行了充实，细分为“工资福利支出”“商品和服务支出”“对个人和家庭的补助”三个大类，还补充了资本性支出、债务支出等内容，使任何一项功能支出，都可以在经济分类中得以细化。

第二，科目设置有较大变化。在科目设置方面，对部分归类进行了调整。如将原“基本建设支出”对应到“其他资本性支出”，设置了“房屋建筑物购建”“办公设备购置”

“交通工具购置”等款级科目；新“基本建设支出”的款级科目和“其他资本性支出”的款级科目完全相同，区别在于前者反映发改部门集中安排的基建支出，后者反映其他部门安排的资本性支出。还设置了“债务还本支出”和“债务利息支出”类级科目来反映债务支出情况。虽然支出经济分类反映政府的交易，资本性支出本身并不属于政府交易的分类，但是考虑到管理的需要，将其归入支出经济分类进行单独反映，有利于财政支出的统计分析。

第三，细化了款级科目设置。除了类级科目的范围扩大外，新支出经济分类还细化了传统经济分类的下设科目。按照预算管理的要求，新的支出经济分类设置了96个款级科目，比原来增加了60多个。如原“人员支出”对应新科目的“工资福利支出”，新增了“伙食费”和“伙食补助费”两款；原“公用支出”对应新科目的“商品和服务支出”，新增“出国费”“装备购置费”“咨询费”“手续费”等12款。将支出经济分类进行细化，符合细化预算编制、加强预算单位财务会计核算和经济分析等方面的要求。

（三）新的政府收支分类体系的运用范围

政府收支分类在财政管理中主要应用于以下几个方面：

（1）编制和汇总预决算。各地区、各部门、各单位的预决算收支，都要按照政府收支分类统一规定的科目填报汇总。

（2）办理预算缴、拨款。各单位和个人都要按照政府收支分类科目填制专用凭证，办理缴、拨款，进行对账和结算。

（3）组织会计核算。各级财政总会计、各单位预算会计的收支明细账，都要按照政府收支分类科目进行核算。

（4）报告预算执行情况。各地区、各部门、各单位都要按照政府收支分类科目，定期汇编总预算和单位预算收支执行情况表，以便各级人大、政府、社会公众及时了解预算收支执行情况。

（5）进行财务考核分析。行政事业单位可以综合运用支出功能分类和经济分类，对既定的行政事业计划任务和单位预算进行分析比较、绩效考核。

（6）进行财政收支统计。政府财政收支数据只有按统一的政府收支分类科目进行归集、整理，才可与有关历史数据、国际数据进行合理的对比分析。

（四）政府收支分类改革的意义

2007年政府收支分类改革建立了较完整规范的政府收支分类体系，完善了财政信息系统，对政府各项收支进行属性定位，为预算管理、统计分析、宏观决策和财政监督等提供了更为全面的政府收支信息，影响深远，意义重大。

（1）有利于促进社会主义民主政治建设。新的政府收支分类体系从我国国情出发，以通俗透明为原则，按照公共财政和阳光财政的要求设置各级科目，能够比较全面明细地反映政府的各项职能活动。这次改革有利于建立一个民主、高效的预算管理制度体系，有利于社会各界民主参与预算过程乃至政务管理，有利于保证人民依法实现民主决策、民主管理和民主监督政府预算的权利，是推进社会主义政治文明和政治民主的必然要求。

(2)有利于全面、准确、清晰地反映市场经济条件下政府的收支活动。新的政府收支科目体系与部门分类编码及基本支出预算、项目支出预算相配合，在财政信息管理系统的支持下，可对任何一项政府收支进行多维定位，清楚地说明政府资金的来源、功能去向和经济去向，能提供准确、真实的经济信息，便于政府把握调控力度，进一步优化政府收支结构，提高财政运行效率。

(3)有利于继续深化各项财政改革。政府收支分类改革对于继续深化部门预算、国库集中收付、政府采购等改革具有积极的促进作用，也为今后政府预算会计、财政统计体系和政府财务报告的改革和完善奠定了基础。收支分类改革使财政政务公开有了坚实的基础，为增加财政透明度、加强财政监督和引导社会各界关注监督政府预算提供了必要的前提条件。

(4)有利于与国际接轨、推进国际合作与交流。我国传统的政府收支分类体系与国际通行做法存在很大差异，在国际合作及不同国家财政比较分析时存在较大的困难。政府收支分类改革有利于建立与国际接轨的、高效实用的财政统计分析体系，促进我国开展与其他国家宏观财政管理上的合作，借鉴发达国家先进的管理经验，不断提高我国财政管理水平。

2007 年政府收支分类改革为之后的收支分类改革奠定了基础。2014 年按照全口径预算管理的要求，我国建立了由公共财政预算、政府性基金预算、国有资本经营预算、社会保险基金预算等四类预算组成的全口径政府预算体系，意味着政府的所有收支都进入了预算管理之中。2014 年全口径预算收支分类如表 3－2 所示。

表 3－2　　2014 年全口径预算收支分类

预　算	收　入	支　出
公共财政预算	税收收入、非税收入、债务收入、转移性收入(4 个类级)	一般公共服务、外交、国防、公共安全、教育、科学技术、文化体育与传媒、社会保障和就业、医疗卫生、节能环保、城乡社区、农林水、交通运输、资源勘探电力信息等、商业服务业、金融、援助其他地区、国土海洋气象等、住房保障、粮油物资储备、预备费、国债还本付息、其他、转移性(24 个类级)
政府性基金预算	非税收入、转移性收入(2 个类级)	教育、科学技术、文化体育与传媒、社会保障和就业、节能环保、城乡社区、农林水、交通运输、资源勘探电力信息等、商业服务业、金融、其他、转移性(13 个类级)

续表

预　算	收　入	支　出
国有资本经营预算	非税收入(1 个类级)	教育、科学技术、文化体育与传媒、社会保障和就业、节能环保、城乡社区、农林水、交通运输、资源勘探电力信息等、商业服务业、其他、转移性(13 个类级)
社会保险基金预算	社会保险基金收入、转移性收入(2 个类级)	社会保险基金支出、转移性支出(2 个类级)

资料来源:《2014 年政府收支分类科目》,财政部。

2018 年,根据预算法和深化预算管理制度改革的需要,财政部对支出经济分类进行了较大改革。改革后的支出经济分类包括“政府预算支出经济分类”和“部门预算支出经济分类”。两套科目之间保持对应关系,以便政府预算和部门预算相衔接。政府预算支出经济分类科目包括机关工资福利支出、机关商品和服务支出等 15 个类级科目。部门预算支出经济分类科目包括工资福利支出、商品和服务支出、对个人和家庭的补助等 10 个类级科目。

第二节　政府收入分类科目

政府收入是政府在一个预算年度内,通过一定的形式和程序,为了履行职能而筹集的一切资金总和。政府收入是政府参与国民收入分配的主要形式,也是政府实现职能的财力保障。政府收入分类是从不同角度,对政府收入进行科学系统的结构和层次划分,以便全面、准确、明细地反映政府收入的总量、结构及来源情况。政府收入分类范围不仅包括政府预算内收入,还包括预算外收入、社会保险基金收入等各项收入。

一、政府收入科目的设置原理

(一)政府收入的分类

政府收入分类是政府收入管理的重要组成部分。政府收入分类是分析政府收入的前提和条件,通过对政府收入的种类进行甄别和探析,可以有效增加政府收入、提高收入管理效率。根据不同的标准,可以对政府收入进行不同的分类,这些分类反映了政府收入的来源和性质。

(1)按收入的形式分类,可分为税收收入和非税收入。这是政府收入最普通、最常见的分类,也是几乎所有国家都有的分类方式。税收收入是政府凭借其公共权力无偿占有的一部分社会资源或收入,根据征收对象的不同又分为所得税、商品税、财产税、资源税等。非税收入是政府通过合法程序获得的除税收以外的所有收入,包括专项收入、行政事业性收费收入、国有资本经营收入等。政府收入的这种分类方法可以说明收入的来源结构,并根据税种和各项非税收入的分布情况,研究不同收入的重要性,确定税收征管和非税收入管理的重点。

(2)按编制复式预算的要求分类,分为经常性收入和资本性收入。经常性收入是政府作为社会公共权力机关,凭借其政治权力,以无偿方式取得的收入。经常性收入主要包括各类税收收入(所得税、商品税等)及其他收入(行政性收费收入、罚没收入等)。资本性收入是政府作为国有资产的所有者,凭借其产权而取得的国有资本经营收入、处置收入等。它也包括为了进行资本性投资而举借的债务收入。这种分类方法可以分析政府履行基本社会公共管理事务和介入经济运行方面的能力。

(3)按经济部门分类,分为来自国民经济各部门的政府收入。如来自工业、农业、商业、建筑业、运输业等部门的收入。这样的分类有利于反映国民经济各部门为国家提供收入的情况,根据各部门的发展趋势和特点,合理安排政府预算收入,开辟新的财政财源,也便于及时掌握各部门发展的规模、速度和比例关系。

(4)按政府级次分类,分为中央政府收入和地方政府收入。中央政府收入是中央政府筹集的收入,地方政府收入包括地方各级政府组织的收入。根据各级政府之间的比例关系,可以分析政府间财政关系是否合理,中央与地方的财力分配是否需要调整。

(5)按全口径预算分类,分为一般公共预算收入、政府性基金预算收入、国有资本经营预算收入和社会保险基金预算收入。一般公共预算是以税收为主体的财政收入,政府性基金预算收入是依照法律、行政法规的规定在一定期限内向特定对象征收、收取或者以其他方式筹集的资金,国有资本经营预算收入是以国有资本收益为主的收入,社会保险基金预算收入主要是社会保险缴款方式筹集的资金。“四本预算”的存在是为了让不同性质的资金有不同的运行管理模式。

(二)政府收入科目的设置

一般来说,政府收入分类科目设置类、款、项、目四级,要求层次清晰,设置合理。

(1)收入类级科目的设置。通过参考国际通用的收入分类办法,各国根据资产负债管理方式和政府会计制度的不同,设置适合本国国情的政府收入类级科目。如目前我国根据政府收入管理的实际情况,按照收入形式设置了税收收入、非税收入、社会保险基金收入、债务收入、转移性收入等类级科目。

(2)收入款、项、目级科目的设置。不同的收入类别,款、项、目级科目设置方法并不一致。我国现有收入科目有以下设置几种方法:一是按收入来源设置,如“增值税”款级科目下设国内增值税、进口货物增值税、出口业务退增值税等项级科目;二是按所有制结构设置,如“国内消费税”项级科目下设国有企业消费税、集体企业消费税、股份制企业消费税等目级科目；三是按行业设置，如“企业所得税”款级科目下设国有冶金工业所得税、国有有色金属工业所得税、国有煤炭工业所得税等项级科目；四是按企业名称设置，如“国有银行所得税”项级科目下有中国进出口银行所得税、中国农业发展银行所得税等目级科目；五是按收费部门设置，如“一般罚没收入”项级科目下设公安罚没收入、检察院罚没收入、法院罚没收入等目级科目；六是按收费项目设置，如“公安行政事业性收费收入”项级科目下有居民身份证工本费、公民出入境证件费、驾驶证工本费等目级科目。

二、我国政府收入分类科目的历史演进

我国的政府收入分类科目的历史演进过程可分为四个阶段。

（一）利税并存，以利为主阶段（1949—1980 年）

新中国成立后，我国开始了有计划的社会主义建设和改造。这个阶段的政府收入分为税收类、企业类收入、公债收入、其他收入、调拨收入等类级科目。随着国营企业在国家财政收入中所占比重不断提高，企业收入类成为最主要的收入分类，包括国营企业上缴利润和折旧基金，以及各部门事业收入等。一直到 1986 年，经过两步利改税改革后，工商税收类收入才成为最重要的收入大类。

（二）适应改革开放需要阶段（1981—1993 年）

改革开放后，国营企业改革成为经济体制改革的中心环节和重难点，对国营企业相继进行了企业基金、利润留成、利润包干、利改税、经营承包责任制、股份责任制等改革。为了适应新形势的需要，对税收制度进行了改革和完善，税收的国库功能和经济调节功能受到了重视，初步建立了一套以流转税、所得税为主、其他税相结合的多税种、多环节、多层次的复合税收体系，使得财政收入有了规范、稳定的收入来源。另一方面，1981 年开始发行国债，债务收入逐步成为重要的收入来源。

（三）建立和完善市场经济体制阶段（1994—2006 年）

1994 年进行了具有里程碑意义的“分税制”改革，即以事权的划分为基础来划分中央与地方政府间的财政支出，按税种的归属来明确中央与地方政府间财政收入的范围，同时完善了转移支付制度。这是一次全面的工商税制改革，实行了以增值税为主体，消费税、营业税并行，内外统一的流转税制，同时企业所得税、个人所得税、资源税、土地增值税、车船税、证券交易税等都属于改革范围。从 1996 年开始，我国开始全面治理整顿收费项目，推进税费制度改革，将公共收费逐步纳入了政府非税收入管理。

（四）完善公共预算制度阶段（2007 年至今）

2007 年政府收支分类改革的内容之一，就是对政府收入进行了较为规范的分类。由于政府收支科目改革的重点逐渐转向支出科目，政府收入分类因而相对比较稳定，

只有一些小的调整。即使2014年实行了全口径政府预算体系，原有的收入分类科目也没有受到太多影响，基本全部转入公共财政预算收入科目，只是将属于其他三类预算的科目调入对应收入分类中。

政府收入分类改革紧跟着税费改革和国有企业改革，经过这些年的不断完善，基本理顺了税收收入与非税收入之间的关系，一方面能够发挥税收组织收入、调节经济的作用，另一方面通过清理整顿收费和基金项目，抑制了非税收入的扩张，形成了以税收收入为主，非税收入为辅的收入格局。

三、政府收入分类的国际经验

国际货币基金组织（IMF）出版的《2014年政府财政统计手册》（GFSM2014）提供了权威性的政府收入分类标准，主要的市场经济国家都在此基础上，建立了本国的政府收入分类体系。GFSM适合任何经济制度和政治制度。它建立了全新的政府核心指标体系，从而使得财政统计数据不仅能够全面反映政府管理经济的活动及其影响，而且更能及时发现政府财政运行的脆弱性根源。

（一）GFSM对政府收入的界定

由于政府财政统计的需要，GFSM（2014）对政府单位、广义政府部门、公共部门等相关概念进行了明确界定。政府单位是由政治过程设立的一类特殊法律实体，在既定区域内享有对于其他机构单位的立法、司法和行政权。广义政府部门则是由以履行各项政府职能为主要活动的居民机构单位组成的，具体包括所有政府单位，所有由政府单位控制的非市场、非营利机构单位，以及依法成立为公司但不符合被视为公司的统计标准的公共企业。公共部门是由所有广义政府部门的所有单位以及居民公共公司组成的。

GFSM（2014）根据政府财政的功能和政府通过财政收支活动管理经济的行为特征，提出了一个新的政府收入的定义，即收入是指由交易带来的净值增加。这里的“净值”，是指广义政府资产负债表中的净值，等于总资产减总负债。因此，净值的经济学含义就是财富。也就是说，增加广义政府财富的交易才是财政意义上的收入。

（二）GFSM的政府收入分类

GFSM（2014）中的政府收入分为四大类：税收、社会缴款、赠与和其他收入。

税收是政府单位从机构单位应收的强制性无偿金额。应收的税收可能是现金，也可能是实物。社会缴款是社会保险计划应收的实际或推算收入，用以提供应付社会保险福利。赠与是政府单位从其他居民政府单位、非居民政府单位或国际组织应收的，不满足税收、补贴或社会缴款定义的转移收入。其他收入指除税收、社会缴款和赠与之外的所有应收收入，主要包括：财产收入，商品和服务销售额，罚金、罚款和罚没，未列入其他类别的转移收入，以及与非人寿保险和标准保障计划相关的保费、收费和赔款等。

GFSM(2014)的政府收入分类对每个类目均进行了非常细致的描述，具体划分为五个层次，其中一级类目有4个，二级类目16个，三级类目49个，四级类目18个，五级类目5个。政府收入由不同成分组成，须根据不同收入类别的不同特点对各个成分进行分类。对于税收来说，分类主要由税基决定。赠与按收入的来源分类，财产收入按收入的类别分类。GFSM(2014)中的政府收入分类如表3—3所示。

表3—3　　GFSM(2014)中的政府收入分类

一级类目	二级类目
1.税收	(1)对所得税、利润和资本收益征收的税收 (2)对工资和劳动力征收的税收 (3)对财产征收的税收 (4)对商品和服务征收的税收 (5)对国际贸易和交易征收的税收 (6)其他税收
2.社会缴款	(1)社会保障缴款 (2)其他社会缴款
3.赠与	(1)来自外国政府 (2)来自国际组织 (3)来自其他广义政府单位
4.其他收入	(1)财产收入 (2)商品和服务销售额 (3)罚金、罚款和罚没 (4)未列入其他类别的转移 (5)非人寿保险和标准化担保计划相关的保费、收费和赔款

资料来源：《2014年政府财政统计手册》，国际货币基金组织。

世界上多数国家都有自己的政府收入分类体系，具体内容不尽相同。

如美国政府收入包括政府获得的所有收入、收益和转移收入等。美国联邦政府收入包括个人所得税、公司所得税、社会保险收入、消费税及其他收入等；州和地方政府收入大致可分为本级一般收入、政府间转移收入、公共事业收入、专营收入和社会保险信托收入等。其中，一般收入包括税收收入，高等教育、医疗、高速公路等收费收入，利息，出售财产和捐赠等收入；公共事业收入主要包括失业赔偿金、劳工赔偿金和其他保险信托收入等。美国联邦的非税收入包括投资收益和收费。投资收益主要是美联储的储备收益和政府特别投资账户收益，收费包括使用费、规费、受益税、损害税等，项目繁多。州政府非税收入项目主要有交通许可收费、高等教育收费、公立医院收费、利息收入、彩票收入等。地方政府主要对市政服务收费。

英国的政府收入以税收为主，税收分为直接税、间接税和社会保障税三大类，税收结构以直接税为主、间接税为辅。直接税包括:个人所得税、公司所得税、石油收益税、市政税、资本利得税、遗产税、机场离境税、保险费税、垃圾清理税、博彩税、学徒税、转移利润税等。间接税包括:增值税、燃油税、营业税、印花税、烟草税、酒和酒精税、气候变化税、关税、车辆消费税、银行税、环境税、软饮料行业税、其他税等。非税收入包括银行附加费、执照费、欧盟排放交易制拍卖费、利息股息收入、总经营盈余、其他收入等。

四、我国的政府收入分类科目

根据 2021 年我国政府收支分类科目,我国收入分类有税收收入、非税收入、社会保险基金收入、债务收入、转移性收入、贷款转贷回收本金收入等 6 个类级科目。

(1)税收收入。反映来自税收的收入。我国目前税收收入包括 18 个税种,按类、款、项、目四个级次设置科目,在"税收收入"类级科目下有 20 个款级科目,包括增值税、消费税、企业所得税、企业所得税退税、个人所得税、资源税、城市维护建设税、房产税、印花税、城镇土地使用税、土地增值税、车船税、船舶吨税、车辆购置税、关税、耕地占用税、契税、烟叶税、环境保护税、其他税收收入等。在款级科目下根据需要,按照所有制结构、企业名称、收费部门和收费项目等设置目级科目。

(2)非税收入。反映各级政府及其所属部门和单位依法利用行政权力、政府信誉、国家资源、国有资产或提供特定公共服务征收、收取、提取、募集的除税收和政府债务收入以外的财政收入。目前"非税收入"类下,共有 6 个款级科目,包括专项收入、行政事业性收费收入、罚没收入、国有资本经营收入、国有资源(资产)有偿使用收入、捐赠收入、政府住房基金收入、其他收入等。

(3)社会保险基金收入。反映政府社会保险基金的各项收入。在"社会保险基金收入"类级科目下设置了 9 个款级科目,即企业职工基本养老保险基金收入、失业保险基金收入、职工基本医疗保险基金收入、工伤保险基金收入、城乡居民基本养老保险基金收入、机关事业单位基本养老保险基金收入、城乡居民基本医疗保险基金收入、国库待划转社会保险费利息收入、其他社会保险基金收入。

(4)债务收入。反映政府的各类债务收入。"债务收入"类级科目下设置 2 个款级科目,即中央政府债务收入和地方政府债务收入。

(5)转移性收入。反映政府间的转移支付以及不同性质资金之间的调拨收入。"转移性收入"类级科目下包括返还性收入、一般性转移支付收入、专项转移支付收入、上解收入、上年结余收入、调入资金、贷款转贷收入、接受其他地区援助收入、动用预算稳定调节基金等 9 个款级科目。

(6)贷款转贷回收本金收入。反映各类贷款转贷回收本金收入。"贷款转贷回收本金收入”类级科目下有 4 个款级科目，包括国内贷款回收本金收入、国外贷款回收本金收入、国内转贷回收本金收入和国外转贷回收本金收入。

第三节　政府支出分类科目

政府支出是指政府为履行其职能而支出的一切费用的总和，也是政府将集中起来的货币资金有计划地分配使用到各种用途中去的过程。政府支出活动是满足整个社会再生产和公共部门等各方面活动的资金需要，它反映政府实施宏观调控的政策意图，也规定了政府活动的范围和方向。

一、政府支出科目的设置原理

（一）政府支出的分类

政府支出分类是按照一定的划分标准对政府的支出项目进行归类。政府支出分类的目的，是知晓政府支出的去向，通过分析政府支出的变化规律，优化财政支出结构，提高财政资源配置效率。政府支出分类既是财政理论问题，也是实践问题，合理的分类对于经济分析和财政管理具有重要意义。

（1）按部门分类。即政府支出按部门进行分类，反映政府各个组成部门履行职能时所发生的资金支出情况。如可以将政府支出分为：国防部支出、教育部支出、农业部支出等。

（2）按政府职能分类。政府职能分类是最为常用的政府支出科目的分类方法，是将支出按政府应承担的职责和所具有的功能进行分类。它提供了某项财政支出的目的信息，能够清晰反映政府职能活动的支出总量、结构和方向。政府职能主要分为一般公共服务、国防、经济事务、教育、医疗保健等。

（3）按经济性质分类。政府支出按照经济性质分为购买性支出和转移性支出。购买性支出是指政府为了开展政务活动，按照等价交换原则，从市场上购买商品和服务而发生的支付活动。转移性支出是指政府单方面地、无偿地支付给其他经济主体的财政资金，不相应地获得商品和服务。经济性质分类与支出职能分类相配合，从不同侧面、以不同方式反映政府支出活动。

（4）按政府级次分类。按行政级次可将政府支出分为中央政府支出和地方政府支出。中央政府支出是指中央政府为满足全国性和跨区域性公共需求所安排的支出，体现中央政府职能实现的程度。地方政府支出是地方各级政府为满足区域性公共需求所安排的支出。政府级次分类反映了中央和地方在财政资源配置中的地位和相互关系。

(5)按全口径预算分类。根据预算管理的需要，分为一般公共预算支出、政府性基金预算支出、国有资本经营预算支出和社会保险基金预算支出。一般公共预算支出主要是安排用于保障和改善民生、推动经济社会发展、维护国家安全、维持国家机构正常运转等方面的支出，政府性基金预算支出是专项用于特定公共事业发展的支出，国有资本经营预算支出是对国有资本收益安排的支出，社会保险基金预算支出是专项用于社会保险的支出。

(二)政府支出功能分类科目的设置

政府支出按功能分类的目的，是核算和统计政府为了实现不同的职能而发生的各类支出。根据单位的不同特点，结合管理的不同需要，在类、款、项级科目的设置上采用了不同的办法。支出功能分类的类、款、项科目主要根据政府职能，按由大到小、由粗到细分层次设置。其中，类级科目反映政府主要职能，如一般公共服务、国防、教育、公共安全等；款级科目反映政府履行某项职能所从事的主要活动，如教育下的普通教育、特殊教育等；项级科目反映这些活动下的具体事项，如普通教育下的小学教育、高等教育等。

(1)类、款级科目的设置。这两级科目按政府职能设置，反映政府做了什么。如"教育"类科目反映所有有关部门用于教育管理以及教学活动的支出。类下的款级科目反映相关部门的具体职能，如教育局主要从事教育管理事务，各大学及中小学主要从事普通教育，各类中专主要从事职业教育，各类成人高校主要从事成人教育，广播电视学校主要从事广播电视教育。经过这样的细分，就形成了"教育"类科目下的各个款级科目。

功能分类并不是部门分类。部门分类是机构分类，重在明确支出的责任主体；功能分类是职能分类，着重说明政府在做什么。两者之间并不存在严格的一一对应关系，部门分类是功能分类的基础，而功能分类是对部门分类的归纳。如各部门举办的院校，应纳入"教育"类科目，而不归入其主管部门对应的功能科目。

(2)项级科目的设置。功能支出项级科目的设置较为复杂，针对不同性质的单位以及不同性质的资金采取不同的处理办法。一是按职能设置。如"普通教育"款级科目下，有"小学教育""初中教育""高中教育"等项级科目，完整地反映小学、初中、高中的全部教育支出情况。二是按活动设置，对单位的基本支出和项目支出用不同的项级科目反映。三是按行业设置，对企业的支出按统计局的国民经济行业分类设置具体的项级科目。四是按资金用途，对各专项资金和政府性基金支出单独设项级科目反映。各个项级科目具体的设置方法，在政府收支分类科目的科目说明中都有比较明确的界定。

（三）政府支出经济分类科目的设置

支出经济分类是按支出的经济性质和具体用途进行的一种分类。在支出功能分类明确反映政府职能活动的基础上，支出经济分类明细反映政府的钱究竟是怎么花出去的。支出经济分类一般设类、款两级，也可根据需要再设置项级科目。

（1）对政府交易性质的分类。政府交易包括外部交易和内部交易。外部交易表现为货币流出政府，流入家庭、企业和社会非营利机构。一种是有偿交易，即政府支付货币，家庭和企业提供劳务、商品或服务。政府与企业、社会非营利机构的有偿交易，按照交易对象划分为经常性支出和资本性支出。另一种是无偿交易，是政府货币的单方面转移，如政府支付给家庭和企业的各类补助、补贴、抚恤金、救济费等。内部交易表现为政府与政府、政府单位与单位之间货币的流进流出。内部交易有些涉及货币、商品和服务的流转，如政府单位与单位之间商品和服务的购买；有些仅涉及货币资金单方面转移，如上级政府对下级政府的转移支付、下级政府对上级政府的上解支出。

（2）类、款级科目的设置。在对政府交易进行分类的基础上，支出经济分类设置类、款两级科目。类级科目根据政府交易性质进行设置，如工资福利支出、商品和服务支出、资本性支出、对个人家庭和企业的补助等。款级科目根据具体的事项进行设置，如“工资福利支出”类级科目下设基本工资、津贴补贴、社会保障缴费、住房公积金等款级科目，“商品和服务支出”类下包括款级科目办公费、会议费、公务招待费等，“对个人和家庭的补助”类下有离退休费、救济费、助学金等。

二、我国政府支出分类科目的历史演进

我国政府支出分类科目的发展历程主要有如下几个阶段。

（一）新中国成立—1970年按支出性质分类

新中国成立后，我国根据苏联的政府收支分类体系，建立了适合当时财政经济形势和管理需要的科目体系。支出科目按支出种类和性质，主要分为经济建设费类、社会文教费类、行政管理费类、国防费类等大类科目，类下分别按主管部门和下属部门设置款、项级科目，并设置了工资、补助工资、职工福利费、公务费、业务费、基本建设资金等目级科目。采取按支出性质分类的方法，可以直接反映国家的职能及政治、经济全貌，并反映出经济建设、文化建设和军政费用之间的比例关系，还可以看出国家在各个历史时期的重要任务。款和项两级科目构成了部门分类体系，与我国长期以来资金的归口管理模式相适应。在这种模式下，上级主管部门负责从财政获取资金，下属单位从上级主管部门获取资金，形成以主管部门为主体的资金分配模式。

（二）1971—2006年按支出用途分类

1971年之后开始采用按支出用途分类的方法，将支出划分为基本建设拨款类、企

业挖潜改造资金类、地质勘探费类、新产品试制费、流动资金类、支援农业支出类、城市维护费类、文教卫生事业费、抚恤和社会救济类、国防战备费类、行政管理费类、对外援助支出类等十几个类级科目，后来又增加到二十多个。按支出用途分类的优点，一是预算指标可以同国民经济计划指标相一致，二是可以综合反映预算支出中用于生产性支出和非生产性支出的比例，有助于国民经济各部门从宏观上分析积累和消费的比例关系，以及对预算支出指标的管理和考核。但是也存在一些缺陷，如不能综合反映政府的基本职能，不能体现市场经济和公共财政的基本要求。另外不利于政府预算按部门归口管理，因为按支出用途分类，就要把每个完整的部门预算，按基本建设拨款、事业费、科技三项费等经济内容分割开来，不利于部门预算的统一安排。

（三）2007年之后按支出功能和经济性质分类

2007年我国进行了政府收支分类改革，确立了新的政府支出功能分类和经济分类。政府支出功能分类设置了一般公共服务、外交、国防、公共安全、教育、科学技术、社会保障和就业、社会保险基金支出、医疗卫生、交通运输等17个类级科目，下设款、项级科目。新的支出经济分类设置了工资福利支出、商品和服务支出、对个人和家庭的补助、转移性支出、赠与、基本建设支出等12个类级科目，下设款级科目。改革后，我国建立了完整的政府支出分类体系，不仅能够清晰地反映政府职能活动，还能反映支出的经济性质。新分类涵盖范围更广，分类也更加符合国际规范，科目设置充分明晰，体现了预算管理细化、透明的要求。2018年我国全面展开了支出经济分类的再次改革，目标是初步建立起政府预算经济分类和部门预算经济分类相互独立、各有侧重、统分结合的经济分类体系。改革后的支出经济分类，包括两套独立的支出经济分类，分别适合政府预算和部门预算管理，科目之间保持对应关系，以便政府预算和部门预算相衔接。

三、政府支出分类的国际经验

国际上最广泛使用的政府支出分类，是联合国制定的政府职能分类（COFOG），以及国际货币基金组织颁布的《2014年政府财政统计手册》（GFSM2014）里的政府支出功能分类和支出经济分类。

（一）政府支出功能分类

联合国的《政府职能分类》（Classification of the Functions of Government），是由经济合作与发展组织（OECD）编制，联合国统计署（UNSD）发布的，主要用于一国政府收支统计、按政府活动目的划分的支出分类标准。政府职能分类包括10个一级类目（见表3—4）、61个二级类目和127个三级类目。一级类目是广泛目标，二级和三级类目反映实现这些目标的手段。这些政府职能直观地体现了政府面向公共服务的导向性,并具有相当的稳定性和可扩展性。

表 3—4　　联合国《政府职能分类》的一级类目

代码	一级类目	
01	General public services	一般公共服务
02	Defence	国防
03	Public order and safety	公共秩序与安全
04	Economic affairs	经济事务
05	Environmental protection	环境保护
06	Housing and community amenities	住房和社区设施
07	Health	医疗保健事务
08	Recreation,culture and religion	娱乐、文化与宗教
09	Education	教育
10	Social protection	社会保障

以此为基础,《2014 年政府财政统计手册》对政府支出功能分类的各个类目进行了详细解释说明。GFSM(2014)认为政府支出是减少广义政府净值的交易。也就是说,减少广义政府财富的交易才是财政意义上的开支。如购买小汽车等非金融资产,就不算政府开支,它只是从一种资产转换成了另一种资产,并没有减少政府净值。

《2014 年政府财政统计手册》中政府支出功能分类的前两级类目如下:

(1)一般公共服务。包括行政和立法机构、金融和财政事务、对外事务;对外经济援助;一般服务;基础研究;一般公共服务研究和发展;未另分类的一般公共服务;公共债务操作;各级政府间的一般公共服务。

(2)国防。包括军事防御;民防;对外军事援助;国防研发;未另分类的国防。

(3)公共秩序和安全。包括警察服务;消防服务;法庭;监狱;公共秩序和发展研发;未另分类的公共秩序和安全。

(4)经济事务。包括一般经济、商业和劳工事务;农业、林业、渔业和狩猎业;燃料和能源;采矿业、制造业和建筑业;运输;通讯;其他行业;经济事务研发;未另分类的经济事务。

(5)环境保护。包括废物管理;废水管理;减轻污染;保护生物多样性和自然景观;环境保护研发;未另分类的环境保护。

(6)住房和社会福利设施。包括住房开发;社区发展;供水;街道照明;住房和社会福利设施研发;未另分类的住房和社会福利设施。

(7)医疗保健。包括医疗产品、器械和设备;门诊服务;医院服务;公共医疗保健服务;医疗保健研发;未另分类的医疗保健。

(8)娱乐、文化和宗教。包括娱乐和体育服务;文化服务;广播和出版服务;宗教和其他社区服务;娱乐、文化和宗教研发;未另分类的娱乐、文化和宗教。

(9)教育。教育的细分以联合国教科文组织(UNESCO)1997年《国际标准教育分类》(ISCED—97)中的级类为依据。具体包括学前和初等教育;中等教育;中等教育后的非高等教育;高等教育;无法定级的教育;教育的辅助服务;教育研发;未另分类的教育。

(10)社会保护。社会保护职能及其定义以欧共体(现欧盟)统计处欧洲综合社会保护统计体系(ESSPROS)为依据。包括疾病和残疾;老龄;遗属;家庭和儿童;失业;住房;未另分类的社会保护。

大多数市场经济国家都按照《2014年政府财政统计手册》的政府功能分类方法,建立和调整了本国的政府支出功能分类,具体的政府职能分类和联合国的类似。

美国联邦政府支出的分类和国际惯例大致相同,功能分类是总统预算和国会预算编制中的重要组成部分。但是美国联邦政府支出共有20项功能分类,多于联合国的10个政府职能,美国大多数功能分类下都设有子功能。具体功能包括:国防;国际事务;基础科学、宇航、技术;能源;自然资源与环境;农业;商业与住房贷款;交通;社会与区域发展;教育、培训、就业与服务;卫生;医疗保障;收入安全保障;社会保障;退伍军人补助和服务;司法管理;行政支出;净利息;津贴;未分配抵偿性收入等。

(二)政府支出经济分类

GFSM(2014)认为广义政府部门承担两项广泛的经济责任,即负责向社会提供选定商品和服务,及以转移方式重新分配收入和财富。按照经济性质进行分类,政府支出主要包括以下八类:雇员报酬、商品和服务的使用、固定资本消耗、利息、补贴、赠与、社会福利和其他费用。

(1)雇员补偿。是作为对政府雇员在会计期间所做工作的回报,而向其支付的现金或实物形式的总报酬,但与其自有账户资本形成有关的工作除外。包括工资和薪金(具体又分现金或实物形式的工资和薪金)、社会缴款(具体包括实际的社会缴款、估算的社会缴款)。

(2)商品和服务的使用。包括为生产市场和非市场性商品和服务使用的商品和服务(用于自有账户资本形成的除外),加上为再销售而购买的商品,减去在制品、制成品和为再销售而持有的商品的库存的变化。

(3)固定资本消耗。是指在会计期间内,由于物理损耗、正常淘汰或正常意外损坏,广义政府单位拥有或使用的固定资产的价值减少。这是一个前瞻性的指标,因为其价值是基于未来的事件,而不是过去的事件。

(4)利息。是由产生某种负债(即存款、非股票证券、贷款和应付账款)的单位支付的。这些负债是当广义政府单位从另一个单位借款时产生的。具体包括向非居民支付的、向除广义政府外的居民支付的、向其他广义政府单位支付的。

(5)补贴。是政府以企业的生产活动水平或其生产、销售、出口或进口的商品和服务的数量或价值为基础,向企业进行的经常性无偿支付。具体包括向公共公司提供的(又包括向非金融公共公司提供的和向金融公共公司提供的)、向私人企业提供的(又包括向非金融私人企业提供的和向金融私人企业提供的)。

(6)赠与。是一个政府单位向另一个政府单位或国际组织进行的非强制性的经常性或资本性转移。赠与按两方面内容进行分类,首先按接收赠与单位的类型,然后按赠与是经常性还是资本性进行分类。具体分为:向外国政府提供的,向国际组织提供的,向其他广义政府单位提供的经常性赠与和资本性赠与。

(7)社会福利。是现金或实物形式的转移,以保护整个或特定部分人口,防止其遭受某些社会风险。按支付计划的类型划分为社会保障计划、社会救济计划及雇主社会保险计划,这些计划都包括现金形式或实物形式。

(8)其他开支。包括除利息外的财产开支和其他杂项开支。财产开支指广义政府单位在使用金融资产或有形非生产资产时,向这些资产的所有者支付的开支。除利息外的财产开支包括股息(仅包括公共公司)、准公司收入提取(仅包括公共公司)、归保单持有者的财产开支、租金。

GFSM(2014)中政府支出的经济分类科目具体划分为四个层次,其中一级类目 8 个,二级类目 17 个,三级类目 29 个,四级类目 5 个。每一级类目都有详细的解释,对各费用类别之间的界线也进行了清晰划分,能看清楚政府的开支是以什么样性质的资金花出去的。

根据预算管理和政府财政统计系统的需要,在《2014 年政府财政统计手册》的基础上,各国建立了与其支出功能分类相匹配的经济分类。

美国联邦政府支出部门分类包括 28 个部门和一个“其他独立机构”,各部门统一按以下经济分类列示支出责任:个人劳务和津贴、合同劳务和供给、资产购置、补助和固定收费、其他、直接支出责任小计、总支出责任合计。

英国政府支出的经济分类与国家统计局国民账户所使用的经济分类大体相同,主要包括支出类别、商品和劳务销售收入及资本性项目三大类。经常性支出里包括:工资和薪金、总经常性采购、商品和服务的销售收入、对个人和非营利机构的补助、经常性对外补助、对私人公司的补贴、对公共公司的补贴、净公共服务退休金、公共部门债务利息、其他等。资本性支出包括:资本补助、总资本性采购、资本性资产的销售收入、其他等。

日本政府支出的经济分类是按支出的使用途径分类，这种分类表示政府从国民经济中取得的财政资金，是以怎样的形式再返回国民经济中去的。具体分为人员经费、差旅费、物件费、设施费、补助费、委托费、转入其他会计、其他等。这种分类不仅适用于一般会计，而且适用于特别会计和政府关系机关会计。所以按照这种分类来汇总各种预算的支出情况，可以反映中央级预算支出的全貌。还可以根据支出在国民经济中的作用，将其分为三大类：(1)消费支出，亦称经常支出，是政府本身用于人员经费、购入物品和劳务及其他方面的消费性支出；(2)投资支出，亦称资本支出，是指政府用于道路修建、铁路铺设等公共事业和对政府企业的设备投资及库存投资方面的支出；(3)转移支出，亦称转账支出，是指政府用于社会保障、对居民和私人企业的各种补助及利息支出等方面的支出。

(三)支出分类交叉表

在进行政府支出分析时，根据职能和经济特性划分的交叉分类表比较有用，从这种交叉分类中得到的数据可以显示政府行使职能的途径。GFS政府支出的功能分类和经济分类的交叉分类表如表3—5所示。

表3—5　GFS政府支出的功能分类和经济分类的交叉分类表

支出经济分类 支出功能分类	雇员补偿	商品和服务的使用	固定资本消耗	利息	补贴	赠与	社会福利	其他开支
一般公共服务								
国防								
公共秩序和安全								
经济事务								
环境保护								
住房和社会福利设施								
医疗保健								
娱乐、文化和宗教								
教育								
社会保护								

功能分类与经济分类分别按政府职能和交易性质对政府支出进行了分类，两者从不同侧面、不同环节反映政府的支出。从两者的关系来看，每一项功能支出，都要在经济分类中得到细化，每一款经济分类的支出，都包含在某项或多项具体的功能分类中。它们既是两个相对独立的体系，又相互联系。若将两者综合运用，不但可以反映政府支出的各个侧面与环节，而且会大大扩充政府支出分类的信息含量，为政府部门提高

宏观决策能力提供有力的保障。如GFSM(2014)指出，这种交叉分类有助于开展以下分析：从投入角度显示政府如何行使其职能；从产出角度显示政府正在开展什么工作；分析政府如何行使其公共支出政策职能以实现各项社会目标；了解为实现具体政策目标，支出结构随时间发生的变化；比较不同政府如何行使具体职能。

四、我国的政府支出分类科目

(一)我国政府支出功能分类科目

根据2021年我国政府收支分类科目，我国政府支出功能分类有一般公共服务支出、外交支出、国防支出、公共安全支出、教育支出、科学技术支出、文化旅游体育与传媒支出、社会保障和就业支出、社会保障基金支出、卫生健康支出、节能环保支出、城乡社区支出、农林水支出、交通运输支出、资源勘探工业信息等支出、商业服务等支出、金融支出、援助其他地区支出、自然资源海洋气象等支出、住房保障支出、粮油物资储备支出、国有资本经营预算支出、灾害防治及应急管理支出、预备费、其他支出、转移性支出、债务还本支出、债务付息支出、债务发行费用支出、抗疫特别国债安排的支出等30个类级科目。

(1)一般公共服务支出。包括26个款级科目：人大事务、政协事务、政府办公厅(室)及相关机构事务、发展与改革事务、统计信息事务、财政事务、税收事务、审计事务、海关事务、纪检监察事务、商贸事务、知识产权事务、民族事务、港澳台事务、档案事务、民主党派及工商联事务、群众团体事务、党委办公厅(室)及相关机构事务、组织事务、宣传事务、统战事务、对外联络事务、其他共产党事务支出、网信事务、市场监督管理事务、其他一般公共服务支出。

(2)外交支出。包括外交管理事务、驻外机构、对外援助、国际组织、对外合作与交流、对外宣传、边界勘界联检、国际发展合作、其他外交支出等9个款级科目。

(3)国防支出。包括现役部队、国防科研事业、专项工程、国防动员、其他国防支出等5个款级科目。

(4)公共安全支出。包括武装警察部队、公安、国家安全、检察、法院、司法、监狱、强制隔离戒毒、国家保密、缉私警察、其他公共安全支出等11个款级科目。

(5)教育支出。包括教育管理事务、普通教育、职业教育、成人教育、广播电视教育、留学教育、特殊教育、进修及培训、教育费附加安排的支出、其他教育支出等10个款级科目。

(6)科学技术支出。包括科学技术管理事务、基础研究、应用研究、技术研究与开发、科技条件与服务、社会科学、科学技术普及、科技交流与合科、科技重大项目、核电站乏燃料处理处置基金支出、其他科学技术支出等11个款级科目。

(7)文化旅游体育与传媒支出。包括文化和旅游、文物、体育、新闻出版电影、国家电影事业发展专项资金安排的支出、广播电视、旅游发展基金支出、国家电影事业发展专项资金对应专项债务收入安排的支出、其他文化旅游体育与传媒支出等 9 个款级科目。

(8)社会保障和就业支出。包括人力资源和社会保障管理事务、民政管理事务、补充全国社会保障基金、行政事业单位养老支出、企业改革补助、就业补助、抚恤、退役安置、社会福利、残疾人事业、红十字事业、最低生活保障、临时救助、特困人员救助供养、大中型水库移民后期扶持基金支出、小型水库移民扶助基金支出、补充道路交通事故社会救助基金、其他社会补助、财政对基本养老保险基金的补助、财政对其他社会保险基金的补助、退役军人管理事务、小型水库移民扶助基金对应专项债务收入安排的支出、财政代缴社会保险费支出、其他社会保障和就业支出等 24 个款级科目。

(9)社会保障基金支出。包括企业职工基本养老保险基金支出、失业保险基金支出、职工基本医疗保险基金支出、工伤保险基金支出、城乡居民基本养老保险基金支出、机关事业单位基本养老保险基金支出、城乡居民基本医疗保险基金支出、其他社会保险基金支出等 8 个款级科目。

(10)卫生健康支出。包括卫生健康管理事务、公立医院、基层医疗卫生机构、公共卫生、中医药、计划生育事务、行政事业单位医疗、财政对基本医疗保险基金的补助、医疗救助、优抚对象医疗、医疗保障管理事务、老龄卫生健康事务、其他卫生健康事务等 13 个款级科目。

(11)节能环保支出。包括环境保护管理事务、环境监测与监察、污染防治、自然生态保护、天然林保护、退耕还林、风沙荒漠治理、退牧还草、已垦草原退耕还草、能源节约利用、污染减排、可再生能源、循环经济、能源管理事务、可再生资源电价附加收入安排的支出、废弃电器电子产品处理基金支出、其他节能环保支出等 17 个款级科目。

(12)城乡社区支出。包括城乡社区管理事务、城乡社区规划与管理、城乡社区公共设施、城乡社区环境卫生、建设市场管理与监督、国有土地使用权出让金收入安排的支出、国有土地收益基金安排的支出、农业土地开发资金安排的支出、城市基础设施配套费安排的支出、污水处理费安排的支出、土地储备专项债券收入安排的支出、棚户区改造专项债券收入安排的支出、城市基础设施配套费对应专项债务收入安排的支出、污水处理费对应专项债务收入安排的支出、国有土地使用权出让金收入对应专项债务安排的支出、其他城乡社区支出等 16 个款级科目。

(13)农林水支出。包括农业农村、林业和草原、水利、扶贫、农业综合改革、普惠金融发展支出、目标价格补贴、大中型水库库区基金安排的支出、三峡库区基金支出、国家重大水利工程建设基金安排的支出、大中型水库库区基金对应专项债务收入安排的支出、国家重大水利工程建设基金对应专项债务收入安排的支出、其他农林水支出等13个款级科目。

(14)交通运输支出。包括公路水路运输、铁路运输、民用航空运输、成品油价格改革对交通运输的补贴、邮政业支出、车辆购置税支出、海南省高等级公路车辆通行附加费安排的支出、车辆通行费安排的支出、港口建设费安排的支出、铁路建设基金支出、船舶油污损害赔偿基金支出、民航发展基金支出、海南省高等级公路车辆通行附加费对应专项债务收入安排的支出、政府收费公路专项债券收入安排的支出、车辆通行费对应专项债务收入安排的支出、港口建设费对应专项债务收入安排的支出、其他交通运输支出等17个款级科目。

(15)资源勘探工业信息等支出。包括资源勘探开发、制造业、建筑业、工业和信息产业监管、国有资产监管、支持中小企业发展和管理支出、农网还贷资金支出、其他资源勘探工业信息等支出等8个款级科目。

(16)商业服务等支出。包括商业流通事务、涉外发展服务支出、其他商业服务业等支出等3个款级科目。

(17)金融支出。包括金融部门行政支出、金融监管部门支出、金融发展支出、金融调控支出、其他金融支出等5个款级科目。

(18)援助其他地区支出。包括一般公共服务、教育、文化体育与传媒、医疗卫生、节能环保、农业、交通运输、住房保障、其他支出等9个款级科目。

(19)自然资源海洋气象等支出。包括自然资源事务、气象事务、其他自然资源海洋气象等支出等3个款级科目。

(20)住房保障支出。包括保障性安居工程支出、住房改革支出、城乡社区住宅等3个款级科目。

(21)粮油物资储备支出。包括粮油物资事务、能源储备、粮油储备、重要商品储备等4个款级科目。

(22)国有资本经营预算支出。包括解决历史遗留问题及改革成本支出、国有企业资本金注入、国有企业政策性补贴、其他国有资本经营预算支出等4个款级科目。

(23)灾害防治及应急管理支出。包括应急管理事务、消防事务、森林消防事务、煤矿安全、地震事务、自然灾害防治、自然灾害救灾及恢复重建支出、其他灾害防治及应急管理支出等8个款级科目。

(24)预备费。

(25)其他支出。包括年初预留、其他政府性基金及对应专项债务收入安排的支出、彩票发行销售机构业务费安排的支出、彩票公益金安排的支出、其他支出等5个款级科目。

(26)转移性支出。包括返还性支出、一般性转移支付、专项转移支付、政府性基金转移支付、国有资本经营预算转移支付、上解支出、调出资金、年终结余、债务转贷支出、援助其他地区支出、安排预算稳定调节基金、补充预算周转金、社会保险基金转移支出、社会保险基金补助下级支出、社会保险基金上解上级支出等15个款级科目。

(27)债务还本支出。包括中央政府国内债务还本支出、中央政府国外债务还本支出、地方政府一般债务还本支出、地方政府专项债务还本支出、抗疫特别国债还本支出等5个款级科目。

(28)债务付息支出。包括中央政府国内债务付息支出、中央政府国外债务付息支出、地方政府一般债务付息支出、地方政府专项债务付息支出等4个款级科目。

(29)债务发行费用支出。包括中央政府国内债务发行费用支出、中央政府国外债务发行费用支出、地方政府一般债务发行费用支出、地方政府专项债务发行费用支出等4个款级科目。

(30)抗疫特别国债安排的支出。包括基础设施建设、抗疫相关支出等2个款级科目。

(二)我国政府支出经济分类科目

根据2021年我国政府收支分类科目,我国政府支出经济分类分政府预算经济分类和部门预算经济分类两套科目,如表3—6所示。

表3—6　　我国政府支出经济分类科目表

政府预算经济分类(类级科目)	部门预算经济分类(类级科目)
1. 机关工资福利支出	1. 工资福利支出
2. 机关商品和服务支出	2. 商品和服务支出
3. 机关资本性支出(一)	3. 对个人和家庭的补助
4. 机关资本性支出(二)	4. 债务利息及费用支出
5. 对事业单位经常性补助	5. 资本性支出(基本建设)
6. 对事业单位资本性补助	6. 资本性支出
7. 对企业补助	7. 对企业补助(基本建设)
8. 对企业资本性支出	8. 对企业补助
9. 对个人和家庭的补助	9. 对社会保障基金补助
10. 对社会保障基金补助	10. 其他支出
11. 债务利息及费用支出	
12. 债务还本付息支出	
13. 转移性支出	

续表

政府预算经济分类(类级科目)	部门预算经济分类(类级科目)
14.预备费及预留	
15.其他支出	

资料来源:财政部,《2021年政府收支分类科目》。

政府预算经济分类有15个类级科目,即机关工资福利支出、机关商品和服务支出、机关资本性支出(一)、机关资本性支出(二)、对事业单位经常性补助、对事业单位资本性补助、对企业补助、对企业资本性支出、对个人和家庭的补助、对社会保障基金补助、债务利息及费用支出、债务还本支出、转移性支出、预备费及预留、其他支出等。

(1)机关工资福利支出。包括工资奖金津补贴、社会保障缴款、住房公积金、其他工资福利支出等4个款级科目。

(2)机关商品和服务支出。包括办公经费、会议费、培训费、专用材料购置费、委托业务费、公务招待费、因公出国(境)费用、公务用车运行维护费、维修(护)费、其他商品和服务支出等10个款级科目。

(3)机关资本性支出(一)。包括房屋建筑物购建、基础设施建设、公务用车购置、土地征迁补充和安置支出、设备购置、大型修缮、其他资本性支出等7个款级科目。

(4)机关资本性支出(二)。包括房屋建筑物购建、基础设施建设、公务用车购置、设备购置、大型修缮、其他资本性支出等6个款级科目。

(5)对事业单位经常性补助。包括工资福利支出、商品和服务支出、其他对事业单位补助等3个款级科目。

(6)对事业单位资本性补助。包括资本性支出(一)、资本性支出(二)等2个款级科目。

(7)对企业补助。包括费用补贴、利息补贴、其他对企业补助等3个款级科目。

(8)对企业资本性支出。包括对企业资本性支出(一)、对企业资本性支出(二)等2个款级科目。

(9)对个人和家庭的补助。包括社会福利和救助、助学金、个人农业生产补贴、离退休费、其他对个人和家庭的补助等5个款级科目。

(10)对社会保障基金补助。包括对社会保险基金补助、补充全国社会保障基金、对机关事业单位职业年金的补助等3个款级科目。

(11)债务利息及费用支出。包括国内债务付息、国外债务付息、国内债务发行费用、国外债务发行费用等4个款级科目。

(12)债务还本支出。包括国内债务还本、国外债务还本等2个款级科目。

(13)转移性支出。包括上下级政府间转移性支出、援助其他地区支出、债务转贷、调出资金、安排预算稳定调节基金、补充预算周转金等6个款级科目。

(14)预备费及预留。包括预备费和预留2个款级科目。

(15)其他支出。包括赠与、国家赔偿费用支出、对民间非营利组织和群众性自治组织补贴、其他支出等4个款级科目。

部门预算经济分类有10个类级科目,即工资福利支出、商品和服务支出、对个人和家庭的补助、债务利息及费用支出、资本性支出(基本建设)、资本性支出、对企业补助(基本建设)、对企业补助、对社会保障基金补助、其他支出等。

(1)工资福利支出。包括基本工资、津贴补贴、奖金、机关事业单位基本养老保险缴费、职业年金缴费、城镇职工基本医疗保险缴费、公务员医疗补助缴费、其他社会保障缴费、住房公积金、伙食补助费、医疗费、其他工资福利支出等12个款级科目。

(2)商品和服务支出。包括办公费、印刷费、手续费、水费、电费、邮电费、取暖费、物业管理费、差旅费、租赁费、工会经费、福利费、其他交通费、税金及附加费用、会议费、培训费、专用材料费、被装购置费、专用燃料费、咨询费、劳务费、委托业务费、公务招待费、因公出国(境)费用、公务用车运行维护费、维修(护)费、其他商品和服务支出等27个款级科目。

(3)对个人和家庭的补助。包括抚恤金、生活补助、救济金、医疗费补助、奖励金、代缴社会保险费、助学金、个人农业生产补贴、离休费、退休费、离职(役)费、其他对个人和家庭的补助等12个款级科目。

(4)债务利息及费用支出。包括国内债务付息、国外债务付息、国内债务发行费用、国外债务发行费用等4个款级科目。

(5)资本性支出(基本建设)。包括房屋建筑物购建、基础设施建设、公务用车购置、专用设备购置、信息网络及软件购置更新、大型修缮、物资储备、其他交通工具购置、文物和陈列品购置、无形资产购置、其他资本性支出等12个款级科目。

(6)资本性支出。包括房屋建筑物购建、基础设施建设、公务用车购置、土地补偿、安置补助、地上附着物和青苗补偿、拆迁补偿、办公设备购置、专用设备购置、信息网络及软件购置更新、大型修缮、物资储备、其他交通工具购置、文物和陈列品购置、无形资产购置、其他资本性支出等16个款级科目。

(7)对企业补助(基本建设)。

(8)对企业补助。包括费用补贴、利息补贴、其他对企业补助等3个款级科目。

(9)对社会保障基金补助。包括对社会保险基金补助、补充全国社会保障基金、对机关事业单位职业年金的补助等3个款级科目。

(10)其他支出。包括赠与、国家赔偿费用支出、对民间非营利组织和群众性自治组织补贴、其他支出等4个款级科目。

第四节 政府收支分类科目的管理

我国政府收支分类科目在长期的演进中，基本上是按照政府预算管理和国民经济发展目标的要求，进行适当的调整和变更。同时，也受到不同时期财政收支重点、事业发展趋势、财务拨款方式及主管部门变化的影响。经过2007年政府收支分类的重大改革及之后陆续进行的科目改革，我国已经建立起了符合国情、适应预算管理的需要、相对规范完整的政府收支分类体系。但是，加强对政府收支分类科目的管理，依然是政府财政管理中的一项重要内容。目前的政府收支分类科目并不是完美无缺的，还需要继续深入改革。在改革的进程中，势必会遇到一些体制上或技术上的障碍，就需要和预算管理、财政体制、政府预算会计、政府财政统计等方面的改革相互配合和促进，共同为我国公共财政制度体系的建设、政府预算管理的科学、规范、透明化，以及政府职能的顺利转变做出贡献。

一、继续改革和完善政府收支分类科目

（一）确定政府收支分类科目改革的长期目标

我国的政府收支分类科目与国际规范相比，还有比较大的差距。2007年政府收支分类改革主要以IMF1986年政府财政统计手册（GFSM1986）为蓝本，大体实现了国际间政府收支分类标准的对接和整合。然而IMF在2001年和2014年分别出台了两版新手册，已经对1986年GFSM做出根本性的改变，后者早已不适应新时期对政府财政统计的要求。以我国的现实情况，在短期内还无法和国际政府财政统计的最新口径接轨。但是，至少可以确定政府收支分类科目的长期改革目标，可先以2001GFSM为参考，对现有收支分类进行改革，在核算范围、部门分类、核算对象、核算内容、核算方法、活动分类、指标体系、分析框架等方面取得进步，提高宏观统计信息的规范化，有效防范财政风险，为宏观经济政策提供科学的定量依据。在今后客观条件成熟时，再以较新版的GFSM为指导准则，建立我国更加规范的政府收支分类体系。

（二）完善目前的政府收支分类科目

虽然与传统的政府收支分类相比，改革后我国的政府收支分类体系有了极大的改进，但是目前的收支分类科目还有些不足之处。如支出功能分类的类级科目数量较多，我国当前有30个类级科目，远远高于联合国颁布的10个政府职能。这样一个独立的政府职能就可能分散在不同的类级科目中，无法轻易看清楚政府职能的全貌。

款、项级科目数量也较多,或有重复,还存在个别科目归类不当或不清晰的情况。有些科目已经进行了及时的调整和变动,但还要继续完善现有科目,集中体现政府职能,适当简化类、款、项级收支科目,并对各级科目做出尽量详细的文字说明。支出经济分类科目的设置也要更精确,避免业务和科目不对应的情况。收入分类主要是要管理非税收入科目,使其设置更为合理和准确。总之,完善政府收支分类科目不仅要方便预算管理和财务管理,还要从科目自身作用及财政统计的特点出发,注重政府收支分类科目设置的科学性和规范性。

(三)打通全口径预算的收支科目

按照全口径预算管理的要求,我国政府收支分类科目包括了一般公共预算、政府性基金预算、国有资本经营预算、社会保险基金预算的收支科目。《预算法》要求,后三个预算应当与一般公共预算相衔接。2016 年开始,"四本账"收支科目之间的衔接更加紧密。如国有资本经营支出类级科目变更为社会保障和就业支出、国有资本经营预算支出和转移性支出,意味着国有资本经营预算开始由弥补一般公共预算中的支出缺口,改变为重点弥补社会保障缺口,以及进行自己的资本性支出。四个预算的收支科目之间如何更好地相互衔接和转换,是一个现实问题。就长远来看,"四本账"应合并为一本或两本账。首先,一般公共预算和政府性基金预算收入主要是税收收入或非税收入,收入分类口径是一致的,支出也都是功能分类,功能之间有相当的重合性,即这两本账的收支科目分类的范围和方法是相同的,本应合并为一本账。其次,国有资本经营预算收入科目是非税收入为主,支出科目主要是补充到一般公共预算的科目中,或者对自己的资本金注入,按照收支分类规范方法,也应列入一般公共预算中。最后,社会保险基金预算收支科目相对应,可以单独保留账本。打通四个预算的收支分类科目,应是今后条件成熟时可以实现的。

二、建立健全相关法律体系

(一)预算管理相关法律

和预算管理相关的法律文件具有规范政府的活动范围和公共收支行为的作用,实现有效控制政府公共支出的目的。政府的各项收支项目在预算中都有详细的计划,筹集收入遵循法定程序,使用资金时支出范围确定,不易挪作他用。同时,政府的收支活动受到权力机关及社会各界的监督,使其行为不至于背离公众的意愿。成熟的市场经济国家的财政预算法规一般较为健全,避免了制度的漏洞,也保障了政府收支分类里安排的各项收入、支出能确切落实。若是政府预算相关法律中规定了哪一项具体职能,则会体现在政府收支分类科目的设置中。如发达国家基本上把政府的职能限定在"市场失灵"领域,在支出分类体系中就可以清楚地看到,对社会福利、教育、医疗保健、社会保护等各个级别的支出科目考虑周到、设置全面，并且对每个科目都进行了详尽的说明和解释。这样的支出分类科目不仅反映了服务型政府的社会职能，也会促进经济和社会的持续发展。

（二）信息公开相关法律

健全的信息公开法律体系可以提升政府收支信息的透明度，从而保证政府收支的效果。政府收支的透明度是必不可少的，它的基本功能就是确保政府就公共资金的使用向公众负责，并为公众监督和约束的财政行为提供一个有效的机制。为了增强透明度，改进政府收支分类体系，使预算科目细化和规范化是非常重要的，不仅便于公众了解政府活动的信息，而且也便于研究和分析信息，易于进行横向和纵向的比较。我国现行的政府收支分类体系技术上比以前有了很大进步，但从效果上来看，并没有完全实现财政收支信息的高度透明。原因一是财政收支信息披露不足，预算报告仍然过于简单，预算报告中详细的收支指标数据并未完全披露。二是政府收支信息的生产不足，没有建立中长期滚动预算机制，缺乏政府层面的资产负债表和政府财务报告，不能提供未来财政负担和风险的信息。三是政府收支的外部审计信息披露欠缺，我国审计部门不独立于政府，难免受到行政干预，减弱了审计的监督作用。这些都需要完善的相关法律对信息公开做出非常明确的要求，以法律的形式规定向民众提供信息方面的具体义务及细节。

三、加快配套措施的改革进度

（一）权责发生制改革

GFSM2001 和 GFSM2014 的核算基础是权责发生制，发达国家基本上都采用了权责发生制作为政府财政统计的核算基础。我国政府会计正在由收付实现制全面向权责发生制转型中，在未能完全过渡到权责发生制前，它暂时还是个阻碍我国政府收支分类体系改革的技术障碍。收付实现制的最大问题是当期政府权力责任不匹配，不能全面准确提供政府的资产负债信息和成本信息，隐藏了财政风险，容易做出错误的财政决策。以权责发生制为核算基础，即以权利和义务的发生作为确认收入、费用以及资产、负债的标准。权责发生制和收付实现制相比，能够强化政府受托责任、增加财政透明度、提高管理效率以及防范财政风险。只有以权责发生制为核算基础，今后才能更好地结合 GFSM 体系进行深入改革。政府收支分类科目体系要进行深入改革，必须保持政府会计、政府财务报告、政府财政统计体系的一致性，以权责发生制作为核算基础。

（二）政府财务报告改革

政府财务报告是指为信息需求者编制的以财务信息为主要内容、以财务报表为主要形式、全面系统地反映政府财务受托责任的综合报告。政府财务报告的信息，可以反映和披露政府为了履行其职责进行的公共选择所导致的国家财富的变化，反映着中央和地方政府以及政府机构的财务状况。通过这种政府财务信息的及时披露机制，可以促进和监督政府做出正确合理的公共决策。目前我国政府财务报告的主要问题是报告体系不完整、反映信息内容狭窄、未能充分反映政府的负债情况等。政府财务报告改革的目标是建立规范化的政府财务报告体系，这就涉及有多个要件需要重新厘定，包括政府财务报告目标、财务报表要素、财务报表的编制基础、政府报告主体以及报告体系等诸多方面。政府收支分类科目也是政府财务报告的一个重要组成部分，政府财务报告的完善要以政府收支分类科目的规范设置为基础，两者相辅相成，共同完成改进。

（三）政府财政统计改革

政府财政统计在政府财政信息中处于核心和主体地位，从定量的角度反映政府财政收支的运行状况。我国政府财政统计的改革严重滞后于经济体制改革和财税改革。现行的政府财政统计核算功能单一，没有形成完善的体系，统计的总量指标只有财政收入、财政支出和赤字盈余，缺少对融资和债务等重要内容的全面系统核算。无法达到公共财政体制改革的要求，也无法为政府的宏观经济管理和调控提供可靠、强大的数据分析信息。只有完成政府财政统计体系的改革，才不会成为深化财税体制改革的障碍。我国政府财政统计体系改革的现实选择，是以 2001 版的 GFSM 作为指导准则，建立适合我国国情、符合国际标准和规范、完善的政府财政统计体系。能够准确描述政府收支的全部规模及其筹集和使用资金的过程，反映政府收支结构、相互关系及通过政府进行的资源分配状况，更为测定政府参与经济活动的广度与深度、制定各项宏观经济政策提供充分、有效的信息。

本章小结

政府收支分类是在政府财政管理中，按照特定的原则和标准，对政府收入和支出进行类别和层次的划分，将其进行科学、系统的归并和排列，以全面、准确、清晰地反映政府的经济活动。政府的经济活动名目繁多，收支分类根据其内在性质和相互联系，建立一个框架和体系，为财政资金的分配、使用和统计分析提供条件。政府收支分类科目由政府收入分类科目和政府支出分类科目组成。

对于财政管理来说，政府收支分类具有极其重要的作用。政府收支分类是财政管理的一项基础性工作，为财政决策提供信息，并且有利于政府对财政资金的管理，确保政府职能实现。政府收支分类的设置目标是满足政府财政管理的需要、全面反映政府的经济活动、统计口径具有可比性等。设置原则是公开透明原则、科学合理原则、相称相斥原则、便于操作原则。

我国于 2007 年实施了政府收支分类改革，将政府收入分类和支出分类按国际通行做法进行了类别和层次的重新划分，还建立了新的政府支出功能分类和经济分类体系。这次改革直接关系到政府预算的公开透明与政府职能的合理转变，对我国的财政预算制度产生了重要影响。

政府收入分类反映了政府收入的来源和性质，按收入的形式分为税收收入和非税收入，是政府收入最常见的分类。目前我国收入分类有税收收入、非税收入、社会保险基金收入、债务收入、转移性收入、贷款转贷回收本金收入等6个类级科目。

政府支出分类是按照一定的划分标准对政府的支出项目进行归类。政府支出分类的目的，是知晓政府支出的去向，通过分析政府支出的变化规律，优化财政支出结构，提高财政资源配置效率。政府支出功能分类和经济分类是最为常用的政府支出分类方法。目前我国政府支出功能分类有30个类级科目，政府预算经济分类有15个类级科目，部门预算经济分类有10个类级科目。

加强政府收支分类科目的管理，需要继续改革和完善政府收支分类科目、建立健全相关法律体系以及加快配套措施的改革进度。

本章名词解释

政府收支分类　政府收支分类改革　政府收入分类　政府支出分类　政府支出功能分类　政府支出经济分类 类级科目　款级科目　项级科目　目级科目　支出分类交叉表　政府交易　外部交易　内部交易　政府预算经济分类　部门预算经济分类

本章复习思考题

1. 什么是政府收支分类？对于财政管理来说，政府收支分类有什么作用？

2. 2007年政府收支分类改革的主要内容有哪些？有哪些进步？有什么重要意义？

3. 如何设置政府收入分类科目和政府支出分类科目？我国目前的收支分类科目和国际分类标准相比，有哪些需要改进的地方？

4. 应该如何加强对政府收支分类科目的管理？

第四章　财政收入管理

本章主要内容

本章简要介绍一国或地区的财政收入规模与结构的多重衡量指标及其科学内涵，运用经济学边际分析方法探讨一国或地区财政收入总量规模的适度性原理，结合我国财税实践提出我国税收收入(即财政收入最重要的组成部分)管理的主要原则与方法，并比较全面地介绍了我国政府非税收入的组成及其管理的基本方法。

财政收入管理主要是对政府如何筹资或聚财相关问题的管理，其最终目标是为了保障政府支出并实现政治、经济以及社会管理职能(如“保基本民生、保工资、保运转”的财政“三保”底线目标)。从管理学的角度，财政收入管理可划分为总量管理与结构管理，税收收入管理和非税收入管理，预算内财政收入管理和预算外财政收入管理，中央财政收入管理和地方财政收入管理，自有财政收入管理和转移支付收入管理等不同类别。从此角度讲，财政收入因性质、来源、形式等不同而在管理上往往也有所差异。例如，在我国曾经的财政管理实践中，预算内财政收入必须纳入国库进行集中统一管理，而预算外资金只须纳入财政专户(即相当于“准国库”)进行相对的分散统一管理。[①]

理论上，财政收入及其管理涉及政府与市场资源配置的比例关系，因此，对政府和非政府部门都具有十分重要的影响。本章主要说明三个问题：第一，在对财政收入规模衡量问题进行分析的基础上，借助国民负担率概念探讨了财政收入总量适度性管理的重要性，以及影响财政收入规模的制约因素；第二，对税收收入管理的内容、原则以及税务检查的基本方法等进行阐述；第三，对政府收费、政府基金、政府性资产等非税收入管理问题进行简要阐述。

---

① 在现代国库集中收付制度条件下，各级政府的预算内和预算外等财政性资金都应纳入国库进行集中统一和规范管理。

第一节　财政收入管理概述

一、财政收入的规模:衡量指标与基本内涵

在我国,十八届三中全会也将财政提升到一个新的高度,明确指出财政是治理国家的基础和重要支柱。基于此认识,财政收入规模总量问题就变得十分重要,从而也是理论界和实践部门都十分关注的热点问题。理论上,财政收入规模的大小与国民经济负担的高低两者之间具有十分密切的关系。通常,财政收入规模越大,特定情形下的国民经济负担就越重;反之反是。基于不同的研究视角,对同一问题可能会得出不同的结论。事实上,从政府的角度,财政收入问题首先是一个"收入"的问题,即政府往往期望借助一定的收入手段取得尽可能多的财力;从居民或公众的角度,财政收入问题则首先体现为一种"负担"的问题,即居民或公众往往期望政府能够"少取多予"。当然,考虑到财政收支与国民经济发展的复杂关系,财政收入规模是否会造成一定或过大的国民经济负担,短期的结论不一定在长期内成立。综上,财政收入管理无论对政府还是民众(如纳税人)都会产生重要影响。

财政收入规模是一定时期内(通常为一年)财政收入来源的总量。财政收入规模的大小,可以采用绝对量和相对量两类指标加以反映。前者适用于财政收入规模变化的纵向比较,后者适用于衡量财政收入水平、分析财政收入的动态变化以及对财政收入规模进行纵向和横向的比较分析;前者适用于静态和个量分析,后者适用于动态和总体分析。

在实践中,衡量财政收入规模的绝对量指标是财政总收入。主要包括中央和地方财政总收入、中央本级财政收入和地方本级财政收入、中央对地方的税收返还收入、地方上解中央收入、税收收入等。财政收入的绝对量指标系列,具体反映了财政收入的数量、构成、形式和来源。衡量财政收入的相对量指标通常是财政收入占 GDP 的比重,即衡量一国经济的财政收入负担率指标(见下面公式)。

$$K=\frac{FR}{GDP}\times 100\%$$

其中:K 表示一国或地区经济的财政收入负担率;FR 表示一定时期内(通常为一年)的财政收入总额。这里,FR 可以根据反映对象和分析目的的不同,运用不同的指标口径,如中央政府财政收入、各级政府财政总收入、预算内财政收入、预算内和预算外财政总收入等,我国常用的是各级政府预算内财政总收入。同样地,式中的 GDP

指的是国内生产总值的概念，当然也可运用不同的指标口径，如国民收入、国民生产总值等。理论上，从政府的角度，衡量财政收入规模的相对指标反映政府对一定时期内新创造的社会产品价值总量或国内生产总值的集中程度，因而又称为财政集中度。可见，国民经济的财政集中度和财政负担率本质上是同一概念，只是基于不同的研究视角和分析立场。比较而言，财政收入的相对指标具有较强的分析意义，更具有可比性。

综上，财政收入规模是指财政收入的总水平，通常用某一时期（一个财政年度）财政收入总额（绝对数额）或用财政收入占国内生产总值的比重（相对数值）来反映。财政收入规模是衡量一个国家财力和政府在社会经济生活中的职能范围的重要指标。保持财政收入持续稳定地增长，满足财政支出的需求是各国政府追求的主要财政目标。但是财政支出的需求往往是无限的，而财政收入的供给却总是有限的。因此，如何在复杂的财政经济运行过程中保持财政收入与财政支出的动态平衡是对各国政府财政管理能力的现实挑战。

一国或地区财政收入总量规模的制约因素，主要有：

1. 经济发展水平以及科学技术因素

经济发展水平和技术进步是决定财政收入规模的基础。两者之间是“源”和“流”的关系：前者是源，后者是流，源远则流长。一国的经济发展水平主要表现在人均占有*GDP*（国内生产总值）上，它表明一国生产技术水平的高低和经济实力的强弱，反映一国社会产品丰裕程度及其经济效益的高低，是形成财政收入的物质基础。一般来说，随着经济发展水平的不断提高，国民收入不断增长，该国的财政收入规模也会不断扩大。例如，英、法、美等西方主要国家，19 世纪末财政收入占国内生产总值的比重一般为 10%左右，而到 20 世纪末则上升到 30%～50%。从横向比较看，经济发展水平较高的发达国家财政收入水平一般高于经济发展水平较低的发展中国家。

从推动经济发展的因素看，技术进步的提高起着关键的作用。技术进步对财政收入规模的影响可从两个方面来分析：一是技术进步加快了生产速度、提高了生产质量，增加了国民收入，从而使财政收入的增长有了充分的财源。二是技术进步降低了物耗比例，提高了人均 *GDP* 产出比率。由于财政收入主要来自社会剩余产品价值，所以，技术进步对财政收入规模的影响更为明显和直接。

2. 收入分配政策和制度因素

在经济发展水平和技术进步既定的条件下，一国的财政收入规模，还取决于收入分配政策和其他制度因素。一般说来，实行计划经济体制的国家，政府在资源配置和收入分配上起主导作用，并会采取相应的收入分配政策使政府在一定的国民收入中掌握和支配较大的份额，从而有较大的财政收入规模。例如，前苏联东欧国家以及改革开放前的中国都实行明显倾向于国家的集中和集权式国民收入分配政策。相反，实行市场经济体制的国家，政府活动定位于满足公共需要，市场机制在资源配置及收入决定中发挥基础性作用，收入分配政策的选择和实施以弥补市场缺陷为主，财政收入规模就相对较小。即使在经济发展水平相当的国家，由于政治、社会、经济制度等方面的差别，有时也会造成财政收入规模的差异。因为不同的制度对政府职能和作用的要求不同，必然影响财政在整个国民收入分配中的份额。

此外，在国家基本制度制约下的产权制度、企业制度以及劳动工资制度等都会对财政分配政策和收入制度产生影响，从而引起财政收入绝对规模和相对规模的变动。

3. 价格水平因素

在财政收入管理过程中，价格水平会直接或间接导致实际财政收入总量与名义财政收入总量的差异。事实上，由于财政收入是在一定价格体系下形成的货币收入，价格水平及比价关系的变化必然会影响财政收入规模。在经济发展水平、财政分配制度以及其他因素保持不变的条件下，价格水平的上涨会使以货币形式表现的财政收入增加，价格下降则使财政收入减少，这实际上是由价格水平的上涨或下跌引起的财政收入虚增或虚减。此外，当商品的比价关系向有利于高税商品变动时，财政收入会有更快的增长，反之，则会降低财政收入的比重份额。

4. 特定时期的社会政治环境因素

特定时期的社会政治状况也会引起财政收入规模的变化。例如在发生内外战争时，国家必须动员各种财力以稳固政权或维护国家利益，因而财政收入规模会急剧扩大。此外，在一国或地区面临经济衰退时，往往会制订和出台以“减税增支”为特征的扩张性或膨胀性财政政策，从而导致财政收支规模总量产生重要影响。例如，根据我国 2020 年财政政策执行报告，在新冠肺炎疫情风险冲击、中美贸易战扩大等多重风险事件影响下，2020 年全国一般公共预算收入 182 895 亿元，同比下降 3.9%(其中，中央一般公共预算收入 82 771 亿元，同比下降 7.3%)。分季度看，当年全国一般公共预算收入增幅分别为－14.3%、－7.4%、4.7%、5.5%，呈现一季度收入大幅下降后二季度触底回升、三季度由负转正、四季度持续向好的态势；2020 年我国全国范围内新增减税降费规模超过 2.6 万亿元，较好助力企业纾困发展。截至 2020 年底，全国 10 万户重点税源企业销售收入税费负担率(企业缴纳的税收和社保费等支出占销售收入比重)同比下降 8%，即各级财税部门通过多种税费减免政策，有力支持各类市场主体复工复业，保障了受疫情影响行业在下半年的恢复性增长。[①]

值得指出，“十三五”时期，我国政府精准实施经济逆周期调节，有序推出一系列减

① 《2020 年中国财政政策执行情况报告》，http://www.gov.cn/xinwen/2021－03/06/content_5590913.htm，2021 年 3 月 16 日。

税降费政策。2016—2018 年，全面推开营改增试点、简并和降低增值税税率、提高个税减除费用标准等。2019 年实施更大规模减税降费，2020 年又出台 7 批 28 项税费优惠政策支持疫情防控和经济社会发展。随着一系列减税降费政策落实落地，2016—2019 年我国宏观税负（即一般公共预算收入中税收收入占 *GDP* 比重）分别为 17.47％、17.35％、17.01％和 16.02％，2020 年进一步降至 15.2％，比“十二五”末 2015 年的 18.13％降低近 3 个百分点。显然，这种宏观财政收入的积极管理和调控策略，对国民经济的健康和可持续发展发挥了积极作用。

二、财政收入的总量管理及其适度性问题

理论上，财政收入总量管理的核心问题是寻找和探索财政收入总量的最优规模问题。实践中，研究符合一国或地区社会经济发展客观要求的财政收入总量规模的最优化问题，立足不同视角并基于不同假设会有不同的解答。

对财政收入的总量管理问题，可归纳和概括为如下三种观点：

1. 财政收入规模最小化论。按此观点，最优财政收入规模就是指最小化的财政收入规模。这种将财政收入规模最小化视为最优化的思想观点，主要是在总结财政分配的历史经验教训的基础上得出的一种传统认识。这种观点，主张轻徭薄赋，反对横征暴敛。如中国古代孔子在“仁政”思想中提出了执政者必须“施取其厚，事举其中，敛从其薄”的观点①。孟子在阐述其“民本”思想的过程中，主张执政者在理财方面必须实行“薄赋敛”的财政政策，这种赋税思想基本与孔子类同。从历史上看，将财政收入规模最小化视为最优化的观点，不仅是中国早期社会里由“轻重论”沿袭下来的一种主流财政观点（当然封建君王专制下的政府很难做到这一点），而且也是西方国家一直延续到古典经济理论时期的占统治地位的市场经济条件下的财政理论观点（如亚当·斯密的“廉价政府”财政观）。在现代社会条件下，这种观点仍然具有较大的影响力，现代社会中产生的“小政府、大社会”思想，实际上就是这种观点在现代社会中的具体体现。

2. 财政收入分配制度决定论。最优财政收入规模是指在既定的财政收入分配制度下，最能体现财政收入分配制度要求的财政收入规模。人们将这种观点称为“合乎制度约束规范的财政收入规模”。从当前财政研究的一些文献资料来看，许多分析最优财政收入规模或最优税收负担的文献资料，往往将财政收入分配制度视为当然合理性，将既定财政收入分配制度下形成的财政收入规模及其发展趋势视为财政收入规模的未来走势，并赋予其“最优”含义。这种观点是近年来中国财政数理研究中较为流行的一种观点。

① 孔子认为，君王的行为应施予要厚重，做事要中庸，赋敛要轻薄。见《左传·哀公十一年》。

3.财政收入总量平衡论。所谓最优财政收入规模是指在财政分配实践中达到“以支定收”与“以收定支”相适合状态下的财政收入规模。人们将这种观点称为“财政收支适合状态下的财政收入规模”。这种观点,实际上是一种建立在财政收支关系分析基础上形成的财政收支相互决定论思想,在当今财政理论界占有主流的地位。①

当然,也有学者认为应将国民经济增长作为研究财政收入规模合理性的基准,即认为与经济增长相适当并基本同步的财政收入规模是适应经济增长又能减轻居民经济负担的最优水平。②

在如何界定最优财政收入规模概念方面,上述三种观点各有其科学合理性,同时也都有其不合理性。(1)就财政收入规模最小化即为最优化的观点而言,这种“大社会、小财政”的提法,与“小政府、大社会”的提法同出一辙,往往是一种对过度膨胀的政府财政规模的一种思想反抗。实践中,小政府、小财政易于被证明未必处于规模最优状态。事实上,无论财政收入规模过大还是过小,都会影响经济与社会的健康发展。财政收入规模过大,会加重社会经济负担,拖累社会经济发展;财政收入规模过小,又会加剧财政收支矛盾,影响政府机构的正常运转和政府职能的实现,难以满足社会公共需要,同样是对经济与社会发展产生严重的损害。(2)对第二种财政收入规模最优论观点而言,这种观点实际上是一种颠倒了主客观关系的逻辑结论。最优财政收入规模是社会经济发展的客观要求,它客观地存在于社会经济发展过程中并决定着财政分配制度的主观选择,只有当财政制度的选择合乎最优财政收入规模要求时,这种财政制度才是合理的。当财政制度的选择不符合最优财政收入分配规模要求时,就必须变革和调整财政制度。最优财政收入规模与财政收入分配制度的关系是前者决定后者,而不是后者决定前者。如果财政收入分配制度的选择、设计和安排不合理,则越能体现该制度要求的财政收入规模就越不合理,越不能将其称为最优财政收入规模。(3)“以支定收”与“以收定支”相适合的财政收入规模最优论观点,只是强调了财政收支在总量上的对称或相等。如果这种财政收入与财政支出的适合是建立在政府行政低效率状态下,则此种状态下的财政收入规模也不能将其称为“最优”。最典型的是在政府机构臃肿庞大、冗员过多状态下,为满足不合理的财政支出需要而一味地强调财政收支平衡,不仅对社会经济发展无益,反而极其有害。这说明,不作任何前提条件设定,而简单地将财政收支适合状态下的财政收入规模称为最优财政收入规模,同样是不正确的。

利用经济学边际思想,理论上我们可以将最优财政收入规模的概念界定为:在正确处理公共经济与私人经济关系的基础上,实现社会福利最大化目标(即特定财政收

---

① 姚绍学:《最优财政收入规模的理论与实证》,经济科学出版社2003年版,第18—23页。

② 王炜、于天义:《财政收入规模论》,《财政研究》2000年第7期。

入规模下社会边际成本等于相应的社会边际收益)的财政收入规模,如图 4—1 所示。财政收入的分配规模既能保证政府公共经济的运行效率,也有利于提高市场领域里的私人经济的运行效率,从而使整个社会的资源配置和资源利用处于福利最大化状态。财政收入的分配规模既能够使政府发挥宏观经济调控功能,又能使市场机制发挥自动调节作用,从而使整个社会的福利分配处于效用最大化状态,最有利于保证社会成员的福利最大化目标的实现。财政收入的分配规模能够使公共经济与私人经济间的资源流动处于均衡状态,使整个社会的财力分配既有利于促进公共经济的发展,又有利于促进私人经济的发展,从而能够最大限度地满足整个社会对公共产品和私人产品的需要。当然,上述财政收入最优规模的概念是基于一般均衡思想的理论抽象,其实践应用价值往往是十分有限的。

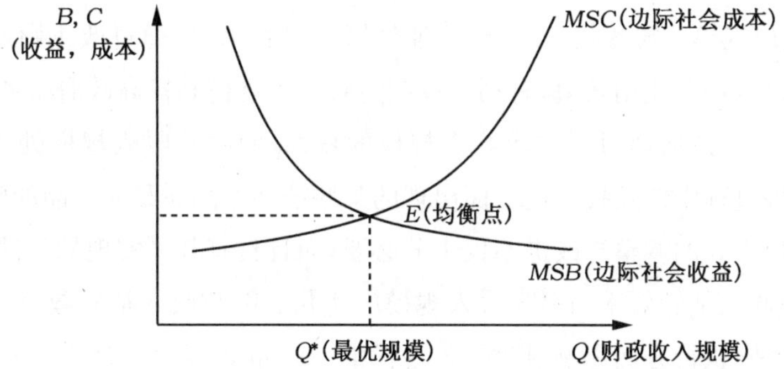

图 4—1　一国或地区最优财政收入规模的存在性及其决定

从实践层面,“次优的”(Second Best)财政收入规模往往才是现实的。为此,遵循如下几点就是重要的:

(1)民主制度的保障与财政收入规模的优化。民主制度的重要功能主要在于能够充分反映社情民意和公众偏好。只有在民主制度的保障下,社会居民才能充分反映自己的意愿和要求,才能按照集合民意、体现民愿的集体表决方式,以真实性的社会公共需要来界定政府的公共职责范围和政府公共职责的具体内容,将政府应该履行的公共职责建立在真实、客观的基础上。同时,社会居民才能充分行使自己的民主权利,自觉监督政府行为,督促政府依法行政、公共行政和努力提高其行政效率,才能使政府按照公共化、法制化和高效率的要求,真实履行其公共职责,为社会提供高质量的公共产品,满足社会公共需要。也只有在这种状态下实现的财政收入分配规模,才能达到或接进“次优”状态。

(2)政府预算的公开透明与财政收入规模的优化。按照预算公开透明原则,将政府预算的公共收支规模、财政收入来源的结构和财政支出的具体用途等,向社会成员公布，通过社会成员或社会成员代表的集体表决，行使社会成员的审议权、否决权、批准权和实际监督权。将财政收入分配规模真正置于合乎社会民意选择的基础上，使其符合社会经济发展的客观要求。通常而言，政府预算安排得越详细、反映的财政收支内容越具体，其透明度越高，越能体现社会居民的意愿和要求，更好地接受社会成员的审议和监督。只有在财政预算公开透明的前提条件下，社会成员才能真正行使财政民主决策和民主监督权利，才能使财政收入分配规模满足其追求利益最大化的需要。

(3)财政资金使用效率与财政收入规模的优化。按照市场经济发展的内在要求，不断改进财政支出方式，提高财政资金的使用效率，对财政收入规模的优化也具有十分重要的现实意义。由于实践中的财政收入规模的高低，是国家对财政收支关系权衡的结果，总要受到财政支出规模的影响，而财政支出规模的大小又会受到财政资金使用方式所体现的财政资金使用效率的影响，因此，从“财政支出方式—财政资金使用效率 —财政支出规模—财政收入规模”传递性影响过程来看，通过改进财政支出方式，有利于提高财政资金使用效果，有利于控制财政支出规模和提高政府服务于社会的公共经济运行效率，进而通过对财政收支规模的权衡，使财政收入规模处于优化状态。社会经济发展过程中伴随技术进步而出现的某些公共产品向私人产品的转化现象，又使得财政支出方式的调整与改进不仅十分必要，而且具有其可实现的条件。

(4)财政收入征管效率与财政收入规模的优化。财政收入征管效率的高低，是从征收管理的实际执行方面影响财政收入规模的一个重要因素。财政收入征管效率越高，越有利于提高财政资金的使用效果和公共经济的运行效率，使公共经济与私人经济发展过程中的社会资源配置处于相对均衡状态，实现最优财政收入规模分配。提高财政收入征管效率，不仅要做到依法组织财政收入，还必须不断改进财政收入征收管理方式，努力降低财政收入征管成本。

三、财政收入的结构管理与财政收入质量

财政收入结构是指国家财政收入来源的多种构成、比例及其相互关系。财政收入的结构管理，本质上是通过相关财政收入制度安排实现不同财政收入构成要素之间比例的协调和合理，实现财政收入结构效益的最大化。通常，国民经济结构和社会经济结构的合理化，决定着财政收入结构的合理化。与之相对应，财政收入结构是否比例关系合理、利益关系协调、收入取予适度、财力具有后劲，也制约着国民经济总量和结构的平衡，影响各方面积极性的调动和分配关系的调节。

通过优化财政收入结构，可以提升财政收入质量(如过高的非税收入比重通常被认为财政收入质量较低)。在我国，财政收入结构体系大体可按项目结构、所有制结构、部门结构、地区结构以及不同层级政府收入结构等若干方面加以考察。

1. 财政收入的项目结构

从项目结构角度，一国或地区财政收入通常由税收收入、非税收入、债务收入、转移性收入等不同项目形式构成。从世界范围来看，税收收入通常是一国或地区财政收入的“大头”或主体性收入。例如，我国自20世纪80年代实行“利改税”以后(即国营企业上交利润改为征税制)，税收逐渐成为财政收入的基本形式，并至今处于绝对的主体地位。根据国际货币基金组织的财政报告，不难看出：市场经济越发达，税收收入所占比重越大。这是因为税收在监管社会经济活动、调节社会经济、组织财政收入上有着非税收不可替代的特征。我国目前税收收入在财政收入中所占比重与发达国家有一定差距。

2. 财政收入的所有制结构

财政收入的所有制结构指按照财政收入来源的经济类型划分的结构。在我国，国有经济或公有制经济提供的财政收入通常是主体(如国有经济的财政收入贡献在“四五”时期曾达到87.45%的历史最高点)，但改革开放以来民营经济的财政收入贡献比重不断提升。例如，2019年3月6日，在全国“两会”记者招待会上，国家发展和改革委员会主任何立峰指出，民营经济在我国经济发展中占有非常重要的地位，正在发挥非常重要的作用，这主要体现在“56789”的说法，即我国民营经济总体上贡献了中国经济50%以上的税收、60%以上的*GDP*、70%以上的技术创新成果、80%以上的城镇劳动就业，还有90%以上的企业数量。[①] 国家税务总局统计数据显示，“十三五”时期，全国新办民营经济涉税市场主体5 600.5万户，占全部新办涉税市场主体的97.5%，且其占比逐年递增，从2015年的96.3%提高到2020年的98.7%，成为新办涉税市场主体的主力军。增值税发票数据显示，“十三五”时期，民营经济发展迅速。2016—2020年，民营经济销售收入年均增长17.7%，高于全国总体水平1.5个百分点。其中私营企业、个体经营增长较快，年均分别增长22.5%和20%。民营经济的税收贡献也在不断提升，2020年，民营经济缴纳税收占全国税收比重达60.1%，较2015年的51.5%提高8.6个百分点，成为稳定全国税收的重要支撑。上述数据说明，民营经济在我国经济发展以及财政收入贡献中的地位和作用是非常突出的，因此近年来我国《政府工作报告》中多次提到民营企业和民营经济，并强调要下大气力优化民营经济发展环境，有效缓解实体经济特别是民营和小微企业融资难融资贵问题。

3. 财政收入的部门结构

一国或地区的财政收入与产业结构具有密切的联系。依据国际惯例，一国或地区

① 《中国民营经济的“56789”》，《中国产经新闻》2019年03月07日，http://finance.sina.com.cn/roll/2019—03—07/doc—ihsxncvh0431226.shtml。

的产业结构通常由第一产业(即农业)、第二产业(即工业)、第三产业(即商业、服务业为代表的其他产业)等构成,其与财政收入的关系主要有:(1)农业与财政收入。农业是国民经济的基础,但农业具有天然的弱势特征。由于农业自身的特点所限制,决定了农业对财政收入的直接贡献率往往不高。在我国,财政来源于农业的收入比重通常3%左右(基于农民税费负担过重原因,我国于2006年全面取消了农业税)。但应指出,农业从根本上影响着整个国民经济的发展,进而影响着财政收入的来源。此外,我国农业通过价格剪刀差方式间接地为国家财政收入做出了重要贡献。(2)工业与财政收入。工业是国民经济的主导,也是我国财政收入的主要源泉。在现代经济中,工业是科学技术发展和应用的主要动力和载体,特别是我国长期实行以流转税为主体税制的情况下,工业部门上交的税收在财政收入中一直居于主要地位,是名副其实的财政收入支柱。还应指出,作为第二产业的一个组成部分,近20年来建筑业在我国发展势头迅猛,各级政府来自建筑业以及房地产业的税费收入增长幅度较大。(3)第三产业与财政收入。以商业、服务业为代表的第三产业,在现代经济中呈现相当快的增长态势,因此,第三产业在国民经济中的地位及其财政收入贡献比重也不断提高,这已经成为世界各国共同的发展趋势。例如,根据国民经济和社会发展统计公报,2020年我国第三产业占国民经济的比重已高达54.5%。税收数据显示,"十三五"时期,随着我国经济发展质量不断提升,第三产业税收收入占全国税收比重由2016年的56.5%稳步提升至2020年的58.1%,比"十二五"末2015年提高3.3个百分点。新兴产业成为税收新增长点,信息传输、软件和信息技术服务业销售收入年均增长21.2%,显著高于全国总体水平,税收年均增长12.5%,比全国税收增速快8.2个百分点。[①]

4. 财政收入的地区结构

财政收入的地区结构主要描述和刻画一国或地区财政收入在不同地区的均衡分布状态。根据国家税务总局的研究报告,2016—2020年我国中西部税收占比逐年增长并超过三成(即区域财政收入分布以及经济发展更加协调和均衡),但经济较发达的东部沿海地区的税收收入比重依然占据绝对的"大头"或主体地位。例如,2016—2020年我国中部地区税收收入占全国税收比重从15.6%提升到16.5%,提升0.9个百分点;西部地区税收占比从18.4%提升到19%,提升0.6个百分点,中西部地区合计占比达35.5%,提升1.5个百分点,两者与东部地区差距进一步缩小。[②] 从经济决定税收的角度来看,不同地区税收收入贡献的比重变化,客观映射了不同地区协调发展程度的变化。值得指出,"十三五"以来我国区域性税收政策体系持续优化,精准发力,在

① https://baijiahao.baidu.com/s?id=1693913346994710979&wfr=spider&for=pc。

② 国家税务总局办公厅:《十组税收数据反映"十三五"时期中国经济社会发展取得新的历史性成就》,http://liaoning.chinatax.gov.cn/art/2021/3/12/art_25_57487.html。

推动东西部区域协调发展中发挥了重要作用。

5.纵向财政收入结构

从中央和地方政府角度的纵向财政收入结构主要描述了一国财政收入的集中程度。在我国,中央与地方这种财权与事权矛盾的不对称局面或垂直失衡状态,已经引发了许多现实问题:(1)地方政府片面追求 *GDP* 增长的向“钱”看现象。在有限财源和支出项目繁多的现状下,地方政府不得不将有限财力投入见效快、对 *GDP* 贡献大的经济发展中去。比如大搞地方基础设施建设等,而对于地方教育、社会保障、医疗等项目的支出无法有效兼顾,同时对 GDP 的片面执着追求也导致地方环境污染状况日益严重。这对于改善民生、加快产业结构调整、实现绿色发展目标是十分不利的。(2)“跑部钱进”的出现。地方财政困难导致了腐败问题的滋生。为了争取获得中央的转移支付,地方政府不得不想尽办法多争取中央财政的转移支付,腐败现象也大幅度增加,不利于财政资金配置效率和政府管理效率的提高。(3)土地财政和债务财政现象的出现。例如,由于财权的逐级上交,而事权的逐渐下放,导致处于财政末端的县乡财政困难问题。而针对我国现有土地制度的缺陷,地方政府开始将财政增收的关注点放在了土地上。在现有的土地制度上,地方政府既享有土地的征用权也享有土地征用的补偿权。同时中央政府不参与土地收益,这使得近年来地方政府通过出让土地获得了大量土地出让金收入。

专栏 4-1 中国特色的“土地财政”收入现象

土地出让金的全称是国有土地使用权出让金收入,指土地批租时一次性收取的费用,即为土地有效年限的使用价格,所以也可称为“地价”。土地出让金包括土地开发投资费用和使用期内的土地使用费。前者包括征地、动迁及为地块直接配套的基础设施费,是对开发投资的一次性补偿,后者为土地资源使用的费用,即“地租”,是土地所有权在经济上的体现。如批租 50 年,就要一次性支付包括全部年限的使用费。

土地出让金根据批租地块的条件,可以分为以下两种:一种是“熟地”价,即提供“七通一平”的地块,出让金包括土地使用费和开发费;另一种是“毛地”或“生地”价,即未完成“七通一平”的地块,出让金仅为土地有偿使用的部分,投资者需自行或委托开发公司进行受让土地的开发工作。

一直以来,土地出让收支在我国地方财政中发挥着十分重要的作用,是地方政府基础设施建设的主要资金来源之一。在过去 20 年间,土地使用权出让收入增长迅猛,部分地区土地使用权出让收入占据地方财政的“半壁江山”,有些省份甚至超过税收收入。相关数据统计，从1999年至2015年，这17年全国土地出让收入总额约27.29万亿元，年均1.6万亿元。2016年全国土地出让收入总额为37 457亿元，2017年这一数据猛增至52 059亿元。2018年我国土地使用权出让收入为65 096亿元，同比增长25%。2008年以前，土地出让金一直作为预算外资金收入。但在2008年11月，我国财政部出台了《国有土地使用权出让收支管理办法》，规定将土地出让金全额纳入政府性基金预算管理。但类似土地出让金这样的政府性基金，还没有完全纳入监管，每笔土地出让金具体“花多少”“收多少”，公众却并不知情，变成了一本“糊涂账”。因此，要健全土地领域的法律法规，严格操作程序，明确土地交易主体的权属，推进预算公开制度，加大土地出让收支的预算透明度，接受社会监督。将土地管理过程中所有收入支出做成一本“明白账”，真正落实社会监督，公平公正，发挥土地出让收益作为财政收入重要组成部分的应有作用，保证我国经济社会的健康发展。

与土地出让金高度相关的一个概念是土地财政。通常，土地财政指地方政府在一般公共预算收入以外所发展出的以土地收入为中心、规模巨大、完全由地方政府支配的财政收入，也称为“第二财政”(周飞舟，2007）。这里，我们可将土地财政界定为：在城市化进程中，政府从土地开发、土地出让和土地经营过程中获得的税收、租金和规费等财政性收入，其主体是国有土地出让金，同时也包括与土地直接相关的多种税收和行政事业性收费。可见，土地收入分为两大类：土地直接收入、土地间接收入，在这两类中，进一步按照税收和非税收入划分。

第二节　税收收入管理

在我国，地方政府一般公共预算收入包括税收收入、非税收入、债务收入和转移性收入等。从世界范围来看，税收收入已经成为每一个国家筹措资金的最主要来源。在许多国家，税收收入占财政收入的90%以上。我国2018年税收收入为156 401亿元，占一般公共预算收入的85.30%。[①] 税收最基本的功能是获取政府财政收入。在很大程度上，税收收入在一国财政收入中的这种优势地位与税收的三大形式特征有很大关系。与其他财政收入相比，税收具有强制性、固定性、无偿性等形式特征。这里，强制

① http://www.mof.gov.cn/zhengwuxinxi/caizhengxinwen/201901/t20190123_3131193.htm。

性是指税收是以法律法规的形式强制课征的，无论纳税人是否愿意，只要符合税法标准，就应履行纳税义务，否则就要受到法律的制裁，税收的强制性主要体现在征税过程中；税收的固定性是指国家征税预先规定了统一的征税标准，包括纳税人、课税对象、税率、纳税期限、纳税地点等。总之，加强税收收入管理在财政收入管理中处于绝对的主导地位。

一、税收收入管理的内容

在我国，各级政府税收收入管理的基本目标是坚持组织收入原则，强化税收的组织收入措施，以实现税收收入稳定增长和收入质量稳步提高的目标，为经济社会发展提供坚实的财力保证。在税收收入管理目标的实现过程中，既有税收收入管理机制的完善问题，也有税收征管力度的加强问题。值得指出，任何管理都离不开制度，缺乏制度约束的管理就是缺乏共同遵循标准的管理。因此，科学的税收收入管理必然是规范和系统的制度化管理(包括基本的法律制度安排)。

1. 税收预测与计划管理

税收预测是对税收进行科学的计划管理的前提。各级税收预测部门在年度税收计划分配前必须开展税收预测工作，将税收预测结果作为税收计划分配的参考。实践中，税收预测是以充分掌握影响税收收入变动和税收历史资料为基础，以统计方法、数学方法为手段，经过推理和计算，对未来税收收入的前景做出比较科学判断的一项管理工作。税收预测是组织税收收入工作的重要环节，也是税收计划管理工作的重要前提。

通常，税收预测工作建立在税源调查的基础上，税收预测方法采取税源调研预测为主、数理模型计算为辅的方法。基层税收预测部门按照税收预测工作的要求，在进行税收预测前开展全面的调研活动，充分掌握税源的增减因素，税收征管对组织收入工作的影响，税收政策变动对税收收入的影响以及其他因素对税收收入的影响情况。税收预测的内容主要包括：(1)开展税源调查研究，收集税源变动因素。(2)收集宏观经济指标、税收收入指标，并按照预测要求进行统计分组。(3)与相关部门协调，收集宏观经济走势、税收征管、政策、稽查等方面的信息。(4)根据收集的资料，利用税源排查预测法和数理统计分析预测法进行预测。(5)上报各类税收预测分析结果和报告。在管理制度方面，税收预测工作通常坚持自下而上的原则，采取下管一级的办法进行，上一级按照下一级的预测结果进行预测。预测质量考核主要考核税收预测数的准确性，主要依据税收预测数据和全年税收实际完成数之间的误差率进行考核。在税收预测考评实践中，通常误差率在2％以内评为良好，在2％～5％评为一般，在5％以上则评为较差。

如何充分发挥税收计划管理对组织税收收入的科学指导作用是一个需要深入研究和不断探索的问题。通常,实践中需要改进税收计划编制方法,按照税源编制和分配税收计划。计划编制要综合考虑经济税源、征管状况、税收政策以及收入基数等各项因素,提高计划编制的科学合理性。对税收计划实行动态管理,根据经济发展和计划运行情况适时加以调整。在掌握好收入进度的同时,要注重税收收入与相关经济发展协调程度的对比分析,深入研究税收计划执行水平和效果。实行收入增减因素档案管理办法,根据影响税收收入因素的结构和类型,建立影响因素档案,实行格式化管理,从而系统地掌握影响税收收入变化情况。目前,我国许多地方的税收管理部门已经建立了收入情况调度分析联席会议工作制度,定期(按月或按季)召开由计统部门牵头、有关税种管理部门参加的收入情况分析会议,对分税种、行业的税收收入情况进行系统的分析研究,既要考核计划完成情况,也要考核收入质量和收入纪律(包括税负、税收弹性等收入与经济协调增长程度和有无虚收、混库等情况)。

原则上,税收计划管理与考核工作遵循目前我国国家税务总局制订的"依法治税、应收尽收、坚决不收过头税"以及"均衡入库"的组织收入原则。

2. 税源监控管理

税源控管是目前我国各级政府税务机关的一项经常性、基础性工作。税源监控管理的主要内容与范围:(1)总体税源监控。按系统总体税源变化进行监控,可以分地区、分经济性质、分行业,按照选定的对比因素(比如应税收入、应征税金、入库税金、欠缴税金等)以及确定的变化值,通过环比和同比,来发现税源的总体变化情况。(2)重点行业税源监控。按照不同地区经济、产业结构的实际情况,进行重点行业的认定,分地区提供各类重点行业的销售收入、应征税金、入库税金、税收负担率等指标,加强重点行业和地区特色行业的监控和管理。(3)重点税源户的监控。通过重点税源户的选择和确定,监控地区各个不同级别、不同行业重点户的户数及每个重点户的详细涉税资料。这里,重点税源户(即纳税大户)指的是一些年度创税规模较大的企业单位,其确定标准在不同地区以及不同征管层次往往是不同的。(4)重点政策调整的税源监控,依据国家或地方政府各项优惠政策或重点政策出台,监控预测政策调整带来的税源变化或税源预测。

在实践中,税源监控的总体目标是:建立以信息化建设为依托,及时、全面、准确地掌握本地区经济税源及税收收入的动态信息和发展变化趋势,建立综合税源信息资料档案,提高税源的收入分析预测质量和效率,为税收政策与决策服务。

3. 税收收入增幅预警管理

税收增幅预警是按照一定的标准和程序,对税收收入中增幅异常的税种进行监控、分析和提醒的综合管理工作。通常,税收增幅预警采取按季预警的办法,对达到预警标准的税种启动预警程序。这里，税种增幅的预警标准通常根据税收收入的异常变化来人为设定。例如，税种收入同比增幅达到20%以上；税种收入与地区经济指标增幅弹性系数超过1.5以上；出现明显减收的税种。税收增幅预警情况说明应包括以下内容：预警税种的收入情况；导致预警税种增长的主要原因（包括从经济、征管、政策和一次性因素等多方面分析）；预警税种中主要增减收企业的税收入库情况和增减收的原因。

4.税收分析管理

税收分析是综合运用统计分析手段，揭示税收与经济以及税收自身内在关系，判断税源状况、征收状况，服务税收决策的认知活动。税收分析是税收管理的重要内容和基础工作，是保障税收职能实现、促进征管质量与效率提高的重要环节。

建立和规范税收分析指标体系是税收分析的前提。根据税收分析需要，税收分析需要确定统一的分析数据指标和标准，建立税收分析数据库。在此基础上，规范和强化数据信息采集手段，充分运用信息化、网络化方式进行数据信息的采集和传输。运用较为科学的税收分析方法，运用税收与相关经济指标分析判断税收收入形势是否正常、税收增长与经济发展是否协调。在宏观税收分析方面，通常运用宏观税负、税收弹性、同业税负比较、纳税能力估算、税收预警等方法，研究行业、区域税负差别的内在原因，从宏观上分析判断收入潜力和趋势。在微观税收分析方面，主要是对企业（尤其是重点税源企业）相关经济、税收情况的监控和分析，及时发现企业纳税过程中可能存在的问题和征收机关管理上的薄弱环节，促进和加强税收征管。

实践中，通常需要将税收分析与纳税评估和税务稽查结合起来，充分发挥税收分析对指导组织收入、促进加强税收征管的积极作用。

5.税收会计与核算基础管理

在我国，加强税收会计与核算基础管理的主要内容包括：(1)改进和细化税收会计核算内容和办法，加强应征类、入库类会计事项的明细核算；(2)推行减免税申报核算办法，更为客观地反映税收征收水平；(3)严格执行税收会计核算制度，在做好常规性会计核算的同时，着重加强税务数据真实性的审核把关，既要对核算数据的系统和完整性进行审核，也要对数据质量进行审核，加强报表数据来源、变化等情况的分析，确保税收数据的真实和完整。

二、税收收入管理原则

税收收入管理原则是政府征税管理过程中（包括税制的建立和税收政策的运用）所应遵循的基本准则，同时也是税收管理实践的基本认识以及对税收原理思想的一种发展。

事实上，税收收入管理原则的思想萌芽可以追溯到很早以前的税收基本思想。例如，中国先秦时期提出的平均税负的朴素思想，对土地划分等级分别征税；春秋时代的政治家管仲明确提出“相地而衰征”的税收原则，即按照土地的肥沃程度来确定税负的轻重。魏晋时期的傅玄在《平赋役》一文中提出的税收总原则是“安上、济下、尽利用之宜”，内容包括三项具体原则，即税负平均原则、税制统一原则、税收有常原则。在西方，16—17世纪的重商主义学派曾提出比较明确的税收收入原则（如重商主义后期的英国经济学家威廉·配第提出了“公平、便利、节省”等税收原则）。众所周知，古典经济学家亚当·斯密也曾提出著名的“税收四原则”，即税收公平原则、税收确实原则、税收便利原则、税收节省原则。此后，税收原则的内容不断得到补充和发展，其中影响较大的当属阿道夫·瓦格纳提出的“税收九原则”，即财政原则（包括充分原则和弹性原则）；国民经济原则（包括税源的选择原则和税种的选择原则）；社会公正原则（包括普遍原则和公平原则）；税务行政原则（包括确实原则、便利原则、最少征收费原则）。在现代西方财政学中，也有学者把税收原则归结为“公平、效率、稳定经济”三原则。总之，上述税收原则本身也有较强的管理内涵，在一定程度上也可以并应当理解为税收管理实践应遵循的基本准则。

当然，上述原则反映了不同经济与历史时期人们对税收及其管理的基本认知，各有不同的侧重和强调。根据上述各项税收原则的内容，结合我国税收理论和税务实践的发展，这里主要从社会、经济、财政、征收四个方面将新时期税收管理原则归纳为“公平、效率、适度和法治”四大原则。

1. 税收公平原则

税收公平是指政府征税过程中（包括税制的建立和税收征管政策的运用）应确保公平合理、取之有道，即要求条件相同者缴纳相同的税（横向公平），而对条件不同者应加以区别对待（纵向公平）。公平是税收及其管理的基本原则。在亚当·斯密的税收四原则中，公平原则列为首位。在我国历史上，也多有强调税收公平的论述，如孔子在《论语》中关于国家“不患寡而患不均”的表述。在现代社会，税收公平原则更是各国政府完善税制、加强税收管理所追求的目标之一。然而，税收怎样才算公平，在不同时期，往往标准不同，理解也不同。

从历史发展过程看，税收公平经历了一个从绝对公平转变到相对公平，从社会公平拓展到经济公平的发展过程。可以说，税收公平首先是作为社会公平问题而受到重视的。由于税收本来就是政府对纳税人利益的无偿分配（至少表面上是如此），因此，征税过程中就存在不同利益的客观对立和抵触，纳税人对征税是否公平合理就分外关注。如果政府征税不公，则征税的阻力就会很大，偷逃税收严重时还会引起社会矛盾乃至政权更迭。这里，税收的社会公平最早指税额的绝对公平，即要求每个纳税人都应缴纳相同数额的税。在税收征管实践上的反映，就是定额税和人头税的盛行[①]。当然，目前税收的社会公平更多是指税负的相对公平。有人认为，亚当·斯密所指的公平就是税负的相对公平，即强调每个纳税人都应按同一比例纳税。这就是说，不同收入水平的纳税人，其缴纳的税收绝对额虽不同，但其承担的税负（或税率）是相同的。这种公平思想反映到税制上就是实行比例税率。值得指出，亚当·斯密的公平原则，在强调按比例税率纳税的同时，还强调税收应对所有国民一视同仁，即不应有免税特权的存在（这主要针对资本主义发展初期大量存在的封建贵族阶层享有免税特权而提出来的）。从理论上说，绝对公平，无论是税额的绝对公平，还是税负的绝对公平，都要求普遍征税。正是从这种意义上考虑，瓦格纳在其社会公正原则中，首先提出普遍原则，即征税要普及每个人，不应存在享有免税的特权阶层。同时，瓦格纳将公平的标准从绝对公平发展到相对公平，即征税要考虑纳税人的纳税能力，纳税能力大的，应多纳税，纳税能力小的则少纳税，并要求税制实行累进税率。目前，税收理论中的相对公平又分为"横向公平"（Horizontal Equity）和"纵向公平"（Vertical Equity）。这里，所谓横向公平就是指纳税能力相同的人应负担相同的税；而纵向公平就是指纳税能力不同的人，负担的税收则不应相同，且纳税能力越强的人其承担的税负应越重。那么，如何来判断纳税能力的大小呢？在税收征管实践中，征税机关通常以纳税人所拥有的财富的多少、收入水平的高低或实际支付能力的大小等作为判断依据。

以纳税能力作为公平标准，在理论上称为"能力说"。进一步分析，如何判断纳税能力，在理论上则又有"客观说"和"主观说"之分。按照客观说，纳税能力应依据纳税人所拥有的财富、取得的收入或实际支付能力等客观指标来确定。而主观说则强调纳税人因纳税所感到的效用的牺牲或说效用的减少应相同，或者纳税后的边际效用相同。"受益说"则是另一种公平标准，即以享受政府公共服务的多少（即受益程度）作为衡量公平的标准。根据这种标准，从政府公共服务中享受相同利益的纳税人，意味着具有相同的福利水平，因此，应负担相同的税以体现横向公平；享受到较多利益的纳税人，则具有较高的福利水平，因此，应负担较高的税以实现纵向公平。现实中对公路的课税以及社会保障方面往往有所体现，但在许多情况下纳税人的受益水平是很难衡量的，其现实操作性显然远远不如纳税能力的评估。

还应指出的是，政府征税管理不仅要遵循社会公平的要求，而且要做到经济上的公平，即现代市场经济的健康发展还对税收原则有经济公平的要求。通常，税收的经济公平主要包括两个层次的内容：(1)保持税收中性，即对所有从事经营的纳税人，包

---

① 值得指出，目前人头税和定额税在世界上许多国家依然存在，而没有完全消失。在某种程度上，这也是一种税收公平思想的体现。

括经营者和投资者，要一视同仁，同等对待，以便为经营者创造一个合理的税收环境，促进经营者公平竞争。增值税的盛行、公司税税率以比例税率为主等都是这种公平要求的反映。(2)对于客观上存在不公平的因素(如资源禀赋差异等)，需要通过差别征税实施调节，以创造大体同等或说大体公平的客观竞争环境。这两个层次的经济公平，相当于社会公平中的横向公平和纵向公平。由于税收效率与税收公平是辩证统一的，特别是经济公平是以效率为目标的，要使税收有效率，就需要经济公平。因此，税收的经济公平也是税收效率原则的必然要求。

必须指出，税收公平(特别是经济公平)，对我国向市场经济体制转轨过程中的税制建设与完善具有重要的指导意义。因此，如何为市场经济发展创造一个更加公平合理的税制环境，是我国进一步税制改革的重要课题。

2. 税收效率原则

税收效率原则是指政府征税(包括税制的建立和税收征管政策的运用)应讲求效率。税收征管实践中，效率原则要求政府征税有利于资源的有效配置和经济机制的有效运行，提高税务行政的管理效率。显然，这里的税收效率有两层含义：(1)税收征管的行政效率，也就是征税过程本身的效率，它要求税收在征收和缴纳过程中耗费成本最小；(2)税收征管的宏观经济效率，就是征税应有利于促进经济效率的提高，或者对经济效率的不利影响最小。

理论上，税收行政效率可用税收征管成本率(即税收的行政成本占税收收入的比率)来反映。有效率的税收征管就是要求以尽可能少的税收行政成本来征收尽可能多的税收收入，即税收成本率越低越好。显然，税收行政成本既包括政府为征税而花费的征收成本，也包括纳税人为纳税而耗费的缴纳成本，即税收“奉行成本”或“遵从成本”。亚当·斯密和瓦格纳提出的税收“便利、节省”原则，实质上就是税收的行政管理效率原则。需要指出的是，税收征管过程中的征收成本和缴纳成本是密切相关的，有时甚至是可以相互转换的。例如，一项税收征管政策的出台，可能有利于降低征收成本，但可能是以纳税人的缴纳成本的增加为代价的；反之反是。因此，提高税收的行政管理效率需要对征收成本和缴纳成本进行综合考虑才有真正的现实意义。在现实中，如何提高我国税收的行政效率是税收征管所要解决的重要目标(如国税和地税办税大厅的合并问题)。

税收的宏观经济效率是税收效率原则的更高层次。就税收的宏观经济效率而言，主要有三个层面的要求：(1)首先要求税收的“额外负担”最小。这里，税收的额外负担即税收的超额损失或效率损失，简单地说就是指征税所引起的资源配置效率的下降，是税收行政成本以外的一种经济损失，即“额外负担”。因此，相对于税收行政成本，这种“额外负担”通常又称为税收的经济成本。在政府必然要征税的前提下，税收的宏观经济效率原则要求政府征税要尽量减少对经济行为的扭曲。因此,政府应选择合理的税收征管方式(如保持税收中性),以使税收的额外负担最小。(2)税收宏观经济效率的第二层次要求是要求“保护税本”。税本就是指税收的本源。理论上,国民生产是税本,国民收入是税源,原则上税收只能参与国民收入的分配,而不能伤及国民生产。[①](3)税收经济效率的第三层次要求往往是最难的,即要求通过税收分配来提高资源配置的效率。这种观点认为税收征管不只是消极地作用于经济活动,而应对有一定市场缺陷或市场失灵的经济活动进行必要的政府干预,而这里的税收征管分配活动就是政府干预经济的有效手段。从税收本身来说,不合理的税制固然会引起资源配置的扭曲,因而存在税收的经济成本,但若税制设计合理,税收政策运用得当,则不仅可以降低税收的经济成本,而且可以弥补市场的缺陷,提高经济的运行效率,使资源配置更加有效。这就是说,不适当的税收会产生额外负担,征税具有经济成本,具体表现为资源配置效率因征税而下降;而适当的、合理的税收,则会产生“额外收益”,征税具有经济效益,具体表现为资源配置效率因征税而提高。应指出的是,强调通过税收的内在稳定机制和税收政策的相机抉择来熨平经济波动,以实现经济的稳定增长,其政策主张往往是基于税收的宏观效率原则。

通过上述税收经济效率原则的不同层次分析,可以看出税收征管是否具有效率,必须结合税收征管活动以及经济运行本身的效率来考察。如果经济运转本身是高效率的,则应以税收不干扰或少干扰经济运行视为有效率,即以税收的经济成本最小作为判断税收效率的依据;而当经济运行处于低效率甚至无效率状态,则税收效率应反映在对经济运行的有效干预方面。

3.税收适度原则

税收适度原则是指政府征税(包括税制的建立和税收征管政策的运用)应兼顾需要与可能,做到取之有度。这里,“需要”是指组织财政收入的正常需要,“可能”则是指税收负担的客观可能(即国民经济的承受能力)。遵循适度原则,要求税收负担适中,税收收入既能满足正常的财政支出需要,又能与经济发展保持协调和同步,并在此基础上,使宏观税收负担尽量从轻。

如果说公平原则和效率原则是从社会和经济角度考察税收所应遵循的原则,那么,适度原则则是从财政角度对税收征收量的基本规定,是税收财政原则的根本体现。满足财政需要是税收的直接目标和首要职能,因此,不少学者都将满足财政需要作为

---

① 税收征管中如何做到保护“税本”是一个复杂的现实难题。尽管如此,这一税收征管原则依然有现实意义。这如同“树上摘果”,果是源,树是本,这里的“税收”只能摘果,而不能伤及果树本身。

税收的首要原则。例如，我国唐代理财家杨炎提出的“量出以制入”原则①，就是根据国家财政支出的需要，来安排和筹集税收收入。瓦格纳把税收的财政收入原则放在四大税收原则之首，内容则包括充分原则和弹性原则两个方面。从财政收入的充分原则角度，政府征税管理活动应选择的税源要充沛，收入要可靠；弹性原则则要求税收应具有良好的增收机制，以便在财政支出增加或其他非税收入减少时，确保税收收入能相应增加。显然，这些都只是单从财政需要方面来要求税收的，并没有考虑经济的现实可能。因此，其作为对税收的原则性要求是不够全面的。必须看到，古今中外各国的财政支出本身往往具有很大的刚性，即具有无限扩张的内在动力。如果税收征管活动一味地以满足财政支出需要为追求目标，势必会助长财政支出的过度或不合理膨胀。此外，单纯以满足财政需要为目标，也易引起增税压力，使纳税人的税负过重。因此，科学的税收财政原则强调的不应只是收入充裕，而应是收入适度原则。

应指出的是，税收的适度原则并不排斥税收收入充裕的要求。著名的拉弗曲线原理说明，税收收入并不总是与税负成正比的，税负(率)越高不等于收入越充裕，而可能是相反。根据拉弗曲线，当税负(率)超过某个临界点后，实际所实现的税收收入会不升反降，这是因为税负过高会导致税源的萎缩。这说明，税负过高和过低都不好。税负过低，就不能满足政府的正常支出需要；税负过高，则不仅不会增加收入，反而会制约经济的发展。作为理论上的原则要求，这里的税收征管适度就是兼顾财政的正常需要和经济的现实可能，即相当于使宏观税负落在或接近拉弗曲线上的“最佳顶点”。

4. 税收法治原则

在税收征管过程中，税收法治原则就是政府征税(包括税制的建立和税收征管政策的运用)应以法律为依据，真正地实现依法治税。我国西晋时期傅玄提出的“有常”原则(即赋役的课征须有明确固定的制度)即相当于税收法治原则思想的较早萌芽。这里，税收法治原则的内容包括两个方面：(1)税收的程序遵守法律规范原则；(2)税收的征收内容坚持法律明确原则。前者要求税收程序(包括税收的立法程序、执法程序和司法程序)应是事先法定的；后者要求征税内容应是事先法定的。税收法治原则与税收法学中的“税收法律主义”是相一致的。

应指出的是，在古典经济学家的税收原则理论中，虽没有明确提出法治原则，但对征税内容要求规定明确，则早已成为大家公认的税收原则。亚当·斯密提出的税收“确实”原则其实就有法治原则的内涵，即认为征税日期、征税方法等征税内容应明确

---

① 在《旧唐书·杨炎传》中，杨炎在建议推行“两税法”时曾说：“凡百役之费，一钱之敛，先度其数而赋于人，量出以制人。”虽然这里杨炎并没有阐明“量出制入”所依据的理由和应采取的具体措施，但作为新的财政管理原则，在中国经济史上还是占有一席地位的。

告诉纳税人，不得随意变更。事实上，确实原则作为税收重要原则一直为后人所接受。事实上，要使征税内容真正的"确实"起来，最有效和最基本的方式就是将征税的程序及其内容以法律形式加以规定和明确。从税收征管实践看，税收与法律是密切相关的。税收征管活动的强制性、无偿性、固定性（或规范性），事实上都是以税收的法定为重要基础。也就是说，税收法治原则，从根本上说是由税收的内在性质所决定的。可以说，只有税收法定（即以法律形式来明确征纳双方的权利与义务），才能真正体现税收的"强制性"，实现税收的"无偿性"，并保障税收征管分配活动的规范性和可预测性。显然，税收的法治原则对市场经济中各行为主体的经济决策至关重要。[①]

在现实生活中，正常情况下法律的"公开、公正、公平"特性，也有助于税收的公平和效率目标的实现。也就是说，税法的公开性和高透明度，有利于提高税收征管的行政效率并正确引导资源的流向。特别应指出的是，在税收的征纳关系中，纳税人客观上处于相对的弱者地位，而政府本身又存在增收扩支的压力和冲动，因此，十分有必要通过法律规范来提高纳税人的法律地位，确保纳税人的应有权利。因此，强调税收的法治原则就很重要。

三、税务风险管理的基本方法和主要内容

对税收收入管理来说，税务风险管理是保障税收收入稳定和充足的重要手段。因此，就有必要对税务风险管理以及税收稽查的基本方法和主要内容进行探讨[②]。税收风险管理的基本方法包括账务检查方法、分析方法、调查方法、盘存方法、电子查账等方法，而每一种基本方法又包括进一步的明细方法（具体见图 4－2）。这里重点介绍税务检查中的账务检查方法及其内容。

税务账务检查方法是指对稽查对象的会计报表、会计账簿、会计凭证等有关资料进行系统审查，据以确认稽查对象缴纳税款的真实性和准确性的一种方法。账务检查方法按照查账顺序分为顺查法和逆查法，按照审查的详细程度分为详查法和抽查法，按照审查方法分为审阅法和核对法。这里重点介绍上述六种常用账务检查方法。

（一）顺查法

顺查法，又叫正查法，是指根据会计业务处理顺序，依次进行检查的方法。顺查法适用于业务规模不大或业务量较少的稽查对象，以及经营管理和财务管理混乱、存在严重问题的稽查对象和一些特别重要项目的检查。主要检查内容包括以下几部分。

---

① 对市场经营者来说，税收是一种很重要的经营成本，税负的高低在很大程度上影响投资决策。如果税收征管活动不规范、不确实，税收负担就无法进行事前预测，那么，投资决策分析就难以正常进行。

② 本部分内容主要参考国家税务总局稽查局组织全国部分省、市稽查局和有关税务院校编写的《税务检查方法》培训资料。

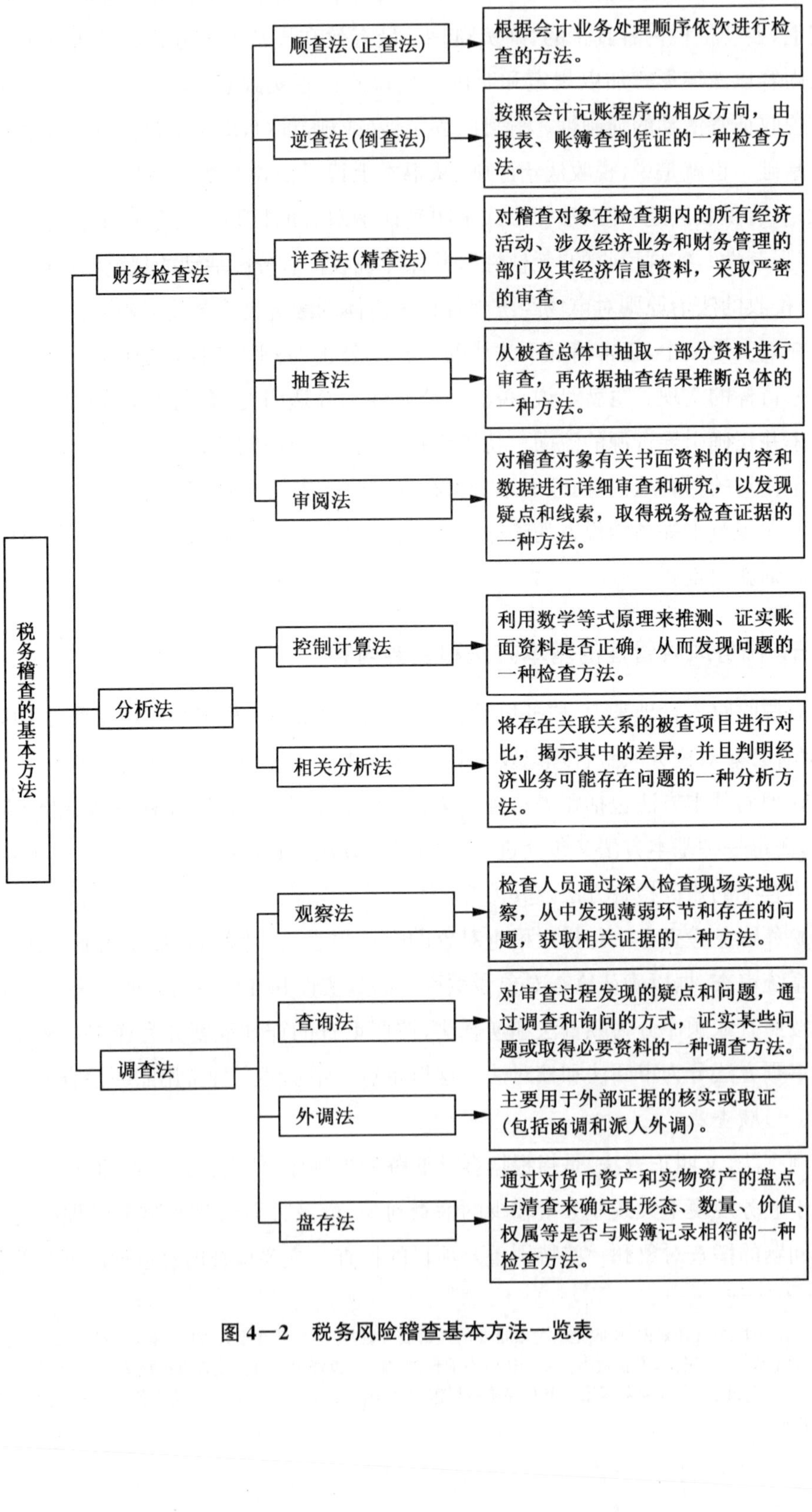

图4—2　税务风险稽查基本方法一览表

1. 审阅和分析原始凭证

审阅和分析原始凭证，就是按照一定的方法和程序，对原始凭证及其内容的真实性、合法性、合理性进行分析和判断，以确定其是否真实有效。主要包括：(1)审查原始凭证上的要素是否齐全，手续是否完备。审查时应注意凭证上是否注明了填制单位名称、填制日期、填制人姓名、经办人签章、接受单位名称及其真实性，经济业务的内容、商品物资的数量、单价、金额等。(2)将原始凭证反映的经济业务内容与经济活动的实际情况进行比较，分析原始凭证上记录的经济内容与实际经济活动是否相符，包括原始凭证所反映的用于经济活动的货物、劳务等数量和规模，是否与企业真实经营状况一致；原始凭证记录货物或劳务的单位价值是否符合当时公允标准；货物或劳务的购入是否符合当时企业的经营需要等。(3)对比分析不同时期同类原始凭证上相关事项，查找相同事项之间的差异。如果分析发现来自同一外来单位、反映同类经济业务的原始凭证上的有关要素变动较大，又无合理解释时，则存在问题的可能性较大。(4)分析原始凭证上的有关要素。如反映的商品物资的数量及单价变动有无不合理现象，日期有无异常或涂改，出具单位的业务范围与凭证上所反映的业务内容是否相符，票据台头与受票单位是否一致、笔迹和印章是否正常、经办人的签章是否正常等等。(5)分析和比较原始凭证本身的特性。如比较票据纸面的光泽、纸张的厚度、印刷的规范性、纸质、底纹(水印)及其他防伪标记等。(6)复核原始凭证上的数量、金额合计，并对其结果进行分析比较，以判明有无问题。

2. 证证核对

证证核对既包括原始凭证与相关原始凭证、原始凭证与原始凭证汇总表的核对，也包括记账凭证与原始凭证、记账凭证与汇总凭证之间的核对。证证核对的方法如下：(1)将记账凭证注明的所附原始凭证的份数与实际所附的份数进行核对，以判明有无不相符的会计错弊。(2)将记账凭证上会计科目所记录的经济内容与原始凭证上所反映的经济内容进行核对，判明有无会计科目适用错误或故意错用会计科目。(3)将记账凭证所反映的数量与金额与所附原始凭证上的数量与金额合计数进行核对，以判明数量和金额是否相符。(4)将记账凭证上的制证日期与原始凭证上的日期进行核对，以判明是否存在通过入账时间的变化，人为调节会计收益和成本的现象。(5)查看记账凭证附件的规范性。一般情况下，除了结账(俗称转账)和更正错误的记账凭证外，其他所有的记账凭证都必须附有原始凭证。核对时应注意查看记账凭证有无应附而未附原始凭证的现象。(6)核对汇总记账凭证与记账凭证、科目汇总表与记账凭证。通常是按照编制汇总记账凭证和科目汇总表的方法，依据审阅无误的记账凭证由检查人员重新进行编制，将重新编制的汇总记账凭证和科目汇总表与企业原有的汇总记账凭证和科目汇总表进行对照分析，从中发现问题或线索，明确需进一步检查的重点和项目。应指出,证证核对法的基本前提是检查人员在审阅账户或其他会计资料时发现了疑点或线索,或有证据证明企业在某些方面存在舞弊嫌疑时,或者为了某些检查特定目的(如为了查清某些问题)的情况下,才对相关科目的账簿进行核对。

3. 账证核对

账证核对是将会计凭证和有关明细账、日记账或总账进行核对。通过账、证核对可以判断企业会计核算的真实性和可靠性,有助于发现并据以查证有无多记、少记或错记等会计错弊,帮助检查人员节约检查时间,简化检查过程,提高检查效率和正确性。值得注意的是,在进行账、证核对之前,首先应确定会计凭证的正确性,如果发现存在错误,必须先纠正后才能进行核对。进行账证核对时,一般采用逆查法,即在查阅有关账户记录时,如果发现某笔经济业务的发生或记录存在疑问,可以将其与记账凭证及原始凭证进行核对,以求证是否存在会计错弊问题。

4. 账账核对

账账核对是将总账与相应的明细账、日记账进行有效性核对,其目的在于查明各总账科目与其所属明细账、日记账是否一致。验算总账与所属明细账、日记账的一致性是进行总账检查不可缺少的步骤。值得注意的是,在账账核对前,必须进行账簿记录正确性的审查和分析,借以发现有无不正常现象和差错舞弊行为。通过账账核对,可以发现诸如利用存货账户直接转销的方式隐瞒销售收入的问题、在建工程耗用自产货物或外购货物未记销售或未作进项税额转出的问题、以物易物销售货物未记销售的问题等涉税问题。

5. 账表核对

账表核对是指将报表与有关的账簿记录相核对,包括将总账和明细账的记录与报表进行相符性核对,也包括报表与明细账、日记账之间的核对。其目的在于查明账表记录是否一致,报表之间的勾稽关系是否正常。但是,账表相符不表明不存在问题。例如,资产负债表中的成品资金占用,从理论上讲应与存货类(如库存商品、原材料等)总账余额相等,然而,即使相等也不能完全排除存在差错或舞弊行为的可能性,如对增值税应税企业而言,如果存在存货的虚进(虚假的购入)、虚出(虚假的销售)或多转销售成本等问题,都会造成成品资金占用不实,但是,这并不影响账表之间的相符性。值得注意的是,在账表核对之前,必须对报表本身进行正确性和真实性审查和判断。

6. 账实核对

账实核对是采用实物盘存与账面数量比较、金额计算核对的方法,核实存货的账面记录与实际库存是否一致,其目的在于查明实物是否安全、数量是否正确,实物的存在价值与账面记录是否一致相符,各种债权、债务是否确实存在。账实核对是重要的检查方法之一。账实核对是以实物盘点与账项核对为前提和基础,既可以根据经审阅核对过的账簿记录与现存的实物进行核对，也可以根据检查人员实地盘点的结果与其账面记录进行核对。核对时，税务检查人员不仅要有计划，而且要有重点，应该将企业生产经营的主要和关键的财产物资作为盘点和核对的重点。通过核对发现的差异，还需要作进一步的核实和审查，并对产生差异的原因及可能产生的后果进行客观分析和判断，必要时，可以进行复盘。

7. 对会计年末结转数进行审查

审查会计年末余额结转数是对企业年末过新账的账户余额进行相符性审核，目的是防止企业利用年末过账隐瞒存在的问题，达到少缴税款的目的。审查时，主要是将上年年末会计账户余额、会计报表相关项目金额和新开账户年初余额进行比较，看是否一致，如果出现不一致的情况，应进一步查明原因。

（二）逆查法

逆查法（亦称倒查法或溯源法）是指按照会计记账程序的相反方向，由报表、账簿查到凭证的一种检查方法。从检查技术上看，逆查法主要运用了审阅和分析的技术方法，在排疑的基础上根据重点和疑点，逐个进行追踪检查。逆查法主要适用于对大型企业以及内部控制制度健全、内部控制管理严格的企业的检查，但不适用于某些特别重要和危险项目的检查。

这里以审阅和分析会计报表为例。会计报表是总括反映纳税人一定时期经济活动和财务收支状况的书面报告。通过审阅和分析会计报表，掌握纳税人生产经营及变化情况，有利于从总体上把握纳税人在纳税方面存在的问题，以便确定稽查对象或确定账、证检查的重点。审查、分析会计报表时应注意：(1)搜集的会计报表资料要齐全，以便进行纵向或横向比较。只有一个时期或某种报表，往往不便于分析，难以全面发现问题。(2)搞清各种会计报表各个项目的具体核算内容，各项目数据来源如何进行核算，以及与哪些税有关系。否则，难以通过会计报表分析出在纳税方面存在的问题。(3)要选择与税收有关的主要项目进行分析，以提高检查效率。会计报表的项目较多，但有些项目与税收无直接关系或关系不大，所以审查时应抓住与税收有关的主要项目进行分析。(4)可与实际调查研究搜集的相关纳税指标参数进行对比，以发现会计报表的各项指标有无异常问题。

（三）详查法

详查法（又称精查法或详细审查法）是指对稽查对象在检查期内的所有经济活动、涉及经济业务和财务管理的部门及其经济信息资料，采取严密的审查程序，进行周详的审核检查。详查法适用于规模较小、经济业务较少、会计核算简单、核算对象比较单一的企业，或者为了揭露重大问题而进行的专案检查，以及在整个检查过程中对某些（某类）特定项目、事项所进行的检查。因而，详查法对于管理混乱、业务复杂的企业，以及税务检查的重点项目和事项的检查十分适用，一般都能取得较为满意的效果。详查法也适用于对歇业、停业清算企业的检查。

（四）抽查法

抽查法（亦称抽样检查法），是详查法的对称。抽查法是指从被查总体中抽取一部分资料进行审查，再依据抽查结果推断总体的一种方法。抽查法不仅在检查的基础、环境、内容上与详查法不同，而且使用的基本方法也不同。抽查法具体又分为两种：一是重点抽查法，即根据检查目的、要求或事先掌握的纳税人有关纳税情况，有目的地选择一部分会计资料或存货进行重点检查；二是随机抽查法，即以随机方法，选择纳税人某一特定时期或某一特定范围的会计资料或存货进行检查。

税务抽查法的程序为：(1)制定抽查方案，确定抽查重点。在制定抽查方案时要尽量考虑到各种因素的影响，从而使方案尽可能地与实际情况相符合。抽查方案除要确定抽查的重点以外，还包括根据不同的抽查项目制定合理的抽查路线、确定抽查的时间、人员分工、复核等。(2)确定抽查对象。抽查重点确定以后，要按照抽查的要求合理确定抽查的对象和内容。当某一抽查重点存在多个对象时，要按照重要性原则确定具体的抽查对象。(3)实施抽查。实施抽查是对抽查方案的具体落实，在实施抽查时要把握好抽查时间，以免影响企业的生产经营。在抽查实物资产时，要选择资产流动量相对较小的时候进行，以免影响抽查结果的正确性。(4)抽查结果分析。分析抽查结果，目的是根据抽查的情况判断对总体的影响程度。分析时要注意准确性、可靠性的分析。(5)确定抽查结果对总体的重要程度。根据抽查结果对总体进行推断是抽查法的目的，但抽查结果只能作为对总体判断的参考，不能作为直接的定案依据。对于抽查结果与实际情况差异比较大的，要进一步查明原因，必要时可以扩大抽查范围，或者放弃抽查结果。

（五）审阅法

审阅法是指对稽查对象有关书面资料的内容和数据进行详细审查和研究，以发现疑点和线索，取得税务检查证据的一种检查方法。审阅法适用于所有企业经济业务的检查，尤其适合对有数据逻辑关系和核对依据内容的检查。审阅法的审查内容主要包括两个方面，一是与会计核算组织有关的会计资料，二是除了会计资料以外的其他经济信息资料以及相关资料，如一定时期的内外部审计资料、购销和加工承揽合同、车间和运输管理等方面的信息资料。

审阅法的主要内容：(1)会计资料的审阅。审阅原始凭证时，应注意有无涂改或伪造的现象和痕迹，记录的经济业务是否符合会计制度的规定，是否有业务负责人的签字。(2)记账凭证的审阅。审阅记账凭证时，应重点审查企业的会计处理是否符合《企业会计准则》及国家统一会计制度的规定，将审阅过的原始凭证与记账凭证上的会计科目、明细科目、金额对照观察，分析其是否真实反映了实际情况，有无错弊、掩饰的情形,记账凭证上编制、复核、记账、审批等签字是否齐全。(3)账簿的审阅。审阅会计账簿,包括审阅稽查对象据以入账的原始凭证是否齐全完备,账簿记载的有关内容与原始凭证的记载是否一致,会计分录的编制或账户的运用是否恰当,货币收支的金额是否正常,成本核算是否符合国家有关财务会计制度的规定,是否符合检查目标的其他要求(如税金核算的正确性要求、税金的增减与企业经营能力变化的关系)等。对账簿的审阅除了审阅总账与明细账、账簿与凭证的记录是否相符以外,重点应审阅明细分类账。(4)会计报表的审阅。审阅会计报表时不能仅仅局限于对资料本身的评价,更主要的是对资料所反映的经济活动过程和结果做出正确判断或评价。

(六)核对法

核对法是指对书面资料的相关记录,或是对书面资料的记录和实物进行相互核对,以验证其是否相符的一种检查技术方法。核对法作为一种检查方法,在检查过程中用于证实有关资料之间是否相符是有一定限度的,在采用核对法对稽查对象的会计资料或其他资料进行核对和验证时,必须相应结合其他检查技术方法的运用,才能达到检查目标的要求。

1.会计资料之间的相互核对

会计资料的核对,是核对法最基本,也是最核心的内容和步骤。通过会计资料之间的核对,可以发现会计核算过程中的疑点和问题的线索,有助于进一步拓展检查思路和方向。具体包括:(1)证证核对;(2)账证核对;(3)账账核对;(4)账表核对;(5)表表核对。这里所称的报表,包括税务机关要求报送的各种纳税申报表及其附表。表表核对既包括不同报表之间具有勾稽关系项目的核对,又包括同一报表中有关项目的核对。表表核对的重点是核对本期报表与上期报表之间有关项目是否一致,核对静态报表与动态报表之间有关项目是否相符,核对主表与附表的有关项目是否相符。通过表表核对,可以发现各报表之间有无不正常关系,相应的勾稽关系是否正常和存在,从而查证企业是否存在会计错弊,同时,也可以据以分析企业经营状况与财务状况。

2.会计资料与其他资料之间的核对

通过查证和核对与经济业务相关联的其他资料,对会计记录进行必要的说明和补充,以全面、正确、客观反映经济业务的实质。主要内容:(1)核对账单。核对账单是指将有关账面记录与第三方的对账单进行核对,查明是否一致。例如,将企业的银行存款日记账与银行提供的对账单进行核对;将应收或应付账款与外部其他企业提供的对账单进行核对等。(2)核对其他原始记录。核对其他原始记录,是指将会计资料与其相关的其他原始记录进行相互核对,以查证会计记录是否正确、真实。原始记录包括核准执行某项业务的文件、生产记录、实物的出入库记录、托运记录、出车记录、非生产性水、电、煤、物料消耗记录、在册职工名册、考勤记录以及有关人员的公务信函等。

(3)核对审计报告。核对审计报告是指将会计资料和其他资料与企业一定时期的审计报告(包括内部审计报告)进行核对,查明审计报告所披露的相关财务和涉税问题是否已在会计核算或会计报表中得到充分而正确的反映。充分分析和运用企业现有的审计报告,对于分析和发现企业可能存在的涉税问题具有十分重要的作用。(4)核对税务处理决定。核对税务处理决定是指将会计资料和其他资料与企业某一时期接受税务检查的税务处理决定进行核对,以确定企业是否已经按照税务处理决定的要求进行了相应的会计处理,并对违法行为进行了纠正。

特色专栏 4-2　税收收入管理从任务至上到依法收税的变迁

在我国的税收征管实践中,相当长时期存在依靠"税收任务"征税问题,"以支定收、基数递增"的制度惯性长期运行,形成了某种程度上的"任务至上""唯税收任务马首是瞻"的税治思维。理论上,经济决定税收。税收任务模式在客观上带来预算收入执行"顺周期"问题,容易导致收入征收部门在经济萧条时,为完成任务收"过头税",造成经济"雪上加霜";而在经济过热时,为不抬高税收基数搞"藏富于民",该收不收,造成经济"热上加热"。

税收任务又称为"税收指标",是通过中央与地方(或者地方政府与地方税务部门)预先确定未来一年的税收收入征收指标,地方根据本省税源分布而继续分包,最终到达基层政府税收征收方式。每年地方政府往往得到两个税收任务:一个是上一级税务部门预测的,另一个是上级地方政府下达的。这种任务类似于包税契约,使地方政府倾向于追逐税收收入的剩余利润。通常,当年税收任务具有一定的强制性,往往与相关部门和税务人员的绩效考核、奖金收入等息息相关。客观分析,税收任务对我国财政税收发展曾经产生有一定的积极意义,但在全面深化财税体制改革、实现税收治理现代化的关键时期,税收任务的弊端也愈来愈明显,特别是税收任务内在地违反了税收法定原则。理论上,税收任务违反税收法定原则,具体来说有三方面:第一,税收任务制定在纳税人尚未发生纳税义务之时,即通过协议的方式确定了纳税人应当缴纳之税款;第二,根据法律明确规定的税基和税率确定应当缴纳之税款后,非经法定条件不得变更,而税收任务的包税形态导致在征收中,征收人员有自由裁量的幅度,常常减轻或加重了纳税人的纳税义务,一般都会使国家应有的税收流失;第三,税款的征收和管理分别是税务和财政部门的法定职权,只要纳税人发生应税行为,税务部门就应当征税,税收任务也不应是政府部门考核政绩的指标。各地制定出税收定额任务的奖励或者惩处办法,就更有悖于法定的征税职责,也有损税法尊严。

正是基于上述弊端,2014 年 8 月 30 日我国通过的新《预算法》第五十五条明确规定:预算收入征收部门和单位,必须依照法律、行政法规的规定,及时、足额征收应征的预算收入。不得违反法律、行政法规规定,多征、提前征收或者减征、免征、缓征应征的预算收入,不得截留、占用或者挪用预算收入。各级政府不得向预算收入征收部门和单位下达收入指标。在很大程度上,这标志着税收任务时代的淡出以及税收长期"超经济高速增长时代"的结束,同时也意味着税收法定时代的翩翩到来。

第三节 非税收入管理

根据 2016 年我国财政部印发的《政府非税收入管理办法》(〔2016〕33 号),非税收入是指除税收以外,由各级国家机关、事业单位、代行政府职能的社会团体及其他组织依法利用国家权力、政府信誉、国有资源(资产)所有者权益等取得的各项收入。在实践界,上述管理办法被称为我国政府非税收入管理的"新政"。

理论上,政府非税收入不仅有其存在的合理性和必然性,也是对税收收入必要的、有益的补充,在我国公共财政制度建设中发挥着重要而独特的作用。正因为此,在世界各国的财政实践中,政府非税收入通常是一国财政收入不可或缺的重要组成部分。在我国,改革开放 40 多年来,政府非税收入一直是我国各级政府(特别是地方政府)财政收入的重要组成部分。经过多年来的监管和治理,我国的政府非税收入管理已日趋规范化,明确了政府非税收入的财政性资金性质,并针对政府非税收入基本确立了"单位开票、银行代收、财政统管、政府统筹"的收缴分离征管模式,创新了非税收入管理理念、管理制度和管理机制,规范管理工作取得了诸多明显成效。

当然,多年来我国政府非税收入管理一直存在一些认识上的误区。例如,政府非税收入并非真正的财政收入。事实上,政府非税收入是公共财政收入体系中的重要组成部分,这在我国财政理论和政策规定上都是毋庸置疑的。但受传统观念以及较长时期以来财政管理较为粗放的影响,执收单位中较为普遍的约定俗成的认识是,非税收入是单位执收的,也付出了一定的成本,理应作为成本补偿,而不是真正意义上的财政收入,因此无须纳入财政管理。因此,许多地方或部门往往认为非税收入不是名副其实的财政收入。然而,从根本上说,政府非税收入是国家制定政策授权有关部门和单位在依法行政过程中取得的。非税收入的所有权属于国家(政府),管理权归口财政,执收责任在执收单位，这在我国国务院1996年出台的《加强预算外资金规范化管理的决定》中已有明确阐述。随着非税收入纳入财政预算管理的力度不断加大，非税收入实现全口径预算管理将是大势所趋，包括所有非税收入在内，与国家税收一起都将由政府财政统筹安排，并真正实行规范化的国库集中收付制度。又如，非税收入规模过大影响了财政收入质量。这一问题在理论界存在一定的争议。我国现有的政策法规和理论分析已经界定了非税收入的财政属性，实践证明非税收入也是政府可用财力。既然如此，就不能说非税收入规模过大或比例过高会导致影响财政收入质量。规模过大或比例过高要具体情况具体分析。纵向分析，从中央到省至市县，越到基层非税收入相对而言规模就越大；横向地域分析，从我国东部、中部到西部，非税收入相对规模就越大，与*GDP*之间比率也越高。总之，政府非税收入与财政收入质量具有一定的关联度，但并没有必然的逻辑关系。

一、政府非税收入管理的基本内容

（一）政府非税收入的界定和内涵

在我国，目前的政府非税收入通常指除税收以外，由各级国家机关、事业单位、代行政府职能的社会团体及其他组织依法利用国家权力、政府信誉、国有资源（资产）所有者权益等取得的各项收入。由此可见，目前我国政府非税收入类型多样、内涵丰富且比较复杂，具体包括：(1)行政事业性收费收入；(2)政府性基金收入；(3)罚没收入；(4)国有资源（资产）有偿使用收入；(5)国有资本收益；(6)彩票公益金收入；(7)特许经营收入；(8)中央银行收入；(9)以政府名义接受的捐赠收入；(10)主管部门集中收入；(11)政府收入的利息收入；(12)其他非税收入。从我国的财政收入管理实践以及相关制度规定来看，非税收入通常不包括社会保险费、住房公积金（指计入缴存人个人账户部分）等内容。根据我国财政部相关制度的规定，各种政府非税收入是政府财政收入的重要组成部分，应当纳入财政预算管理，但实际情况可能存在一定的地区差异和部门差异。

（二）政府非税收入管理的主要原则与基本制度

政府非税收入管理应当遵循依法、规范、透明、高效的基本原则。根据非税收入不同类别和特点，目前我国对政府非税收入实行分类分级管理制度。同时，我国财政部明文规定和鼓励各地区探索和建立符合本地实际的非税收入管理制度。

不管具体管理模式如何展开，各级财政部门是政府非税收入的主管部门。具体分工主要如下：(1)财政部负责制定全国非税收入管理制度和政策，按管理权限审批设立非税收入，征缴、管理和监督中央非税收入，指导地方非税收入管理工作。(2)县级以上地方财政部门负责制定本行政区域非税收入管理制度和政策，按管理权限审批设立非税收入，征缴、管理和监督本行政区域非税收入。(3)各级财政部门应当完善非税收入管理工作机制，建立健全非税收入管理系统和统计报告制度。

（三）政府非税收入项目的设立和征收管理

在我国，设立和征收非税收入应当依据法律、法规的规定或者按下列管理权限予以批准：(1)行政事业性收费按照国务院和省、自治区、直辖市（以下简称省级）人民政府及其财政、价格主管部门的规定设立和征收；(2)政府性基金按照国务院和财政部的规定设立和征收；(3)国有资源有偿使用收入、特许经营收入按照国务院和省级人民政府及其财政部门的规定设立和征收；(4)国有资产有偿使用收入、国有资本收益由拥有国有资产（资本）产权的人民政府及其财政部门按照国有资产（资本）收益管理规定征收；(5)彩票公益金按照国务院和财政部的规定筹集；(6)中央银行收入按照相关法律法规征收；(7)罚没收入按照法律、法规和规章的规定征收；(8)主管部门集中收入、以政府名义接受的捐赠收入、政府收入的利息收入及其他非税收入按照同级人民政府及其财政部门的管理规定征收或者收取。根据我国现有相关法律法规，任何部门和单位不得违反规定设立非税收入项目或者设定非税收入的征收对象、范围、标准和期限。

取消、停征、减征、免征或者缓征非税收入，以及调整非税收入的征收对象、范围、标准和期限，应当按照设立和征收非税收入的管理权限予以批准，不许越权批准。取消法律、法规规定的非税收入项目，应当按照法定程序办理。

具体征收方面，非税收入可以由财政部门直接征收，也可以由财政部门委托的部门和单位（即执收单位）征收。在我国，未经财政部门批准，不得改变非税收入执收单位。在非税收入的征收过程中，执收单位应当履行下列职责：(1)公示非税收入征收依据和具体征收事项，包括项目、对象、范围、标准、期限和方式等；(2)严格按照规定的非税收入项目、征收范围和征收标准进行征收，及时足额上缴非税收入，并对欠缴、少缴收入实施催缴；(3)记录、汇总、核对并按规定向同级财政部门报送非税收入征缴情况；(4)编报非税收入年度收入预算；(5)执行非税收入管理的其他有关规定。根据财政部的制度规定，执收单位不得违规多征、提前征收或者减征、免征、缓征非税收入。此外，各级财政部门应当加强非税收入执收管理和监督，不得向执收单位下达非税收入指标。公民、法人或者其他组织（简称缴纳义务人）应当按规定履行非税收入缴纳义务。当然，对违规设立非税收入项目、扩大征收范围、提高征收标准的，缴纳义务人有权拒绝缴纳并向有关部门举报。

通常，非税收入应当全部上缴国库，任何部门、单位和个人不得截留、占用、挪用、坐支或者拖欠。从资金管理角度，非税收入收缴应该实行国库集中收缴制度。

（四）政府非税收入的票据管理、资金管理以及监督管理

1. 非税收入的票据管理

票据管理是加强非税收入管理的重要内容和主要抓手。非税收入票据是征收非税

收入的法定凭证和会计核算的原始凭证，是财政、审计等部门进行监督检查的重要依据。通常，非税收入票据种类包括非税收入通用票据、非税收入专用票据和非税收入一般缴款书。具体适用下列范围：(1)非税收入通用票据，是指执收单位征收非税收入时开具的通用凭证。(2)非税收入专用票据，是指特定执收单位征收特定的非税收入时开具的专用凭证，主要包括行政事业性收费票据、政府性基金票据、国有资源(资产)收入票据、罚没票据等。(3)非税收入一般缴款书，是指实施非税收入收缴管理制度改革的执收单位收缴非税收入时开具的通用凭证。从管理实践来看，各级财政部门应当通过加强非税收入票据管理，规范执收单位的征收行为，从源头上杜绝乱收费，并确保依法合规的非税收入及时足额上缴国库。执收单位使用非税收入票据，一般按照财务隶属关系向同级财政部门申领。非税收入票据使用单位不得转让、出借、代开、买卖、擅自销毁、涂改非税收入票据；不得串用非税收入票据，不得将非税收入票据与其他票据互相替代。

2. 非税收入的资金管理

在我国，非税收入应当依照法律、法规规定或者按照管理权限确定的收入归属和缴库要求，缴入相应级次国库。非税收入实行分成的，应当按照事权与支出责任相适应的原则确定分成比例，并按下列管理权限予以批准：(1)涉及中央与地方分成的非税收入，其分成比例由国务院或者财政部规定；(2)涉及省级与市、县级分成的非税收入，其分成比例由省级人民政府或者其财政部门规定；(3)涉及部门、单位之间分成的非税收入，其分成比例按照隶属关系由财政部或者省级财政部门规定。未经国务院和省级人民政府及其财政部门批准，不得对非税收入实行分成或者调整分成比例。在我国，非税收入应当通过国库单一账户体系收缴、存储、退付、清算和核算。上下级政府分成的非税收入，由财政部门按照分级划解、及时清算的原则办理。根据非税收入不同性质，政府非税收入分别纳入一般公共预算、政府性基金预算和国有资本经营预算管理。根据现实需要和改革趋势，各级财政部门应当按照规定加强政府性基金、国有资本收益与一般公共预算资金统筹使用，建立健全预算绩效评价制度，提高资金使用效率。

3. 非税收入的监督管理

在我国，各级财政部门应当建立健全非税收入监督管理制度，加强非税收入政策执行情况的监督检查，依法处理非税收入违法违规行为。执收单位应当建立健全内部控制制度，接受财政部门和审计机关的监督检查，如实提供非税收入情况和相关资料。此外，各级财政部门和执收单位应当通过政府网站和公共媒体等渠道，向社会公开非税收入项目名称、设立依据、征收方式和标准等，并加大预决算公开力度，提高非税收入透明度，接受公众监督。根据我国相关法律法规，对违法设立、征收、缴纳、管理非税收入的行为，应当依照《中华人民共和国预算法》《财政违法行为处罚处分条例》和《违反行政事业性收费和罚没收入收支两条线管理规定行政处分暂行规定》等国家有关规定追究法律责任；涉嫌犯罪的，依法移送司法机关处理。

二、政府非税收入管理的基本方法

（一）政府非税收入管理坚持和弹化的五个基本方法

多年来，我国各地方政府针对非税收入特点探索了不同模式的管理方法。从我国各地方政府非税收入管理实践和制度改革来看，政府非税收入管理主要是坚持和强化了如下“五个基本方法”。

1. 坚持综合预算管理法

即各级政府应对所有非税收入情况进行全面清理，将应纳入预算管理的非税收入全部纳入预算管理，未进预算的政府非税收入则进财政专户，全面推行部门综合财政预算。

2. 坚持收支两条线管理法

严格实行非税收入“收支两条线”管理，所有非税收入均应先缴入国库或财政非税收入专户，纳入预算管理，再按规定用途安排使用。

3. 坚持成本补偿法

行政事业性收费、政府性基金是政府非税收入的重要组成部分，其目的在于通过管理和收费来规范社会秩序、保障公众利益，不具有营利性。

4. 坚持收缴分离法

行政事业性收费严格实行“票款分离”，即“单位开票、银行代收”；罚没收入实行“罚缴分离”，即“处罚决定与收缴相分离”，确保政府非税收入及时足额入库，杜绝乱收费、乱罚款现象。

5. 坚持分类管理法

根据政府非税收入的性质，对不同的政府非税收入实行不同的管理办法。对依据有关政策有较为固定的收费来源、收费对象和收费标准的收费项目，实行计划管理；对具有处罚性质的收费收入，如罚没收入、社会抚养费、排污费等非税收入项目，实行对履职情况进行考核；对偶然性非税收入，如城市交通线路权、出租车营运权等政府非税收入项目，根据实际情况单独考核。

在我国，政府非税收入概念的提出，最早见于 2001 年 12 月《国务院办公厅转发财政部关于深化收支两条线改革进一步加强财政管理意见的通知》。在 2004 年 7 月下发的《财政部关于加强政府非税收入管理的通知》中，政府非税收入被定义为“除税收以外，由各级政府、国家机关、事业单位、代行政府职能的社会团体及其他组织依法利用政府权力、政府信誉、国家资源、国家资产提供特定公共服务、准公共服务取得并用于满足社会公共需要或准公共需要的财政资金”，并明确了政府非税收入的管理范围。随后出台了一系列管理办法，非税收入管理规范逐步明晰化，为加强非税收入法制化管理奠定了基础。

(二)非税收入征管的主要模式

目前,全国各地在政府非税收入征收管理方面进行了许多积极有益的探索,初步建立了以收入征缴、资金管理、预算编制和预算执行以及监督检查为主要内容的监管体系。从全国来看,集中、统管、加强监督是政府非税收入管理的共有特征,但具体征管模式在不同区域却存有一定差异。概括起来,我国各地政府非税收入征管模式主要有如下三种。

1.“政府集中调剂模式”

即指政府在不完全改变非税收入使用权的前提下,按比例参与非税收入分配的一种形式。其具体做法是推行票款分离,强化集中统管。按照“单位开票、银行代收、财政统管”的原则,全面推行票款分离和罚缴分离制度,实行“各家执收、收支两线、票据控管、定期结报、政府调剂、财政监督”的政府非税收入征管模式,即将执收部门的所有非税收入集中纳入财政专户或国库,实行收支两条线管理,并对各执收部门定期结报的政府非税收入,统一由财政部门按规定比例集中征收政府调剂收入,由政府统一安排使用,主要用于补充基础设施建设经费、企业基本养老金以及弥补预算内经费不足等方面。同时,加强预算管理,推行综合预算制度,实行“人员工资按实计,公务(业务)经费分标准,购置修缮视财力,大宗物品统采购,内外结合大包干,经费结余有奖励”的预算经费包干办法,初步实现了预算内外资金统筹安排管理。“政府集中调剂模式”的优点是建立了政府非税收入财政集中统管和政府适当调控机制,强化了财政对单位收入和支出的监管,实现了预算内外资金的综合管理。这种模式不仅有利于充分调动部门、单位参与理财的主动性、积极性和创造性,有效控制“吃皇粮”人员的无序膨胀,在一定程度上解决了预算编制的盲目性和随意性,而且由于其未涉及利益格局的重大调整,所以财政改革的阻力相对较小,改革成本也较低,可操作性较强。其不足之处是仅仅实现了“收”与“支”的分离,而非“收”与“支”的脱钩,“多收多用”“收支挂钩”等问题依然不能得到有效解决。

2.“财政财务‘四统一’管理模式”

其具体做法:一是通过票款分离、集中征收和委托征收等方式,将所有政府非税收入统一纳入财政专户或国库,实行收支两条线管理;二是加强银行账户管理,取消多头开户和收入过渡户,建立单位银行账户财政前置审批制度,实行会计集中核算制度,对单位收支实行统一集中核算管理;三是实行会计统一委派制度,加强对单位收支的财政监管;四是推行统一预算分配标准制度,建立分层分类的财政预算统一分配标准体系,规范编制部门综合预算。如对机关团体类工作人员,实行固定收入加考核奖励办法;对公益型事业单位,按定编数结合编制内实有人数,核定工资总额,实行增人不增资、减人不减资的工资总额包干办法；对服务型、经营型事业单位，推行工资总额与经济效益挂钩办法。该模式的优点是强化了财政职能作用，增强了政府调控能力，打破了原来按全额、差额、自收自支三种预算管理形式确定财政资金分配数量的既定利益分配格局，有效地解决了“多收多用”、部门间分配不公和乱收乱支等问题，提高了资金的使用效益。不足之处是不利于提高部门参与政府理财和发展事业的积极性，容易产生应收不收、应罚不罚、随意减免和执法力度弱化等问题，同时由于涉及利益格局的调整，改革阻力较大，财政风险和改革成本较高。

3. 综合预算管理模式

即将政府非税收入与税收收入一同纳入政府预算管理，并进入国库集中收付制度渠道[①]，由财政集中统一支配和管理。应该说，综合预算管理模式是政府非税收入管理的最终归宿和必然结果，目前，这种综合预算管理模式以浙江义乌市为典型代表，已在我国许多地方政府开始试点和推行。

总体上，经多年来的规范化治理，我国政府非税收入管理已经日益规范，但有些地方政府的非税收入及其管理依然不同程度地存在一些问题，如政府非税收入方面的思想认识尚不完全统一、政府收费行为不规范、非税征管体系不健全、非税收入预算管理不到位等问题。

专栏 4-3　美国政府非税收入及其管理经验

政府非税收入是各国政府（特别是地方层级政府）财政收入的重要组成部分，是政府税收收入的重要补充。在美国，政府非税收入占财政收入的比重在不同层级政府之间的分布差异极大。从美国联邦政府层面来分析，2000—2006 年间其财政收入由 21 093 亿美元增加到 24 067 亿美元，年均增长 2.2%，其中：政府非税收入由 1 315 亿美元增加到 1 549.18 亿美元，年均增长 2.8%，高于财政收入增幅 0.55 个百分点，政府非税收入占财政收入的比重由 6.2%提高到 6.4%，6 年提升了 0.17 个百分点。从地方政府层面来看，以美国旧金山市财政为例，其 2006 年度财政收入为 57.4 亿美元，其中：税收收入 19.3 亿美元，政府间转移 10.7 亿美元，政府非税收入 27.4 亿美元，即政府非税收入占财政收入的比重达到 47.7%，几乎占到财政收入的半壁江山。

---

① 国库集中收付制度一般也称为国库单一账户制度，包括国库集中支付制度和收入收缴管理制度，是指由财政部门代表政府设置国库单一账户体系，所有的财政性资金均纳入国库单一账户体系收缴、支付和管理的制度。财政收入通过国库单一账户体系，直接缴入国库；财政支出通过国库单一账户体系，以财政直接支付和财政授权支付的方式，将资金支付到商品和劳务供应者或用款单位。国库集中收付制度改革是一项涉及整个财政管理的基础性改革，我国曾于 2001 年明确提出推行此项大量涉及政府非税收入的制度改革。

与税收收入的管理相类似，美国所有政府部门的非税收入从立项、征集到使用均实行议会批准等严格的立法程序，所有的政府非税收入除法律规定的以外，都要纳入预算管理，定期向议会报告，接受全民监督。

美国政府的非税收入管理模式的主要特征有：(1)收入项目经法定程序确定。每项政府非税收入的项目和标准、控制和开征，要通过议会或选民投票来决定，并对是否要民主投票、谁来投票和多少票数通过都作了具体明确的规定。每项政府非税收入都在相关利益人及其代言人——议员们进行辩论的基础上经过相应的立法程序设立，使单纯的部门行为乃至长官意志受到有效抑制。(2)收费标准控制严格，且公开透明度较高。美国法律条款明确规定每项收费水平不能超过政府提供服务或福利的成本，不能超过外溢损失的额度，从而防范了政府收费盈利化的不良倾向。在财产评估体系比较成熟的情况下，收费标准具有较高的公开透明性和可控制性。(3)收费收入具有专款专用性。收费收入被单项用于提供相关服务或福利的项目，而不用于一般公共项目。(4)收费收入须依法实行预算管理。除法律专门规定者外，所有非税收入都要同税收收入一道纳入财政预算管理。

资料来源：张青：《外国财政制度与管理》，中国财政经济出版社 2007 年版，第 38 页。

本章小结

从政府的角度，财政收入问题首先是一个“收入”的问题，即政府往往期望借助一定的收入手段取得尽可能多的财力；从居民或公众的角度，财政收入问题则首先体现为一种“负担”的问题，即居民或公众往往期望政府能够“少取多予”。财政收入管理主要是对政府如何筹资或聚财相关问题的管理，其最终目标是为了保障政府支出并实现政治、经济以及社会管理职能（如“保基本民生、保工资、保运转”的财政“三保”底线目标）。从管理学的角度，财政收入管理可划分为总量管理与结构管理，税收收入管理和非税收入管理，预算内财政收入管理和预算外财政收入管理等。在我国，财政收入结构体系大体可按项目结构、所有制结构、部门结构、地区结构以及不同层级政府收入结构等若干方面加以考察。

财政收入规模是指财政收入的总水平，通常用某一时期（一个财政年度）财政收入总额（绝对数额）或用财政收入占国内生产总值的比重（相对数值）来反映。财政收入规模是衡量一个国家财力和政府在社会经济生活中的职能范围的重要指标。一国或地区的财政收入规模往往由经济发展水平、财政分配制度与政策、一般物价水平、特定时期的社会政治环境因素等多重复杂因素共同决定。

财政收入总量管理的核心问题是寻找和探索财政收入总量的最优规模问题。对财政收入的总量管理问题，可归纳和概括为如下三种观点：(1)财政收入规模最小化论；(2)财政收入分配制度决定论;(3)财政收入总量平衡论。上述三种观点各有其科学合理性。理论上,最优财政收入规模是特定财政收入规模下社会边际成本(*MSC*)等于相应的社会边际收益(*MSB*)情形下的财政收入规模,而此财政收入规模有助于实现社会福利最大化目标。

税收是现代国家中最主要的财政收入,具有强制性、固定性、无偿性等形式特征。现代税收理念应该体现"取之于民,用之于民",因此,税收的无偿性表现为个体的无偿性、整体的有偿性,表面上的无偿性,但实质上的有偿性。税收最原始的本质功能是获取政府财政收入,除此之外,在现在社会中,税收还具有资源配置、收入分配和稳定经济的职能。新时期税收管理原则可简要归纳为"公平、效率、适度和法治"四大原则。在现代国家,税收法定取代"任务至上"是一种改革进步。

在我国,政府非税收入是指除税收以外,由各级国家机关、事业单位、代行政府职能的社会团体及其他组织依法利用国家权力、政府信誉、国有资源(资产)所有者权益等取得的各项收入。政府非税收入管理应当遵循依法、规范、透明、高效的基本原则。根据非税收入不同类别和特点,目前我国对政府非税收入实行分类分级管理制度。根据相关制度规定,我国各级财政部门是政府非税收入的主管部门。在我国政府非税收入管理中,"土地财政"是一个敏感和复杂的问题。

目前我国政府非税收入管理主要是坚持了如下基本方法:坚持综合预算管理法;坚持收支两条线管理法;坚持成本补偿法;坚持收缴分离法;坚持分类管理法。总体上,我国政府非税收入的大部分已经纳入预算管理范围,政府非税收入的规范管理程度不断提升。

本章名词解释

财政收入规模　财政收入结构　税收法定原则　政府非税收入　税务稽查证据　政府性基金　综合预算管理　收支两条线管理　土地出让金收入　国库集中收付制度　土地财政

本章复习思考题

1. 如何衡量财政收入规模？如何理解和阐释最优财政收入规模的存在性？

2. 财政收入结构管理都包括哪些内容？结合我国财政收入管理实践,如何评价财政收入质量的高低？

3. 结合我国实际,如何理解税收收入的法定原则？

4. 在我国,政府非税收入管理的基本模式是什么？结合国外相关实践,讨论政府非税收入的规范化管理问题。

第五章　财政支出管理

本章主要内容

本章主要从财政支出规模与财政支出结构两个方面考察财政支出管理，而有效的财政支出过程控制与监督又是财政支出管理目标实现的保证。

财政支出规模管理的前提是准确把握财政支出规模的内涵与度量。从财政支出规模的国际比较来看，各国的财政支出规模普遍表现为不断扩张的趋势，合理解释财政支出规模扩张的原因，有利于科学把握财政支出规模管理的要素；财政支出结构管理必须明晰财政支出结构及其分类，财政支出结构对国民经济结构的影响。适应我国现代财政制度的建设，我国财政支出结构应加大调整与优化的力度；财政支出过程控制包括计划控制与运行控制两个方面，财政支出监督管理则是对财政支出全过程的监督，包括事前、事中与事后的监督。

第一节　财政支出规模管理

一、财政支出规模与度量

（一）财政支出规模及其理解

财政支出规模，通常是指在一定时期内政府财政支出的总量，反映了政府在一定时期内集中、占有和使用的经济资源总量。一般而言，财政支出规模与政府职能、公共利益、社会经济活动、财政支出制度相关。

财政支出规模与政府职能相关。政府职能通常包括政治、经济、军事、社会和文化，等等。政府在行使任何一项职能时，都需要支配一定的人力、物力、财力，安排、使用和耗费这些资源，就形成了财政支出规模。所以，财政支出规模可以看成是政府为实现其职能所耗费的各类资源总量。

财政支出规模与公共利益相关。政府作为社会公共利益的代表,必须承担维护和增进社会公共利益的责任。然而,政府为维护和增进社会公共利益是需要支付成本的。因此,财政支出规模可以理解为政府为维护和增进社会公共利益而付出的总成本。

财政支出规模与社会经济活动相关。为促进国民经济的平稳协调发展,需要政府从国民经济全局出发,制定正确的产业政策,指导各行各业;需要政府制定法律和法规,保护正当竞争,制止不正当竞争,保护劳动者合法权益,保护产权,保护环境;需要政府提供公共产品,解决市场调节所不能解决或不能有效解决的问题;需要政府对丧失劳动能力的人和生活困难群体实行救济,缩小贫富差距;还需要政府直接筹集资金,从事对国计民生有重大影响的商品生产,如此等等。可见,政府在社会经济活动中起着不可替代的、不可或缺的作用。因此,财政支出规模实际上就是社会经济活动中需要政府作用而付出的代价。

财政支出规模与财政支出制度相关。17 世纪人类社会出现了财政预算制度,使财政支出从此走上了规范管理的轨道,这是人类社会在财政管理上的进步。财政预算支出制度要求政府将所有支出编入预算表内,实施严格的计划管理和法制管理,防止支出的随意性,防止顾此失彼现象的发生,也有助于防止政府官员的贪污腐败。因此,预算支出规模在许多国家也就代表着一个国家的财政支出规模。就我国而言,预算包括一般公共预算、政府性基金预算、国有资本经营预算、社会保险基金预算。一般公共预算是对以税收为主体的财政收入,安排用于保障和改善民生、推动经济社会发展、维护国家安全、维持国家机构正常运转等方面的收支预算。政府性基金预算是对依照法律、行政法规的规定在一定期限内向特定对象征收、收取或者以其他方式筹集的资金,专项用于特定公共事业发展的收支预算。国有资本经营预算是对国有资本收益作出支出安排的收支预算。社会保险基金预算是对社会保险缴款、一般公共预算安排和其他方式筹集的资金,专项用于社会保险的收支预算。

(二)财政支出规模的度量

财政支出规模的度量通常采用两种方式:一是采用绝对量指标,另一是采用相对量指标。

所谓绝对量指标,是指一国在一定时期内(通常为一个财政年度)财政支出的货币价值总额。譬如,2019 年,全国一般公共预算支出 238 874 亿元。从主要支出科目看:教育支出 34 913 亿元,科学技术支出 9 529 亿元,文化旅游体育与传媒支出 4 033 亿元,社会保障和就业支出 29 580 亿元,卫生健康支出 16 797 亿元,节能环保支出 7 444 亿元,城乡社区支出 25 681 亿元,农林水支出 22 420 亿元,交通运输支出 11 413 亿元，债务付息支出 8 338 亿元。[1] 以上都属于财政支出规模的绝对量指标。这一指标能直观地、具体地反映一定时期内政府财政支出的规模，是国家政府部门编制财政预算和控制财政支出规模的重要指标之一。

所谓相对量指标，是指一国在一定时期内(通常为一个财政年度)财政支出占国民生产总值或国内生产总值的比率。譬如，2019 年，全年国内生产总值 990 865 亿元，[2]因此，可计算出当年一般公共预算支出占国内生产总值的比率为 24.11%。采用相对量指标来衡量财政支出的规模，最大的益处是可以进行比较分析。如可以进行不同时期的比较，也可以进行不同国家之间的比较，能较好地反映一国财政支出规模的相对份额。

需要指出的是，无论是采用相对量指标，还是采用绝对量指标，都应考虑到物价变化的因素。只是简单的直接比较，不仅缺乏科学性，还会导致错误决策，甚至两种指标出现矛盾。譬如，假设上一年度财政支出为 7 000 亿元，本年度为 7 350 亿元，增长了 5%。而此期间通货膨胀率也为 5%，那么，据此就得出财政支出规模扩大了，显然不科学。又譬如，我国财政支出规模从 1978 年的 1 122.09 亿元，逐步扩大到 2007 年的 49 781.35 亿元。显然，根据这一指标可以说明我国财政支出规模不断扩大；另一方面，如果采用相对量指标，却发现我国财政支出占国内生产总值的比例由 1978 年的 30.78%，逐步降低到 2007 年的 19.95%，[3]表明我国财政支出的相对规模正在缩小，财政支出对经济的影响程度有所降低。

二、财政支出规模的国际比较

20 世纪以来，发达国家财政支出占 *GDP* 的比重增长很快。以 1954 年的指数为 100，从 1954 年到 1980 年间，主要工业化国家政府财政支出占 *GDP* 的比重上升的幅度超过了 20%。其中尤以意大利和联邦德国为最，财政支出比重分别上升了 59.6% 和 52.4%，日本也上升了 42.2%。20 世纪 80 年代以后，总体上各个发达国家的财政支出占 *GDP* 的比重稳中有升(见表 5－1)。

表 5－1　　部分 OECD 国家政府财政支出占 *GDP* 的比重(%)

年份	1981	1983	1985	1987	1989	1991	1992	1995	1996	1997
美国	31.7	33.4	32.9	33.0	31.9	33.4	33.8	32.9	32.7	32.0
日本	32.8	33.3	31.6	32.1	30.6	30.9	33.7	35.7	36.2	35.9

① 资料来源：《2019 年财政收支情况》，参见财政部网站 http://gks.mof.gov.cn/tongjishuju/202002/t20200210_3467695.htm。

② 国家统计局：《中华人民共和国 2019 年国民经济和社会发展统计公报》，2020 年 2 月 28 日发布。

③ 根据《中国统计年鉴 2008》相关数据计算整理。

续表

年份	1981	1983	1985	1987	1989	1991	1992	1995	1996	1997
德国	48.7	47.8	47.0	46.7	44.8	47.9	49.5	49.5	48.8	47.9
法国	48.6	51.4	52.2	50.9	49.1	50.5	55.0	54.3	54.8	54.0
意大利	46.3	48.9	51.2	50.4	51.4	53.5	57.4	52.1	52.7	50.9
英国	44.2	44.7	44.0	40.7	37.6	40.7	43.6	43.0	41.8	40.0
加拿大	39.8	45.3	45.3	43.5	43.1	49.2	49.4	46.5	44.7	42.4
澳大利亚	31.4	35.0	36.5	35.3	33.0	37.2	37.3	36.5	36.4	36.1
芬兰	39.0	42.4	43.8	45.0	42.0	53.9	60.2	57.9	57.4	55.3
瑞典	62.6	64.5	63.3	57.8	58.3	61.3	71.0	65.4	64.3	62.5
OECD 全体	37.6	39.1	38.8	38.4	37.3	39.2	41.4	40.2	39.9	39.1

资料来源：转引自丛树海主编《财政支出学》，中国人民大学出版社 2002 年版，第 411 页。

与发达国家相比，发展中国家财政支出水平相对较低，但从发展中国家内部来看，低收入国家和中等收入国家也存在较大的差异。表 5－2 显示了 10 个发展中国家财政支出占 *GDP* 的比重情况。根据世界银行《世界发展报告 1997》的统计口径，前四个国家为低收入国家，中间三个国家为中低收入国家，后三个国家为中高收入国家。从表 5－2 可以发现，发展中国家政府财政支出占 *GDP* 的比重与经济发展水平并不完全相关，甚至有不少低收入国家的财政支出水平要高于中低收入国家。

表 5－2　　　　部分发展中国家中央财政支出占 *GDP* 的比重（%）

年份	1985	1988	1989	1990	1991	1992	1993	1994	1995
印度	22.26	22.18	22.70	21.63	20.30	19.97	20.98	NA	NA
斯里兰卡	31.98	31.51	30.08	28.94	29.98	25.56	26.13	27.56	27.58
巴基斯坦	23.33	24.02	26.03	24.54	24.27	25.76	26.9	5.62	24.20
中国[1]	22.36	16.69	16.70	16.63	15.67	14.05	13.40	12.39	11.67
印度尼西亚	21.63	19.19	18.62	19.05	17.59	18.66	15.89	NA	NA
泰国	21.02	16.11	14.72	14.49	14.84	15.53	16.30	16.63	16.96
埃及[2]	45.97	39.99	34.80	30.11	32.82	39.18	39.49	NA	NA
马来西亚	32.7	25.98	26.17	28.44	28.97	28.11	26.36	26.45	NA
墨西哥	24.90	27.61	23.51	13.31	17.05	15.89	15.18	15.82	16.39
巴西	37.46	25.23	44.14	29.45	27.69	31.92	39.8	NA	NA

说明：1. 国家预算支出；2. 1991 年数据与此后数据不可比。

资料来源：转引自丛树海主编《财政支出学》，中国人民大学出版社 2002 年版，第 413 页。

比较发达国家与发展中国家的财政支出，可以看出：多数发展中国家中央财政支出比重低于发达国家。不过，这种差别很大部分是由于发达国家中央财政支出中社会保险和社会福利支出较多，如果扣除这些支出，发展中国家财政支出占 *GDP* 的比重可能高于发达国家。[①]

我国自改革开放以来，为了适应建立社会主义市场经济的要求和发挥市场机制对资源的配置作用，财政支出占 *GDP* 比重一度表现为逐年下降的趋势，但进入 20 世纪 90 年代中期以后，财政支出占 *GDP* 的比重又呈现上升的趋势。如表 5—3 所示，我国财政支出占 *GDP* 的比重在 1995 年至 2018 年间，由 11.22%上升到 24.5%。但从绝对量指标上看，财政支出由 1995 年的 6 823.72 亿元人民币，增长到 2018 年的 220 904.13 亿元人民币，财政支出规模不断扩大。

表 5—3　　我国的财政支出规模（1978—2007 年）

年份	财政支出（亿元）	增长速度（%）	财政支出占 *GDP* 比重（%）	年份	财政支出（亿元）	增长速度（%）	财政支出占 *GDP* 比重（%）
1978	1 122.09	33	30.8	2004	28 486.89	15.6	17.8
1980	1 228.83	−4.1	27	2005	33 930.28	19.1	18.5
1985	2 004.25	17.8	22.2	2006	40 422.73	19.1	19.1
1991	3 386.62	9.8	15.5	2007	49 781.35	23.2	20.0
1992	3 742.2	10.5	13.9	2008	62 592.66	25.7	19.6
1993	4 642.3	24.1	13.1	2009	76 299.93	21.9	22.4
1994	5 792.62	24.8	12	2010	89 874.16	17.8	22.4
1995	6 823.72	17.8	11.2	2011	109 247.79	21.6	23.1
1996	7 937.55	16.3	11.2	2012	125 952.97	15.3	24.2
1997	9 233.56	16.3	11.7	2013	139 744.26	11.3	24.6
1998	10 798.18	16.9	12.8	2014	151 785.56	8.3	23.7
1999	13 187.67	22.1	14.7	2015	175 877.77	13.2	25.6
2000	15 886.5	20.5	16	2016	187 755.21	6.3	25.4
2001	18 902.58	19	17.2	2017	203 085.49	7.6	24.7
2002	22 053.15	16.7	18.3	2018	220 904.13	8.7	24.5
2003	24 649.95	11.8	18.1				

资料来源：根据各年度《中国统计年鉴》计算整理。

① 参见丛树海主编：《财政支出学》，中国人民大学出版社 2002 年版，第 411—413 页。

三、财政支出规模扩张及原因

从财政支出规模的国际比较来看，随着经济社会的发展，各国财政支出规模的扩张是一个不争的事实。对此现象，早在 19 世纪，德国经济学家阿道夫·瓦格纳(1835—1917 年)就断言："公共活动，尤其是国家活动，不断扩张的法则对于财政经济而言就成为为了适应财政需要不断扩张的法则。"并进一步指出："这一法则是至少经过对西欧文明中不断前进的国家进行实证观察后得出的结果。"①

一般认为，导致一国财政支出规模扩张的原因主要有：社会经济发展、政府规模、转移支出水平、突发事件和人口等因素。

(1)社会经济发展。一般地说，财政支出与社会经济发展之间保持着一种正相关的关系，随着社会经济的发展，财政支出的规模会不断地扩大。一方面发展社会经济，要求有相应规模的财政支出与之配合，以满足社会经济发展所需要的公共条件，如与之高度相关的公共基础设施等硬环境建设，以及培育高素质劳动力的教育、相应的法律法规等软环境建设，等等。另一方面社会经济发展的结果，导致人均 *GDP* 增加，使人们在满足个人需要后，转而加大对教育、卫生、文化和福利等公共产品的需要，甚至出现社会对财政支出需求的价格弹性大于 1 的增长态势。与此同时，社会经济的发展，其自身也为财政支出规模的扩大创造了条件，经济增长使政府的税收收入增加，从均衡社会总量关系上讲，也决定了财政支出的增长。

(2)政府规模。政府规模影响着财政支出的规模。政府规模反映在两个方面，一是政府机构的规模，另一是政府的活动规模。从政府机构规模上看，政府机构数目的多少和机关工作人员数量的多少对财政支出产生最直接的影响。政府活动规模的大小也影响着财政支出的规模变化。如政府直接介入经济领域，引起公共投资规模、公共生产规模、公共产品提供规模等的不断扩大，必然导致财政支出的规模水平不断上升。

(3)转移支出水平。转移支出主要在于影响收入分配公平，其特点是不减少私人部门可支配的资源总量，而只是在结构上调整不同社会集团之间可支配资源数量的对比，以更好地促进社会公平的实现。

转移支出水平与对公平的不同理解相关。如果维护的是规则公平，则要求各人的收入份额与其对生产的贡献份额相一致，公平的含义就在于所有成员都按统一的竞争规则行事。那么，转移支出占 *GDP* 的比重会下降，即使绝对数量可能增加。如果维

---

① 参见 C. V. 布朗、P. M. 杰克逊著，张馨等译：《公共部门经济学》，中国人民大学出版社 2000 年版，第 103 页引文。

护的是结果公平，则强调分配的均等，缩小贫富差距就意味着公平。那么，转移支出随经济的增长会大幅度地提高，无论是绝对水平还是相对水平。那么，在一国的经济发展过程中如何处理经济增长的效率与公平的关系？一般而言，在一国经济发展的初期，更多侧重于效率，倾向于规则公平，在经济发展进入成熟阶段，则倾向于结果公平。另一方面，在一国经济发展的过程中，市场复杂程度的提高以及传统农业社会向现代工业社会的转型，也要求增加对失业保险和养老金的支付。因此，从一个长期的趋势来看，转移支付也会随人均收入的提高而增长。

(4)突发事件。英国经济学家皮科克(Peacock)和怀斯曼(Wiseman)于1961年提出的一种财政支出规模不断扩大的理论。皮科克和怀斯曼根据他们对1890—1955年英国政府财政支出增长的分析，指出财政支出不断扩大是以一种梯度渐进的方式增长的。他们认为，在正常情况下，财政支出呈现一种渐进的上升趋势，但在战争、重大灾害等突发事件的影响下，财政支出会急剧上升，而后支出水平虽会下降，但一般不会回到原来的水平，呈现出一种"进二退一"的"梯度渐进增长"的规律，如图5－1所示。

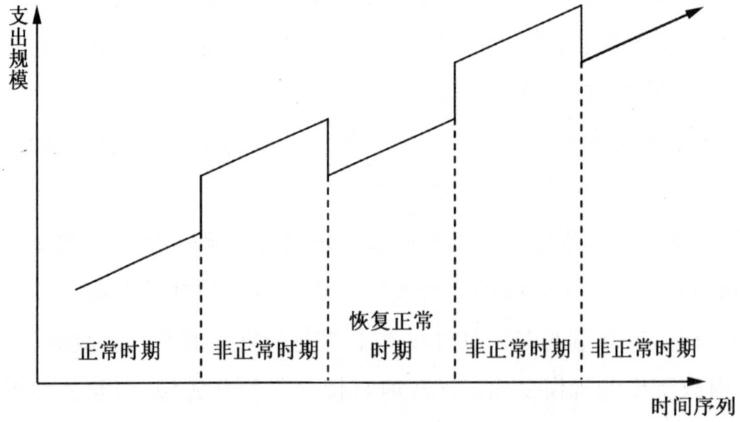

图5—1　财政支出规模的"梯度渐进增长"

皮科克和怀斯曼认为产生财政支出"梯度渐进增长"，是由于两方面原因导致，一方面经济不断增长使税收收入逐渐增加，导致财政支出"水涨船高"渐进增长；另一方面财政支出往往要受到纳税人"租税容忍水平"的制约。然而，纳税人"租税容忍水平"并非固定不变。在外在因素影响下，如发生战争、自然灾害、经济危机等突发事件，会迫使纳税人接受较高的"租税容忍水平"。因为纳税人十分清楚，不支持政府平息战争、解决灾害问题和缓解经济危机，将面临更大的损失，于是出现所谓的"替代效应"，即政府迅速扩大财政支出代替了原来由私人安排的支出。但是战争、自然灾害、经济危机过后，出现了一系列新问题，如战后重建家园、恢复生产、解决伤残退伍军人的生活等问题又都需要政府出面解决，又会迫使纳税人支持政府扩大财政支出，于是财政支出水平虽然在战后会有所降低，但仍保持在较高的位置，出现了所谓“检视效应”现象。皮科克和怀斯曼认为，从长期来看，正是由于上述两方面原因相互交替的作用，导致财政支出“梯度渐进增长”。

(5)人口规模。人口规模也是影响财政支出增长的一个不可忽视的原因。在人均财政支出比例不变的情况下，财政支出的绝对规模随着人口增加而增加，如果人口的增长速度超过 *GDP* 增长速度，财政支出的相对规模，即占 *GDP* 的比例也会随之上升。从实际情况来看，人口的增加，导致社会对教育、医疗卫生、社会保障、公共基础设施，以及国家行政管理、司法、治安等方面的公共需要的增加。

四、财政支出规模管理的要素

财政支出规模管理的目标应主要体现在三个方面：一是确保财政资金使用的公共性；二是合理控制财政支出规模；三是提高财政资金的使用效益。为此，财政支出规模管理的要素主要包括以下几个方面：

第一，明确财政支出的方向。财政支出的方向应按照公共财政的特点来确定，目的是确保财政资金使用的公共性。公共财政是国家以社会和经济管理者身份以及国有资产所有者身份，取得收入并将其用于政府公共活动支出，保障国家安全和维护社会秩序，提供公共产品和提高社会公共服务水平，为实现经济均衡发展和经济、社会的协调发展提供基础性保障条件。按照公共财政理论，完全依赖市场机制实现社会资源的配置，存在着市场失灵领域，需要政府介入并且发挥作用，才能弥补、保护和调节市场，这些领域主要是满足社会公共需要的领域。政府为解决这些事务所做出的财力收支安排，就体现了国家与财政职能的活动范围。因此，公共财政的职能范围就是以“市场失灵”为界限，财政所要解决的是市场不能解决或解决不好的事情。[①]

第二，调整财政支出渠道，硬化预算约束。根据“统一、规范、预算可控制”的原则，拓展正常支出渠道，压缩不规范支出渠道，将预算外支出、制度外支出转化为预算内管理。健全预算收支分类改革，按部门(职能)进行分类，然后将工资支出(人员经费)和公用经费以及基本建设经费等各类不同性质的财政资金划分开来，根据各自的经费性质以及分配原则，实行不同的管理办法，达到优化支出预算方式的目的。同时，要硬化预算约束，防止随意追加或更改预算支出的规模或用途。[②]

第三，严格执行国库集中收付制度。国库集中收付制度又称为国库单一账户制

---

① 参见贾康、赵全厚：《财政支出改革》，《经济研究参考》2009 年第 2 期。

② 参见丛树海主编：《财政支出学》，中国人民大学出版社 2002 年版，第 419 页。

度，是指从预算分配到资金拨付、使用、银行清算，直到资金到达商品或劳务提供者账户的全过程实行直接控制。其基本含义是：财政部门在中央银行设立一个统一的国库账户，并将所有的政府性财政资金全部集中到这一账户，各单位的预算资金全部在该账户的分类账户中管理；预算资金不再拨付给各单位分散保存；财政资金的使用由各部门根据细化的部门预算自主决定，由财政部门核定后准予支出，除特殊用途外，财政资金将由国库单一账户直接拨付给商品劳务的供应商，而不必经过支出单位进行转账结算。

严格执行国库集中收付制度，对于规范财政支出管理的意义体现在：首先，有利于财政支出拨付，提高财政资金使用效率。实行国库集中收付制度后，财政部门在银行设立国库单一账户体系，在财政部门内部建立统一的资金账册管理体系。预算资金由原来的层层下拨给预算单位，改为由财政部门统一存储在中央银行国库单一账户上统一进行管理，财政部门不再将资金层层拨付到预算单位，而只给预算单位下达预算指标，以及审批预算单位月度用款计划。预算资金在没有支付给商品和服务供应商之前始终保存在中央银行国库单一账户上，从而改变了传统的分散支付制度固有的拨款随意性，规范了财政资金的拨付程序，会大大提高财政资金的使用效率。其次，有利于实现对财政资金的全面监督、提高财政资金使用效率。实行国库集中支付制度，将会从根本上改变财政资金管理分散，各支出部门和支付单位多头开户、重复开户的局面。随着财政信息管理系统的建立与完善，财政部门能够掌握各支出单位每一笔资金的用途，有利于实现对财政资金流向与流量进行全面监控，规范财政支出管理，强化预算约束，同时增强财政国库工作的透明度、公开性和约束力，杜绝不合理支出，克服过去无法进行事前监督的弊端，切实提高财政的使用效率。再次，有利于预算约束与执行。实行国库集中支付制度，一方面，财政部门要严格按预算管理财政资金的支出，有利于预算约束；另一方面，各预算单位可以按其预算随时签订支付合同，实行财政直收直支，缩短了财政资金在途时间，而不是像传统国库支付制度下必须等到财政部门将资金划拨至账户后再进行支付，减少了预算拨款环节，缩短了中间划拨过程，资金支付快速、便捷、准确，有利于加快预算执行速度。

第四，健全政府采购制度。政府采购也称公共采购，一般是指各级政府及其所属机构为了开展日常政务活动或为公众提供公共服务的需要，在财政的监督下，以法定的方式、方法和程序，对货物、工程或服务的购买。政府采购与一般性的商业采购（也称私人采购）有很大的不同，它不仅是指具体的采购过程，而且是关于采购政策、采购程序、采购过程及采购管理制度的总称，是一种公共采购管理的制度体系。

推行并健全政府采购制度改革，是社会主义市场经济体制下加强财政支出管理的客观需要。过去各单位的预算一经批准，财政部门即按预算和各单位的用款进度层层下拨经费，年终由各单位层层上报经费使用情况，汇编决算。与此相适应，各支出单位的采购行为都是各自分头进行的。以这种方法进行的政府采购，其弊端非常明显：一是政府采购资金的分配和使用脱节，资金使用效益不高，财政无法施行有效监督。二是采购过程不透明、不公开、随意性强，易产生腐败现象。三是形成规模不经济，一方面是政府部门零星采购，成本偏高，另一方面是供应商无法规范竞争。四是强化了地方保护主义，不利于统一市场的形成。完善与规范的政府采购制度，对于规范政府采购行为、加强财政支出管理、提高政府采购资金的使用效益、保护政府采购当事人的合法权益、维护国家利益和社会公共利益、促进廉政建设和优化宏观调控都具有重要的意义。

第五，实施财政支出绩效评价管理。财政支出绩效评价管理，是加强财政支出管理、强化支出责任、提高财政资金使用效益的重要举措。财政支出绩效评价的对象包括部门（单位）预算管理的财政性资金和上级政府对下级政府的转移支付资金。部门预算支出绩效评价包括基本支出绩效评价和项目支出绩效评价。绩效评价的基本内容包括财政资金使用情况、财务管理状况和资产配置、使用、处置及其收益管理情况；为加强管理所制定的相关制度、采取的措施等；绩效目标的实现程度，包括是否达到预定产出和效果等。绩效评价一般以预算年度为周期，对跨年度的重大（重点）项目可根据项目或支出完成情况实施阶段性评价。

第二节　财政支出结构管理

一、财政支出结构及分类

政府是维护和增进社会公共利益的公共机构，承担着管理社会经济的多项职责。每项社会经济事务都需要政府安排财政支出，而在财政总支出中如何安排各项支出的规模或比重，就成为财政支出结构管理的主要内容。因此，财政总支出中各项财政支出的构成或比重就是财政支出的结构。

财政支出结构与财政支出分类密切相关。由于管理的要求和理论分析研究的视角不同，财政支出可以按照不同标准进行多种分类。

（一）按复式预算管理要求分类

根据复式预算管理的要求，可将财政支出分为经常性支出和建设性支出两大类。所谓经常性支出，是指用于政府日常管理活动的经费开支，也称经费支出。我国经常性支出主要有：非生产性基本建设支出、事业发展和社会保障支出、国家政权建设支出、价格补贴支出和其他经常性支出等。所谓建设性支出，是指用于政府投资方面的支出，也称投资支出或资本性支出。我国建设性支出包含如下内容：生产性基本建设支出、挖潜改造和新产品试制费、支援农业生产支出、城市维护建设支出和其他建设性支出等。

（二）按支出费用的功能性质分类

按支出费用的功能性质分类，又可称按政府职能分类。政府的职能，主要由经济、政治、社会和军事等组成。按联合国《政府职能分类》，一国财政支出的职能分类大体包括四个部分：一是一般政府服务，主要反映政府需要且与个人和企业劳务无关的活动，包括一般公共管理、国防、公共秩序与安全等；二是社会服务，主要反映政府直接向社会、家庭和个人提供的服务，如教育、卫生、社会保障等；三是经济服务，主要反映政府经济管理、提高运行效率的支出，如交通、电力、农业和工业等；四是其他支出，如利息，政府间的转移支付。

在我国2007年政府收支分类改革前，通常将财政支出按功能性质区分为经济建设费、社会文教费、国防费、行政管理费和其他支出五大类。图5—2反映了我国2006年度财政支出按功能性质分类的构成。

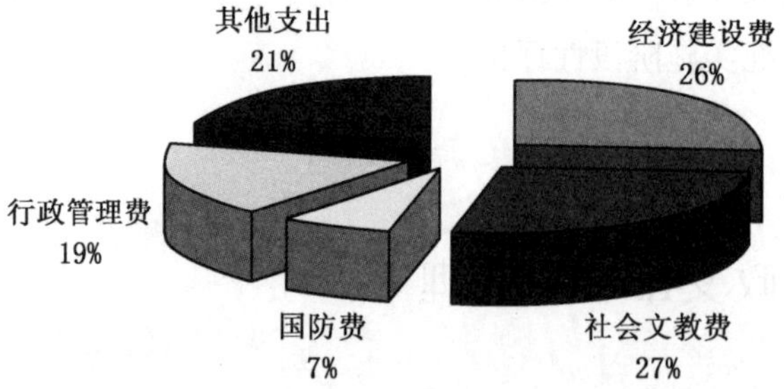

图5—2 我国财政支出按功能性质分类（2006年）

我国2007年的政府收支分类改革，对政府收支分类科目进行了重新设置。改革后的支出功能分类设类、款、项三级。以《2007年政府收支分类科目》为例，类级科目包括一般公共服务、外交、国防、公共安全、教育、科学技术、文化体育与传媒、社会保障和就业、社会保险基金支出、医疗卫生、环境保护、城乡社区事务、农林水事务、交通运输、工业商业金融等事务、其他支出、转移性支出共17类。[①] 表5—4反映了我国2007年度财政支出按功能分类的构成。

---

① 参见《财政部关于印发政府收支分类改革方案的通知》（财预［2006］13号）。

表 5—4 **我国财政支出按功能性质分类的主要项目(2007)** 单位:亿元

项目	国家财政支出		
		中央	地方
总计	49 781.35	11 442.06	38 339.29
一般公共服务	8 514.24	2 160.17	6 354.07
外交	215.28	213.78	1.50
国防	3 554.91	3 482.32	72.59
公共安全	3 486.16	607.83	2 878.33
教育	7 122.32	395.26	6 727.06
科学技术	1 783.04	924.60	858.44
文化体育与传媒	898.64	127.21	771.43
社会保障和就业	5 447.16	342.63	5 104.53
医疗卫生	1 989.96	34.21	1 955.75
环境保护	995.82	34.59	961.23
城乡社区事务	3 244.69	6.20	3 238.49
农林水事务	3 404.70	313.70	3 091.00
交通运输	1 915.38	782.25	1 133.13
工业商业金融等事务	4 257.49	1 442.45	2 815.04
其他支出	2 951.56	574.86	2 376.70

资料来源:《中国统计年鉴 2008》。

(三)按支出经济分类

支出经济分类主要反映政府支出的经济性质和具体用途。从形式上看,各项财政支出,虽然都表现为资金从政府流出,但最终的经济影响是存在差异的。有些表现为政府的商品和服务购买,直接对社会的生产和就业产生影响,并最终影响资源配置;有些表现为资金的无偿转移,关系到收入分配,最终对社会生产和就业产生间接影响。按此分类,可将财政支出分为购买性支出和转移性支出两类。

所谓购买性支出,就是政府向企业和个人购买产品与劳务的支出。这种支出与市场经济中企业和个人的购买支出没有性质上的差别。购物要付钱,交换须有偿,政府既然作为购买者,那么在市场上也就一样如此。政府购买性支出,通常用于满足政府日常管理活动、提供公共产品和政府投资所需产品和劳务的费用支出。也有人把这类支出称为耗尽性支出(Exhaustive expenditures),旨在突出这类支出反映了政府占用和耗费社会经济资源的特性。在市场经济中,政府购买性支出会影响私人部门的资源配置，是政府用来调节资源配置的主要手段。政府购买性支出，会产生挤出效应(Crowding-out effect)，也就是说，在经济已处于充分就业状况时，经济资源在政府和私人部门之间形成此长彼消的分配关系，政府占用就会排斥或挤占私人部门占用，出现挤出效应的经济现象；另一方面，政府购买性支出也会产生引入效应(Introducing-into effect)或乘数效应(Multiplier effect)，因为，在有效需求不足时或开放型市场经济中，政府占用经济资源未必一定会挤出私人部门对经济资源的占用，如若政府通过购买性支出(如扩大了需求总值、完善了公共设施等)能进一步改善投资环境，反而会吸引更多的私人部门增加投资或境外投资者扩大外资投入，出现引入效应和乘数效应的经济现象。政府购买性支出产生的经济效应是复杂的，究竟哪一种经济效应占主导，则与经济环境和支出方向有关，需具体分析，很难一概而论。

所谓转移性支出，则是政府将财政资金无偿地支付给某些企业和个人的一种支出。转移性支出是政府调节收入分配的重要手段，具体支出形式有：养老金支出、失业救济金支出、补贴支出和公债利息支出等。转移性支出不会导致政府占用社会经济资源的增加，政府只作为中间人，将取得的税收收入转移支付给某些企业和个人，具有较明显的取之于民用之于民的特点。政府正是通过取之于此民而用之于彼民的方式来实施其收入再分配政策，改变企业之间以及个人之间的收入分配状况。

一个国家究竟如何确定购买性支出和转移性支出之间的比例，要根据该国的经济制度、经济发展状况、政府支出的经济效果等具体因素而定。从统计数据上看，在发达国家转移性支出的比例通常要高于购买性支出的比例。而在发展中国家情况多数相反，购买性支出比例要高于转移性支出比例。

(四)按政府层次分类

按政府层次来划分财政支出，有助于我们把握财政资源在政府层次之间的分配状况，分析分配结构，处理好政府层次之间的责、权、利关系。按政府层次分类，主要将财政支出分为中央财政支出和地方财政支出。中央财政支出包括国防支出、武装警察部队支出、中央级行政管理费和各项事业费支出、重点建设支出以及中央政府调整国民经济结构、协调地方发展、实施宏观调控的支出。地方财政支出主要包括地方行政管理和各项事业费支出、地方统筹的基本建设支出、技术改造支出、支援农业生产支出、城市维护和建设经费支出、价格补贴支出等。

二、财政支出结构对经济结构的影响

政府通过对财政支出结构的控制与调整，直接或间接影响社会经济结构的各个方面。因此，一国经济结构出现的不合理问题，不仅是国家产业政策所致，也与财政支出结构的不合理有关。

我国的经济结构，长期表现为重工业比例较大，而农业和第三产业比例较小的状态。这从国内生产总值的构成就反映得非常清楚：第一产业的产值长期处于下降的走势，从1992年以前的20%～30%下降到1992年以后的20%以下，1995年为19.7%，2000年为15.1%，2006年为11.8%；第三产业的产值处于不稳定的态势，从1987年以前的20%左右上升到之后的30%左右，2001年开始达到了40%左右。但从2006年下滑到39.5%，退到了1990—2000年的水平，而且增长速度极慢，2001年比上年增长了1.5个百分点，2002年比上年增长了1个百分点；我国第二产业在国民经济中的产值从1978年以来一直保持着40%的高位，2000年为45.9%，到2006年为48.7%。其中工业的产值在国内生产总值中占40%左右，在第二产业产值中竟占到80%以上，2003年为88.00%，2004年为88.24%，2005年为88.40%。产值的不同，说明产业发展的不同，也反映了经济结构的问题所在。

造成以上局面的原因与我国财政支出安排中"重工业、轻农业和第三产业"是密不可分的。如我国财政对农业的投入虽然不断增加，从1975年以前的每年几十亿元增加到1976—1977年之间的每年几百亿元，从1998年开始，年投入增加到千亿元，2004年之后达到2 000亿元以上。但农业支出占财政总支出的比重却一直很低，从1973—1979年的10%下降到8%～9%，从2000年以后下降到7%左右。除农业外，第三产业的投入比例也较低。而经济建设支出在1994年就达到了2 000亿元以上的水平，2001年以后达到6 000亿元，2004年为7 933.25亿元，占财政总支出的23.38%；2005年为9 316.96亿元，占总支出的27.49%。经济建设支出虽然也包含农业经济建设，但重点却在工业建设上。[①]

财政支出结构的变化之所以会对经济结构产生影响，是因为不同类型的财政支出对经济生活各个方面作用的力度不同。

(1)购买性支出在当期便形成总需求，直接对社会总需求产生影响，并进而影响社会总供给。因此，当社会总需求与社会总供给失衡时，政府通过调整购买性支出在财政总支出中的结构水平，可直接对当期社会总供求产生影响，从而达到促进总供求平衡的目的，并最终影响社会收入分配格局，促进社会经济的稳定协调发展。

(2)政府投资支出直接形成当期的投资需求，构成社会总需求。因此，财政支出结构中投资支出水平的变化，对社会经济结构的影响是直接的。同时，由于政府投资支出效果的滞后影响，从长期来说，当期投资结构和总量都会对下期供给能力与水平产生影响。因此，当期政府投资可以影响到未来经济的部门结构、产品结构等多个方面。并且政府投资可能对私人投资产生示范作用和辐射作用，从而引导社会投资总规模和

---

① 参见赵云旗：《财政促进经济增长方式转变的对策思考》，《经济研究参考》2007年第69期。

投资方向，对社会经济供求结构及经济发展产生长期影响。

(3)财政支出中的财政贴息可以引导投资资金的去向，动员社会资金，从而发挥杠杆的作用，起到体现国家的产业政策，进而影响社会总投资的规模、结构和效益的作用。

(4)财政支出中社会事业类支出，同样对经济结构起到间接但重大的影响。社会事业类支出一般包括对教育、医疗卫生、科技、社会福利事业等方面的支出。该类支出既体现了政府在市场经济中的公共产品提供职能，又反映了一国的社会文明进步程度。更重要的是，该类支出虽然表现为非生产性或消耗性，但该类支出对于提高国民素质、促进民族产业发展、维护社会稳定具有重要的意义，并为经济长期稳定发展创造良好的条件。①

三、财政支出结构的国际比较

财政支出结构体现政府的职能范围，由于不同国家的市场化发育程度和经济发展阶段的差异，政府财政支出结构的侧重点亦表现出较大的差异。

如表5—5所示，市场经济成熟国家的财政支出中社会事业类支出所占比重都很高。以社会保障支出为例，发达国家该类支出占中央财政支出的比重一般接近或超过30%，而发展中国家不足10%。国防支出因各国情况不同而有所差异，最高为新加坡，达到28.83%。总体而言，市场经济成熟国家财政支出均显示出公共财政的特征，即社会保障、教育、卫生、国防、一般公务支出较高，经济建设支出特别是直接经济支出较少。相反，市场化程度较低的发展中国家，中央财政支出中经济建设性所占比重则较高。

表5—5　　部分国家中央政府财政支出中各项支出比重　　单位：%

国家和地区	年份	社保支出	教育支出	环保支出	卫生保健	国防支出
孟加拉国	2004	3.91	17.05	0.12	7.00	9.92
印　度	2003	—	2.36	—	1.50	13.41
印度尼西亚	2004	5.64	3.97	—	1.38	6.59
伊　朗	2004	26.48	6.70	0.68	6.33	14.32
韩　国	2005	12.68	14.20	—	0.36	10.40
巴基斯坦	2005	0.20	1.49	0.01	0.76	19.76
新加坡	2004	3.24	21.60	—	5.75	28.83

① 参见丛树海主编：《财政支出学》，中国人民大学出版社2002年版，第430—431页。

续表

国家和地区	年份	社保支出	教育支出	环保支出	卫生保健	国防支出
泰　国	2005	8.67	20.00	0.23	8.38	6.34
加拿大	2005	45.65	1.99	0.72	8.68	5.38
墨西哥	2000	20.12	24.73	—	4.95	3.04
美　国	2005	30.43	2.67	—	23.81	20.06
阿根廷	2004	39.94	5.19	0.29	5.30	3.04
巴　西	1998	47.26	6.14	—	6.21	3.49
捷　克	2005	31.76	9.51	1.61	16.47	3.71
德　国	2005	68.97	0.51	0.06	19.07	3.57
瑞　士	2002	56.38	3.92	0.26	0.28	5.73
丹　麦	2004	40.73	12.21	0.62	0.93	4.55
波　兰	2005	47.00	11.72	0.24	10.56	3.50
罗马尼亚	2002	33.46	6.56	0.45	13.95	5.04
俄罗斯	2005	33.96	3.79	0.10	8.88	12.71
澳大利亚	2005	34.72	9.56	0.25	14.90	6.05

资料来源：IMF Government Finance Statistics Yearbook 2006。

四、我国财政支出结构的调整与优化

从我国财政支出的结构安排看(见图5—3)，根据可比数据，在1978—2006年间，经济建设费和国防费占财政支出的比重一直处于递减状态，社会文教费、行政管理费占财政支出的比重一直处于递增状态。其中经济建设费递减幅度较大，而国防费进入20世纪90年代后，比重基本稳定在8%左右的水平。社会文教费一直处于递增状态，至2006年已占总公共支出的26.83%，成为第一大支出。行政管理费占公共支出比重除个别年份外，也一直处于递增状况，从1990年以来一直在12%以上的水平，至2006年高达18.73%。

尽管我国财政支出结构一直在随着我国市场经济体制建设的深入而进行不断的调整与优化，但仍然与我国公共财政体制建设目标存在较大的差距，财政职责的“缺位”与“越位”现象仍然存在。

(1)深化政府机构改革，降低行政经费支出比例。行政经费支出是典型的消耗性支出，该类经费支出比重过大，势必挤占其他经费；而在行政经费内部，如果人员经费比重过大，势必挤占行政公用经费。从我国的现状来看，行政经费支出主要表现为占财政支出比例过高，尤其是行政机构臃肿，以及由此带来的行政经费内部人员经费占

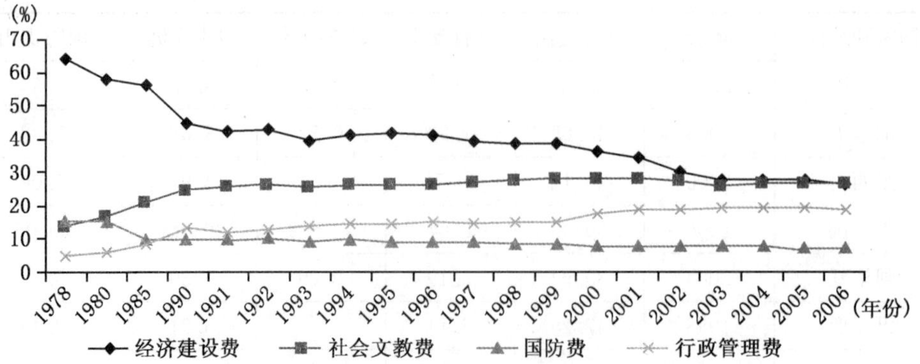

图 5—3　我国财政支出结构(1978—2006 年)

行政经费比重过高。因此,继续深化我国政府机构改革,压缩行政机构的数量、规模,甚至是行政级别的层次,将行政经费支出占财政支出的比重控制在合理的范围内,提高行政经费内部公用经费的比重,仍将是我国财政支出结构调整与优化的重中之重。

(2)逐步取消对竞争性领域的投资。按照市场经济要求,财政投资的基本政策取向是有所为有所不为,也就是要科学界定财政投资的范围,改变财政投资包揽过多的弊端,逐步减少和退出在竞争领域的投资。要提高对非竞争性和非营利性社会公共工程投资,增加公共物品供给。具体来说,应增加道路、桥梁、水利、电力及城市公共工程设施和科学文教部门固定资产投资,加大对农业和扶贫支出力度,支持生态环境建设、天然林保护、防沙固沙、退耕还林(草)工程,搞好防灾体系建设等。同时,财政要逐步从竞争性的经营领域退出,减少财政对企业生产性投资和流动资金支出,企业挖潜改造资金、科技三项费用、各部门事业费等都应相应减少直至取消,这类资金融通可以通过商业性运作来解决。

(3)增加社会事业类经费的支出比重。该类支出包括对社会保障、教育、医疗卫生和科技等方面的支出。以社会保障支出为例,进入 21 世纪以来,我国不断加大社会保障支出的力度,在 2003—2007 年间,全国财政社会保障和就业支出累计达到 1.95 万亿元,比上一个五年增长 1.41 倍,年均增长 15.2%,有力地确保了各项社会保障和就业工作的开展。[①] 但与发达市场经济国家社会保障和福利支出占财政支出的比重平均高达 30%—50%的高水平相比,仍有较大的差距。因此,调整财政支出结构,提高社会保障支出等社会事业类经费支出占财政支出的比重水平,不仅是公共财政体制建设的要求,也是完善我国社会主义市场经济体制建设的内在要求。

(4)强化基础设施和基础产业的财政投入力度。根据市场经济原则,经济建设的

---

① 参见财政部网站(http://www.mof.gov.cn/mof):《中国财政基本情况》。

投资主体应进一步由政府转向企业，财政要退出竞争性、生产性的经营领域，只进行涉及国计民生的公益性投资、基础设施和重点建设项目的投资，改变与民争利的局面，实现财政职能的“归位”。

基础产业，尤其是作为国民经济基础产业和弱质产业的农业，更应该是政府着力扶持的重点。财政支农的投入应有助于促进农业的可持续发展，包括：一是用于农业生产方面的支出，目的是加强农业综合开发，增加粮食综合生产能力；二是对农民补贴支出，主要是粮食直补、农资综合补贴、良种补贴和农机具购置补贴；三是支持农村教育、医疗卫生、社会保障、就业、保障性住房、文化等农村社会事业发展方面的支出；四是农产品储备费用和利息支出，稳定农产品的市场供应。

第三节　财政支出过程控制与监督

一、财政支出计划控制

科学编制财政支出计划，是财政支出有效管理的关键。一般来说，财政支出计划涉及财政支出规模与结构的安排。从财政支出规模来说，财政支出计划控制就是要根据一国或地区的经济发展水平来安排财政支出总量，避免财政支出规模膨胀而带来财政支出危机；从财政支出结构来说，财政支出计划控制则要按照公共财政的要求，合理区分轻重缓急、正确处理当前利益与长远利益的关系，妥善安排各类财政支出的水平。

从财政支出计划控制的角度来说，合理测度财政支出计划是严格执行财政支出计划的前提和基础。因为只有财政支出计划是科学合理的，才能保证现实中各项财政支出的实际需要，才能保证财政支出计划落到实处。因此，财政支出计划控制的前提和基础就是要合理测度财政支出。

财政支出计划，不论是中央财政支出计划，还是各级地方政府的财政支出计划，都必须在充分考虑影响财政支出的各个因素的基础上，做出合理的分析和预测，并尽量把这些因素定量化。一般来说，支出计划的拟定应包括三个主要步骤：首先，对影响支出增减的基本因素进行定义、识别、测量和预测，主要包括：政府所承担的长期支出义务对财政支出需要量的测量和预测；政府提供商品和服务成本变化的预测；支出年度或支出期间影响支出的新的支出项目和计划的费用预测；持续支出项目费用的预测；支出计划期间将结束或放弃的政府支出项目费用的预测。其次，对所要求的服务标准，或所要满足的服务目标进行估计。最后，对提供这些服务的费用与时间进行计算，形成明确的财政支出计划，[1]并最终形成各级政府财政支出的预算。

二、财政支出运行控制

财政支出运行控制，本质上就是严格执行政府财政支出预算的问题。财政支出运行控制的主要任务有：

（一）合理拨付预算资金

按照政府预算支出计划，及时地拨付预算资金，保证各项建设事业的资金供给。在拨付预算资金中，应坚持以下原则：一是按预算计划拨付，即按照批准的年度预算和用款计划拨付，不办理无计划拨款；二是按规定用途拨付，保证各单位有效地使用资金，不得随意改变资金的用途；三是按规定的预算级次拨款，不向没有经费领报的单位拨付，不得越级办理预算拨款；四是按用款单位的实际进度和国库库款情况拨付，不得擅自扩大支出范围，提高开支标准。

（二）保证预算收支平衡

由于国民经济的发展变化、预算收支的变化、自然灾害以及季节性因素等的影响，必然会出现预算支出增加或减少的情况，引起预算收支的变化。这就要求我们应根据新的情况，及时采取措施，不断地组织新的预算收支平衡。

（三）加强预算执行监督

在预算执行工作中，要按照有关政策、规章制度进行检查监督。对预算资金集中、分配、使用过程中的各项活动加以控制，防止预算执行中的各种偏差。正确处理预算监督同服务生产的关系，使监督成为预算执行的有效措施。财政部门负责指导和监督国家各所属预算单位具体执行财政支出预算。

（四）财政支出预算调整

政府支出预算的调整是对经过立法机构批准的中央预算和地方本级预算，在执行中因特殊情况需要增加支出，造成原批准的收支平衡的预算总支出超过总收入，或者使原批准的预算中举借债务的数额部分增加。在预算调整过程中，一般可采用两种方式：一种是全面调整；另一种是局部调整。

全面调整一般发生在政府预算执行过程中，如遇特大自然灾害、战争等特殊情况，或遇国民经济发展过分高涨或过分低落，以及对原有国民经济和社会发展计划进行较大调整时，就有必要对政府预算进行全面调整。但这种全面调整并非是经常发生的，只有在出现上述情况时才进行。由于政府预算的全面调整涉及面广，工作量大，实际上等于要重新编制一次政府预算，在预算执行过程中应慎重考虑。

---

① 参见刑长明：《浅议财政支出过程控制》，《财税与会计》2001 年第 9 期。

局部调整是政府预算在执行中经常采用的一种方法，具体包括以下四种方式：一是动用预备费。各级政府的预备费，是为了解决某些临时性急需和事先难以预料到的开支而设置的后备资金。在预算执行过程中，如果发生较大的自然灾害和经济上的重大变革，以及政府预算没有列入而当前又必须解决的临时性开支等情况，可以动用预备费。二是预算支出的追加或追减。所谓预算支出的追加，就是在原核定预算的基础上增加支出数额的过程；减少支出数额的过程称为追减预算。三是经费流用。经费流用，也称“科目流用”，指在不变动预算支出总额的条件下，局部地改变资金的用途，通过预算支出科目之间经费的相互调剂来进行。四是预算划转。预算划转是指由于行政区划或企业、事业单位隶属关系的改变，必须相应改变其预算的隶属关系，及时地将其全部预算划归新的主管部门或接管单位。

案例 5－1　“收支两条线”是财政支出管理的基本准则

案例回放：

据《南方都市报》(2009 年 4 月 24 日)报道，北京市交通管理局某大队“关于绩效考核实施办法”的内部文件，除了细致规定了如何对交警进行绩效考核外，个别条款有“鼓励罚款”之嫌。

该文件规定，考核内容共 10 项，警区、民警确定基础考核分值为 100 分，依据工作绩效、管理服务等情况逐项加减分值，每月依据考核结果确定全队警区、民警排名次。考评内容第一项是“工作绩效”，其中规定：处罚交通违法每 1 笔，加 0.1 分，少一起减 0.2 分；处罚每笔平均金额超过 100 元，每多 10 元，加 1 分；处罚闯红灯、涉牌严重违法行为，每 1 笔，加 0.3 分，少 1 笔，扣 0.5 分……第二项是“指令工作”，其中规定：根据局、大队绩效考评的工作需要，民警处罚笔数日均(实际出勤天数)不能低于 8 笔，新警不低于 2 笔。未完成的，一次性扣 30 分，并按照未完成的笔数累加扣分。而在加分项里，“路面巡逻时，及时发现突发事件，妥善处置避免造成严重损失，受到局、大队通报表扬的”，也只加 5 分，远低于对处罚笔数不够的扣分。同时，与考评分相挂钩是实实在在的利益。该文件规定，每月对排名靠前的民警进行通报表扬，对排名靠后的进行告诫谈话，并将考核名次作为工作津贴、绩效奖金发放，全年评选先进、立功嘉奖及年终公务员等级考评的重要参考依据。当月未完成执法纠违常量的，要评为当月末位民警，季度奖金降为三等。

案例分析：

交警大队通过内部文件下达“罚款指标”，不仅错误地运用了罚款作为“寓禁于罚”手段的初衷，使罚款成为执法部门创收的渠道，而且败坏了执法部门的形象。究其原因，在于财政管理制度中对于财政收支的不当处理。因此，强化“收支两条线”的财政管理体制具有重要的意义。

“收支两条线”是指政府对行政事业性收费、罚没收入等政府非税收入的管理方式，即有关部门取得的非税收入与发生的支出脱钩，收入上缴国库或财政专户，部门不得截留、坐支，财政部门安排给部门的支出不能和收入挂钩，而是根据各单位履行职能的需要按标准核定并拨付的资金管理模式。

“收支两条线”管理改革的核心是按照公共管理的要求，将全部财政性收支逐步纳入政府预算管理，不能有游离于政府预算之外、不受社会公众监督的财政性收支。它要解决的主要是公共财政收支的管理范围问题，其本质也是规范政府的活动范围。从“收”的角度讲，主要是收缴分离，规范政府预算外收入收缴并减少部门、单位占压政府资金。对那些合法合规的收费收入，不再由部门、单位自收自缴，实行收缴分离，纳入政府预算或实行专户管理。从“支”的方面讲，主要是收支脱钩，执收单位上缴的收费和罚没收入不再与其支出安排挂钩。

“收支两条线”管理制度改革具有重大意义，其明显的实践效果已经和正在产生重大影响：

（一）有效制止了“三乱”行为，促进了财经秩序的好转。“收支两条线”管理改革规范了政府的收费行为，遏制了“三乱”现象，切实减轻了企业和社会的负担，减少了市场的不确定因素；“收支两条线”管理要求按照公共产品和公共服务的内在属性，理清行政性收费和经营性收费的范围，在很大程度上促进政府与市场的合理分工，解决财政“越位”与“缺位”并存的问题，促进政府职能转变，减少政府对微观经济的干预；统一各地收费规则，冲破地方保护主义的屏障，开创了一个公平竞争的市场环境；在一定程度上堵住了有些部门“灰色收入”的来源，有助于遏制固定资产投资和消费基金膨胀的趋势。

（二）集中了国家财力，增强了宏观调控能力。长期以来，大量的预算外资金游离于国家财政监管之外，导致国家财力分散，严重削弱了国家的宏观调控能力和调控效果。“收支两条线”将所有公共性质的收入，按照公共财政的要求纳入预算或财政专户管理，通过编制综合预算，实现了预算内外资金的统一管理，既增强了政府的可控财力和综合平衡能力，又为科学的宏观调控决策提供更为准确的信息，从而最大限度地增强了政府的宏观调控能力。

（三）有利于强化权力监督制约，从源头上防治腐败。一是“收支两条线”明确了各部门行政事业性收费是财政资金的属性，为各执法部门的相关人员设立了一道法规界限。二是实行“收支两条线”，收入全部上缴国库和财政专户，支出由预算安排，部门的一切收支行为均要受到财政预算的制约与监督，阻断了乱收与滥支之间的利益驱动链条，对防止执收执罚部门和单位乱收、乱罚、截留、挪用，起到“釜底抽薪”的作用，促进了部门公正执法，规范了政府收支行为，有助于从制度上消除贪污浪费、权钱交易、私设“小金库”等腐败现象滋生的土壤。三是深化“收支两条线”管理，弱化了部门违规收费的动机，限制了乱发滥支，大大减少各种违法违规行为。

（四）有利于推进财政改革，建立公共财政框架体系。“收支两条线”管理制度改革是公共财政制度改革的重要组成部分，它和其他预算管理制度改革是相互支撑、有机统一的。我国正在推行的财政综合预算、国库单一账户制度、国库集中收付和政府采购制度等各项预算管理制度改革，既要以“收支两条线”管理制度改革作为支撑基础，又要以“收支两条线”管理制度改革作为推动力和制度屏障。反之，其他预算管理制度改革的顺利推行，又为“收支两条线”改革的深化提供了有利条件，大大提高了“收支两条线”管理的水平和效率。

（五）有利于发展社会主义民主政治，构建社会主义和谐社会。“收支两条线”管理将预算外资金纳入预算管理，编制财政综合预算，这样政府所有的收支活动都置于公开、透明的监督之下，从而大大提高了国家财政收支的透明度，体现了财政民主的要求，从一个重要方面推动了社会主义民主政治改革。同时，“收支两条线”管理制度改革的实践，对深化分配制度改革、行政管理体制改革、司法体制改革等其他社会重大改革也具有积极推动作用。

资料来源：财政部网站（http://www.mof.gov.cn）：《“收支两条线”管理制度改革的回顾与前瞻》。

三、财政支出监督管理

财政支出监督是财政监督体系中的重要一环，也是社会主义市场经济监督体系的主要组成部分。财政支出监督应该包括财政支出内部监督和财政支出外部监督。

（一）财政支出内部监督

财政支出内部监督是指国家财政部门为保证财政支出活动正常进行，在财政支出过程中依法对国家机关、企事业单位、社会团体和其他经济组织或个人涉及财政支出、财务支出及有关财政管理事项的真实性、合规性和效益性进行的监督。财政支出内部监督又可分为财政部门自身的监督和财政部门对预算单位的监督。

财政部门自身的监督主要是指财政部门内部专职监督机构对财政部门各职能机构履行财政支出职责情况实施的监督、各职能机构之间互相的监督以及财政部门对所属单位财务支出、内部管理等方面的监督检查。同时还包括上级财政机关对下级财政机关履行财政支出职责情况的监督。

我国的财政内部监督专职机构分为中央财政监督机构和地方财政监督机构两大

类。中央财政专职监督机构包括财政部监督检查局和财政部派驻全国各省、自治区、直辖市、计划单列市财政监察专员办事处。地方财政监督机构包括省、市、县各级财政部门的监督机构和派出机构。各级财政监督机构及其派出机构向同级人民政府负责，并接受上级财政部门业务指导。

财政部门对预算单位的监督是指财政部门通过财政管理活动，对预算单位的预算支出编制、预算支出执行、财政支出决算进行的监督以及其他的财政支出审批、管理事项等的监督。

从监督范围来看，财政支出内部监督主要包括部门预算、国库集中支付、政府采购和转移支付等重要支出事项以及专项支出的监督。具体而言，主要包括以下几个方面：

第一，对本级各部门及下一级政府财政支出预算、决算的真实性、准确性、合法性进行审查稽核，并根据本级政府授权对下级政府支出预算执行情况进行监督。

第二，对本级各部门及其所属各单位的预算支出执行情况及预算外资金管理和使用情况进行监督。

第三，对本级国库办理预算支出的拨付情况进行监督。

第四，对本级财政资金的使用效益情况进行监督。

第五，对国有资本金基础管理及国家基本建设项目预算执行情况进行监督。

财政支出内部监督的实施方式分为日常监督检查、专项监督检查和个案检查。

日常监督检查主要是对预算执行和财政管理中的某些重要事项进行日常监控。财政机关业务机构的日常监督检查是结合预算编制，对财政资金分配进行事前的审查、稽核，对资金拨付、使用进行事中的审核、控制，以及对财政资金运行和预算执行中重要环节进行必要的延伸检查核证，及时进行重点监控和实地检查。

专项监督检查是深化管理、制定政策、加强法治的重要手段，是日常监督的必要补充。从现实情况看，经济转轨时期各种经济关系、经济利益重新调整、组合、变化，但相应的法规制度和约束机制还没有及时建立或不尽完善，为此，财政机关根据财政管理和监督检查工作中暴露的难点、热点和重大问题，有针对性地开展了一些专项监督检查。

个案检查是根据上级批示的群众举报案件，以及日常监督检查和专项监督检查中发现的线索，组织力量进行检查核证，并对查处的违法违纪问题进行严肃处理。

（二）财政支出外部监督

财政支出外部监督又称社会监督，包括人大监督、专门监督机构的监督和舆论监督。

人大监督是代表人民意志的最高权力机关的监督，是指人民代表大会及其常委会依据《宪法》以及国家的相关法律法规，对政府及其财政部门执行国家有关财经政策和法律法规的情况，预算编制、执行的情况实施的监督。其内容主要包括：审查和批准财政预算草案以及财政预算执行情况的报告；审查和批准财政预算在执行过程中所必须做的部分调整方案；监督县级以上地方各级人民代表大会及其常务委员会对本级和下一级的财政预算、决算的审查批准情况等。

专门监督机构的监督。审计、行政监察等部门是负责专门监督的机构，这些部门的监督是作为一种职责来进行的，是具有专门性、强制性和权威性的监督。审计监督是指国家审计机关依据《审计法》，对被审计单位的财政、财务收支及其经济活动的真实性、合法性和效益性进行检查、评价的一种监督活动；行政监察是国家行政系统内部由专门监察机关实施的，对行政机关、国家公务员，以及行政机关任命的其他人员的廉政、勤政和执法状况进行监督检查的一种职能活动。

广义的舆论监督，就是群众的言论，是指公民享有对国家和社会事务实行舆论监督的权利和自由，是公民在了解情况的基础上，通过一定的组织形式和传播媒介，行使法律赋予的监督权，表达舆论、影响公共决策的一种社会现象。狭义的舆论监督，是指新闻舆论监督，就是社会各界通过广播、影视、报纸、杂志等大众传播媒介，发表自己的意见和看法，形成舆论，从而对国家、政党、社会团体和公职人员的公务行为以及社会上一切有悖于法律和道德的行为进行制约。①

案例 5－2　社会监督是财政支出控制和管理的精髓

案例回放：

据《扬子晚报》(2009 年 10 月 13 日)报道：2009 年 10 月 10 日，南京“天价烟”局长、江宁区原房产局局长周久耕，因受贿罪被南京中级人民法院一审判处 11 年有期徒刑。

“天价烟”的起因则源于：2008 年 12 月 10 日，南京市江宁区房产局局长周久耕在接受媒体采访时表示，对于开发商低于成本价销售楼盘，将和物价部门一起进行查处。这一消息经过媒体报道后，引起各方批评与质疑。一些网民因对其观点不满而引发对其个人不满，进而发起“人肉搜索”，指责他抽高价烟、戴名贵表、开高档车，建议纪委对其进行查处。后经有关部门调查表明，周久耕存在用公款购买高档香烟的奢侈消费行为以及其他违法违纪行为。

案例分析：

“天价烟”事件充分表明社会监督是财政支出监督的一支重要力量，财政支出监督在加强内部监督的同时，不可忽视外部监督(社会监督)的作用。

---

① 参见杨灿明：《从财政本质看中国特色的财政监督》，《财政监督》2008 年第 11 期。

至于如何有效发挥社会监督的作用，从财政部门的自身来说，则是要在积极建立健全财政政务公开等各类公开办事制度，自觉接受人大、公众和舆论监督的基础上，扎实推进财政监督工作，促进内部监督与外部监督相结合，不断提高财政支出监督水平；从国家的财政管理角度来说，则是要健全财政支出监督的外部机制建设，促进财政支出社会监督功能的发挥。

保证财政支出社会监督作用的发挥，首先要增强财政支出预算的透明度。增强财政预算透明度，才能使社会监督成为可能，形成社会监督的完整体系；可以改变中央财政、地方财政、主管部门之间信息不对称的现状，促进资金分配更加公开、公平、公正。增强财政预算透明度，必须体现在三个不同的层面：一是要向人大提供所有部门的预算草案，并且尽可能详细，强化人大审核与监督；二是在政府部门层面公布所有部门的预算，促使各部门相互监督；三是向全社会公布所有部门的预算(包括决算)，形成全社会共同监督的体系。

保证财政支出社会监督作用的发挥，其次是要赋予社会监督机构独立行使监督职责的权力。

保证财政支出社会监督作用的发挥，还要充分调动各类社会群体参与的积极性。包括聘请专业人士和发展公民组织参与财政监督。

保证财政支出社会监督作用的发挥，还要加强财政监督的信息化建设。高度的信息化可以降低财政监督的成本，提高财政监督的效率。要在政府部门建立全国计算机联网，实现部门内部及各部门之间、政府与纳税人、财政资金拨付与使用单位之间的信息共享，进行全过程的跟踪监督。

本章小结

财政支出管理包括财政支出规模管理、财政支出结构管理和财政支出过程控制与监督三个方面。

财政支出规模，通常是指在一定时期内政府财政支出的总量，反映了政府在一定时期内集中、占有和使用的经济资源总量。一般而言，财政支出规模与政府职能、公共利益、社会经济活动、财政支出制度相关。财政支出规模的度量通常采用两种方式：一是采用绝对量指标，另一是采用相对量指标。所谓绝对量指标，是指一国在一定时期内(通常为一个财政年度)财政支出的货币价值总额。所谓相对量指标，是指一国在一定时期内(通常为一个财政年度)财政支出占国民生产总值或国内生产总值的比率。

比较发达国家与发展中国家的财政支出，多数发展中国家中央财政支出比重低于发达国家。不过，这种差别很大部分是由于发达国家中央财政支出中社会保险和社会福利支出较多，如果扣除这些支出，发展中国家财政支出占 GDP 的比重可能高于发达国家。我国自改革开放以来，为了适应建立社会主义市场经济的要求和发挥市场机制对资源的配置作用，财政支出占 GDP 比重一度表现为逐年下降的趋势，但进入 20 世纪 90 年代中期以后，财政支出占 GDP 的比重又呈现上升的趋势。一般认为，导致一国财政支出规模扩张的原因主要有：社会经济发展、政府规模、转移支出水平、突发事件和人口等因素。

财政支出规模管理的目标应体现在三个方面：一是确保财政资金使用的公共性；二是合理控制财政支出规模；三是提高财政资金的使用效益。为此，财政支出规模管理的要素主要包括：明确财政支出的方向；调整财政支出渠道，硬化预算约束；严格执行国库集中收付制度；健全政府采购制度；实施财政支出绩效评价管理。

财政总支出中各项财政支出的构成或比重就是财政支出的结构，财政支出结构与财政支出分类密切相关。政府通过对财政支出结构的控制与调整，直接或间接影响社会经济结构的各个方面。因此，一国经济结构出现的不合理问题，不仅是国家产业政策所致，也与财政支出结构的不合理有关。

财政支出结构体现政府的职能范围，由于不同国家的市场化发育程度和经济发展阶段的差异，政府财政支出结构的侧重点亦表现出较大的差异。一般而言，市场经济成熟国家的财政支出中社会事业类支出所占比重都很高，相反，市场化程度较低的发展中国家，中央财政支出中经济建设性所占比重则较高。

尽管我国财政支出结构一直在随着我国市场经济体制建设的深入而进行不断的调整与优化，但仍然与我国公共财政体制建设目标存在较大的差距，财政职责的“缺位”与“越位”现象仍然存在。我国财政支出结构调整与优化的方向是：深化政府机构改革，降低行政经费支出比例；逐步取消对竞争性领域的财政投资支出；增加社会事业类经费的支出比重；强化基础设施和基础产业的财政投入力度。

科学编制财政支出计划，是财政支出有效管理的关键。财政支出计划涉及财政支出规模与结构的安排。从财政支出规模来说，财政支出计划控制就是要根据一国或地区的经济发展水平来安排财政支出的规模，避免财政支出规模膨胀而带来财政支出危机；从财政支出结构来说，财政支出计划控制则要按照公共财政的要求，合理区分轻重缓急、正确处理当前利益与长远利益的关系，妥善安排各类财政支出的水平。

财政支出运行控制，本质上就是严格执行政府财政支出预算的问题。财政支出运行控制的主要任务有：合理拨付预算资金；保证预算收支平衡；加强预算执行监督；财政支出预算调整。

财政支出监督是财政监督体系中的重要一环，也是社会主义市场经济监督体系的主要组成部分。财政支出监督应该包括财政支出内部监督和财政支出外部监督。财政支出内部监督是指国家财政部门为保证财政支出活动正常进行，在财政支出过程中依法对国家机关、企事业单位、社会团体和其他经济组织或个人涉及财政支出、财务支出及有关财政管理事项的真实性、合规性和效益性进行的监督。财政支出外部监督又称社会监督，包括人大监督、专门监督机构的监督和舆论监督。

本章名词解释

财政支出规模　瓦格纳法则　财政支出结构　购买性支出　转移性支出　财政支出计划　财政支出运行

本章复习思考题

1. 如何度量财政支出规模？
2. 试述财政支出规模扩张的原因。
3. 财政支出规模管理的要素有哪些？
4. 财政支出结构对经济结构有什么影响？
5. 如何调整与优化我国的财政支出结构？
6. 财政支出的过程控制包括哪几个方面？
7. 为什么在财政支出控制和管理过程中要强调外部监督和民众监督？
8. 如何理解财政收支两条线是财政支出管理的基本准则？

第六章　政府采购管理

本章主要内容

政府采购是现代财政制度建设的重要组成部分，加强对政府采购的管理有利于促进政府采购功能的实现。

从政府采购管理的内容来看，确定政府采购原则、明确政府采购当事人、合理划分政府采购品目是政府采购管理的基础；政府采购组织体系和机构设置是政府采购管理执行的保障；政府采购的主要方式是招标采购，因此，政府采购招标管理是政府采购管理的重点；政府采购绩效评估则通过判断政府采购功能的实现程度，为政府采购制度的完善提供决策依据；科学分析政府采购风险的形成原因，健全政府采购监督机制是控制政府采购风险的有效途径之一，是建立公开、公平、公正的政府采购制度的重要保证；政府采购市场的日益开放，了解和把握国际政府采购相关条令，对于我国的政府采购制度建设而言有着十分重要的意义。

第一节　政府采购概述

一、政府采购的内涵及模式

(一)什么是政府采购

所谓政府采购，是指各级国家机关、实行预算管理的事业单位和团体组织，使用财政性资金采购货物、工程和服务的行为，以及与此相关的采购政策与管理制度、采购程序和采购过程。

政府采购的内涵包括三个方面的内容：第一，采购主体是各级国家机关、实行预算管理的事业单位和团体组织；第二，资金来源是财政性资金，既包括预算内资金，也包括预算外资金；第三，政府采购不仅仅是指具体的采购活动，而是包括采购活动在内，并与此相关的采购政策与管理制度、采购程序和采购过程。

（二）政府采购模式

根据采购权的集中程度不同，政府采购模式可分为三种，即集中采购模式、分散采购模式、集中采购与分散采购相结合的混合模式。

集中采购模式是指由一个专门的机构负责本级的所有政府采购事项。世界上许多国家如英、美、新加坡等在确立政府采购制度的相当长时期内，采用的都是集中采购模式。到了20世纪八九十年代，适应国际国内形势变化需要，这些国家将采购权有所下放，在严格限制和监控下，增加了分散采购的比重。集中采购模式优点有：其一，有利于降低成本、规范程序，争取价格优势和优质服务，有利于调剂余缺，减少重复采购、过量采购等浪费现象。其二，便于政府规范化管理和严密监控，防止采购中的腐败行为。其三，有利于实现诸如宏观经济调控、推行产业政策、增加社会就业、支持民族工业或残疾人事业、扶持中小企业和促进贫困地区经济发展等特定的社会经济目标。

分散采购模式是指由政府各消费或使用单位直接采购所需货物、工程及服务的采购模式。其特点是采购者与使用者、采购权与使用权的合一。与集中模式相比，其采购主体众多，采购权相对分散到各单位。实行分散采购模式的国家，在具体操作上不尽相同。我国自成立以来一直采取财政以货币形式向各预算单位供给经费，再由各预算单位分散采购所需物品及劳务，完成自我服务和供给的采购形式。这是一种较为典型的分散采购模式。这种采购模式固然有灵活性、自主性强、手续简便等优点，但它与我国当前的市场经济体制极不适应，弊端越来越明显：一是对公共资金重分配、轻使用，采购中监督管理不力，各环节漏洞多，因而极易滋生腐败现象；二是分散的采购权不利于国家宏观政策的协调统一，难以与市场机制接轨，做到公开、公平、公正竞争；三是造成各部门盲目采购、重复采购、过量采购，而封闭式管理又使部门之间不能相互调剂余缺，互通有无，导致资产闲置、浪费；四是无法实现集中采购的价格优势及规模效益。同时，各部门的非专业化采购还使采购效率低下，成本提高。

集中采购与分散采购相结合的混合模式是指将集中采购与分散采购相结合、采购权适当集中与适当分散相结合的采购模式。该模式强调采购权与使用权的适度分离，既有政府集中统一采购，也允许使用单位在一定范围内的自主采购，两种形式互为补充。该模式兼采前两种模式之长，避免了两者之短，灵活性较强。如国家一方面通过集中采购来达到节约资金、调控社会等目标，另一方面又保留适当的分散采购，以满足各使用单位的特别需求、紧急需求或零星需求，灵活地兼顾各方利益，处理特殊问题。

我国《政府采购法》规定，我国的政府采购实行集中采购与分散采购相结合模式。[①] 采购人采购纳入集中采购目录的政府采购项目，必须委托集中采购机构代理采购。采购未纳入集中采购目录的政府采购项目，可以自行采购，也可以委托集中采购机构在委托的范围内代理采购。纳入集中采购目录属于通用的政府采购项目的，应当委托集中采购机构代理采购；属于本部门、本系统有特殊要求的，应当实行部门集中采购；属于本单位有特殊要求的，经省级以上人民政府批准，可以自行采购。

二、政府采购原则

在国际上，通行的政府采购原则包括三个方面：一是核心原则，即公平竞争，它是建立政府采购制度的基石。二是通用原则，主要是透明度原则、公平交易原则、物有所值原则、公正原则等。三是涉外原则，即开放政府采购市场后应当遵循的原则，主要是国民待遇和非歧视性原则。其中，国民待遇原则是指缔约国之间相互保证给予对方的自然人（公民）、法人（企业）在本国境内享有与本国自然人、法人同等的待遇。非歧视性原则，也就是无歧视待遇原则。

我国《政府采购法》第三条规定，政府采购应当遵循公开透明原则、公平竞争原则、公正原则和诚实信用原则。

（一）公开透明原则

公开透明是政府采购必须遵循的基本原则之一，政府采购被誉为“阳光下的交易”，即源于此。政府采购的资金来源于纳税人缴纳的各种税金，只有坚持公开透明，才能为供应商参加政府采购提供公平竞争的环境，为公众对政府采购资金的使用情况进行有效的监督创造条件。公开透明要求政府采购的信息和行为不仅要全面公开，而且要完全透明；公开透明要求做到政府采购的法规和规章制度要公开，招标信息及中标或成交结果要公开，开标活动要公开，投诉处理结果或司法裁减决定等都要公开，使政府采购活动在完全透明的状态下运作，全面、广泛地接受监督。

公开透明原则使采购具有可预测性，使招标者可以计算出其参加采购活动的代价和风险，从而提出最适当的价格，公开透明还可防止采购机构的任意性和随意性，使采购活动具有稳定性。

（二）公平竞争原则

首先，要将竞争机制引入政府采购活动中，实行优胜劣汰，让采购人通过优中选优的方式，获得价廉物美的货物、工程或者服务，提高财政性资金的使用效益。其次，竞

---

① 集中采购的范围由省级以上人民政府公布的集中采购目录确定。属于中央预算的政府采购项目，其集中采购目录由国务院确定并公布；属于地方预算的政府采购预算项目，其集中采购目录由省、自治区和直辖市人民政府或者其授权的机构确定并公布。

争必须公平，不能设置妨碍充分竞争的不正当条件。公平竞争是指政府采购的竞争是有序竞争，要公平地对待每一个供应商，不能有歧视某些潜在的符合条件的供应商参与政府采购活动的现象，而且采购信息要在政府采购监督管理部门指定的媒体上公开。公平竞争可以促使投标人提供更好的商品和技术，并设法降低产品和投标报价，从而使采购方可以以较低价格采购到良好的商品，实现政府采购目标。

（三）公正原则

政府采购要按照事先约定的条件和程序进行，对参加采购活动的任何供应商、承包商或者服务提供者一视同仁，不得有歧视条件和行为，任何单位和个人无权干预采购活动的正常开展。公正原则是建立在公开和公平的基础之上的，只有公开和公平，才有可能达到公正的结果。公正原则主要靠政府采购方（包括采购管理机关、采购机关和中介机构）实现，作为政府采购一方，除制定政策、法规和制度外，还必须坚持对这些政策、法规、规则执行的不偏不倚，具体体现在：对各供应商提出相同的供货标准和采购信息，对物品的验收要实事求是、客观公正，严格执行合同标准，不得对供应商提出合同以外的条件；开标、评标、定标要客观、科学，接受公众的监督，政府的采购记录也可以公开进行审议。

（四）诚实信用原则

市场经济既是法制经济也是信用经济，需要以当事人的诚实信用作为市场有序运行的基础。诚实信用原则约束的是采购活动中的各方当事人，采购机关在项目公布、信息传达、评标、定标过程中要真实，不得散布虚假信息，不得有欺诈、串通、隐瞒等行为；供应商所提供的采购物品、服务要达到投标时所做出的承诺，参加政府采购的当事人都应诚实守信，遵守已承诺合同的约定，不得弄虚作假与实施欺骗行为，不得伪造、变造、隐匿、销毁需要依法保存的文件，不得规避法律法规，不得损害第三人利益。

三、政府采购当事人管理

政府采购当事人是指政府采购活动中享有权利和承担义务的各类主体，包括采购人、供应商和采购代理机构等。[①] 采购人是指依法进行政府采购的国家机关、事业单位、团体组织；供应商是指向采购人提供货物、工程或服务的法人、其他组织或自然人；采购代理机构是指依法取得资格认定、接受采购委托，在委托的范围内办理政府采购事宜的机构。

（一）采购人的管理

第一，采购人的权利管理。采购人有权自行选择采购代理机构，任何单位和个人

① 我国《政府采购法》规定，政府采购当事人是指参加各类政府采购活动的合法主体，不包括政府采购的监督管理部门。

不得以任何方式为采购人指定采购代理机构。采购人可以根据采购项目的特殊要求，规定供应商的特定条件，但不得以不合理的条件对供应商实行差别待遇或者歧视待遇。

第二，采购人的采购行为管理。采购人采购纳入集中采购目录的政府采购项目，必须委托集中采购机构代理采购；采购未纳入集中采购目录的政府采购项目，可以自行采购，也可以委托集中采购机构在委托的范围内代理采购。采购人依法委托采购代理机构办理采购事宜的，应当由采购人与采购代理机构签订委托代理协议，依法确定委托代理的事项，约定双方的权利义务。

第三，采购人的责任管理。采购人不得将应当以公开招标方式采购的货物或者服务化整为零或者以其他任何方式规避公开招标采购。采购人必须依法公布政府采购项目的采购标准和采购结果。采购人不得与供应商或者采购代理机构恶意串通、在采购过程中不得接受贿赂或者获取其他不正当利益、不得在有关部门依法实施的监督检查中提供虚假情况或者在开标前泄露标底。

（二）供应商的管理

第一，供应商的资格管理。供应商参加政府采购活动应当具备的条件包括：具有独立承担民事责任的能力、良好的商业信誉、健全的财务会计制度、具有履行合同所必需的设备和专业技术能力、有依法缴纳税金和社会保障基金的良好记录，参加政府采购活动前三年内在经营活动中没有重大违法记录，法律行政法规规定的其他条件等（如建筑行业的供应商应当取得建筑资质）。

第二，供应商的资格审查管理。采购人可以要求参加政府采购的供应商提供有关资质证明文件和业绩情况，并根据《政府采购法》规定的供应商条件和采购项目对供应商的特定要求，对供应商的资格进行审查。在审查供应商资格时，采购人可以采取两种方式：一是采用两阶段招标方法，即先招资格标，专门评审供应商的资格；然后招商务标，只有通过资格审查的供应商才能参加投标。这种方式适用于对供应商有特定条件要求的采购项目。二是要求供应商将资格条件证明随投标文件一并送采购人，采购人在评标时，先对资格进行审查，条件不符的供应商的投标作无效标处理，不予评审。

第三，供应商的权利管理。任何单位或者个人不得阻挠和限制供应商进入本地区或者本行业的政府采购市场，采购人不得以不合理的条件对供应商实行差别待遇或者歧视待遇。供应商对政府采购活动事项有疑问的，可以向采购人提出询问，采购人应当及时作出答复，但答复的内容不得涉及商业秘密。供应商认为采购文件、采购过程和中标、成交结果使自己的权益受到损害的，可以在知道或者应知其权益受到损害之日起七个工作日内，以书面形式向采购人提出质疑；采购人委托采购代理机构采购的，供应商可以向采购代理机构提出询问或者质疑，采购代理机构应当依法就采购人委托授权范围内的事项作出答复。质疑供应商对采购人、采购代理机构的答复不满意或者采购人、采购代理机构未在规定的时间内作出答复的，可以依法向同级政府采购监督管理部门投诉直至申请行政复议或者向人民法院提起行政诉讼。

第四，供应商的法律责任管理。供应商不得提供虚假材料谋取中标；不得采取不正当手段诋毁、排挤其他供应商；不得与采购人、其他供应商或者采购代理机构恶意串通；不得向采购人、采购代理机构行贿或者提供其他不正当利益；不得在招标采购过程中与采购人进行协商谈判；不得拒绝有关部门监督检查或者提供虚假情况。对于存在以上情形的供应商，可以给予罚款、列入不良行为记录名单、禁止参加政府采购活动、依法追究刑事责任等处罚。

（三）采购代理机构的管理

我国《政府采购法》规定了两类采购代理机构：一类是集中采购机构。集中采购机构由设区的市、自治州以上人民政府根据本级政府采购项目组织集中采购的需要设立。集中采购机构为非营利事业法人。另一类是集中采购机构以外、受采购人委托从事政府采购代理业务的社会中介机构。

对于政府设立的集中采购机构的管理，主要体现在以下几个方面：

第一，采购价格要低于市场平均价格。这里的价格是指特定采购对象的价格，市场平均价格是指特定采购对象的成本加上合理利润，既不是市场价格，也不能低于成本。集中采购机构开展的采购活动，必须低于市场平均价，这是推行政府采购制度的基本要求。这项工作要求就是要促进集中采购机构发挥采购规模优势，采用充分竞争的采购方式，获得规模效益，降低采购成本，体现实行政府采购在节约财政资金、提高财政资金使用效益方面的优越性。

第二，采购效率更高。采购效率包括采购次数要少，采购周期要短，目标是要及时满足采购人的需要。这项工作要求旨在促进集中采购机构加强内部管理，提高采购效率，增强采购的计划性，缩短采购周期，按照与采购人签订的采购委托协议书要求，及时完成受委托的采购项目，保证采购人相关工作的正常开展。

第三，采购质量优良。采购质量是指对采购对象的规格、性能、安全等方面的要求，采购质量不仅指采购对象本身，还涉及售后服务水平。政府采购对象的质量直接关系到政府提供公共服务的水平，因此，必须保证采购质量，实现物有所值的目标。这就要求集中采购机构要全面提高人员素质，熟悉市场，准确掌握采购人的采购需求，确定科学的评标标准，强化检验和验收工作，替采购人把好质量关。

第四，服务良好。集中采购机构是采购人的采购代理机构，其中心工作是为采购人做好服务。为此，集中采购机构要加强自身建设，提高干部职工的政治思想水平，强化服务意识，抑制商业气息，克服官僚作风，始终要把采购人的利益放在第一位，当好采购人满意的采购员。

对于集中采购机构以外、受采购人委托从事政府采购代理业务的社会中介机构，受采购人委托办理采购事宜，应当与采购人签订委托代理协议，明确采购代理范围、权限、期限、档案保存、代理费用收取方式及标准、协议解除及终止、违约责任等具体事项，约定双方权利义务。政府采购管理部门要定期对代理机构执行政府采购法律法规及相关政策情况进行专项检查，加强对代理机构的人员培训和业务指导，促进代理机构规范采购代理行为，提高专业化水平。

四、政府采购品目管理

政府采购品目管理的关键是合理划分政府采购品目的分类。政府采购品目包括货物、工程和服务三大类，每一大类又分为若干小类（见表6－1所示）。货物是指各种形态和各种类型的物品，包括有形和无形物品（如专利），固体、液体或气体物体，动产和不动产。工程是指建设工程，专指由财政性资金安排的建设工程。工程的采购行为不仅仅指新建，还包括改建、扩建、装修、撤出、修缮以及环境改造等。服务是指货物和工程之外的采购项目，包括专业服务、技术服务、信息服务、课题研究、运输、维修、培训、劳力等。

表6－1　政府采购品目分类表

编码	品目名称	编码	品目名称	编码	品目名称
A	货物类	B	工程类	C	服务类
A01	土地	B01	建筑物	C01	印刷、出版
A02	建筑物	B02	市政建设工程	C02	专业咨询、工程监理、工程设计
A03	一般设备	B03	环保、绿化工程	C03	信息技术、信息管理的软件开发设计
A04	办公消耗用品	B04	水利、防洪工程	C04	维修
A05	建筑、装饰材料	B05	交通运输工程	C05	保险
A06	物资	B06	油气工程	C06	租赁
A07	专用材料	B07	电力工程	C08	会议
A10	专用设备	B08	电信工程	C09	培训
A11	交通工具	B09	修缮、装饰工程	C10	物业管理
A99	其他货物	B10	系统集成、网络工程	C11	饭店管理
		B11	网络安全	C12	航空摄影、测量与遥感
		B99	其他各类工程	C99	其他服务

说明：上表只是列出二级分类。有的品目可以细化到三级甚至四级分类，如A03：一般设备——A0301：电器设备——A030101：电视机。

第二节　政府采购组织体系

政府采购管理职能与执行职能分离、机构分别设置，是建立政府采购制度的客观要求。因此，从政府采购的组织体系构成来说，大体可以分为政府采购的管理机构和执行机构。政府采购管理机构不得进入采购市场参与商业交易活动。

一、政府采购的管理机构

（一）政府采购的主管机构

由于政府采购制度是财政支出管理制度的组成部分，国际上政府采购的主管部门基本上都是财政部门。政府采购主管机构的主要职责包括：法规政策的制定和监督执行，采购计划的编制，供应商、采购代理机构的资格标准制定和审查，采购官员的培训和管理，采购争端仲裁，采购信息统计和分析等。

财政部门内部通常设置专门机构负责政府采购的管理和协调。例如，美国在总统行政预算办公室设立了联邦采购政策办公室，该机构的负责人由总统提名、国会通过。联邦采购政策办公室负责制定采购政策，协调立法机构、采购单位、产业界等部门的关系。英国财政部的采购局，负责采购政策的制定、执行情况的监督和监察、采购专业人员的培训和管理等。西班牙财政部的国家采购司，统一管理全国的政府采购事务。

财政部是我国政府采购的主管机构，负责全国政府采购的管理和监督工作；中央以下政府采购主管机构是各级财政部门，负责本地区政府采购的管理和监督工作。

（二）政府采购的监督管理机构

我国政府采购的监督管理机构是各级人民政府财政部门，同时，各级人民政府其他有关部门依法履行与政府采购活动有关的监督管理职责。

财政部门的监督管理职责主要包括：一是预算管理。如编制政府采购预算、支付采购资金等。二是政府采购的信息管理。如指定采购信息发布媒体等。三是政府采购方式管理。主要是审批采购人因特殊情况需要采用招标以外的采购方式。四是政府采购合同管理。包括制定合同必备条款和受理合同备案。五是受理供应商投诉。供应商提出投诉的，要受理并及时作出处理。六是规定政府采购专业岗位任职要求。包括对政府采购人员的任职要求、资格认证和业务培训。七是监督检查。包括对政府采购活动及集中采购机构的监督检查。监督检查的主要内容有：有关政府采购的法律、行政法规和规章的执行情况；采购范围、采购方式和采购程序的执行情况；政府采购人员的职业素质和专业技能。八是处理违法违规行为。对采购人、采购代理机构和供应商的违法行为进行处理。当事人对监督管理部门的处理不服申请复议的,还应办理行政复议事项。当事人对监督管理部门的处罚不服到人民法院起诉的,还应办理应诉事项。除此之外,财政部门还将依法参与制定或单独制定有关实施或监督管理办法。

依法履行与政府采购活动有关的监督管理职责的其他各级人民政府部门主要是指审计机关和监察机关。审计机关主要负责对政府采购监督管理部门、政府采购当事人有关政府采购活动进行审计监督。审计监督属于事后监督,监督重点是采购资金使用的合法性及有关财经纪律问题。监察机关主要负责对参与政府采购活动的国家机关、公务员和国家行政机关任命的其他人员实施监察。监察机关的监督也属于事后监督,监督重点是政府采购及公职人员的行为。

二、政府采购的执行机构

政府采购机关是政府采购的执行机构,负责各项政府采购活动的组织与实施。采购机关分为集中采购机关和非集中采购机关。采购机关依据国家有关法律和财政部的规章制度规定开展具体采购活动。

集中采购机关是指政府或财政部门为组织实施政府采购活动而设立的专职机构。集中采购机构作为执行机构,要严格执行有关政策,确保政府采购活动公开、公平、公正、高效。集中采购机构的主要职责有:接受委托,认真组织实施政府集中采购目录中的项目采购;组织由财政拨款的大型政府采购活动;受采购单位委托,代其组织采购事宜;制订集中采购操作规程,负责集中采购业务人员的培训;办理财政部门政府采购主管机构交办的其他政府采购事务。

非集中采购机关包括采购单位和中介机构。采购单位的主要职责是,组织实施分散采购,即集中采购目录以外采购项目的采购活动,包括主管部门组织本部门(或本系统)的统一采购。政府采购中介机构是指依法成立,具有法人资格和招标能力,并经财政部门资格认定后,从事政府采购招标等中介业务的社会招标机构。中介机构的主要职责是接受采购人委托,组织政府采购招标投标等事务。

第三节　政府采购招标管理

一、政府采购招标类型和选择

政府采购的招标类型包括公开招标和邀请招标。公开招标是指采购人或采购代理机构以招标公告的方式，邀请不特定的供应商参加投标。邀请招标，也称为选择性招标，是由招标人选择若干供应商，向其发出投标邀请，由被邀请的供应商投标竞争，从中选定中标者的招标方式。

我国《政府采购法》规定，公开招标应作为政府采购的主要采购方式。采购货物、服务和工程的金额达到公开招标标准的[①]，都必须采用公开招标方式。采购人不得将应当以公开招标方式采购的货物或者服务化整为零或者以其他任何方式规避公开招标采购。

公开招标虽然在公开程度、竞争的广泛性等方面具有较大的优势，但是也存在着程序环节多、采购周期长、费用较高等缺陷。并且有些项目专业性较强，有资格承接的潜在投标人较少，公开招标的充分竞争性并不能得到体现。邀请招标则不仅在一定程度上能够弥补上述缺陷，而且又能相对充分发挥招标优势，特别是在投标供应商数量不足的情况下作用尤其明显。因此，邀请招标也是一种使用较普遍的政府采购方式。

根据我国《政府采购法》的规定，邀请招标只适用于两种情形[②]：一是采购项目具有特殊性，如保密项目和急需或者因高度专业性等因素使提供产品的潜在供应商数量较少，只能从有限范围的供应商处采购；二是采用公开招标方式的费用占政府采购项目总价值的比例过大。

与公开招标相比，邀请招标的特点是：(1)招标人在一定范围内邀请特定的法人或其他组织投标。与公开招标不同，邀请招标不须向不特定的人发出邀请，但为了保证招标的竞争性，邀请招标的特定对象也应当有一定的范围，即招标人应当向三个以上的潜在投标人发出邀请。(2)邀请招标不须发布公告，招标人只要向特定的潜在投标人发出投标邀请书即可。接受邀请的人才有资格参加投标，其他人无权索要招标文件，不得参加投标。

二、政府采购招标程序

政府采购招标程序大致上可分为招标、投标、开标、评标、定标和签订政府采购合同六个阶段。在这六个阶段中又包含了一些重要的环节，构成政府采购招标的完整过程。

（一）招标

招标是指招标人或招标代理机构根据研究确定的采购需求提出招标采购项目的条件，向潜在的投标人发出投标邀请的行为。在这一阶段，主要包括的环节有：

---

① 采购人采购货物或者服务应当采用公开招标方式的，其具体数额标准，属于中央预算的政府采购项目，由国务院规定；属于地方预算的政府采购项目，由省、自治区、直辖市人民政府规定。

② 我国《政府采购法》规定，只要具备两种情形之一，即可采用邀请招标方式。

编制招标文件。根据政府采购计划，编制招标文件是政府采购招标的重要环节，是招标采购成功与否的关键所在。参与编制招标文件的人员必须非常熟悉政府采购政策、招标规则，又清楚需求内容、技术要求等。招标文件的内容必须全面、准确、合法，既要充分体现招标人的真实要求，又要体现公正性，避免歧视性。招标文件主要包括：投标邀请函；投标人须知；提交投标文件的方式、地点和截止时间；开标、评标、定标的日程和评标方法；标的名称、数量、技术参数和报价方式要求；投标人有关资格和资信证明文件；投标保证金的要求；交货、竣工或者提供服务的时间；合同的主要条款、特殊条款及订立时间，以及其他要求。招标文件编制完成后，招标人或招标代理机构应报政府采购管理机关备案。在规定的时间内未提出异议，招标人或招标代理机构方可发出招标通告或投标邀请函。

确定标底。标底是指招标人对采购项目可接受的最高采购价格。标底由招标人或招标代理机构编制，并密封保存直至评标时方可公开。标底是采购预算的具体化。标底的编制要以招标项目批准的预算为基本依据，不得高于批准的预算。编制标底需要考虑的几个原则是：正常交易时的市场价格；依法管制价格时以管制价格为标底；市场价格无法确定时，可参考交易实例价格编制标底；特殊情况下可以成本加利润的方法确定标底。

发出招标通告或投标邀请函。采用公开招标方式的，招标人或招标代理机构须在指定的刊物上发布招标通告。采用邀请招标的发出投标邀请函。招标通告或投标邀请函主要内容有：招标人的名称，招标标的的名称、数量和交货日期，获取招标文件的办法和时间，投标截止时间和投标地点，开标的时间和地点，其他需要预告的内容。①

招标通告发出后，即可开始出售招标文件。潜在投标人在获取招标文件后，即研究编制投标文件和策略。

（二）投标

投标是指潜在投标人接到招标通知后，根据招标文件的要求编制投标文件，并将投标文件送达招标人或招标代理机构的行为。在这一阶段，招标人或招标代理机构的工作，是在规定的时间内正式接受参与政府采购投标人的投标。对每一个投标人进行登记，并检查投标函件的密封完整情况。

（三）开标

开标是当场对所有投标文件进行开封，宣读每一个投标人的投标内容、投标报价和交货方式，并记录在案。开标的主要任务是公开投标文件的主要内容，增加招标的透明度，竞争公开化。开标由招标人或招标代理机构主持。

---

① 我国政府采购办法还要求在招标通告中写明对投标人的资格要求和评标办法。

(四)评标

评标由事先已经确定的评标委员会负责。按我国政府采购招标的有关规定,评委会由 5 人以上单数组成,其中技术、经济等方面的专家不得少于 2/3。在这一阶段,首先,对所有投标文件进行审查,对不符合招标文件基本条件的投标确定为无效。其次,对投标文件不明确的地方进行必要的澄清,但不能做实质性修改。最后,运用事先在标书中已经确定的评标方法进行最后的评标。通常运用的评标方法主要有三种,即价格评标法、综合评标法和打分法。评标结束后,评标委员会须写出完整的评标报告,经全体评委签字后,方为有效。

(五)定标

定标是采购机构决定中标人的行为。定标是采购机构的单独行为,但需由使用机构或其他人一起进行裁决。在这一阶段,采购机构所要进行的工作有:决定中标人,通知中标人其投标已经被接受,向中标人发出授标意向书,通知所有未中标的投标人并向他们退还投标保函等。

(六)签订政府采购合同

根据中标通知书要求的时间、地点和中标内容,招标人应当及时与中标人签订书面合同。我国《政府采购法》规定,该合同必须在中标、成交通知书发出之日起 30 日内订立,合同的内容不得对招标文件和中标人的投标文件作实质性修改。合同签订后,本次政府采购招标活动即告结束。

三、政府采购招标中的信息管理

政府采购信息是指规范政府采购活动的法律、法规、规章和其他规范性文件,以及反映政府采购活动状况的数据和资料的总称。加强政府采购招标中的信息管理,是做好政府采购招标工作的基本环节,是充分运用便捷的信息手段促进政府采购科学化的必然选择。政府采购招标中的信息管理主要包括信息公告管理、信息记录与保存管理和信息查阅管理等项内容。

(一)信息公告管理

采购人、采购代理机构应当按照有关政府采购的法律、行政法规,公告政府采购信息。政府采购信息公告应当遵循信息发布及时、内容规范统一、渠道相对集中、便于获得查找的原则。财政部负责确定政府采购信息公告的基本范围和内容,指定全国政府采购信息发布媒体。省级财政部门负责确定本地区政府采购信息公告的范围和内容,可以指定本地区政府采购信息发布媒体。政府采购信息应当首先在财政部指定的政府采购信息发布媒体上公告。地方的政府采购信息可以同时在其省级财政部门指定的政府采购信息发布媒体上公告。

除一般政府采购所要求公告的信息外，政府采购招标信息公告的内容和范围还包括：公开招标公告、邀请招标资格预审公告、中标公告、成交结果及其更正事项等。

公开招标公告应当包括的内容有：采购人、采购代理机构的名称、地址和联系方式；招标项目的名称、用途、数量、简要技术要求或者招标项目的性质；供应商资格要求；获取招标文件的时间、地点、方式及招标文件售价；投标截止时间、开标时间及地点；采购项目联系人姓名和电话。

邀请招标资格预审公告应当包括的内容有：采购人、采购代理机构的名称、地址和联系方式；招标项目的名称、用途、数量、简要技术要求或招标项目的性质；供应商资格要求；提交资格申请及证明材料的截止时间及资格审查日期；采购项目联系人姓名和电话。

中标公告应当包括的内容有：采购人、采购代理机构的名称、地址和联系方式；采购项目名称、用途、数量、简要技术要求及合同履行日期；定标日期（注明招标文件编号）；本项目招标公告日期；中标供应商名称、地址和中标金额；评标委员会成员名单；采购项目联系人姓名和电话。

采购信息更正公告应当包括的内容有：采购人、采购代理机构名称、地址和联系方式；原公告的采购项目名称及首次公告日期；更正事项、内容及日期；采购项目联系人和电话。

（二）信息记录与保存管理

在政府采购过程中，必然会产生大量程序、过程方面的具有法律效力的文件与资料信息，包括政府采购活动记录、政府采购预算、招标文件、投标文件、评标标准、评估报告、定标文件、合同文本、验收证明、质疑答复、投诉处理决定及其他有关文件、资料等。政府采购文件是整个政府采购过程的客观反映，涉及政府采购当事人的权利、义务和切身利益，反映采购活动的实质性内容，并且经过采购当事人一方或双方的认可，有的还经过监督管理部门的批准或者由其直接做出，因此一经做出就具有法律效力。按照政府采购“公开、公正、公平”的原则要求，政府采购中产生的文件与资料，应当依法保存，以备监督检查、处理纠纷、履行合同和进行评估时使用。只有将政府采购文件保存下来并依法应有关方面的要求向其公开，才能使采购当事人特别是采购人的行为置于监督之下，促使其严格依照法律、法规的规定办事，公平、公正地对待每个供应商，实现政府采购市场充分有效的竞争，进而提高政府采购的质量和效率。对此，我国《政府采购法》对政府采购信息、文件的记录和保存有明确的规定：“采购人、采购代理机构对政府采购项目每项采购活动的采购文件应当妥善保存，不得伪造、变造、隐匿或者销毁。采购文件的保存期为从采购结束之日起至少保存 15 年。”

政府采购信息记录主要包括政府采购文件与政府采购过程记录两方面。其中，政府采购文件包括:政府采购计划、政府采购预算的原件与批复资料、招标文件、投标文件、评标标准、评估报告、定标文件、合同文本、验收证明、质疑答复、投诉处理决定及其他有关文件、资料等。

对于政府采购活动的过程,为了能够有效地进行监督和管理,至少应当记录、保存内容包括:政府采购项目的类别、名称,采购的功能要求、规格和数量等;政府采购项目预算、资金构成和合同价格、采购合同的签约人;采用的政府采购方式及选择这种方式的依据与原因;邀请、审查和选择供应商的条件及原因;评标标准及确定中标人的依据;如果有废标情况,记录废标的情况与原因;此外,为了加强政府采购工作的责任感,应该将政府采购活动的主持人、相关参与人员,特别是评委会的组成人员等,都记录在案并予以保存。

(三)信息查阅管理

政府采购之所以要记录各种相关信息,目的就是为了有效地保存,为社会各方面的监督和查阅提供便利条件。

政府采购信息管理部门应通过建立政府采购专业网站,充分发挥网上收集信息、存储信息、发布信息的功能作用。同时,政府采购信息管理部门要及时更新信息,为政府采购管理部门的监督检查和社会公众的查阅提供方便。

案例 6-1 政府采购要谨防"李鬼"

案例回放:

2006 年 10 月 15 日,造价预算约 1 亿多元的某商城的土建水电施工项目在某市建设工程招投标交易中心进行招标,经过 6 名专家和 1 名招标人代表组成的评标委员会评标,某建第三局以 1.097 亿元中标。进入施工场地两个月后,2006 年 12 月份,市公安局经案大队接到某建第三局报案,反映:承揽某商城施工建设的"某建第三局"是冒充他们企业进行投标的。经案大队立即立案侦查,将"某建第三局"的总负责人胡某拘留审查,据胡某交代:"为了能承揽某商城施工项目,他利用以前在某建第三局工作过的便利,伪造某建第三局有关资料,私刻企业公章、法人印章,自行组织一套班子,参与了某商城施工项目的投标。他们中标后,将工程肢解,分包给小的施工队,并按照分包项目大小收取 50 万～200 万元不等的保证金。"经案大队侦查,项目没开工,短短两个月,他们已收取 5 家施工队保证金近千万元。根据案件实际,查封了"某建第三局"账户;招标办根据有关规定,要求招标人取消"某建第三局"中标资格,核清前期账目,依法重新招标。

案例分析：

以上案例是一起典型的投标人假冒别人名义，伪造虚假材料进行投标，是招标投标中假扮李逵的“李鬼”。该类案件的共同点：一是假冒的企业比较大，项目部比较多。二是假冒的企业距离远，当地人不了解。三是对假冒的企业比较熟悉，伪造的资料比较真实。从胡某的投标文件看，企业名称、法人姓名、企业资质等级、项目业绩等都与实际相符，充分说明其对假冒企业的情况比较了解。

如何在招标投标环节有效遏制“李鬼”现象？一是要严把资格预审关。工程招标大多数都进行投标人资格预审。为此，招标人应编制好完整的资格预审文件。审核投标人提交的资格预审文件应该邀请有关专家组成资格预审小组，共同把关。对投标人提供的资格材料，如企业资质、经营业绩合同证明、技术力量(含技术人员证件、工资表、养老金保险等)、财务报表、工商营业执照、国地税务登记证、组织机构代码、生产安全许可证等，都要查验原件，查验原件是否与提交资格预审文件中的复印件相符。必要时可以要求投标人提供企业法人、财务部门和当地主管部门的电话号码，以便电话核实。二是要严格资金拨付方式。招标人在退取投标保证金、工程款时，要求投标人必须提供详细的投标单位所在地银行的常用账账户，直接转入所提供的账账户，严格控制直接拨付现金。三是要采取中标回访。中标人确定后，招标人可以邀请招标监管部门、评标专家代表，到中标人单位进行回访。回访的主要内容就是投标人提供的人员、账账户等相关资料，是否与投标单位原有的相符，查看所有人员的工资关系及养老保险、医疗保险等方面的证明材料。四是要齐抓共管，严厉打击。严厉打击扰乱招投标交易市场的正常秩序和施工工程质量，损害国家和他人利益的行为。

案例来源：《政府采购要谨防“李鬼”》(作者：陈永康)，参见 http://www.88088.com。

第四节　政府采购绩效评估

一、政府采购绩效评估概述

政府采购绩效评估是指通过比较政府采购活动的投入与产出，判断政府采购功能的实现程度，是对政府采购效益的整体评价。

(一)政府采购绩效评估的主体与客体

政府采购绩效评估的主体是要明确“谁评估”的问题，是政府采购绩效评估活动的行为主体，一般为特定的组织机构。根据我国政府采购的制度设计，政府采购绩效评估的主体应为政府采购的主管部门。

政府采购绩效评估的客体是要明确“评估谁”的问题，是政府采购绩效评估实施的对象。政府采购绩效评估的客体会由于评估的要求、目标不同而不同。一般而言，政府采购绩效评估的客体主要包括政府采购预算编制、政府采购执行过程和政府采购执行效果等三个方面。

（二）政府采购绩效评估的基本目标

按照国际惯例并借鉴国外关于财政支出绩效评估的研究及实践成果，政府采购绩效评估可以将经济（Economy）、效率（Efficiency）和效益（Effectiveness）作为基本目标。

经济性目标。政府采购绩效评估的“经济性”主要体现在：是否以最合适的价格获取提供政府采购的商品、劳务和工程；实际使用的资金与获得财政资金相比较是否合理；采购的商品、劳务和工程是否得到有效利用，有无闲置。

效率性目标。主要考察是否以最小投入取得一定产出或以一定投入取得最大产出。政府采购绩效评估的“效率性”主要体现在：政府采购周期是否适当；政府采购管理是否高效；政府采购资金使用是否高效；等等。

效益性目标。指政府采购项目对实现政府采购最终目标的影响程度。政府采购绩效评估的“效益性”主要体现在：政府采购过程的公开、公正与公平；政府采购功能的实现程度。

（三）政府采购绩效评估的基本原则①

第一，全面性与特殊性相结合原则。政府采购支出内容浩繁，涉及各政府部门的各种货物、工程及服务项目。支出对象的广泛性、差异性决定了其绩效的表现具有多样性特征，如经济效益和社会效益、短期效益和长期效益、直接效益和间接效益、整体效益和局部效益等。要对政府采购支出进行客观、公正的评估，就必须对上述因素进行全面衡量。同时，由于不同的采购项目支出具有特定的功能，所追求的效益也有其侧重，因此，在全面衡量各种效益的基础上，也要充分考虑不同采购项目所产生效益的特殊性。

第二，统一性和差别性相结合原则。政府采购绩效表现形式具有多样性、采购对象具有广泛性，因此，对不同部门、不同类别的政府采购支出的绩效评估，可以在统一规范的平台上，充分考虑其差别性，结合各自不同的功能特性，选择相应的指标和标准来进行。

第三，定性分析和定量分析相结合原则。在政府采购绩效评估过程中，其执行的

---

① 马海涛、姜爱华：《政府采购管理》，北京大学出版社 2008 年版，第 271 页。

结果有的可以直接用量化的指标和标准来计算衡量，如经济效益状况。有的则不能用定量指标来计算衡量，如公众满意度等。因此，单纯使用定量或定性的方法进行政府采购绩效评估，势必会影响评价结果的客观、公正性。所以，在进行评估时，定性分析和定量分析相结合十分重要。

二、政府采购绩效评估的方法

政府采购绩效评估方法是在具体评估过程中应该采用的工具和评估的技术规范，包括定量计算方法、定性分析方法和定量计算与定性分析相结合的方法。目前，我国的政府采购绩效评估还处在探索阶段，借鉴财政支出绩效评估方法，我国政府采购绩效评估可以采用的方法主要有以下几种：

(1)成本—效益分析法。将一定时期内政府采购项目的总成本与总效益进行对比分析的一种方法，通过多个预选方案进行成本效益分析，选择最优的支出方案。该方法适用于成本和收益都能准确计量的政府采购项目评价，如公共工程项目等，但对于成本和收益都无法用货币计量的项目则无能为力。一般情况下，以社会效益为主的支出项目不宜采用此方法。

(2)比较法。指通过对绩效目标与实施效果、历史与当期情况、不同部门和地区同类支出的比较，综合分析绩效目标实现程度。

(3)因素分析法。指通过综合分析影响政府采购绩效目标实现、实施效果的内外因素，评价绩效目标实现程度。

(4)最低成本法。也称最低费用选择法，指对效益确定却不易计量的多个同类对象的实施成本进行比较，评价绩效目标实现程度，以成本最低为原则来确定最终的支出项目。适用于公共管理与服务、社会保障、文化、教育等领域政府采购支出的绩效评价。

(5)公众评判法。对于无法直接用指标计量其效益的支出项目，可以选择有关专家进行评估并对社会公众进行问卷调查，以评判其效益，适合于对公共管理部门和财政投资兴建的公共设施进行评价。公众评判法具有民主性、公开性的特点，但应用范围有限且有一定模糊性。

三、政府采购绩效评估的指标体系[①]

政府采购绩效可以从两个层次上来衡量，即微观绩效和宏观绩效。其中，微观绩效是就具体的采购行为而言的，在确保政府采购产品质量的前提下，采购花费的资金

---

① 马海涛、姜爱华:《政府采购管理》，北京大学出版社 2008 年版，第 274—279 页。

成本越少，时间越短，微观绩效越高。微观绩效可分为资金效率和行政效率。宏观绩效是就政府采购作为一项制度而说，宏观绩效可具体分为规模效率、人员效率、政策效率和管理效率。

(一)微观绩效评估指标

1.资金效率评估指标

资金效率主要是用于衡量政府采购的节支情况，可用节支率指标来衡量。政府采购节支率是指政府采购的资金节约额(政府采购预算金额与实际采购金额之差)与政府采购预算金额的比率，它是评价政府采购效率的最基本的指标。其公式可表示为：

$$\text{政府采购节支率}=\frac{\text{政府采购预算金额}-\text{政府采购实际金额}}{\text{政府采购预算金额}}\times 100\%$$

节支率可以从三个层次上进行考察：一是某个具体采购项目的节支率，用于考察某次采购的节支情况；二是某类采购对象的节支率，用于考察不同采购对象的节支情况；三是当年全部政府采购的节支率，用于考察政府采购的年度节支效果以及政府采购对财政管理和经济总量的影响。一般来说，政府采购的节支率越高，表明政府采购的节支效果越明显。但较高的节支率并不是政府采购的唯一目的，而且更重要的是，高节支率并不完全意味着政府采购的高效。

2.行政效率评估指标

行政效率主要用于衡量政府采购是否能够及时满足需求单位的需要，一般来说，政府采购的行政效率主要是指集中采购的行政效率，具体可通过政府采购周期指标来衡量，即从上报需求计划，政府采购中心接受委托，财政部门进行需求核对及下达任务单，媒体发布政府采购需求信息到签订政府采购合同为止的时间。以公开招标采购方式为例，一个完整的政府采购周期通常由以下几个环节组成：媒体收到信息并刊登所需的时期；采购信息公告期；投标人编制投标书的期间；中标公示期；采购中心运作、审批、流转等所耗费的时间；合同履行期间；合同履行完毕后付款期间。对于其中某些期间的要求，我国政府采购法及相关法律有明确的规定。如指定媒体必须在收到公告之日起3个工作日内发布公告；货物和服务项目实行招标方式采购的，自招标文件开始发出之日起至投标人提交投标文件截止之日止，不得少于20日。这里的期间都是指工作日，因此实际上的政府采购周期比这些期间加总起来的时间还要长一些。一般认为，政府采购周期越短，效率越高，政府采购周期越长，效率越低。但也并不总是如此，有些政府采购方式，只有达到一定的周期才能发挥出其优势。

(二)宏观绩效评估指标

1.规模效率评估指标

规模效率是指政府采购在具有一定规模基础上所能起到的节约财政支出的效果。

政府采购规模是实现经济效率的基础，有规模才能发挥效益，才能节约更多的采购资金。

政府采购规模效率又可从两个方面来进行评估：

一是从全部政府采购占财政支出或国民生产总值的比重来看，这一比重越高，说明政府采购对财政与经济的影响越大。如果政府采购在整个财政支出以及经济总量中的比例太小，政府采购的节支功能就不能很好地发挥出来，这时，政府采购的规模效率就很低。政府采购的规模效率通常可用当年政府采购在整个财政以及经济中所占的比重这一相对规模指标来衡量。

政府采购的（相对）规模的计算公式如下：

$$政府采购相对规模=\frac{当年政府采购实际金额}{当年财政支出总额（或GDP）}\times 100\%$$

政府采购的规模受很多因素影响。一般来说，一个国家实行政府采购制度之初，其政府采购量较小，随着政府采购制度的不断成熟，规模会不断增大，但也不可能无限增大，毕竟政府采购只是财政支出中购买性支出的一部分，财政支出中还有大量的转移性支出。

二是从每次政府采购量来看，若每次政府采购的批量较大，分摊在每一单位政府采购资金上的费用就越低，就能充分发挥政府采购的规模效率。在实际中通常通过集中多家单位的相同需求来达到规模采购的效果。这一指标的具体计算公式为：

$$平均每次采购量=\frac{政府采购额}{政府采购次数}$$

政府采购平均每次采购量受采购对象的性质、采购方式的选择以及当时的需求量等多种因素的影响，因此在具体进行评价时可区别对待。不同的采购对象和采购方式的采购规模是不同的，工程类采购和公开招标采购方式的规模通常要大一些，而货物、服务类采购和其他采购方式的采购量通常小一些。

2. 人员效率评估指标

人员效率主要用于考察参与政府采购的财政监督管理部门及政府采购中心人员的办事效率，即以最小的人力成本完成尽可能多的采购量。人员效率具体可通过人员经费和人均采购额等指标来衡量。人员经费是指政府采购过程中所发生的办公经费、工资费用、组织招标活动的费用、学习考察费、培训费等。可用人员经费占政府采购额的比重这一指标来衡量。即：

$$人员经费比重=\frac{当年人员经费}{当年政府采购额}$$

人员经费比重越低，说明人员经费相对于采购额来说较小，因而效率较高，相反，人员经费比重越高，说明一定量的政府采购额需要财政投入较多的费用，因而效率较低。

人均采购额考察的是政府采购人员每个采购人员所分担的采购额的大小，即：

$$人均采购额=\frac{当年政府采购额}{政府采购人员数量}$$

一般来说，人均采购额越大，说明效率越高，相反，人均采购额越小，说明效率越低。

3. 政策效率评估指标

政策效率主要用于评估政府采购政策的制定是否科学、是否适用、是否能促进经济增长。政府采购的初衷是为了节约财政支出，但由于它的规模较大，因此它也是政府宏观调控经济的重要工具，是政府财政政策的重要组成部分。

政府采购政策制定得是否科学、是否得当，关系到整个国民经济的发展。一般来说，当我们判断出经济出现衰退迹象时，应采取扩大政府采购规模的政策，以此发挥政府采购的乘数效应，带动国民经济的更快发展；而当判断经济出现过热迹象时，应适时地压缩政府采购的规模，也通过政府采购乘数加快经济降温。一般地，政府采购的政策效率可以通过政府采购对经济增长的贡献率来衡量，即政府采购拉动经济增长的百分比来进行衡量。

$$政府采购对经济增长的贡献率=\frac{国民经济总量变动百分比}{政府采购规模变动百分比}\times 100\%$$

这一指标探讨的是政府采购对经济总量的政策效率。政府采购对经济增长的贡献率越大，表明政府采购政策效率越高，反之亦然。

另外，政府还可以通过调整政府采购的结构进而对国民经济地区、产业结构等进行调整，从而促进国民经济协调发展，这也是政府采购政策效率的一部分。

影响政府采购政策效率的因素主要有：对经济总体形势的判断，政府采购政策的制定以及政策的贯彻落实。如果对经济形势把握很准、政策制定得较科学，并且在执行中没有走样，那么，政府采购的政策效率就会很高。相反，如果对经济形势判断不准、政策制定得不合理，以及政策在落实的过程中受到干扰，这都将降低政府采购的政策效率。

4. 管理效率评估指标

管理效率是用于衡量政府采购管理体制和机制设计得是否科学、是否能够有效运作。政府采购管理包括预算管理、法律监督、政府采购方式、招投标管理以及投诉质疑管理等多个方面，政府采购管理效率是综合管理的结果。由于管理效率无法直接计算，因此管理效率没有合适的指标进行衡量。但无论如何，管理效率始终是政府采购应该重点考虑的问题之一。

管理制度健全与否以及管理水平的高低是影响政府采购管理效率的重要因素。一般来说，预算做得好、法律健全、方式选择得当、招投标严谨、有完善的质疑投诉机制，政府采购的管理效率就较高。

第五节　政府采购风险和风险防范

一、政府采购风险的形成原因[①]

政府采购风险的形成原因可能是单一的，也可能是复合的。具体而言，政府采购风险形成的原因主要有：

(1)政府采购预算虚增。根据政府采购的程序，政府采购需求首先由各采购单位提出，报同级财政部门审核，只有被财政部门列入年度采购计划的采购需求才能执行。然而，各采购单位一般都存在以各种理由虚增采购预算的倾向，[②]造成财政性资金使用上的攀比与浪费。

(2)政府采购市场封闭。作为市场经济制度产物的政府采购制度，应该是有助于促进市场体系进一步发育与完善，而不是反作用——制约统一、开放市场体系的发展与壮大。对此，我国《政府采购法》明确规定："任何单位和个人不得采用任何方式，阻挠和限制供应商自由进入本地区和本行业的政府采购市场"[③]。然而，在政府采购的实际操作中，地方政府、部门或行业为追求所谓的集团利益，人为对集团外的政府采购潜在供应商设置"歧视性"门槛或者干脆以地域(或行业或部门)身份予以排斥。政府采购封闭风险的结果则是否定了充分竞争，降低了政府采购效益，同时，也因市场体系的破坏而危及国民经济的健康发展。

(3)政府采购方式选择不恰当与执行偏差。政府采购有多种不同的方式，每种采购方式的适用条件各异。在实际操作中，如果不能根据采购对象的具体情况，选择合适的采购方式，必然会形成采购风险。政府采购方式选择不恰当，可能是由于客观因素(采购人员业务素质的限制，使得对各种采购方式的适用条件把握不准或各种采购

---

① 章辉：《政府采购风险及其控制》，中国财政经济出版社，2009年版。

② 政府部门预算经费扩张，既有客观方面的因素，也有主观方面的因素。本处所指的"虚增"即为主观方面的因素。政府部门预算经费扩张的客观原因是：随着经济的发展，市场的日益复杂和风险的存在，商业法则和契约安排成为必要，因此需要有一整套的管理制度；城市化和生活密度的提高，也要求公共部门进行干预和管理；教育、娱乐和文化、医疗和福利服务因需求收入富有弹性而占公共支出的比重不断提高。

③ 参见《中华人民共和国政府采购法》第五条。

方式本身难以区分)，也可能是由于主观因素(人为创造条件满足采购人意愿的采购方式[①])，将本应选择的某种采购方式替换成另外的采购方式，结果都是使政府采购功能难以充分发挥。

政府采购方式选择合适，只是回避风险的一个必要条件，并不是充分条件。即使是合适的政府采购方式，如果在执行中发生偏差，仍然会形成政府采购风险。以公开招标为例，在具体执行过程中的偏差主要表现为：①招投标程序执行的偏差。如信息不公开；招标方式选择不合理；招标文件中以不合理的条件限制或者排斥潜在投标人；资格预审或资格后审把关不严格致使不合格供应商中标；投标人与招标人串通。②评标、定标执行的偏差。与投标人有利害关系的人进入相关项目的评标委员会；评标委员会成员的名单在中标结果确定前已透露给供应商；评标委员会成员没有客观、公正地履行职务；评标委员会成员与投标人串谋。③合同签订、执行过程中的偏差。合同文件(包括技术规范)前后矛盾和用词不严谨，导致双方对合同条款的不同理解；集中采购机构和其他采购代理机构擅自自行与中标、成交供应商签订政府采购合同；中标、成交供应商擅自采用分包方式履行合同。

(4)政府采购市场的不确定性。政府采购市场的不确定性表现为两个方面，即纯粹市场的不确定性与操纵市场的不确定性。

纯粹市场的不确定性表现为市场价格波动与通货膨胀。采购对象的市场价格受供求关系的影响。如果在某个项目的采购周期中，出现供大于求的趋势，则价格会逐步下跌，从而使得最初确定的合同价格在采购对象交付验收时不再具有性价比的优势。而通货膨胀则往往造成市场价格在短期内大幅上涨，使得政府采购预算约束凸现。

操纵市场的不确定性表现为供应商的产品垄断或串通。

垄断厂商与完全竞争厂商不同，不再是既定价格的接受者而是价格制定者。供应商的产品垄断给采购单位与社会带来的损失如图 6－1 所示，可见，完全垄断条件下厂商利润最大化的均衡产量与价格分别要小于和高于完全竞争条件下的均衡产量和价格，这时，价格不再等于边际成本，帕累托效率条件被破坏。导致采购单位消费者剩余损失图中阴影部分 A 的面积，垄断厂商的生产者剩余增加 $A-C$ 的面积，全社会的福利净损失表现为图中 $B+C$ 的面积。

供应商的串通就是供应商在政府采购市场中联合起来，形成政府采购产品的卖方

---

① 例如，有的采购单位受小集团利益或其他驱动，甚至为实现与特定供应商串通的目的，往往将达到数额标准以上的采购项目化整为零或者以其他方式回避公开招标采购；有的采购单位故意拖延采购实施时间，使采用公开招标的时间难以满足采购需求，只得采取其他采购方式；等等。

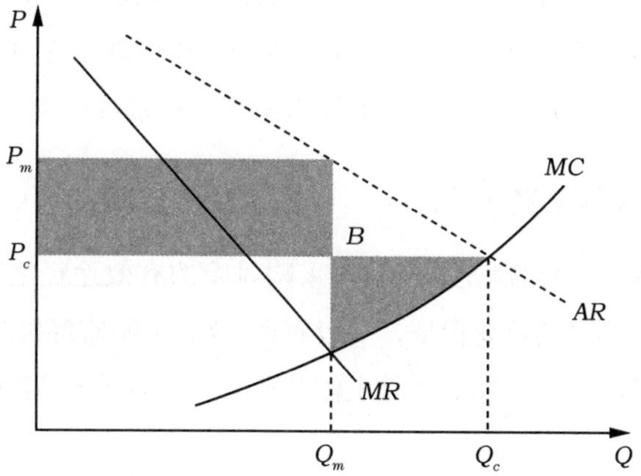

图 6—1 供应商产品垄断给采购单位与社会带来的损失

市场，供应商先联合追求共同利益的最大化，然后再分配已经最大化的共同利益。

(5)政府采购信息不对称。在政府采购中，一般来说，供应商掌握自己产品的完全信息，而采购人掌握该产品的信息是相对有限的，因此，政府采购的交易双方存在信息不对称。① 政府采购市场的信息不对称可能通过逆向选择和败德行为这两种途径给政府采购活动造成损失。

政府采购交易中的逆向选择是指供应商利用信息不对称将低质量的产品卖给采购人，从而使得低质量产品充斥政府采购市场，而高质量产品却因成本高、利润低而退出政府采购市场，导致所谓的"劣币驱逐良币现象"。

政府采购交易中的败德行为实质就是代理问题，是指代理方利用信息优势在追求自身利益最大化的同时采取不利于委托方的行动。代理人的败德行为之所以给政府采购带来效益损失，是因为代理人行为的隐蔽性与代理人向委托人转嫁风险。譬如，在政府采购过程中，有的供应商为了中标，不惜以超低价格销售，采用不正当的价格竞争策略，扰乱了市场秩序；有的则对所生产的产品偷工减料，以次充好，降低产品质量；若是提供服务性的行业，则以降低服务质量来减少自己的亏损。"价格战"会导致采购物品质量低、服务差，甚至根本不能满足用户的使用要求，这既损害了政府采购信誉，又违背了政府采购的物有所值、采购效率原则，不但没有节约资金，反而造成了更大的浪费。

(6)政府采购体制不完善。虽然我国已颁布《政府采购法》，并在此基础上制定了一些配套法规，但仍远不能满足全面推进政府采购制度改革和规范化管理的需要，尤

① 经济学中通常是将交易双方中一方掌握的信息多于另一方时称为存在信息不对称，信息不对称问题也被称为委托—代理问题。

其是具体操作性的办法还比较少。如政府采购合同管理的明确规定、政府采购监督管理体系的完善、政府采购预算编制方法和审批管理、采购资金支付审核与采购管理的有机结合、供应商的权利救济机制等方面还需要进一步完善。

二、政府采购风险防范[①]

健全的政府采购监督机制是防范政府采购风险的有效途径之一，是建立公开、公平、公正的政府采购制度的重要保证。一般而言，政府采购监督机制由内部监督、外部监督和社会监督共同构成，不同的监督主体其监督内容应有所侧重，其监督职责也应有所不同。

（一）明确相关主体的监督职责

各级人大作为权力机关，重点监督政府采购政策和制度的整体执行情况。采购部门要定期向人大汇报政府采购工作情况，并且邀请人大代表作为政府采购的监督巡视员；政府采购监督管理部门应当从法律、法规和规章的执行情况，采购范围、方式和程序的执行情况，采购人员的职业责任和专业技能等方面加强对政府采购活动及集中采购机构的监督检查；集中采购机构应当建立健全内部监督管理制度；监察机关应当加强对参与政府采购活动的国家机关、国家公务员和国家行政机关任命的其他人员实施监察；各类政府采购部门，通过建立和完善内部采购业务流程和内部管理规章制度，实现采购计划、项目实施、合同审核、资金支付等过程相分离，从而形成有效的内部制约和控制机制；审计机关每年将政府采购列为必审项目，对政府采购资金运作情况及采购执行情况进行审计；各级纪委部门对大型招标采购项目的公正性、规范性进行监督，负责对政府采购过程中的违纪举报进行调查与处置。[②]

（二）严格制度监督

严格制度监督的前提是健全并完善政府采购制度，其次才是严格执行的问题，其核心是切实做到“依法（章）采购、违法（章）必究”。同时，在实践中，采购的监督管理与组织实施机构分离，相互牵制和制衡，防止集中采购可能导致的集中腐败。采购人与组织实施采购的机构各司其职、相互制衡。集中采购机构、采购代理机构内部均应做好内部分工，如将制作标书和开标、评标岗位分离，实行链条化管理、相互制约。采购人、监督管理机构内部则应建立健全内部控制制度，避免采购决策权力过于集中。

（三）引入社会监督

社会监督可分为：公民个人（含投资者、劳动者、消费者、社会公众）的监督、投标企

---

① 章辉：《政府采购风险及其控制》，中国财政经济出版社 2009 年版。

② 参见刘小川：《构建政府采购的反腐败监督链制度》，《理论探讨》2007 年第 2 期。

业的监督、社会团体的监督、新闻舆论的监督。在政府采购具体运作过程中，各职能部门应制订对外信息发布的制度和方法，定期将采购信息、法规、制度和结果向社会公开，接受社会监督，以提高政府采购的透明度。尤其是在当前专门监督机关人员、财力、装备和技术手段不足的情况下，鼓励投标企业的监督有着特殊的现实意义。

（四）发挥专家监督

建立专家评委库，聘请专家参与招标的评审评标实际上就是对政府采购的强有力监督。聘请专家参与对项目论证、审查标书、评标、采购对象的技术、性能、指标等关键的环节进行把关，并对其质量、价格、服务等情况进行评判，体现物有所值，这是任何非专业人士所不可替代的。

案例 6－2　联想“安全门”事件

案例回放：

2006 年 3 月中旬，联想通过激烈竞争，以出色的产品质量和优异的性价比，获得美国国务院电脑采购订单。根据协议，联想集团将向美国国务院提供 1.6 万多台各种型号的电脑，订单总金额超过 1 300 万美元。5 月份，美国政府以国家安全为由，美国国务院宣布将不会在机密领域使用联想 PC，其理由是：联想是中国企业，并且是由有政府背景的中国科学院控股的企业，因此美国外国投资委员会对联想有可能进行所谓“工业间谍活动”，从而威胁美国国家安全进行了特别严格的审查，并对联想参与美国政府的计算机采购有着严格的限制。

案例分析：

联想“安全门”事件从另一个侧面反映了我国政府采购制度在保护国家安全方面的不足。在我国现有的政府采购法规中，涉及保护国家安全的条款仅有《政府采购法》第八十五条“涉及国家安全和秘密的采购，不适用本法”的模糊规定。何谓“涉及国家安全和秘密”？通过什么程序来判定是否涉及了国家安全和秘密？既然不适用《政府采购法》，那么该适用哪部法律、哪条法规？如此等等，都没有明确的规定。我国政府采购在保护国家安全方面的突出问题：一是没有在政府采购中保护国家安全的规定；二是在政府采购实践中没有一个有效的保护国家安全的运行机制。

政府采购从来就与国家安全息息相关。因为，政府采购不仅仅是政府部门购买货物、工程和服务的问题，它与一国的经济政策、宏观管理、政府行政手段，以至于政治体制和社会制度，都有直接的关系。此外，在政府采购透明化和信息公开的过程中，政府有关要害信息的保护和安全就成为必须解决的问题。

世界多数国家都非常重视政府采购中的安全问题。以美国为例，美国于 1809 年开始为政府采购立法。目前涉及政府采购的法律法规有500余部，其中主要法规有8部：《联邦财产和行政管理服务法》《合同竞争法》《诚实谈判法》《购买美国产品法》《小企业法》《信息自由法》《及时支付法》《WTO政府采购协议》。这些法律规定疏密有致，把美国的国家利益和企业利益严严实实地保护起来，对外国企业的进入无形中设置了障碍，最大限度地维护了美国的国家安全。同时，美国政府采购对"国家安全"的重视还体现在严密的组织设置中。例如负责美国《联邦采购条例》(FAR)修改工作的联邦政府采购政策管理办公室(OFPP)，下设FAR理事会，成员包括国防部、GSA和航天航空局的行政首长。

比较而言，中国政府采购在保护国家安全方面做得非常不够。随着我国政府采购市场的开放，我国的政府采购还会遇到更多的开放竞争问题，也将面临更多有关国家经济安全问题的考验。在世界经济一体化和国际规则中保护国家利益，是迫切需要研究的问题。

案例分析参考：《联想安全门事件是好教材》(作者：刘慧，见《政府采购信息报》2006年11月22日)。

第六节 国际政府采购条令

一、WTO的《政府采购协议》

(一)《政府采购协议》的历史背景

《政府采购协议》(Government Procurement Agreement，简称GPA)是WTO的前身GATT(关贸总协定)于1973年9月举行的第七回合谈判，即"东京回合"谈判的过程中形成的一个多边协议。

与WTO其他的协议相比，《政府采购协议》的效力不仅受到缔约方数量的局限，而且还受到缔约方有限承诺的限制。《政府采购协议》确立了第一个国际性的政府采购贸易的权利与义务框架，逐步降低了缔约方保护国内产品和供应商的程度，减少了对外国产品和供应商的歧视，增加了政府采购透明度，建立了监督、磋商和争端解决政府采购贸易的国际程序，它对规范国际政府采购规则具有重要意义。

《政府采购协议》的形成有着其深远的历史背景。起草《关税与贸易总协定》时，政府采购的市场规模不大，对国际贸易的影响也未充分显示，因此当时将其排除在总协定约束范围之外。由于政府采购没有纳入多边贸易规则，许多国家经常通过行政或法律手段，强制要求本国政府部门或机构在采购其自身消费的商品时优先购买本国产品，从而限制外国货物的进口，保护本国供应商的利益。到了 20 世纪 80 年代，随着国际贸易的发展，政府采购的规模越来越大，发达国家和发展中国家的政府都成为货物和服务贸易中的最大买主。然而，由于关贸总协定的国民待遇和最惠国待遇条款不适用于政府采购，各国可以自由优待本国产品或某些外国产品而歧视他国产品，导致大量国际贸易活动背离总协定的规则。歧视性的政府采购严重阻碍了国际贸易的正常发展。

(二)《政府采购协议》的适用范围

1. 适用范围

(1)执行机构

《政府采购协议》在其适用范围条款中规定了各缔约方应详细说明的信息，将各缔约方直接列入采购实体范围的机构、部门、机关和企业以清单的方式明确列举，同时，《政府采购协议》将各级采购实体统一列入协议的附件清单中，从而消除了空泛的弊端，避免缔约方自行解释从而各自行事，为各缔约方的政府采购活动，确定了采购执行机构的范围，并明确了各级政府采购执行机构的采购范围。

(2)采购内容

《政府采购协议》在附录 1 中详细列出了采购的内容：包括货物、服务及两者的结合，规定了“不以商业销售或转售为目的的采购，或者，不用于以商业销售或转售为目的的货物或服务的生产或供应的采购”。由此强调了《政府采购协议》中的采购性质是政府采购，也是公共财政支出的重要组成部分。政府采购资金来源的公共性及采购活动的非商业性界定了政府采购与商业采购的本质区别。

另外，对于涉及国家安全的采购，包括武器、弹药、战略物资的采购，或与国家安全及国防密切相关的连带采购；以及涉及维护公共道德、公共秩序、公共安全、人民与动植物的生命或健康、知识产权、保护残疾人组织、慈善机构或劳改产品等方面的采购，不适用《政府采购协议》。

(3)采购金额

《政府采购协议》规定，不能将政府采购合同化整为零，即缔约方在政府采购活动中，无论是整个合同还是部分合同，都必须按照《政府采购协议》规定执行，不能通过特殊的估价方法将其排除于协议适用范围之外。此外，《政府采购协议》对估价进行了详细的规定，“包含对完整的采购过程的最大估价，无论授予几家供应商，所有形式的报酬都要计算在内”。

(4)采购合同

《政府采购协议》规定，该协议适用于购买、租借或租购合同，选择性购买合同也包括在其中。但是，《政府采购协议》同时规定，协议不适用于公共劳务雇佣合同。

2. 对适用范围的修订和变更条款

《政府采购协议》在第十九条中单独列明了对适用范围的修订和变更条款，并对适用范围修订程序的各个环节都作了较为详细的说明。

(1)修订和变更的程序说明

修订和变更内容包括：附件之间机构的转移和撤销或者附录1中的其他修订。如若修订的通知影响到缔约方的权利，存在异议的缔约方可以在通知传看后45天之内向委员会提出对修订议案的异议。对于变更方和异议方的争议，需通过协商解决，并有效消除修订提案所显示的有待撤销机构对相关采购的控制或影响；对于其他任何修订，提案应补偿和调整修订造成的后果，以实现权利和义务的平衡。通过协商如解决了修订方和异议方的争议后，修订方须通知委员会，更改才生效。

(2)修订和变更应该注意的问题

《政府采购协议》明确规定了修订提案的生效条件、异议方承诺范围、退出程序、异议解决的仲裁程序以及委员会的职责。《政府采购协议》新增加了对仲裁程序的规定，仲裁程序的建立能够有效促进修订方和异议方之间矛盾的解决。当委员会采用仲裁程序解决异议时，修订方和异议方可以在修订提案通告开始传看后120天内申请仲裁。

《政府采购协议》在适用范围的修订和变更条款中明确了委员会的职责，即在缔约方对修订提案存在异议时，委员会通过制定仲裁程序以促进争端解决。委员会还负责制定政府对机构采购控制和影响的可视性标准，以及划分补偿性调整措施和承诺范围的标准。对于委员会职责的确定，表明了委员会在适用范围的修订和变更程序中具有公正、调节、防止争端扩大激化的重要作用。

(三)《政府采购协议》的原则

1. 普遍原则

《政府采购协议》在第五条中列出了普遍原则。该原则将国民待遇和非歧视原则以及“原产地”规则都纳入进来，并增添了对电子化采购，以及采购执行和补偿措施的规定。

(1)国民待遇和非歧视原则

《政府采购协议》的国民待遇和非歧视原则与WTO基本原则一脉相承，体现了贸易自由化趋势，要求限制和取消一切妨碍和阻止国际贸易开展与进行的障碍，通过加入《政府采购协议》逐步取消和限制国际政府采购壁垒，最终推动政府采购的国际化。国民待遇原则禁止在其他缔约方和国内产品、服务及其供应商之间实行歧视，国民待遇是互利互惠的，并且不得损害缔约方的国家独立、安全和主权，它体现了平等的非歧视原则。

《政府采购协议》的目的是将政府采购纳入国际贸易自由化规则的支配之下，让外国和本国的产品、服务及其供应商在相同条件下进行平等竞争，因此非歧视就成为本协议缔约方的根本义务。

(2)原产地规则

原产地规则是确定产品和服务国别属性的标准，是确定产品、服务是否享受和在什么程度上享受贸易自由化待遇的依据。《政府采购协议》强调了在政府采购过程中所奉行的原产地规则应该与该国在正常贸易过程中对相同成员方的相同产品(服务)进口(供应)所实行的原产地规则的一致性。

2.对发展中国家的原则

《政府采购协议》通过单独的条款，比较明确地对发展中国家进行了特殊的规定。《政府采购协议》规定实行差别待遇的对象是最不发达国家和任何发展中国家。只要有差别的待遇一定程度上能满足某一发展中国家的发展需要，该国就可以按照《政府采购协议》的相关规定享受针对发展中国家的特殊待遇。

WTO 的宗旨在于促进发展中国家尤其是最不发达国家贸易和经济发展。《政府采购协议》从根本上落实了 WTO 的这一宗旨，非常清楚地规定了发展中国家适用的过渡性措施。基于发展中国家发展的需要和缔约方的同意，发展中国家可以在过渡期内按照时间表，采取或保留过渡性措施，但不能对其他缔约方造成歧视。《政府采购协议》明确了发展中成员可以享受价格优惠、贸易补偿、渐进性开放和更高的门槛价 4 项过渡性措施以保护民族产业不受冲击。但每项措施都需要在谈判中经过其他各方的同意，而且是有期限的。

3.透明度原则

透明度原则也是 WTO 基本原则之一，要求各参加方应当公布有关政府采购的法律、规则、程序。政府采购在公开透明的环境运作，主要是通过严密的相关法律、法规来体现的。由于政府采购的批量大，对经济的影响也大，所以采购活动的程序、过程一定要体现透明、公平的原则，最大限度地避免“内部交易”或“暗箱操作”。

二、联合国国际贸易法委员会的《采购示范法》

联合国国际贸易法委员会(简称贸法会)是联合国大会的一个政府间机构，它是联合国大会为协调、统一国际贸易法规，消除国际贸易的法律壁垒而成立的专职机构。考虑到政府采购与国际贸易密不可分，贸法会在 1986 年第十九届会议上决定进行采购立法工作。由于认识到服务采购与货物采购、工程采购存在着很大的不同，贸法会决定首先制定货物采购与工程采购方面的法规。1993 年 7 月在维也纳召开的第二十六届会议上，通过了《贸易法委员会货物和工程采购示范法》及其《立法指南》。由于服务采购既是国际贸易中的一个重要领域，也是各国政府采购的内容之一，因此有必要进行规范，在1994年纽约召开的第二十七届会议上，贸法会对货物和工程采购的《采购示范法》做出了补充和修改，并将服务采购的内容纳入其中，形成了一直适用至今的《贸易法委员会货物、工程和服务采购示范法》（简称《采购示范法》）及其配套文件《立法指南》。2004年贸法会第三十七届会议决定，在不偏离《采购示范法》基本原则的条件下，对1994年通过的《采购示范法》加以增补完善，以反映新的做法，尤其是公共采购领域中电子商务的使用，以及在以《采购示范法》为基础进行法律改革方面所获得的经验。

（一）《采购示范法》的目标和适用范围

联合国国际贸易法委员会制定《采购示范法》的目的是：尽量节省开支和提高效率；促进和鼓励供应商和承包商参与采购过程，尤其是在适当情况下促进和鼓励不论任何国籍的供应商和承包商的参与，从而促进国际贸易；促进供应商和承包商为供应拟采购的货物、工程或服务进行竞争；给予所有供应商和承包商公平和平等的待遇；促进采购过程诚实、公平，提高公众对采购过程的信任；使有关采购的程序具有透明度。

《采购示范法》适用采购实体进行的大部分采购。所谓采购，是指以任何方式获取货物、工程或服务，采购实体是指从事采购的任何部门、机构、机关或其他单位或其任何下属机构。涉及国防或国家安全的采购，排除在适用范围之外。

（二）《采购示范法》的主要内容

1.采购方法

考虑到各国的不同实践与需要，《采购示范法》规定了多种采购方法，包括：招标、两阶段招标、征求建议书、竞争性谈判、限制性招标、邀请报价和单一来源采购。在这些采购方法中，公开招标是货物和工程采购最主要的方法，其他采购方法的适用均有严格条件。鉴于服务采购不同于货物和工程采购，它通常涉及无形商品的供应，其质量和精确内容难以以数量确定，主要取决于供应商的技术和专门知识而非简单的价格因素，因此，《采购示范法》对服务采购所采用的采购方法作出了特别规定。

2.供应商和承包商

为了确保参加政府采购的供应商和承包商有能力履行义务，《采购示范法》对供应商和承包商的资格标准规定了具有缔约能力和履约所需的专业或技术资格、专业技术能力、财务资源、设备、管理能力、经验声誉、人员、履行纳税义务等积极条件，以及未曾犯罪等消极条件。采购实体可以通过资格预审程序来确定合格供应商或承包商的资格，供应商或承包商为证明其资格而提供的书面证据需经公证证明。不论国籍如何，供应商或承包商均可参与采购过程，但采购实体有权依法作出限制。

3.权利救济

为维护供应商的利益，加强对政府采购的监督，《采购示范法》规定了权利救济的几种途径。如果供应商认为采购过程中采购方法的选择、评选程序、国别歧视、废标决定、拒绝邀请等行为影响到自己的合法权益，那么他就有权要求审查。供应商首先可以向采购实体或审批机关提出投诉；如果对采购实体的答复不满意，可以要求行政审查；对行政审查结果不服的，可以要求司法审查。

如果采购过程中确实存在问题，可以采取的救济措施包括更改采购程序、终止采购过程并重新开展采购活动、赔偿损失等。在审查过程中，为防止损失进一步扩大，在必要时可以暂停采购进程。

4.其他规定

为了保护和促进本国供应商提高竞争能力，采购实体可以使用优惠幅度的手段优先考虑本国供应商，这使得颁布国可以同时兼顾到国际参与和促进本国工业生产能力。

为了在采取某些行动或作出最后决定之前来得及发现其中的错误和问题，并增强一国政府采购制度的统一性，采购实体在采取某些重要行动和决定（特别是特殊程序，如采用公开招标以外的方法采购货物或工程）之前，必须事先报请上级部门核准。

为方便对政府采购的监督，采购实体应当保存采购过程的记录。

三、世界银行的《采购指南》

世界银行的主要活动是为发展项目提供资金，为借款的会员国提供技术援助。为保证世行贷出的款项只能用于提供贷款所规定的目的，并且讲求节约和效率，便于监督，促使世界银行制定采购规则。

（一）《采购指南》的目的与范围

《采购指南》的主要目的是使项目实施人员了解和利用世行贷款安排的有关货物和土建工程（包括相关服务）采购所遵循的政策和规则。

采购的范围，适用于全部或部分由银行贷款资助的货物和工程合同，包括 BOT 合同和其他特许合同，对于不是由银行贷款资助的货物和土建合同的采购，借款人可以采用其他采购程序。

（二）采购原则

世界银行《采购指南》在开头部分承认，有待采用的具体采购程序取决于每个项目的特定情况，但是总的来说指导世界银行上述要求的是以下四项基本考虑：

（1）在项目实施包括有关的货物和工程采购中，必须注意节约和效率。

（2）世界银行力图为所有合格的供应商提供竞争合同的机会。

（3）作为一个开发机构，世界银行愿意促进借款国国内承包业和制造业的发展。

（4）采购过程要有高度的透明度。

(三)采购公告

《采购指南》采用总采购公告和具体合同预告相结合的公告制度,规定凡是项目中以国际竞争性方式采购的货物和工程,贷款人必须准备并交世界银行一份总采购公告。

公告应包括下列内容:借款人的名称,贷款金额和用途,国际竞争性招标采购的范围以及借款人负责的单位名称和地址。如果需要更明确的话,还应说明得到的资格预审文件或招标文件的预定日期。该文告送交世界银行的时间应不迟于将已经准备好的招标文件向投标人公开发售之前的60天,以便潜在的投标人有时间考虑,并表示他们对该项采购有兴趣。

除了总采购通告外,借款人应将具体合同的投标机会及时通知各方,及时刊登具体合同的招标公告,即投标邀请书。招标公告的副本,应转发给有可能提供所需采购的货物或工程的合格国家的驻当地代表,也应发给那些看到总采购通告表示感兴趣的国内外供应商。大型的、专业性强的或重要的合同,世界银行也可要求借款人把招标公告刊登在国际上发行很广的著名技术性杂志、报纸或贸易刊物上。

从发出公告到投标人作出反应之间应有充分的时间,以便投标人进行准备。从刊登招标公告或发售招标文件算起,给予投标人准备投标的时间应不得少于45天,工程项目通常为60—90天,大型工程或复杂的设备,投标准备时间应不少于90天;特殊情况可长达180天。

(四)国际竞争性招标

世界银行认为,在大多数情况下,《采购指南》的要求和意愿可以通过管理得当的并且适当给予国内承包商以优惠的国际竞争性招标得以充分实现。世行规定采取这种方法的目的是将借款人的要求及时充分地通知给所有合格的、有意参加投标的投标人,并为其提供货物和土建工程进行投标的平等机会。但是另一方面,在有些情况下,国际竞争性招标不是最经济和有效的采购方式,而采用贷款协议中规定的其他采购方式则更为经济有效,《采购指南》第3章描述了其他采购方式以及在什么情况下采用这些方式较为合格。一个具体项目的货物和土建的采购将采用什么采购方式在具体项目的贷款协定文件中有明确的规定。

在国际竞争性招标程序中详细说明了这种方式的程序和方法,包括总则、招标文件、开标、评标和授标。规定了会员国的供应商和承包商都有公平地参与投标竞争的机会。根据不同地区和国家的情况,规定凡采购金额在一定限额以上的货物和工程合同,都必须采用国际竞争性招标。对于一般的借款国而言,10万~25万美元以上的货物采购合同,大中型的工程采购项目,都应使用国际竞争性方式。

(五)《采购指南》的其他规定

1. 审查制度

《采购指南》通过附录的方式规定了严格的银行审查制度。借款人的采购程序、采购文件、评标和授标以及合同,都要经银行审查,以确保采购过程按照贷款协议的程序进行,由世界银行贷款支付的不同类别的货物和工程的审查程序在贷款协议中有明确规定。在附录中,详细规定了银行审查的程序,包括事先审查和事后审查。银行有权根据审查结果,要求借款人对采购活动中的任何决定说明理由和接受银行的建议。

2. 国内优惠措施

《采购指南》通过附录的方式规定在征得银行同意的情况下,借款人可以在国际竞争性招标中给予本国制造的货物以优惠。在此情况下,招标文件应明确写明给予国内制造的货物的优惠以及享受优惠的投标资格文件。

3. 支付方式

《采购指南》以附录的方式规定项目的实施和项目中货物、土建工程和服务的付款都是借款人的责任。银行根据其协定条款的要求确保贷款资金的支付是按照发生的费用进行支付的。贷款资金的支付只有借款人要求才能进行。证明贷款资金是按照贷款协定使用的证明文件,应和借款人的提款申请书一起报给银行。

四、欧盟的《公共指令》

(一)《公共指令》的背景

欧共体成立之后,为了消除贸易壁垒,促进货物、资本和人员流动的目标,通过了一系列协议和指令,其中包括政府采购的立法和协议。这些关于公共采购各个领域的公共指令,构成了目前欧盟的公共采购法律体系。在这个法律体系中有四部指令是关于政府采购的实体性法律,有两部是程序性法律。这六部指令是适用于欧盟范围内的公共采购的主要规则。其中针对政府的有四个指令,即《关于协调授予公共服务合同的程序的指令》(1992 年颁布,简称《服务指令》)、《关于协调授予公共供应品合同的指令》(1993 年颁布,简称《供应指令》)、《关于协调授予公共工程合同的程序的指令》(1993 年颁布,简称《工程指令》)和《关于协调有关对公共供应品合同和公共工程合同授予及审查程序的法律、规则和行政条款的指令》(1989 年颁布,简称《公共救济指令》);针对公共事业的有两个指令:《关于协调有关水、能源、交通运输和电信部门采购程序的指令》(简称《公共事业指令》)、《关于协调有关水、能源、交通运输和电信部门的采购程序执行共同体规则的法律、规则和行政条款的指令》(简称《公用事业救济指令》)。

（二）《公共指令》的主要内容

1.《公共指令》的目标和原则

《公共指令》的目标是以指令的形式对各成员国政府采购进行规范，具体包括：在共同体范围内增加采购程序和活动的透明度；促进成员国之间货物和服务的自由流动；改善公共供应和服务合同有效竞争的条件。

为了实现这些目标，欧盟通过其制定的指令确立了三项基本原则，即透明度原则、非歧视原则和竞争性原则。

2.《公共指令》的适用范围

《公共指令》所适用的机构范围包括：

(1)缔约机构。采购指令所适用的缔约机构通常是中央、地方和地方政府机关以及公法所管理的或由指令所规定的其他公共机关。公法所管理的公共机关是指为满足公共利益，由国家、地区或地方当局管理或资助的，具有法人资格的机关。每个指令都包含有指令所适用的名单附件。

(2)适用的合同。《公共指令》适用于由签约机关和供应商签订的书面合同，包括公共工程合同、公共工程特许合同、补贴工程合同、公共供应合同、公共服务合同、公共事业许可合同、设计竞争合同、公用事业合同八大类，但每个指令也都规定了免除适用指令的具体条件。

(3)限额。《公共指令》的意图是适用于那些跨国界投标有效的合同。因此每个采购指令都定出了自己的适用指令的合同限额。

由于指令的适用取决于财务限额，因此指令预见到了为规避指令的适用而将合同分解的可能性。每个指令都包括有反规避条款以禁止缔约机构选择旨在规避指令适用的估价方法。另外采购规则还要求对一些合同的估价可以参考一定时期内类似或相关合同进行指令的采购限额。

3.采购程序

(1)公告。公共采购领域最重要的程序之一是所有受指令管理的合同必须在官方杂志上发布公告，邀请承包商进行投标，这就是所说的“竞争邀请”。《公共指令》规定了四种公告：定期合同预告、使用合格者名单公告、招标公告及授予合同公告。

(2)招标程序。缔约机构必须使用三种程序，即公开招标、限制性招标和谈判程序。除了公用事业指令外，所有的指令都鼓励使用公开和限制性招标程序，并对使用谈判程序的条件做出规定。

(3)时间限制。每一个指令都规定了缔约机构必须允许投标人呈递标书以及在限制程序和谈判程序下申请投标的最低时间限制。

(4)合同可否谈判。《公共指令》的制定是建立在充分预计到缔约机构使用不可谈判合同的基础上的。虽然没有具体要求缔约机构在招标文件中详细列出拟授予合同的所有条款，缔约机构可以根据具体情况自己选择，但《公共指令》却要求缔约机构在合同文本中说明要满足的最低规格标准以及可接受变更的程度。

(5)合同文件的提供。根据公开采购程序，缔约机构必须在接到投标申请后的6天内将合同文件提供给有兴趣的投标人，而与合同有关的其他信息必须在投标截止日至少6天之前提供。如果不可能在6天内提供合同文件或者需要现场进一步提供文件时，时间限制就必须延长。

(6)技术规格。为了避免对外国投标人歧视，缔约机构必须使用欧洲标准或规格，或者实施欧洲委员会标准的国家标准；在得不到这些标准的情况下必须参照(按优先顺序)实施合同的技术规格。缔约机构必须将这些技术规格包括在合同文件中，并对没有使用欧洲标准或通用技术标准的原因做出记录。

(7)选择标准。希望投标的供应商、承包商和服务提供者需要满足具体的目标标准。这些标准包括他们的财务、经济或技术能力。若不能满足这些条件，缔约机构就会将其排除在考虑范围之外。在公用事业领域，缔约机构可以设定自己的标准，只要这些标准是客观的并且每个有兴趣的投标人都能得到。在公共领域，相关的指令详细列出了使用的资格标准。

(8)授予合同的标准。缔约机构在决标时可以选择最低报价的投标或经济上最有利的投标。

本章小结

政府采购是各级国家机关、实行预算管理的事业单位和团体组织，使用财政性资金采购货物、工程和服务的行为，以及与此相关的采购政策与管理制度、采购程序和采购过程。政府采购模式主要有集中采购模式、分散采购模式、集中采购与分散采购相结合的混合模式三种。根据我国《政府采购法》的规定，政府采购应当遵循公开透明原则、公平竞争原则、公正原则和诚实信用原则。政府采购当事人是在政府采购活动中享有权利和承担义务的各类主体，包括采购人、供应商和采购代理机构等。政府采购品目包括货物、工程和服务三大类，每一大类又分为若干小类。

政府采购管理职能与执行职能分离、机构分别设置，是建立政府采购制度的客观要求。因此，从政府采购的组织体系构成来说，大体可以分为政府采购的管理机构和执行机构。政府采购管理机构不得进入采购市场参与商业交易活动。

政府采购的招标类型包括公开招标和邀请招标。公开招标是指采购人或采购代理机构以招标公告的方式，邀请不特定的供应商参加投标。邀请招标，也称为选择性招标，是由招标人选择若干供应商，向其发出投标邀请，由被邀请的供应商投标竞争，从中选定中标者的招标方式。政府采购招标程序分为招标、投标、开标、评标、定标和签订政府采购合同六个阶段。政府采购信息是规范政府采购活动的法律、法规、规章和其他规范性文件，以及反映政府采购活动状况的数据和资料的总称。加强政府采购招标中的信息管理,是做好政府采购招标工作的基本环节,是充分运用便捷的信息手段促进政府采购科学化的必然选择。

政府采购绩效评估是通过比较政府采购活动的投入与产出,判断政府采购功能的实现程度,是对政府采购效益的整体评价。我国政府采购绩效评估可以采用的方法主要有成本—效益分析法、比较法、因素分析法、最低成本法、公众评判法。政府采购绩效可以从两个层次上来评估,即微观绩效和宏观绩效。微观绩效是就具体的采购行为而言的,微观绩效可分为资金效率和行政效率。宏观绩效是就政府采购作为一项制度而言,宏观绩效可具体分为规模效率、人员效率、政策效率和管理效率。

政府采购风险形成原因主要有:政府采购预算虚增;政府采购市场封闭;政府采购方式选择不恰当与执行偏差;政府采购市场的不确定性;政府采购信息不对称;政府采购体制不完善。健全的政府采购监督机制是控制政府采购风险的有效途径之一,是建立公开、公平、公正的政府采购制度的重要保证。政府采购监督机制由内部监督、外部监督和社会监督共同构成,不同的监督主体其监督内容应有所侧重,其监督职责也应有所不同。

一些国际性组织和地区性组织从促进国际贸易自由化的角度出发,也分别制定了一系列的政府采购相关条令。主要有:WTO的《政府采购协议》、联合国国际贸易法委员会的《采购示范法》、世界银行的《采购指南》和欧盟的《公共指令》。

本章名词解释

政府采购　政府集中采购　政府采购招标　公开招标　邀请招标　政府采购机构
政府采购主体　政府采购绩效

本章复习思考题

1. 政府采购的原则有哪些?
2. 政府采购范围包括哪些内容?
3. 政府采购组织体系的构成是怎样的?
4. 政府采购的主要模式有哪些?
5. 政府采购招标程序包括哪几个方面?
6. 试述政府采购中的风险? 如何防范政府采购风险?
7. 政府采购绩效评价的意义是什么? 应如何评价政府采购绩效?
8. 什么是 WTO 的《政府采购协议》? 其主要内容有哪些?
9. 如何加强对政府采购的监督?

第七章　政府投资项目管理

本章主要内容

本章主要介绍基础设施建设与政府投资，并对政府投资项目进行可行性论证，同时从项目招标和建设监理、项目选择、评估和收费管理进行具体分析，最后介绍政府和社会资本合作管理的政府投资模式。第一，探讨基础设施建设的性质与特点，并从投资范围界定、投资特点、投资结构分析政府投资状况；第二，从财务、国民经济、风险、方案比较的角度来综合评估政府投资项目可行性；第三，从流程与合同管理进行项目招投标分析，并从施工阶段的进度控制、质量控制与投资控制介绍和分析工程建设监理状况；第四，从项目选择、项目后评估与项目收费来考察项目执行效果与项目收益状况。

第一节　基础设施建设与政府投资

一、基础设施建设的性质与特点

基础设施建设包括交通运输、港口、机场、通讯、桥梁、水利及供排水、供气、供电设施和提供无形产品或服务于科教文卫等部门所需的固定资产，它是一切企业、单位和居民生产经营工作和生活的共同的物质基础，是城市主体设施正常运行的保证，既是物质生产的重要条件也是劳动力再生产的重要条件。

(一)基础设施建设的性质

基础设施属于准公共物品。

按照保罗·萨缪尔森(Paul A. Samuelson)的定义，每个人消费公共物品或劳务不会导致别人对该种产品或劳务消费的减少。公共产品或劳务具有与私人产品或劳务显著不同的两个特征:消费的非竞争性和消费的非排他性。凡是可以由个别消费者所占有和享用,具有敌对性、排他性和可分性的产品就是私人产品。介于二者之间的产品称为准公共物品。

公共品[①]的两个重要特征具体如下:

(1)消费的非竞争性

消费的非竞争性是指该物品额外提供给一个人消费的时候不会减少任何人对该产品的消费数量和质量,也就是说提供额外一个人消费的边际成本为零。这就给公共物品的定价带来了困难。按照传统的经济学理论,厂商是追求利润最大化的个体,通过生产商品的边际成本等于边际收益来实现自身的利益最大化。价格因素失灵,厂商无法通过价格因素来选择供给数量,因而市场会出现产品供给不足或者干脆完全无供给的情况。因此,无法单纯以来企业来生产提供这类商品。

(2)消费的非排他性

消费的非排他性是一个人在消费这类产品时,无法排除他人也同时消费这类产品的特性,而且即使你不愿意消费这一产品,你也没有办法排斥。这里包含两方面的含义:第一种情况是这种消费的排他性是无法实现的;第二种情况是尽管排他性可以通过技术手段实现,但这种技术手段会造成高昂的社会成本,因而是不被允许的。

公共物品的这两种特性表明,它是一种供所有人共同消费的产品,非排他性说明任何消费者都可以作为一个"免费乘车者",免费且平等地享用公共物品,非竞争性说明当该产品生产出来之后,任何消费的增加都不会带来生产成本的增加,因而它可以免费地供所有消费者使用。公共物品的特性表明这种商品很难交由市场提供,应由政府通过财政资金加以保障。

以消费中的竞争性和排他性为标准,经济社会中的商品可以分为三类:纯公共物品、准公共物品和私人物品。纯公共物品既具有非排他性又具有非竞争性,它是整体意义上为社会成员生产,任何人都可以消费以满足自身的需要同时又不影响他人的利益。而私人物品既具有排他性又具有竞争性,它只能用于满足付费获得其所有权的人的需要,其他任何人不经其同意不能分享。

而现实中的经济物品是很复杂的,很多物品介于纯公共物品和私人物品之间,我们称之为准公共物品。这类物品往往具备不完全的竞争性或者不完全的排他性。准公共物品可以分为两类:一种是使用上具有非竞争性,但排他性是可以实现,如收费的高速公路,被称为俱乐部型公共物品;另一种是使用上具有非排他性,但是具有一定程

① 谈到公共品这个概念时,经济学家把某个东西归类为非公共品,并不意味着它就没有公共政策方面的经济争议。经济学家称为公共品的东西,也并非是完全非竞争的和非排他的(Taylor,2012)。

度的竞争性，如拥挤的开放式道路，称为拥挤型公共物品。

(二)基础设施建设的特点

基础设施作为准公共品的一种，具备一定程度的非排他性和非竞争性，但作为经济社会发展中起到基础促进作用的产品，它们还具备一些项目的个性特征。

1. 投资建设的超前性

基础设施所提供的公共服务是其他产业和服务发展的基础，只有在基础设施服务的基础之上，其他产业的生产经营活动才能够顺利地开展经营。实践表明，基础设施的完善可以有效促进经济整体的发展。同时由于基础设施建设项目建设投资大、成本高、使用周期较长，因而基础设施类项目的设计、投资、建设一般都具备一定超前性。

2. 整体的不可分割性

基础设施具有整体发挥作用的特点，通常情况下，基础设施只有达到一定的规模并成为一个整体时才能有效地提供服务，小规模的投资或基础设施的一部分难以单独发挥作用。

3. 自然垄断

自然垄断企业拥有一条不断下降的平均成本和边际成本曲线，也就是说自然垄断企业可以在很大的规模的基础上实现规模经济。现实中，基础设施的自然垄断性表现在三个方面：一是基础设施项目具有大规模的资本沉淀，需要进行一次性的大规模投资；二是基础设施服务一般具有地域性的特点，表现为就地生产，就地消费，地区间无法替代；三是规模经济，基础设施类项目随着基础设施服务供应量的增加，其边际成本逐渐递减。基础设施的这些特征，要求基础设施的投资建设必须建立在地区发展的长期规划的基础之上，由政府自己投资或者政府加以扶持引导，才能够很好实现基础设施服务领域的效率。

二、政府投资范围界定

保罗·萨缪尔森对投资的定义为“一年内一国的建筑物、设备及库存等资本存货的增加部分。投资意味着牺牲当前消费以增加未来消费”。他还指出，“经济学家将‘投资’定义为耐用资本品的生产。而在一般用法上，‘投资’通常是指诸如购买通用汽车公司股票或去开存款账户。为了避免混淆，经济学家将后者称为金融投资”。[①]

萨缪尔森抽象地总结了实物投资与金融投资的区别，但是政府投资的概念在西方经济学中没有统一的定义和权威的解读。部分文献将“政府投资”与“私人投资”相比较。除去私人投资，全社会投资中还包括政府作为投资主体的投资和国有企业作为投

① 保罗·萨缪尔森、威廉·诺德豪斯：《经济学》，商务印书馆 2014 年版。

资主体的投资，依据西方经济学的观点，“政府投资”应该包括政府和国企作为投资主体的投资，如图 7－1 所示。

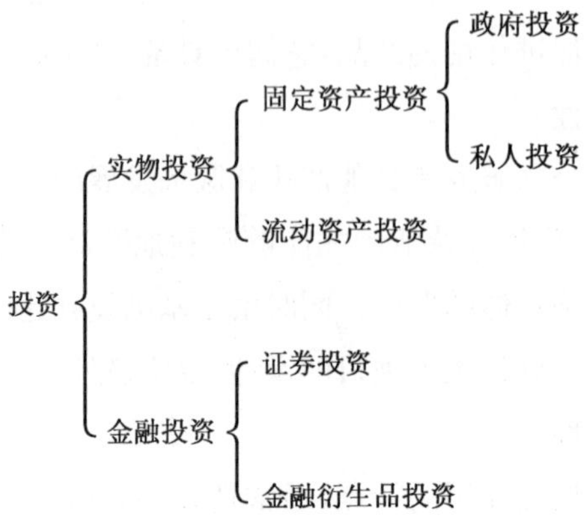

图 7－1　政府投资的范畴

我国政府投资范围的定义与内涵在实践过程中逐步完善。政府投资项目是改革开放后出现的新概念，一般来讲，政府投资项目是为了适应和推动国民经济或区域经济的发展，为了满足“人民日益增长的美好生活需要”，以及政府出于政治、国防等因素的考虑，由政府通过财政投资，发行国债或地方财政债券，利用外国政府赠款以及国家财政担保的国内外金融组织贷款等方式独资或合资兴建的固定资产投资项目。

在 20 世纪 90 年代，政府投资项目增加了财政内涵，其又称为财政性基本建设资金投资项目。财政部《财政性基本建设资金投资项目工程预、决算审查操作规程》(财基字〔1999〕37 号文)中明确指出：财政性基本建设资金投资项目指经政府职能部门批准立项，由各类财政性基本建设资金投资或部分投资的项目。财政性基本建设资金应该包括以下五项内容：(1)财政预算内基本建设资金；(2)财政预算内其他各项支出中用于基本建设项目的资金；(3)纳入财政预算管理专项基金中用于基本建设项目的资金；(4)财政预算外资金中用于基本建设项目的资金；(5)其他财政性基本建设基金。

1999 年，北京市人民政府京政发〔1999〕31 号文中明确了政府投资建设项目的概念。2000 年 3 月，深圳市政府在政府文件中提出政府投资项目这一概念，即政府投资项目是指利用市本级预算内资金、土地开发基金以及其他财政性资金所进行的固定资产投资建设项目。

2000 年财政部投资评审中心组织专家编写了《政府投资项目标底审查实务》①一书，正式提出了政府投资项目的定义：政府投资项目是指为了适应和推动国民经济或

① 财政部投资评审中心编：《政府投资项目标底审查实务》，经济科学出版社 2000 年版。

区域经济的发展，为了满足社会的文化、生活需要，以及出于政治、国防等因素的考虑，由政府通过财政投资，发行国债或地方财政债券，利用外国政府赠款以及国家财政担保的国内外金融组织的贷款等方式独资或合资兴建的固定资产投资项目。这个概念把政府投资项目的资金来源扩大为除了预算内和预算外的财政性资金外，还包括政策性贷款和债券以及来自外国政府和国际金融机构的贷款和赠款等。

党的十八大以来，党中央、国务院大力推进简政放权、放管结合、优化服务改革，投融资体制改革取得新的突破，投资项目审批范围大幅度缩减，投资管理工作重心逐步从事前审批转向过程服务和事中事后监管，企业投资自主权进一步落实，调动了社会资本积极性。同时，与政府职能转变和经济社会发展要求相比，投融资管理体制仍然存在一些问题，主要是：简政放权不协同、不到位，企业投资主体地位有待进一步确立；投资项目融资难融资贵问题较为突出，融资渠道需要进一步畅通；政府投资管理亟须创新，引导和带动作用有待进一步发挥；权力下放与配套制度建设不同步，事中事后监管和过程服务仍需加强；投资法制建设滞后，投资监管法治化水平亟待提高。为深化投融资体制改革，充分发挥投资对稳增长、调结构、惠民生的关键作用，2016 年 7 月 18 日，中共中央、国务院发布《中共中央国务院关于深化投融资体制改革的意见》[①]。这是我国历史上第一份由党中央国务院印发实施的投融资体制改革文件，明确了投融资体制改革的顶层设计，新一轮投融资体制改革全面展开。为了确保政府投资聚焦重点、精准发力，并落实《中共中央国务院关于深化投融资体制改革的意见》的重要制度建设成果，2019 年 5 月，国务院公布《政府投资条例》[②]，《政府投资条例》中对政府投资范围进行明确界定。“政府投资资金应当投向市场不能有效配置资源的社会公益服务、公共基础设施、农业农村、生态环境保护、重大科技进步、社会管理、国家安全等公共领域的项目，以非经营性项目为主。”并且政府投资应该着重强调它的非经营性质。政府投资的领域要反映社会需求与政府供给之间的关系，这种关系可能经常会发生变化。

综上所述，政府投资项目是为了适应和推动国民经济发展，满足社会的文化、生活需要，以及出于政治、国防等因素的考虑，由政府通过财政投资（包括发行国债或地方政府公债、通过证券市场融资、利用外国政府和国际金融机构的贷款和赠款以及行政事业性收入）兴建的固定资产投资项目。

特别需要指出的是，按照政府投资外延的大小，可以将政府投资分为广义的包括

---

① 中华人民共和国中央人民政府网（2016－07－18；网站 http://www.gov.cn/zhengce/2016－07/18/content_5092501.htm）。

② 中华人民共和国中央人民政府网（2019－05－05；网站 http://www.gov.cn/zhengce/content/2019－05/05/content_5388798.htm）。

以政府和国有企业为投资主体的政府投资，和狭义的仅包括以政府为投资主体的政府投资。按照现行的管理体制和已出台的管理办法，以国有企业为投资主体的投资是在国资委管理下的市场化投资，其投资目的之一是追求盈利最大化，有别于政府财政性资金的投资管理体制，需要进行专门、独立的研究。

三、我国政府投资特点

（一）相对规模持续下降

新中国成立以后，为了尽快把我国建设成社会主义强国，中国政府一直非常重视投资建设，在建设领域投入了大量的资金，从 1950 年到 1979 年以前，在财政统收统支体制下，国家预算内投资占全民所有制企业投资的比率平均为 75%，高的年份达 85%以上，其中基本建设投资高的年份达 90%以上。在改革开放后，以 1981 年为例，来自国家预算内资金的投资占全社会固定资产总投资仍然接近 30%。这些投资虽然对促进我国经济和社会的全面发展、壮大国家综合实力、提高人民生活水平起到了极其重要的作用，但是在传统的投资体制下，国家不仅在投资主体上占据垄断地位，投资资金的使用方向也由中央政府的主管部门严格控制，充分地体现政府的意志。资金来源单一，使用集中是计划阶段中国投资的主要特征。

改革开放以来，国家对原有的投资体制进行了一系列改革，打破了传统计划经济体制下高度集中的投资管理模式，初步形成了投资主体多元化、资金来源多渠道、投资方式多样化、项目建设市场化的新格局。1979 年以后，我国开始推进财政分配体制的改革，传统的统收统支被财政"分灶吃饭"和"基数包干"的改革所取代。中央财政预算内资金相当一部分改为"拨改贷"资金、地方部门以及企业筹集资金，投资项目的资金来源渠道也大大扩展。1981—1988 年，国家预算内投资的年均增长速度只有 5.9%，而国内贷款的年均增长速度达 33.3%，自筹及其他投资的年均增长也保持了 22.7% 的速度。此外，国家进一步放宽了项目的计划管理权限，确定了吸引和利用外资的政策等。

2004 年国务院颁布的《关于投资体制改革的决定》(国发〔2004〕20 号)[①]指出："政府投资主要用于关系国家安全和市场不能有效配置资源的经济和社会领域，包括加强公益性和公共基础设施建设，保护和改善生态环境，促进欠发达地区的经济和社会发展，推进科技进步和高新技术产业化。能够由社会投资建设的项目，尽可能利用社会资金建设"。2016 年 7 月 18 日，《中共中央国务院关于深化投融资体制改革的意见》

---

① 中华人民共和国中央人民政府网（2005－08－12；网站 http://www.gov.cn/zwgk/2005－08/12/content_21939.htm）。

要求“投资项目审批范围大幅度缩减，投资管理工作重心逐步从事前审批转向过程服务和事中事后监管，企业投资自主权进一步落实，调动了社会资本积极性。”同时《中共中央国务院关于深化投融资体制改革的意见》也规定了政府以非经营性项目为主，原则上不支持经营性项目。建立政府投资范围定期评估调整机制，不断优化投资方向和结构，提高投资效率。通过众多的法规条例，限定了政府投资规模，优化了政府投资结构，使得政府投资占全社会固定资产总投资的比重呈下降趋势。以图7—2为例，全社会固定资产投资中国家预算内资金呈现稳态上升，但占全社会固定资产投资比重在2001年后均在6%以下，政府的投资规模比重下降。图7—3与7—4反映了1999—2019年全社会固定资产投资完成额与增速情况，1999—2012年，全社会固定资产投资年均增长21%；2013—2019年，全社会固定资产投资年均增长10.1%。根据国家统计局数据，2019年全社会固定资产投资560 874亿元，同比增长5.1%(2019年增速按可比口径计算)。

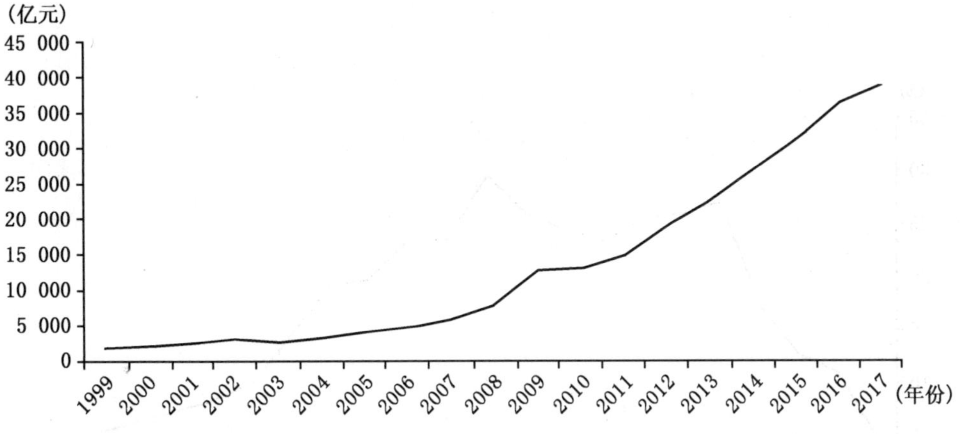

数据来源：国家统计局(数据更新至2017年)。

图7—2　全社会固定资产投资中国家预算内资金

(二)绝对规模呈一定的波动性

政府投资不仅是促进经济社会发展的直接手段，也逐渐成为政府宏观调控的重要工具。在我国，政府投资的主要资金不仅来源于预算内资金，还来源于发行长期建设国债所募集的资金。因此，在我国财政报告中国债发行额指中央政府为了实现经济稳定健康增长，促进社会全面发展，实施了以扩大内需拉动经济增长，推动结构调整，因此我们运用国债发行额来衡量政府投资的绝对规模。

从图7—5中可以看出，1998年7月之后，我国采取积极财政政策，国债资金投入稳步增加。在2003年以后，我国经济已开始从复苏走向繁荣，积极财政政策逐渐淡

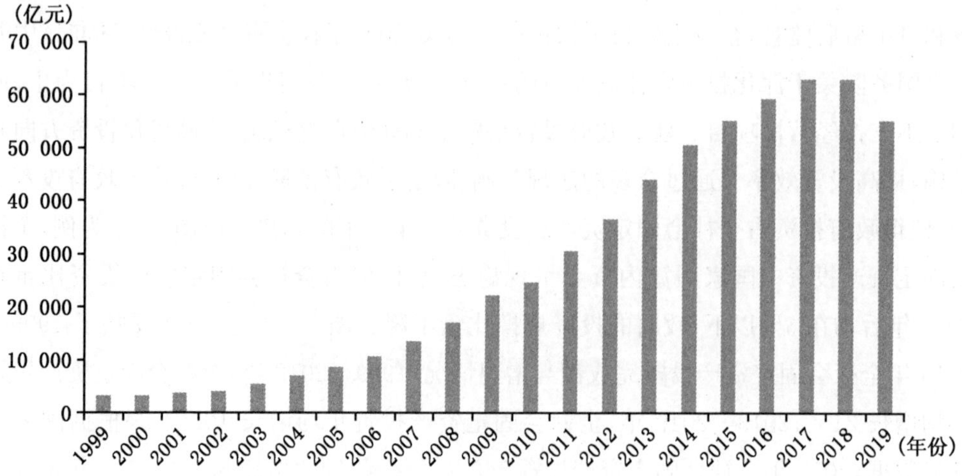

数据来源:国家统计局。

图 7—3　全社会固定资产投资完成额

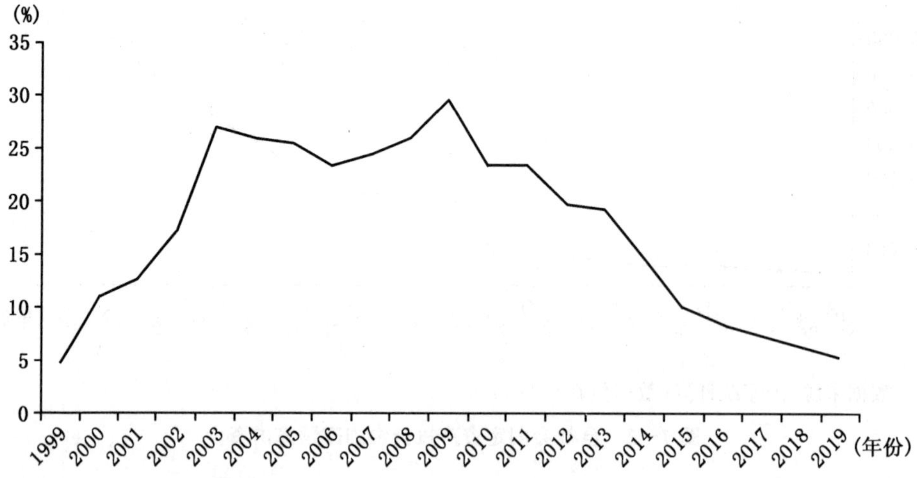

数据来源:国家统计局。

图 7—4　全社会固定资产投资增速情况

出,国债资金也趋于减少。2006 年起,我国取消代地方政府发行国债。2009 年,为应对全球金融危机,中央财政再次代地方政府发行国债,在 2014 之后,国债发行额上升趋势明显。总之,1999 年以来,由于赤字型国债和增支型国债交织在一起,形成中国国债发行的快速扩张期,国债在国民经济中的作用与日俱增。

(三)政府投资应对突发事件

应对突发事件,政府投资往往能够带动经济增长。例如 2008 年为了应对经济危

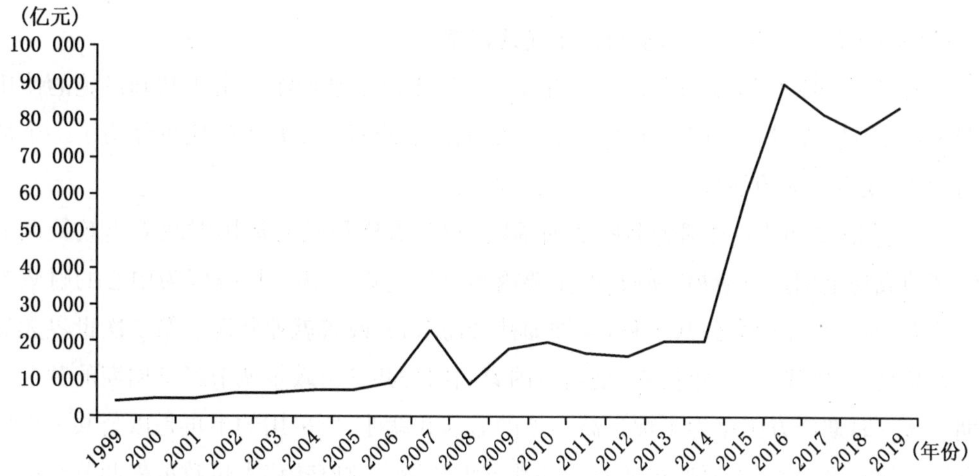

数据来源:国家统计局。

图 7—5　国债发行额

机,扩大政府公共投资,增加政府支出,投资"四万亿元"加大基础设施建设。以房地产市场为例,政府加快建设保障性安居工程。加大对廉租住房建设支持力度,加快棚户区改造,实施游牧民定居工程,扩大农村危房改造试点。2020 年,受国内外复杂因素及新冠肺炎疫情的影响,中国经济的下行压力在加大。中央和地方加快部署"新基建",发挥投资在经济增长中的关键作用。从另一个角度看,中国经济要加快推动传统产业转型升级,不断壮大新兴产业,打造经济发展新动能,离不开信息化、智能化、数字化的强力支撑。

(四)政府投资满足人民需求提升投资效率

党的十九大报告明确指出:"中国特色社会主义进入新时代,我国社会主要矛盾已经转化为人民日益增长的美好生活需要和不平衡不充分的发展之间的矛盾"。政府投资激励解决这一矛盾,人民健康是民族昌盛和国家富强的重要标志。新中国成立后特别是改革开放以来,我国卫生健康领域改革发展成绩显著,城乡环境面貌明显改善,全民健身运动蓬勃发展,医疗卫生服务体系日益健全,人民健康水平和身体素质持续提高。针对 2020 年新冠肺炎疫情,政府大力鼓励社会力量举办基层医疗机构,夯实基层卫生服务数量,解决看病就医都往三级医院跑的问题;同时大力发展商业保险,政府保基本、兜底线,通过发展商业保险给参保者提供医疗服务,形成良性互动,最终形成数量足够大的、充分竞争的医疗服务体系。医疗领域应该成为"新基建"的重要内容,医疗投资对吸引社会投资、恢复民众信心、拉动国内需求上有重要作用,医疗行业的投资重点建议放在家庭医生制度建设、尖端医疗装备方面的基础研发和高端医药研发等方面。

（五）我国投资规模与比重均高于发达国家

大多数 OECD 国家都在第二次世界大战后重建基础设施。由于基础设施的使用期较长，因此，在过去的四十年中，发达国家的政府投资占 *GDP* 的比重经历了一个从高到低，逐步下降的趋势。

20 世纪 30 年代，美国著名的罗斯福"新政"，堪称是政府运用财政支出政策调节经济的成功范例。罗斯福"新政"的主要内容是实行以公共工程投资为中心的财政支出政策，通过兴办社会公共工程，来增加社会需求，并改善就业状况。第二次世界大战后尤其是 60 年代至 70 年代初，是西方国家利用公共支出政策调节经济周期的黄金时期。这一时期西方国家为了促进高水平的需求和就业，所采用的不再是以公共工程投资为主的政策，转而主要通过政府消耗性支出政策和政府转移支付政策来调节经济周期和促进国民收入的增长。这一时期，西方各国的消费性财政支出快速增长，并成为推动财政支出增长的主要因素。1960 年，主要工业国家政府转移支出和补贴支出平均占 *GDP* 的比例大约为 8%，1980 年上升到 17%。

直到 20 世纪 70 年代初，西方国家所奉行的以政府消费性公共支出为中心的财政支出政策获得了成功。然而，从 70 年代中期开始，西方国家步入了经济增长缓慢，通货膨胀压力增大，失业率上升的尴尬境地。对于这一前后矛盾的结果，西方经济学界有各种解释，其中最为流行的观点认为，与公共支出的乘数效应相对立的挤出效应的存在是最主要的原因。许多经济学家对包括公共投资政策在内的财政支出政策作用产生了怀疑。这种怀疑在西方国家的实际政策中得到体现，从 70 年代末开始，西方国家转而实行紧缩性财政政策，严格限制预算支出的增长。但由于消费性支出的刚性作用，主要工业国家政府转移支出和补贴支出仍然出现增长，其占财政支出的比重由 1980 年的 17%上升为 1992 年的 21%，实际上公共投资成为紧缩财政的对象。

从发达国家当前的政府投资规模比重来看，远低于中国政府投资。以 2019 年为例，我国政府投资，即一般公共预算支出 238 874 亿元，占 *GDP* 比重高达 24%，高于所有 OECD 国家和多数发展中国家。我们认为目前我国政府投资规模的比重基本是合理的。这是因为，从发达国家经验来看，政府职能经历了从以经济性公共服务（政府投资）为主，逐步扩展到以社会性公共服务（收入再分配）为主的阶段。虽然我国目前正在转变政府职能，但是从总体上看，基础设施短缺仍是制约经济发展的因素，经济性公共服务仍然是政府公共服务的主要方面。只有保证一定规模的政府财政投资水平，才能切实做到改善民生，缩小地区间发展差距，并促进经济发展。

四、我国政府投资结构

随着经济的发展，近几年，我国政府投资的结构在不断调整和转型。例如，国务院总理李克强在第十三届全国人民代表大会第一次会议上所做的《政府工作报告》指出，2019 年政府应优化投资结构，鼓励民间投资，发挥政府投资撬动作用，引导更多资金投向强基础、增后劲、惠民生领域。

（一）从投资类型来看，第三产业投资日益增加

新中国成立之初，我国产业基础十分薄弱，1952 年，农业增加值占 *GDP* 比重为 50.5%，农业吸纳了 83.5%的就业人口。之后，按照当时环境和现实需要，我国主要实行“重点发展重工业”的方针，同时配以农产品统购统销政策，促进了工业积累。1978 年，农业增加值比重降至 27.7%，就业比重降至 70.5%。改革开放后，人民群众生产积极性得到发挥，社会主义市场经济体制逐步建立，生产力迅速解放和发展，产业结构深刻调整。2011 年，第三产业就业比重提高到 35.7%，首次超过第一产业，成为就业最多的产业；2012 年，第三产业增加值比重提高至 45.5%，首次超过第二产业，成为增加值最大的产业。党的十八大以来，我国经济发展步入新阶段，经济结构战略性调整和转型升级加快推进，三次产业发展协调性显著增强。2018 年，第一、二、三产业增加值比重分别为 7.2%、40.7%、52.2%；就业比重分别为 26.1%、27.6%、46.3%，其中第三产业增加值比重和就业比重分别比 1952 年上升 23.5 和 37.2 个百分点。

投资一直是 70 年来经济发展的重要驱动力量之一，1978 年全国资本形成率为 38.9%，2011 年升至 48%，达到改革开放以来的峰值。十八大以来，经济增长向消费、投资、出口三大动力协调驱动转变。2018 年，全国资本形成率为 44.9%，资本形成总额对经济增长的贡献率为 32.4%，有效投资与消费升级良性互动的局面正逐渐形成。

十八大以来，固定资产投资补短板、强弱项、增动能作用更加明显，结构更加优化，质量更加提高。2013 年至 2018 年，高技术产业投资年均增长 16.9%，增速比全社会投资高 6.2 个百分点。其中，高技术制造业投资年均增长 15%，增速比全部制造业投资高 5.4 个百分点；高技术服务业投资年均增长 20.3%，增速比全部服务业投资高 8.2 个百分点。

（二）从政府级次来看，省以下政府投资比重较大，且风险不断提升

其一，从政府投资主体内部结构看，中央政府投资主体地位下降，地方政府投资主体地位上升。改革开放前，我国实行高度的计划经济体制，政府所有的财权财力、投资决策权和资金分配权都高度集中于中央政府，地方政府既没有独立的投资决策权，也无独立的财权和财力进行投资建设，中央政府是政府投资唯一的一元的投资主体。改革开放后，伴随着中央对地方简政放权、地方财政包干制、中央与地方财政“分税制”改

革措施的逐步推行，地方政府开始拥有自身独立的财源、财力、财权和相对独立的投资决策权和收益权，成为独立的政府投资主体。伴随着政府财政收入分配格局向地方政府倾斜，地方政府在政府投资主体整体结构中的地位快速上升，并超过中央政府，成为政府投资主体中的主导力量，在 2004 年政府投资资金来源中，中央政府投资占全部政府投资的比重仅约占 25.2%，地方政府投资所占比重达到 74.8%。

其二，2009 年以后，地方项目投资快速增长。其主要原因一方面是由于国民经济持续快速增长，市场需求不断扩大，加之国内投资环境不断改善，激发了各类市场主体的投资意愿，投资增长的自主性因素不断加强；另一方面也受地方政府行政推动的影响，一些地方片面追求增长速度，招商引资、上项目搞建设的积极性很高，存在一种投资扩张的内在冲动。随着 2009 年以来政府的 4 万亿元投资，政府投资结构增速的迅速攀升以及投资结构的显著变化，在很大程度上造成了固定资产投资规模偏大、投资增速过高、投资结构不合理的矛盾。

其三，近年来地方政府投融资平台迅速发展，促进了地方政府投资的迅猛增长。地方政府投融资平台是指地方政府发起设立，通过划拨土地、股权、规费、国债等资产，迅速包装出一个资产和现金流均可达融资标准的公司，必要时再辅之以财政补贴作为还款承诺，以实现承接各路资金的目的，进而将资金运用于市政建设、公用事业等肥瘠不一的项目。

因地方政府以提供政府信用为其各类融资业务进行背书，投融资平台的偿债能力和信用突出，其融资业务在资本市场一向深受追捧，在这个过程中，投融资平台过度融资的冲动也得到充分释放。为完成融资业务，地方政府、平台以及金融机构三方默契一致，因而重复抵押、平台互保、违规放款等种种不规范的情况屡屡发生。

无论是中央政府债务，地方政府债务，还是地方政府投融资平台，均不断发展，相比中央政府，地方政府的举债更多，投资比重也会更大。财政部数据显示，截至 2019 年 11 月底，中央政府债务余额 16.28 万亿元，地方政府债务余额 21.33 万亿元，合计 37.6 万亿。与政府关系紧密的城投债余额 7.8 万亿元。中国政府部门杠杆率在国际上处于中等水平。中国当前的政府债务形势是显性债务风险整体可控，杠杆率处于国际中等水平，但地方政府隐性债务规模庞大，青海、贵州、海南等省风险较大。

总之，我国政府债务风险主要是地方债务风险，尤其是两大领域的风险：一是部分地区经济不发达、产业落后、营商环境较差、老龄化率高，财政能力弱而负债高；二是地方隐性债务风险，规模大、不透明。经历近年来中央强化问责、举债终身追责、债务置换等治理措施，地方政府举债逐步规范、债务规模增速下行，但是存量债务集中到期、增量债务控制的体制机制尚未根本性建立的问题凸显。

(三)从投资地点来看,近年来中西部的政府投资占比较高

政府区域投资衡量的角度可以有两个:中央财政投资的地区分布结构和地方投资总量的资金来源构成结构。具体可以分别通过各地区获得的中央投资总量和各地区人均占有中央财政预算内投资的比重指标以及各地区投资总量中的中央投资所占比重指标来反映。从政府投资的区域分布来看,改革开放以来,明显表现出彼此相向的两个阶段。从1978年到20世纪90年代中后期,政府投资布局的重点明显由内地向东部沿海地带倾斜。20世纪90年代后期,特别是新世纪初西部大开发战略实施以来,中央政府加大了对中西部重点建设投资的力度,逐步增加了中西部基础设施投资的比重,表现在西部地区获得的预算内投资总量和人均占有量均有增加。2020年5月17日,中共中央国务院《关于新时代推进西部大开发形成新格局的指导意见》发布,这是今后一阶段西部大开发的纲领性文件,是西部大开发2.0升级版,这更加提升了政府投资西部的力度。自2000年起,西部地区人均占有国家预算内财政投资已开始超过中部地区,也超过了东部地区。因此,目前国家财政投资的重点已经转到了西部地区。通过图7—6可知未来中西部省份仍将维持较高投资增速,"一带一路"和大基建或是主要发力点。通过梳理地方经济规划,可以发现,分区域而言,中西部省份仍将维持较高投资增速以拉动经济增长,其中,依托"一带一路"政策利好、加强基础设施建设成为政府规划的热门关键词。近年来,尽管投资增速日趋下行,但投资占*GDP*比重仍在持续增长,投资对经济的支持作用依然较强,中西部省份(特别是西部省份)的高速增长,仍然主要基于投资驱动的逻辑。从投资占*GDP*的比重来看,中西部省份投资占比普遍高企,其中,青海、甘肃、西藏、宁夏、新疆位列全国前五,投资占比均超过110%,投资已经成为拉动中西部*GDP*增长的主要贡献。

图7—7展示了各地区固定资产投资累计同比,相比于东北,中部与西部的固定资产投资累计同比较高。从2020年政策导向来看,西部大开发2.0升级版[①]与"一带一路"是未来经济重要发力点,对部分中西部省份基建投资、对外贸易和产业发展将产生巨大推动作用。在经过多年的筹备规划后,"一带一路"整体布局已经成型。"一带一路"倡议下的区域开放平台,不仅有利于相关中西部地区扩大基础设施建设投资,更能够扩大与沿线国家和地区的经贸合作,形成区域产业协同融合和资源互补共享。从当前"一带一路"主要规划来看,几乎西部所有省份都将显著获益。

---

① 《中共中央国务院关于新时代推进西部大开发形成新格局的指导意见》,中华人民共和国中央人民政府网(2020—05—17;网站 http://www.gov.cn/gongbao/content/2020/content_5515272.htm)。

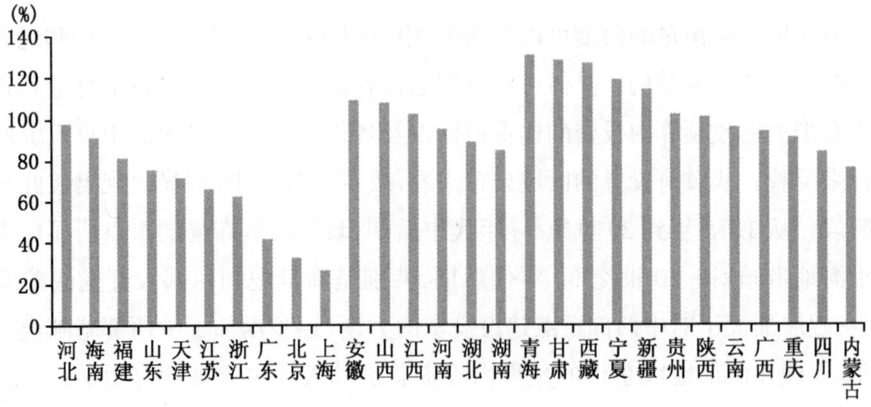

数据来源：Wind 数据库。

图 7—6 2017 年各地区投资占 *GDP* 比重

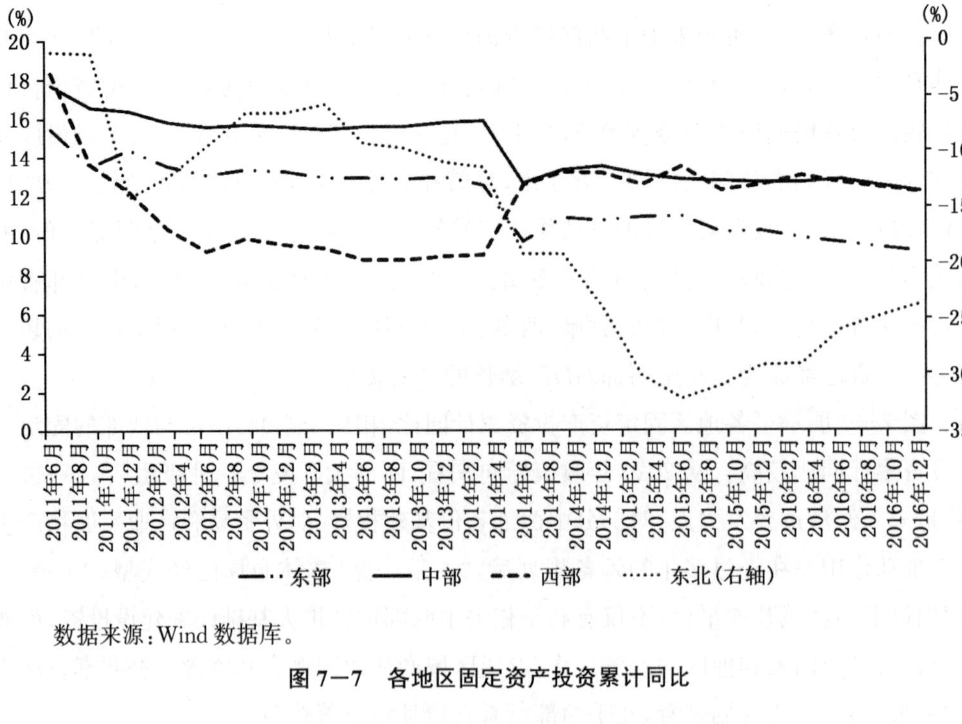

数据来源：Wind 数据库。

图 7—7 各地区固定资产投资累计同比

第二节　投资项目的可行性论证

一、投资项目财务评价

运用成本效益分析法选择最优的财政支出项目，一般要经过以下几个步骤：首先，根据政府确定的目标，提出若干备选项目；其次，就每一个项目，组织专家进行设计分析，制定备选方案，详列各备选方案的成本与效益；第三，运用恰当的评估方法，从各备选方案中选择出最佳方案，确定支出项目。

成本效益的评估方法一般而言，有如下三种：

（一）净效益现值法（即 Net Present Value，简称 *NPV* 法）

将项目长时期内各年的效益和成本数量化后，选择适当的社会贴现率，分别折算为现值，并将效益现值减去成本现值而求得净效益。其公式是：

$$NPV=\sum_{t=0}^{n}\frac{B_t}{(1+i)^t}-\sum_{t=0}^{n}\frac{C_t}{(1+i)^t}=\sum_{t=0}^{n}\frac{B_t-C_t}{(1+i)^t} \tag{1}$$

其中：B_t 是 t 年的效益的货币值，C_t 是 t 年的成本的货币值，n 为支出项目的年限，i 为贴现率。

NPV 法是最常用的投资标准，就单个项目，如果 $NPV\geqslant0$，则支出有效率，项目可行；如果 $NPV<0$，则项目不可行。几个项目比较时，选择 *NPV* 最大者。

（二）内部报酬率法（即 Internal Rate of Return，简称 *IRR* 法）

使未来各年"效益的贴现值总和"等于"投入成本的贴现值总和"的那种贴现率。也就是说，*IRR* 的贴现率能使 $NPV=0$，它是方案本身的投资报酬率。其公式为：

$$0=\sum_{t=0}^{n}\frac{B_t}{(1+IRR)^t}-\sum_{t=0}^{n}\frac{C_t}{(1+IRR)^t}=\sum_{t=0}^{n}\frac{B_t-C_t}{(1+IRR)^t}$$

其中：B_t、C_t、n 与(1)式同，都是已知数，*IRR* 需要通过解方程得出。如果 *IRR* 等于或超过所期望的报酬率时，投资就有效率，项目就可行；如果小于，项目不可行。几个项目排序时，具有较高内部报酬率的项目应优先考虑。

（三）效益成本比率法（Benefit-Cost Ratio，简称 BCR 法）

是在各支出方案的成本效益数量化后，折为现值，求出效益现值与成本现值的相对数，作为决策依据。其公式为：

$$NI=B/C=\sum_{t=0}^{n}\frac{B_t}{(1+i)^t}\Big/\sum_{t=0}^{n}\frac{C_t}{(1+i)^t}$$

该公式的应用很简单。当 $B/C \geqslant 1$ 时，项目方案可行；当 $B/C < 1$ 时，则不可行。几个方案比较时，正效益成本比最高者为最佳方案。

例如，有两个项目 A、B，有关数据见表 7－1，假定贴现率为 10％。

表 7—1　　项目成本效益情况　　单位：元

项　目	最初成本	净效益		
		第一年	第二年	第三年
A	－20 000	11 800	13 240	
B	－9 000	1 200	6 000	6 000

（1）*NPV* 法：

$NPV_A = -20\ 000 + 11\ 800/(1+10\%) + 13\ 240/(1+10\%)^2 = 1\ 669$

$NPV_B = -9\ 000 + 1\ 200/(1+10\%) + 6\ 000/(1+10\%)^2 + 6\ 000/(1+10\%)^3 = 1\ 557$

（2）*IRR* 法：

项目（A）：$0 = -20\ 000 + 11\ 800/(1+IRR) + 13\ 240/(1+IRR)^2$

解出得：$IRR_A = 16.04\%$

项目（B）：$0 = -9\ 000 + 1\ 200/(1+IRR) + 6\ 000/(1+IRR)^2 + 6\ 000/(1+IRR)^3$

解出得：$IRR_B = 17.88\%$

（3）BCR 法：

$B/C_A = [11\ 800/(1+10\%) + 13\ 240/(1+10\%)^2]/20\ 000 = 1.08$

$B/C_B = [1\ 200/(1+10\%) + 6\ 000/(1+10\%)^2 + 6\ 000/(1+10\%)^3]/9\ 000 = 1.17$

（四）对几种方法的评价

IRR 法是三种方法中运用较少的一种方法，它的缺陷相对较多。首先，如果净效益流上下波动，时而出现负值，那么解决上述问题的内部报酬率可能不止一个，运用这种方法将无法作出决策。其次，内部报酬率假定在整个项目过程中只有单一的贴现率，有时不适应成本效益分析的要求。如果支出的决策者认为在项目的后几年整个社会的资金会趋于紧张，需提高内部报酬率才能弥补其机会成本，用 *IRR* 法就无法得出项目是否可行的结论。当然，相比于 *NPV* 法和 BCR 法，*IRR* 法最大的优点莫过于可避免贴现率的确定问题。

用 *IRR* 法与 *NPV* 法，有时会得出不同的结论，可行性难以判定。从表 7－1 的数据中可以看出，若以 *IRR* 法作为决策依据，我们应选择 B 方案，因为 B 方案的内部

报酬率 IRR_B=17.88%>A 方案的内部报酬率 IRR_A=16.04%;但若以 *NPV* 法来衡量,答案就应是 A 方案,因为 $NPV_A > NPV_B$,究竟应如何决策呢? *IRR* 法和 *NPV* 法为何会出现这种矛盾呢? 其实,矛盾产生于贴现率的选择问题。通过计算,我们可以得出一个使 A 的净效益现值与 B 的净效益现值相一致的贴现率,在本题中是 11.53%,在运用 *NPV* 法时,若选择的贴现率>11.53%,*NPV* 法与 *IRR* 法的结论就会一致;若选择的贴现率<11.53%,两种方法会产生相悖的结果。如在 *NPV* 法中,我们确定贴现率为 15%,则 *NPV*(A)=272.2 元,*NPV*(B)=525.4 元,方案 B 优于方案 A,结果与 *IRR* 法一致。由此可见,我们可以根据选用恰当贴现率的 *NPV* 标准作出决策,因为解决 *IRR* 的矛盾结论,就相当于采用 *NPV* 的不同贴现率。正是由于这些原因及其他一些原因,*NPV* 法未被普遍应用。

NPV 法与 BCR 法通常认为是一致的,因为 $B-C\geqslant 0$,必然意味着 $B/C\geqslant 1$。但 *NPV* 法相对于 BCR 法显得更优,这主要是由于以下几点:

第一,效益成本比率对效益限界和成本限界的敏感度不同。从理论上讲,同量的正效益与同量的负成本似乎是等同的,但计算比率时,同一个数字加在分子上或从分母中减去,得出的结果不同。这种困难显见于外部效应的估计中,如减少环境污染,对社会来说,是正的效益(分子增加),还是负成本(分母减少)呢? 因此,可以通过对收益和成本的有意分类,人为地变动一个项目的效益成本比率。例如有两个项目,项目 A:效益现值为 2.5,成本现值为 1;项目 B:效益现值为 2,成本现值为 1,则 $B/C_A=2.5>B/C_B=2$,选择项目 A;若方案计算者发现 A 项目多计了收益 0.4,则 $B/C_A=2.1/1=2.1$,A 仍优于 B;若决策者视其为成本的增加,则 $B/C_A=2.5/1.4=1.79$,B 方案成了较优方案。但这对于 *NPV* 法并没有任何的影响,因为它依据的是效益和成本之间的差额,而不是它们之间的比率。

第二,由于效益成本比率是一个相对的指标,显示的是每元成本所能产生的效益,因此,在项目规模大小不一且只能选一个项目时,效益成本比率可能导致错误的结论。如在例题中,按 BCR 法,应选择项目 B,但我们知道项目 B 的净现值小于项目 A 的净现值,因而在有投资预算限制的情况下,应采纳项目 A。一般来说,当两个项目是互相排斥的,也就是说只能选择一个时,往往采用 *NPV* 法;若是独立项目选择时,往往采用 BCR 法,直至预算用完。当然,贴现率的选择对两者都是极为重要的,不同的贴现率将会导致不同的排序。

二、投资项目国民经济评价

一个项目的建设,需要社会为之付出代价,但这些成本并不一定都能在项目的直接成本中反映出来。外部成本与效益分析,作为内在成本与效益分析不可缺少的补充，在公共支出决策中具有重要的作用。外部成本与效益分析的引入，使得整个评估从国家角度出发，分析项目对国家的成本与效益之间的关系，评价项目对国家资源的耗费和利益之间的关系，进而评价项目对国民经济发展的贡献，考察支出行为的合理性。

外部成本通常无法衡量，要通过间接的方式进入成本效益分析模型，主要有定性分析和定量分析两种方法。

(一)定性分析

成本效益分析中难以用数量进行分析的部分应尽可能明确地单列出来，其中若干最重要的还须作专题探讨，探讨中应保持科学的、中立的观点。例如，建造某项防洪工程，首先我们将该项工程的内在成本以及有关成本的各个因素尽量列举出来，同时将可能产生的效益(内在和外部效益)列举出来。如对于防洪工程，其直接的内在成本是建造投入的人力、物力，本项目的管理、维修费用，外部成本分为：田野的损失，由于修筑工程破坏了水的正常活动带来的生态平衡的破坏，水的转向阻碍了交通，等等。同样，效益也可分为内在效益和外部效益。内在效益是指农产品的增产，水力发电；外部效益如美化环境，增进人民健康，减少土壤的侵蚀，促进渔业的发展，等等。在明确地列举了各项成本与效益之后，将能以货币形式衡量的(往往是内在成本与内在效益)列为一组；对于列举多个因素而不能以货币单位表示的，可以分为几组，进行分组定性分析。在上例中我们可以将各因素概括为两组指标进行对比：a. 内在成本与内在效益。b. 外部成本与效益。还可以进一步将每一组细分为若干个分指标进行定性分析。

(二)定量分析

外部成本有的是有形的，可以直接量化进模型；有的是无形的，不能由市场价格派生，需要以间接方法估值。下文分别举例说明，以提供基本思路。

(1)直接量化模型。如果一项目引起外部成本存在投入产出市场，就可以市场价格为基础调整得出边际社会成本。例如某地新建一家化工厂，污染了水质，人们为了提高饮用水的质量，而花费更多的货币购买纯净水。由于纯净水存在着市场价格，我们可以市场价格为基础对纯净水进行计量，从而直接估算出人们多花费的货币值，作为该项目所产生的外部成本，并入成本效益模型一并考虑。

(2)时间的估值。假定政府修建一项工程，阻碍了当地交通，使人们只能绕道而行，这部分多花的时间应纳入外部成本。对之应如何估价呢？一种可选择的方法是运用收入—闲暇理论。在这个理论模型中，人们根据无差异曲线和收入—闲暇预算线的切点来确定自身的工作时间，即停在对闲暇的主观评价与多工作一小时的税后工资相等的那一点。因此，可以用税后工资来估值多花的时间。另一种方法是用各种运输方式的不同速度的差价来估值。假定人们既可以乘汽车也可以走路去上班，乘汽车要花钱但节省时间。通过观察人们愿意为乘汽车而额外多付的货币，可以推算出为了节省时间人们愿意多付多少钱，从而得出时间的估值。

(3)生命的估值。一般认为，人的生命是宝贵的，为了救困境中的人们，政府可以不计代价动用大量的人力、物力、财力。但这会给成本效益分析带来难度。如果生命的价值无穷大，那么任何一个项目都可能由于加入了这一外部成本，而变得不可行。在成本效益分析中，必须给生命估价，主要有两种方法：一是个人收入流净现值法，即将个人能获得的各项收入减去个人的日常生活耗费，并折算成现值。二是通过个人为改变死亡概率而愿意付出的价值来估算。如选择职业，不同领域的职业风险可能不同，假定对两个就业条件完全相同，但选择了不同风险程度的职业的职工进行比较。从事高风险工作职工的工资往往高于低风险职工，以此作为高风险的风险溢酬。可以用两种职业的工资差别，来估算人们对降低死亡概率的价值判断。

(4)社会效益减少的估值。成本是一种负效益，可以通过效益的减少来衡量。在公共项目的支出使社会某种效益减少的情况下，也就是说，当公共措施使原有的社会效益降低时，这种效益的降低可作为社会成本。例如，灌溉工程的修建破坏了当地的自然风光，使旅游收入下降，该项目的一部分外部成本可以旅游事业收入的减少为基础估算得出。

三、投资项目的不确定性分析

塔科马海峡大桥的坍塌，阿波罗 13 号登月任务没能完成预期计划，美国的辛辛那提地铁系统报废，美国哥伦比亚号航天飞机在重返地球时爆炸，众多的公共工程的结果是不确定的。如果一个政府支出项目的成本或效益难以确定，比如，一个实验性的工作培训计划也许可以相当成功地取得高的效益，使受训者的收入增加很多，也可能由于微不足道或没有效益而惨遭失败，该如何对成本和效益进行调整并纳入成本效益分析呢？这正是本节要讨论的问题。

(一)风险产生的种种原因

任何项目都存在风险。所谓风险，又称不确定性，可以被认为是投资决策的实际结局可能偏离它的期望结局的程度。进行成本效益分析时，对项目的评价是建立在预期的基础之上的，计算中采用的任何数据都只是估计值，而将来的实际情况或多或少将与预测发生差异，从而使支出决策在变化的条件下失去价值。因此，引入风险分析的目的，是为了增加决策对不断变动的环境的适应能力。产生风险的原因是复杂的，主要有以下几点：

(1)投入产出物价格的变化。价格受各种社会和经济因素的影响而变化。一般重大的公共支出项目建设周期长，建成投产后的寿命期也较长，项目的投入、产出物的价格会随着时间的变化而变化，如价格调整和通货膨胀等因素都会对物价的变动产生影响。投入物价格的变化会引起项目成本的变化，产出物价格的变化也会引起项目收益的变化。成本效益分析中成本和效益发生了变化，整个项目的可行性很可能会改变。价格变动是构成项目效益不确定性的最重要原因。

(2)市场需求和产品竞争能力的变化。我们知道，在市场经济条件下，市场供需状况瞬息万变，新产品不断出现，这将导致产品竞争能力的变化，从而影响整个项目的效益。企业生产的产品如此，公共支出项目提供的产品同样如此。比如政府为了美化环境，丰富小区人民的精神生活，在街心造了一个花园，只以低廉的价格收取门票，着重于街心花园给人们带来的无形财富。不久，有娱乐公司在附近投资建造了一大型娱乐园，设施、环境等均为一流，虽然收费较贵，但人们仍觉得去娱乐园效用较大。久而久之，政府修建的花园由于在竞争中处于不利地位而逐渐被人们遗忘，更谈不上给人们带来巨大的外部效益。由于对市场需求和竞争情况的估计不足，导致了该项目的支出失败。

(3)宏观环境的变化。全球“气候”是公共支出决策的前提之一，政治环境与经济形势变化，会给支出项目带来风险。如果世界处于动荡时期，局部战争不断，南北双方剑拔弩张，大国军备竞赛连连升级，此时，政府国防支出将大大增加，虽然耗费巨大，但相对于国家的主权，人民生命财产安全而言，则显得微不足道。相反，如果世界处于和平时期，各国人民潜心致力于本国的经济发展，各国政府不同程度地削减军费开支，此时，就需重新进行国防开支的成本效益分析。

(4)自然环境的变化。自然环境通常是人力所不能抗拒的外生变量，包括地理条件、自然资源、气候变化、自然灾害等。人们总是生活在一定的自然之中，自然环境自始至终起着作用。例如政府投资海上石油开发，自然风险就是关键的不确定因素。开发之前，勘探人员必须测量石油的储量、确切位置和可开采量，但这些数据通常只是约数或是概率，到底石油的含量是多少，深度有多深，只有在实际开发中才能逐渐明确。在实际开采中，可能出现意料之外的困难，恶劣的天气或海上的大风暴都有可能阻碍正常生产的进行。所以，在决策前必须将风险充分考虑到方案中去，采取预防措施。

其他原因，如技术的变化，建设周期和投资费用的变化等等，都会使项目面临时时变动的威胁之中，这样就需要对项目的不确定性因素进行调查分析，计算确定它们对支出效益产生的影响后果。

四、方案比较分析

(一)假定已知收益和成本的随机分布——概率分析

概率分析就是根据不确定因素在一定范围内的随机分布，分析确定这种变动的概率分布和不确定因素的期望值以及标准偏差，进而为项目的决策提供依据的一种方法。首先我们要假定项目其余因素是确定的，只选定一个不确定因素作为分析对象；随后尽可能地搜集资料，确定这个不确定因素的可能变动范围，将之缩小为几个值，对每个值确定其概率，列出概率分布表；根据已知概率，计算该因素的期望值 E 和标准差 σ，表明该因素的最大可能值及其与实际值之间的偏差程度；将 E 与 σ 用于重新计算项目的经济效益，从而得到不确定情况下，项目的成本效益指标的期望值与偏差。最后对其余也需进行不确定分析的因素重复以上过程，以便作出决策。

例如：表 7－2 是加入风险因素后的投资项目。

表 7－2　　**加入风险因素后的项目成本效益情况**　　单位：元

项　目	最初成本	第一年		第二年	
		概率	净效益	概率	净效益
A	－20 000	0.5	11 800	0.4	13 240
		0.5	10 000	0.6	14 000

项目的净效益现值计算过程调整如下：

$$E_1 = 10\,900 \quad \sigma_1 = 900;$$

$$E_2 = 13\,696 \quad \sigma_2 = 372$$

采用风险调整贴现率法将 E 与 σ 引入原有成本与效益分析模型：

2 年净效益流入总的离散程度即综合标准差：

$$D = [\,900^2/(1+10\%)^2 + 372^2/(1+10\%)^4]^{1/2} = 874$$

$EPV_A = 10\,900/1.1 + 13\,696/1.1^2 = 21\,228$　（EPV 为现金流入预期现值）

变化系数 $Q = D/EPV = 874/21\,228 = 0.04$

假设整个社会对风险的偏好程度，即风险报酬率为 0.5（这个数据往往是经验数据，可以通过历史资料求出），社会的无风险报酬率为 10%，那么适用 A 方案的风险调整贴现率为 $i = 10\% + 0.5 \times 0.04 = 12\%$，根据风险调整贴现率重新计算方案的净效益现值为：

$NPV_A = 10\,900/(1+12\%) + 13\,696/(1+12\%)^2 - 20\,000 = 650.5$

可以发现，由于风险因素的引入，使得 A 方案的现值小于原先的 1 669 元。这主要是由于贴现率提高的原因。当然风险因素的引入并不必然导致净效益现值的下降，如果每年净效益期望值上升幅度超过风险贴现率的上升幅度，净效益现值仍有可能上升，但更通常的情况是净效益现值呈下降趋势。

（二）如果难以确定各种不同结果的概率，只能明确各种假定并搞清楚这种假定改变时，结果会有多大程度的改变——敏感性分析

概率分析的运用前提是已知收益和成本的随机分布，在某些情况下，这个假定是

合理的。如在估算水坝的收益时,可以根据工程和气象资料估计水坝减少洪水泛滥的概率和减少的损失,但有时这却很困难,比如估算核武器阻止外敌入侵的概率。运用敏感性分析可以较好地解决这个问题。

在项目的整个生命周期内,有许多不确定性因素会对项目的效益产生影响。在这些不确定因素中,有的因素稍一变动就会引起成本效益指标的较大幅度变化,我们称之为敏感性因素。反之,另外有些因素变动对成本效益指标几乎不产生影响或者影响很小,即为不敏感因素。敏感性分析即用动态分析的方法,确定敏感性因素和不敏感性因素,并分析敏感性因素对经济效益的影响程度。

在具体实施过程中可以分以下几步:选取最能体现项目特点的成本效益指标作为分析对象,如 *NPV*、*IRR* 等;选择敏感性因素,对其选择高于和低于其现有水平的值,分别计算出项目的净效益,以项目净效益变动的百分比与敏感性因素变动的百分比相比,得到该因素的敏感度;也可以同时分析两个以上的因素同时变动时,项目效益的变动情况;找出几个敏感性最强的因素,并对其进行综合评价,提出把风险降到最低限度的对策,为投资决策提供参考。

例如,仍沿用表 7—2 A 项目的例子,忽略所得税等因素。假定原先项目生产的产品单价 3 元/只,变动成本 0.5 元/只,固定成本 700 元,第 1 年、第 2 年分别生产了 5 000 只和 5 576 只;现在假定市价发生了变化,降为每只 2.9 元,即单价下降幅度为 3%,其他因素不变,则变化前后项目成本效益情况如表 7—3 所示。

表 7—3　　**变化前后项目成本效益情况**　　单位:元

项　目	最初成本	净效益	
		第一年	第二年
变动前 A	−20 000	11 800	13 240
变动后 A	−20 000	11 300	12 682

变动后:$NPV=11\ 300/(1+10\%)+12\ 682/(1+10\%)^2-20\ 000=753$(元)

项目 *NPV* 值从 1 669 元降为 753 元,下降幅度为(1 669−753)/1 669 ×100%=55%,因为 $NPV>0$,所以项目仍可行,敏感系数为 55%/3%=18。

有时候,为直观而全面地反映各个因素的变化对某个成本效益指标的影响,可以绘制敏感性曲线图来反映。

通过敏感性分析,项目决策者可以了解各因素变动对项目效益的影响程度,了解项目的风险度;可以找出影响经济效益的主要因素,进一步搜集这方面的资料,提高成本效益分析的质量;可以帮助决策人员了解当数据误差多大时项目仍是可行的。如果一个项目的成本效益指标过分敏感,决策者应慎重考虑项目的可行性。

四、投资项目综合评估

投资项目的可行性评估，不仅要进行成本—效益的分析，还要作出决策性的比较与选择，使得财政资金能够得到最有效的利用。比较与选择，从不同的角度观察，可作下列的分类。

(一)按照分析项目的数量划分：单个项目评估、多项目权衡与排序

对单个项目进行成本—效益分析，就是观察其效益超过成本的状况，评估其可行性。对若干个项目进行成本—效益分析，就是按照某种投资标准，排列其优先顺序，以利于决策选择。

(二)按照预算的约束性划分：定额预算的选择与非定额预算的选择

政府预算往往有一定数额的限制。在预算定额中，抉择实施一个或几个项目，主要是把几个方案按照净效益的大小，排成优先顺序，选择中有所取舍。在无定额限制时，则原则上凡能产生净效益的项目都有被选择的可能。

(三)按照项目方案的排斥性划分：排斥性方案和非排斥性方案

当单个项目有几个供选择的方案时，这些方案都是排斥性的，采用方案甲就排斥方案乙。当几个项目供选择时，这些项目可能是排斥性的，也可能是非排斥性的。前者如在定额预算中，采用项目甲就排斥项目乙；后者如关联的项目，互为配套，相互促进。

(四)按照项目方案的分割性：可分割的项目和总体项目

对于可分割的项目，我们可以做少量的项目增减，使每个项目边际效益相等，从而达到项目总效益最大化。在不可分割的项目情况下，边际法则就不能再适用了，因为每个项目有一笔资金总额，决策者可能在若干个项目中选择，不能使甲项目资金减一些，同时乙项目资金增一些，从而达到边际效益的平衡。举例来说，选择兴建连接甲乙两城市的公路或兴建连接甲丙两城市的公路，只能选择修一条公路，不可能说两条公路各修一半。

(五)按照项目方案间的关联性：独立项目和关联项目

独立项目的定义是：如果一个项目的净效益是不变的，不论其他项目是否实施，规模多大，对本项目都没有影响，那么该项目就是独立项目。不具备上述条件的项目就是关联项目，因为它们之间有相互依存性，即另一项目是否建设影响到本项目的效益，例如在一个城市应该配置多少家医院为宜，此时每家医院的大小与位置都影响其他医院的设计方案。在方案相互依存的情况下，应该核算各种可能组合(如果有预算约束，则求得经济上可行的组合)的净现值，并选择最大净现值的组合实施。

第三节　项目招标和建设监理

一、项目招投标的合同管理

工程项目的主要任务都是通过招投标方式来委托和承接的。招标投标是双方互相选择的过程，是承包商之间相互竞争的过程，又是合同的形成过程。我国《招投标法》第三条规定，在中国境内进行下列工程建设项目包括项目的勘察、设计、施工、监理以及与工程建设有关的重要设备、材料等的采购，必须进行招标：(1)大型基础设施、公用事业等关系社会公共利益、公众安全的项目；(2)全部或者部分使用国有资金投资或者国家融资的项目；(3)使用国际组织或者外国政府贷款、援助资金的项目。前款所列项目的具体范围和规模标准，由国务院发展计划部门会同国务院有关部门制订，报国务院批准。法律或者国务院对必须进行招标的其他项目的范围有规定的，依照其规定。

(一)招投标的基本目标

(1)选择一个能胜任本项目工作的承包商。它必须具备与项目规模相适应的经济技术实力，有丰富的承包经验，有较好的市场信誉。

(2)签订一个有利的合同。包括：

第一，适当的公平的反映市场水平的合同价格。

第二，完备的，没有漏洞、二义性和矛盾的合同条件。

第三，合理且明确地分配项目的工作和工程责任，以保证项目工作能及时按质完成。

(二)招标方式

招标分为公开招标和邀请招标。

公开招标，是指招标人以招标公告的方式邀请不特定的法人或者其他组织投标。公开招标显然是最具有竞争性和公平性的招标方式。但由于竞争激烈，程序复杂，公开招标也是所需费用最高、花费时间最长、工作量最繁重的招标方式。

邀请招标，是指招标人以投标邀请书的方式邀请特定的法人或者其他组织投标。由于参加竞争的投标人数有限，不仅可以节省招标费用和时间，而且也能提高每个中标人的中标概率，从而提高投标人的积极性。但邀请招标也存在明显缺陷，它限制了竞争范围，可能会把许多适宜的投标人排除在外，不能充分体现自由竞争、机会均等的原则。我国《招投标法》规定：招标人采用邀请招标方式的，应当向三个以上具备承担招标项目的能力、资信良好的特定的法人或者其他组织发出投标邀请书。

（三）招标程序

从招标人的角度来看，工程招标的一般程序主要包括以下环节：(1)招标方式确定；(2)招标资格与备案；(3)发放招标公告或投标邀请书；(4)编制、发放资格预审文件；(5)资格预审、确定合格的投标申请人；(6)发售招标文件；(7)踏勘现场；(8)答疑；(9)接收投标文件；(10)开标；(11)组建评标委员会；(12)评标；(13)招标投标情况书面报告备案；(14)签署合同协议。

（四）工程招标评标方法

(1)单项评标法，是一种只对投标人的投标报价进行评议从而确定中标人的评标方法，主要适用于小型工程。其主要特点是仅对价格因素进行评议，其他因素只在资格审查时加以考虑，一旦通过资格审查，其他因素将不再予以考虑。

(2)综合评标法，是对价格、施工组织设计（或施工方案）、项目经理的资质、质量、工期、信誉和业绩等因素进行综合评价，从而确定中标人的评标方法。它是使用最广泛的评标方法。

(3)两阶段评标法，是指先对投标的技术方案等非价格因素进行评议确定若干候选人（第一段），然后再仅从价格因素对已入选的中标候选人进行评议，从中确定最后的中标人（第二段）。两阶段评标法主要适用于技术性要求高的比较复杂的工程建设项目。

二、项目招投标的合同管理

现代项目中合同条款越来越多，实施过程也越来越复杂，蕴含的风险越来越大，所有这些都要求对合同进行全面有效的管理。

（一）合同管理的主要内容

合同管理的内容一般分为以下几个方面：

1. 合同的签订与履行

项目合同的签订需要一定的程序，通常包括邀请、要约、还约和承诺四个阶段，其中要约和承诺是两个最基本、最主要的阶段，它们是项目合同签约中必不可少的步骤。且由于项目合同的特殊性质，即涉及关系复杂、金额多、标的大等，在项目合同的磋商中，无论是要约、还约，还是承诺或接受，都必须采取书面形式。

项目合同的履行是指项目合同的双方当事人根据项目合同的规定，在适当的时间、地点，以适当的方式全面完成自己所承担的义务。项目合同的当事人必须共同按计划履行合同，实现项目合同所要达到的各类预定目标。

2. 合同的变更和解除

项目合同的变更通常是指由于一定的法律事实而改变合同的内容和标的的法律行为；项目合同的解除是指消灭既存的合同效力的法律行为。合同的变更和解除属于两种法律行为，但也有其共同之处，即都是经项目合同双方当事人协商一致，改变原法律关系；其不同之处是，前者产生新的法律关系，后者消灭原合同关系，而不是建立新的法律关系。项目合同的变更或解除须具备一定的条件，并且需要遵循一定的程序。

3. 解决工程项目合同纠纷

基于项目合同的特有属性，发生合同纠纷是比较正常和常见的。如何解决项目合同纠纷，对项目合同的双方当事人都极为重要。通常，解决项目合同纠纷主要有四种方式，即协商解决、调解解决、仲裁解决和诉讼解决。

4. 项目合同的索赔

工程索赔是合同当事人保护自身正当权益、弥补工程损失、提高经济效益的重要且有效的手段。由于工程技术和环境的复杂性，索赔是不可能完全避免的。在现代工程中索赔额通常都很大，一般都有10%～20%的合同价，有些索赔额甚至超过了工程合同额本身。因此，项目合同的索赔条款需要得到特别重视。

(二)合同管理的方法

合同管理不是要约、承诺、签约等内容的简单相加，而是一种全过程、全方位的科学管理，有效的合同管理，将为管理水平和经济效益的提高产生巨大的推动力。合同管理的具体方法如下：

1. 完善合同管理制度

合同管理制度的主要内容应包括：合同的归口管理，合同资信调查、签订、审批、会签、审查、登记、备案，法人授予权委托办法，合同示范文本管理，合同专用章管理，合同执行与纠纷处理，合同定期统计与考核检查，合同管理人员培训，合同管理奖惩与挂钩考核等。通过建立合同管理制度，做到管理层次清楚、职责明确、程序规范，从而使合同的签订、履行、考核、纠纷处理都处于有效的控制状态。

2. 建立各级合同管理机构

(1)在指导思想方面，树立业主的主导地位，在业主机构中设立面向工程的最高决策机构，直接对工程负责，并负责及时就工程的重大问题做出决策。

(2)给予监理工程师充分的权力，使其作为业主的代理人，全面和充分地行使合同赋予的各项权利，管理好合同的各项日常事务。建立监理工程师的合同管理机构，保证监理工程师各项职能全面、顺畅和及时的落实。

(3)聘请在管理、合同问题处理和法律方面有经验的专家，组成业主和监理工程师的合同管理咨询机构，在机构和管理等各方面提供咨询意见和建议。

（4）组建争议调解组，及时就合同争议问题进行了解并提出建议。

（5）建立信息管理系统，确保合同资料的系统和完整。

三、施工阶段进度控制

在项目实施全过程中，应逐步地由宏观到微观、由粗到细编制全面的进度计划，包括项目总进度纲要（在特大型工程项目中可能采用）、项目总进度规划、项目总进度计划以及各子系统和各子项目进度计划等。为了便于分析，以建筑项目为例，其计划进度如图 7—8 所示。

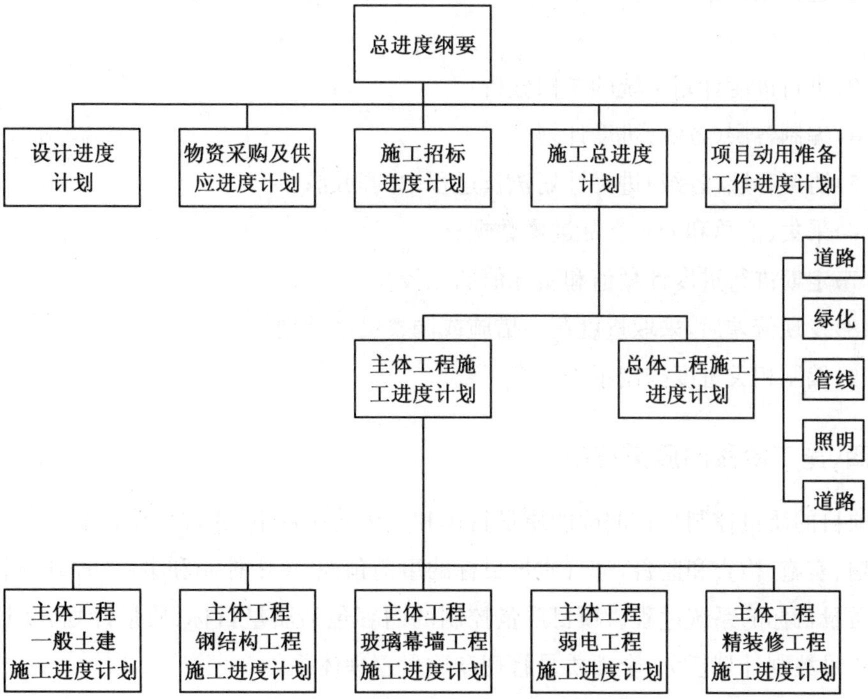

图 7—8　工程进度计划（以建筑项目示例）

编制项目进度计划运用的方法和技术包括横道图法、网络计划技术、流水作业图、垂直图表法等。

编制项目总进度纲要和项目总进度规划时，要分析和论证项目进度目标实现的可能性，并对项目进度目标进行分解，确定里程碑事件的进度目标。在工程实践中，往往以里程碑事件（或基于里程碑事件的细化进度）的进度目标值作为进度的计划值。工程项目常见的里程碑事件有：批准立项、初步设计完成、签订总承包合同、现场开工（奠基）、基础完成、主体结构封顶、工程竣工等。进度实际值是对应于里程碑事件的实际进度。进度的计划值和实际值的比较应是定量的数据比较，并应注意两者内容的一致性。

工程进度计划值和实际值的比较，一般要求定期进行，其周期应视项目的规模和特点而定。工程进度计划值和实际值比较的成果是进度跟踪和控制报告，如编制进度控制的旬、月、季、半年和年度报告等。经过进度计划和实际进度的比较，如发现偏差，则应采取措施纠正偏差或者调整进度目标。在业主方项目管理过程中，进度控制的主要任务是根据进度跟踪和控制报告，积极协调不同参与单位、不同阶段、不同专业之间的进度关系。

为实现工程进度动态控制，项目管理人员的工作包括以下几个主要方面：

(1)搜集编制进度计划的原始数据；

(2)进行项目结构分解(对项目的构成或组成进行分析，明确工作对象之间的关系)；

(3)进行进度计划系统的结构分析；

(4)编制各层(各级)进度计划；

(5)协调各层(各级)进度计划执行过程中的问题；

(6)采集、汇总和分析实际进度数据；

(7)定期进行进度计划值和实际值的比较；

(8)发现偏差后，采取进度调整措施或调整进度计划；

(9)编制相关进度控制报告。

四、施工阶段的质量控制

项目的质量控制是在明确的质量目标和具体的条件下，通过行动方案和资源配置的计划、实施、检查和监督，进行质量目标的事前预控、事中控制和事后纠偏控制，实现预期质量目标的系统过程。项目质量控制的内容包括质量目标、质量计划、项目实施阶段质量控制计划任务、全面质量管理和质量管理体系。

项目质量目标可以分解为设计质量、施工质量、材料质量和设备质量。各质量子目标还可以进一步分解，如施工质量可以按单项工程、单位工程、分部工程、分项工程和检验批进行划分。工程项目的项目质量目标包括建设要求、有关技术规范和标准等方面，体现在设计、设备、材料、土建施工和设备安装、其他等多个环节。项目质量目标本身构成系统，如图 7—9 所示。

质量控制工作贯穿项目建设全过程和面向整个项目。在施工阶段，质量目标计划值和实际值的比较主要包括：

(1)施工质量和施工图设计、施工合同中的质量要求、工程施工质量验收统一标准、专业工程施工质量验收规范、相关技术标准的比较；

(2)材料质量和施工图设计中相关要求、相关技术标准等的比较；

(3)设备质量和初步设计或技术设计中相关要求、相关质量标准等的比较。

质量目标计划值和实际值的比较,需要对质量目标进行分解,形成可比较的子项。质量目标计划值和实际值的比较是定性比较和定量比较的结合,如专家审核、专家验收、现场检测、试验和外观评定等。

质量控制的动态控制过程工作主要包括以下几个方面:

(1)确定控制对象应达到的质量要求;

(2)确定所采取的检验方法和检验手段;

(3)进行质量检验;

(4)分析实测数据和标准之间产生偏差的原因;

(5)采取纠偏措施;

(6)编制相关质量控制报告等。

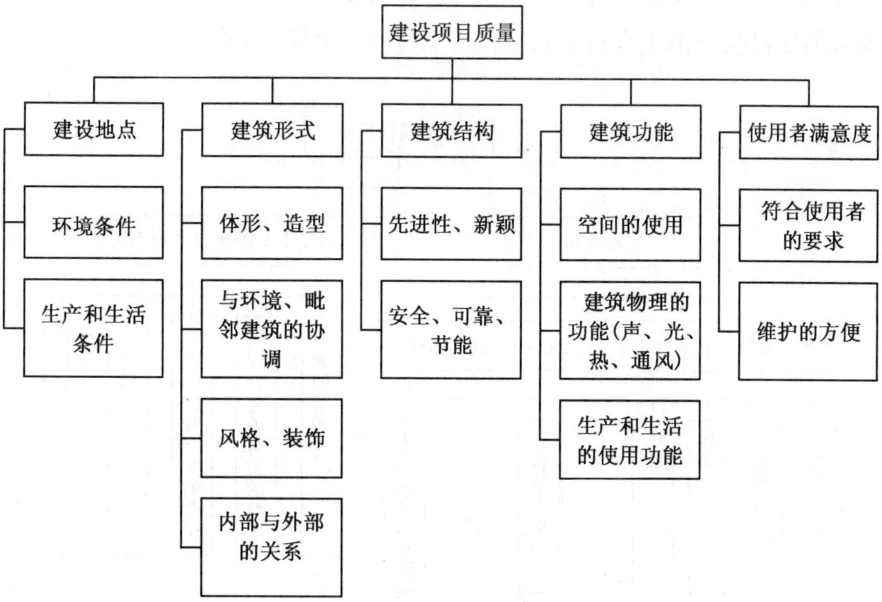

图 7—9　项目的质量控制目标

五、施工阶段的投资控制

投资控制是项目管理的一项重要任务。投资控制的目标是使项目的实际总投资不超过项目的计划总投资。工程项目投资控制贯穿于工程项目管理的全过程,即从项目立项决策直到工程竣工验收,在项目进展的全过程中,以动态控制原理为指导,进行计划值和实际值的比较,发现偏离并及时采取纠偏措施。

投资控制方法的核心是投资计划值与投资实际值的比较,投资分解结构和编码是项目投资控制的基础和前提。为进行计划值与实际值的比较、有效地控制项目投资，在从事投资项目控制工作之前，首先要求对项目的总投资进行分解，将总投资逐层由粗而细地划分成若干块，并进行编码，这样就能够掌握每一项投资费用发生在总投资的哪一部分，以及哪一部分的实际投资超过了计划投资，从而分析超额原因，采取纠偏措施。

（一）投资分解方法

投资分解可采取多种方法进行，如按基本建设投资费用组成分解，按项目结构组成分解，按年、季、月等时间进程分解，按项目划分阶段分解等，也可将几种方法综合起来分解。

1. 按基本建设投资费用组成分解

对于工程项目而言，建设投资是指进行一个工程项目的建造所需要的全部费用，即从工程项目确定建设意向直到建成竣工验收为止的整个建设期间所支出的总费用。工程项目的项目投资由工程费用和工程其他费用所组成，如图 7—10 所示。

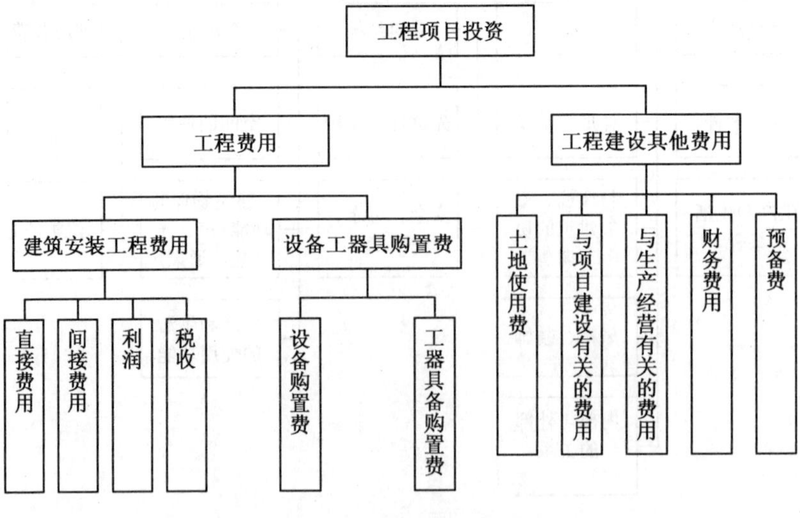

图 7—10 建设项目投资费用的组成

2. 按项目/费用组成分解

由于不同阶段的投资分解结构的标准不同，所套用定额不同，费用分解结构没有完全按照项目分解结构划分。因此，为了使项目投资控制的计划值与实际值能够在统一的结构上比较，而要将项目分解结构与费用分解结构通盘综合考虑，如图 7—11 所示。

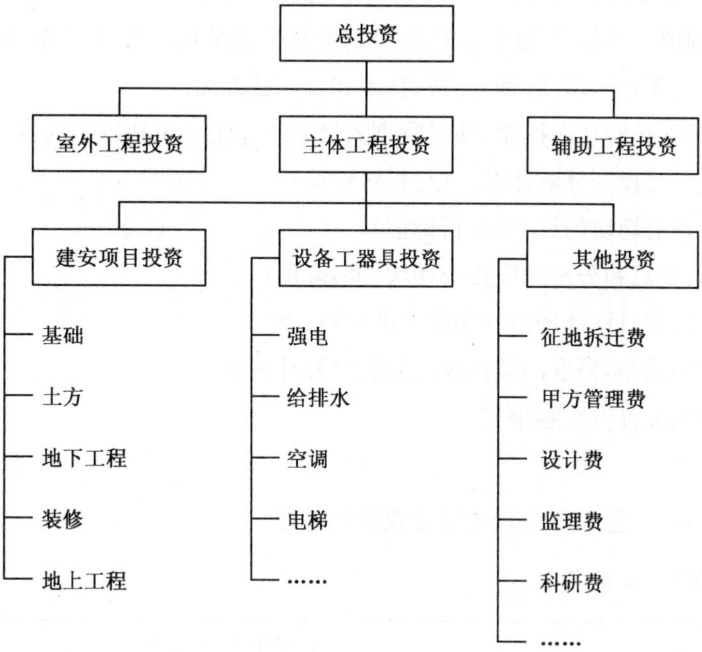

图 7—11 某工程项目的投资分解结构

投资分解应当掌握以下几个原则：

(1)灵活性原则；

(2)与标准编码相联系或对应；

(3)有利于投资计划值与投资实际值的采集；

(4)有利于投资或费用数据的分解与综合；

(5)与项目管理组织具有一致性；

(6)有利于项目全过程的投资数据比较分析；

(7)简明、清晰，易于掌握。

在施工阶段，投资目标计划值与实际值的比较主要包括：

(1)施工合同价和初步设计概算的比较；

(2)招标标底和初步设计概算的比较；

(3)施工合同价和招标标底的比较；

(4)工程结算价和施工合同价的比较；

(5)工程结算价和资金使用计划(月/季/年或资金切块)的比较；

(6)资金使用计划(月/季/年或资金切块)和初步设计概算的比较；

(7)工程竣工决算和初步设计概算的比较。

经过投资计划值和实际值的比较，如发现偏差，则应积极采取措施，纠正偏差或者调整目标计划值。需要指出的是，投资控制绝对不是单纯的经济工作，也不仅仅是财务部门的事，它涉及组织、管理、经济、技术和合同各方面。

为实现工程投资动态控制，项目管理人员的工作主要包括以下内容：

(1)确定工程投资分解体系，进行投资切块；

(2)确定投资切块的计划值(目标值)；

(3)采集、汇总和分析对应投资切块的实际值；

(4)进行投资目标计划值和实际值的比较；

(5)如发现偏差，采取纠偏措施或调整目标计划值；

(6)编制相关投资控制报告。

案例分析　国家体育场的投资建设与管理

一、“鸟巢”项目简况

场馆名称	国家体育场(鸟巢)
建设地点	北京市朝阳区安定路甲3号(北京奥林匹克公园内，亚运村北)
建筑面积	25.8万 m^2
座席数	永久座席80 000个，临时性座席20 000个
赛时功能	田径、足球、标枪、链球、铁饼
赛后功能	国际国内体育比赛和文化、娱乐活动
项目总承包	北京城建集团
项目总投资	34.6亿元人民币
项目公司注册资本	11.55亿元人民币
总工程造价	22.67亿元
资金运作方式	国家投资58%，联合体(中国中信投标联合体)出资42%
项目工期	2003年12月24日—2006年12月31日
工程概况	国家体育场外形结构主要由巨大的门式钢架组成，共有24根桁架柱。国家体育场建筑顶面呈鞍形，长轴为332.3米，短轴为296.4米，最高点高度为68.5米，最低点高度为42.8米。 体育场外壳采用可作为填充物的气垫膜，使屋顶达到完全防水的要求，阳光可以穿过透明的屋顶满足室内草坪的生长需要。比赛时，看台是可以通过多种方式进行变化的，可以满足不同时期不同观众量的要求，奥运期间的20 000个临时座席分布在体育场的最上端，且能保证每个人都能清楚地看到整个赛场。入口、出口及人群流动通过流线区域的合理划分和设计得到了完美的解决。

资料来源：国家体育场官方网站(http://www.n-s.cn/index.jsp)。

二、项目投资与建设

按照政府对公共项目的招标做法，一般都是采取BOT(建设—经营—移交)的模式。采取这种模式的一个前提是，后续的经营能够有可预期的、稳定的现金流，以收回建设方的投资。但是对于一个体育场，建成之后的经营很难带来稳定的现金流，因而盈利前景不被看好。在这种背景之下，北京市政府特别采取了"PPP"(Public-Private Partnerships)模式：政府首先对投资项目进行公开招标，然后与中标企业共同投资建设，并且交由企业方经营，最后双方依照协议分配项目收益。一定年限之后，项目产权移交给政府。这种模式，企业不必承担项目的全部投资。北京市政府做出的承诺是，"承担该项目超过51%的投资"。按照招标的要求，需要投标方联合几家企业组建"联合体"参与投标。

2003年，"鸟巢"项目招标时，中信集团有意拿下这个项目。不仅仅因为"鸟巢"是2008年北京奥运会的标志性建筑，能提升中信集团的企业形象；还因为在中信看来，虽然投入巨大(总投资35亿元)，但只要运作得当，这依然是个"有利可图"的项目。在联合两家企业组建"联合体"(取名"中信集团联合体")的过程中，中信找的第一家企业是北京城建集团(占"联合体"30%股份)。北京城建集团是北京建筑领域的龙头企业，具有房屋建筑工程总承包特级资质，也是国际225家大承包商之一。中信找的第二家企业是美国金州控股(占"联合体"5%股份)，一家外资企业，这样做的目的是引入"外资"，以便使将来的项目公司享受税收优惠。同时，中信集团以香港注册的子公司——"国安岳强"，作为"联合体"的主要出资方，中信集团及"国安岳强"加总，共占"联合体"65%的股份。

2003年9月，在经历两轮招标后，"中信集团联合体"如愿中标，取得了"鸟巢"项目的建造及特许运营权。之后，"联合体"与政府双方共同组建的项目公司——国家体育场有限责任公司，也注册为中外合营企业，以享受相关税收优惠。在这个项目公司中，北京市政府持股58%，中信集团联合体持股42%，项目的投融资结构示意图如图7—12所示。根据协议，中信集团联合体得到"鸟巢"30年的特许经营权。中信集团与北京市政府商定，在这30年内，"鸟巢"如果有盈利，政府不参与分红；如果出现亏损，政府也不补贴。30年后，中信集团联合体要保证把一个设施完好、能够举办国际A级赛事的体育场移交给政府。作为进一步的保障，中信集团还与北京市政府签署了一个兜底条款：北京市发改委协调各部门帮助中信集团联合体取得利润。

中信集团在开源与节流方面，进行了一系列的规划：首先，配合专家意见，经过设计联合体的大量优化工作，比如通过取消可开启屋顶、减少临时座位等措施，造价在深化设计阶段降到了27.3亿元，初步施工阶段继续降至约26亿元。第二，在具体设计上充分考虑场馆改造的需要(比如预留各种接口等)，为奥运后的商业运营做准备。原

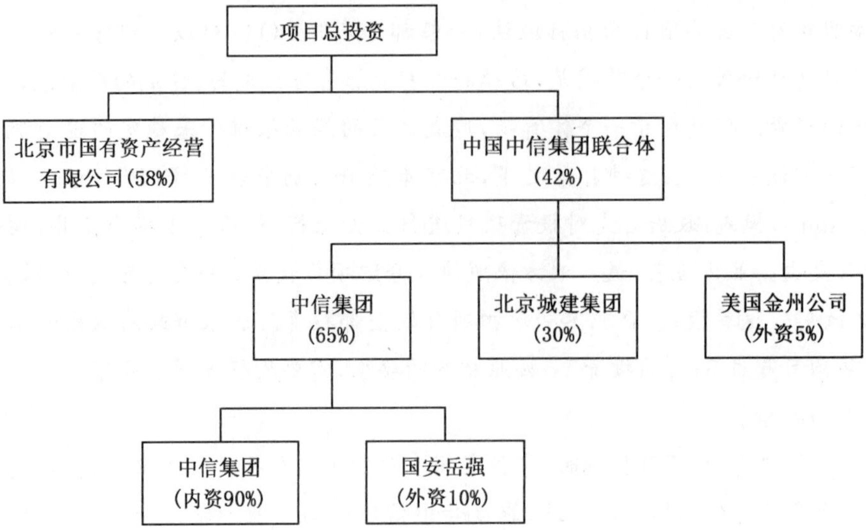

图7—12　国家体育馆投融资结构示意图

本在“鸟巢”整体设计方案中就有酒店、餐厅等设施。奥运后，只需通过简单改造就可投入使用的商业面积达5万平方米，可作为超市、电影院或是购物中心使用。

三、项目运营面临的难题

“鸟巢”在成功举办了举世瞩目的2008年北京奥运会以后，就转入运营阶段。

1. 如何收回投资成本

“鸟巢”的经营有3种方式：观光旅游；大型演出；餐饮、住宿、购物。”在奥运会后的一年中，观光旅游成了最主要的方式。数据显示，从2008年10月开始开放至2009年5月底，鸟巢的经营收入约为2.6亿元。有业内人士认为，其中旅游门票约占七成，演艺收入和特许商品的销售仅占三成。

目前在国际上没有大型体育场馆运营管理特别成功的案例。而“鸟巢”的总建筑面积达到25万平方米，仅卫生、安全、消防、维护这些直接成本大致一年就不会少于6 000万元，这给“鸟巢”的运营方带来很大压力。有机构测算，奥运之后，场馆的改造费用大约需要5亿元，每年人员及设备维护成本6 000万元，在中信联合体30年的运营期限内，算上改造、折旧以及维护等多项费用，累计投资将达40亿元。再加上建造“鸟巢”时投资的10多亿元，用30年的时间收回50亿元的投资几近梦想。

2. 追求高盈利性是否可行

对中国人来说，“鸟巢”的意义不仅仅是一座体育场馆。作为寄托着中国人百年奥运梦想的体育场馆，无法容忍过于商业化的运作模式。高昂的收费项目也招致多方批评。

(1)门票:每天来鸟巢参观的客流量约在4万至5万人,每张门票价格为50元。

(2)食品:2009年7月,《人民日报》发表评论《"鸟巢"如此赚钱太霸道》,爆料"鸟巢"内的商店矿泉水10元一瓶,被曝光后调至3元一瓶,但其他食品的身价仍然比在超市贵了3~5倍。比如,1元钱的冰棒卖到5元,3元钱的面包卖到12元。

(3)场租费:2009年8月8日在鸟巢举行的意大利超级杯决赛,仅场地租赁费就是300万元,训练一次都要十几万元,相当于其他体育场承办一场赛事的价格了。演出和体育比赛的高额成本,会最终转嫁到消费者身上,使门票价格也难以长期低价运转。场租费如果居高不下,公益性演出赛事就难以在"鸟巢"上演。

社会公众认为,鸟巢代表国家荣耀,不只是体育活动场馆的象征。如果交给社会企业单位经营,经营单位从自己的经济利益出发,难免和公众利益发生冲突。所以,鸟巢改由政府承担维护营运责任更合适。

四、项目运营的转型:回归公益性

2009年8月20日,北京市人民政府与中信联合体签署了《关于进一步加强国家体育场运营维护管理协议》。根据协议,国家体育场"鸟巢"将进行股份制改造:北京市政府持有的58%股份将改为股权,主导经营场馆,并承担亏损和盈利;原中信联合体成员共持有42%的股权。同时,成立国家体育场运营维护协调小组,形成在北京市委、市政府主导下,由国家体育场公司负责运营,北京市各相关部门、属地政府全力配合的新体制。这也意味着,由中信集团、北京城建和美国金州控股共同组成的中信联合体放弃了自己30年的特许经营权。

根据双方的协议,中信联合体虽然放弃了30年的特许经营权,却获得了"永久股东"的身份,这同样会带来不菲的收益。该协议的签署也意味着中信联合体甩掉了"鸟巢"高昂运营成本带来的"巨大包袱"。

政府接管"鸟巢"也有许多有利之处:(1)政府主导运营权后,更有利于大型活动的操作。作为公共资源的"鸟巢",有着与商业化运作不同的经营模式。在改制之后,鸟巢举办公益活动、旅游和体育赛事的比重约各占1/3。参观旅游的票价可能比以前低,同时大型活动的运作将会多起来。(2)减少过度的商业开发。

五、"后奥运时代"场馆运营的鸟巢方案

距2008年北京奥运会已有十余年,但在每年8月的北京奥林匹克公园核心区,每天仍有成千上万的游客慕名而来。作为近14亿人口大国的奥运地标,这里从不缺少人气。2018年"鸟巢"经营收入为2.68亿元,完全覆盖固定资产折旧费、运营维护费、销售和管理费等运营成本,连续多年实现自主盈利。

近年来国家体育场"鸟巢"实现可持续发展,得益于场馆品牌活动的创新和品质的提升。承接重大国际赛事。北京奥运会后,"鸟巢"开展全面市场化运营探索,凭借一流的场馆设施和运营优势，成为举办顶级体育赛事的专业场所。同时“鸟巢”还建立多元化开发体系，其形成包括大型活动、旅游服务、商业开发在内的综合业务体系。一是加强有形资产开发，鸟巢文化中心不仅成为首都公共文化空间，也在孵化文体产业的创新创业项目。二是无形资产开发，不断推进广告赞助、文创产品开发。三是延伸场馆产业链，围绕“鸟巢”成立票务、商业、活动、传媒、文化等5个子公司，使“鸟巢”具备场馆管理输出条件。最重要的是“鸟巢”培育了自主品牌项目。在国家发布“三亿人参与冰雪运动”的目标后，“鸟巢”打造了“相约2022”冰雪文化节等群众性体育活动品牌，让奥运场馆“上得了国际舞台，入得了百姓生活”。

“鸟巢”晒出亮眼“成绩单”，背后得益于场馆业主单位的有力主导和科学研判。作为北京市最早进入文化体育产业的国有企业，北京市国有资产经营管理有限责任公司总结出破解奥运场馆赛后利用难题的“中国经验”。体育场馆赛后运营应该是逐步产业化、企业化的过程，但很多场馆的赛后运营仍然是纯政府行为。一旦大型活动结束，场馆很难平衡社会效益和经济效益。“鸟巢”的运营经验证明，特大型体育场馆需要引入大型平台类企业，特别是综合性投融资平台作为场馆经营方，为场馆发展带来文化、体育、金融、创投等方面产业整合发展的资源，而不是简单地将体育场馆变成一个公司。

为运营好“鸟巢”，北京国资公司放眼整个文化体育产业进行布局，将旗下首都文化体育产业旗舰企业、数字视觉技术及服务供应商、国家A级资质专业演出机构的优势力量协同作用于奥运场馆，同时由金融板块的北京中小企业信用再担保公司成立国家文创实验区企业信用促进会，通过打资源互补的“组合拳”推动奥运场馆长期运营。事实证明，这种模式有利于发挥大型国有企业作用，在保证完成重要任务的同时，通过企业化经营、多种业态融合互动，实现社会效益与经济效益双丰收。

为建设2022年北京冬奥会标志性新场馆、国家速滑馆“冰丝带”，2018年2月24日北京市组建北京国家速滑馆经营有限责任公司。国家速滑馆22条飘逸流畅的“冰丝带”将在北京奥林匹克公园飞舞，与雄浑的钢结构“鸟巢”、灵动的膜结构“水立方”共同组成“双奥之城”的标志性建筑群。“鸟巢”的建设与运营，能够为国际社会提供奥运场馆赛后“反复利用、综合利用、持久利用”的中国经验，这也是“四个自信”落实到实践中的生动体现。

第四节 项目选择、项目后评估和收费管理

一、项目选择管理

项目选择是项目管理的重要内容，成功的项目管理离不开正确的项目选择与项目管理。

(一)项目选择管理的重要性

企业中有组织的活动可分为两种类型，即项目(Project)和运作(Operation)。企业如要实现其长远的战略目标，首先必须定义组织使命，然后设定实现组织使命的长期目标和短期目标，将组织使命细化为一个个具体的方向或目标，最后再通过一个个不同的一次性任务(即项目)来实现。通常，一个企业最初通过一个项目使企业形成某种提供产品或服务的能力，并在此基础上重复运作，经过一段时间的运作后，又需要通过大修项目、改扩建项目、新产品(服务)开发项目、组织变革项目等，使企业恢复原有的能力或上升到一个新的运作平台。在企业的发展过程中，总是如此不断地重复着项目与运作的交替过程，运作导致企业的量变，项目使企业出现质变，项目是企业实现其战略目标的基本活动，也是推动企业发展的直接动力。

组织或个人需要对各种项目机会做出比较与选择，将有限的资源以最低的代价投入收益最高的项目中，以确保个人或组织的发展，这就是项目选择，正确地选择项目往往比正确地规划、实施项目更具有战略意义，因为项目的成功并不一定对企业的成功有帮助。项目选择关系到组织的生死存亡，很多企业的兴盛源于正确的项目选择，亦有不少企业的破产或陷入困境是由于项目选择错误所导致的，世界上成功的项目选择不乏其例，如通用电气公司于 1995 年 10 月开始推行 6σ(即六个标准差)管理，海尔整体兼并经星电器公司，投资控股顺德爱德集团，与西湖电子强强联手等，同时，项目选择的重大失误也并不罕见，如曾经名噪一时的协和式飞机项目，某省投了二三十亿元的“一号”工程“大液晶”项目，某特大型石化企业的高碳醇项目等。

(二)项目选择管理的基本原则

为了正确地选择项目，避免失误，在项目选择过程中一般应遵循下列基本原则：

(1)符合发展战略。战略是通过项目来实施的，每一个项目都应和组织的发展战略有明确的联系，将所有项目和组织的战略方向联系起来是组织成功的关键，项目的选择必须围绕企业发展战略开展，每个项目都应对企业的发展战略做出贡献。

(2)考虑资源约束。项目建议来源于各种需求的变化和解决世界现存问题的动

机，很多组织都有超过可利用资源所允许数量的项目建议，日常运作对资源的需求及可用资源的改变、项目依时间的资源消耗等资源约束因素。

(3)优化项目组合。项目选择是对一个复杂的系统进行综合分析与判断的决策过程，其影响因素很多，在选择项目时，应综合考虑各项目(建议)的收益与风险、项目间的联系、组织的战略目标和可利用资源等多种因素，选择最适合的项目组合，使项目组合的整体绩效和价值最大化。

二、项目后评估

项目后评估(也称后评价)是指对已经完成的项目的目的、执行过程、效益、作用和影响所进行的系统的客观的分析；通过项目活动实践的检查总结，确定项目预期的目标是否达到，项目或规划是否合理有效，项目的主要效益指标是否实现；通过分析评价找出成败的原因，总结经验教训；并通过有效的信息反馈，为未来新项目的决策和提高完善投资决策管理水平提出建议，同时也为以后评价项目实施运营中出现的问题提出改进建议，从而达到提高投资效益的目的。

项目后评估处在项目周期最后一个环节，也可看成一个新项目周期的“前期”，处于“承前启后”的位置。项目后评估的作用主要体现在三个方面：其一，通过对项目全面系统的分析，可以对项目前评估与项目决策失误的责任进行追究，从而督促项目决策者和管理者学习和改进决策和管理的策略与方法，从而提高项目的管理和决策水平；其二，项目后评估往往要对项目给社会与环境所造成的实际影响给出必要的评估，这样就可以根据评估有针对性地采取应对措施，从而减轻项目的负面影响；其三，通过对项目未来的可持续发展做出评估，根据项目的现状对项目未来的发展做出相应的预测，从而提出能够保障项目可持续发展的后续方案。

(一)项目后评估的发展概况

国外项目后评价(Project Post Evaluation)是与项目前评估(Project Appraisal)几乎同时产生的，是20世纪30年代美国国会为监督政府“新政”政策性投资的手段。到了60年代在美国动用巨额公共资金投入“向贫困宣战”的计划实施中，进一步采用项目评估，特别是后评价的手段进行有效的监督，使项目评估和后评价的理论和方法得到发展和完善。之后，各国政府和世界银行、亚洲开发银行等国际双边和多边金融组织，为了保证援助资金的合理使用和提高投资的效益，纷纷建立和健全了他们的评估和后评价体系，创造和发展了评价的理论和方法。

我国的项目后评价，始于20世纪80年代中后期。1988年原国家计委委托中国国际工程咨询公司，进行了第一批国家重点投资建设项目的后评价，它标志着后评价在我国的正式开始。在投资项目后评价方法的研究中，相关政府部门及其研究机构、大学、科研院所等多种机构都进行了投资项目后评价方法的研究。在这些不同的机构中，一些专业部门，如交通、农业、工业、林业、电力等部门，分别研究制定了本部门的评价方法。

(二)我国现行投资项目后评价制度

1. 项目后评价总体内容

基于项目后评价理论的发展，通常项目后评价总体应包括项目效益后评价和项目管理后评价两方面内容。

(1)项目效益后评价

项目效益后评价是项目后评价理论的重要组成部分。它以项目投产后实际取得的效益(经济、社会、环境等)及其隐含在其中的技术影响为基础，重新测算项目的各项经济数据，得到相关的投资效果指标，然后将它们与项目前期评估时预测的有关经济效果值(如净现值 *NPV*、内部收益率 *IRR*、投资回收期等)、社会环境影响值(如环境质量值 *IEQ* 等)进行对比，评价和分析其偏差情况及其原因，吸取经验教训，从而为提高项目的投资管理水平和投资决策服务。项目效益后评价具体包括经济效益后评价、项目的环境影响和社会影响后评价、项目可持续性后评价以及项目综合后评价。

①经济效益评价。项目后评价的经济效益评价主要是指项目的财务评价和经济评价(或称国民经济评价)，其主要原理与项目前期评估一样，只是评价的目的和数据取值不同。

②项目的环境影响评价。项目后评价的环境影响评价是指对照项目前期评估时批准的《环境影响评价》，重新审定项目环境影响的实际结果，审核项目环境管理的决策、规定、规范、参数的可靠性和实际效果。实施环境影响后评价应遵照国家环保法的规定，根据国家和地方环境质量标准、污染物排放标准以及相关产业部门的环保规定。在审核已实施的环评报告和评价环境影响现状的同时，要对未来进行预测。对有可能产生突发事件的项目，要有环境影响的风险分析。如果项目生产或使用对人类和生态危害极大的剧毒物品，或项目位于环境高度敏感地区，或项目已发生严重的污染事件，那么，还需要提出一份单独的项目环境影响后评价报告。环境影响后评价一般包括五部分内容：项目的污染控制、区域的环境质量、自然资源的利用、区域的生态平衡和环境管理能力。

③项目的社会影响评价。从社会发展的观点来看，项目的社会影响评价是分析项目对国家(或地方)社会发展目标的贡献和影响，包括项目本身和对周围地区社会的影响。社会影响评价一般定义为对项目的经济、社会和环境方面产生的有形和无形的效益和结果所进行的一种分析。

④项目的可持续性评价。项目可持续性评价的要点包括如下三点：

第一，确立项目目标、产出和投入与相关“持续性因素”之间的真实关系（即因果联系）。

第二，区别在无控制条件下可能产生影响的因素，即行为因素与需执行者调整的结构因素。其中重要的一点是，一个因素对某些执行者来说是结构方面的问题而对其他人则可能是行为因素。

第三，区分在项目立项、计划、投资（决策）、项目运作和维持中各种因素的区别。对于项目各方面的了解是很重要的，因为对同一发展项目的看法可能是不一致的（如投资者、财政部、国家发展和改革委员会、部门、地方、银行执行单位、项目组织实施单位和当地社区），包括对问题的不同理解、采取的不同措施和不同的目的等。

⑤项目综合评价。项目综合评价包括项目的成败分析和项目管理的各个环节的责任分析。综合评价一般采用成功度评价方法，该评价方法是依靠评价专家或专家组的经验，综合后评价各项指标的评价结果，对项目的成功程度作出定性结论，也就是通常所说的打分的方法。成功度评价是以用逻辑框架法分析的项目目标的实现程度和经济效益的评价结论为基础的，以项目的目标和效益为核心所进行的全面、系统的评价。

2. 项目后评价工作程序

国家发展改革委每年年初研究确定需要开展后评价工作的项目名单，制定项目后评价年度计划，印送有关项目主管部门和项目单位。

(1)开展项目后评价工作应主要从以下项目中选择：

①对行业和地区发展、产业结构调整有重大指导意义的项目；

②对节约资源、保护生态环境、促进社会发展、维护国家安全有重大影响的项目；

③对优化资源配置、调整投资方向、优化重大布局有重要借鉴作用的项目；

④采用新技术、新工艺、新设备、新材料、新型投融资和运营模式，以及其他具有特殊示范意义的项目；

⑤跨地区、跨流域、工期长、投资大、建设条件复杂，以及项目建设过程中发生重大方案调整的项目；

⑥征地拆迁、移民安置规模较大，对贫困地区、贫困人口及其他弱势群体影响较大的项目；

⑦使用中央预算内投资数额较大且比例较高的项目；

⑧社会舆论普遍关注的项目。

(2)列入项目后评价年度计划的项目单位，应当在项目后评价年度计划下达后3个月内，向国家发展改革委报送项目自我总结评价报告。项目自我总结评价报告的主要内容包括：

①项目概况：项目目标、建设内容、投资估算、前期审批情况、资金来源及到位情况、实施进度、批准概算及执行情况等；

②项目实施过程总结：前期准备、建设实施、项目运行等；

③项目效果评价：技术水平、财务及经济效益、社会效益、环境效益等；

④项目目标评价：目标实现程度、差距及原因、持续能力等；

⑤项目建设的主要经验教训和相关建议。

(3)在项目单位完成自我总结评价报告后，国家发展改革委根据项目后评价年度计划，委托具备相应资质的甲级工程咨询机构承担项目后评价任务。国家发展改革委不得委托参加过同一项目前期工作和建设实施工作的工程咨询机构承担该项目的后评价任务。

3.关于承担项目后评价任务的工程咨询机构的规定

(1)承担项目后评价任务的工程咨询机构，在接受委托后，应组建满足专业评价要求的工作组，在现场调查和资料收集的基础上，结合项目自我总结评价报告，对照项目可行性研究报告及审批文件的相关内容，对项目进行全面系统的分析评价。必要时应参照初步设计文件的相关内容进行对比分析。

(2)承担项目后评价任务的工程咨询机构，应当按照国家发展改革委的委托要求，根据业内应遵循的评价方法、工作流程、质量保证要求和执业行为规范，独立开展项目后评价工作，按时、保质地完成项目后评价任务，提出合格的项目后评价报告。

(3)工程咨询机构在开展项目后评价的过程中，应重视公众参与，广泛听取各方面意见，并在后评价报告中予以客观反映。

4.后评价管理和监督

国家发展改革委将委托中国工程咨询协会，定期对承担项目后评价任务的工程咨询机构和人员进行执业检查，并将检查结果作为工程咨询单位资质和个人资质管理及工程咨询成果质量评定的重要依据。

国家发展改革委委托的项目后评价所需经费由国家发展改革委支付，取费标准按照国家有关规定执行。承担项目后评价任务的工程咨询机构及其人员，不得收受国家发展改革委支付经费之外的其他任何费用。

5.后评价成果应用

国家发展改革委通过项目后评价工作，认真总结同类项目的经验教训，将后评价成果作为规划制定、项目审批、投资决策、项目管理的重要参考依据。国家发展改革委将后评价成果及时提供给相关部门和机构参考，加强信息引导，确保信息反馈的畅通和快捷。对于通过项目后评价发现的问题，国家发展改革委会同有关部门和地方认真分析原因，提出改进意见。

三、项目收费管理

（一）可收费项目和不可收费项目

关于公共投资项目收费的具体范围与界限，有三个指导性的原则：

第一，一些与基本政治经济权利相关的项目不应收费。尽管政府在提供这些项目时发生了明确的可计量的成本，但是此项目服务可能是个体基本权利的一部分，政府为了维护个体的基本权利而不应该对此收费，而应该采用一般的税收来加以弥补。例如在美国，费城的独立厅和纽约的自由女神像等文化遗产公园不收门票，其原因在于管理者认为参观这些景点是公民的基本权利。

第二，如果该项目能够通过收费，使项目的受益人与其负担成本相匹配，那么收费是可行的。对于某些投资项目而言，如果采用一般性的税收来为其支付成本，那么就存在一个问题：用一般性的公共资金来为特定的利益团体支付成本，产生了不公平的现象。相反，如果采取收费的方式来弥补成本，这时就是特定的受益主体在为自己的服务承担费用，这就相对而言要合理得多。例如就高速公路而言，人们对其进行使用很难说是一项基本权利，同时在使用过程中也是存在明确成本的。因此，收费是可能的，也是必要的。

第三，有些项目的收费由于定价困难或收费成本高昂，则应采用税收筹资而不应收费。以商业区的街道为例，道路四通八达，汽车通行量很大，在现有技术条件下，不可能设置很多收费亭来进行收费。如果收费不但需要支出大量的人员经费，还可能人为制造交通拥阻。

（二）项目收费的年限

项目收费的年限要视具体项目而定。对于一些投资额较大的项目而言，尽管对于单一个体的收费是一次性（即服务一次，收费一次），但该项目的总投资成本需要通过几十年的收费才能收回。由于其收费的依据在很大程度上是收回投资成本，那么，在成本收回以后，就不应该继续收费。可以采用的办法有两个：第一种方法是规定具体的年限，就像我国《收费公路管理条例》的规定那样：政府还贷公路的收费期限最长不超过 20 年，经营性公路的收费期限最长不超过 30 年。在规定年限的基础上，如果收费总收入不足以弥补成本，差额可以由一般性的税收来弥补；如果存在盈余，则盈余部分要上缴财政。第二种方法就是在征收时不规定具体的年限，以在运营中实际收回投资成本为限。

（二）项目收费的标准

项目收费的方法有按边际成本进行收费、按平均成本进行收费和采用两部制（two-part tariffs）进行收费等。

根据价格应与边际成本相等的经济效率原则，公共服务定价标准应以边际成本为限。但边际成本定价法存在着一些缺陷，主要是由于许多公共服务具有边际成本递减特征，即边际成本往往低于平均成本。这样，按边际成本原则定价易导致公共服务部门出现亏损，而为弥补这些亏损，往往又需要征收具有超额负担损失的税收，从而引起另一种社会福利损失。因此，有时偏离边际成本原则收费可能更符合效率要求。具体偏离程度主要取决于公共服务的消费弹性。若该公共服务消费弹性较高，则收费标准偏离边际成本将引起较大的社会福利损失，此时宜尽量按边际成本原则收费；反之亦然。此外，为体现公平原则，可对低收入者实施低价等。

如上所述，按边际成本进行收费的方法虽然实现了效率最优的问题，但带来了项目投资亏损的局面。于是，人们提出既保持预算平衡又能保证资源有效配置的定价方法——两部制定价。两部制定价，是指向消费者收取的费用有两部分：第一部分是与使用量无关的固定费用；第二部分是给每一单位产品定一个价格，按消费者消费量的多少而进行收费。因此，这种定价方法较好地兼顾了效率与项目收支平衡的目标。这种定价方法目前在公共事业部门（电力、城市煤气、自来水、电讯等行业）广泛使用。

第五节　政府和社会资本合作（PPP）管理

一、政府和社会资本合作（PPP）的发展历程与特点

（一）西方国家 PPP 发展历程

PPP 兴起于英国，发展历史悠久，随后风靡全球。联合国、世界银行、欧盟和亚洲开发银行纷纷致力于 PPP 理念和经验的推广，各国争相效仿。

1. 英国

在 20 世纪 80 年代，英国的公共政策严厉阻止在公共基础设施建设中使用私人融资，以避免放松政府对整个公共财政的约束。但这种政策一实行马上就暴露出一些弊端，其直接结果是一些重要基础设施投资完全无法进行。根据 80 年代后期达特福德桥（Dartford Bridge）①、塞文二桥（Second Severn Crossing）② 和欧洲隧道

① 位于英国伦敦东部，是一座跨越泰晤士河的公路斜拉桥，连接南岸肯特郡的达特福德和北岸埃塞克斯郡的瑟罗克。1988 年该通道的控制权利由肯特和埃塞克斯郡议会转让给达特福德跨河通道有限公司。

② 赛文河位于英格兰与威尔士之间，阻断了两岸交通联络。1966 年，赛文河第一大桥建成通车，打通了两岸交通。但随着交通流量的日益增长，到 20 世纪 80 年代中期，该桥已难以满足通行需求，需新建第二座大桥。当地政府由于财政资金紧张，决定引入社会资本完成第二大桥的建设、运营和维护，同时接管第一大桥。

(Eurotunnel)[①]等几个大型项目使用私人融资的经验，1992年英国政府开始实行"私人融资计划"(PFI)。在利用私人部门进行基础设施建设方面，英国一直在进行探索，除PFI之外，将基础设施战略合作(Strategic Infrastructure Partnership)、整合(Integrator)、联盟(Alliancing)等也纳入PPP家族中。近年来PPP发展中最引人注目的是：2011年英国财政部启动PFI的改革，以应对内阁和公众多年对PFI的关切和质疑。通过总结国内和国际的经验教训，2012年12月英国财政部正式推出PF2。PF2是一种新型PPP，其增加了服务的灵活性，提高了效率，增加了透明度，更好地实现了"金钱与价值等价"，而且PF2的融资结构应设计得能获得长期债务融资，特别是从资本市场融资。从以上内容可以看出，PF2比PFI在一些关键问题上有重大改变，能否再引领世界PPP的潮流，拭目以待。

2. 美国

公共私营合作制(Public-Private Partnership，PPP)作为一个专业术语源于美国，最初专指公共与私人部门联合为教育项目筹资，在20世纪50年代，扩展到为公共事业筹资，60年代又扩展到城市改造的公私合资企业。在众多历史原因的综合作用下，美国PPP的发展并不一帆风顺且不像在其他领域一样居于世界领先地位。然而，美国最负盛名的两个智库：布鲁金斯研究所与洛克菲勒基金2011年联合发表研究报告，建议美国：建立专门的PPP机构，以解决PPP的瓶颈问题，保护公众利益；健全相关法律，透明采购，建立以结果为基础的项目选择过程；与联邦政府合作提供必要的PPP技术协助。

2013年3月29日，美国总统奥巴马出席采用PPP模式建设的迈阿密港隧道项目开通庆典，发表演讲时提出了"重建美国的合作"(partnership to Rebuild America)设想，即通过公共部门与私人的合作，提供更多的就业机会，以改造各行各业，奥巴马的演说表达了美国政府对PPP正面支持的态度。1990—2017年，美国600多个PPP项目中，交通类项目占到一半，而常规道路建设又占到了1/3以上，可见美国的基础设施建设需求的一般性。从实践来看，美国越来越多的州准许运用PPP模式发展基础设施项目，PPP获得了稳步发展，未来美国会更加依赖于PPP解决资金短缺问题。

3. 加拿大

加拿大是国际公认的PPP运用最好的国家之一，加拿大各级政府对PPP模式的重视程度很高且支持力度很大。因此，加拿大PPP项目推进有力，项目运作规范，各

---

① 欧洲隧道，又称英法海底隧道、英吉利海峡隧道，1994年5月6日开通。是一条英国通往法国的铁路隧道，位于英国多佛港与法国加来港之间。英法两国政府均不提供公共资金，全部利用私人资本建设，历时8年多建造，耗资约100亿英镑，是世界上规模最大的利用私人资本建造的工程项目。

级采购部门经验丰富，服务效率和交易成本优势显著。

1991—2013年加拿大累计启动PPP项目206个，项目总价值超过630亿美元，项目涉及交通、医疗、司法、教育、文化、住房、环境和国防等行业。目前加拿大的PPP项目大约占所有公共领域项目的15%～20%。

4. 澳大利亚

尽管澳大利亚是英联邦成员国，但其PPP一开始的发展并不像英国由中央政府统领，而是各州各自为战。2008年，根据澳大利亚基础设施法案，国家设立了澳洲基础设施机构（Infrastructure Australia），其主要职能是协助政府制订基础设施开发蓝图，制订基础设施融资的规章，为政府、投资人和基础设施拥有人提供咨询服务；可以通过基础设施和运输部向澳大利亚议会提交年度报告。在澳大利亚政府的主导下，澳洲基础设施机构在2008—2011年间发布一整套全国公私合作指南。在此系列评估指南中，澳洲基础设施机构提出应将PPP项目的决策过程分为投资决策阶段与采购决策阶段，前者确定项目的经济合理性和财务可行性，后者回答公私合作在投资与运行费用、工期、服务质量、运营管理、效率、风险分担等方面是否优于传统采购。根据基础设施服务范畴的分类，2008年澳洲基础设施机构发布了适用于社会基础设施的标准的合同范本。

（二）我国PPP发展历程与特点

随着中国社会主义市场经济体制的深化改革，我国在多个公共服务领域引入了社会资金，为我国基础建设提供了巨大助力，我国PPP发展历程如图7－13所示。随着政策的放开，我国PPP项目数量迅速增多，截至2019年我国PPP项目入库数量共计9 036个，入库项目总金额达到13.64万亿元，未来随着我国在公共服务领域投资的扩大，我国PPP项目仍将保持增长态势，行业规模不断扩大。

图7－13　我国PPP发展历程

1. PPP项目规模保持稳步增长

改革开放以来，我国从计划经济体制向社会主义市场经济转型，形成市场主导、政府监管的具有明显中国特色的经济体制，但是受客观条件限制，在众多领域仍旧存在着政府占据主导,市场化受限的现象,投资建设以政府为主,社会资金进入受到限制。2015 年财政部、发改委、人民银行联合发布的《关于在公共服务领域推广政府和社会资本合作模式的指导意见》正式开启了社会资本进入公共服务领域的大门。

政策放开下,我国 PPP 项目得到了快速发展,项目数量稳步增长。根据全国 PPP 综合信息平台管理库项目 2019 年报显示,2019 年净入库项目 786 个,投资额达 1.2 万亿元。2019 年 PPP 市场正从过去的重数量和速度向重质量转变。截至 2019 年末,管理库累计项目 9 440 个,同比增加 786 个、增长 9.1%,累计项目投资额 14.4 万亿元,同比增加 1.2 万亿元、增长 9.1%。2019 年,开工项目 1471 个,投资额 2.4 万亿元,比 2018 年上升 56.4%。值得注意的是,2019 年末监测数据显示,全国 2 597 个财政本级均在财政承受能力 10%红线以下,PPP 项目财政风险在安全区域内。

2. 市政、交通工程占比最大

我国 PPP 项目主要用于投资规模较大、回报周期较长的公共服务领域,而市政建设和交通运输领域中,项目一般投资规模较大,但是收益较为稳定,项目合同年限较长,在 PPP 中占比最大。

2019 年净入库项目投资额前五位是交通运输 7 332 亿元、市政工程 1 921 亿元、城镇综合开发 1 429 亿元、生态建设和环境保护 908 亿元、林业 718 亿元。

3. 民营企业参与稳定

2019 年 PPP 项目涉及社会资本共 11 402 家,其中民企占 33.7%;民资背景项目 2 714 个、投资额 3.0 万亿元,分别占累计 6 309 个落地项目的 43.0%和 30.9%。

二、政府和社会资本合作(PPP)的意义

政府和社会资本合作(Public-Private Partnership,PPP),又称 PPP 模式,是公共基础设施中的一种项目运作模式。在该模式下,鼓励私营企业、民营资本与政府进行合作,参与公共基础设施的建设。根据《国务院办公厅转发财政部发展改革委人民银行〈关于在公共服务领域推广政府和社会资本合作模式的指导意见〉的通知》(国办发[2015]42 号),政府和社会资本合作模式有利于充分发挥市场机制作用,提升公共服务的供给质量和效率,实现公共利益最大化。具体体现在以下三个方面:

(1)有利于加快转变政府职能,实现政企分开、政事分开。作为社会资本的境内外企业、社会组织和中介机构承担公共服务涉及的设计、建设、投资、融资、运营和维护等责任,政府作为监督者和合作者,减少对微观事务的直接参与,加强发展战略制定、社会管理、市场监管、绩效考核等职责,有助于解决政府职能错位、越位和缺位的问题,深化投融资体制改革,推进国家治理体系和治理能力现代化。

(2)有利于打破行业准入限制,激发经济活力和创造力。政府和社会资本合作模

式可以有效打破社会资本进入公共服务领域的各种不合理限制，鼓励国有控股企业、民营企业、混合所有制企业等各类型企业积极参与提供公共服务，给予中小企业更多参与机会，大幅拓展社会资本特别是民营资本的发展空间，激发市场主体活力和发展潜力，有利于盘活社会存量资本，形成多元化、可持续的公共服务资金投入渠道，打造新的经济增长点，增强经济增长动力。

(3)有利于完善财政投入和管理方式，提高财政资金使用效益。在政府和社会资本合作模式下，政府以运营补贴等作为社会资本提供公共服务的对价，以绩效评价结果作为对价支付依据，并纳入预算管理、财政中期规划和政府财务报告，能够在当代人和后代人之间公平地分担公共资金投入，符合代际公平原则，有效弥补当期财政投入不足，有利于减轻当期财政支出压力，平滑年度间财政支出波动，防范和化解政府性债务风险。

三、政府和社会资本合作(PPP)的内涵与优缺点

(一)政府和社会资本合作(PPP)的内涵

政府和社会资本合作(PPP)是政府部门与私人部门合作提供公共物品的方式，在私人部门获得利益的同时，实现政府部门的职能。PPP 不是一种简单的融资模式，虽然其发展初期更多地体现了其融资功能。直到目前还有很多人认为 PPP 仅仅是一种融资模式，只是因为其融资优势才会被众多的公共项目投资者青睐，而忽视了它还具有利用新技术和机制创新的优势。

新技术包括生产技术和管理技术，也即是说引进私人部门不仅给政府部门带来了充裕的资金，还带来了先进的生产技术和管理技术，为政府部门提供公共物品、实现其公共管理职能提供了有利条件。PPP 的机制创新，是指 PPP 模式能够打破当今公共物品的生产困境，计划重视公平、损失效率，市场注重效率、损失公平，计划和市场的争论一直都在持续，PPP 模式却抛开这种争论，期望构建一个计划和市场的合理分工格局，让计划和市场都能发挥自己的优势，从而达到一种公平和效率的完美结合，为公共物品的有效提供创出新的局面。

PPP 的内涵主要包括以下四个方面：

(1)PPP 是公共部门与私人部门之间的伙伴关系，也是以项目为主体的融资活动，主要根据项目的预期收益、资产以及政府扶持措施的力度而不是项目投资人或发起人的资信来融资，这是 PPP 区别于其他项目融资模式的关键点。

(2)PPP 的合作伙伴关系是关系性的契约形式，通过合同来界定各方权利与责任，并在此基础上进行长期深入合作，契约实现的是公共需求目的，而非单纯的商业利益关系。

(3)PPP项目合作的实现,需要有长期的、有效的公共政策或规范的制度,公共部门的重要职责之一就是要制定各种清晰的标准。

(4)PPP项目引入社会资本的资金与专业技能,公共部门和私人部门合作基础是基于合作期间的资源配置、产出的费用支付与回报、全流程的风险分担和利益共享。

(二)政府和社会资本合作(PPP)的优缺点

PPP模式起源于发达国家在提高公共物品绩效的过程中所广泛应用的一种管理安排,在政府部门和私人部门充分合作的前提下,共担风险、共享收益、优势互补。PPP并没有多么神秘,它是一种政府部门和私人部门合作的新方式,其实也就是政府部门与私人部门在公共物品的提供过程中进行分工协作,各部门的优势得到发挥,从而带来结果的改进。PPP的优势主要有以下几点:

(1)加快改善民生的步伐。PPP模式的覆盖面几乎无所不包,比如,2015年起银川将在公共领域推广应用PPP模式:交通领域(公交车辆更新等)、市政公用设施领域(市政道路给排水、地下综合管廊、污水、垃圾处理、园林绿化等)和社会事业设施领域(非义务教育、非基本医疗卫生、健康养老、体育文化产业等)。

(2)化解地方债务。地方政府推广PPP模式与地方政府拥有发债权、"阳光举债",可以进一步规避原来平台发债带来的地方政府债务风险。

(3)公共部门与私营企业在项目初始阶段就共同参与论证,有利于尽快确定项目融资可行性,缩短前期工作周期,降低项目费用。

(4)政府和私营企业共同参与项目建设和运营,双方可以形成互利的长期目标,为社会和公众提供更好的服务,实现社会利益的最大化。

简单来说,就是分工提高了提供公共物品的效率,保证了公共物品的质量,使得项目参与者的状况都得到改善。PPP模式给了私人部门参与提供公共物品的机会,也给了政府部门摆脱和舒缓沉重财政负担的契机。

事实上,如今我国的PPP项目众多。然而,可能是出于推广的原因,大家多是对PPP模式的优点进行了各种阐述,而没有说明或很少说明其缺点。这不禁让人担忧很多人会把PPP模式当成"万能钥匙",希望用它解决我国公共物品供给的各种难题。在我国,这种认识上的偏差很可能酿出灾难性的后果。实际上,PPP模式在发展过程中已经有很多失败的案例,PPP模式绝非天上掉馅饼,对其不恰当的运用很可能会导致新的地方债务问题。PPP的主要缺点如下:

(1)法律保障体系不健全。由于法律法规的修订、颁布等,导致原有项目合法性、合同有效性发生变化,给PPP项目的建设和运营带来不利影响,甚至直接导致项目失败和终止。我国缺少相关法律,对原先签订的PPP项目进行保护。如江苏某污水处理厂采取BOT模式融资建设,在合同签订后颁布了《国务院办公厅关于妥善处理现有保证外方投资固定回收项目有关问题的通知》,外方投资者被迫与政府重新协商投资回报率。

(2)审批、决策周期长。政府决策程序不规范、官僚作风等因素,造成PPP项目审批程序过于复杂,决策周期长,成本高。项目批准后,难以根据市场的变化对项目的性质和规模进行调整。在青岛威立雅污水处理项目中,政府对市场价格的了解和PPP模式的认识有限,频繁转变对项目的态度导致合同经长时间谈判才签署。

(3)政治影响因素大。PPP项目通常与群众生活相关,关系到公众利益。在项目运营过程中,可能会因各种因素导致价格变动,遭受公众的反对。如北京第十水厂由于成本上升需要涨价,但遭到来自公众的阻力,政府为维持安定也表示反对涨价。

(4)政府信用风险高。地方政府为加快当地基础设施建设,有时会与合作方签订一些脱离实际的合同以吸引民间资本投资。项目建成后,政府难以履行合同义务,直接危害合作方的利益。在廉江中法供水项目中,政府与合作方签订的《合作经营廉江中法供水有限公司合同》中,政府承诺廉江自来水公司在水厂投产的第一年每日购水量不少于6万立方米,但当年该市自来水日消耗量仅为2万立方米,合同难以执行。

(5) 配套设施不完善。一些PPP项目,通常需要相应的配套基础设施才能运营,如污水处理厂需要配套的管线才能生产。在实际中,有些PPP项目配套设施不完善,使生产经营陷入困境。

(6)项目收益无保障。一些PPP项目建成后,政府或其他投资人新建、改建其他项目,与该项目形成实质性竞争,损害其利益。在杭州湾跨海大桥建设未满两年时,相隔仅五十公里左右的绍兴杭州湾大桥已准备开工,与杭州湾跨海大桥形成直接商业竞争。此外,政府对一些PPP项目承诺特定原因造成的亏损进行补贴,但补贴额度与方法无具体规定。

四、政府和社会资本合作(PPP)模式的分类和选择

(一)政府和社会资本合作(PPP)模式分类

PPP的应用范围非常广,在发达国家,PPP既可以用于基础设施的投资建设(如水厂、电厂),也可以用于很多非营利设施的建设(如监狱、学校等)。这些建设合同无论短期管理合同还是长期合同,包括资金、规划、建设、营运、维修和资产剥离都可以使用。PPP安排对需要高技能工人和大笔资金支出的大项目来说是有益的。它们对要求国家在法律上拥有服务大众的基础设施的国家来说很有用。公私合作关系资金模式是由在项目的不同阶段,对拥有和维持资产负责的合作伙伴所决定。PPP的主要模式分类如图7－14所示。

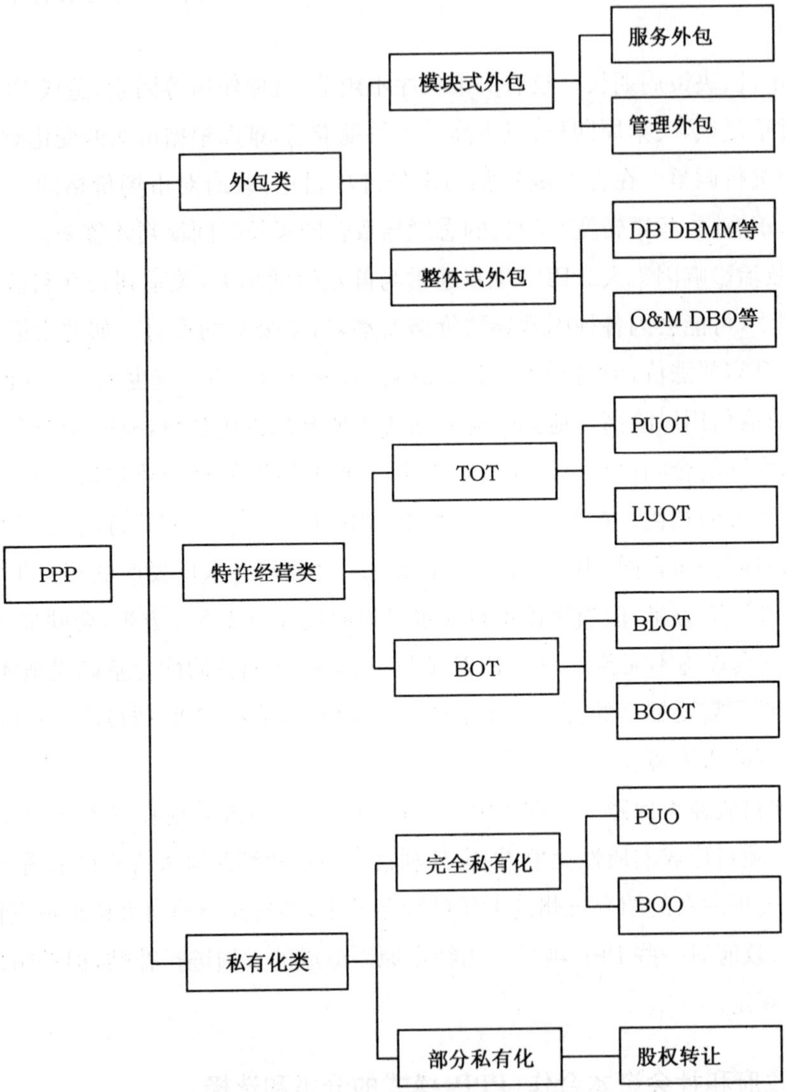

图 7—14　PPP 的主要模式分类

1. PPP 广义范畴内的融资运作模式

(1)建造、运营、移交(BOT)

私营部门的合作伙伴被授权在特定的时间内融资、设计、建造和运营基础设施组件(和向用户收费),在期满后,转交给公共部门的合作伙伴。

(2)民间主动融资(PFI)

PFI 是对 BOT 项目融资的优化,指政府部门根据社会对基础设施的需求,提出需要建设的项目,通过招投标,由获得特许权的私营部门进行公共基础设施项目的建设与运营，并在特许期（通常为30年左右）结束时将所经营的项目完好地、无债务地归还政府，而私营部门则从政府部门或接受服务方收取费用以回收成本的项目融资方式。

（3）建造、拥有、运营、移交（BOOT）

私营部门为设施项目进行融资并负责建设、拥有和经营这些设施，待期限届满，民营机构将该设施及其所有权移交给政府方。

（4）建造、移交（BT）

民营机构与政府方签约，设立项目公司以阶段性业主身份负责某项基础设施的融资、建设，并在完工后即交付给政府。

（5）建设、移交、运营（BTO）

民营机构为设施融资并负责其建设，完工后即将设施所有权移交给政府方；随后政府方再授予其经营该设施的长期合同。

（6）重构、运营、移交（ROT）

民营机构负责既有设施的运营管理以及扩建/改建项目的资金筹措、建设及其运营管理，期满将全部设施无偿移交给政府部门。

（7）设计建造（DB）

在私营部门的合作伙伴设计和制造基础设施，以满足公共部门合作伙伴的规范，往往是固定价格。私营部门合作伙伴承担所有风险。

（8）设计、建造、融资及经营（DB－FO）

私营部门的合作伙伴设计、融资和构造一个新的基础设施组成部分，以长期租赁的形式，运行和维护它。当租约到期时，私营部门的合作伙伴将基础设施部件转交给公共部门的合作伙伴。

（9）建造、拥有、运营（BOO）

私营部门的合作伙伴融资、建立、拥有并永久地经营基础设施部件。公共部门合作伙伴的限制，在协议上已声明，并持续地监管。

（10）购买、建造及营运（BBO）

资产出售的一种形式，当中包括将现有设施修复或扩建。公共部门出售资产予私营部门，让其在做出所需的改善后，以更具成本效益的方式经营。

2. 非融资性质的分类

（1）作业外包

政府或政府性公司通过签订外包合同方式，将某些作业性、辅助性工作委托给外部企业/个人承担和完成，以期达到集中资源和注意力于自己的核心事务的目的。一般由政府方给作业承担方付费

（2）运营与维护合同（O&M）

私营部门的合作伙伴，根据合同，在特定的时间内运营公有资产。公共合作伙伴保留资产的所有权。

(3)移交、运营、移交(TOT)

政府部门将拥有的设施移交给民营机构运营，通常民营机构需要支付一笔转让款，期满后再将设施无偿移交给政府方。

3.股权产权转让

政府将国有独资或国有控股的企业的部分产权/股权转让给民营机构，建立和形成多元投资和有效公司治理结构，同时政府授予新合资公司特许权，许可其在一定范围和期限内经营特定业务。

4.合作合资

政府方以企业的资产与民营机构(通常以现金方式出资)共同组建合资公司，负责原国有独资企业的经营。同样，政府将授予新合资公司特许权，许可其在一定范围和期限内经营特定业务。

(二)政府和社会资本合作(PPP)模式选择

PPP模式在我国的发展还处于初级阶段，PPP模式选择方面的研究还未受到学术界过多的关注，目前为止有关PPP模式选择方法的研究还较为单一，主要包括以下三种：

1.多属性决策法

根据多属性效用分析的方法可以设计调查问卷，获得每种模式的效用值，根据效用值的高低进行PPP模式的选择，在此基础上，可以采用摇摆赋权多属性评价的PPP项目模式选择方法。此外，结合层次分析法建立PPP运行模式选择模型，并且也可采用“最优PPP模式”为总目标层，以融资、建造和经营为子目标层，不同的PPP模式为备选方案层，计算出每个备选方案相对于总目标的权重，最后对各模型进行综合评价，得出最优方案。为了减小专家打分的经验偏差，在构建影响模式选择的指标体系方面，可以运用OWA算子对各个指标进行赋权并引入可拓物元方法确定每种PPP模式对于项目的适用程度。

2.案例分析法

案例分析法搜集了大量案例数据，构建了基于知识的选择决策系统，结合项目特征选择具体的PPP模式。以交通项目为例，从政府对私人部门法律授权的角度，可以对建造—管理、设计—建造(DB)等模式的选择方法进行探讨。并且公共基础设施的性质、政府的政策倾向和资源能力、合作伙伴的期望目标可以影响PPP项目运作模式的选择。除此之外，项目领域、收益方式、特许经营期等因素与PPP模式选择均存在关系。

3. VfM 评价法

物有所值(Value for Money, VfM)评价是判断是否采用 PPP 模式代替政府传统投资运营方式提供公共服务项目的一种评价方法。VfM 评价法在以往同类项目经验数据的基础上通过比较备选方案与原始方案的潜在收益率对备选方案进行评价比较,从中选出能够提供最大 VfM 的方案。在德国、英国和新加坡三国已经具有完备的物有所值评价体系。在我国基础设施领域全面采用 PPP 模式进行项目建设,急需提出适用于 PPP 项目决策的评价方法。财政部于 2015 年 12 月 18 日推出《PPP 物有所值评价指引(试行)》(财金〔2015〕167 号),以 VfM 为核心评价方法,推出系列规范准则改善 PPP 项目决策效果。实际操作中,各地遇到了 VfM 评价在 PPP 项目领域内适用范围以及整体操作性的问题,也需要进一步完善此评价体系。

五、政府和社会资本合作(PPP)项目的一般实施流程

PPP 项目分为项目识别、项目准备、项目采购、项目执行、项目移交五个步骤,具体的流程实施如图 7—15 所示。

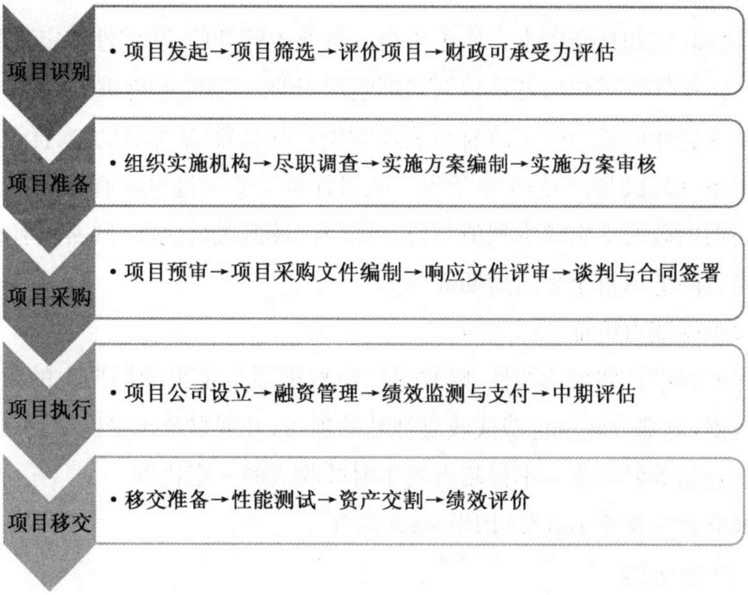

图 7—15　PPP 项目的一般实施流程

(一)政府和社会资本合作(PPP)项目识别

1. 项目发起

政府和社会资本合作项目由政府或社会资本发起,以政府发起为主。

(1)政府发起。政府和社会资本合作中心应负责向交通、住建、环保、能源、教育项

目、医疗、体育健身和文化设施等行业主管部门征集潜在政府和社会资本合作项目，行业主管部门可从国民经济和社会发展规划及行业专项规划中的新建、改建项目或存量公共资产中遴选潜在项目。

(2)社会资本发起。社会资本应以项目建议书的方式向政府和社会资本合作中心推荐潜在政府和社会资本合作项目。

2.项目筛选

财政部门(政府和社会资本合作中心)会同行业主管部门，对潜在政府和社会资本合作项目进行评估筛选，确定备选项目。财政部门(政府和社会资本合作中心)应根据筛选结果制定项目年度和中期开发计划。

对于列入年度开发计划的项目，项目发起方应按财政部门(政府和社会资本合作中心)的要求提交相关资料。新建、改建项目应提交可行性研究报告、项目产出说明和初步实施方案；存量项目应提交存量公共资产的历史资料、项目产出说明和初步实施方案。投资规模较大、需求长期稳定、价格调整机制灵活、市场化程度较高的基础设施及公共服务类项目，适宜采用PPP模式。

3.评价项目

财政部门政府和社会资本合作中心会同行业主管部门，从定性和定量两方面开展评价工作。定量评价工作由各地根据实际情况开展。定性评价重点关注项目采用政府和社会资本合作模式与采用政府传统采购模式相比能否增加供给、优化风险分配、提高运营效率、促进创新和公平竞争等。定量评价主要通过对政府和社会资本合作项目全生命周期内政府支出成本现值与公共部门比较值进行比较，判断政府和社会资本合作模式是否降低项目全生命周期成本。

4.财政承受能力论证

为确保财政中长期可持续性，财政部门应根据项目全生命周期内的财政支出、政府债务等因素，对部分政府付费或政府补贴的项目，开展财政承受能力论证，每年政府付费或政府补贴等财政支出不得超出当年财政收入的一定比例。

(二)政府和社会资本合作(PPP)项目准备

1.组织实施机构

按照地方政府的相关要求，明确相应的行业管理部门、事业单位、行业运营公司或其他相关机构，作为政府授权的项目实施机构，在授权范围内负责PPP项目的前期评估论证、实施方案编制、合作伙伴选择、项目合同签订、项目组织实施以及合作期满移交等工作。考虑到PPP运作的专业性，通常情况下需要聘请PPP咨询服务机构。

项目组织实施通常会建立项目领导小组和工作小组，领导小组负责重大问题的决策、政府高层沟通、总体工作的指导等，项目小组负责项目公司的具体开展，以PPP咨询服务机构为主要组成。项目实施机构需要制定工作计划，包含工作阶段、具体工作内容、实施主体、预计完成时间等内容。

2.尽职调查

(1)项目内部调查

项目实施机构拟定调研提纲，应至少从法律和政策、经济和财务、项目自身三个方面把握，主要包括政府项目的批文和授权书，国家、省和地方对项目的关于土地、税收等方面的优惠政策，特许经营和收费的相关规定等；社会经济发展现状及总体发展规划、与项目有关的市政基础设施建设情况、建设规划、现有管理体制、现有收费情况及结算和调整机制等；项目可行性研究报告、环境影响评价报告、初步设计、已形成的相关资产、配套设施的建设情况、项目用地的征地情况等。

(2)外部投资人调查

根据项目基本情况、行业现状、发展规划等，与潜在投资人进行联系沟通，获得潜在投资人的投资意愿信息，并对各类投资人的投资偏好、资金实力、运营能力、项目诉求等因素进行分析研究，与潜在合适的投资人进行沟通，组织调研及考察。

3.实施方案编制

通过前期的调查研究及分析论证，完成项目招商实施方案编制。招商实施方案主要内容：

第一，项目概况。项目概况主要包括基本情况、经济技术指标和项目公司股权情况等。

第二，风险分配基本框架。按照风险分配优化、风险收益对等和风险可控等原则，综合考虑政府风险管理能力、项目回报机制和市场风险管理能力等要素，在政府和社会资本间合理分配项目风险。

第三，PPP运作模式。PPP运作模式主要包括委托运营、管理合同、建设—运营—移交、建设—拥有—运营、转让—运营—移交和改建—运营—移交等。选择适合的模式至关重要。

第四，交易结构。交易结构主要包括项目投融资结构、回报机制和相关配套安排。项目投融资结构主要说明项目资本性支出的资金来源、性质和用途，项目资产的形成和转移等。项目回报机制主要说明社会资本取得投资回报的资金来源，包括使用者付费、可行性缺口补助和政府付费等支付方式。

第五，合同体系。合同体系主要包括项目合同、股东合同、融资合同、工程承包合同、运营服务合同、原料供应合同、产品采购合同和保险合同等。项目合同是其中最核心的法律文件。

第六，监管架构。监管架构主要包括授权关系和监管方式。授权关系主要是政府对项目实施机构的授权，以及政府直接或通过项目实施机构对社会资本的授权；监管方式主要包括履约管理、行政监管和公众监督等。

第七，采购方式选择。采购方式包括公开招标、竞争性谈判、邀请招标、竞争性磋商和单一来源采购。项目实施机构应根据项目采购需求特点，依法选择适当采购方式。

4. 实施方案审核

为提高工作效率，财政部门应当会同相关部门及外部专家建立 PPP 项目的评审机制，从项目建设的必要性及合规性、PPP 模式的适用性、财政承受能力以及价格的合理性等方面，对项目实施方案进行评估，确保“物有所值”。评估通过的由项目实施机构报政府审核，审核通过的按照实施方案推进。

（三）政府和社会资本合作（PPP）项目采购

1. 项目预审

项目实施机构应根据项目需要准备资格预审文件，发布资格预审公告，邀请社会资本和与其合作的金融机构参与资格预审，验证项目能否获得社会资本响应和实现充分竞争，并将资格预审的评审报告提交财政部门（政府和社会资本合作中心）备案。

项目有 3 家以上社会资本通过资格预审的，项目实施机构可以继续开展采购文件准备工作；项目通过资格预审的社会资本不足 3 家的，项目实施机构应在实施方案调整后重新组织资格预审；项目经重新资格预审合格社会资本仍不够 3 家的，可依法调整实施方案选择的采购方式。

资格预审公告应包括项目授权主体、项目实施机构和项目名称、采购需求、对社会资本的资格要求、是否允许联合体参与采购活动、拟确定参与竞争的合格社会资本的家数和确定方法，以及社会资本提交资格预审申请文件的时间和地点。提交资格预审申请文件的时间自公告发布之日起不得少于 15 个工作日。

2. 项目采购文件编制

项目采购文件应包括采购邀请、竞争者须知（包括密封、签署、盖章要求等）、竞争者应提供的资格、资信及业绩证明文件、采购方式、政府对项目实施机构的授权、实施方案的批复和项目相关审批文件、采购程序、响应文件编制要求、提交响应文件截止时间、开启时间及地点、强制担保的保证金交纳数额和形式、评审方法、评审标准、政府采购政策要求、项目合同草案及其他法律文本等。

3. 响应文件评审

项目 PPP 运作需建立方案评审小组。评审小组由项目实施机构代表和评审专家共 5 人以上单数组成，其中评审专家人数不得少于评审小组成员总数的 2/3。评审专家可以由项目实施机构自行选定，但评审专家中应至少包含 1 名财务专家和 1 名法律专家。项目实施机构代表不得以评审专家身份参加项目的评审。

4.谈判与合同签署

项目实施机构应成立专门的采购结果确认谈判工作组。按照候选社会资本的排名，依次与候选社会资本及与其合作的金融机构就合同中可变的细节问题进行合同签署前的确认谈判，率先达成一致的即为中选者。确认谈判不得涉及合同中不可谈判的核心条款，不得与排序在前但已终止谈判的社会资本进行再次谈判。

确认谈判完成后，项目实施机构应与中选社会资本签署确认谈判备忘录，并将采购结果和根据采购文件、响应文件、补遗文件和确认谈判备忘录拟定的合同文本进行公示，公示期不得少于5个工作日。

公示期满无异议的项目合同，应在政府审核同意后，由项目实施机构与中选社会资本签署。需要为项目设立专门项目公司的，待项目公司成立后，由项目公司与项目实施机构重新签署项目合同，或签署关于承继项目合同的补充合同。

（四）政府和社会资本合作(PPP)项目执行

1.项目公司设立

社会资本可依法设立项目公司。政府可指定相关机构依法参股项目公司。项目实施机构和财政部门（政府和社会资本合作中心）应监督社会资本按照采购文件和项目合同约定，按时足额出资设立项目公司。

2.项目融资管理

项目融资由社会资本或项目公司负责。社会资本或项目公司应及时开展融资方案设计、机构接洽、合同签订和融资交割等工作。财政部门（政府和社会资本合作中心）和项目实施机构应做好监督管理工作，防止企业债务向政府转移。

3.绩效监测与支付

社会资本项目实施机构应根据项目合同约定，监督社会资本或项目公司履行合同义务，定期监测项目产出绩效指标，编制季报和年报，并报财政部门（政府和社会资本合作中心）备案。项目合同中涉及的政府支付义务，财政部门应结合中长期财政规划统筹考虑，纳入同级政府预算，按照预算管理相关规定执行。项目实施机构应根据项目合同约定的产出说明，按照实际绩效直接或通知财政部门向社会资本或项目公司及时足额支付。

4.中期评估

项目实施机构应每3—5年对项目进行中期评估，重点分析项目运行状况和项目合同的合规性、适应性和合理性；及时评估已发现问题的风险，制订应对措施，并报财政部门（政府和社会资本合作中心）备案。

(五)政府和社会资本合作(PPP)项目移交

项目移交时,项目实施机构或政府指定的其他机构代表政府收回项目合同约定项目资产。

项目合同中应明确约定移交形式、补偿方式、移交内容和移交标准。移交形式包括期满终止移交和提前终止移交;补偿方式包括无偿移交和有偿移交;移交内容包括项目资产、人员、文档和知识产权等;移交标准包括设备完好率和最短可使用年限等指标。

项目实施机构或政府指定的其他机构应组建项目移交工作组,根据项目合同约定与社会资本或项目公司确认移交情形和补偿方式,制定资产评估和性能测试方案。

社会资本或项目公司应将满足性能测试要求的项目资产、知识产权和技术法律文件,连同资产清单移交项目实施机构或政府指定的其他机构,办妥法律过户和管理权移交手续。社会资本或项目公司应配合做好项目运营平稳过渡相关工作。

项目移交完成后,财政部门(政府和社会资本合作中心)应组织有关部门对项目产出、效益、监管成效、可持续性、政府和社会资本合作模式应用等进行绩效评价,并按相关规定公开评价结果。

六、政府和社会资本合作(PPP)潜在风险与防范

政府和社会资本合作(PPP)的潜在风险如图 7—16 所示。

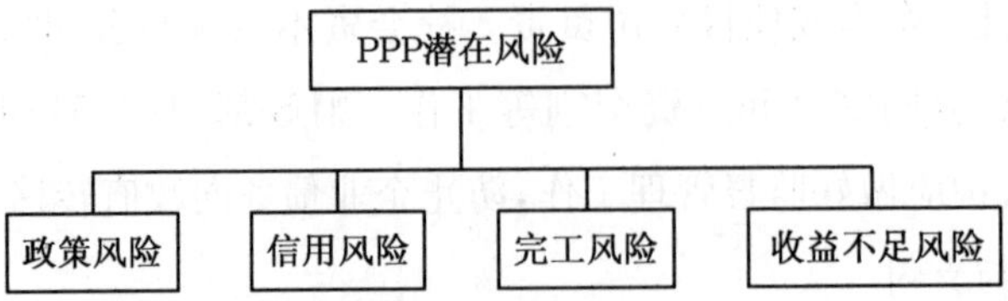

图 7—16 PPP 潜在风险

(一)政府和社会资本合作(PPP)潜在风险

1. 政策风险

政策风险主要就是在基础设施建设的过程中,由于政策的变化而对于项目的盈利情况产生的各种风险影响。所以为了进一步保证政策风险的最小化,就必须要按照法律法规以及相关合同的制定与执行过程中坚持公平、公正、公开、透明的方式进行合作,禁止出现官僚主义的特殊情况。尽量避免人为因素的干扰,从而避免双方的经济损失。

2. 信用风险

信用风险也被称为违约风险，通常情况下就是合作双方由于种种原因而不愿意继续履行合同，这样就造成了违约的情况，信用风险会造成银行、投资人、交易双方面临经济损失的风险。

3. 完工风险

完工风险通常情况下都是源于财务效益不明确的情况。尤其是在 PPP 项目模式运行的过程中，应该尽力保证私营合作方能够获得合理的经济效益，并且针对服务的使用者来进行支付。如果项目预期的盈利能力并不能够满足私企方面的合理收益，那么就会造成私营合作方停止继续基础设施项目的建设，这样就会导致合作项目的流产。

4. 收益不足的风险

金融机构抵御风险的能力较差，这可归因于它对项目的控制权最弱，因此金融机构提供资金时事先收取风险附加率作为化解风险的一种手段，预测的风险越大，事先要求赔付的风险附加率也就越高。为了降低金融机构的风险预期，从而减少金融机构要求赔付的风险附加率，私营合作方必须全力化解风险或是将风险转移给其他团体。

(二)防范措施

1. 搭建 PPP 项目统一管理平台，实施项目分类监管

由于 PPP 项目的周期长、不确定性高、运营复杂等特点，应搭建 PPP 项目的统一管理平台，对所有 PPP 项目按照项目性质、周期、所涉参与方进行分类管理，实现共性风险与特性风险分离。引进人才队伍针对不同类项目有效地识别风险，规避风险。

2. 设置风险分担及灵活变更机制

风险分担是否合理，关系 PPP 项目进展顺利与否。应设置合理的风险分担与灵活调节机制，坚持“谁有能力谁承担，谁能控制谁承担”的原则，根据参与方性质与实力，制定相应风险分担职责，完善风险分担流程，提高风险预判能力。对项目进程中存在的风险早发现，早解决。

3. 尽快完善相关法律法规制度

PPP 项目在没有完整的法律法规支持下，推进将会相当缓慢，上位法的缺失使得 PPP 项目只能按照已有的政策去推进，而一旦出现政策变更，甚至出现法律变更，PPP 项目将会陷入停滞甚至失败。同时研究人员认为，私营部门在遭遇政府换届时也会无所适从，政策的延续性存疑。对于法律风险，应自上而下健全相关法律法规制度：首先，政府应尽早建立完善相关法律法规及规章制度，明确 PPP 项目流程与权责关系；其次制定政府责任追究制度，对政府行为进行规范性约束，降低政府违约的概率，提高政府的责任意识，创造良好的投融资环境。

案例分析:深圳大运中心 PPP 项目[①]

一、项目概况

深圳大运中心位于深圳市龙岗区龙翔大道,距离市中心约 15 公里,是深圳举办 2011 年第 26 届世界大学生夏季运动会的主场馆区,也是深圳实施文化立市战略、发展体育产业、推广全民健身的中心区。

大运中心含“一场两馆”,即体育场、体育馆和游泳馆,总投资约 41 亿元,位于深圳龙岗中心城西区。大运中心工程量巨大,南北长约 1 050 米,东西宽约 990 米,总用地面积 52.05 万平方米,总建筑面积 29 万平方米,场平面积相当于 132 个标准足球场。其中,体育场总体高度 53 米,地上建筑五层,地下一层,于 2010 年底完工,成为深圳地标性建筑。世界大学生夏季运动会成功举办之后,深圳大运中心的运营维护遇到了难题,每年高达 6 000 万元的维护成本成为深圳市政府的沉重负担。

二、运作模式

(一)项目结构

本项目采用修建—运营—移交(ROT)模式,即龙岗区政府将政府投资建成的大运场馆交给佳兆业集团以总运营商的身份进行运营管理,双方 40 年约定期限届满后,再由佳兆业将全部设施移交给政府部门。佳兆业接管大运中心并不涉及房地产开发。为破解赛后场馆持续亏损的难题,深圳市政府同意把大运中心周边 1 平方公里的土地资源交给龙岗区开发运营,并与大运中心联动对接,原则上不得在大运中心“红线”内新建建筑物。佳兆业依托于场馆的平台,把体育与文化乃至会展、商业有机串联起来,把体育产业链植入商业运营模式中,对化解大型体育场馆赛后运营财务可持续性难题进行了有益尝试。

深圳大运中心项目结构如图 7—17 所示。

1. 佳兆业集团与龙岗区政府签订“一场两馆”ROT 主协议,获得 40 年的修建和运营管理权;

2. 佳兆业集团成立项目公司,作为深圳大运中心项目的配套商业建设及全部运营管理的平台,财政对项目公司给予五年补贴;

3. 项目公司与专业运营公司签订运营协议,与常驻球队和赛事机构签订场馆租赁协议,与保险公司签订保险协议,与供电企业签订供电协议,与金融机构签订融资协议,与媒体单位签订播报协议。

---

① 项目来源:广东省发展和改革委(http://drc.gd.gov.cn/pppxm/content/post_853966.html)。

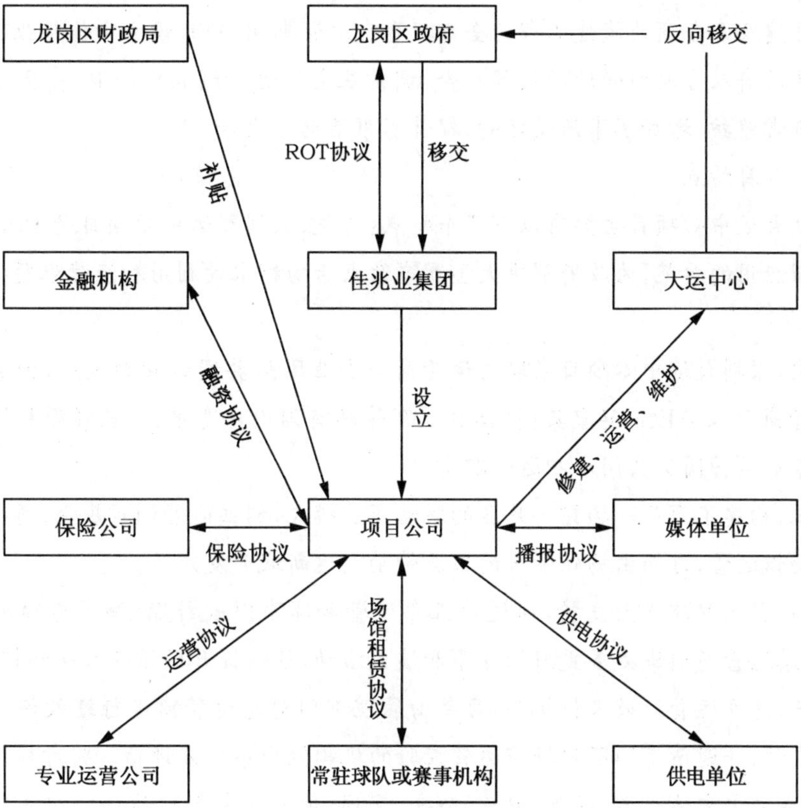

图 7—17　深圳大运中心项目运营结构

(二)交易过程

龙岗区政府为完成深圳大运中心运营商的选聘工作,成立选聘工作领导小组,参照国内外大型体育场馆的运营经验编制了运营商选聘核心边界条件、招商推介手册及选聘工作流程,采取边考察边推介的方式,迅速开展对北京、上海、天津等 3 个城市 8 个典型场馆的考察调研,同时与国内外多家知名运营商进行了多次接触、洽谈。

结合企业的竞聘意愿和综合考察情况,邀请七位分别具有北京奥运会、上海世博会、广州亚运会运营经验的职业经理人和体育产业、规划、财务方面的专家学者组成筛选团队,对 4 家综合实力强的潜在运营商的资历、运营管理、改造及修建、财务等五个方面 21 项内容进行审查、甄选,专家现场投票推荐了 2 家最优谈判对象,经过区政府常务会议审议,确定佳兆业集团为首选谈判对象,经过 2 个多月的多轮谈判,最后选定实力雄厚、社会责任感强的佳兆业集团作为大运中心总运营商。

2013 年 1 月,佳兆业集团深圳有限公司与深圳市龙岗区文体旅游签订修建—运营—移交(ROT)协议,协议规定佳兆业集团拥有项目 40 年的运营管理期,前 5 年政府给予每年不超过 3 000 万元的补贴，同时要求佳兆业在 5 年内完成不低于 6 亿元人民币的修建及配套商业修建工程的全部投资。运营期间，项目设立由佳兆业项目公司与龙岗区政府双方共同管理的调蓄基金，调蓄基金从运营利润中提取，基金主要用于场馆的日常维护，增加赛事活动数量，提升赛事活动档次等。

（三）项目特点

深圳大运中心项目主要有以下几个特点：首先，深圳大运中心项目是 PPP 模式在文体领域应用的典范，为政府解决大型赛事结束后场馆永续利用和经营难题提供了解决方案。

其次，深圳大运中心项目采取总运营商与专业团队共同运营的模式，由实力雄厚的总运营商引入 AEG、英皇集团、体育之窗等具有国内外赛事、演艺资源和场馆运营经验的专业运营团队共同承担运营职责。

第三，构建了商业—场馆—片区的联动商业模式，创立运营调蓄基金，通过商业运作反哺场馆运营，进而由场馆带来的人流带动大运新城开发建设。

第四，引入财政资金支持，通过前五年运营和赛事财政补贴、演艺专项补贴等方式，扶持总运营商引进更多更好的赛事和演艺活动，尽快提升场馆的人气和档次。

第五，建立运营绩效考核机制，每年由管理部门对总运营商进行绩效评估和公众满意度测评，并邀请有国际化场馆运营经验的机构做出第三方评估。将考核评估与奖励挂钩，成立由文体旅游、发改、财政、公安、交通、城管等相关职能部门组成的运营监管协调服务机构，协助总运营商做好运营。

三、借鉴价值

大赛后大型体育场馆运营是个众所周知的世界性难题，在每一次大型赛事后主办城市的场馆运营便会出现困境，该现象被称为“蒙特利尔陷阱”。1976 年加拿大蒙特利尔奥运会，致使蒙特利尔财政负担持续 20 多年；1998 年日本长野冬奥会后，场馆设施高额维护费导致长野经济举步维艰；2000 年悉尼奥运会后部分场馆一直亏损。全国 34 个省会城市的运动场馆，超过 95%都是亏损的。北京奥运会和广州亚运会，大量场馆在赛后遭遇了不同程度的困境，部分位置偏僻的场馆甚至出现长期闲置。

深圳大运中心项目采取的总运营商与专业团队共同运营大运中心的模式为项目运营质量的保障奠定了基础。项目建立运营调蓄基金，通过商业运作反哺场馆运营的资金管理办法为平衡大运场馆日常维护费用提供了资金渠道。从国内其他大型场馆的运营经验来看，仅仅依靠场馆的租赁费用难以维持场馆的日常维护费用，龙岗区政府与佳兆业集团吸取国内外经验，通过划拨方式将部分商业用地交由总运营商开发利用，以此产生的利润来弥补大运场馆日常运营的亏损情况，创造性地提出由政府方和运营方共同管理的调蓄基金的做法值得在更广范围内推广。

此外，该项目在运营初期引入了有力的政府补贴机制，有效地缓解了大型场馆运营之初通常出现的较大额度的收不抵支状况，降低了总运营商的资金压力。

本章小结

政府投资项目主要是以政府为投资主体、以财政资金为主要融资来源的固定资产投资项目。因此，在投资全过程，政府对项目起主导作用。这些项目的特点是社会公益性强、建设周期长、投资量大、整体规划性强，因此，民间投资往往无力或不愿投资，只能由政府进行投资。

在改革开放以前，我国实行计划经济的投资体制，中央政府投资集中了全社会投资的80%以上。改革开放以后，政府投资模式有了很大的完善，体现在：投资主体多元化，项目融资渠道得到拓宽；政府投资加快退出竞争性领域，着力于投资公益性和基础性项目，优化了投资结构；投资运营模式也不断优化与完善，提高了建设资金的效益；政府投资还成为国家宏观调控政策的重要工具；投资管理制度的完善，为投资项目的规范建设起了较好的保障作用。

与发达国家相比，我国的政府投资比重较高，这主要是因为我国的基础设施尚未完善，地区间差距大，这决定了在今后一段时期内政府仍将提供大量的经济性公共服务（政府投资）。从投资结构来看，我国的政府投资的特点是：政府投资已开始酝酿转型，着眼于拓展第三产业投资；省以下政府投资比重较大；中西部投资的比重较高。

投资项目的可行性论证是项目决策的前提。一般而言，投资项目采用成本效益法进行财务评价，具体的办法有净效益现值法、内部报酬率法和效益成本比率法。与民间投资项目不同的是，政府投资项目还需要进行投资项目的国民经济评价，以充分衡量项目的社会成本与效益。在此基础上，对投资项目的风险评价也是非常必要的。由于项目之间可能存在关联性、排斥性以及财政预算的控制，投资项目还需要进行综合性评估，在最大程度上优化资源配置。

项目建设全过程包括招投标管理、合同管理以及建设监理。其中建设监理包括对施工阶段的进度、质量和投资等进行控制。在项目建成后，还需要进行项目后评估，分析评价项目的得失，总结经验教训。在项目投入运营后，还需要解决定价问题：免费、按边际成本收费、按平均成本收费或是按两部制收费。

现如今PPP项目的兴起使得政府投资形式多样化，但由于PPP模式下的项目普遍参与方众多、运营较为复杂，不确定性因素的存在使该类项目的风险难以完全规避，在实际应用中会产生很多问题与障碍，因此我们更应该防范其潜在风险。

本章名词解释

政府投资　项目财务评价　项目国民经济评价　风险评估　关联性项目　成本效益分析
邀请招标　综合评标法　项目后评估　两部制收费法　政府和社会资本合作
物有所值评价方法

本章复习思考题

1. 政府投资项目有哪些特点？
2. 相对于私人投资，政府投资的优点和缺点是什么？
3. 项目的招投标要经历哪些阶段？
4. 试述政府项目的收费与项目投资成本的关系。
5. 为什么要进行项目后评价？如何进行项目后评价？
6. 试述项目选择决策的主要内容和依据。
7. 为什么要进行项目的风险评价？
8. 我国政府投资规模有哪些特点？
9. 我国政府投资结构有哪些特点？
10. 试通过国际比较说明我国政府投资方向的特点。
11. 我国政府投资存在的主要问题是什么？如何解决。
12. 如何解决我国地方政府债务过高的问题？地方政府投融资平台应该如何优化？
13. PPP 改革要走向何方？近年来多省叫停 PPP 意味着什么？

第八章　财政转移支付管理

本章主要内容

规范的财政转移支付制度可以解决政府间纵向、横向不平衡问题，实现全国范围内公共服务均等化，促进经济与社会的协调发展。本章主要说明五个问题：第一，财政转移支付含义、意义以及影响财政转移支付的基本因素；第二，在不同的发放和使用条件下，转移支付会形成哪些类型以及各自应怎样管理；第三，我国公共服务非均等化的政府间转移支付原因及其解决途径；第四，为了实现社会效益最大化，财政如何对企业进行补贴；第五，为了保障居民福利水平，财政如何对居民个人进行补贴。

第一节　财政转移支付概述

财政转移支付是财政体制中一个重要的组成部分。科学、规范的转移支付制度不仅是解决分税制下政府间纵向、横向财力不平衡问题的有力工具，而且是政府实现宏观调控、促进经济发展的重要手段。

一、财政转移支付含义及意义

关于转移支付，最早是庇古(Pigou A. C.)在1928年出版的《财政学研究》中提出的概念。他指出，国家经费包括消费性经费和转移性经费。1990年，联合国颁布《1990年国民账户制度修订案》，把转移支付定义为将现金或实物所有权由一方向另一方无偿转移。

目前理论界对于转移支付有狭义和广义两类观点。狭义观点认为财政转移支付是指政府间的转移支付，即在财权、事权既定框架下，一个国家各级政府之间的财政资金的相互转移，包括上级财政对下级财政的拨款、下级财政对上级财政的上解，以及不同地区间的财政资金转移等；广义观点则认为财政转移支付是政府将一部分资金使用权无偿地、单方面地转让给他人所形成的支出，其转移支付对象可以是政府，也可以是个人和企业。因此它既包括政府间无偿财政支出，也包括政府对企业、居民、个人所发生的单方面的无偿财政支出。本书所要研究的正是这一广义意义上的财政转移支付。

财政转移支付是政府调节财政收入分配的重要的宏观调控手段。它的建立和规范对于完善分级分税预算体制，协调各级政府间财政关系，促进产业结构调整，优化资源配置，实现社会公平与稳定具有重要意义。

(1)财政转移支付有助于完善分级分税预算体制。在分级分税预算体制下，中央政府承担着促进国民经济和社会协调发展的重任。与此相对应，中央财政必须掌握与经济发展关系最为密切的主体税种，保持中央财力的稳定增长，并在此基础上通过各种形式的转移支付对地方政府进行适当的控制。显然，这样可以大大增强中央在全国范围内产业结构的优化、区域生产力的合理布局、民族地区和落后地区的经济开发等方面的调控力度。另一方面，地方财政在获得中央及上级政府的转移支付后，除了相对落后和贫穷地区可以直接受益外，经济相对发达地区也可以从转移支付带来的地区协调、产业结合和资源配置合理化中得到更多的发展空间和更好的发展环境。可以说，一个有效的财政转移支付是规范上下级政府间财政分配关系的有效措施，既可以保持地方政府努力增加财政收入的积极性，还可以通过合理的配套拨款，鼓励地方政府投资于使全国或多个地区受益的项目，以解决上级政府与下级政府行为目标不一致的问题。

(2)财政转移支付有助于缓解地区间财政能力差异，实现地区间公共服务均等化。财政转移支付的基本功能是协调财政支出需要和收入分配，使二者之间能相互对应。当地方政府本级收入加上其他收入中分享的部分仍不能满足该地方政府的支出需要时，财政转移支付就可以弥补这部分财政赤字。此外，还可以通过各种纵向、横向的转移支付努力缩小地区间财政能力的差异，支持和保证各地方政府最低水平的支出需要，实现地区间基本一致的公共服务水平。

(3)财政转移支付有助于协调地区间利益冲突。中央、上级政府对地方、下级政府的纵向转移支付有助于推动外溢性的地方公共项目的投资。具体来说，对于一些跨地区的道路、通信设施和一些使外地受益的环保项目，地方政府往往由于低估其整体效益而不愿投资或投入，结果使得这些外溢性公共项目低于最佳投资数额的数量。在这种情况下，中央、上级政府通过转移支付给予地方、下级政府一部分补贴，就可以鼓励它们增加投资，实现资源配置的优化。

(4)财政转移支付是促进经济发展的重要手段。政府对企业和个人进行转移支付，可以有效地贯彻国家的经济政策。例如，政府对特定企业、行业进行补贴，提高企业技术改造力度、推动产业结构升级。对居民发放粮食补贴以及各种价格补贴，保持社会与经济的稳定。与此同时，财政转移支付还可以带动社会资金，扩大财政资金的经济效应，发挥“四两拨千斤”的作用。

二、财政转移支付政策目标

要设计出针对性强且行之有效的转移支付办法，首先必须明确转移支付的政策目标。总结世界各国的实践，财政转移支付体系的主要政策目标如下：

第一，加强中央政府对地方财政的宏观调控，使地方政府的支出与中央政府的目标协调一致。各级政府支出能否协调往往会对一国经济的稳定产生致命的影响。通常，中央政府必须对长期的开支及投资有明确的计划，而地方政府则可能不关注或不很关注长期支出目标。在这种情况下，中央政府有意识地安排地方财政收支缺口，而后再通过财政转移支付予以弥补，就可以实现中央对地方财政支出的控制和调节。

第二，纠正或调整地区间纵向及横向失衡。在分税制体制下，中央政府集中了大量的收入，但支出责任相对较轻。而地方政府虽然其收入仅占财政总收入的一小部分，但却承担了大量的、具体的公共服务支出责任，如教育、文化、医疗、行政管理、社会治安、地方性公共设施和基础设施等。对于这种因为政府财权、事权不对等而形成的纵向不平衡，中央政府必须通过财政转移支付来补充地方财力，保证其合理的支出需要。此外，转移支付制度还必须解决政府间财力横向失衡问题，减少富裕和贫穷省份之间的财政差异。否则的话，地区间财力不均等将会导致地区之间的公共服务数量和质量都产生较大差异。

第三，纠正或调整公共品提供的外部性。在支出责任划分后，地方政府总是倾向于提供一些仅有益于本辖区内经济及公民利益的服务，结果造成那些关系到地区间或国家范围内的公共品供给不足。对此，中央政府可以通过转移支付进行干预。如有针对性地给予地方补助，降低地方特定支出成本，减轻公共服务外部性所带来的影响，从而鼓励地方增加一些特定的公共品提供。

第四，实现规模经济。一些公共产品和服务，如供水、供电，具有规模经济。也就是说，这些公共产品和服务的产出只有达到一定规模后，它才能获得成本节约带来的利益。这时，如果由特定的地方政府独立供应，由于财力限制，难以达到合适水平，因此可以由中央政府实施转移支付，激励地方政府扩大生产并达到适当规模。

第五，实现中央政府特殊目的。例如，保持经济稳定。经济繁荣时，中央减少对地方的转移支付以限制地方支出；经济萧条时，中央增加对地方的转移支付以鼓励地方支出。又如，帮助地方政府应付非正常事件。在地方遇到严重自然灾害等非正常事件时，中央采用有条件非配套转移支付，促使地方政府将转移支付资金用于灾后恢复工作。再如，实现一些特殊的社会目的。美国联邦就对州和地方的教育补助规定，接受补助的学区不能实行种族歧视和种族隔离。

三、影响财政转移支付的基本因素

转移支付是国家协调各级政府之间财权、事权以及利益关系的重要手段,也是实现政府政策目标的必要工具。它的建设受多种因素的影响,包括政治、经济、地方税收体系、外部性及财政分权模式等。

第一,政治因素。政治因素影响转移支付的途径有两种,即自上而下的供给拉动和自下而上的需求拉动。一方面,无论是中央层面,还是地方层面,政党都会在政治竞争中,对那些意识较低、摇摆不定的选民进行更多的转移支付,以争取他们的选票。另一方面,在中央政策的实际制定过程中,中央政府并不是唯一的决策者,许多利益相关者也参与其中,地方政府及其利益集团为了获得较多的转移支付,会对中央政府进行寻租或游说活动。在这种情况下,地方政府获得的转移支付资金的多少就与地方政府的游说能力有关。

第二,经济因素。由于经济发展水平不同,各地存在不同程度的财政差异。在经济发达地区,地方政府具备充足的财力,能够为本区提供恰当的公共服务。在经济落后地区,地方政府缺乏充足的财力,不能为本区提供恰当的公共服务。与此同时,不同地区的支出需求和成本也存在着差异,可能会使有些地区的支出需求大于平均水平,因而地区之间横向财政失衡便容易产生。

第三,地方税收体系因素。在合理界定中央和地方事权的基础上,完善地方税收体系,使地方拥有基本稳定的收入来源,建立自己的主体税种和辅助税种,获得固定的税收收入,这既是地方政府实现其职能的财力保证,也是转移支付制度正常运作的基础。

第四,外部性问题。外部性问题在私人产品和政府部门提供的公共产品领域都是存在的。对于具有正的外部性即收益"外溢"的公共产品,由于其受益范围和成本承担范围超出了本地政府辖区,地方政府出于成本和收益的考虑,其供给策略往往容易产生某种偏差或扭曲,此时只有上级政府从高层次角度采取转移支付措施干预,才能进行调节和矫正。

第五,财政分权模式。财政分权是世界上大多数国家财政体制改革的普遍趋势。以财权与事权的对应程度为标准,可以分为对称型财政分权模式和非对称型财政分权模式。其中,对称型分权模式是指一国在中央与地方之间划分财权时,重视财政收益权与财政支出责任的匹配,基本保证"一级政府、一级事权、一级财权"。在这种模式下,财政收益权和财政支出责任划分的匹配程度比较高,转移支付规模就较小。而非对称型财政分权模式则是指一国在划分财政权限时,财权与事权并不是完全匹配,或者匹配程度较低，财政收益权更多地集中在中央政府。因此，它就需要有较大规模的以均等化为目的的政府间转移支付。

第二节　财政转移支付类型与效应

综观世界各国的转移支付，尽管其形式、名称各异，但大都可以依据一定的标准进行分类。分类的标准包括转移支付的对象、转移支付的用途以及转移支付的条件。

一、按转移支付的对象分：政府间转移、企业补贴、个人补贴

财政转移支付是政府部分资金使用权的无偿让渡，其接受对象可以是政府，也可以是个人和企业。因此依据转移支付对象的不同，转移支付可以分为政府间转移支付、企业补贴及个人补贴三类。

（一）政府间转移支付

政府间转移支付是指在既定的职责支出责任和税收划分框架下，一个国家的各级政府之间财政资金的相互转移。包括上级政府对下级政府的补助，下级政府对上级政府的上解、共享税的分配以及发达地区对不发达地区的补助等。从其涉及的主体看，既包括中央与省级之间的财政资金转移，也包括省以下的转移支付。由此可见，政府间转移支付是一种政府行为，其实质是财政资金在各级政府之间的一种再分配形式。

如前文所述，解决政府财政纵向不平衡和横向不平衡是政府间转移支付的基本目的。为了实现平衡，必须确定转移支付数额。这就需要估计出各地方政府实际的支出需要及实际的收入增长能力。考虑到支出需求常常具有主观性，是趋向于无穷大的，因此在实践中，大多数国家都以最低服务水平作为支出的衡量指标，即转移支付主要用于弥补地方政府提供最低服务水平所需资金与实际财政收入两者之间的缺口。对此，许多国家最佳的办法是建立科学的、公式化的转移支付。一方面以人均收入指标来衡量地区的贫富状况，另一方面建立一些可以衡量需要的客观指标，如人口、公路里程、城市化率等，以确保以需要为依据所进行的收入分配是均衡的。实践证明，只有公式化的转移支付才能从实质上解决横向失衡问题。

（二）企业补贴

企业补贴是指政府为了实现特定的政治、经济及社会目标，将部分财政资金使用权无偿、单方面的让渡给企业。与政府间转移支付不同的是，企业补贴与相对价格密切相关，要么是补贴引起价格变动，要么是价格变动导致财政补贴。由于企业补贴会改变原来的相对价格体系，并引起市场资源配置结构、供给结构和需求结构的变化，因此，它只

能作为一种辅助性的宏观调控手段。否则的话，将会对经济产生不利的影响。

我国企业补贴分为企业政策性亏损补贴和企业经营性亏损补贴两类。前者是指政府对那些因受国家经济政策影响而发生亏损的企业给予财政补贴，后者则是指政府对由于经营不善而导致亏损的企业予以财政补贴。

（三）个人补贴

个人补贴是根据国家政策需要，为了保障居民基本生活，财政对居民个人予以生活补贴。这类补贴有两种类型：一是国家对生活贫困的城镇居民或下岗职工实行最低生活保障而给予的生活费补贴，二是国家政策调整时为使城镇居民的消费水平不受大的影响而给予的价格补贴。

个人补贴对于保障居民生活水平、维护社会安定具有积极作用。但与企业补贴相似，个人补贴也会引起相对价格体系的变动。因此，如果补贴范围过广、项目过多，就会带来弊端。诸如，扭曲商品价格关系、掩盖各类商品之间的真实比价关系、加剧财政困难、削弱国家宏观调控能力等。

二、按转移支付用途分：一般转移支付与专项转移支付

根据资金用途的不同，财政转移支付可以分为一般转移支付和专项转移支付。

（一）一般转移支付

一般转移支付是指上级政府为达到缩小地区间财力差距，实现地区间基本公共服务均等化的目标，对存在财力缺口的地区给予的补助。一般转移支付不规定具体用途，资金接受者可以自主安排资金用途。按照公平、公正，循序渐进和适当照顾老少边穷地区的原则，一般转移支付主要参照各地标准财政收入和标准财政支出的差额，以及可用于转移支付的资金数量等客观因素计算。具体计算公式如下：

某地区一般性转移支付额＝（该地区标准财政支出－该地区标准财政收入）×该地区转移支付系数。

其中，标准收入是指各地的财政收入能力，主要按税基和税率分税种测算；标准支出是指各地的财政支出需求，主要按地方政府规模、平均支出水平和相关成本差异系数等因素测算。

一般转移支付主要目标为改善区域财力，实现基本公共服务的均等化。具体又细分为均衡性转移支付、民族地区转移支付、调整工资转移支付、县级基本财力保障机制奖补资金、农村税费改革转移支付、资源枯竭城市财力性转移支付等。其中，均衡性转移支付主要在于改善区域财力情况，民族地区转移支付用于对少数民族地区建设进行支持，同时配合当时的“西部大开发战略”。调整工资转移支付则是对财政困难地区财政供养人员的工资发放予以支持。县级基本财力保障机制奖补资金，用于缓解县级财

政税收上解而引起的财政困难。农村综合改革转移支付，则主要针对乡级财政缺口，解决由于农业税等农村税费取消带来的财力不足问题。

（二）专项转移支付

专项转移支付是指上级政府为实现特定的宏观政策目标，以及对委托下级政府代理的一些事务进行补偿而设立的专项资金。资金接受者需要承诺按照既定的用途使用资金，并且接受上级财政的检查和监督。专项转移支付主要功能在于协助地方政府改善基础设施、生态环境等方面的条件，解决地区间具有外溢性的公共产品和服务的提供问题，如基础教育、跨地区公路、水利设施等。总的来说，专项转移支付用途较多，涵盖了教育及科学支出、文化支出、医疗卫生支出、社会保障支出、节能环保支出、农业支出、生态发展支出、林业及水利发展支出、产业发展支出、农业与农村发展支出等多个领域，如表8—1所示。

表8—1　专项转移支付支出分类

支出类别	专项转移支付名称
教育及科技支出	特殊教育补助经费，学生资助补助经费
医疗卫生支出	公立医院补助资金，医疗救助补助资金
文化支出	国家文物保护专项资金，文化产业发展专项资金
社会保障支出	就业补助资金，优抚对象补助经费
节能环保支出	排污费支出，水污染防治资金
林业水利发展支出	林业补助资金，水利发展资金
防灾与应急支出	特大防汛抗旱补助费，全国山洪灾害防治经费
产业发展支出	服务业发展资金，工业转型升级资金
农业农村发展支出	农业保险保费补贴，农业生产发展资金
其他专项支出	基建支出，城市管网专项资金

三、按转移支付条件分：无条件转移支付与有条件转移支付

依据资金拨款的发放和使用条件分类，财政转移支付可分为无条件转移支付和有条件转移支付。

（一）无条件转移支付

无条件转移支付是指上级政府对下级政府的资金补助不附带任何条件，既不要求地方拿出配套资金，也不规定资金的具体用途。资金的拨付是根据地方政府在税收能力与支出方面需要的差异，按照统一的法定标准或公式进行。下级政府可以根据本地区情况，自行掌握、自主支配转移资金。因此，无条件转移支付也称作一般转移支付。

无条件转移支付不规定用途的目的，一是为了增加地方政府在财政资金支配上的自主权；二是便于地方将拨款和自有资金一起统筹安排，实现地方对财政资金管理和使用的规模效益；三是考虑地方发展的特殊性和差异性，促进各地因地制宜地使用财政资金。无条件转移支付相当于使地方获得了一笔净收入，因此地方政府往往极力争取。但从经济意义上讲，无条件拨款制度的设计如果不科学、不规范，容易造成分配中的"寻租"现象，同时削弱地方征税的积极性，加大地方增支的冲动。

（二）有条件转移支付

有条件转移支付是指上级政府按照特定的使用目的和条件对下级政府进行资金补助。下级政府虽然增加了一定的财力，但在财权上并没有太大的自由度，必须执行上级政府的政策和意图，同时接受上级政府的监督与检查。因此，它也被称为特殊性转移支付或专项转移支付。有条件转移支付主要用于外溢性项目以及上级政府所鼓励发展的行业和项目。

依据拨款资金的分配是否要求配套，以及对配套的拨款资金是否有封顶的限额，有条件转移支付又可以进一步分为有条件非配套补助、有条件无限额配套补助、有条件有限额配套补助三种。

其中，有条件非配套补助是指上级政府向下级政府提供一笔固定数额的补助，不要求下级政府提供相应的配套资金，只需按规定用于既定的公共服务项目。而有条件无限额配套补助则是指上级政府对下级政府提供一笔无限额的补助拨款，但要求地方以自有资金按项目支出的比例进行配套。由于不规定拨款接受者可以得到拨款的最高界限，因此这种补助办法容易刺激地方政府的支出，并相应增加上级政府所给予的补助数额。有条件有限额配套补助是指中央政府明确规定一项补助的最高数额，在这个限额以下，中央政府按规定的比例对地方项目进行补助。超过这个限额，则不再增加补助。

表 8－2　　不同转移支付形式功效的比较

特征与功效	无条件拨款	有条件非配套拨款	有条件限额配套拨款	有条件非限额配套拨款
体现上级政府的意图	强	强	强	强
弥补财政缺口	强	弱	弱	弱
均等财政净利益	强	中	弱	中
最低服务水平	中	强	弱	中
受益外溢补偿	弱	中	强	强
影响地方政府的决策	弱	中	强	强
地方政府运用资金的自由度	强	中	强	弱

如表 8—2 所示，不同转移支付在体现上级政府意图、弥补财政缺口及实现公共服务均等化等功效方面存在一定的差异。这也使得上、下级政府对于不同的转移支付有不同的偏好。就下级政府而言，其对转移支付形式的偏好依次是：无条件拨款、有条件非配套拨款、有条件非限额配套拨款及有条件限额配套拨款。就上级政府而言，它必须根据调控目的、调节对象的实际情况来选择和使用转移支付。如果调控目的仅仅是为了弥补纵向财力缺口，并不替代下级政府决策，可以选择无条件拨款；如果要对地方政府的决策与活动施加干预与影响，可以选择有条件拨款；如果下级政府具备一定的财政实力，上级政府又希望加大政策贯彻的力度，那么可以选择配套性拨款。

四、不同转移支付形式的管理

如表 8—3 所示，经过多年建设，我国转移支付形成了以一般转移支付为主、专项转移支付和税收返还为辅的结构。显然，不同的转移支付类型不仅政策目标不同，而且管理的侧重点也各不相同。

表 8—3　　2008—2017 年中央财政转移支付明细表

年份	总额（亿元）	一般性转移性支付		专项转移支付		税收返还	
		规模（亿元）	与总额比值（%）	规模（亿元）	与总额比值（%）	规模（亿元）	与总额比值（%）
2008	22 945.61	8 696.49	37.90	9 966.93	43.44	4 282.19	18.66
2009	28 563.79	11 317.2	39.62	12 359.89	43.27	4 886.7	17.11
2010	32 341.09	13 235.66	40.93	14 112.06	43.64	4 993.37	15.44
2011	39 921.21	18 311.34	45.87	16 569.99	41.51	5 039.88	12.62
2012	45 361.68	21 429.51	47.24	18 804.13	41.45	5 128.04	11.30
2013	48 019.92	24 362.72	50.73	18 610.46	38.76	5 046.74	10.51
2014	51 591.04	27 568.37	53.44	18 941.12	36.71	5 081.55	9.85
2015	55 097.51	28 455.02	51.64	21 623.63	39.25	5 018.86	9.11
2016	59 400.70	31 864.93	53.64	20 708.93	34.86	6 826.84	11.49
2017	65 051.78	35 145.59	54.03	21 883.36	33.64	8 022.83	12.33

数据来源：廖梦醒：《我国财政转移支付研究——基于地区间基本公共服务均等化视角》，首都经济贸易大学硕士学位论文，2019 年。

（一）一般转移支付的管理

当前中国一般转移支付规模最大，比值最高，不仅直接提高了地方政府的财力，也对地方公共服务均等化发挥了显著作用。然而，要注意的是，当前一般转移支付存在项目过多、过细的问题。

具体来说，当前很多一般转移支付项目都产生于政策的调整，具有一定的临时性，如民族地区转移支付、调整工资转移支付等都是由于中央政策调整而形成的临时性转移支付。从表面上看，这些转移支付都被划归为一般转移支付，但是实际上它们又具有专项转移支付的特征。针对上述问题，可以采取归类和缩减措施。一方面，将那些以均等化为主要目标的项目，统一整合到一般转移支付。另一方面，将那些具有指定具体用途或大致用途的，以及属于中央政府委托地方政府代办事项的资金，统一整合到专项转移支付中。

在上述整合基础上，一般转移支付资金全部按照"因素法"决定其如何在各省份间进行分配。这样，不仅使转移支付资金的计算公开、科学、透明，还可以使地方政府能够根据本地实际情况，对未来年度能够获得的转移支付资金规模展开合理预期。

（二）专项转移支付的管理

专项转移支付主要是在基本公共服务均等化过程中，对欠发达地区相对落后的基本公共服务均等化起"兜底"作用。然而，当前我国专项转移支付项目过多，需要加强规范管理。一是清理、整合现有专项转移支付项目，健全专项转移支付退出机制，取消现有专项转移支付中名不符实和过时的项目，归并重复交叉的项目；二是控制专项转移支付规模，专项转移支付只是转移支付的辅助形式，其规模应控制在转移支付总额的一定比例之内；三是控制专项转移支付范围，凡属于地方财政支出范围内的项目，中央不再进行专项拨款；四是确保专项转移支付项目和金额的透明、公开、公平和公正，逐步采用因素法核定专项转移资金额度。

此外，在实际操作中，为保障专项转移支付的作用效果，中央政府通常根据不同区域的实际状况，对一些专项转移支付提出配套资金要求。而地方政府为了获得专项转移支付，在财力不足的情况下，会通过举债补充配套资金，这无疑会加大地方政府的债务风险。这就要求中央政府应根据实际情况合理安排专项转移支付，充分考虑地方政府的实际情况，特别是地方政府的债务情况，降低对专项转移支付的配套资金要求。

（三）税收返还的管理

税收返还最主要的问题是不利于均等化，其管理的出发点和落脚点是通过取消税收返还，来解决这一逆向均等化问题。然而，短期来说，税收返还作为一种既得利益的延续，如果将其取消，会打击地方政府的财政积极性。因此，应当严格控制其规模及比例，使其处于一个相对较低水平。

第三节　政府间转移支付和公共服务均等化

公共服务均等化体现了公平正义的发展理念，与社会主义的本质规定及和谐社会的发展目标一致。而科学、规范的政府间转移支付是实现公共服务均等化的制度基础。

一、公共服务均等化界定

（一）公共服务均等化概念及其内涵

公共服务均等化是指政府为不同利益集团、不同经济成分、不同社会阶层提供一视同仁的公共产品与服务。它包括区域之间、城乡之间、居民个人之间的公共服务均等化。一般来说，区域均等化为公共服务均等化的初级阶段，城乡均等化为中级阶段，而全民均等化则是公共服务均等化的终极目标和最终表现。公共服务均等化是公共财政的基本属性，其内涵理解如下：

第一，公共服务均等化是公共财政公共性的重要体现。公共服务是公共财政满足社会公共需要的载体，而均等化则对公共服务的公共性程度提出了要求，它要求公共服务能够公平地满足社会公共需要，使所有社会成员能够享有基本均等的公共服务。当然，公共服务的均等化不是绝对意义上的平均化，而是要将差距控制在可以接受的范围之内。

第二，公共服务均等化是公共财政一视同仁特征的延伸。公共服务均等化要求政府为不同利益集团、不同经济成分、不同社会阶层提供一视同仁的公共服务。具体来说，财政在安排和使用公共支出时应以社会利益和公共需要为目的，一视同仁地考虑到所有市场主体；在获取公共收入时应对所有市场主体适用同样的财税制度，一视同仁地对待所有的纳税人；在规范市场时应对所有的市场主体制定一视同仁的法律、法规和制度，确保公平的市场竞争。

第三，公共服务均等化是公共财政职能的深化，有助于公共财政实现资源配置、收入分配及稳定经济与发展三大职能。首先，公共服务均等化具有公共性和一视同仁的特征，可以使社会总资源达到最佳配置状态；其次，公共服务均等化的主要实现手段是转移支付，而转移支付具有较强的收入分配功能，有助于实现公共财政的收入分配职能；再次，公共服务均等化为社会公众提供基本的、在不同阶段具有不同标准的、最终大致均等的公共物品和公共服务，对宏观经济的稳定和发展具有促进作用。

(二)公共服务均等化意义

公共服务均等化意味着公民普遍拥有基本一致的发展权和生存权,广大弱势群体能够享受基本的国民待遇。因此,公共服务均等化有助于实现 公平与效率的统一,具有重要的经济与社会意义。

1. 公共服务均等化是市场经济的客观要求

在市场经济体制下,市场活动主体依据等价交换原则进行公平交易,任何市场主体都无法依靠政府权力来索取额外的价格和利益,也不因政府权力的干预而遭受额外的费用和损失,生产要素能够在利益的引导下自由流动,实现资源配置的优化。这就要求公共财政活动范围只应局限于市场失灵领域,以社会利益和公共需要为目的,着眼于所有市场活动主体,为市场提供一视同仁的服务,即均等化的公共服务。

2. 公共服务均等化有助于社会稳定

公共服务均等化是实现社会均等化的主要途径,也是社会均等化的重要内容。实现公共服务均等化,有助于形成社会公正的价值观念,有利于增强国家的凝聚力,促进经济社会的健康发展。地区间、城乡间公共服务的不均等,是任何国家社会经济发展中不可避免的事情,但如果差距过大,就会对社会的稳定形成威胁。贫困地区可能将差距归结为中央政府的政策歧视,至少是政策不力或政策出现偏差。而且,过大的公共服务差距可能影响国家的统一。联合国《1994 年人文发展报告》指出,地区差距过大是导致国家分裂的重要原因。世界许多国家的实践也表明,一旦落后地区长期得不到中央政府的强有力财政援助,就会产生离心倾向。由此可见,公共服务均等化政策会提高中央政府的向心力和控制力。

3. 公共服务均等化是一种财富或收入的再分配

公共服务在不同类型人群中的提供与分配能起到较强的财富或收入再分配效果。享用相同的公共服务但分摊不同的税收负担,以及承担一致的税收负担但享受不同的公共服务,都意味着不同的收入再分配效果。事实上,只要实现公共服务的供给收益与成本分摊在区域间、城乡间、居民间的公平配置,就能缩小收入分配差距。

4. 公共服务均等化有助于城乡经济社会和谐发展

1978 年后,我国一直实行以效率为导向、以建立市场经济体制为最终目标的改革开放政策,经济获得了巨大发展,但城乡二元经济社会结构进一步失衡。市场强调效率,公共服务不可能自主地从发达地区进入贫困地区,因此,无法依靠市场本身来解决城乡间的不均衡问题。在这种情况下,公共财政有意识地安排城乡间的公共服务均等化,对于促进城乡经济均衡发展就有重要意义。

(3)公共服务均等化衡量指标

一般而言,公共服务均等化水平往往通过投入、产出、结果三个维度加以衡量。其中，投入指标是衡量公共服务均等化的基本指标，包括财力投入、物力投入及人力资源投入等。例如，城乡均等义务教育除了均等的校舍、学杂费外，还包含均等的城乡教育人力资源。产出指标衡量政府部门提供的公共服务内容或产品数量，反映政府提供公共服务的努力程度。在使用产出指标衡量时，要考虑绝对标准、相对标准，同时要进行横向比较、纵向比较。结果指标是用来衡量公共服务供给之后的结果。它反映公共服务提供后所实现的目标状况，也反映公众对公共服务的满意程度。

鉴于我国公共服务总体投入不足，区域、城乡之间也存在投入差异，短期内我国均等化衡量指标重点应放在投入类指标上，同时加快完善相关程序的控制措施，确保公共资源的投向和利用效率。从长期来说，随着公共服务投入的逐步改善，测评重点应逐步向产出和结果指标转移。

从指标权重分布来看，公众评价政府绩效是西方国家尤其是发达国家的常态。我国政府目前正由管理型转向服务型，人民群众理应成为评价服务型政府绩效的主体，因此，公共服务均等化结果指标中服务对象指标（公众指标）也应具有较高的权重。此外，需要强调的是，各项指标标准的确定，是以缩小地区差距和城乡差距为最终目标的，但这并不意味着以发达地区和城市的公共服务停滞不前为代价，而应以各地区的共同发展，贫困地区和农村的加速发展为前提。

二、我国公共服务非均等现状及原因

公共服务作为居民生产、生活不可或缺的基本条件，具有非排他性和非竞争性特征。大致均等地享受政府提供的公共服务是每一个公民的基本权利。自基本公共服务均等化推进以来，我国在各方面做出了巨大的努力。从地区来看，中央政府通过东北老工业基地振兴、西部大开发战略等一些专项支持和政策倾斜，在一定程度上提升了那些经济不发达，发展相对落后地方的基本公共服务能力。从城乡来看，政府始终强调农业、农村、农民问题是关系国计民生的根本性问题，强调必须把解决好“三农”问题作为全党工作重中之重，必须加快破除城乡二元体制结构，大量惠农利民的政策相继实施。此外，国家还不断从教育、医疗、就业、住房等基本公共需求着手提高民生福利。以上努力取得了明显成果，社会成员享受的基本公共服务标准显著提升，覆盖范围也在不断扩大。但基本公共服务均等化是一个循序渐进的过程，任重而道远，所以仍然存在非均等问题亟须政府解决。

（一）我国公共服务非均等现状

我国公共服务非均等现状突出表现为区域非均等以及城乡非均等。首先，如表8—4所示，就区域而言，我国东、中、西部地区的公共服务建设虽然都有了一定的基础，但仍然存在一定的区域差别，即东部发达地区公共服务资源配置的数量和质量都明显比中、西部地区要高。

表 8—4　　2018 年东、中、西部地区公共服务非均等现状

项　目	东部地区		中部地区		西部地区	
	绝对数	占全国比重(%)	绝对数	占全国比重(%)	绝对数	占全国比重(%)
发电量(亿千瓦小时)	26 996.2	38	14 615	20.6	25 656.4	36.1
铁路营业里程(公里)	31 528	23.9	26 663.9	21.9	52 797.1	40.1
公路里程(公里)	1 161 526.3	24	1 297 781.8	26.8	1 991 735.4	41.1
普通高等学校数(个)	1 015	38.1	695	26.1	695	26.1
医院数(个)	11 667	35.3	7 596	23	10 492	31.8
执业(助理)医师(万人)	153	42.4	88.2	24.5	90.8	25.2
医院床位数(万张)	236.1	36.2	167.4	25.7	187	28.7

资料来源:《2019 年中国统计年鉴》。

其次,就城乡而言,现行的公共服务属于城市偏向型,城乡之间的公共服务还存在一定差距。

(1)城乡公共服务供给不均等

从公共服务收益分享情况看,我国除国防、外交等公共产品能够大致在城乡居民间均衡分享外,其余如基础教育、医疗卫生、社会保障、公共设施等公共服务都主要投放在城市,而农村的公共服务供给数量则还是落后于城市。以医疗卫生为例,由表 8—5 可知,无论是每千人口拥有医疗卫生机构床位、每千人口拥有卫生技术人员、每千人口拥有执业(助理)医师,还是每千人口拥有注册护士,尽管城市与农村之间的差距在不断缩小,但城市供给数量仍明显高于农村,城乡公共服务供给差距仍有待进一步缩小。

表 8—5　　城乡居民公共服务非均等:医疗卫生

比较项目 / 年份	每千人口拥有医疗卫生机构床位(张)			每千人口拥有卫生技术人员			每千人口拥有执业(助理)医师			每千人口拥有注册护士		
	城市	农村	城市/农村	城市	农村	城市/农村	城市	农村	城市/农村	城市	农村	城市/农村
1980	—	—	—	8.03	1.81	4.44	3.22	0.76	4.24	1.83	0.2	9.15
1985	—	—	—	7.92	2.09	3.79	3.35	0.85	3.94	1.85	0.3	6.17
1990	—	—	—	6.59	2.15	3.07	2.95	0.98	3.01	1.91	0.43	4.44
1995	—	—	—	5.36	2.32	2.31	2.39	1.07	2.23	1.59	0.49	3.24
2000	—	—	—	5.17	2.41	2.15	2.31	1.17	1.97	1.64	0.54	3.04
2005	—	—	—	5.82	2.69	2.16	2.46	1.26	1.95	2.1	0.65	3.23
2010	5.94	2.60	2.28	7.62	3.04	2.51	2.97	1.32	2.25	3.09	0.89	3.47
2015	8.27	3.71	2.23	10.21	3.90	2.62	3.72	1.55	2.40	4.58	1.39	3.29
2016	8.41	3.91	2.15	10.79	4.04	2.67	3.92	1.61	2.43	4.91	1.49	3.30

续表

比较项目 / 年份	每千人口拥有医疗卫生机构床位(张)			每千人口拥有卫生技术人员			每千人口拥有执业(助理)医师			每千人口拥有注册护士		
	城市	农村	城市/农村	城市	农村	城市/农村	城市	农村	城市/农村	城市	农村	城市/农村
2017	8.75	4.19	2.09	10.87	4.28	2.54	3.97	1.68	2.36	5.01	1.62	3.09
2018	8.70	4.56	1.91	10.91	4.63	2.36	4.01	1.82	2.20	5.08	1.8	2.82

资料来源:《2019年中国统计年鉴》。

(2)城乡公共服务供给结构不均衡

相对而言,城市财政资源较为雄厚,公共服务供给充足,而农村公共服务供给结构则处于失衡状态。表现为,一是生产性公共服务供给不足,不仅新的生产性公共服务供给不足,而且原有的基础设施也受到不同程度的损坏。大型农田水利设施、大型农业固定资产投资、农作物良种开发和培育以及有关农产品市场供求信息预测等农村生产性公共服务供给不足,降低了农业生产能力。二是涉及农村可持续发展的公共服务供给短缺。例如,农村基础教育经费紧张、师资力量薄弱,无法满足农村发展的需要。农村医疗保障水平较低,农村文化娱乐活动贫乏,农村地区的公共图书馆几乎也是空白。三是部分非生产性公共服务供给过剩。一些基层政府热衷于兴建一些政绩工程、形象工程等,造成巨大的浪费。

(3)城乡公共服务供给效率、质量不均等

城市管理较规范,其提供的公共服务质量与效率都较高。相比之下,农村公共服务供给效率及质量则低得多,表现为农村公共资金使用效率低下,存在资金浪费和挪用现象;农村公共服务供给项目缺乏科学的论证,项目预算和审计流于形式;部门间缺乏配合,相互扯皮和推诿责任的情况时有发生;公共服务供给的具体内容和制度建设滞后,与农民实际需求相脱节,存在某些公共服务过度供给、劣质公共品等情况。

(二)我国公共服务非均等供给原因

造成我国公共服务非均等现状的原因是多方面的,有经济因素也有体制因素。就财政体制而言,当前不完善的政府间转移支付体制是其中重要原因。由于公共服务均等化实质上是财力均等化,因此科学、规范的政府间转移支付就成为实现公共服务均等化的制度基础。然而,从我国情况来看,当前我国政府间转移支付体制存在结构上的缺陷和不足,没有充分发挥纠正财政纵向及横向失衡的职能与作用,阻碍了公共服务均等化的实现。

1.转移支付缺乏有效的法律保障

迄今为止,我国目前仍缺乏一套完善的关于公共服务均等化的法律体系。没有法律的约束与保障,政府在基本公共服务均等化执行过程中,权利与义务不对称,结果导致各种问题层出叠现。首先，在公共服务均等化过程中，缺乏对官员权力使用与兜底责任相配套的法律体系，使得政府容易规避责任；其次，社会参与方面，我国对合同承包、特许经营和项目承包等市场运作方式缺乏法治考量，没有明确的规范与监督；最后，我国是人口大国，资源丰富，地大物博，尤其需要用完善的法律来规范和制约，来保证基本公共服务均等化过程的效度与力度。总的来说，基本公共服务均等化过程中，如果没有法律的保障就会让提供者偷工减料，让受益者钻空子，而且法治作为国家治理体系现代化的基石，既是基本公共服务均等化的重要内容和内在目标，也是基本公共服务均等化的制度动力和根本保障。

2.转移支付政策目标不明确，定位不清晰

通常来说，一般转移支付的政策目标是补助地方政府经常性支出缺口，促进基本公共服务均等化。专项转移支付的政策目标是提供地区间具有外溢性的特定公共服务项目。然而，在我国现行的转移支付形式中，只有一般转移支付是以均等化为政策目标，其他类型的转移支付的目标都不够明确。税收返还甚至还延续并固化了多年来形成的不合理利益分配格局，与地区财力均衡的目标相悖。这都不利于转移支付目标的实现。

3.转移支付结构不合理

公平性最差的税收返还占整个转移支付资金的比重虽逐年下降，但仍保持在10%以上的水平。这在一定程度上侵蚀了中央财力、限制了中央政府的再分配能力。与此同时，公平性最好的一般性转移支付所占比重虽逐年增加，但仍有待提高。否则的话，难以有效调节地区财力差距，充分发挥均等化作用。

4.转移支付标准界定不规范

当前我国转移支付金额的确定缺乏程序化、公式化的分配方式。除了一般性转移支付在全国范围内实现了统一的公式法分配外，税收返还仍然坚持“存量不动、增量调节”的原则，采取“基数法”计算返还资金数额。一些专项转移支付项目的立项也缺乏科学依据和标准，专项补助在预算中没有详细的计划，主观随意性较大，这不仅不利于缓解地区间财政收入差距，反而会加剧地区间公共服务不均等。

5.省以下转移支付制度建设滞后

目前从整体情况来看，地方转移支付制度建设步伐缓慢：一是一些省市级财政向县市级财政的一般转移支付额偏小、县市级财政上解额较大，导致县乡出现财政困难。二是一些省份在制度设计上仍存在着简单、粗放的做法，公式化程度不高，在因素的选取和指标的设计上不合理、不科学。三是各级地方财政转移支付制度建设规范化程度不一，有的地方已经建立了比较完整的转移支付计算指标体系和实施程序，而有的地方仅处于起步阶段。从全国范围看，转移支付制度没有形成一个上下衔接、相互协调的体系。

6.政府间转移支付监督机制缺失

当前中央政府没有建立与转移支付制度相适应的监督制约机制和效益考核指标。许多资金到地方之后,资金使用失控,效益低下。地方政府支配转移支付资金的主观随意性大,资金被挪用、挤占、截留现象时有发生,结果严重损害转移支付效率,背离转移支付政策目标。

三、我国公共服务均等化实现途径

上述分析表明,我国实现公共服务均等化目标,关键在于进一步完善政府间转移支付制度,减少转移支付过程中非规范行为的发生。

(一)制定《财政转移支付法》

通过完善的《财政转移支付法》,明确转移支付各主体的权限与责任,形成长效机制促进转移支付的发展,推动基本公共服务均等化的达成。如果现在由全国人大制定专门的转移支付法有困难的话,可以让国务院制定专门的转移支付规章,对转移支付的全部内容、整个过程进行约束,包括政府间转移支付的目标、采用的形式、具体的大类、资金分配原则、具体计算公式、资金下达期限、申请拨付程序、监督管理方式等内容。除此之外,还应当设置惩罚性条款,对违反转移支付法的行为主体进行处罚,只有具备了惩罚性条款,法律约束才能“硬化”。

(二)优化转移支付结构

强化财政均等化功能,最终建立一个以一般性转移支付为主、专项转移支付为辅的转移支付体系。首先,可以进一步扩大一般转移支付规模,逐步提高一般转移支付的比例。其次,控制专项转移支付规模,规范专项转移支付。制定严格的项目准入机制,减少立项的随意性和盲目性。在专项资金分配时,考虑地方支付能力和公共产品提供成本差异等指标,提高资金分配的公平性。最后,逐步缩小税收返还规模。

(三)改进一般转移支付计算方法

我国一般转移支付计算方法虽然在全国范围内采取了统一的公式化分配方法,但其规范性是有限的,它在运用因素法计算标准财政收支时,仍然保留有基数法的痕迹。考虑到当前一般转移支付还难以全面引入因素法的现实情况,可以先将基本行政经费、基础教育经费和公共卫生经费等作为基本要素引入一般转移支付计算公式,以保证地方政府对基本公共服务的有效供给。同时尽可能地选取地方政府无法直接控制的一些客观变量作为计算指标,减少对地方政府行为的影响以及地方政府与中央政府的讨价还价行为,增强计算方法的科学性和合理性。

(四)推进省以下转移支付制度建设

当前省以下转移支付制度存在的问题主要为县级层面财政能力及财政自主权不

高。突出表现为,县级政府承担了较多的公共服务事权,然而它要从省级政府获得转移支付资金,必须要经过地、市一级中间政府层级,这无疑会对县级转移支付资金实际的规模与效率产生影响。为此,要完善省级以下的转移支付制度设计,在省、市、县级层面形成有效的政策支持,建立县级政府的长效资金分配机制。

(五)建立健全政府间转移支付监管体制

转移支付监管机制应贯穿资金的分配、使用与事后绩效评估的全过程。为此可以设立专门机构对转移支付的分配、立项、考评等进行监管,并且该监督机构要独立于各级政府的财政部门之外,不能作为财政部门的内设机构。对于违反规定的地方政府,要制定相应的处罚措施,强化监督管理。

(六)将基本公共服务均等化相关指标纳入绩效考核范围

为了真正实现转移支付对公共服务均等化的作用,可以从公共服务投入、产出、结果三方面入手,设计相应的考核评价和考核指标体系,展开绩效考核,构建新型服务型政府,提高各级政府的财政效率。

当然,财政转移支付制度是一个复杂的系统工程,地区财力均衡和公共服务均等化目标的实现不仅取决于转移支付自身的改革,还有赖于相关配套措施的完善。

四、税收返还和体制性补助

(一)税收返还

税收返还是指中央政府对地方政府上缴的税收收入给予一定比例的返还。1994年我国分税制改革时,为不挫伤地方积极性和保障地方既得利益而采取的财力偿付措施,包括中央对各地区的增值税和消费税即“两税”的税收返还、所得税基数返还以及成品油税费改革税收返还。税收返还多以中央和地方的共享税为基础,返还的资金与地方政府的税收努力相关。

税收返还是一种特殊的转移支付。税收返还资金的征收和初次分配权利在于中央,因此税收返还在本质上属于中央与地方政府之间财政收入的二次分配,是政府间财政资金的转移和调度,具有转移支付的一般性质。

要注意的是,税收返还保护了地方政府的既得利益,调动了地方政府的积极性,一定程度上促进了改革的顺利推行,但税收返还按照地方税收能力和资金来源地就地返还的原则实施,没有考虑各地财源结构因素,忽略了地区差异,不仅没有调节地方政府间横向财力失衡,反而加剧了地区间的财政贫富差距,这与转移支付的目标是相违背的。

(二)体制性补助

体制性补助是指1994年分税制改革时,用于该项改革的专门性补助资金。主要包括两部分:一是体制补助,含原体制补助、企事业单位划转补助等。二是对地方财政减收所进行的财力性补助。包括固定资产投资方向调节税暂停征收财政减收补助、天然林保护工程地方减收补助、退耕还林还草减收补助等。

体制性补助采用基数法核定收支，即以上一年或前三年平均收支数为基数略加调整，作为新体制的收支基数，确定上解或补助额。从执行情况看，这种方法缺乏科学依据，人为造成苦乐不均，不符合公平竞争的原则，不利于调动增收节支的积极性。

第四节　财政对企业的补贴和管理

财政对企业的补贴是国家根据一定时期政治和经济的发展需要，为执行某些政策，对特定的企业或项目给予补助和津贴。企业补贴是世界各国政府财政活动的重要内容之一，是政府管理和调节社会经济的重要手段。

一、对正外部性企业和公用事业的补贴

对具有正外部效应的企业(如高科技企业、研发型企业)以及公用事业单位(如供电、供水、供热、燃气、交通、电信、邮政等诸多涉及社会基础性利益的行业)进行财政补贴是世界各国的普遍做法。一方面，政府对正外部性企业进行财政补贴，鼓励企业扩大生产、增加外部性产品提供，实现资源配置的帕累托最优。另一方面，政府对公用事业单位进行财政补贴，支持其提供低价产品和服务，实现社会效益的最大化。

(一)正外部性企业和公用事业的特征

1. 基础性

正外部性企业和公用事业提供的产品和服务与人类日常生产、生活密切相关，是城市生活中必不可少的一部分。如果缺乏这些产品和服务，公众生活无从进行，其他企业的生产经营也会受阻。

2. 公益性

正外部性企业和公用事业为公众生产、生活提供普遍性服务，而不是针对社会中的某一群体。所有社会公众都可以获益，是公益性的集中体现。因此，正外部性企业和公用事业不仅要以自身盈利水平为发展目标，还要考虑到社会责任，以低价格和高质量的标准为社会公众服务。

3. 正外部性

正外部性企业和公用事业往往技术门槛高，投资成本大，投资收益回收周期长，投资风险高，企、事业自身投入与回报常常不对等，但其提供的产品和服务却对整体经济的发展与社会福利的提高具有积极影响，表现为显著的正外部性。

4. 自然垄断属性

正外部性企业和公用事业往往具有规模经济特点，当经营发展到某一规模后，其他同类竞争的企业很难进入与其相竞争，容易形成自然垄断。

5. 受众用户的高度依赖性

正外部性企业尤其是公用事业具有自然垄断属性，提供的产品与服务具有垄断性，社会公众在消费时具有弱选择性和高度依赖性。这样，公用事业企业和受众用户之间容易形成长期、稳定的服务与被服务关系。

(二)财政补贴正外部性企业和公用事业的理论依据

1. 保障社会福利水平

正外部性企业和公用事业与国计民生的利益直接挂钩，为了保障社会公众的福利水平，政府可以通过财政补贴来降低正外部性企业和公用事业的产品与服务的价格，而不是任由市场来进行自由调整。

2. 避免产品提供不足

如前所述，正外部性企业和公用事业投资成本高，技术要求高，投资风险大，具有很强的外部性。在这种情况下，大部分市场经济主体既没有足够的经济实力承担，也没有强烈的进入意愿，结果就会导致正外部性企业和公用事业建设受阻，产品供应不足的问题。为此，政府以财政补贴的形式鼓励、支持正外部性企业和公用事业的发展，造福社会就是理所当然。

3. 优化资源配置

财政补贴正外部性企业和公用事业可以起到很好的资源配置优化的作用。具体来说，政府通过是否补贴、补贴多少等，将政府资金直接、精准地补贴到需要的企、事业单位中，支持和改善受补贴单位的投资经营，实现政府政策目标。与此同时，财政补贴又能间接地引导社会资源更多地流向需要的地方，提高资源配置的效率。

(三)财政对正外部性企业及公用事业补贴的基准

财政对企业进行补贴有三种理论基准：一是根据不变成本进行补贴。政府规定供给价格为社会福利最大化的价格，同时全额补贴企业的不变总成本。在这种情况下，企业可以获得政策利润，实现持续经营，保证产品或服务的稳定供给，实现帕累托最优。由于企业不需要考虑不变成本的补偿问题，不论需求或供给发生什么变化，企业总可以调整供给量使得边际成本等于合同价格，因此企业没有不变成本投资风险和经营风险。二是根据消费量进行补贴，即财政补贴总额随着消费量的变化等比例变化，与成本无关。在这种模式下，企业效率越高，成本越低，其利润就越大，因此它具有提高效率、降低成本的动力。三是根据亏损额进行补贴。如果是根据实际亏损额进行补贴，那么企业不存在投资风险和经营风险，不会发生长期投资不足的问题，但也缺乏提高效率、降低成本的动力。可以预计，企业将产生严重的无效率，平均成本会持续上升，财政补贴负担将日益沉重。

（四）财政对正外部性企业和公用事业补贴的方式

财政对正外部性企业和公用事业通常有以下几种补贴方式：

第一，企业发展资金补贴。政府直接提供现金补贴给企业，补贴数额往往很大，其随意性也较大，没有明确的法律和法规，只要政府认可就能以现金形式扶持补助企业发展，是政府给予企业支持的主要渠道。

第二，科技发展补贴。主要作用是弥补部分或全部科技费用，支持科技发展。受资助的主要环节为新产品试制、中间试验及重大科研攻关。

第三，工业技术改造财政贴息。政府依据产业政策和规划的需要，通过财政贴息支持企业技术改造，以降低技术改造的成本，促进企业固定资产投资和技术升级。

第四，土地优惠补贴。这是最常见的实物补贴。地方政府无偿划拨或以低于市场水平的低价将土地转让给企业，并减免征地、拆迁费用。

第五，税式支出。政府通过税收豁免、纳税扣除、税收抵免、优惠税率、延期纳税、盈亏相抵、加速折旧、退税等各种优惠形式对企业形成间接财政补贴支出。例如，对于研发企业实行进出口关税优惠、所得税率优惠、增值税优惠、高科技工业园区优惠和应税抵扣等。

第六，其他补贴方式，比如出口补贴、中小企业担保补贴、中小企业出国展览补贴、商标注册补贴、专利补贴、培训项目补贴、品牌扶持补贴等。虽然补贴形式不同，但实质基本相同。有些补贴的确起到了对经济和社会效益的乘数效用，但也有些补贴留下了政府设租、企业寻租的空间。

二、对粮食和特殊农林产品生产补贴

粮食以及特殊农林产品（如棉花、油料等）对一国的社会经济发展及政治稳定具有重要的影响，然而粮食及农林产品具有生产的弱质性，容易受自然风险和市场风险的双重制约，而且其供给弹性大，需求弹性小，生产者收入很不稳定。对此，世界各国通行的做法是对其进行补贴。

（一）财政补贴粮食和特殊农林产品的理论依据

1. 粮农是人类生活、生产的基础

粮食、棉花及油料等农林产品为人类社会提供食物来源，保障人类最基本的生存需要，是人类生活的必要条件。不仅如此，粮食及农林产品也是国民经济生产的基础，它既是重要的对外出口物资，同时也为工业部门尤其是轻工业部门提供原材料，为第二、三产业的发展创造广阔的市场条件，为经济建设积累资金，支持国民经济不断发展。

2.农、林产业自身的弱质性

农业、林业是典型的弱质性产业,受自然条件和市场环境的影响非常大。首先,农林产品受自然条件影响很大,频繁受到自然灾害的侵扰,但抵御灾害的能力又较弱。其次,农、林产品面临的市场风险大。农、林产品的生产周期较长,并且有很强的季节性,农、林产品生产的调整往往慢于市场供需情况的变化,存在一定的滞后性。再次,农、林产品需求价格弹性低,同质性又高,农户之间常常发生不当竞争,难以通过提高品质等举措打开产品销路,结果容易导致"谷贱伤农"的现象。面对这一不确定性风险,农民一般都束手无策,只能独自承受市场风险所带来的收入损失。

3.农、林业部门比较利益低

与工业、服务业相比,农、林业比较利益相对较低,缺乏竞争力,难以吸引市场资金与资源。一是农、林业研发周期长,回报率远低于非农产业。二是农、林业生产效率低。尤其是作为世界上最大的发展中国家,中国还没有形成以大农场为形式的规模经营,机械化程度不高,生产效率更为低下。三是农业自身拥有的大量劳动力资源、人力资源外流,已有的农业生产劳动力资源受教育程度普遍不高,劳动综合素质偏低,农业生产后继乏人。四是当前中国农业市场体系也不够完善,农产品的生产、流通、交易等各环节的社会化服务程度还有待加强。在这种情况下,要想从一个农业大国转变为一个强国,尤其离不开政府对农、林业的重视与帮助。

4.维护社会稳定和政治稳定

粮食及农林产品的生产,除了保障国家的经济安全外,还具有重要的政治功能,即社会稳定和政治稳定。事实上,只有农业稳定发展,社会秩序才能稳定向前。而且农业的生产方式和社会的组织形式之间也有着密不可分的关系。我国绝大部分人的切身利益都与农业的发展有着千丝万缕的联系,进一步可能还会影响他们的政治选择,因此农业的发展对我国社会政治生活的稳定有着不可忽视的力量。

5.维护和改善生态环境

粮农产品的种植、生产对生态环境具有支持和改善作用,表现出强大的生态功能。与非农产业相比,农业对生态环境的破坏程度不但很小,而且还能够吸纳其他部门对生态环境造成的破坏,对生态环境有相当程度的改善能力。在当前生态环境问题日益突出的情况下,支持农业发展,突出农业生态功能,对于实现经济的可持续发展具有重要意义。

综合上述分析可知,在市场经济下,农业不会自发得到其应有的物质回报和价值回报,需要国家的相关扶持,才能实现可持续发展。

(二)财政补贴粮食和特殊农林产品的具体政策

进入21世纪后,我国粮农补贴主要是在生产环节直接进行补贴。包括粮食直接补贴、农作物良种补贴、农机具购置补贴、农资综合补贴等。

1. 粮食直接补贴

粮食直接补贴是指对种粮农民实行直接补贴。补贴标准可以是单位种植面积，即每亩补贴多少元，也可以是产量或者销售量，即每公斤补贴多少元。直接补贴办法容易操作，能及时将补贴资金发放给农户，是一种普惠式的补贴制度。2002 年，我国开始在吉林、安徽两省试点粮食直接补贴，开始了农业直接补贴阶段的历史进程，随后粮食直接补贴政策推向全国，到 2006 年底，粮食直接补贴的补贴范围已经涵盖了全国所有的省、自治区、直辖市。

2. 农作物良种补贴

农作物良种补贴是指政府面向某一地区内种植优质粮食作物的农民，根据种子品种给予资金补贴。2002 年政府开始在东北地区的高油品种大豆试点农作物良种补贴。目前补贴品种范围已扩大至大豆、小麦、玉米、水稻四大粮食作物以及棉花、油菜等农林产品。农作物良种补贴原则为“政策公开、直补到户、据实结算”，以计税面积为基础，按实际种植面积发放补贴资金。良种补贴的目的是鼓励农民使用优良作物种子，提高种子抗灾性，提高良种覆盖率，改善农产品品质，优化农产品结构，增加农作物产量。

3. 农机具购置补贴

农机具购置补贴是指政府对购买国家规定的农业机械的农户和农业生产组织给予一定比例的补贴。为了提高我国农业生产机械化水平，提升我国农业生产效率，助推农业生产规模化进程，政府于 2004 年开始实施农机具购置补贴。要注意的是，由于大型农机具价格都较昂贵，一般农户都无力购买，相应也就无法享受到这一补贴。因此，相比较而言，农机具购置补贴覆盖面较低。

4. 农资综合补贴

农资综合补贴是指政府 2006 年对农民购买化肥、柴油等农业生产资料进行补贴。补贴的目的在于减少农民购买农业生产资料的成本，减轻农民经济负担。

表 8—6 列示了 2002—2014 年的中国粮农补贴情况。

表 8—6　　2002—2014 年中国粮农补贴情况　　单位：亿元

年份	粮食直接补贴		农作物良种补贴		农机具购置补贴		农资综合补贴		农业四项补贴
	绝对额	占农业四项补贴比例（%）	绝对额	占农业四项补贴比例（%）	绝对额	占农业四项补贴比例（%）	绝对额	占农业四项补贴比例（%）	合计
2004	116	79.45	29	19.86	1	0.68	0	0.00	146
2005	132	75.86	39	22.41	3	1.72	0	0.00	174
2006	142	45.66	42	13.50	7	2.25	120	38.59	311

续表

年份	粮食直接补贴		农作物良种补贴		农机具购置补贴		农资综合补贴		农业四项补贴
	绝对额	占农业四项补贴比例（%）	绝对额	占农业四项补贴比例（%）	绝对额	占农业四项补贴比例（%）	绝对额	占农业四项补贴比例（%）	合计
2007	151	29.38	67	13.04	20	3.89	276	53.70	514
2008	151	14.59	123	11.88	45	4.35	716	69.18	1 035
2009	190	14.91	199	15.62	129	10.13	756	59.34	1 274
2010	151	11.18	204	15.10	161	11.92	835	61.81	1 351
2011	151	10.74	220	15.65	175	12.45	860	61.17	1 406
2012	151	9.09	224	13.49	215	12.94	1 071	64.48	1 661
2013	151	9.22	199	12.15	217	13.25	1 071	65.38	1 638
2014	151	9.02	214	12.78	238	14.22	1 071	63.98	1 674
历年合计	1 637	14.63	1 563	13.97	1 211	10.83	6 776	60.58	11 186

数据来源:《中国农业年鉴》(2001—2013),以及中国农业发展报告,财政部网站。

5.农业支持保护补贴

我国经济发展进入新常态后,粮食直接补贴、良种补贴与农资综合补贴政策效应逐渐递减。为此,2015年政府将上述三项补贴政策合并为农业支持保护补贴政策。其中,80%的农资综合补贴存量资金、粮食直接补贴资金和良种补贴资金,统筹整合为耕地地力保护补贴资金,用以支持耕地地力保护;另外20%的农资综合补贴存量资金和三项补贴增量资金则用以支持粮食适度规模经营。

与原有补贴政策相比,农业支持保护补贴政策更多地体现为政策目标的调整。一是支持耕地地力保护。补贴对象为拥有耕地承包权的种地农民。二是支持粮食适度规模经营。支持对象主要为种粮大户、家庭农场、农民合作社和农业社会化服务组织等新型经营主体,体现"谁多种粮食,就优先支持谁"。

三、对环保和减排的补贴

(一)财政补贴环保和减排的理论依据

1.环境的公共产品属性

环境是一种典型的公共产品。首先,环境消费具有非排他性。通常情况下,一个消费者对环境的消费无法排斥其他消费者对该环境的消费,否则的话,会产生极高的排斥成本。其次,环境消费具有非竞争性。一个消费者对环境的消费不会导致其他消费者对该公共物品消费的减少，增加一个消费者也不会增加环境的边际成本，而且，环境服务要么不提供，要么向全体提供，具有典型的不可分割性。

在公共产品属性下，消费者在消费环境时，容易出现“搭便车”现象，即隐瞒自己的环境消费偏好或者不会为良好的环境服务支付相应的费用。环境的这种公共属性，使得人们对它的获取和消费几乎是免费的和不受限制的。

2. 环境的外部性

作为“公共牧地”，环境既有环境保护的正外部性，又有环境污染的负外部性。首先，就正外部性而言，如果企业进行了节能减排，或者采取其他措施展开了环境保护，就会减少污染，改善环境质量，从而使得区域内的人获得环境收益。然而，其减排或保护环境的成本却无法得到相应的补偿。这样，企业保护环境的私人成本就会高于收益，企业也就缺乏动力进行环境治理和保护，最终导致良好环境的供给却不足。其次，就负外部性而言，由于消费和使用环境存在收益内部化，成本外在化的现象，私人收益远远大于私人成本，公众往往是最大限度地消费和使用环境。一旦这种过度的消费超过环境的自我净化和恢复能力时，就会出现环境污染问题，给周围个体带来经济损失和健康损害。

显然，无论是正外部性还是负外部性，资源配置都不是处于帕累托最优状态。针对这种资源配置的失灵，通过财政补贴来进行纠正和弥补，是世界各国通行的做法。

（二）环保、减排补贴具体政策

1. 环保补贴

所谓环保补贴，是指政府为了实现公益性的环保目的或者促进国内经济主体适应新的强制性的环保要求而实施的财政补贴行为。

政府的环保补贴主要用于城市环境基础设施建设、企业环保技术的引进及研发、企业落后淘汰产能补助等方面，对废水处理、固体废物处理、城市绿化、企业减排等起到了重要作用。当前我国环保补贴的主要内容为：污染企业污染防治处理设施升级改造项目，污染防治和监测新技术、新工艺、新产品的推广应用项目，重点生态环境污染治理和修复项目，环境监管能力建设项目，环境污染防治相关的科研、开发、服务项目，环境污染预警和应急能力建设项目，污染治理方面的其他项目。

从环保补贴的途径来看，环保补贴可以分为设立专项资金、给予财政贴息、制定税收优惠三个途径。另外，从补贴受益主体的角度来看，环保补贴可以分为对生产者的补贴、对消费者的补贴和对销售者的补贴三大类。其中，对生产者的补贴是指，政府对于生产环保产品的企业给予减免税收、退还税金、贷款优惠等。对消费者的补贴是指，政府对于购买环保产品的消费者给予一定的折扣或者优惠。对销售者的补贴是指，政府给予销售环保产品的企业或个人一定的利益返还。

2. 节能减排补贴

节能减排补贴是指政府对企业节约能源及降低废气排放的生产行为给予一定的资金补助。在减排初期，企业因减排技术不成熟、减排经验不足以及对碳市场的认识不充分等导致减排动力不足，政府的节能减排补贴可以提高企业节能减排动力。

节能减排补贴主要内容为节能减排体制机制创新、节能减排基础能力及公共平台建设，重点领域、重点行业、重点地区的节能减排，突出关注节能减排技术示范推广和改造升级等。

节能减排补贴方式有多种。当前我国主要补贴形式是以单价、投资额、数量等为计量方式。其中数量补贴是对企业结果的补贴，更易评价与操作。具体来说，数量补贴又分为产量补贴与减排量补贴。其中，产量补贴是政府对企业基于单位产量给予一定的补贴，这一补贴方式侧重于对企业产量的刺激；减排量补贴是政府基于单位减排量给予一定的补贴额，这一补贴方式对企业减排行为的导向性更强。

四、对新能源的补贴

新能源又称非常规能源，是指传统能源之外的各种能源形式，主要有太阳能、风能、生物质能、地热能、水能、电能、海洋能、核能和氢能等。新能源不仅污染少，而且储量大、分布均匀，对于提高一国能源及经济安全具有重要意义。20 世纪 90 年代以来，为了发展新能源产业，发展低碳经济，通过政府财政补贴新能源，已成为世界各国经济发展的共识。

（一）财政补贴新能源产业的理论依据

在资源有限性和环境安全性下，未来经济发展必然要向更清洁高效的低碳经济转变。财政补贴新能源产业，主要是基于新能源产业的技术创新性、正外部性和产业特性三个方面。

1. 技术创新性

新能源发展的核心动力就是技术创新，通过研究开发新型能源或者新的动力系统来实现创新，形成新的生产函数。然而，新能源的技术研发过程中，需要投入大量的资金、人才、设备等，不仅研发成本高，研发周期长，而且研发风险大，核心技术在短期内难以攻克，即便在技术扩散期也仍然需要通过一定的补贴政策支持来进行战略性布局。

2. 正外部性

传统能源高耗能，高污染，对环境产生较大的负外部性。新能源清洁、高效。随着新能源产业的不断发展，传统能源的环境污染问题日益减少，新能源的正外部性不断显现。从社会福利的角度来看，为了弥补由于正外部性导致的新能源社会供给不足问题，政府必须要介入新能源产业，补贴新能源企业，来提高新能源产品的供给。

3. 战略性新兴产业

新能源产业具有巨大的市场需求。虽然新能源产业目前还处于新兴产业阶段，但作为未来经济发展的方向，它的发展市场前景十分广阔。一旦实现技术突破后，新能源产业将带来能源产业翻天覆地的变化，既可以满足市场需求，减轻环境压力，又能缓解能源进口压力，促进能源产业的供给侧改革。不仅如此，在上、中、下游供应链的驱动下，新能源涉及的产业链非常复杂，对整体国民经济的发展带来重大影响。正因如此，当前世界各国都将新能源产业列入战略性新兴产业。我国也自 2009 年起将新能源产业确立为战略性新兴产业之一，力图通过政府的有力支持，对新能源产业进行保护和扶植，以实现它的应用推广，最终促使新能源产业欣欣向荣，在未来发挥主导和支持作用。

（二）财政对新能源产业的补贴政策

从补贴内容来看，新能源补贴范围包括秸秆能源化补贴、沼气工程补贴、太阳能发电补贴、风电保障性收购补贴、新能源汽车补贴等。从补贴措施来看，主要有税收优惠、延期缴税、专项资金、研发补贴、额外提供基础设备、投资补贴、项目补贴、消费补贴、优惠贷款等。

案例　新能源汽车补贴政策

我国新能源汽车补贴政策经历了研究开发、试点城市示范运营、加快发展以及促进高质量发展四个阶段。

首先是新能源汽车产业研究开发阶段。2001 年电动汽车被确认为重大科技专项，但 2001—2008 年我国新能源汽车累计产量仅有 8 169 辆，新能源汽车产业的发展总体处于萌芽状态。政府也主要是投入技术研发资金给予新能源汽车企业前期扶持，重点聚焦于混合动力技术。

其次是新能源汽车试点城市示范运营阶段。我国新能源汽车逐渐进入缓慢发展的阶段，在技术方面由混合动力技术转向了以纯电技术驱动方面。此外，针对新能源汽车初期技术成本高昂，价格比传统燃油车辆更高，且广大消费者对于新能源汽车尚知之甚少，2009 年政府开始启动北京等 13 个试点城市购置补贴工作，重点补贴这些大中城市的公交、出租等公共服务领域，补贴汽车类型是混合动力汽车、纯电动汽车和燃料电池汽车三种类型，补贴对象为公共服务用乘用车、轻型商用车、城市公交客车与特种车辆。2010 年，为了继续做好新能源汽车示范推广，政府增加了 7 个试点城市数量，并将补贴范围扩展至私人购买领域，主要补贴汽车类型为插电式混合动力乘用车和纯电动乘用车。

再次是加快新能源汽车产业发展阶段。自 2013 年起，政府对新能源汽车补贴标准开始实施补贴退坡，即逐年下降补贴标准，如表 8—7 所示。

表 8—7　　2013—2015 年纯电动乘用车中央补助标准(万元/辆)　　单位：万元/辆

续航里程 R(公里) / 年份	80≤R<150	150≤R<250	R≥250	同比退坡速度
2013	3.5	5	6	—
2014	3.325	4.75	5.7	5%
2015	3.15	4.5	5.4	5%

资料来源：http://www.mof.gov.cn/index.htm。

最后是促进新能源汽车产业高质量发展阶段。进入 2016 年后，财政对新能源汽车补贴政策发生显著变化。第一，补贴退坡幅度明显加快。2017—2018 年补助标准在 2016 年基础上下降 20%，2019—2020 年补助标准在 2016 年基础上下降 40%，如表 8—8、表 8—9 所示。与此同时，2016 年政府明确对中央和地方补贴设置上限，其中地方财政补贴(地方各级财政补贴总和)不得超过中央财政单车补贴额的 50%。第二，设立补贴过渡期，并且不断提高补贴技术门槛，包括对整车能耗、整车续驶里程、电池能量密度的技术要求等方面。2018 年，新能源汽车补贴退坡态势继续升级，首次提出补贴过渡期。过渡期后，政府将不再对纯电动乘用车给予购置补贴。补贴将转为用于支持充电(加氢)基础设施“短板”建设和配套运营服务等方面。

表 8—8　　2016—2018 年纯电动乘用车中央补助标准　　单位：万元/辆

续航里程 R(公里) / 年份	100≤R<200	200≤R<300	R≥300	同比退坡速度
2016	2.5	4.5	5.5	—
2017	2	3.6	4.4	20%
2018 年过渡期(2 月 12 日—6 月 11 日)	1.4	2.52	3.08	30%

资料来源：http://www.mof.gov.cn/index.htm。

表 8—9　　2018—2019 年纯电动乘用车中央补助标准　　单位：万元/辆

续航里程 R(公里) / 年份	150≤R<200	200≤R<250	250≤R<300	300≤R<400	R≥400	同比退坡速度
2018 年过渡期后	1.5	2.4	3.4	4.5	5	—
2019 年过渡期(符合 2019 年技术指标标准)	0.9	1.44	2.04	2.7	3	40%

续表

年份 \ 续航里程 R（公里）	150≤R＜200	200≤R＜250	250≤R＜300	300≤R＜400	R≥400	同比退坡速度
2019 年过渡期（不符合 2019 年技术指标标准）	0.15	0.24	0.34	0.45	0.5	90%

资料来源：http://www.mof.gov.cn/index.htm。

第五节　财政对居民个人的补贴和管理

为了保障居民基本生活，财政对居民个人予以生活补贴。从形式上来看，分为明补和暗补两种形式。前者为国家直接给居民发放货币，如副食品价格补贴，后者为先补助生产单位一定的价差，然后这些单位再按低于真实价值的价格将商品或服务出售给消费者。从内容上看，生活补贴主要有国家对生活贫困的居民实施的贫困、灾害救助，以及由于国家政策调整时为使城镇居民的消费水平不受大的影响而给予的价格补贴，包括住房、医疗、教育、法律援助等。

一、贫困和自然灾害救助

贫困和自然灾害救助是社会救助的重要内容，是国家面向由贫困人口与不幸者组成的社会弱势群体提供物质、资金接济和扶助的一种生活保障政策。它通常被视为政府的责任和义务，采取的也是财政拨款与无偿救助的方式，目的是帮助社会弱势群体摆脱生存危机，进而维护社会秩序的稳定。

（一）我国贫困救助体系主要由最低生活保障制度和五保户制度组成

其中，最低生活保障指的是国家和社会为生活在最低生活保障线之下的社会成员提供满足最低生活需要的物质帮助的一种社会救助制度。根据保障对象的不同，最低生活保障又分为城市居民最低生活保障和农村居民最低生活保障。

1. 城市居民最低生活保障制度

城市居民最低生活保障制度是在原有的城市定期救济与临时救济的基础上，经过 1993 年在上海等地开展的最低生活保障试点，于 1999 年在国务院颁布《城市居民最低生活保障条例》后得到确立并付诸实施的。

根据 1999 年的规定，城市居民最低生活保障对象为那些持有非农业户口的、共同生活的家庭成员人均收入低于当地城市居民最低生活保障标准的城市居民。其中，无生活来源、无劳动能力又无法定赡养人、抚养人的城市居民，全额享受当地城市居民最低生活保障标准。有一定收入的城市居民，则按照家庭人均收入低于当地最低生活保障标准实行差额享受。2001年中共中央、国务院决定进一步强化城市居民最低生活保障制度建设工作，要求把符合条件的所有城市贫困居民全部纳入最低生活保障范围，实现应保尽保。

城市居民最低生活保障标准实行属地原则，保障标准由各地民政部门会同财政、统计、物价等部门制定，报本级政府批准并公布执行。城市居民最低生活保障资金由地方政府列入财政预算，纳入社会救济专项资金支出项目，专项管理，专款专用。考虑到一些地方财政存在困难，中央财政从1999年开始承担为最低生活保障制度拨款的责任，并且保持了逐年增长的势头。此外，社会组织和个人捐赠也是最低生活保障制度的补充供款渠道。

2.农村居民最低生活保障制度

农村居民最低生活保障制度是在农村特困群众定期定量生活救助制度的基础上逐步发展和完善的一项社会救助制度。1994年山西民政厅率先在阳泉开展农村社会保障试点。2007年国务院发布《关于在全国建立农村最低生活保障制度的通知》(国发〔2007〕19号)，从制度上明确了在全国范围内实施农村最低生活保障制度。

根据规定，农村最低生活保障对象是家庭年人均纯收入低于当地最低生活保障标准的农村居民。从各地实际情况来看，一些地区限于财力困难等原因，往往把保障重点放在那些因疾病、残疾、年老体弱、家庭缺少劳动力和生存条件恶劣等原因造成家庭生活常年困难的人员身上，力争把最困难的群体纳入低保范围。

农村最低生活保障标准由县级以上地方政府按照能够维持当地农村居民全年基本生活所必需的吃饭、穿衣、用水、用电等费用确定，并报上一级地方政府备案后公布执行。实际确定时，除了少数东部发达地区，大部分地区农村低保标准都是参照国家每年公布的贫困标准，并且原则上都不低于国家公布的贫困标准。一般来说，沿海经济发达地区的农村低保标准高于内陆地区。

农村最低生活保障资金的筹集以地方为主，由地方各级政府列入财政预算，中央财政对困难地区给予适当补助。2007年前，各地实行农村低保的资金都来源于各级地方财政。2007年后，中央财政对困难地区实施资金补助，成为支持地方建立和完善农村低保制度的重要资金来源。

3.农村五保户制度

农村五保户制度是针对农村中缺乏或丧失劳动能力、无依无靠、没有生活来源的老、弱、孤、寡、残疾人员，由乡(镇)和村两级政府向其提供吃穿、住、医、葬、教五个方面的援助的一种社会救助制度。它是一项具有中国特色的社会救助制度，由民政部门主管，乡、民族乡、镇人民政府实施。

五保户供养对象是指农村居民中无法定赡养、抚养、扶养义务人或者虽有法定赡养、抚养、扶养义务人但赡养、抚养、扶养义务人无赡养、抚养、扶养能力的,无劳动能力的、无生活来源的老年人、残疾人和未成年人。五保户对象的确定由村民本人申请或者由村民小组提名,经村民委员会审核,报乡、民族乡、镇人民政府批准。五保户供养标准由县级人民政府确定。一般来说,其实际标准不应低于当地村民的平均生活水平,所需资金纳入地方财政预算。

五保户供养内容包括五个方面:一是供给粮油、副食品、燃料、服装、被褥等日用品和零用钱;二是提供符合基本居住条件的住房;三是及时治疗疾病、安排人员照料生活不能自理者;四是妥善办理丧葬事宜;五是保障未成年五保对象依法接受义务教育。实践中,发达地区倾向于提供更为全面的五保供养内容,而不仅仅局限于上述五个方面。

五保户供养可以实行集中供养或分散供养。具备条件的乡、民族乡、镇人民政府可以兴办敬老院,集中供养五保对象。五保对象入院自愿、出院自由。实行分散供养的,由乡、民族乡、镇人民政府或者农村集体经济组织、受委托的供养人和五保户对象三方签订五保供养协议。

4. 精准扶贫制度

2012 年政府提出精准扶贫政策。所谓精准扶贫,是指精准确认扶贫对象,精准确定贫困家庭和贫困人口,针对扶贫对象的具体贫困原因和贫困需求,分别实施不同的项目。与传统扶贫模式相比,精准扶贫强调"一"对"一"帮扶,即一个政府机关单位、一个企业、一个学校帮扶一个贫困户,更加有针对性地将扶贫工作落实到家庭和个人,更加有针对性地帮助贫困对象脱贫。

2019 年精准扶贫对象主要为以下四类。一是无劳动力或者丧失劳动能力的家庭,指家庭成员主要是 60 周岁以上老年人或 16 周岁以下未成年人且没经济收入的,或其赡养、抚养义务人均因病、因残丧失劳动能力,或家庭主要劳动力因服刑、强制戒毒、失踪等原因,无法履行赡养、抚养义务的家庭。二是因残重度贫困的家庭,即家庭主要劳动力是一、二级残疾人,或三、四级智力、精神残疾人,或一户多残,或老残同户且无其他经济来源的特殊困难家庭。三是因病重度贫困的家庭,家庭主要劳动力因病(含慢性病)部分或完全丧失劳动能力且无其他经济来源,年累计自负医疗费用超过其家庭年可支配收入且需继续治疗的家庭。四是因灾或意外事故造成重度贫困的家庭,指因灾害、突发性事件造成家庭主要劳动力死亡、重残等致贫且无其他经济来源的家庭。五是其他家庭,指因其他不可抗拒原因,无法依靠产业扶持和就业帮助脱贫的重度贫困家庭。

精准扶贫政策主要涉及医疗、教育、危房改造 、就业四个方面。具体来说,在医疗方面，扶贫对象在基本医疗保险、大病保险、医疗救助报销后，个人负担部分，可以再享受叠加报销。在教育方面，学前及义务教育阶段提供生活补助金，普通高中、中职教育阶段减免学费，提供助学金，大学及以上教育阶段，则提供全额贴息贷款。在危房改造方面，提供维修、重建补贴。在就业方面，提供创业补贴及创业担保贷款。

(二)自然灾害救助

自然灾害是指自然环境发生异常变化，对人类的生命、财产以及社会活动造成各种危害，影响社会稳定和发展的一系列自然现象或事件。

1. 自然灾害救助政策

自然灾害救助是指国家为保障受灾公民的吃、穿、住、医等基本生活及顺利实现因灾倒塌房屋恢复重建，而制定实施的一系列制度。包括灾害应急救助(应急期临时生活救助)、过渡性生活救助、倒损住房恢复重建补助、旱灾临时生活困难救助、冬春临时生活困难救助、遇难人员家庭抚慰等 6 项内容。这些救助内容主要以家庭为核心进行经济救助。在自然灾害等突发事件发生后，政府要向受到危害的人员提供避难场所和生活必需品，实施医疗救护和卫生防疫以及其他保障措施，保障食品、饮用水、燃料等基本生活必需品的供应。

自然灾害救助的目的分为四个方面：一是救助灾民生命。尽最大努力、最大限度地减少和抢救灾区伤亡人员是灾害救助最直接目的和基本内容。二是为灾民提供基本生活保障。即为灾民提供基本的生活资料，包括发放食物、水，搭建帐篷，以及提供必要的药品等救灾物品，迅速解决好灾民基本生活问题。三是安抚灾民情绪，实施精神救灾，避免灾民消极情绪和心态，重构被灾害破坏了的精神世界。四是帮助灾民确立自行生存的能力。尽管政府会帮助重建灾区社会，但灾区社会的生活与生产条件应主要依靠灾民自己来恢复。因此，恢复或帮助灾民确立自行生存的能力，既是灾害救助的重要内容，也是灾害救助的根本目的。

2. 自然灾害救助的特征

自然灾害救助主要针对各种突发性灾害实施救助，因此它在实践中往往表现出与其他救助项目不同的特征，即急切性、多样性、非经常性和不确定性。

第一，自然灾害救助的急切性。当具有突发性和严重危害性的灾害发生时，遭遇灾害的社会成员会迅即陷入生活困境，面临倾家荡产、流离失所、人身伤亡及疫病流行的威胁。因此，当灾害发生时，政府必须立即实施灾害救助，各种救灾资金、实物或服务资源必须迅速到位，将灾害造成的后果减少到最小程度。

第二，自然灾害救助内容与方式的多样性。首先，在救助内容上，既包括对人的救护，也包括对物质财产的转移和保护；既包括衣、食等基本生活用品的救援，也包括医疗服务等特殊救助。其次，在救助方式上，既可以采用现金救灾、实物救灾、服务救灾，也可以采取以工代赈等特殊方式。

第三，自然灾害救助的非经常性。虽然自然灾害救助总体上是一项经常性的社会救助制度，但由于灾害的发生具有偶发性与不平衡性，灾民的生活困难也是临时的，因此，自然灾害救助的具体实施呈现出典型的非经常性。

第四，自然灾害救助的不确定性。首先，自然灾害救助的时间与地点具有不确定性，这是由灾害发生的时间、地点的不确定性所决定的。其次，自然灾害救助的支出具有不确定性。虽然政府每年均有救灾的财政预算，但具体需要多少却要由具体的灾害事件来决定。在无法事先确定灾害损害后果的情况下，常常出现实际救灾支出与政府救灾预算不相符合的情况。再次，自然灾害救助的形式具有不确定性。自然灾害救助需要在灾害发生时根据灾民的不同受灾程度及需要，选择不同形式的救助。

自然灾害救助的上述特征表明政府除了要将该项目制度化外，还应建立常备不懈的应急机制，同时要积极积累经验，探索临灾应变之良策。只有这样，自然灾害救助才能充分发挥救助功能，尽量减少受灾地区的损失，尽快恢复受灾地区正常的生活、生产和社会秩序。

二、特殊消费品价格补贴

为了保障消费者生活水平不受影响，当商品价格发生变动时，政府会给予价格补贴。从途径上看，政府可以直接给予消费者生活补贴，也可以通过补贴生产者来控制物价。从内容上看，当前事关民生福利的一些重大、特殊消费品价格补贴主要涉及住房、教育、医疗等方面。

（一）住房补贴

住房补贴是指政府向低收入家庭和其他需要保障的特殊家庭提供住房租金补贴或以低廉租金配租住房的一种补贴制度。其实质就是由政府承担住房市场费用与居民支付能力之间的差额，解决部分居民因住房支付能力不足而居无定所的问题。

1. 住房保障政策

2007年国务院明确将保障性住房纳入政府公共服务的职责范围，保障性住房建设进入快速发展时期。目前我国住房补贴主要有廉租房、经济适用房、公共租赁房、两限商品房、各类棚户区改造等在内的保障性住房，住房补贴方式也从单一向多样转变，形成了实物配租、租赁补贴、租金核减等多种方式并存的局面。

第一，经济适用房。所谓经济适用房，指的是用地实行行政划拨，享受政府提供的低息贷款、各项行政事业性费用减半征收等优惠政策，向城镇中低收入家庭提供的普通住房。经济适用房政策的实质是政府补贴开发商，使其提供一些比同类商品房价格优惠得多的住房，进而保障中低收入家庭住房利益。因此，经济适用房表现出两重性，既有一般商品住房的属性，又有社会保障性。

第二，廉租房。廉租房政策是指政府向具有城镇常住居民户口的最低收入家庭提供租金相对低廉的普通住房的一种住房供应制度。它带有明显的社会保障性和社会福利性，是我国住房补贴的主要形式，其实施途径以租金配租为主，实物配租、租金核减为辅。

第三，公共租赁房。政府为解决城市中等偏下收入住房困难家庭、新就业无房职工以及稳定外来务工人员等“夹心层”群体的住房问题而提供的租赁住房。公共租赁房的建设资金主要来自财政，不仅包括专项补助资金，还包括年度财政预算资金以及土地净收益中的部分资金。

第四，两限商品房。两限商品房即“限套型、限房价”的商品住房，是经政府批准，在限制套型比例和销售价格的基础上，以竞地价、竞房价的方式，通过招标确定开发建设单位，由中标单位按照约定标准建设、约定价格销售的中低价位、中小套型的普通商品住房，主要满足中等收入家庭住房需求。

第五，棚户区改造。棚户区改造是政府为改造城镇危旧住房、改善困难家庭住房条件而推出的一项民生工程，包括城市棚户区、国有工矿棚户区、国有林区棚户区和国有垦区棚户区等。[①] 棚户区改造的资金主要为中央及地方政府的棚改专项资金。

2. 住房补贴的实现途径

当前政府对住房补贴的实现途径主要有购房贷款贴息、非限制性租赁补贴、限制性租赁补贴、配物补租、房东补贴等。

一是购房贷款贴息。政府根据规定，向符合购房政策的居民，提供全额或部分贷款贴息，降低居民购房成本。

二是租赁补贴。根据是否限制补贴资金用途，租赁补贴又可进一步分为限制性租赁补贴和非限制性租赁补贴。其中，限制性租赁补贴指政府根据租金补贴标准，向符合条件的申请对象发放与现金等价的房租凭证，以此将补贴资金全部固化于住房消费。限制性租赁补贴的常见形式为住房券，保障对象领取住房券在租赁市场租住合适的住房，出租户凭住房券在政府机构兑换租金，超过住房券部分的租金则由保障对象自行承担。而非限制性租赁补贴是指政府向家庭人均月收入和人均居住面积在准入线以下的家庭直接发放现金补贴，对补贴资金的使用不加限定。补贴标准按照规定的人均建筑面积计算，超过建筑面积部分自行承担。家庭获得非限制性租赁补贴后，可选择将其全部、部分或者均不用于住房消费。

---

① 城市棚户区（危旧房），指城市规划区范围内，简易结构房屋较多、建筑密度较大，使用年限久，房屋质量差，建筑安全隐患多，使用功能不完善，配套设施不健全的区域。

三是配物补租。政府将通过新建或社会筹集得到的房源分配给住房困难家庭，首先由房屋出租人向保障对象收取市场租金，随后政府根据各家庭可支配收入，为保障对象分配相应的货币补贴。

四是社会房东补贴。保障对象在市场上租赁符合政府要求的私人住房，与房东签订租赁合同后，由住房保障管理部门备案登记并按月向房屋出租人发放的住房补贴，根据保障家庭的住房可支付能力来确定补贴金额。

（二）教育补贴

一般而言，教育可以分为义务教育（初等教育和初级中等教育）与非义务教育（高级中等教育、高等教育和职业教育）。其中，义务教育是免费的公共教育。非义务教育则实行收费制度，并辅以财政补贴。财政对非义务教育的补贴主要有以下两个方面：

1. 对教育机构予以直接补贴

政府设立专项资金，直接补贴教育机构，降低教育服务成本。具体操作时，又分为投入补贴、产出补贴和协商补贴三种方式。其中，投入补贴是指政府拨款时，综合考虑师生结构、资产结构、院系设置、科研教学实力等因素，以教育投入成本为基础进行拨款。产出补贴是政府以毕业生平均成本而非在校生平均成本为基础进行拨款分配，对于那些未获得学位或未毕业而离校（退学）的学生，政府的拨款将相应减少。协商补贴指政府补贴水平主要取决于有关人员之间的政治或私人关系，而与学校规模、层次、质量、信誉、业绩等没有关系。显而易见，三种补贴方式中，协商补贴效率是最差的。

2. 对教育消费者予以补贴

政府对接受非义务教育服务的学生进行补贴，是实行教育成本分担和学生自费上学情况下实现非义务教育目的的重要手段。补贴种类主要有国家奖学金、助学金、助学贷款等。其中，国家奖学金、助学金都是由中央财政出资设立，但奖学金用于资助高校中家庭经济困难、品学兼优的全日制本专科学生，助学金则用于资助高校中家庭经济特别困难的全日制本专科学生；国家助学贷款是由中央和省级政府共同推动的一种信用助学贷款，它由国家指定的商业银行负责发放，无需经济担保，享受中央或省级财政贴息，用来资助普通高等学校中经济确实困难的在校全日制本专科学生（含高职生）、研究生和第二学士学位学生。

（三）医疗补贴

政府对居民享受医疗服务进行补贴，既关系到人民群众的身体健康和社会安定，同时又能充分体现社会公平。目前我国政府医疗补贴措施主要体现在公立医院补贴、新型农村合作医疗补助、医疗救助三个方面。

1. 补贴公立医院

财政补贴公立医院是政府对公立医院承担社会责任的一种资金补偿。主要有定额补助、定项补助两类。其中,定项补助对象为政府举办的县及县以上非营利性医疗机构。补助项目包括医疗机构开办和发展建设支出、事业单位职工基本养老保险制度建立以前的离退休人员费用、临床重点学科研究、由于政策原因造成的基本医疗服务亏损补贴。定额补助对象为政府举办的社区卫生服务组织。补助经费核定依据主要是社区卫生服务组织承担的社区人口预防保健和最基本的医疗服务任务。

2,新型农村合作医疗补助

新型农村合作医疗是指由政府组织、引导、支持,农民自愿参加,以大病统筹为主的农民医疗互助共济制度。为了鼓励农民积极参与新型农村合作医疗保险,政府对每个参保农民给予财政补助。

3.医疗救助

医疗救助是指政府对贫困人口中患重大疾病而又无经济能力治愈的人提供的医疗健康服务,它是改善人们健康状况的一项社会救助项目。从各国实施情况来看,医疗救助对象一般要具备三个基本条件:贫困户、疾病患者、实施医疗保险等医疗保障后仍无力支付医疗费用者。政府采取的医疗救助方式主要有两种,一是医疗费用减免,对医疗救助对象的医疗费用进行一定比例的减免或全免。二是专款救济,由国家设立专项资金,专款专用。

本章小结

财政转移支付是政府将一部分资金使用权无偿地、单方面地转让给他人所形成的支出。按照转移支付对象,转移支付可以分为政府间转移支付、企业补贴及个人补贴三类。按照资金用途,转移支付可以分为一般转移支付、专项转移支付。按照资金发放和使用条件,转移支付可分为无条件转移支付和有条件转移支付。

公共服务均等化实质是财力均等化。科学、规范的政府间转移支付是实现公共服务均等化的制度基础。为实现国家特定政策,我国财政对企业的补贴主要涉及正外部性企业及公用事业单位补贴、粮食及特殊农林产品补贴、环保及节能减排补贴、新能源补贴;对个人的补贴主要有贫困和自然灾害救助,住房、教育、医疗等特殊消费品价格补贴。

本章名词解释

财政转移支付　政府间转移支付　企业补贴　居民补贴　一般转移支付　专项转移支付　无条件拨款　税收返还　体制补助　体制上解　有条件非配套拨款　有条件配套封顶拨款　有条件配套不封顶拨款　公共服务均等化 粮食补贴 环保补贴　新能源补贴　贫困救助　灾害救助　住房补贴　教育补贴　医疗补贴

本章复习思考题

1. 试述财政转移支付制度的政策目标。
2. 试析财政转移支付类型。
3. 何谓公共服务均等化？如何实现我国公共服务均等化？
4. 国家财政为什么要对正外部性企业进行财政补贴？
5. 国家财政对粮食补贴的理论依据是什么？
6. 财政应如何解决我国经济发展过程中出现的环境问题？
7. 何谓新能源？财政如何支持新能源产业发展？
8. 财政对贫困救助主要采取哪些措施？
9. 何谓住房补贴？住房补贴主要有那些手段？
10. 国家财政如何实现教育及医疗公平？

第九章　财政支付体系和国库管理

本章主要内容

国库不单是指国家金库，更重要的是财政代表政府控制预算执行、保管政府资产和负债的一系列管理职能。本章主要说明三个问题：第一，财政收支的会计基础，现金收付制及其应用范围。第二，现代国库制度与管理。第三，中国现代国库制度的改革与展望。

第一节　财政收支的会计基础

一、现金收付制原则及应用

现金收付制又称收付实现制、现金制或实收实付制，是以现金收到或付出为标准来记录收入的实现和费用的发生。按照现金收付制，收入和费用的归属期间将与现金收支行为的发生与否紧密地联系在一起。换言之，现金收支行为在其发生的期间全部记作收入和费用，而不考虑与现金收支行为相连的经济业务实质上是否发生。

现金收付制是以款项的实际收付为标准来处理经济业务，确定本期收入和费用，计算本期盈亏的会计处理基础。在现金收付的基础上，凡在本期实际以现款付出的费用，不论其应否在本期收入中获得补偿均应作为本期应计费用处理；凡在本期实际收到的现款收入，不论其是否属于本期均应作为本期应计的收入处理；反之，凡本期还没有以现款收到的收入和没有用现款支付的费用，即使它归属于本期，也不作为本期的收入和费用处理。这种处理方法的好处在于计算方法比较简单，也符合人们的生活习惯。在现金收付基础上，会计在处理经济业务时不考虑预收收入、预付费用以及应计收入和应计费用的问题，会计期末也不需要进行账项调整，因为实际收到的款项和付出的款项均已登记入账，所以可以根据账簿记录来直接确定本期的收入和费用，并加以对比以确定本期盈亏。但按照这种方法计算的盈亏不合理、不准确，所以《企业会计准则》规定企业不予采用。而政府会计的基本功能就是反映政府收入情况、政府支出情况、收支相抵后的结余情况，[①]因此财政收支的会计基础就是现金收付制，它主要应用于行政事业单位的会计处理。

二、财政收入缴库和退库管理

（一）财政收入缴库及管理

缴库按收入的性质分别由财政机关、税务机关、海关（统称“征收机关”）以及国家指定的机关负责管理、组织征收或监交，由各级国库、国库经收处对有关征收机关或缴款人填写的缴款书的预算科目、预算级次等进行审核复查，并及时办理入库手续。

在国库集中支付之下，财政收入的缴纳方式也发生了一些变化，其现行的收缴方式主要包括：直接缴库（主要方式）和集中汇缴（次要方式）。其中，直接缴库方式是指预算收入均由缴纳单位在其机构所在地，通过其开户银行，以转账的方式向当地国库办理缴款。这种方式主要适用于税收和社会保障款缴纳。集中汇缴方式是指由征收机关和依法享受征收权限的单位按照相关法律的规定，将所收取的预算收入汇总缴入国库单一账户。这种方式主要适用于小额零散税收和法律有所规定的其他零星收入。[②]

财政收入缴库的基本程序如下：(1)直接缴库程序。直接缴库的税收收入，由纳税人或税务代理人提出纳税申报，经征收机关审核无误后，由纳税人通过开户银行将税款缴入国库单一账户。直接缴库的其他收入，比照上述程序缴入国库单一账户或其他预算财政专户。(2)集中汇缴程序。小额零散税收和法律另有规定的应缴收入，由征收机关于收缴收入的当日汇总缴入国库单一账户，非税收入中的现金缴款，比照本程序缴入国库单一账户或其他预算财政专户。[③]

对财政收入缴库的监督和管理，包括以经收处完成经收税款行为为监管的起点，直至划转入库这一过程的各个环节，还应包括对征收机关直接收取的现金税款，以及一些银税合办的纳税大厅及专柜办理经收税款入库的监管，因为这些部门同时具有经收机关的性质。监管侧重于经收行为，是因为在未办理经收税款前的资金还不具备预算资金收入的性质。这一界定将企业欠税，以及纳税人填开缴款书后没有及时到经收处办理划转的范围排除在国库控制之外。因为那是征收机关的职责范围，国库管不

---

① 《政府会计核算基础探讨》，会计论文网：http://www.kjlww.com/lunwen_show.php?lunwen_id=18398。

② 事业单位会计实务操作研究组编写：《新编事业单位会计制度实务操作指南》，东北财经大学出版社2015年版。

③ 李霞：《政府会计理论与实务》，云南大学出版社2016年版。

了,也管不好。这一监管的界定将税款征收的部门界定在经收处,主要是金融机构,这样基本上抓住了税收入库的重点。另外还包括一部分基层税务所,可以联合财政、税务和专员办等部门实施监管,随着税收条件和税收制度的改革,这种征收税款的份额不会很大[①]。

(二)财政收入退库及管理[②]

财政收入退库,是将已经入库的预算收入退还给原缴款单位或缴款人。由于预算收入退库是一项抵减预算收入的行为,所以各级金库办理预算收入的退库,应该认真严格审查。

一般来说,预算收入属于下列情况的可以办理退库:其一,由于工作疏忽而发生的技术性差错,如收入错缴、多缴,中央预算收入误缴入地方预算,地方预算收入误缴入中央预算等。其二,企业按计划缴入金库的收入,超过实际收入部分。其三,根据批准的企业亏损计划,弥补企业单位的亏损。其四,按照国家政策法令决定,需要办理收入退库的,如调整价格、修订税率、提取工商各税代征手续费等。其五,进出口商品税款的退库、增值税留抵退税、个税汇算清缴退税等。其六,其他满足条件的预算收入退库。

在具体办理预算收入退库时,还应遵循以下基本原则:其一,办理收入退库,应由申请退库的单位或个人提出书面申请。其二,预算收入的退库必须经财政机关或其授权的主管机关审查批准,由国库审核后从国库库款中支付。其三,国库办理预算收入退库,应当严格按照预算收入的级次办理。中央预算收入退库,从中央级库款中退付;地方各级预算固定收入的退库,从地方各级库款中退付;各种分成收入的退库(包括总额分成收入和共享收入的退库),按规定的分成比例,分别从上级和本级库款中退付。其四,征收机关退付代征代扣税款手续费款项时,必须按照国家规定的退付比例和审批程序,通过国库办理退库,不得自行从税款中抵扣。其五,办理预算收入退库,必须按照国家规定直接退还收入的退库,原则上通过转账办理。其七,外资企业、中外合资企业和其他外籍人员,以外币缴纳税款的,因发生多缴或错缴需退库时,经征收机关审查批准,签发收入退还书时,应加盖"可退付外币"戳记。国库退库后,应将款项通过银行划给经收行,通过"外汇买卖",按缴款人取款或转入缴款人账户时当天的卖出牌价,折算成外币退给缴款人或转入缴款单位的外币存款账户。

---

① 翟钢:《现代国库制度研究》,中国宇航出版社 2006 年版。

② 该部分内容参考毛淑珍:《政府与非营利组织会计》,东北财经大学出版社 2018 年版。

三、财政支出拨款和管理

财政支出根据支出的性质总体上分为购买性支出和转移性支出。[①] 根据支付管理需要,具体分为:工资支出,即预算单位的工资性支出;购买支出,即预算单位除工资支出、零星支出之外购买服务、货物、工程项目等支出;零星支出,即预算单位购买支出中的日常小额部分,除《政府采购品目分类表》所列品目以外的支出,或列入《政府采购品目分类表》所列品目,但未达到规定数额的支出;转移支出,即拨付给预算单位或下级财政部门,未指明具体用途的支出,包括拨付企业补贴和未指明具体用途的资金、中央对地方的一般性转移支付等。

财政拨款,是指各级人民政府对纳入预算管理的事业单位、社会团体等组织拨付的财政资金,但国务院和国务院财政、税务主管部门另有规定的除外[②]。

财政拨款是财政支出的必要准备,为了保证财政支出的顺利执行,财政拨款按下列原则办理:①按预算、按计划拨款;②按事业进度拨款;③按核定的支出用途拨款;④按预算级次拨款;⑤按国库存款的可能拨款,保持预算资金调度的平衡。具体在拨款形式上,分为财政直接支付与财政授权支付。

(1)财政直接支付,是实行国库制度改革资金支付方式的一种形式。采用直接支付方式,大额支付将由财政直接支付,即将大额款项直接支付到供应商或用款单位,可以减少支付的中间环节。财政直接支付是按照部门预算和用款计划确定的资金用途和用款进度,根据用款单位申请,由财政部向中国人民银行和代理银行(指财政国库管理制度改革中,由财政部确定的、具体办理财政性资金支付业务的商业银行)签发支付指令,代理银行根据支付指令通过国库单一账户体系,将资金直接支付到商品、劳务供应者或用款单位。财政直接支付改变了中央财政先将资金拨付到主管部门,再由其层层下拨的拨付方式。实行财政直接支付不改变预算单位原有的预算级次、资金使用权限和财务会计管理职责。财政直接支付的管理:

第一,财政直接支付不通过单位任何账户,而是由财政直接将资金支付到用款人,预算单位不再直接向有关单位付款。预算单位的工作主要是做好用款计划的编报、财政直接支付的申请和招投标管理等工作,控制项目进度和保证工程质量,提供支付所需要的各项基础资料,做好会计核算和财务管理等。

第二,实行财政直接支付后,并不能免除单位对资金使用管理的责任,资金的使用权限、会计核算和管理权限仍归预算单位。

---

① 赵敬:《财政与金融》,北京师范大学出版社 2018 年版。

② 来自《企业所得税法实施条例》第二十六条第一款。

第三，采取直接支付方式支付的资金，属工程采购支出和工程物品、服务采购支出的，需要通过专员办审核；涉及工资支出的资金支付和一级预算单位本级的物品、服务采购支出的支付申请可直接填写财政直接支付申请书，报财政部国库支付局审核。

第四，转拨地方（省、自治区、直辖市）的工程项目资金，不需经专员办审核。

第五，财政直接支付申请书中的各栏要素要填写完整齐全，信息变更要及时上报，否则支出的款项会因信息有误而退回。财政直接支付的资金，因凭证要素填写错误而在支付之前退票的，由财政部核实原因后通知代理银行办理更正手续；财政直接支付的资金由代理银行支付后，因收款单位的账户名称或账号填写错误等原因而发生资金退回财政部零余额账户的，代理银行在当日（超过清算时间在第二个工作日）将资金退回国库单一账户并通知财政部，由中国人民银行国库局恢复相应的财政直接支付额度。对需要支付的资金，财政部与有关单位核实后通知代理银行办理支付手续。

第六，建筑安装工程、设备采购、工程监理等支出，按规定程序直接支付到有关收款人或用款人。移民征地拆迁等资金，原则上支付到移民等收款人；情况特殊时，可按规定程序支付到直接向移民等收款人支付资金的单位，再由其及时支付给收款人。

第七，预算执行中，各单位发生增人增资、减人减资、正常工资变动及津贴补贴变化等情况，二级及以下预算单位应将变动情况和变动后的工资清单逐级报主管单位审核汇总；二级预算单位财务部门应会同人事部门审核、汇总所属各级预算单位工资变动情况及工资清单，并在发生变动的当月 20 日前上报一级预算单位；一级预算单位财务部门会同人事部门审核汇总后，在当月 25 日以前报财政部。

第八，预算单位原则上每月提出一次财政直接支付申请，即每月内将本月所有应执行财政直接支付的款项集中在一起，一次向上级预算单位进行申请。

第九，属于政府采购范围的工程采购支出（建筑安装工程、设备采购、工程监理等支出）和物品、服务采购支出，要按照财政部政府采购有关规定实行财政直接支付。

第十，建设项目概算及预算的调整，要按规定程序审批。对办理概算或单位预算调整的项目，一级预算单位和财政部要严格审核其支付申请。在概算、项目预算调整审批之前，原则上暂停支付资金；在概算、项目预算调整审批之后，按照重新批复的概算、项目预算支付资金。

（2）财政授权支付，是预算单位根据部门预算和用款计划确定的资金用途和用款额度，按照财政部的授权，自行开具支付令，向代理银行签发支付指令，代理银行根据支付指令，在财政部批准的用款额度内，通过国库单一账户体系将资金支付到商品、劳务供应者或用款单位。财政授权支付和预算单位直接用款的主要区别是，资金不是从预算单位的实有账户支付，而是从财政部门给预算单位在商业银行开设的零余额账户上支付的。这样，每一笔资金支付对预算单位都是透明的，对中央银行和财政部门也是公开的。财政授权支付适用于未纳入财政直接支付的工资支出，工程采购支出，物品、服务采购支出管理的购买支出和零星支出，包括单件物品或单项服务不足10万元人民币的购买支出、投资额不足50万元人民币的工程项目支出、建设单位管理费支出、特别紧急的支出。投资额50万元以上且根据项目总体规划需分别由若干个基层预算单位实施建设管理的项目，分开后单项投资额不足50万元的，该单位的工程采购支付可通过财政授权支付方式进行。财政授权支付的管理：

第一，预算单位使用“支票”方式结算的，如果暂不能确定收款人全称、开户行、账号和支付金额的，在“财政授权支付凭证”中相关栏目中可以不填写这些项目。但必须在结算方式栏中填写所使用的支票的号码。各预算单位通过预算单位零余额账户办理财政授权支付与资金退回时，必须按规定对“财政授权支付凭证”在年度内连续编号并填写清楚；各代理银行会按规定审核预算单位提交的“财政授权支付凭证”。未按规定编号或不填写编号的“财政授权支付凭证”业务，代理银行将不予受理。

第二，“财政授权支付凭证”作为预算单位向代理银行签发的支付指令，应当交代理银行。代理银行在为预算单位结算有关款项时，须有银行结算凭证和财政授权支付凭证，两者缺一不可。这样，在使用支票结算时，就有可能出现支付令和支票不能同时送达代理银行的情况。

第三，预算单位办理财政授权支付业务，通过预算单位零余额账户办理，该账户可以用于办理转账和提取现金等结算业务；也可以向本单位按照账户管理规定保留的相应账户划拨工会经费、住房公积金、提租补贴，以及经财政部批准的特殊款项。除此之外，不得违反规定从零余额账户向有关单位实拨资金账户划拨资金，尤其是向本单位和所属上下级之间划拨资金(财政国库制度改革范围外的预算单位除外)。代理银行根据预算单位“财政授权支付凭证”确定的结算方式，通过支票、汇票等形式办理资金支付。

第四，为方便预算单位用款，预算单位在办理零余额账户开户手续时，可在代理银行预留“财务专用章”印鉴。在使用“财政授权支付凭证”时，可加盖预算单位的“财务专用章”，不需再加盖预算单位的公章。

第五，预算单位零余额账户需办理同城特约委托收款业务的，可与代理银行签订授权协议，授权代理银行在接到煤、水、电等公用企业提供的收费通知单后，从预算单位零余额账户的财政授权支付额度内划拨资金，并相应扣减预算单位对相应各级科目(项目)下的财政授权支付额度。

第六，预算单位需从银行支取现金时，必须按照《现金管理暂行条例》等有关规定从零余额账户提取。

第七，关于垫付资金的处理问题。垫付资金是指财政国库管理制度改革试点过程中，应由财政资金支付但财政资金暂时无法到位，试点单位从其他渠道先行垫付的资金。

第八，银行存款科目核算的内容。实行国库制度改革后，资金拨付不再通过主管部门层层下拨，而是改由财政国库统一直接管理，这样，预算单位就不再有实拨财政性资金的权利。改革过渡期间，预算单位原有的实拨资金银行账户仍有存款余额，主要是原有的财政性资金结余、投资包干结余、单位的自筹资金以及往来款项等，对于这部分资金的核算仍然存在，为区别于国库支付核算的相关账户，目前，仍将其放在银行存款科目中核算。

第九，国库制度改革初期，财政部为预算单位开立了零余额账户和小额现金账户，分别用于预算单位转账和提取现金，两者不得串用，即预算单位使用现金必须通过小额现金账户。随着改革的深入和完善，预算单位的小额现金账户已经取消，预算单位需要支付现金时，可按规定从零余额账户中提取。

第十，"财政授权支付额度到账通知书"作为原始凭证的分割问题。实际工作中，由于预算单位既核算事业经费（行政经费），同时又核算基本建设经费，而两类经费所适用的会计制度不同，因此，决定了两种不同类型的会计核算在同一预算单位内部并存，从而账套也是分别进行设立。另外，在以上两大会计制度分类基础上，就基本建设经费而言，由于每个项目都可单独核算，因此，对于基本建设会计核算，可根据项目的不同设立多个不同的科目进行核算。①

四、政府会计与报告

会计与报告是政府财政管理高度依赖的信息系统，而国库会计与报告是这一系统的核心。这可以从国库总分类账系统、财政交易以及财务报告三个方面进行说明。

（一）国库总分类系统

发达国家国库会计的核心内容是全面而同步记录政府财政交易，提供符合财政管理人员需要的财务信息和资料，这一要求通过国库总分类账的记账制度得以满足。国库单一账户的核心是一套用来记录全部财政交易的总分类账系统（GLS）。随着现代信息技术在预算管理中的应用，在支出机构—中央银行/商业银行—国库部门之间实现信息共享成为可能。在这种情况下，建立在现代信息技术基础上的GLS既可满足分散化会计控制和付款模式的需要，亦可满足分散性模式的需要。此外，GLS不仅可以记录付款交易（例如支付购买商品或服务的款项），还可用来记录承诺。

---

① 本部分内容参考：崔存勇、张颖、朱孝静主编：《水利工程单位财务工作实务》，中国言实出版社2014年版。

建立国库总分类账会计系统有两个核心步骤：一是确定哪些类别的政府财政交易应纳入这个系统；二是确定哪些实体或机构需要在国库总分类账中开设账户，这意味着资金“拥有者”应该把财政资金存放在国库单一账户内。在采用现金制（包括修正现金制）政府（国库）会计的国家，国库总分类账的典型结构与应用于企业的总分类账有很大的差别。在设计国库总分类账的结构时，必须考虑到两大因素：一是财政交易的范围；二是国库的组织结构。

（二）财政交易

财政交易是一个得到广泛使用的概念。财政交易指的是政府公共组织中发生的具有财务意义的、需要进行会计记录的财政活动或事项，例如支付工资、支付购买商品与服务的款项、某种税收的征集、报销差旅费、提取折旧等。会计记录的主要目的就是要通过编制及时、准确和适当的报告，供管理人员有效地管理财政交易。与此相适应，记录政府财政交易也是建立国库总分类账的基本目的。另外，财政交易还是政府财政收支分类的基础。

财政交易可以看作是两种流量的综合：一种是“流入”政府的；一种是“溢出”政府的。多数交易都具有这两个方向的流量，比如政府机构采购商品，一方是商品流入，另一方是货币流出。然而，许多政府交易只有支付流量，交易的对方没有提供对应物——特定的可计量的福利、产品和劳务或负债，作为支付者的回报。为进行对称的分析，有必要对这种形式的交易视为另一种流量。这样就有可能将政府的交易视为两种流量的综合：一种流入政府，另一种流出政府。这些流量包括商品和劳动、货币以及负债，所有这些形式的财政交易在各个政府层级中都是大量存在的。

由国库记录和监督的财政交易的范围越广，国库总分类账户的结构越复杂。如果只是限于中央政府的财政交易，其他级别政府发生的交易不被纳入进来，特别是假如只需要记录与监督一般公共预算财政交易，其他预算交易不包括进来，那么国库总分类账户的结构就会变得相对简单。相反，如果国库管辖的财政交易以及接受中央政府单一国库账户服务的财政交易范围十分广泛，不仅包括本级政府，也包括其他级别政府发生的全部（包括预算外）财政交易，则国库总分类账的结构就会变得十分复杂。

（三）国库准备的财务报告

在对政府财政交易进行科学分类的基础上，国库应根据国库总分类账系统定期编制和报送财务报告，这些报告反映以下重要的财务事项：

（1）政府作为一个整体（合并）的财政状况，包括收入、支出和转移支付情况，以及赤字、盈余、融资和现金持有额方面的情况。

（2）在功能/机构分类的基础上，报告政府各部门在报告期内的预算执行情况和拨款进展情况。

(3)非一般公共预算的财政交易情况。

(4)现金流量情况,包括资金来源以及国库单一账户中的资金注入情况。

除以上报告外,国库还应根据立法机构的要求,基于国库总分类账编制政府年度财务报告,经审计机构审计后,通常根据宪法规定再提交给立法机构审议。

第二节　现代国库制度和管理

对于国库理论最著名的虽然并不完全贴合历史事实的阐述者是德国著名行政法学家奥托·迈耶。[①] 现代国库制度和管理,具有广泛的理论基础,从公共选择理论、制度创新理论、博弈论、委托代理理论等,均体现着公共部门的民主决策、为社会公众提供公共产品以及服务于各类经济主体(协调不同经济主体间的关系)[②]。现有研究也从诸多方面对国库进行了研究,如哈辛(Hashim)和艾伦(Allan)将国库系统各个部分进行了模型化[③],威廉斯(Williams)和利内特(Lienert)将国库现金管理的演进分为初级和高级两个阶段(前者是引入现代财政管理理念,能够集中管理国库现金并进行适当的投融资操作[④];后者是能够设定库底目标余额并通过完善的投融资操作体系稳定余额规模,以此实现国库现金管理与货币政策较好协调[⑤]),另一部分研究将重点放在国库与其他经济行为的关系研究[⑥]。

一、现代国库体制的原理、分类与国际比较

(一) 现代国库制度的原理[⑦]

国库制度是在一定的社会经济制度中组织和管理国家预算资金活动的具体规则和形式的总和,它规范国库活动中各个参与者,如中央政府、地方政府、中央银行、财政部门及税务部门的行为。作为经理国库业务运行和发展中的一些重要规定、规则和行为规范,国库制度是社会经济制度的具体实现形式。同一种社会经济制度随着自身的发展可以采取不同的国库制度模式,而不同的社会经济制度又可以采取相同或类似的国库制度模式。国库制度模式选择得合理与否,对国库业务的发展具有十分重要的作

① 袁治杰:《民法典制定中的国家与国库问题研究》,《中国法学》2017 年第 3 期:第 122—141 页。
② 徐春武:《中国财政国库管理制度改革研究》,东北财经大学学位论文,2007 年。
③ Ali Hashim,Bill Allan 著,章彤译校:《国库参考模型》,中国财政经济出版社 2003 年版。
④ Williams,M. ,2004,"Government Cash Management:Good and Bad Practice",IMF Working Paper.
⑤ Lienert,I. ,2009,"Modernizing Cash Management",IMF Working Paper.
⑥ 袁庆海:《中国国库资金的经济效应研究》,吉林大学学位论文,2012 年。
⑦ 本部分内容主要参考于长革:《现代国库管理制度创新研究》,立信会计出版社 2015 年版。

用。适应经济社会发展的国库制度可以在社会经济制度允许的范围内，使国库业务充满生机和活力；反之，则会抑制国库业务的发展。

从上述对国库制度含义的分析中可以看出，国库制度是指在一定的社会经济制度中存在的经理国库的组织形式、管理方式和规则网络等方面的总称。规则网络又包括办理国库业务的一系列正式约束和非正式约束，它约束着政府、财政、税务、中央银行、国库等参与国库资金收支活动的机构和人员的行为，减少专业化和分工发展带来的交易费用的增加，解决国库业务活动所面临的合作问题，创造有效组织运行的条件。国库制度包括的内容非常广泛，既包括一些与社会经济制度相联系的经济关系的内容，也包括国库业务运行中一些组织管理关系的内容；既包括国库与国家、中央银行、财政部门、税务部门的关系，也包括国库内部的关系。总的来看，国库制度的内容主要包括四大方面，即国库资金的产权制度、经办国库业务制度、国库业务管理制度和国库业务法律制度。

1. 国库资金的产权制度

国库资金的产权制度实际上就是我们通常所说的所有权制度。这种权力是通过法律授权来实现对国库资金的实际占有、支配、使用，并通过行政授权来发生上下分割、增减，以及通过法律废除权力。从出资主体来看，国库资金由纳税人提供，属于全体人民所有，全体人民的这种所有权又通过法律规定由国家所有。从横向来看，政府通过法律形式委托税务部门征收、财政部门支配、国库部门保管和监督、行政等单位使用；从纵向来看，中央政府通过行政形式划分中央政府与地方政府分别占有多少国库资金的权力，省级政府对地市级政府、地市级政府对县级政府、县级政府对乡级政府同样通过行政形式划分各自分别占有国库资金的权力。国库资金的产权制度是国库制度最基本的内容。

2. 经办国库业务制度

经办国库业务制度是国库制度的一项重要内容，是指国库业务由谁经办和经办责任如何界定的制度。国库业务由谁经办是指国库业务的经办方式，是所有者直接经办，还是实行所有权与经办权分离，由委托的经办者来经办。就国库业务来说，其经办方式就是指由国家设立专门的机构直接经办，还是委托中央银行经办。国库业务经办责任的界定主要是指谁对国库业务经办结果负责，以及国库资金的安全、周转效率和国库资金增值责任由谁来承担的问题，是所有者单独承担，经办者单独承担，还是所有者与经办者共同承担。一般来说，国库资金的产权制度决定着国库业务的经办制度，并通过一定的经办制度来实现。当然，经办国库业务制度又具有其自身的灵活性，也就是说，同一国库资金的产权制度可以采取不同的国库业务经办制度，如国库业务既可以由财政部自设机构经办，也可以单独设立机构经办，还可以委托中央银行经办。

3. 国库业务管理制度

国库业务管理制度是对国库业务进行管理的原则、规则和方法的总称，既包括国家对国库业务的管理制度，又包括国库内部的管理制度。一般来说，国家对国库业务的管理制度决定着国库业务内部的管理制度。国家对国库业务的管理原则、管理方式和管理方法不同，国库内部相应的管理制度也必然有所不同。国库内部管理制度主要是指国库的组织、领导、劳动人事制度和收益分配制度等。除以上基本管理制度以外，国库业务管理制度还包括一些具体的管理制度，如国库资金的入库制度、支付制度、退库管理制度等。

4. 国库业务法律制度

国库业务法律制度是指由国家法律规定的、国库可以采用的组织形式，是国库制度中不可缺少的内容。国库法律制度与国库资金产权制度相适应，是国库资金产权制度的法律规则。从世界各国来看，国库业务要健康发展、有序运行，必须有法律的保护和约束。各国都有相应的法律对国库业务进行规制。

（二）现代国库制度的分类

从世界各国的情况来看，现代国库制度可划分为独立国库制、代理国库制和银行存款制三种基本类型，其中应用较多的是前两者，即独立国库制和代理国库制。

1. 独立国库制及其管理

独立国库制是指国家特设经管国家财政预算的职能机构，专门办理国家财政预算收支的保管、出纳工作。独立国库制的优点为严格执行财务管理上的分权制衡原则，国家财力高度集中，不但融通方便，而且可以严格控制和监督各项预算收支，使得各有关部门无法营私舞弊。但由于自设国库费用大，且使财政资金在国库闲置，故采用该制度的国家很少，如法国自办国库，芬兰设国库董事会。[①]

此外，公款专责保管隔绝了财政与银行的联系，使政府能通过银行运作来调节经济波动，在将国库资金纳入社会资金进行统一调配使用方面有所影响。以芬兰共和国为例，其单独设立经管国家财政预算收支的机关为芬兰国库，最高决策者是董事会，董事会成员有财政部的官员、银行的领导、社会福利部负责人、职员代表，芬兰国库除经办国家财政预算收支业务外，还负责社会福利、工伤补贴、居民受他人伤害补偿等，还起了保险公司的作用[②]。

2. 代理国库制及其管理

代理国库制（也称银行经理制或委托国库制）指国家不单独设立经管国家财政预

---

① 祝洪章：《中央银行学新编》，中国金融出版社 2014 年版。

② 单学勇：《国库制度——理论分析与运作管理》，中国科学技术大学出版社 2004 年版。

算的专门机构，而是委托银行（主要是中央银行）代理国库业务，银行根据国家的法规条例，负责国库的组织建制、业务操作及管理监督。委托国库制的最大优点是可以利用银行的设备及人力，节省费用开支。其最大的缺点是国库管理难度较大，国库业务常常得不到重视，效率较低下。目前多数国家尤其是实行中央银行制度的国家实行委托国库制。

3. 银行存款制

银行存款制是指国家预算资金的收支均以存款方式存放于银行，银行对国家资金视同一般存款，可自由运用，国库需要时则签发支票向银行支提。这种制度不但可以节省政府的人力、物力、财力，而且银行可以自由运用国库资金，具有调节社会资金的作用。代理国库的银行，负责国家预算资金的收支与保管，与行政、主计、审计等机关在财务监督管理方面分别形成四大系统，相互配合，以办理经费预算、收支命令、国库资金出纳和审核等工作，各自独立，相辅相成。国库资金的出纳必须依据主计系统的预算、行政系统的命令以及审计系统的审核才能办理，分工合作，相互制衡。实行银行存款制管理的国家，如蒙古人民共和国，国家的财政预算收入由财政部在银行开立账户，作为存款存入银行进行管理。

近年来，我国关于国库体制问题的讨论比较热烈，概括起来大体有三种意见，即中国人民银行经理国库的委托金库制不变、组建国库银行、建立独立金库制。其中，主张中国人民银行经理国库体制的主要理由是：《中国人民银行法》和《预算法》及其相关《条例》都作了中国人民银行及其分支机构经理国库的规定；中国人民银行是金融货币管理部门，要掌握全国的资金融通和货币政策；财政存款是中国人民银行的基础货币来源之一，如果把这部分资金分离出来，对国家货币流通的监控和货币政策的贯彻执行是十分不利的。而主张独立金库制的理由是：目前国库管理中存在的问题较多，应缴预算收入不能及时足额入库，国库资金出现了被截留挪用现象；库款的划分、报解不及时，混级、串户现象时有发生；在库款管理中随意退库和乱开过渡账户的问题也相当严重，导致了财政收入的分散和流失；现行国库体制是计划经济时期的供给制传统模式，已不适应市场经济下财税金融发展的要求；尤其是中国人民银行的机构改革，动摇了其继续经理国库业务的组织基础，同时也为建立由财政部门直接领导的独立国库制创造了难得的机遇。组建国库银行的理由是：组建国库银行不仅可以经理国库，而且可以举办存贷业务。

（三）国库管理体制的国际比较[①]

目前，世界各国的国库因国情不同，管理体制也各具特色，但就国库管理的科学性

---

① 本部分内容主要参考马海涛主持：《国库集中收付制度问题研究》（财政部财政改革与发展重大问题研究课题丛书），经济科学出版社 2004 年版。

和规范性而言,经合组织国家的做法更值得我们借鉴。

1. 国库资金管理的基本原则

经合组织国家及巴西、阿根廷,在国库资金管理及操作方法上各有千秋,但其共性的突出特点是,国库资金管理所遵循的原则基本相同,国库资金管理方式都是实行国库单一账户制度。

经合组织及巴西等国在国库资金管理上所遵循的基本原则是:第一,政府资金管理的效益性原则。这个原则的含义是指国库应对政府资金进行最有效的管理,即资金成本最低,同时,资金又能以最快的速度发挥其作用。第二,控制性原则。因为国库管理的政府资金是社会公共资金,因此,国库应对社会负责,进行控制和管理,把资金用于预算规定的用途。第三,政策性原则。即所有政府资金应为实现国家的财政政策目标服务。第四,透明性原则。这个原则一方面是从政治的角度出发,即政府资金的使用必须能得到国会和政策制定者的认可,另一方面,国库必须能够使公民感到其资金是为公民和社会服务的。上述各原则之间有些是存在相互矛盾的,因此,要努力实现其综合效益的最大化。

为实现上述原则,经合组织国家,如英国、法国、德国、意大利、瑞典、美国、加拿大、澳大利亚、日本等,以及巴西、阿根廷,其国库资金的管理,都通过国库单一账户制度的方式进行。上述各国实施的国库单一账户制度是指:将所有的政府资金(包括预算内和预算外资金)都集中在一家银行的账户上,同时,所有的财政支出(包括预算内和预算外支出),在实现支付所购买的商品或劳务时,资金通过国库单一账户划拨给商品和劳务供应商。国库单一账户一般开立在中央银行。

2. 收入收纳

各国的税收收入从收纳到上划至国库单一账户的一般程序是:纳税者根据有关的税收规定,将应缴纳税款和税款单交任何一家商业银行、邮局或国库授权经办税款收纳业务的商业银行,商业银行(邮局)通过银行间的电子网络系统将资金划入中央银行的国库单一账户。若进一步划分各国在预算收入收纳、上划至国库单一账户的具体操作方式,可以分为两类:一类是在计算机网络发达和银行间资金清算系统完善的国家中,如美国、英国、法国等,负责预算收入收纳和上划业务的可以是任何一家商业银行,其操作全部通过电子的方式进行,这种方式的操作方法从表面上看比较简单、直观。另一种类型是授权商业银行或邮局作为预算收入代办单位,如澳大利亚、加拿大、日本、巴西。无论各国采取以上哪种方式,都必须以建立政府财务信息管理系统作为基本保障。

3. 支出程序

各国国库支出的一般程序是:在财政预算审批通过后,预算支出部门和支出单位,根据预算进行支出。当预算支出部门和支出单位购买商品或支付劳务费时，由支出部门和支出单位开出支付凭证（各国所采用的支付凭证不尽相同，有的国家采用银行支票，有的国家采用专门的政府资金支出凭证）或由国库部门签发支票（如美国和德国），经有关部门审核无误后，通过银行资金清算系统和政府支出信息管理系统，从国库单一账户将资金划拨给供应商。在操作程序上，各国的差别主要体现在具体办理支出资金清算的单位不同，在支付系统网络比较发达的国家，如美国、加拿大、德国及澳大利亚等国的大额支出，均通过政府财务信息系统或银行的支付系统进行资金清算；采用支票或专门的政府支付凭证支出的国家或地区，一般选择一些商业银行作为政府支出代理行，具体办理向商品或劳务供应商开户行间的支出资金划转，并与中央银行的国库单一账户进行资金清算。

4. 国库现金管理

国库现金管理的含义是指：通过制定一系列规定、程序和方法，提高国库资金的使用效率，降低成本。各国进行国库现金管理，主要是为组织预算收入、支出计划安排和政府债务政策的制定服务。进行国库现金管理的原因是国库资金收入和支出在一年中一般是不平衡的，总会出现收大于支或收不抵支的情况：当收不抵支时，财政一方面要及时采取发行政府债券等措施进行融资，另一方面，由于财政支出大量形成，资金流入商业银行，商业银行的经营资产增大，会出现银根松动的情况；当出现收大于支的情况时，一般会产生三个方面的影响：一是财政部门可以用剩余资金获取收益；二是对货币产生影响，即当资金存入中央银行时，易产生银根收缩的效应，如果中央银行这时不以扩展信贷的方式抵消紧缩的影响，则会产生真正通货紧缩的效应；三是对财政资金本身价值产生影响，特别是在通货膨胀时期，由于财政支出资金支出时间推迟，大大降低财政支出资金的实际购买力，无形中增加了财政资金的成本。

5. 国库管理机构

国库管理作为财政管理的重要组成部分，其职能具有明显的财政管理性质。因而国库管理主要是由财政部门负责，如日本财务省的金融局和法国财政部的国库司，即是司管国库的职能机构；美、德等国的国库亦是如此。这种做法，首先在组织机构和管理职能上对国库进行了定位，明确了国库是财政的重要职能部门。国库机构主要负责对财政资金的监督管理，其部分操作性职能，如收纳、报解和支出、核算等，一般都委托给中央银行或商业银行代理。国库与代理行之间以相关法律和制度为委托代理依据，职权、利益关系明确。以英、美等国为例，财政存款表现为银行的一项负债，形同一般商业存款，但在操作管理上则受财政部门的控制。

6. 电子信息网络和支付系统

发达的电子信息网络和支付系统是保证经合组织国家国库单一账户与政府支付

系统正常运行的必要条件和手段。各级预算的执行与管理采用先进的计算机操作技术，并在预算执行的各部门之间建立了政府财务信息网络系统，不仅使预算执行和管理达到科学、现代化的管理水平，而且更易于对每一项财政收入和支出进行监督和控制，这为强化预算资金管理，发挥预算资金的最大效益提供了基本保证。

7. 严格的责任机制和完善的监管体系

严格的责任机制和完善的监管体系，是实现国库资金管理规范、有序运行的基本保障。经合组织各国在有关国库资金的使用、支付和监督过程中对各部门所负有的权利和责任都有明确的规定，并用立法形式制定了规范的监督程序，以及一系列严厉的惩罚措施。如澳大利亚对财政资金的运作制定了完备的法律法规，并且在资金运作的全过程中构建了严密的监控机制。在资金具体拨付的过程中，对审批、授权、记账、拨款等环节，设立层层的责任负责制。如审批资金拨付的执行官的承诺保证制、内部审计制和财务信息公开披露制等。对不按规定使用财政资金的行为，澳大利亚的《财政管理与责任法》规定了明确的惩罚条款。

由此可见，严格控制、高效、低成本是各国国库资金管理和使用经验的精华所在。建立国库单一账户，将政府资金集中、统一使用，是保证实现这一效应的基本前提；具有科学、细致的财政预算和支出计划并遵照执行，是实现严格控制的依据；支出资金直接从国库单一账户划拨给供应商，并进行国库现金管理，是实现财政性资金高效、低成本的保证。

二、现代国库体制的目标和职能

(一)目标：集中收付、单一账户①

1. 国库集中收付制度

国库集中收付制度，又称国库单一账户制度，是建立、规范国库集中收付活动的各种法令、办法、制度的总称，由国库集中收入制度和国库集中支付制度两部分构成。具体说来，国库集中收入制度是指对公共收入从取得到划入国库全过程的监控制度，国库集中支付制度是对从预算分配到资金拨付、资金使用、银行清算，直至资金到达商品供应者和劳务提供者账户全过程的监控制度。

国库集中收付制度有以下特征：(1)国库集中收付是政府经济行为，是政府的财政管理活动的重要内容；(2)国库集中收付的对象是财政性资金，包括预算内收入、预算

---

① 本部分内容主要参考文献如下：中国上海政府网站：http://www.shanghai.gov.cn/shanghai/node2314/node2317/node2350/node2748/userobject30ai4245.html；马海涛主持：《国库集中收付制度问题研究》(财政部财政改革与发展重大问题研究课题丛书)，经济科学出版社 2004 年版；王晓洁、刘连环：《财政国库管理》，中国财政经济出版社 2019 年版。

外收入和其他一切财政性资金，其他经济主体、企业及居民个人收支则不包括在内；(3)国库集中收付的中介是中央银行及其指定的代理商业银行；(4)国库集中收付具有集中统一性，财政资金统一存入国库单一账户，财政支出按实际发生数由国库部门统一集中办理支付；(5)国库集中收付具有资金可控性，财政部门直接对每一笔财政资金进行严格的监督和控制，防止其被挤占挪用。

实行国库集中收付制度，就是建立以国库单一账户体系为基础、资金缴拨以国库集中收付为主要形式的财政国库管理制度，从而规范收入收缴和支出的拨付程序。根据这个制度，所有的财政支出都将由财政部门按照预算统一拨付用款单位和项目(政府采购项目直接拨付供应商)，不再经过主管部门和单位。它对解决财政收入容易流失，财政支出监督弱化，财政资金使用过程中的截留、挤占、挪用等问题具有重要意义，从而确保财政资金在最终支出前在财政国库单一账户体系内运行，接受管理和监督，增强财政收支活动的透明度，从源头上防止腐败现象的发生。

国库集中收付是政府预算执行的重要环节，包括三方面的含义：一是集中收入管理，一切财政性收入均纳入国库或国库指定的代理商业银行的单一账户；二是集中支出管理，原则上一切财政性支出均应在实际支付行为发生时才能从单一账户支付出去，支付对象一般应是商品供应商或劳务提供者；三是集中账户管理，设置与国库单一账户配套使用的国库分类账户，集中反映各预算单位的预算执行情况。

2. 国库单一账户体系

国库单一账户体系指全面反映财政资金收付的各类账户总和，是财政国库管理制度的基础。所有财政性资金都纳入国库单一账户体系管理，财政收入直接缴入国库或财政专户，财政支出通过国库单一账户体系，支付到商品和劳务供应者或用款单位①。因此，财政部、中国人民银行将我国财政国库账户设置为国库单一账户、零余额账户(包括财政零余额账户和单位零余额账户)、特设专户等账户的集合②。

(1)国库单一账户。各级财政部门在中国人民银行及分支机构开设国库单一账户，用于记录、核算和反映纳入预算管理的财政收入和支出活动，并用于与财政部门在商业银行开设的零余额账户(包括财政零余额账户和单位零余额账户)进行清算，实现财政资金的实际支付。

(2)财政零余额账户。各级财政部门按资金使用性质在商业银行开设财政零余额账户，用于财政直接支付和与国库单一账户支出清算。开设财政零余额账户的商业银行也称为财政零余额代理银行，接受财政部门的委托办理财政直接支付的资金结算

---

① 来自财政部网站：http://www.mof.gov.cn/zhuantihuigu/10nianyusuanbaogao/mingcijieshi10/201003/t20100306_274678.htm。

② 参考毛淑珍：《政府与非营利组织会计》，东北财经大学出版社 2018 年版。

业务。

(3)单位零余额账户。各预算单位经财政部门审核批准后，在商业银行开设单位零余额账户，用于财政授权支付和与国库单一账户支出清算。预算单位零余额账户可以办理转账、提取现金等业务。开设单位零余额账户的商业银行也称为单位零余额代理银行，接受预算单位的委托办理财政授权支付的资金结算业务。

(4)特设专户。经国务院和省级人民政府批准或授权，财政部门为特定预算单位在商业银行开设的特殊过渡性专户(简称特设专户)，用于记录、核算和反映预算单位的特殊专项支出活动，并用于与国库单一账户清算。

案例 9—1①

现代国库管理制度是现代财政制度的重要组成部分，是财政资金运行的中枢和纽带，对建立现代财政制度发挥着基础性、保障性作用。近年来，广西壮族自治区各级财政国库部门认真贯彻落实财政部和自治区财政厅党组关于深化国库管理改革工作的决策部署，按照打造“六强”型财政的要求，聚焦国库改革重点难点，以深化国库集中收付制度改革为主线，以全区财政系统开展的“两年”活动为抓手，以制度创新、机制创新和管理创新为动力，持续深入推进国库管理改革工作，取得了明显成效。

第一，国库集中支付制度在预算执行管理中的核心基础地位基本确立。自治区国库集中支付制度改革的层级在 2014 年实现了自治区本级、市、县、乡“四级”全覆盖，比财政部要求的改革完成时限提前了一年。在此基础上，近年来，全区各级国库集中支付制度改革不断深化，改革资金覆盖范围从一般公共预算资金扩大到政府性基金预算资金和国有资本经营预算资金，取得了明显成效，如：柳州市将专户资金纳入国库集中支付系统管理；百色市本级和部分县将非税等财政专户资金也纳入国库集中支付管理。2019 年上半年，自治区本级、市、县、乡四级近 2.5 万个预算单位实施了国库集中支付制度改革，占全部预算单位的 96.1%。国库集中支付制度在预算执行管理中的核心基础地位基本确立，对预算执行管理的服务保障能力大幅度提高，为财政国库事业发展注入新的活力和动力。

第二，全区各级国库集中支付电子化管理改革全面推进。国库集中支付电子化管理改革以国库集中支付制度为基础，通过创新支付手段，实现财政资金高效、安全运行，引致整个国库管理理念和管理方式变革。自 2015 年底自治区本级实现国库集中

① 本案例资料来源于：广西壮族自治区人民政府门户网站，广西财政厅：《强制度　抓管理　推改革　求实效——广西全力推动财政国库管理改革向纵深发展》(2019-12-31)，http://czt.gxzf.gov.cn/xwdt/jgdt/20191231-1425935.shtml。

支付和实拨电子化管理全覆盖以来，自治区本级国库集中支付电子化管理不断巩固和完善，电子对账体系逐步建立健全，通过部署实施电子凭证库监测平台，资金支付安全和效率得到进一步保障，2019 年 6 月 1 日，自治区本级全面取消纸质凭证传递，真正实现了国库集中支付业务的全电子化管理。市县国库集中支付电子化管理改革稳步推进，截至 2019 年 9 月底，全区 14 个地市本级、121 个县（市、区，含开发区）、427 个乡镇已完成国库集中支付电子化管理系统上线，市级和县级改革覆盖面均达 100%。其中，梧州市、北海市和钦州市等 11 个地市以及马山县、横县和合浦县等 23 个县（市、区）实现国库集中支付电子化管理业务覆盖到所有预算单位。

第三，公务卡制度改革进一步深化。全区各级公务卡结算制度进一步健全，公务卡使用率明显提高，截至 2019 年 6 月份，全区累计发行公务卡近 57.7 万张，全区公务卡还款报销总额 7.99 亿元，公务卡使用率 84.3%，较上年同期提高 6 个百分点，现金提取额 1.48 亿元，同比下降 47.6%。其中：玉林市自 2018 年以来切实加大公务卡管理力度，精准施策、多措并举持续推进公务卡结算制度改革，全面消除“零开卡”单位，公务卡使用率大幅提升；桂林市在 2018 年出台了本级财政科研项目使用公务卡结算有关规定，标志着公务卡改革正式向地市级财政科研项目延伸。

（二）职能：由核算到监管[①]

国库是负责办理国家预算收支的专门机构，具体地说，就是办理国家预算收入的收纳、划分、留解和国库库款的拨付，在这一过程中伴随着记账、算账、对账等一系列核算工作，因此，核算是国家预算执行的基础性工作，也是国库的基本职能。由传统国库的核算职能引申、发展，提出监管是现代国库的重要职能，是对国库职能的重新认识和重大转变，是社会主义市场经济条件下建立公共财政体系的必然要求和历史选择。

1. 国库监管的概念和意义

所谓监管就是监督与管理。监督的含义包括监视、监测、监控和督促、督导；管理的含义包括管束、管制和治理、调理。监管就是对主客体行为的约束和规范。监督与管理是相辅相成的，但二者的侧重点有所不同，管理是基础，监督是延伸。从这种理解出发，国库管理应侧重对国库机构设置、人员表现、制度建设、核算操作、设备配置等方面的行为进行规范与约束；国库监督应侧重对与国库有关的代理国库的单位、经收部门以及预算单位的相关行为进行规范与约束，从而保证国家预算收支活动符合国家的方针政策，使国家预算收支计划得以正确执行。

2. 国库监管的难点分解

国库监管在实践中的难点既有客观的也有主观的。从客观方面看，主要是各方面

---

① 本章以下部分内容主要参考翟钢：《现代国库制度研究》，中国宇航出版社 2006 年版。

的利益关系复杂，监管与反监管的矛盾比较突出，不易解决。从主观方面看，主要有两点：(1)对国库工作的定性认识不清。一般认为国库是服务性的、单纯的业务机构，普遍存在着“重核算、轻监管”的思想，对国库工作的认识，基本停留在收收付付、账平表对的核算水平上，对预算收入收得足不足、入库入得准不准、退库退得该不该、是否合规合法等，往往审核不细，把关不严。(2)对国库工作的定位把握不准。长期以来，人们把国库理解为“负责办理国家预算收入和支出的出纳机关”，因此在实际工作中经常把国库工作看成是一种出纳工作。这种传统的“国库观”，一是否定了国库工作在国家宏观经济管理中的能动作用，只是被动地为他人所用；二是忽视了国库作为国家宏观经济管理重要一环的积极作用，认为国库是管理之外供人使用的工具。

另外，也缺乏必要的监管手段。在国家赋予国库部门监督管理的权力中，除个别项目有实际的内容外，在很多方面规定得比较虚，有些方面几乎没有任何的监管手段，比如对征收机关隐瞒占压税款的违规行为，并没有提出在国库部门检查发现后给予违规单位和个人什么样的行政或经济处罚，只提出国库有权要求其划缴国库。这使得征收机关可以放心大胆地占压税款，没被国库发现就可以得到相应的好处，发现了最多也就是一缴了之，对单位和个人都没有什么利益损害。单纯的罚款手段也难以起到较好的防范效果，因为罚的是公款，对个人并没有什么大的触动。

3. 重视基层国库监管

(1)基层国库监管存在的问题

一是国库监管思维固化。随着信息化程度的不断提高，国库业务的无纸化快速发展，道德风险已是影响国库资金安全的重要因素。分析近年国库发生的案件，普遍带有高科技特色，危险性高、隐蔽性强，传统的业务监管思维，已无法保证国库监管效果。

二是国库监管权威性不足。主要表现为国库监管制度不健全。一是制度修订不及时。随着国库信息化建设步伐的加快，国库相关监管制度与国库业务发展不同步。如：目前，商业银行、信用社增加了代理国库集中收付业务，税款收缴由手工操作变为财税库银横向联网，但《商业银行、信用社代理国库业务管理办法》中相关规定一直未做修订，致使国库对外监管的重要制度内容滞后。二是制度操作性不强。基层国库在实施监管时，发现个别制度条款难以落实，如：《待缴库税款收缴管理办法》规定税务机关异地税款缴库时限为 3 天，但实际工作中，税款缴库超期现象较为普遍，国库部门对于异地税款既不能退付，也没有对税务机关的相应的处罚措施，国库监管无从下手。三是制度法律效应不够。2011 年总库制定的《国库会计管理基本规定》等制度因是国库自行制定，所以大多适用于内部管理，对外监管的法律效应不强。同时，国库对外监管涉及财政、税务、代理行等，但由于目前财、税、库、行文件规章多数各自下发，缺乏共同约束力，导致国库监管依据不完整，监管的权威性大打折扣。

三是国库监管环节缺位。现行基层国库监管内容主要包括预算收入、支出、退库、更正及资金往来等业务，即侧重对运行到国库端的业务进行监督，实际上国库资金运行环节还包括财政、税务、代理行等，历年国库案件显示，部分国库资金风险形成于业务发起方。国库部门实施监督时，因履职范围所限，对运行至国库之外的业务监督不能实施或实施力度有限。另外，目前国库监管主要集中于国库业务的操作、管理，对系统研发、运维的监督重视程度不够，造成业务源头、业务系统监管缺位，导致国库监管断条，使财政资金的全方位、连续性监管受到影响。

四是国库监管执行不力。一是监管人员素质不适应现代国库监管需要。随着网络信息化的普及，商业银行、信用社经收国库业务基本实现无纸化，国库监管人员检查时面对的是系统数据，电子档案，部分监管人员对商业银行系统不熟悉或金融方针政策掌握有限，致使国库监管效果不佳。二是落后的监管方式制约监管工作有效开展。现行国库监管主要依靠人工翻阅账表、手工核对传票来实现，监管思维基本还处于原始的纸质业务时代。尽管目前总库开发了事后监管系统，但因该系统很多功能欠完善，大部分业务还是以人工审核为主。至于对外监管的实施基本取决于检查人员的业务素质及实践经验，基层国库落后的监管手段已成为制约国库监管的短板。

(2)加强基层国库的监管

第一，提高认识，强化道德监管理念。一是充分认识道德监管的重要性。对国库业务而言，人既是操作者和管理者，又是系统研发和维护者，基层国库应充分认识对人的思想道德监管的必要性，将其作为国库监管的重要内容，树立只有管好人，才能做好事的监管理念。二是建立动态监管机制。建立道德监管指标，包括个人信仰、思想动态、生活习惯、家庭状况、爱好兴趣等内容，实施国库监管时，通过个别谈话、问卷调查等形式获取被监管对象的第一手资料，对于苗头性、倾向性问题，做到早发现早处理，避免带病上岗，杜绝资金风险隐患。

第二，完善法规，增强监管实效性。一是建立国库监管法规，确保国库监管有法可依。以法的形式赋予国库对预算资金的监督权，明确国库监管职能，确保国库监管地位。同时，尽快修订完善《商业银行、信用社代理国库业务管理办法》等相关国库监管规章制度、办法，使之能够适应国库业务信息化发展的需要。且要注重法规制度的实用性，细化对各类违规行为的惩处措施，保证国库监管有法可依，有章可循，做到有监有管。二是实现信息共享，完善监管依据。打破传统的利益个体行为，建立财税库银信息互联互通机制，实现信息共享，涉及国库业务的文件规章联合发文，使监管依据充分合理，增强国库监管的权威性和有效性。

第三，与时俱进，建立监管大格局。一是建立国库、财政、审计联合监管模式。打破传统的各人自扫门前雪的监管局限，有计划地开展联合检查，使问题和风险无所遁形。同时,将各单位科技部门吸收进监管队伍,加大对系统研发、运维环节的监督,补齐信息化条件下的监管短板,建立大监管格局,实现对国库资金的全程监控。二是延伸国库监管范围,增加对财政资金使用环节的监督权。对于财政资金支拨来说,拨款凭证上标注的用途鲜有不合理,尤其是现行商业银行代理集中支付业务开通后,代理行先支付后清算,国库端业务监管有弱化的趋势,延伸国库监管范围,监督财政资金使用环节能够最大限度地保证资金安全,实现国库监管全覆盖。

第四,依托科技,创新国库监管手段。一是提高监管人员整体素质。基层行领导要高度重视国库监管工作,将业务精湛、品行兼优的业务骨干充实到国库监管岗位。同时,要强化新知识、新业务的学习和培训,打造一批集金融理论、高科技知识为一身的新型国库监管人才,使监管执行力得到有效落实。二是研发国库监管系统。创新国库监管手段,研发一套涵盖内外监督、科学、完整、实时的大监督系统,实现监督系统与被监督数据共享,确保持续开展日常和定期监督,使国库监管常态化,最大限度地发挥国库监督效能,为财政资金安全运行保驾护航。

四、现代国库体制的操作方式

(一)工作:由经理到服务

新中国成立以来,中国人民银行一直行使代理国库职能,即银行代为处理国库事务,利用央行的工作优势,行使国库的工作职责。随着财税体制和金融体制改革的兴起和不断推进,对国库管理工作提出了新的要求,"经理国库"的概念出现了,这体现了在当时的情况下财政部门对中国人民银行加强国家预算执行的管理和责任的要求,实际上起到了加强管理、增强责任和提高国库工作地位的作用。

随着社会主义市场经济的不断发展和政府职能的重新确立,由经理型的国库转变为服务型的国库将成为必然的选择。与社会主义市场经济体制相适应,政府职能要作重大转变,其中一个转变就是要加强政府服务社会的功能。国库作为组织政府收入和支出的重要部门,其工作职能理应随之相应变化。另外,随着财政国库管理制度改革的实施,财政和人民银行对国库工作管理有了新的定位,加强对国库资金的管理,提供更为优质的服务已成为在新形势下国库工作的一项重要内容,也应是国库义不容辞的责任。

现代国库工作由经理到服务的转变是社会主义市场经济发展的必然选择,需要重点把握的是服务型国库的几项任务。

1. 促进财政政策、货币政策综合运用

财政政策主要是通过政府预算来了解经济结构和社会分配,它包括预算收支政策、税收政策和补贴政策,其运用工具主要是税种、税率、支出预算、公债和补贴等。而货币政策主要是通过调节货币供应量以实现币值稳定，它包括信贷政策、利率政策和外汇政策，其政策工具主要是信贷规模、利率、汇率、存款准备金率、公开市场业务和再贷款等。从发达的市场经济国家和我国宏观调控的实践情况看，财政政策、货币政策以及与此关联的诸如投资、产业、就业、国际收支政策，共同构成了我国国民经济的宏观调控体系，它们之间相互作用、相互影响、相互促进，又相互制约。这其中尤以财政政策和货币政策的协调配合最为重要。虽然财政政策和货币政策在宏观调控中各有侧重，但它们共同的着力点是保持社会稳定、促进经济繁荣。

国库既是参加国家财政预算执行工作的组成部分，又是中央银行负责管理国库业务的职能部门，处于制定和实施两大政策部门的结合点上，具有执行、促进、监督和反映作用。因此从国库的职能、地位、作用可以看出，充分发挥国库的职能作用有助于促进财政与货币政策协调机制的构成。其一，国库的日常业务运作本身就是国家预算执行的一个组成部分，其业务的效率程度、规范化程度直接影响到国家预算的进度平衡，甚至预算执行的成功与否；其二，国库提供信息的真伪和是否及时，也影响到国家制定经济政策的正确性与实效性。

2. 对宏观调控的协调配合

随着财税、金融体制改革的深化和国家经济建设的发展，以预算资金为轴心的国库业务面临一系列新特点、新变化：(1)所有制结构的多元化和多种经济的全面发展，大大拓展了预算收入的征管范围；(2)预算收入征管细化和征管方式的多样性，使国库业务的层次和内容趋于复杂；(3)商业银行经营机制的转换，给预算收入报解、入库带来一定的负面影响；(4)按照一级政府一级财政的原则，中央和地方政府四级财政全面运作，国库业务呈现复合性需求；(5)行政管理扩张及其对预算资金供给的过旺需求，增加了预算资金监管的难度。

因此，国库要从统一部门认识，增强管理合力入手，加大协调工作力度，理顺方方面面的业务关系，营造部门职能嫁接、业务协调联动的良好工作环境，努力化解政策措施滞后的不利因素，力求使财政资金管理逐步纳入规范化的轨道，这就需要处理好以下三种关系。

(1)要处理好政策服务与行政管理的关系。省及省以下的各级国库，既是中央国库的分支机构，同时又是地方国库。国库部门在参与国家预算的日常业务活动中，既要树立全局观念，严格按照国家财政管理体制划分的预算收支范围和管理权限，加强预算执行的政策监督，重点防范地方挤占中央、下级挤占上级预算资金和国库资金转移、流失的问题；又要增强为地方经济发展，为政府聚财、理财和为预算执行工作服务的意识，将提高预算资金营运质量放在国库监管的首位，围绕活中增收、快中节支和优化财政资金配置等方面，力求使有限的资金尽可能发挥最大的使用效益。

(2)要处理好预算执行的业务划分与职能组合的关系。国家预算的组织与实施，是在各级政府的领导下，由财、税、行、库等部门共同参与，并通过征管、经收、划缴、入库、退库和支拨等环环相扣的复杂工作过程来完成。但在实际工作过程中，由于管理机制不健全，部门之间的业务不够衔接，因此在预算资金的缴与征、收与划、入与退、支与管等环节，存在着明显的"空档"。国库可以利用其中介地位和人民银行经理国库的有利条件，多做协调疏导工作，如加强国库经收业务检查、督促，改革税款入库流程，实施预算资金跟踪管理和建立国库业务信息反馈等，发挥国库联结各个职能部门和业务环节的纽带作用，促进分工合作，协调联动新的运行机制的建立。

(3)要处理好服务与监管的关系。相对于国库工作而言，服务与监管是一个互为补充的有机统一体，始终贯穿于业务活动的全过程。撇开监管谈服务，不是真正意义上的服务；反之，忽视服务谈监管，监管不可能收到好的效果。因此，国库部门在行使管理职能的过程中，必须重视自身业务素质和管理水平的提高，只有提供高质量的服务，才能取信于对方，增强部门之间的感情交流，消除工作中的隔阂，达成管理上的共识。对平时工作中出现的问题，要讲究工作的方式与方法，采取恰当的方式加以解决，做到坚持制度、增加理解、规范管理、增强合力，努力使国库的管理工作进入一个更高的层次。

3. 建立政府支出与管理系统

政府支出与管理系统是国库改革的重点之一，它是在建立国库单一账户和分类账户的基础上，对各部委和用款单位的每一项支出实行监督，并通过国库单一账户办理资金划拨的系统。更为详细地说，建立政府支出与管理系统首先要求建立国库单一账户和分类账户，取消各预算部门和预算单位在商业银行开立的预算内账户和预算外账户，当各预算部门或单位需要资金用于支付购买的商品或劳务时，先向财政部门申请，经财政部门审核批准后，通过国库分类账户系统划转资金使用的授权，在支出部门或单位欲支付购买商品或劳务时，开出从国库单一账户付款的国库支票，再通过银行清算系统，与国库单一账户进行清算。

4. 加强国库自身现代化建设，参加整个金融系统的电子资金清算系统

要实现国库改革的最终目标，必须加强自身的现代化建设，参加资金清算，成为整个金融系统电子资金清算系统的一员。同时必须以银行系统统一的、高度现代化的电子资金清算系统为前提，以财政、税务、国库之间的计算机联网和国库加入银行电子资金清算系统为保证，否则会产生一些不必要的人力和财力上的问题，这是国库最终实现改革的必要保证和前提条件。

应用计算机处理国库业务，不仅是国库业务管理科学化、制度化和规范化的必要措施，而且也是适应财税改革的迫切要求，因为国库业务的质量在一定程度上是通过

预算资金的运营效果来体现的，集中表现为时间上的及时性、数量上的足额性和质量上的准确性。改革后，通过国库系统划拨预算资金的频率和技术复杂性将会大大增加，要加快国库业务电子化建设，全面实现预算资金上划下拨网络系统，切实提高财政资金的运营效果。

（二）操作方式：由分散到集中

西方市场经济国家认为财政资金管理的核心就是国库集中，所有收入集中进入国库账户，所有支出通过国库集中支付，库底资金也由国库集中运作。这种集权化的控制模式，借助于完备的计算机化系统，作为国库财政管理职能的实现形式，在预算支出环节实现了对预算资金的全面而严格的控制。支出预算在支出部门的调整、追加，以及在支出部门之间的流动，均不引起国库资金的实际支付。支出部门对所属部门的预算"拨款"，同样不引起国库资金的变动。这种模式的另一个好处在于支出部门有执行支出预算的权限，但不经收预算资金，使传统拨付中的一些弊端消弭于无形。

国库集中收付制度在政府预算执行中居于十分重要的地位，它兼有预算资金的保障、预算资金的核算、预算执行的监督三大职能。完善国库集中收付制度，应借鉴国际惯例并充分考虑我国的国情和预算管理的要求。完善国库集中收付制度的具体步骤可作如下考虑：按不同预算级次设置财政国库单一账户体系，所有财政性资金必须纳入政府预算统一管理，收入直接缴入国库或财政指定的商业银行开设的财政专户，财政性支出由国库支付机构从单一账户直接支付或授权支付给商品供应商和劳务提供者；建立健全高效的预算执行机构和监督检查机构，完善预算编制和执行的监督机制；加快预算管理软件的开发和应用，提供快速、便利、安全的网络技术支持；持续完善财税库银横向联网系统，重视信息化建设。

1. 建立国库单一账户体系

（1）建立国库单一账户

为使财政部门对国库资金实施更加科学、有效的管理，并与需要建立的包括政府采购在内的政府支出与管理系统相配套，在对现行国库体制改革的同时，应相应建立起我国国库单一账户管理体系。

建立国库单一账户体系，从实质上讲，即意味着必须取消各部门、各单位及其他相关部门在商业银行开设的所有归属财政性资金的一切账户，并将这些资金集中于由财政部门在中央银行开立的账户中。国库单一账户的建立旨在使国库资金管理的集中程度提高，通过账户中的完整信息，分析预测财政资金变化，进而按经济原则安排收支搭配，集中处理会计收支，从而集中处理财政资金流量与存量，把库款保持在尽可能低的水平，以求提高资金效率，从根本上解决财政资金分散流失和管理失控的问题。

建立国库单一账户体系符合社会主义市场经济发展的必然趋势，符合社会主义市场经济要求政府对公共资金按照法制、经济和效率来进行管理的原则。但需要说明的是,如果没有一个账户体系,由于财政性资金的收与支均涉及多家单位、多笔款项,所有预算单位的资金都从国库单一账户上支付显然也是不行的。所以就需要有一个账户体系,通过商业银行一笔一笔来办理。国库单一账户就是要记录、核算和反映这些财政收支活动,并且要与预算单位在商业银行开设的零余额账户逐笔清算。

我国正在积极推进的国库单一账户改革工作,目的就是要解决财政账户多样化,财政资金分散、失控所引致的一系列问题。财政账户多样化对预算控制形成严重冲击,造成财政、金融秩序上的混乱。选择建立国库单一账户作为国库管理体制改革的突破口,不仅有助于解决现实中的财政、金融问题,对于理顺财政、税务、国库及中央银行之间的职能关系,也是积极有益的探索,对于建立与财政、金融体制改革相适应的国库管理体制,是一项基础性工作。

(2)建立国库分类账户

国库分类账户是与国库单一账户相对应、按照资金的用途(包括职能分类和经济分类)、分用款部门或单位而设立的分类账户。国库分类账户主要用于反映以下内容:已经财政部门批准可用于预算部门或预算单位的财政支出数额及用途;财政部门尚未分配的财政支出数额;财政部门本身以及预算部门或预算单位实际支出的情况;上下级财政部门之间实际资金划拨情况等。国库分类账户是与国库单一账户配套使用的账户。经合组织国家大多将分类账户设在财政部或某个独立的部门。而我国的国库分类账户应当由财政部门和人民银行国库部门共同协商,分别建立。两家所建立的分类账户的不同点在于:在财政部门中的分类账户反映财政部门授权各预算部门或预算单位进行支出的权限,而人民银行国库部门设立的分类账户则反映财政部门及各预算部门或预算单位的实际支出。如此设立国库分类账户的优点在于:1)在财政部门设立的国库分类账户,能够使财政资金支出权限在各分类账户之间进行划转,不需要通过银行系统的清算过程,因此,它能够最快地反映出财政资金状况及运用情况,从而消除由于财政部门过于依赖银行数据和报告而产生的一系列弊端。2)由于财政部门和国库均按资金用途、用款单位分设国库分类账户,政府和财政部门以及人民银行国库部门都能够掌握财政资金详细的运用情况,一方面有利于财政政策与货币政策协调一致,另一方面也有利于财政部门和人民银行国库之间的对账,加强互相监督和制约。

与国库单一账户比较可见,单一账户主要是操作集权化支付,重点是记录和反映国库现金的收支状况和余额;而分类账户则主要是记录和反映支出部门的预算执行情况。分类账户上的收支变动不一定引起单一账户的收支变动,比如,现金在分类账之间的流动就不涉及单一账户余额,只有发生实际支付才涉及单一账户。实际上,分类账户是用于识别持有人所有权的账户,单一账户是实际现金管理账户。这一账户体系，一方面使对支付活动全部环节实施全面控制成为可能；另一方面，分类账户上支出部门的资金运动无须经过从一个银行账户转移到另一个银行账户，免除了银行间结算的全部环节。

国库单一账户和国库分类账户的设置是国库财政管理职能实现的重要形式。这一账户体系遵循国库资金管理的决策者与支出的办理者绝对分离的原则，并实行直接支付方式。即只有当国库资金实际支付给商品供应商或劳务提供者时才将资金从国库单一账户中划转出去。在该模式下，支出部门按支出预算，经规范的采购方式向供应商采购商品或劳务，由国库在审核同意后直接把应付款项支付给商品供应商和劳务提供者。其优点在于：支出部门尽管有支出权限，但不能实际控制资金。同时支出预算在支出部门之间的增减流动以及支出部门对其所属部门的预算“拨款”都不引起国库资金的实际支付。为了防止可能出现的支出部门与供应商之间的“合谋”行为，一要加强支出预算的控制，二要在政府采购制度下提高支出过程的公开性和透明度，从而实现对预算资金的全面而严格的控制，有力地保证国库管理职能的落实。

(3)建立国库代理行制度

为减轻中央银行的业务压力，并适应商业银行直接面对各类客户服务的性质要求，应采取委托商业银行作为国库代理行的做法。国库代理行的主要职责是：为预算支出部门或单位开立政府支出零余额存款账户；受理预算支出部门或单位的正常支出；每日营业终了，代理行将政府支出零余额存款账户的借方余额与国库清算，使当天账户的期末余额为零。

进行国库清算是中央银行国库部门和商业银行的一项十分重要的工作。中央银行国库部门与执行代理业务的商业银行进行清算，就是在对商业银行代理拨付的款项进行汇总以后，由中央银行代表国库每日与代理银行就其拨付的资金进行的清算。银行清算的另一个概念是商业银行之间的清算。同时，中央银行保持每一笔款项的收付记录，也有监督职能。因此可以形象地说，中央银行做的是“批发业务”，商业银行作为代理银行做的是“零售业务”。

开设零余额账户是国外通行的做法，也是规范的做法。在我国改革方案的实施中，财政部门在商业银行为预算单位开设财政资金专用账户，是国库单一账户体系的四类账户之一。在改革过程中，要针对存在的问题，不断予以改进和完善。零余额账户和小额现金账户开设在商业银行，客观上要求确定代理银行必须做到公正且要有风险意识。各级财政国库部门要公开、公正地处理好这一问题。要通过招投标的办法，选择服务能力强、质量高、成本低的银行作为代理银行。否则，如果银行出了问题，财政就要受到牵连。因此，在有关管理办法中，对零余额账户的开设、运作要有明确和严格的规定。

2. 强化预算监督机制

真正实现公共财政、财政一体化战略，提高财政资金的使用效率，预算的编制是根本。通过实行综合预算、零基预算、早编细编预算，加强了预算管理，从而实现资源配置、收入分配、经济稳定及经济发展的职能。

各地方也为监督预算执行等情况而设置了专门的机构。例如，浙江杭州设立了预算执行局（国库支付处）①，主要在于组织拟订国库管理制度、国库集中支付制度，组织推进预算执行及分析预测，组织实施总预算会计制度，承担市级财政总预算会计、专户管理和其他资金、社会保险基金的核算工作。组织汇编全市财政总决算、行政事业单位决算、权责发生制政府综合财务报告。承担市本级库款管理及资金调度工作。承担市本级财政专户管理和资金存放工作。承担市级预算单位银行账户管理工作。组织拟订公款存放相关管理制度，拟订财政国库业务标准。建设预算执行动态监控体系。指导区、县（市）预算执行工作。承担市级国库集中支付改革具体实施工作。参与建立市级国库单一账户体系。承担市级预算单位月度用款计划的审批下达工作。承担财政直接支付和授权支付汇总清算额度生成和下达工作。承担办理财政直接支付的审核支付工作。承担市级国库集中支付资金的收支账务核算工作和内外部对账工作。复核代理银行拨款凭证及收支日报表，承担向预算总会计报送财政支出报表工作。监督代理银行办理财政支付业务及代理协议执行。承担对纳入国库集中支付单位的支付信息的监控和统计分析工作。承担市级部门决算的编制管理工作。

3. 全面预算管理软件

全面预算管理软件包含完整的预算管理体系，形成战略目标分解、预算编制、预算审批、预算生效发布、预算调整、预算执行控制、预算分析、预算绩效考核等完整的一个闭环系统。

国内全面预算管理软件经过第一代“财务预算系统”、第二代“侧重预算编制和预算分析”、第三代“侧重预算控制”三个阶段的发展，已进入第四个产品时代，第四代全面预算管理软件将更注重智能、大数据、系统集成等方面的应用。

第四代全面预算管理软件是在最新的全面预算管理思想指导下，将业务、预算、核算、资金四维融合于一体的四维一体智慧型全面预算管理系统，将数据挖掘、多维分析、智能辅助决策等专业信息技术应用到涵盖预算目标、预算编制、执行控制、变更调整、分析评价整个预算管理过程，可以更好地实现企业战略落地、资源合理配置、成本降低、内部管控、风险防范的目标。

---

① 资料来源于：杭州市人民政府网——党委内设机构，http://www.hangzhou.gov.cn/art/2015/9/28/art_810133_265.html。

4. 财税库银横向联网系统

财税库银横向联网系统是中国人民银行与财政部、国家税务总局、人民银行国库、各商业银行、海南银联等银行金融机构，共同建设的电子纳税系统。

财税库银横向联网系统是利用信息网络技术，通过电子网络系统办理税收收入征缴、入库、退库、更正、免抵调、对账等业务，税款直接缴入国库，实现税款征缴信息共享的业务处理系统。可实现足不出户即可纳税，为纳税人提供了方便快捷的服务。

财税库银横向联网系统改变了传统的纳税人到税务机关上门申报、到银行缴款的纳税方式，实现了实时扣税、批量扣税、银行卡查询缴税的电子缴税方式，并支持网上申报等多种功能。今后，纳税人不必专门到税务机关办理税收申报，不必频繁往返于税务和银行之间，足不出户就可以完成缴税。

如果纳税人是个体经营户，缴纳的是定额税，比较适合批量扣税；如果纳税人是每月都需要申报纳税的，适合与税务、开户银行签订三方协议，选择实时扣税；如果纳税人使用现金临时缴税的，可以使用银行卡查询缴税。

通过横向联网实现电子缴税后，纸质税收缴款书将被电子缴税付款凭证所代替，纳税人开户银行为纳税人打印电子缴税付款凭证。如果纳税人需要，可凭电子缴税付款凭证到税务机关换开纸质税收缴款书。

五、现代国库体制的现金管理

我国国库目前的现金管理仅限于收收付付的管理，即：当国库现金较多时，大量现金沉淀在人民银行国库账户上，造成资金闲置浪费；当国库入不敷出时，往往是靠发行中长期债券予以补足，筹资成本高，灵活性差，面临的债务风险也大。因此，尽快开展国库现金管理，特别是将管理理念从收付转向经营，有助于增收节支、提高国库现金使用效益、改善国家债务管理和有效防范债务风险。

（一）国库现金管理的基本问题

1. 国库现金管理的概念

现金是指有现实购买力或法定清偿力的通货，它包括库存现金、活期存款、可转让存单和与现金等价的短期流动金融资产，如期限短、流动性强、易于转换为已知金额现金且价值变动风险较小的投资等。国库现金即指进入国库的以上述形式存在的资金。国库现金管理，是指财政部按照国家法律、政策和有关制度规定，对国库现金收入、支出和库存进行管理和监督的制度。国库现金管理通过一定的程序和方法，如通过定期发行短期国债和每天运作国库现金等方法，熨平国库现金流量波动，降低国库资金筹措成本，提高国库资金使用效益。国库现金管理属于财务管理的范畴，它是为国家预算、支出计划和政府债务政策的制定服务的。国库现金管理在确保国库现金支出需要的前提下，以实现国库闲置现金余额最小化，或政府借债成本最小化和投资收益最大化为最高追求。

世界银行专家认为，国库现金管理实际上就是指管理政府短期现金流与现金余额的战略及相关过程。国库现金管理的目标有三个：(1)确保国库能及时取得需要的资金；(2)有助于实现国库现金流入流出在时间上的匹配；(3)避免现金闲置及由此产生的额外成本。

2. 国库现金管理问题的成因

国库现金管理问题之所以存在，最重要的原因就是由于财政收支不均衡，进而导致国库资金余额波动幅度较大。财政收支不均衡具体表现在以下几方面：(1)收入进度的差异性，(2)支出进度的差异性，(3)财政资金流速速率变化，(4)资金使用的计划性、均衡性，(5)预算执行的滞后性。

政府预算在实际执行过程中，预算收入和预算支出在一个预算年度中一般是不平衡的，会出现收大于支或收不抵支的情况，由此导致国库收入和支出现金流不能完全匹配。当预算超收、减支、收入入库进度快于计划进度或支出进度滞后于计划进度时，国库现金就会出现余额的情况。如果没有国库现金运作，这笔现金余额就成为闲置资金(或称库底资金)。国库现金运作的目的就是要在保证预算收支计划实现的前提下，使这笔闲置资金趋于最小规模。相反，当预算减收、增支、收入入库进度滞后于计划进度或支出进度快于计划进度时，国库中的闲置现金余额就会减少直至出现资金缺口。通过国库现金运作，可以及时以最低成本筹得资金，弥合缺口。显然，通过国库现金管理，可以减少闲置现金与弥合资金缺口，最大可能地提高国库现金使用效率，为公共利益最大化服务。

另外，对闲置现金在保证安全性的前提下进行运作，目的就是要追求闲置现金增值的最大化，这同样是提高国库现金使用效益和追求公共利益最大化的途径。

3. 国库现金管理的作用

通过规范有效的国库现金管理，能够控制政府借债数量、降低借债成本、提高国库管理整体水平、促进国内金融市场发展，并提升财政、货币政策协调机制和增进社会总福利。

(1)控制政府借债数量。首先，规范高效的国库现金管理既可以保证国库现金支付，又可以减少大量资金闲置，有利于提高国库资金使用效率，控制财政支出增长和债务增长。其次，国库现金管理可以使一部分中长期国债被短期国债或其他融资方式替代，从而减少政府债务余额和利息支出，降低年度借债净规模。

(2)降低借债成本。一方面，规范高效的国库现金管理可以减少市场利率波动和提高市场流动性，为市场提供基准，提升市场参与者的信心，降低国债发行成本；另一方面，通过国库现金管理运作，国库闲置资金可以实现投资收益，冲抵部分国债发行的成本。

(3)提高国库管理整体水平。国库现金管理将资金时间价值、现金流和资产负债管理等现代财务管理概念引入国库管理中，有利于加速国库管理体系的现代化建设，促进国库内部机构设置、运行机制和信息系统等方面的合理化，提升工作效率和整体水平。

(4)促进国内金融市场发展。国库现金管理不仅将部分财政资金纳入市场运作，增加国内金融市场的广度，推进全社会资金的统一有效配置，而且能为市场提供权威示范，促进金融市场创新，增加金融市场深度和层次。成熟和发达的国库现金运作是一国金融市场发达程度的重要标志。

(5)提升财政部与中央银行政策协调机制。通过国库现金管理运作，可以进一步改进财政部与中央银行在货币、债券、资本等市场运行方面的沟通与协调，促进财政政策与货币政策的相互配合，进而提高财政政策和货币政策调控的完整性、灵活性和有效性。

(6)保证国库现金增值。高效规范的国库现金管理的运作可以使闲置现金最大化地增值，进而有利于增进全社会的总福利。

(二)发达国家国库现金管理的一些基本做法

在市场经济条件下，西方发达国家将政府和市场的普遍原理、运行机制和运营方式运用到国库现金管理方面，取得了很多成功的经验。特别是在20世纪80年代，以市场为基础的公共管理及企业化政府等有关政府管理的新理念在世界范围内兴起之后，在政府管理中引进了市场化机制和私营部门的管理模式，使国库现金管理工作有了重大的进展，并朝着市场化、科学化、信息化和法制化的方向不断发展。虽然各国的具体做法不尽相同，但具有共性的一些做法和经验是值得我们借鉴的。

市场经济发达国家国库现金管理的共同特点和提高国库资金运作效率的技术性经验有以下一些共同特征。

1. 建立完善的数据库

该数据库的涵盖范围包括：(1)政府直接发行的内债和外债，包括债务的形成、管理和偿付的相关信息；(2)现金管理，包括收入流和支出流的报告数据、预期数据和会计核算系统信息；(3)政府的显性或有负债，例如政府担保、政府资助的金融和非金融企业及其下属机构的负债；(4)外汇储备管理信息；(5)政府某些隐性或有负债，例如国有企业及其下属机构的非担保性负债。

数据库应具有综合、灵活的特点，它能在其子系统间进行高效的数据交换，并能够在不影响正常运行的前提下进行必要的升级和扩展；同时适应货币市场、债务市场和国际金融市场的变化而迅速调整，补充相关信息；它还应方便用户的使用，形成一套科学的指标体系，并可以迅速地生成用户自定义的标准化报告。以准确完整的数据库和相关分析为依托，一些国家的政府已经成功地使收支流更为匹配，并有效地提高了国库资金的运作效率。

2. 科学地进行预算收支预测

预算收支管理是国库现金管理的基础。发达国家中央财政在管理国库现金的操作中，一般是根据预算收支状况在年度内的季节性变化规律，并结合分析经济运行态势对当前及未来一段时间的预算收支状况进行科学预测后，决定短期债券的发行时机和发行数量，相机决定如何有效地管理国库现金。通常情况下，为管理国库现金而进行的预算收支预测是比较准确的，出现的误差不会对国库现金管理带来不利影响。

3. 具备发达成熟的货币市场

毫无疑问，无论是国库现金直接进入货币市场还是存入商业银行账户，安全高效的国库现金管理都必须以一个具有较高流动性和安全性的货币市场作为支撑。从发达国家货币市场运行情况看，其参与者众多，交易品种丰富，市场流动性很强。这种市场环境为有效管理国库现金提供了必要的前提条件。

4. 妥善处理财政部在中央银行的现金结余

这方面主要有两种可供选择的做法：

一是前文提及的财政部向中央银行收取国库现金结余的利息。一些国家的中央银行要支付财政部资金头寸的利息，同时财政部透支时也要向中央银行支付利息。有的国家对这块结余不收取利息，可能是由于该利息额非常小，不值得收，或者因为中央银行的利润在年终要返还给财政部。收取利息的做法能够缓解如下矛盾状况，即财政部一方面要承担债务的利息支出和债务总成本膨胀的压力，另一方面又浪费了国库资金的时间价值。同时，这种做法还有助于更清晰地体现中央银行的实际成本和利润。但是，如果这部分支付对于中央银行十分重要，甚至影响到中央银行的盈利状况，那么，这种做法就会遭到中央银行的强烈反对。因此，在实际操作中要掌握好通盘协调。

二是财政部直接向商业银行放贷其现金结余。近年来，一些市场经济发达国家正逐步采取措施，以尽量减少政府融资和债务管理所需的交易活动与中央银行执行货币政策所需的交易活动两者之间的混淆。尽管目前大多数国家仍采取由中央银行向市场放贷财政部的现金余额，但也有一些国家已经开始由财政部（或债务管理办公室）直接参与市场交易。这种做法对政府和市场的完善程度要求都比较高。首先，这种借贷是竞争性的，以市场为导向；其次，其利率应反映商业银行的资金需求，且不同于同期政府的借款成本；再次，这种行为还应与政府债券市场的战略性发展紧密协调。

5. 国库现金管理与国债管理的有效结合

国库现金管理与国债管理的有效结合，一方面表现在其具体运作是由隶属中央财政的国债管理局负责实施，另一方面国库现金还可以直接进入货币市场，买入或回售，卖出或回购短期国债乃至中长期国债。更为重要的是，短期国债的定期、均衡、滚动发行，能在一定程度上减少中长期国债的发行量，提高国债市场的流动性，降低国债的筹资成本；而且从中长期来看，预算收支状况的变化，往往既需要增加或减少发行中长期国债，又需要增加或减少发行短期国债。

6. 灵活的国债发行和偿还方案

(1)合理选择债券的到期日和偿付日

在对政府的现金收支准确预测的基础上，财政部可以把几种国债的到期日和利息偿付日放到税收收入流量最大的几个月份。本金和利息的偿还可以削减收入波的高峰，使现金结余量更趋平缓。需要提到的是，从各国实践看，国债的到期月份不一定非要同其发行月份一致，从而加大了“灵活性”的空间和操作余地。

(2)充分利用短期国债

国债的集中发行并非政府的明智之举，相反，将国债发行分散在全年进行，往往可以有效地降低政府债务成本，减少融资风险。短期国债可以解决政府的短期资金需求，为财政部灵活的债务管理和国库资金管理提供高效的手段，同时合理的、具有一定规模的短期国债还有利于国债市场和货币市场的完善。

7. 财政和央行之间的密切合作

发达市场经济国家一般都有专门的财政和央行工作协调委员会，增加彼此之间协商、协调的机会，以减少摩擦、加强合作。为了便于银行进行货币管理，财政定期向银行提供详细的现金流量计划，反映财政资金的需求及在银行存款的变动情况。央行则对政府公债的发行时间、发行券种、发行期限、发行利率以及发行方式等提出政策建议，对政府公债的二级市场交易提供便利和服务，并向财政部提供实时的交易信息。

(三) 如何推进我国国库现金管理的发展①

第一，加强与人民银行的协调配合，现阶段通过制度创新减小国库现金管理对货币政策的影响。

在目前中央国库的现金管理操作中，经常出现财政部与人民银行国库局协商一致提出定期存款操作计划，人民银行货币政策司以影响货币政策执行为由“一票否决”的情况。为改善这种情况，加强与人民银行之间在国库现金管理方面的沟通协调，可以

① 资料来源于财政部网站：《国库现金管理国际经验及启示》，http://gks.mof.gov.cn/guojijiejian/200901/t20090105_105908.htm。

考虑在现阶段通过制度创新推进国库现金管理发展,减小国库现金管理对货币政策的影响。一是建立季度协调会制度,在每个季度前一个月下旬定期召开司局级会议,在财政部提供的季度每月中央财政国库现金流预测基础之上,结合当前的财政政策和货币政策,协商确定国库现金管理操作季度计划并严格实施。二是在商业银行开设国库资本性账户,将目前国库单一账户中的资本性收支转至国库资本性账户核算,国库现金管理投融资操作通过国库资本性账户进行,既减少国库现金运作时资金在中央银行和商业银行之间来回调拨,又能够避免国库现金管理对货币供给量的影响。

第二,适应当前宏观经济政策需要,拓宽国库现金管理投融资渠道,逐步建立长期、规范、有效的国库现金管理制度。

当前,为配合实施积极的财政政策和适度宽松的货币政策,中央国库现金管理应积极贯彻落实国务院的宏观经济政策要求,并以此为契机,进一步完善运作机制,扩大资金运作规模,在商业银行定期存款、买回国债方式基础上增加国债回购和逆回购、同业拆借等短期投资工具,增加发行现金管理券融资工具,加大短期国债发行力度并逐步取代央行票据发行,为人民银行公开市场业务提供公正、有效的市场操作工具,逐步建立起一整套适应社会主义市场经济发展的长期、规范、有效的中央国库现金管理制度。

第三,进一步增强对国库现金收入、支付、调拨等信息的获取能力,提高国库现金预测水平,合理确定最优库底余额。

在目前按季分月滚动预测中央国库现金流量和财税库银横向联网试点工作等基础上,加强财政国库部门与人民银行国库部门、收入征缴管理部门、支出预算管理部门和商业银行之间的沟通协调,逐步建立起国库现金支付大额报备制度和严格的国库现金支付预测实时报告制度,通过将预测信息实时导入国库现金流量预测系统并不断更新,以及对每日国库现金流的实时跟踪,与以前年度同期国库现金收支执行数据之间的对比分析,着力提高预测的准确性,真正实现国库现金流量预测的科学化、精细化管理。

第四,积极推进地方国库现金管理工作,努力提高地方财政国库现金使用效益。

近年来,随着国库集中支付改革在省以下财政的不断推进和深入,地方财政国库现金余额迅速增加。当前,财政部应积极协调人民银行,上报国务院开展地方国库现金管理工作。在推进这项工作的过程中,需要认真借鉴发达国家和新兴国家的经验,注意把握以下三个原则:一是按照一级政府一级财政管理体制的客观要求,在地方政府事权范围内由地方财政部门主导、人民银行地方分支机构配合开展地方国库现金管理工作;二是地方国库现金管理工作要规范、稳妥、有序开展,要按照规定的运作方式、建立严格的管理制度确保地方国库现金安全;三是由地方国库现金的资金属性所决定,地方国库现金管理不宜受全局性、宏观性的货币政策制约,初期可考虑在投资的总体规模上进行适当的监管。

案例 9－2 发达国家的地方国库现金管理——以美国、瑞典和法国为例①

一、美国

美国的国库现金管理主要由联邦储蓄银行和财政部的公共债务管理局、财务管理局三个部门来共同完成。联邦储蓄银行主要负责提供清算服务；控制财政账户的每日现金流动；每天向财政部报告现金流的情况；代理政府债券拍卖业务；发行各类政府债券，并负责相关兑付工作，为财政部提供金融市场方面的建议等。公共债务管理局为联邦政府借入所需要的资金，负责国债和国库券发行的政策和操作。财务管理局负责联邦政府机构的收支、账户管理、国库现金管理和财政收支业务的基本运行，管理和控制国库现金。

美国国库现金管理的目标是将余额控制在 50 亿美元左右，当财政收入增长较快时，余额保持在 70 亿美元左右。具体体现在：一是确保政府开支能准确及时地支付；二是及时收回应收资金；三是消除闲置的现金余额。闲置的国库现金余额可用于买回未到期的债务或者用于投资以获取投资收益。

二、瑞典

瑞典的国库现金管理由国家债务管理办公室负责，该机构受财政部门领导又相对独立，主要职责为掌管中央政府国库单一账户体系，开展现金流量预测和现金管理，发行和兑付政府债务，并为政府部门提供有效的支付保障等。

瑞典国库现金管理主要设定两个目标。一是确保有足够的现金流量，用以满足中央政府各部门预算执行的现金需求。二是实现政府融资成本最小化，并在出现现金盈余的任何情况下，在保证风险最小化的基础上确保实现最好的运用，并避免与中央银行货币政策相抵触。

三、法国

法国的国库现金管理由财政所属的国库局与法兰西银行共同负责。法兰西银行主要负责高效的金融服务及先进的信息系统支持。国库局主要负责现金流的分析、监控、预测以及政府债券的发行等一系列业务。

法国的国库现金管理主要目标是保证国库及时获取所需资金，积极运作存入国库账户的资金，提高国库管理水平。具体体现在：保证财政运行的连续性；确保日终国库余额不超过 1 亿欧元，闲置的资金采用最优渠道投资。

---

① 案例资料来源：《地方国库现金管理探索》，人民网 http://hb.people.com.cn/n2/2016/1031/c192237－29230952.html。

案例9—3　地方积极实施国库现金管理——以上海为例[①]

2015年,上海市财政局会同中国人民银行上海分行共同开展了2015年上海市国库现金管理(第一期)招标。市场人士认为,地方政府开展国库现金管理,符合盘活财政存量资金的思路,且对于增强当下商业银行信贷投放能力和银行体系流动性支持具有一定的现实意义。

上海市本期国库现金管理招标金额为400亿元,期限为6个月,采取公开招标方式确定定期存款商业银行。除对参与投标的商业银行资质做出相关要求之外,还引入国债质押方式,投标银行须提供可流通国债为质押,质押的国债面值数额为定期存款金额的120%。

除此之外,上海财政局和人行上海分行印发了《上海市国库现金管理操作细则》,标志着上海正式启动地方国库现金的市场化运作。此次招标正是《细则》出台后,上海首次进行国库现金管理定期存款招标。

据该《细则》,上海市开展国库现金管理涉及的国库现金,是指该市市、区(县)政府存放在同级国库的财政资金;国库现金管理操作工具为商业银行定期存款,定期存款期限在1年期以内;定期存款利率按操作当日同期限金融机构人民币存款基准利率并在人行规定的存款利率浮动区间内,由商业银行根据商业原则自主确定。

《细则》还要求,原则上单期确定的存款银行不少于5家,单家存款银行参与当期国库现金管理定期存款运作的额度不得超过当期定期存款总额度的25%。单一存款银行存放的本市国库现金管理定期存款余额不得超过该银行一般性存款余额的10%,不得超过全市国库现金管理定期存款余额的20%。

案例9—4　盘活国库资金[②]

财政收入疲软,稳增长支出增大,盘活存量资金迫在眉睫。实际上,除了尚待盘活的财政存量资金外,中央及地方国库中同样也有巨大的资金潜力尚待挖掘。

数据显示,自2006年中央国库实施现金管理以来,截至2015年底,国库现金管理这一理财方式已经赚取了667亿元的利息收入。不过在业内看来,目前国库现金管理的资金流动性还远远不够,一旦政策条件成熟,国库现金管理或将摆脱目前单纯存入

---

① 案例资料来源:《上海尝鲜地方国库现金管理》,中国证券报 https://www.chinabond.com.cn/Info/19955414。

② 案例资料来源:《如何"叫醒"国库资金》,北京商报 http://www.bbtnews.com.cn/2016/0205/138725.shtml。

商业银行的模式，转而进入货币市场进行短期投资。

我国从2006年起开始实行中央国库现金管理，截至2015年底，共实施中央国库现金管理商业银行定期存款操作87期，操作规模超过3.6万亿元。这总计3.6万亿元的操作额度共带来了667亿元的利息收入。

到了2014年，不仅是中央国库，北京、上海等6个省份也相继开始进行地方国库现金管理试点。截至2015年底，6省份共实施国库现金管理商业银行定期存款操作32期，操作规模7 100多亿元，共获得利息收入99亿元。目前来看，地方中标的银行以股份制银行、城商行等居多，这对于改善中小企业融资也很有帮助。

事实上，自2013年起，国务院常务会议就频频提出要盘活存量财政资金，近年来，国务院更是出台多项规定，包括超过两年结余的资金将从部门收回，由财政统筹安排；对不合规财政专户和违规设置的单位银行账户及时撤并，并将存量资金全部调入国库等等。

第三节　中国国库制度的改革、实践运用与展望

一、中央国库的改革历程

新中国成立70多年来，我国经济社会发展取得了显著成果，财政管理水平不断提升。我国从21世纪初开始实施的财政国库管理制度改革，是继分税制改革后财政管理制度的又一次重大变革，成为财税体制改革的一大亮点，被经济合作与发展组织称为一场“财政革命”。改革建立起全新的预算执行管理机制，从管理制度和运行机制上促进了财税体制改革的深化和现代财政制度的完善，有力保障了国家重大改革与重大政策的有效实施。①

（一）高度集中统一的金库管理体制

1950年2月的全国财政会议决定建立严格实行“统收统支”的高度集权的财税体制，所有税收和公粮统一由中央调遣。同时，当时的国务院颁布《中央金库条例》，规定“中国人民银行代理国库”。这是一项重要的规定，确立了新中国的委托国库管理体制。

为服务于国家财政管理的需要，人民银行自成立起就承担了代理国库的职责。新中国成立初期在建立人民银行各级机构的同时，建立了总金库和地方分支金库。1950

① 财政部国库司：《一场“财政革命”——财政国库管理制度的改革发展》，《中国财政》2019年第19期：第17—20页。

年新中国成立后第一部《中央金库条例》颁布，规定了全国设立总金库，各地金库均由人民银行代理，由此确定了我国国库的委托管理体制。1951 年按照财政收支体系划分为中央金库和地方金库，由中央金库监理地方金库，并依法行使国库管理职能。

1953 年 12 月，财政部门公布了第三次修订的《中央金库条例实施细则（草案）》，对款项入库、报解程序、对账制度以及支库下设置经收处等问题做了具体规定，形成了集中统一的中央金库制。1954—1958 年，国库人员配置合理，账务核算比较完善。在此期间，中国人民银行连续 5 年代理发行了国家经济建设公债，累计收缴公债款 35.4 亿多元，有力地支援了当时的经济建设。这段时期，我国正处于整顿和恢复国家经济，实行高度集中的计划经济体制时期，保证资金和物资的集中是确保经济稳定的关键，通过人民银行国库工作，有力地推动了财政资金的集中统一管理和使用①。

（二）简化的金库管理和核算体制②

1958—1977 年，在计划经济时期，财政管理体制发生多次变动。与此相适应，财政部对《中央金库条例实施细则（草案）》进行了多次修订，代理国库的账务核算逐步简化，实行以表代账；财务组织也由独立的金库会计改为会计不独立的财务组织，工作人员大大减少，不少机构被撤并，国库管理处于相对分散和松弛的状态。20 世纪 60 年代，国库工作受到重大冲击，机构被取消，人员被下放，严重影响了国库工作的质量，使国库的职能作用难以全面发挥。

（三）四级金库管理体制

财政部于 1977 年 12 月 15 日发布了第八次修订的《中央金库条例实施细则（草案）》。新修订的《细则》将原来的“总库、分库、支库”三级金库改为“总库、分库、中心支库、支库”四级金库体系，中央金库款的支配权属财政部，地方金库款支配权属同级财政机关。1979 年国家财政开始推行“利改税”试点，1980 年开始实行“划分收支、分级包干”的财政管理体制。中国人民银行紧密配合财政、税收体制改革，不断健全国家金库机构，充实人员，恢复了独立会计、正常的账表制度和过去行之有效的各项业务管理制度，使金库业务逐步规范化。由于财政新体制实行中央与地方收入按比例分成、工商税作为调剂收入等做法，国库相应调整了金库核算制度和操作规程，保证了财政管理体制改革的顺利进行。

1983 年 9 月，国务院决定中国人民银行专门行使中央银行的职能，国库仍由中央银行代理，四级金库管理体制不变。

（四）经济体制改革给国库工作带来了新的变化和发展

中共十一届三中全会以后，我国的经济和社会发展进入了一个新时期，财税和金

---

① 参考资料来源于王晓洁、刘连环：《财政国库管理》，中国财政经济出版社 2019 年版。

② 以下部分参考资料来源于王晓洁、刘连环：《财政国库管理》，中国财政经济出版社 2019 年版。

融体制改革对国库的机构设置和业务发展等提出了新的要求。各类税收的增加，使财政分配格局发生了重大变化。资金渠道增多，缴款单位增加，使国库工作无论在收支形式或手续上，还是在工作内容上都比过去复杂得多。首先，国库工作的业务量大大增加。其次，国库的核算任务加重了。国库会计核算任务变得更细致，环节变得更多，工作难度更大。再次，国库担负的管理任务加重了。随着金融体制改革的进行，原由中国人民银行承担的基层国库业务已不堪重负，因而又委托专业银行基层行(处)办理一部分国库业务。这样国库不仅承担了对自身业务的管理，而且又增加了对专业银行办理国库业务的管理。

国库工作的新变化，使 20 世纪 50 年代制定的相关条例与细则等已不能适应要求。1984 年和 1985 年，财政部和中国人民银行先后两次联合召开全国国库工作会议，就国库工作面临的新任务、新问题进行研究，并对《中央金库条例》做了全面修订。

1985 年 7 月 27 日，国务院正式批准颁布了《中华人民共和国国家金库条例》。随后，中国人民银行、财政部又相继联合制定、颁布了《中华人民共和国国家金库条例实施细则》和《关于专业银行办理国库经收业务的管理办法》等法规。这一系列法规、制度的颁布实施，不仅使我国国库工作有了较为健全的法规依据，而且标志着我国国库工作开始进入了新时期。

二、地方国库的改革试点

(一)部分部门的改革试点与地方自行试点

2001 年，财政部、中国人民银行印发《财政国库管理制度改革试点方案》，建立以国库单一账户体系为基础、资金缴拨以国库集中收付为主要形式的财政国库管理制度，有利于规范财政收支行为，加强财政收支管理监督，提高财政资金的使用效率，从制度上防范腐败现象的发生。各地区、各部门要高度重视并积极支持这项改革。为了保证改革的顺利进行，根据国务院的要求，按照总体规划、分步实施的原则，2001 年选择几个有代表性的部门进行试点，在总结经验、优化和完善方案的基础上，2002 年进一步扩大改革试点范围。各地可根据改革试点方案，自行确定改革的时间和步骤。与此同时，暂未全面实施国库管理制度改革的部门和地区，可以对包括政府采购资金在内的一些专项支出实行财政直接拨付。在率先改革财政资金支付方式的同时，相应规范收入收缴程序。

(二)地方国库试点的规范化与扩大化

为进一步建立健全地方国库现金管理制度，以利于深化和完善国库集中收付制度改革，规范地方国库现金管理行为，提高财政资金使用效益，确保财政资金安全，2014 年我国财政部、中国人民银行印发了《地方国库现金管理试点办法》，并选择 6 个省市启动了试点工作。地方国库现金管理政策性强，应加强与货币政策协调配合，建立包括决策机制和工作机制在内的协调机制，确保国库现金管理规范化、制度化和科学化。试点地区应根据试点办法研究制定本地区国库现金管理操作细则，报财政部、中国人民银行总行备案后实施。试点地区要加强领导，精心组织、周密部署，确保地方国库现金管理高效运行。试点中发现问题，须及时向财政部、中国人民银行总行反馈。

2016 年，确定天津、河北、吉林、江苏、浙江、安徽、福建、厦门、江西、海南、四川、陕西、甘肃、青海、新疆 15 个省(区、市)为 2016 年地方国库现金管理试点地区。

三、中国国库的实践运用

(一)国库的设立、职责与主要成就①

1. 国库的设立

依据 2014 年修订的《预算法》第五十九条规定，“县级以上各级预算必须设立国库；具备条件的乡、民族乡、镇也应当设立国库。中央国库业务由中国人民银行经理，地方国库业务依照国务院的有关规定办理。各级国库应当按照国家有关规定，及时准确地办理预算收入的收纳、划分、留解、退付和预算支出的拨付。各级国库库款的支配权属于本级政府财政部门。除法律、行政法规另有规定外，未经本级政府同意，任何部门、单位和个人都无权冻结、动用国库库款或者以其他方式支配已入库的库款。各级政府应当加强对本级国库的管理和监督，按照国务院的规定完善国库现金管理，合理调节国库资金余额。”第六十一条规定，“国家实行国库集中收缴和集中支付制度，对政府全部收入和支出实行国库集中收付管理”。

2. 国库的基本职责②

组织预算执行、监控及分析预测。拟订财政总预算会计制度。组织拟订国库管理和国库集中收付制度。组织实施政府非税收入国库集中收缴。管理财政和预算单位账户、财政决算及总会计核算。拟订政府财务报告编制制度并组织实施。承担国库现金管理有关工作。承担政府内债发行、兑付等有关管理工作。拟订政府采购制度并监督管理，承担政府采购市场开放谈判工作。

3. 国库管理的主要成就

中国人民银行经理国库是法律赋予的神圣职责。《中华人民共和国预算法》《中华人民共和国中国人民银行法》《中华人民共和国国家国库条例》都明确了这一职责。多年来，各级人民银行通过不断提高国库服务质量和水平，加强国库监管，防范和化解国

---

① 以下部分参考资料来源于王晓洁、刘连环：《财政国库管理》，中国财政经济出版社 2019 年版。

② 内容来源于财政部网站：《国库司主要职责》，http://gks. mof. gov. cn/guanyuwomen/zhongyaozhineng/。

库资金风险，正确处理改革、发展与稳定的关系，推动国库管理意识创新、制度创新、业务创新和科技创新等，切实捍卫了国家预算收入的真实、安全和完整，保证了国家预算的顺利执行，促进了财政政策与货币政策的协调配合，支持了国家经济与社会事业的健康发展。同时，也应该清醒地看到，目前中国人民银行的国库工作还存在着一些问题和不足。

（二）国库的运行流程

1. 付款流程

我国传统国库模式是多层次、垂直管理、以代理银行为重心的国库模式。中央和地方各级政府都有相应的处理本级财政交易的国库系统，分散付款和现金余额的分散化是这一系统的关键性特征。中央国库系统的付款流程可以用"财政部门主管部门—二级预算单位—基层预算单位"概括。中央政府国库系统基本的付款程序是：第一，中央各部门根据本部门年度预算指标和用款进度，按期（多为季度）填制预算拨款申请书和用款计划表，送财政部主管司局；第二，主管司局审核无误后送总预算会计，总预算会计复核后，结合库款调度情况，填制拨款凭证，将预算资金从国库拨付到各部门在商业银行开设的存款账户，由各部门自己分配与使用。

在实践中，以上高度分散化的付款流程产生了许多问题，概括起来主要有以下五个方面。

第一，支出过程脱离财政监督。财政资金进入各支出部门与单位在商业银行的账户后，财政部门即无法监控其支出决策（支出用途、金额和时间方面）和交易，只能依赖各部门与所属单位事后提供的财务报告进行审查监督，无法及时探测到可能发生的违规以及采取有效的预防性行为，由此会衍生出诸如截留与挪用资金等许多问题。

第二，现金大量闲置。所有预算单位从财政拨款中获得的现金均存放于商业银行的账户上自行运用，由于获得现金和支出现金之间存在时间差，因此从全国来看，每个时点上都会出现大笔且稳定的政府现金沉淀，既不能以利息形式或以剩余现金短期投资的形式获取收益，也无法由核心部门加以调节（解决拖欠）。此外，由于财政部门和其他核心部门难以获取政府整体的现金余额信息，许多预算单位可以利用自己的信息优势获取额外好处：一方面在自己的账户上拥有大笔现金余额；另一方面继续无节制地申报预算，向政府"要钱"。

第三，加大债务成本。在现金余额大量沉淀的同时，财政部为应付短期资金需要，有时不得不向银行发行短期国债，增加了利息负担。

第四，信息障碍。财政部门按预算和进度将财政资金拨付到各部委在商业银行的账户上，总预算会计是能够监控的。但是，支出部委对下属支出机构的拨款以及支出机构对受款人的付款这两个阶段完全游离于事前监督之外。也就是说，在传统体系下，财政部门只是知道财政资金到了哪个支出部委，之后就完全不知道了。如果要想了解，需等到支出部委呈交报告以后才行，这需要很长一段时间——也就是说，所有的“坏结果已经发生”了才知道。由于财政和国库部门无法及时而全面地了解整体的预算执行情况和财务状况，也无法对未来的趋势作出准确的判断，在管理与决策方面相当被动，而各支出单位财政交易的不透明更进一步加剧了监管的困难。

第五，预算执行延迟。在现行付款流程下，预算资金最终到达商品/服务供应者和其他受款人手中需要经过许多中间环节，时间长且速度慢。从中央预算来说，资金从财政部到部内各司，再从各部委办到下属预算单位，最终到达受款人手中的中间层次甚多；从地方预算来说，从财政厅(局)到厅内各处，从各省级部委到用款单位，最后到达受款人手中，同样经过许多层次，资金到位的时间拉得很长。平均而言，经常性项目的资金到位时滞达 2～3 个月，中央专项资金到位时间更长，甚至跨年度。省对下的专项补助也是如此。这样一来，每个分配层次都在“等着”预算资金，当年预算的大量资金有相当一部分不能在当年到位，跨年度结转资金规模很大，平均约占全部预算资金的 20％左右，比发达国家要高得多。

2. 付款/支出决策

付款/支出决策是两类密切相关的日常营运性决策。这项决策权由支出机构控制还是由某个集中性机构——比如财政或国库机构——来控制，在各国颇不一致。有些国家由集中性管理机构对支出/付款决策实行严格的外部控制，相比之下，在我国，支出/付款决策长期由支出机构控制。这种分散模式和分散化付款与分散化现金管理的国库体系密切相关：国库资金一旦进入各支出单位在商业银行开设的账户后，资金即由支出单位自行决定，用来兑现本机构自己的支出或付款。付款/支出决定的分散化具有一个十分重要的优势，即有利于强化支出机构对其财务和公共支出管理承担内部管理责任。国际经验表明，让支出机构承担明确的内部管理责任，是一个管理良好的公共支出系统的关键性成分之一。

支出/付款决策涉及的问题是决定在何种条件下，何时发生支出/付款，以及数额应有多大。经法定程序批准的预算是支出/付款决策的基本依据。十分明显，只要预算程序是严密而完善的，由支出机构控制付款/支出决策并无不妥。然而必须注意的是，付款/支出决策由支出机构控制这一事实本身，并不意味着支出“付款”这件事非得由支出机构来办理，更不意味着核心部门不需要对支出机构层次上的交易进行监控。付款决策与付款的办理是两个相关但并不相同的问题。一般来讲，无论付款/支出决策是否实行集中性控制，现金余额的集中化都是一个良好的现金管理系统和国库系统绝对必需的特征。这意味着：即使付款/支出决策在分散的基础上由各支出机构控制，通过国库单一账户体系集中办理付款也是必不可少的。

3. 会计与报告

发达国家普遍建立了功能强大、覆盖范围广泛的国库会计与报告系统，这与国库作为政府财政资金循环枢纽的地位是分不开的。相比之下，我国传统的国库会计并不是一个自成体系的独立系统，而是人民银行会计系统的一个组成部分，国库会计科目均使用银行会计科目，国库会计总分类账户均按照银行会计科目设置，国库的主要业务通过附属的登记簿记录，据以编制主要的报表——预算收支报表。在实践中，这种附属的、非独立的会计模式产生了诸如延迟入库与拨付、截留资金等一系列问题。

在传统国库体系下，支出机构的开户银行负责提供预算执行情况报告；人民银行负责提供财政收入和支出部委开户行拨款情况的报告，建设银行负责报告基本建设拨款情况，商业银行负责报告预算额度的使用情况。实际支出的分类报告经常要等到年终决算时才能从各部委得到，因此根本达不到预算管理的目的。关于预算资金向支出机构划拨的进展情况，系由开户银行提供的月度和季度财务报表加以披露，这是财政部唯一的财务报告制度。但是，开户银行提供的情况只是银行系统向支出机构划拨资金的流量情况，并不反映支出单位的实际支出，而财政部门需要的恰恰是那些有助于了解财政收支日常管理的信息，包括支出和承诺方面的信息。在传统国库体系下，财政部门无法及时得到这样的信息。

在传统国库体制下，人民银行和财政部会计司同时监控支出。人民银行通过将资金拨入有关账户对预算拨款进行监控，会计司则通过银行报表进行监控。预算资金进入各单位的账户后，财政部通过银行月度和季度报表监控预算。这些报表的数据有三个来源：建行向财政部基本建设管理部门提出的报告，银行提供的额度分配报告，以及人民银行关于非限额拨款、税收和非税收入情况的报告。财政部会计司对来自各方面的报告进行研究，确定支出流量，并相应调整下月的限额。

四、中国国库制度的展望

当前，深化财税体制改革的一系列举措正在制定当中并将陆续出台，其中涉及许多财政国库领域的改革。要高度重视，迅速跟进，抓好落实，借改革的东风把现代国库制度建设推向新的高度。

（一）加强财政国库法制化建设，严格遵照法律制度办事

落实依法治国方略的一个基本要求是科学立法、严格执法、公正司法、全民守法。就财政国库管理而言，在科学立法方面，要积极配合做好《预算法》及其实施条例的修订工作，通过立法巩固国库集中收付制度改革成果，确立国债余额管理制度和政府综合财务报告制度；要研究制定财政资金支付条例、国债管理条例，修订国家金库条例，把改革形成的一些行之有效的做法上升到法规层面。在严格执法方面，重点是对日常

工作中发现的收入收缴和资金支付的违规行为进行认真核查，严肃处理，追究责任，使财经纪律真正成为一条带电的高压线。对应该转交其他单位处理的违规问题，要及时移交，形成执法的合力。在全民守法方面，就是要求让别人做到的财政部门首先要做到。各级财政国库部门管理的是国家“钱袋子”，是国家的“账房先生”，要切实履行好总会计的监督职责，严格执行各项国库管理制度，敢于对违规行为亮出“红牌”。

（二）深化国库集中收付制度改革，进一步提高财政资金运行的安全性和效率

财政国库机构因改革而诞生，因改革而发展。一定要始终把改革作为财政国库工作的主旋律，整体规划，大胆创新，从改革覆盖面的数量积累转化为资金收付流程优化的质量提升，构建起完善的国库集中收付运行机制。

一是国库集中支付改革要向“深水区”迈进。

二是收入收缴管理要全面实现电子缴款。

三是预算执行动态监控机制要发挥更大的作用。

（三）加快建立权责发生制的政府综合财务报告制度，更好地管控政府债务风险和加强政府资产管理

一是抓紧制定权责发生制政府综合财务报告制度改革方案。这项工作技术性、政策性、敏感性比较高，涉及面比较广，是一项艰巨复杂的系统工程，需要统筹规划，分步推进。

二是加快建立政府综合财务报告标准体系。政府综合财务报告标准体系能够确保报告中数据含义明确、口径统一，是准确编制财务报告的重要保障。

三是加强政府综合财务报告的分析应用。有效应用政府综合财务报告信息，促进政府加强财政财务管理，是建立政府综合财务报告制度的一个重要目标。

四是修订完善财政总预算会计制度。现行财政总预算会计制度已执行多年，很多内容滞后于财政改革发展的进程，亟须进行修订。

五是扎实做好基础性保障工作。继续组织地方开展政府综合财务报告试编工作，有条件的省份可以尝试合并全省的政府综合财务报告。

（四）继续推进国债市场化改革，完善地方政府债券发行制度

国债和地方政府债券发行既是政府的一个重要筹资手段，也是促进金融市场稳定发展的一个重要因素。

一是着力健全反映市场供求关系的国债收益率曲线。完善的国债收益率曲线，是金融市场的定价基准，也是下一步利率市场化改革的必要条件。

二是完善有利于居民购买储蓄国债的制度。扩大网上银行销售储蓄国债（电子式）试点范围，为居民购买国债提供更多的便利条件。研究储蓄国债利率市场化定价机制，以及与利率市场化相适应的储蓄国债新品种和管理体制机制。

三是积极推进地方政府债券发行管理改革。目前我国地方债发行主要采取财政部代发代还、地方政府自发财政部代还两种方式，不利于清晰界定中央政府和地方政府的偿债责任，属于地方债发行改革的"过渡模式"。

（五）积极开展国库现金管理，有效降低财政筹资成本

当前，中央和地方库款余额与波动幅度都比较大，社会关注度较高。要保持库款在一个稳定的合理区间内，主要办法之一就是充分借鉴国际经验，建立库底目标余额管理制度，并加大国库现金管理操作力度，冲抵发债成本。

一是建立国库现金流量预测体系。国库现金流量预测是开展国库现金管理的前提和基础。

二是建立库底目标余额管理制度。从国际上看，开展国库现金管理比较成功的国家普遍建立了库底目标余额管理制度。

三是规范实施国库现金管理操作。中央国库现金管理要在稳步开展3个月、6个月、9个月定期存款基础上，结合财政改革需要，研究更短期限的投资工具以及短期融资工具。

（六）改进和加强预算执行分析与决算工作，进一步夯实预算执行管理基础工作

在宏观经济下行压力有所增加的情况下，各项经济数据指标获取的及时性和准确性就显得尤为重要。

一是拓展预算执行分析的深度和广度。要结合服务领导决策参考和促进财政管理的实际需求，适时应用多样化的分析手段，进一步提高分析的针对性和实用性。

二是强化决算对预算编制的反馈和促进作用。要解决好决算和预算编制"两张皮"问题，把决算数据作为预算编制的重要参考依据。

三是夯实预算执行数据的基础。由于一些地方不规范的做法，导致一部分数据没有反映出预算执行的真实情况。

四是建立严格的控制机制。要建立科学、严谨、规范的业务操作流程和制度，严格按照岗位需要充足配备人员，实现资金收付各环节的有效制衡，确保国库资金安全。

（七）推进财政国库信息化建设，开展财政数据挖掘工作

财政信息化建设要从新时期财政改革发展全局考虑，构建覆盖全部业务流程的完整业务生产系统，形成顺向相互支撑、有效制衡，逆向真实反馈、有效监督的完整体系。

一是积极推进国库集中支付电子化管理。

二是进一步优化国库生产系统。优化用款计划、国库支付、会计核算、决算管理、收入管理等生产系统，建立各系统之间数据及时交换机制，实现一体化运行。

三是开展财政数据挖掘工作。开展财政数据挖掘工作，既是促进财政创新发展的现实需要，又是抢占信息化发展先机，提升财政信息化整体水平的迫切要求。

本章小结

国库不单是指国家金库,更重要的是财政代表政府控制预算执行、保管政府资产和负债的一系列管理职能。

现金收付制是以现金收到或付出为标准来记录收入的实现和费用的发生,而不考虑与现金收支行为相连的经济业务实质上是否发生。政府会计的基本功能是反映政府收入情况、政府支出情况、收支相抵后的结余情况,因此财政收支的会计基础就是现金收付制。

财政收入缴库是指法人或自然人依照国家税法、法规规定,向国家金库缴纳应交款项的一种行为。财政收入缴库方式分为就地缴库和集中缴库。财政收入退库是指根据国家财政法规和政策规定,将已入库的财政收入退还给缴款单位或缴款人。对于财政收入退库的审查、监督和管理,《中华人民共和国预算法》和《财政部关于严格收入退库管理的几项规定》作出了具体要求和规定。

财政支出按性质总体上分为购买性支出和转移性支出。财政拨款是指国家各级财政部门按批准的预算,将财政资金拨给预算会计单位或拨存银行的过程,称预算拨款。财政拨款是财政支出的必要准备。在财政支出的支付方式上,按照不同的支付主体,对不同类型的支出分别实行财政直接支付和财政授权支付,其支付程序也相应地分为财政直接支付程序和财政授权支付程序。对库款支拨的监管,是以对预算内资金和预算外资金的拨付使用为主要内容,由财政国库和央行国库分别行使监管职能。

现代国库制度可划分为独立国库制、代理国库制和银行存款制三种基本类型,其中应用较多的是前两者,即独立国库制和代理国库制。独立国库制是政府财政机关自行设立国库机构,专司政府预算收支的出纳、保管和划拨等事项,即将国家财政收入的收纳、划分、报解和支出的划拨以及财政资金的保管事务,一律由财政机关专职机构总揽起来,个别国家把这一机构划归国会直接领导。代理国库制是国家政府不独立设置国库机构,委托银行代理国库业务,负责财政收支的出纳、保管和划拨等工作,即将财政收入的收纳、划分、报解和财政支出的拨付等业务一律委托银行经理,财政不设国库机构,只是通过各级财政总预算会计同银行的国库发生存款和信息的业务联系,以掌握财政资金的收、支和库存动态。

世界各国的国库因国情不同,管理体制也各具特色,但就国库管理的科学性和规范性而言,经合组织国家的做法更值得我们借鉴,其共性的突出特点是,国库资金管理方式都是实行国库单一账户制度;国库资金管理所遵循的原则基本相同,即:政府资金管理的效益性原则、控制性原则、政策性原则和透明性原则。

现代国库管理制度的目标是建立国库集中收付制度,又称国库单一账户制度,这是建立、规范国库集中收付活动的各种法令、办法、制度的总称,由国库集中收入制度和国库集中支付制度两部分构成。实行国库集中收付制度,就是建立以国库单一账户体系为基础、资金缴拨以国库集中收付为主要形式的财政国库管理制度,从而规范收入收缴和支出的拨付程序。国库集中收付是政府预算执行的重要环节,包括三方面的含义:一是集中收入管理;二是集中支出管理;三是集中账户管理。根据国库集中收付制度,所有的财政支出都将由财政部门按照预算统一拨付用款单位和项目(政府采购项目直接拨付供应商),不再经过主管部门和单位。它对解决财政收入容易流失,财政支出监督弱化,财政资金使用过程中的截留、挤占、挪用等问题具有重要意义,从而确保财政资金在最终支出前在财政国库单一账户体系内运行，接受管理和监督，增强财政收支活动的透明度，从源头上防止腐败现象的发生。

在建立国库集中收付制度的目标导向下，现代国库的职能认定将实现由核算到监管的转变；现代国库的工作定位将实现由经理到服务的转变；现代国库制度的操作方式将实现由分散到集中的调整；现代国库现金管理理念将实现由收付到经营的更新。

本章名词解释

国库集中收付制度　收付实现制　单一账户　代理国库制　独立国库制　财政缴库　财政退库

本章复习思考题

1. 如何理解国库集中收付制度与公共财政之间的关系？
2. 为什么我国要推进国库集中收付制度？
3. 简述设置国库单一账户体系的必要性。
4. 什么是代理国库制？代理国库制有哪些特点？
5. 什么是独立国库制？独立国库制有哪些特点？
6. 试比较独立国库制与代理国库制的优缺点。
7. 试分析实行国库集中收付后对单位集中收付资金结余收回的利弊。

第十章　政府债务管理

本章主要内容

本章主要包括四个方面的内容。一是从政府债务的性质、功能和分类等方面介绍政府债务的概念；二是政府债务管理的几个维度，包括管理目标、透明度、问责机制、管理体制、管理战略、风险管理等，在学习过程中可以将政府债务管理与企业债务管理、家庭债务管理等进行比较；三是政府债务的总量管理与控制，主要介绍立法部门对行政部门在举债方面的总量控制，还包括欧盟这种国际组织对各国的债务限制；四是地方政府债务的管理，既包含中央政府对地方政府债务的管理，也包括地方政府对本级及下级政府的债务管理，主要包括限额管理、预算管理、发行管理、风险管理、信息公开以及地方债市场建设等几大部分。

政府债务，是指政府以债务人的身份，采用信用的方式取得的一种收入。由于政府债务的融资方式主要采取发行债券的方式，所以政府债务也称为公债。它的运作和管理，既与政府财政收支密切相关，也在很大程度上影响着宏观经济的运行和稳定。

严格地讲，政府债务与公共部门债务是不同的。公共部门债务除了包含政府债务以外，还包含其他公共部门的债务，例如公立大学、公立医院以及国有企业的债务。如未特别注明，本章分析仅限于政府债务。

第一节　政府债务基本概念

政府债务是指一国中央政府或地方政府以债务人的身份，采用信用的方式取得的一种收入。政府债务包括中央政府债务（又称为国债）和地方政府债务。

一、政府债务的含义

可以从以下三个方面来理解政府债务：

（一）政府债务是一种政府信用形式

所谓“信用”（credit）是以偿还为条件的价值运动的特殊形式，包括货币借贷和商品赊销等形式。我国的信用形式主要包括商业信用、银行信用、政府信用、消费信用、证券投资信用等类别。政府凭借其信用来筹集财政收入，就产生了政府债务。

通常中央政府以国家主权和资源作为承担债务还本付息责任的基础，因此国债的信誉度和安全性是所有信用中最高的，常被称为“金边”债券。在世界主流的信用评级机构对证券的评级结果中，以主权为基础的国债总是这个国家有价证券评级中最高的。

（二）政府债务是一种特殊形式的财政收入

政府债务是筹集财政收入的一种手段，无论是发行债券，还是向国际组织、其他国家以及商业银行借款，都会增加现期财政收入。但是，政府债务与税收不同的是，税收具有无偿性，不需要偿还；而政府债务则要遵循信用原则，有借有还；不仅要偿还本金，还要支付一定的利息。

有时，政府债务与税收具有一定的替代性，政府在短期内出台减税措施并增加公债发行，在未来，可能增加税收来偿还债务本息。因此，有时政府债务也视为“延迟的税收”。

（三）政府债务是一种重要的财政政策工具

政府债务除了可以增加现期财政收入，平衡预算、弥补财政赤字外，还是一种重要的财政政策工具，政府可以借此进行宏观调控，增加社会总投资，促进经济稳定发展。

二、政府债务的性质

作为政府收入的一种特殊形式，政府债务与税收的强制性、无偿性和固定性不同，具有自己的特点。

（一）有偿性

通常，政府通过税收等无偿方式来组织财政收入，但有时，也借助有借有还的信用形式来筹集财政收入。税收具有无偿性、强制性的特点，不需要偿还；而政府债务则要遵循自愿、有偿的信用原则，债券期满后政府不但要偿还本金，还要支付一定的利息。

政府举债时不会凭借行政权力强制摊派，而是以市场化的方式向社会发行，投资者自愿认购，因此公债的利率要与债券市场的一般投资回报率及其风险程度相匹配，否则投资者不愿购买。

（二）灵活性

政府征税一般通过法律形式预先规定，因此税收具有固定性的特点；政府债务是否发行、发行量、发行期限、发行对象以及募集资金用途等事项，要根据财政收支状况灵活确定，因此，政府债务收入具有较强的灵活性。

（三）自愿性

政府债券的认购是建立在自愿的基础上，买与不买或者买多买少，完全由投资者决定。近年来，我国银行理财产品市场快速发展，理财产品期限灵活且收益率较高，分流了部分国债投资需求，有时造成国债销售遇冷。随着我国居民可支配收入的稳步增加和对金融知识接受程度的不断提高，人们投资需求愈加成熟，也要求国债、地方债的品种更加丰富、投资程序更加简捷便利。

三、政府债务的功能

在现代市场经济中，公债是政府筹集财政资金、弥补财政赤字、实施财政调控的重要工具。同时，公债在实践中衍生出金融功能，在实现货币政策调控、金融市场基准利率、金融机构流动性管理和风险管理等方面发挥着重要的功能。

（一）弥补财政赤字

为财政赤字筹集资金是国债最基本的职能。当财政收入收不抵支时，就会出现财政赤字。理论上，财政赤字的弥补可以通过增税、货币发行和发行国债来解决。但是，增税会抑制民间消费和投资的增长，对国家长期经济发展产生负面影响，同时还要受到法律程序方面的限制，货币发行意味着向央行透支或借款，这常常会带来通货膨胀和宏观失控，而通过发行国债筹集资金，弥补赤字则是一种比较好的办法，也是当前国际上的通行做法。

国债的发行还有利于调节预算年度内财政收支的不平衡。从财政收支过程来看，税收及其他收入在全年中并不是以均衡的速度流入国库，而支出则是以较为均衡的速度进行的，即使全年来看预算是平衡的，在某些月份政府预算还会有相当规模的赤字，这样，政府就可以根据财政收支情况确定短期国债的发行时间、期限、数量，满足预算年度内的财政支出需要。

（二）筹集建设资金

政府发行国债，可以将社会各方闲置资金有效地聚集，形成集中性的财政资金，用于国家重点项目的建设。与此同时，还带动了地方、部门、企业投入配套资金支持经济建设。我国改革开放多年来的实践证明，国债在支持国家重点建设，确保国民经济持续、稳定、协调发展方面，功不可没。特别是我国通过国债投资，集中力量建成了一大批重大基础设施项目，使经济发展的基础更为扎实。例如水利建设、大江大河治理、西部开发都有国债投资的支撑。今后一个相当长的时期内，随着经济的快速发展，建设资金不足的矛盾仍将存在，在推进高新技术产业发展，支持高科技项目的开发，加快经济结构步伐调整的同时，利用国债筹集资金仍是十分必要的。

（三）调控宏观经济

政府通过发债对宏观经济进行调控，促进经济持续快速健康发展。当社会有效需求不足、经济运行中存在通货紧缩压力时，政府可以通过发行债务动员闲置储蓄资源，加大公共投资支出，在较短的时间内直接形成社会有效需求，并引导民间投资，扩大国内需求，推动经济增长；当经济过热、存在通货膨胀压力时，政府可以通过控制赤字和减少国债发行的办法，压缩政府支出，抵制社会需求，减轻通货膨胀压力。从这个意义上说，政府债务是政府调控宏观经济运行的一个重要的政策工具。

1981 年我国恢复发行国债，主要是为了筹集建设资金、弥补财政赤字。1997 年亚洲金融危机爆发，我国实施了积极的财政政策，大幅增加发行国债，实施逆周期调节，国债成了国家宏观调控的重要工具。1998—2008 年共发行长期建设国债 11 300 亿元，促进了基础设施的加速改善和国民经济的平稳较快发展。2008 年底，为应对国际金融危机，再次启动积极财政政策，推出 4 万亿元投资计划，为有效扩大内需，促进中国经济率先企稳回升发挥了重要作用。

（四）为金融市场发展提供定价基石

国债收益率曲线是一国市场化金融体系运行的基础性必要条件。一般来说，政府发行的国债被认为是最安全的投资品种，国债收益率曲线代表了无违约风险利率水平，被认为是基准利率曲线。

对于投资者来说，完善的国债收益率曲线有助于对其他金融资产进行风险评估和定价。对于发债主体来说，国债收益率曲线有助于其更全面、客观地制订融资计划。对于政策制定者来说，国债收益率曲线可以综合反映债券市场供求、宏观经济冷暖以及通货膨胀预期，因此也是其制定宏观调控政策的重要观测指标。

世界各国政府都十分重视国债收益率曲线的构建，不少国家和地区，在财政有盈余的情况下仍要发行政府债券，培育政府债券市场。2013 年 11 月，党的十八届三中全会提出：加快推进利率市场化，健全反映市场供求关系的国债收益率曲线。自 2014 年起，财政部、中国人民银行、银保监会、中国国债协会、中国资产评估协会等陆续在其网站发布中债国债收益率曲线等曲线。目前，我国已形成涵盖 3 个月到 30 年短、中、长期较为完整的国债收益率曲线，为我国金融市场的发展提供了良好的基础条件。

（四）政府债务的分类

按照不同标准，可以将政府债务划分为不同的类型。

1. 根据发行主体分类，可分为中央政府债务和地方政府债务

从理论上讲，中央政府和地方政府都可以独立对外举债，都称为“公债”。中央政府发行的债务，称为“中央公债”，简称“国债”；地方政府发行的债务，称为“地方公债”，简称“地方债”。一般来说，国债在政府债务中占绝大部分比重，是政府债务的主要组成部分。

2014 年 8 月 31 日，十二届全国人大常委会第十次会议表决通过修改预算法的决定。修改后的预算法规定，经国务院批准的省、自治区、直辖市预算中必需的建设投资的部分资金，可以在国务院确定的限额内，通过发行地方政府债券以举借债务的方式筹措。从此，我国地方公债制度正式启动。

2. 按债券形态分类，可分为储蓄国债和记账式国债

目前，我国国债有储蓄国债和记账式国债两大品种。

(1)储蓄国债

储蓄国债是一国政府主要面向本国个人投资者发行的、满足长期储蓄性投资需求的不可流通的国债品种。按债权记录方式的不同，我国的储蓄国债分为凭证式国债和储蓄国债(电子式)两种。

凭证式国债是指面向城乡居民和社会各类投资者发行(2012 年起仅面向个人投资者发行)，以“中华人民共和国凭证式国债收款凭证”记录债权的储蓄国债。其票面形式类似于银行定期存单，是一种纸质凭证形式的储蓄国债。投资期限一般为 3－5 年，投资期内利率固定，利率通常比同期银行存款基准利率略高。凭证式国债的发售和兑付通过各大银行的储蓄网点办理。凭证式国债不可上市流通转让，可提前兑付，提前兑取时，除偿还本金外，利息按实际持有天数及相应的利率档次计算(不像商业银行定存，提前支取只能得到活期利率)，经办机构按兑付本金的 2‰收取手续费。对于有些老年投资者来说，有凭证在手，心里才踏实，因此长期以来在我国的接受度较高，有时销售非常火爆，一期凭证式国债在一两个小时内就售罄。

储蓄国债(电子式)，只向个人投资者发售，采用实名制，不可流通转让，可提前兑付，提前兑取时经办机构按兑付本金的 1‰收取手续费。投资期限一般为 3－5 年，有固定利率和浮动利率两种。电子式国债可以到证券公司和试点商业银行柜台买卖。

(2)记账式国债

记账式国债，是由财政部通过无纸化方式发行的、以电脑记账方式记录的国债，适用于个人和机构投资者，可以上市交易，它以电子形式记录债券，期限一般较长，但比较灵活，投资者可一直持有到期获得到期收益，也可中途买卖通过差价获利，不过中途交易也可能损失利息甚至本金。相比凭证式国债的“一券难求”，记账式国债的供应量非常充裕。

3. 按偿还期限分类,可分为长期、中期和短期国债

长期国债(Treasury bonds):偿还期限在10年以上的国债。长期国债在资本市场上占有重要的地位。

中期国债(Treasury notes):偿还期限在1年以上、10年(含10年)以下的国债。

短期国债(Treasury bills):偿还期限为1年(含1年)以内的国债,又称为国库券。它具有周转期短及流动性大的特征,在货币市场上占有重要地位。政府发行短期国债,一般是应付国库在某一预算年度内暂时入不敷出的需要。国库资金周转不灵常见于以下情况:第一,财政收入和财政支出时间错位,支出在前而收入在后,故发行短期国债用作临时周转金。第二,预算执行中发生临时变化(如战争、地震或瘟疫等),致使支出突增而收入一时难以补足,发行短期国债以应付临时急需。第三,为了满足国债管理上的要求,如政府欲发行长期国债,但目前市场利率过高,估计不久将会下跌,所以先发行短期国债作过渡性措施,待市场利率跌落后再发行低利率的长期国债来调换。此外,短期国债是中央银行调节货币流通量的重要工具。

此外,英国政府还发行过永久债券(Consol)。这些永久债券无限期地支付稳定的利息。但永远不偿还本金。

经过多年的努力,我国国债期限品种结构不断完善,目前期限涵盖3个月至50年的主要期限,成为国际上少数几个能发行50年期超长期国债的国家。

4. 按付息方式分类,可分为贴现国债、附息国债

贴现国债:在票面上不规定利率,往往以低于债券面值的价格发行,到期按面值支付本息的债券。从利息支付方式来看,贴现国债以低于面额的价格发行。

附息国债:利息一般按年或半年支付,到期还本并支付最后一期利息。

5. 按票面利率分类,可分为固定利率国债和浮动利率国债

固定利率国债是指票面利率在发行时确定,在国债的整个存续期内保持不变。

浮动利率国债的息票率是随市场利率变动而调整的利率。因为浮动利率国债的利率同当前市场利率挂钩,而当前市场利率又考虑到了通货膨胀率的影响,所以浮动利率国债可以较好地抵制通货膨胀风险。其利率通常根据市场基准利率加上一定的利差来确定。浮动利率国债往往是中长期国债。

6. 普通国债与特别国债

与普通国债不同,特别国债不纳入一般公共预算,其发行不影响赤字规模和赤字率。不过,“特别国债”仍属于政府债务,需按照国债余额管理制度列入年末国债余额限额。

(1)1998年特别国债。为改善银行资本金不足的问题,财政部面向工、农、中、建四大国有银行定向发行2 700亿元专项国债。央行将存款准备金率由原来的13%下

调至 8%，这一举措为四大行释放了大约 2 400 亿元的资金。同时，加上四大行的 300 亿元超储，合计 2 700 亿元用于认购特别国债。

(2)2007 年特别国债。在出口连年高速增长的背景下，我国外汇储备快速攀升，催生相应投资运营需求；同时，外汇占款带来基础货币被动大量投放，通胀高企。为提高外汇资产运营收益，适度对冲增长过快的流动性，2007 年财政部面向商业银行和社会公众发行 1.55 万亿元特别国债，为即将成立的国家外汇投资公司筹措资本金。此次发行共分 8 期，其中第 1、7 期合计 1.35 万亿元面向商业银行定向发行，由央行最终持有；其余 6 期共计 2 000 亿元面向社会公众公开发行，均为 10 年期以上长期国债。随后，财政部用发行特别国债筹集的资金，向央行购买 1.55 万亿元人民币对应的海外资产和汇金公司股权，成立中国投资有限责任公司。

(3)2020 年抗疫特别国债。为应对新冠肺炎疫情影响，中央财政统一发行抗疫特别国债，用于支持疫情防控和基础设施建设，全部转给地方主要用于公共卫生等基础设施建设和抗疫相关支出。抗疫特别国债发行规模为 1 万亿元，发行期限包括 5 年、7 年和 10 年期，与中央国债统筹发行。抗疫特别国债利息由中央财政全额负担，本金由中央财政偿还 3 000 亿元，地方财政偿还 7 000 亿元。抗疫特别国债收支纳入政府性基金预算管理。

第二节　政府债务管理的框架

2001 年，国际货币基金组织、世界银行制定发布《公共债务管理指南》(以下简称《指南》)，作为指导各国开展公共债务管理的基本规范。2013 年，这两家国际组织启动了《指南》的修订工作，财政部国库司代表中国参与修订，提出了多项修订建议并被采纳。2014 年，新版《指南》修订完成并重新公布。新版《指南》指出，公共债务管理的主要目标是，在中长期时间内，以尽可能低的成本及可承受的风险水平满足政府融资需求和支付义务。债务管理应当立足于良好的宏观经济政策和财政金融政策，以确保公共债务水平和经济增长的可持续性。

一、债务管理目标和协调

公共债务管理的主要目标是，确保在风险可控的情况下，使政府在中长期内尽可能以最低的成本实现融资需求、履行偿还义务。以尽可能低的成本满足政府融资需求，是公共债务管理最基本、最核心的目标，其他目标还包括促进本地债券市场的发展，增强政府未来融资能力，为中央银行提供实施货币政策的工具；加强风险管理，在政府债务展期以及债务高企时,避免金融市场出现短期动荡等等。

公共债务管理对象应覆盖尽可能广泛的政府债务。这些债务既包含可交易的公债,也包含不可交易的债务,例如来自双边和多边的官方协议的优惠贷款;既包含内债,也包含外债;既包含财政部的举债,也包含中央银行、政府性金融机构等的举债,还包含一些政府担保形成的或有债务。

完善的宏观经济政策和金融政策有利于实现公共债务规模和增长速度的可持续,是开展有效的公共债务管理的前提。在一些国家,政府债务管理部门独立于财政部、中央银行。由于债务管理、财政、货币和金融监管部门采取的政策工具之间存在较强的联系和依赖,债务管理部门、财政部门、中央银行和金融监管部门应高度重视各类政策目标之间的协调。各部门的目标有时存在一定的冲突,例如债务管理部门强调举债成本和债务风险的权衡,而货币政策的首要目标通常是为了稳定物价。这需要进行部门间的协调,形成一定共识。

通常情况下,债务管理政策与货币政策的目标和责任应当分离。货币政策的执行应独立于政府的债务管理,这有助于确保投资者不会认为债务管理决策受到利率决策内幕信息的影响。

债务管理部门、财政部门和中央银行,应当共享即期和远期政府现金流有关信息。尽管合理确定债务规模并保持其可持续性主要是财政政策的职责,但政府债务管理部门应根据在对债务组合的风险分析和跟踪到的市场波动等情况,监测可能影响政府债务可持续性的风险,并及时共享给相关部门。

二、透明度和问责制

财政部、中央银行、债务管理机构在制定债务管理政策、组织政府债券发行、政府债券交易、托管、清算、结算等方面的职责分工,应该被明确规定并公开披露。

政府应当清晰界定并公开披露债务管理的目标,并说明关于债务成本和风险管理的策略和衡量标准。应当确保公众可以便利地查询债务管理政策和相关制度规定。编制债务管理年度报告,向立法机构和公众披露债务管理操作和债务管理战略执行情况。政府或债务管理部门应定期披露政府债务余额及其构成、持有的金融资产、或有负债等情况,披露内容包括币种、存续期、利率结构等要素。如果在债务管理操作中开展衍生品操作,应披露开展相关操作的动机和理由,并按照公认会计准则定期披露衍生品组合的有关情况。

债务管理机构应建立与主要债权人定期沟通的机制,编制投资者友好型的宣传资料,披露债务数据等信息。债务管理活动,包括相关信息系统记录和风险管理开展情况等,在定期接受内部审计的基础上,应按年接受外部审计。

三、债务管理体制框架

相关法律法规应当明确规定负责政府借款、政府债券发行、政府资产和现金管理、其他代表政府开展市场交易的部门，并构建分工明确、协调顺畅的机构组织框架。

建立健全内控制度，包括合理设定岗位职责、建立有效的监控和报告制度等，以有效管理操作风险。债务管理有关人员应当严格遵循从业准则，不得从事与债务管理工作存在利益冲突的个人金融活动。

债务管理活动应当以覆盖面广、精确度高、满足安全性要求的信息系统作为支撑。建立可靠的灾备系统，以规避盗窃、火灾、自然灾害、社会动乱或恐怖主义行为可能严重影响债务管理活动的风险。确保债务管理人员可以获得及时的法律咨询服务，保障各项债务管理操作符合有关法律规定。

优化集体行动条款，能够使政府在面临困境时被迫对公共债务进行重组时，更加有序高效地解决问题。例如在主权债务重组过程，少数坚决不让步的债权人可能阻碍或干扰达到一定多数的债权人愿意支持的协议，而集体行动条款能够限制单个债权人对债务人发起诉讼的动机或能力，从而减轻这一风险，从而促进债务问题的解决。

四、债务管理战略

债务管理人员应仔细监测和评估政府债务结构相关风险，并在测算综合成本的情况下尽可能降低这些风险。例如，某一时期的短期利率较低，如果政府发行了大量的短期债券，表面上降低了融资成本，此后如果利率大幅上升，政府的还本付息成本可能出现大幅波动，甚至出现政府无论以任何成本都无法顺利发行公债，最终导致违约风险。

深入研究政府现金流的财务风险和其他风险特征，以提高借款决策的科学性，规避政府面临的风险。

仔细评估和管理外债、短期债务、浮动利率债务带来的风险。制定有效的现金管理策略，保障政府按期履行预算执行和资金支付义务。例如，某一时期，以外币发行的公债可能有着更低的利息成本，但在资本市场起伏不定或汇率波动情况下，融资成本可能会变得非常高昂。

五、风险管理框架

建立有效的风险管理框架，保障债务管理人员合理判断并管理政府债务组合的预期成本和风险。债务管理人员应当在识别潜在金融风险的基础上，定期进行债务组合压力测试，合理评估风险。

债务管理人员基于对利率、汇率的判断，在债务组合中主动开展积极性管理操作，降低风险。公共债务管理可能遇到的风险有：市场风险、利率风险、再融资风险、流动性风险、信用风险、结算风险等。

开展衍生工具操作时，债务管理人员应充分理解相关成本和衍生工具到期后的各种可能后果，以及信用风险等可能影响衍生品合约的风险。债务管理和现金管理人员应保持对交易对手信用风险的评估和管理。建立相关制度，明确结算程序和人员责任，并在可能时设定单一结算银行的结算额上限，管理结算风险。债务管理人员在制定债务管理策略时，应充分考虑或有债务对政府财务和流动性状况的影响。

六、发展和保持有效的国内政府债券市场

为了在中长期实现债务成本和风险的最小化，债务管理人员应采取措施积极推动政府债券市场发展，逐步形成有深度和流动性强的政府债券市场。在适度考虑风险和成本的前提下，应积极为债务管理拓展形成多层次的投资者群体，并平等对待各类投资者。

在一级市场方面，债务管理操作应遵循透明和可预测的原则，债务发行尽可能采用市场化方式，如竞争性拍卖和承购包销。

在二级市场方面，政府部门和中央银行应合力培育二级市场发展，推动二级市场在各种情况下均能充分发挥其自我调节和纠错功能，完善政府债券结算清算机制，保障市场健康运行；建立公债回购、期货、期权和其他衍生工具市场，以提高公债的市场流动性，促进市场发展的深度和水平。

第三节　政府债务的总量管理

为了有效控制政府债务的规模，一国的立法部门或行政部门往往会建立单独的债务总量上限或财政准则，形成控制债务规模的“总阀门”。

一、我国的政府债务余额管理制度

（一）国债余额管理

中央一般公共预算因宏观调控政策需要可编列赤字，通过发行国债予以弥补。自1981年恢复发行国债以来，我国一直采取逐年审批年度发行额的方式管理国债。这种管理方式存在五个方面的问题：年度国债发行额不能全面反映国债规模及其变化情况，控制年度国债发行额不利于合理安排国债期限结构，不利于促进国债市场平稳发

展,不利于财政与货币政策协调配合,不利于提高国债管理效率。

2005年12月,十届全国人大常委会第四十次委员长会议通过了常委会预算工作委员会关于实行国债余额管理的意见,从2006年起开始实施国债余额管理制度。国债余额管理指立法机关不具体限定中央政府当年国债发行额度,而是通过限定一个年末不得突破的国债余额上限以达到科学管理国债规模的方式。中央国债余额限额根据累计赤字和应对当年短收需发行的债务等因素合理确定,报全国人大或其常委会审批。

国债余额包括中央政府历年预算赤字和盈余相互冲抵后的赤字累积额、向国际金融组织和外国政府借款统借统还部分(含统借自还转统借统还部分)以及经立法机关批准发行的特别国债累计额,是中央政府以后年度必须偿还的国债价值总额,能够客观反映国债负担情况。

(二)地方债余额管理

经国务院批准,地方一般公共预算为没有收益的公益性事业发展可编列赤字,通过举借一般债务予以弥补,地方政府一般债务规模纳入限额管理,由国务院确定并报全国人大或其常委会批准。

经国务院批准,地方政府性基金预算为有一定收益的公益性事业发展可举借专项债务,地方政府专项债务规模纳入限额管理,由国务院确定并报全国人大或其常委会批准。

财政部在全国人大或其常委会批准的地方政府债务规模内,根据各地区债务风险、财力状况等因素测算分地区债务限额,并报国务院批准。各省、自治区、直辖市在分地区债务限额内举借债务,报省级人大或其常委会批准。

二、美国的国债上限管理制度

债务上限(debt ceiling)指美国联邦政府根据国会授权为了履行现有法定义务而能够举借的债务总额。在1917年以前,美国政府每次进行借款都必须上报国会,以获得国会的批准和授权。到了第一次世界大战时期,由于国家财政要有更大的灵活性来满足战时经济的需要,因此美国国会授予政府一揽子借款权限,同时以立法形式确立国债的限额发行制度,要求借款总额不超过一定时期内规定的总额限制,即设置政府债务上限。实施这一制度的法律依据是美国的《第二次自由债券法案》。而当债务达到上限时,财政部不能再发行任何国债,只能通过税收收入来偿还债务。

多年以来,美国财政赤字不断飙升,联邦政府债台高筑,这就需要不断提高债务上限,使政府的举债获得国会的授权。由于国会参众两院的纷争,加上国会经常与总统发生分歧,导致政府债务上限的提高议案难以在国会通过,数度导致美国政府“关门”。

三、欧盟的债务管理准则

在衡量政府债务规模时，通常将欧洲《马斯特里赫特条约》(以下简称《马约》)提出的赤字和债务标准作为参考。《马约》规定，成员国财政赤字占当年 *GDP* 的比例不应超过 3%；政府债务总额占 *GDP* 的比例不应超过 60%。需要说明的是，《马约》标准是 20 世纪 90 年代欧共体成员国加入欧洲经济货币联盟的标准，是在特殊历史条件下制定的安全系数很高的风险控制标准，并非科学论证的结果，只有一定的参考价值。

2000 年以后，《马约》的实施效果并不好，不能有效制约欧盟各国财政赤字走高。2005 年 3 月召开的欧盟春季首脑会议批准了对《马约》的改革建议，为各国宏观调控与经济增长"松绑"。这一改革的核心内容是：一是维持了 3%的财政赤字比重和 60%的债务余额比重上限；二是加强了公约执行的灵活性，允许成员国在一些"特殊情况"下超标，如：因为在国防、科研、发展援助、维和行动等方面的支出过高而引起财政赤字超标；三是把要求超标国家财政赤字水平恢复到规定的 3%之内的期限从 1 年放松到 5 年。

为进一步强化欧盟财政纪律的硬约束，2012 年 3 月，除英国和捷克以外的欧盟 25 国正式签署了《欧洲经济货币联盟稳定、协调和治理公约》，它要求各国：

一是建立新财政规则。政府预算应实现平衡或盈余，结构性赤字不得超过 *GDP* 的 0.5%，并要写入各国宪法或法律。欧洲法院负责监督立法执行情况。在欧盟委员会的规定日期前，各国财政状况要达到目标水平。"赤字超额"国家必须向欧盟委员会和欧盟理事会提交改革计划，这两家机构将监督该计划的实施，以及年度预算计划的制定。同时，建立各国国债发行计划事先报告制度。目前欧盟中只有德国实现了结构性赤字率不超过 0.5%的目标，其他国家还有一段较长的时期来过渡实现这一目标。

二是建立控制赤字超额程序。如果政府预算赤字占 *GDP* 的比例超过 3%，则由欧盟委员会提出制裁措施。如果政府债务余额占 *GDP* 的比例超过 60%，必须稳步削减债务规模。

总的来看，由于经济增长乏力，加上社会福利难以削减，目前欧盟各国的债务总体水平仍然较高。从图 10－1 可以看出，2019 年有 9 个欧洲国家的公债负担率超过 60%，各国债务水平悬殊。

2020 年新冠肺炎疫情大流行再次打破了近年欧盟的"金科玉律"，为应对疫情对经济社会的严重冲击，尽快恢复经济活动，欧盟暂停执行《稳定与增长公约》，暂停约束各国公共赤字的严厉措施，放宽国家援助审查，允许成员国大幅提升债务率，其作用和后果影响需进一步观察。

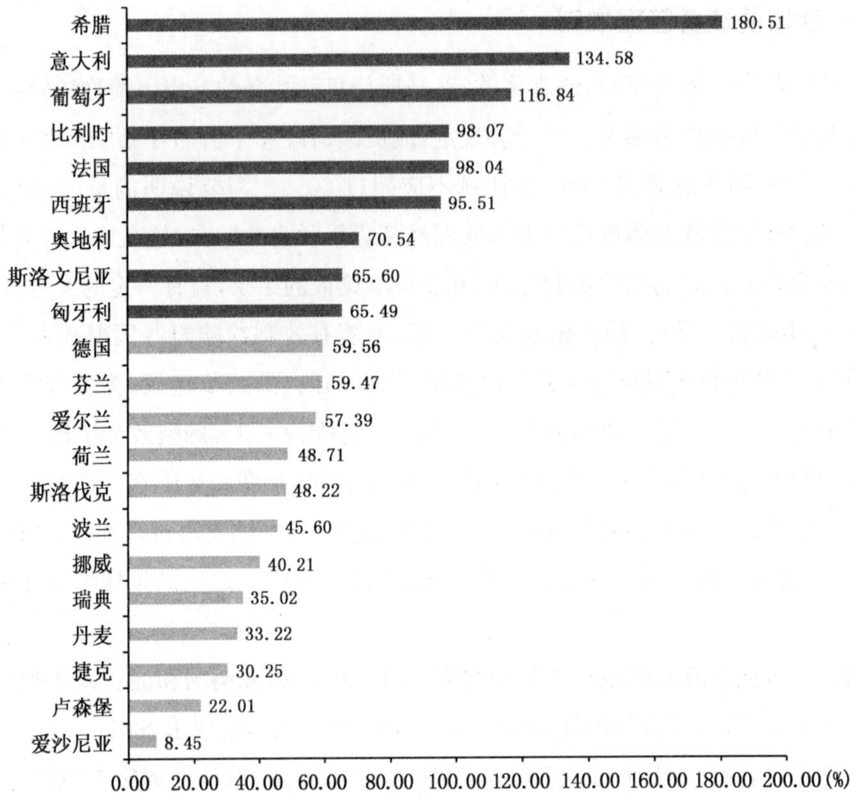

注：图中数据是按照马斯特里赫特条约统计口径计算的公债负担率（Maastricht definition of general government gross public debt）。

资料来源：OECD Economic Outlook 109 database（https://stats.oecd.org/Index.aspx?QueryId=61357#）。

图10－1　2019年欧盟各国的公债负担率

第四节　地方政府债务管理

长期以来，我国地方政府通过融资平台公司、企事业单位等举借政府债务，对推动经济社会持续发展发挥了积极作用，但也存在举债缺乏规模控制、融资成本高企、债务收支未纳入预算、风险防控机制不健全等问题。

为规范地方政府债务管理，2014年，第十二届全国人大常委会第十次会议审议通过了《关于修改〈中华人民共和国预算法〉的决定》，正式允许地方政府举债，且明确发行地方政府债券是地方政府唯一举债方式。国务院印发了《关于加强地方政府性债务管理的意见》(国发〔2014〕43 号),建立了"借、用、管、还"相统一的地方政府债务管理制度体系。

一、我国地方政府债券的分类

2015 年 3 月 12 日和 4 月 7 日,财政部分别发布了《地方政府一般债券发行管理暂行办法》和《地方政府专项债券发行管理暂行办法》,其中分别对这两种债券给出了明确的定义。

(1)一般债券是为没有收益的公益性项目发行,主要以一般公共预算收入作为还本付息资金来源的政府债券;

(2)专项债券是为有一定收益的公益性项目发行,以公益性项目对应的政府性基金收入或专项收入作为还本付息资金来源的政府债券。

2017 年 7 月,财政部印发《关于试点发展项目收益与融资自求平衡的地方政府专项债券品种的通知》(财预〔2017〕89 号),按照地方政府性基金收入项目分类发行专项债券,发展实现项目收益与融资自求平衡的专项债券品种,同步研究建立专项债券与项目资产、收益相对应的制度,立足我国国情、从我国实际出发,打造中国版的地方政府市政项目"收益债"(见表 10－1)。目前项目收益专项债券主要用于保障房(棚改)、土地储备及整理、收费公路等领域的项目建设。

表 10－1　　我国地方政府债券的种类

<table>
<tr><th colspan="2">债券品种</th><th>偿债资金来源</th><th>募集资金投资项目的特点</th></tr>
<tr><td colspan="2">地方政府一般债券</td><td>以税收等一般公共预算收入偿还</td><td>对应项目没有收益</td></tr>
<tr><td rowspan="2">地方政府专项债券</td><td>普通专项债券</td><td>以对应的政府性基金或专项收入偿还</td><td>对应项目有一定收益</td></tr>
<tr><td>项目收益类专项债券</td><td>又称为项目收益与融资自求平衡的地方政府专项债券,偿债资金主要来自项目建设完成后运营产生的专项收入</td><td>所对应的项目,必须能够产生持续稳定的现金流收入,且能够完全覆盖还本付息的规模</td></tr>
</table>

二、地方政府债务限额管理

预算法规定,省级政府可以在国务院确定的限额内发行政府债券举债,举债规模由国务院报全国人大或其常委会批准。对地方政府债务实行限额管理,是落实预算法要求,建立地方政府债务规模控制长效机制的重要举措,有利于充分发挥各级人大对地方政府债务的监督作用。

三、地方政府债务的预算管理

预算法规定，省级政府依照国务院下达的限额举借的债务，应列入预算调整方案报本级人大常委会批准。将地方政府债务纳入预算管理，是规范地方政府债务管理的核心措施，有利于发挥各级人大对政府债务的监督作用。财政部印发了地方政府一般债券和专项债券预算管理、会计核算等办法，修订了政府收支分类科目，修改了预算草案相关报表，指导地方将地方政府债务收支纳入预算，报本级人大或其常委会审查批准。出台一系列制度规定，明确要求提交全国人民代表大会审议的上年全国预算执行及当年预算安排，必须包含政府债务收支情况；地方政府应将新增债务收支编制预算调整方案，报本级人大常委会批准。同时，建立地方政府债务限额及债务收支情况随同预算公开的常态机制。

四、地方政府债券的发行管理

为规范地方政府债券发行管理，保护投资者合法权益，2020 年 12 月财政部印发《地方政府债券发行管理办法》(以下简称“办法”)，就地方政府债券含义、发行、托管、评级等内容作出具体规定。办法自 2021 年 1 月 1 日起施行。

地方政府依法自行组织本地区地方政府债券发行和还本付息工作。地方财政部门、地方政府债券承销团成员、信用评级机构及其他相关主体，应当按照市场化、规范化原则做好地方政府债券发行相关工作。地方财政部门应当切实履行偿债责任，及时支付债券本息，维护政府信誉；加强专项债券项目跟踪管理，严格落实项目收益与融资规模相平衡的有关要求，保障债券还本付息，防范专项债券偿付风险。

地方财政部门应当在国务院批准的分地区限额内发行地方政府债券。地方财政部门应当根据项目期限、融资成本、到期债务分布、投资者需求、债券市场状况等因素，合理确定债券期限结构；可结合实际情况，在按照市场化原则保障债权人合法权益的前提下，采取到期偿还、提前偿还、分期偿还等本金偿还方式。

在信用评级和信息披露方面，信用评级机构应当按照独立、客观、公正和审慎性原则开展信用评级工作。地方财政部门应及时公开地方政府债券发行安排、债券基本信息、本地区财政经济运行及债务情况、债券信用评级报告等。专项债券还应当全面详细公开项目信息、项目收益与融资平衡方案、债券对应的政府性基金或专项收入情况等信息。

地方财政部门应当合理设置单只债券发行规模，公开发行的地方政府债券鼓励采用续发行方式。地方政府债券发行可以采用承销、招标等方式。地方财政部门还应当按照财政部有关规定积极通过商业银行柜台市场发行地方政府债券。地方财政部门应当根据市场环境和债券发行任务等因素,合理确定承销团成员和主承销商的数量、选择方式、组建流程等。承销团成员应当是中国境内依法成立的金融机构;外国银行分行参与承销地方政府债券,应当取得其总行对该事项的书面授权。除财政部另有规定外,地方政府债券应当在中央国债登记结算有限责任公司办理总登记托管,在国家规定的登记托管机构办理分登记托管。

五、地方政府债务风险评估和预警机制建设

党的十八届三中全会要求,建立规范合理的中央和地方政府债务管理及风险预警机制。预算法规定,国务院建立地方政府债务风险评估和预警机制。按照上述要求,财政部研究制定了地方政府债务风险评估和预警办法,综合运用债务率、新增债务率、偿债率、逾期债务率等风险指标,全面反映地方政府整体偿债能力、债务增长速度、当期偿债压力、政府履约能力等,并组织评估各地区政府债务风险。对列入预警范围的高风险地区,财政部要求其制订中长期债务风险化解规划,通过控制项目规模、压缩公用经费、处置存量资产、引入社会资本等方式,多渠道筹集资金消化存量债务,逐步将债务风险指标控制到警戒线以内。一些省份对高风险市县进行了预警,个别地区还建立激励约束机制,督促高风险市县化解债务。

加强风险防控和应急处置机制建设。一是督促地方落实限额管理的规定,严格控制债务增长。二是健全地方政府债务风险预警和应急处置机制,督促列入预警范围的高风险地区制订中长期债务风险化解规划,对可能出现的局部风险做好应对。三是防范财政风险与金融风险相互转化,加强财政政策与货币政策的协调配合,推动债券市场稳步发展。四是将政府债务纳入党政领导干部政绩考核范围,树立正确的政绩观和科学的发展观。

为建立健全地方政府性债务风险应急处置工作机制,坚持快速响应、分类施策、各司其职、协同联动、稳妥处置,牢牢守住不发生区域性系统性风险的底线,切实防范和化解财政金融风险,维护经济安全和社会稳定,国务院办公厅于 2016 年 11 月 14 日印发了《地方政府性债务风险应急处置预案的通知》(国办函〔2016〕88 号)。同时,经国务院批准,财政部印发《关于印发〈地方政府性债务风险分类处置指南〉的通知》(财预〔2016〕152 号)。

该《预案》和《指南》的主要内容有:

一是依法明确适用范围。依据预算法等法律和政策规定界定《预案》和《指南》的适用范围:纳入限额管理的地方政府债务,包括地方政府债券以及尚未置换为政府债券的存量政府债务;清理甄别认定的存量或有债务,包括政府负有担保责任的债务和可能承担一定救助责任的债务。

二是建立分级响应机制。按照风险事件性质、影响范围和危害程度等，将政府性债务风险事件划分为Ⅳ级（一般）、Ⅲ级（较大）、Ⅱ级（重大）、Ⅰ级（特大）四个等级。对Ⅳ级、Ⅲ级债务风险，主要由市县政府立足自身化解；对Ⅱ级、Ⅰ级债务风险，除上述措施外，省级政府可依据市县政府申请予以适当救助。另外，当地方政府出现极大风险时，中央政府可适当指导。

三是实施分类应急处置。坚持法治化、市场化原则，严格依据《中华人民共和国预算法》《中华人民共和国担保法》《中华人民共和国合同法》及其司法解释等法律规定，区分不同债务类型，分类提出债务违约处置措施，明确地方政府偿债责任，实现债权人、债务人依法分担债务风险。

四是严格落实责任追究。风险事件发生后，适时启动责任追究机制，对地方政府有关责任人进行行政问责和追究法律责任，对银行业金融机构相关负责人严格依法追责，增强地方政府和银行业金融机构领导干部的风险意识、责任意识，防范财政金融风险。

六、地方政府债务的信息公开

为提高地方政府债务的透明度，促进形成市场化融资自律机制，2021 年 2 月财政部印发《地方政府债券信息公开平台管理办法》，就规范地方政府债券信息公开平台管理，做好地方政府债务相关信息公开做出规定。地方政府债券信息公开平台是指按照党中央、国务院有关文件规定，由财政部组织建设的全国统一的地方政府债务信息公开官方平台，注册网站名称为“中国地方政府债券信息公开平台”，注册网站域名为 www.celma.org.cn。

各省、自治区、直辖市、计划单列市财政厅（局）和新疆生产建设兵团财政局，应当按照地方政府债务信息公开有关规定，组织本地区各级财政部门通过公开平台公开地方政府债务相关信息。地方政府债务相关信息包括地方政府债务数据和相关文本信息。地方财政部门应当按照公开办法等制度规定，在公开平台相应栏目及时公开地方政府债务限额、余额，地方政府债券发行、项目、还本付息、重大事项、存续期管理，以及经济社会发展指标、财政状况等相关信息。

地方各级财政部门及相关单位按照谁制作、谁公开、谁负责的原则，对地方政府债务相关信息公开的真实性、准确性、完整性、规范性、及时性负责。应当指定专人负责公开平台信息公开工作，及时将地方政府债务相关信息归集、导入公开平台对应栏目，审核确认无误后在公开平台发布。同时，地方政府债券发行场所应当在地方政府债券发行结束后，不迟于 3 个工作日将发行结果传至财政部公开平台，进行数据核对。地方政府债务信息一经公开平台发布，不得随意更改。确实有误需要更改的，应当向财政部政府债务研究和评估中心备案，并按程序重新在公开平台发布。

财政部政府债务研究和评估中心将建立评估和通报制度，组织开展地方政府债务信息公开情况评估，定期通报评估结果，同时将评估结果作为地方政府债务绩效评价的重要参考。

七、地方政府债券市场的建设

自2009年我国地方政府债券重启发行以来，其发展取得显著成效，目前地方政府债券在规模上已超越国债和政策性金融债，成为债券市场第一大品种。

（一）拓宽地方债发行渠道，投资主体更加多元化

2016年之前，我国地方债发行主要在银行间债券市场。2016年11月11日，上海市财政局通过财政部上交所政府债券发行系统顺利招标发行300亿元地方债，是地方政府首次使用财政部上交所系统发行地方债。2017年8月1日，第五批四川省政府一般债券通过财政部深交所政府债券发行系统顺利发行，金额合计300亿元。至此，交易所地方债发行渠道完全打开。

2016年12月8日，上海市政府面向中国（上海）自由贸易试验区内已开立自由贸易等账户的区内及境外机构投资者成功发行30亿元的上海市地方政府债券；2020年10月18日，国家发改委体改司公布了《深圳建设中国特色社会主义先行示范区综合改革试点首批授权事项清单》，首批授权事项清单共有六大类40条，其中提出，授权深圳在国家核定地方债额度内自主发行，创新地方政府举债机制，允许深圳到境外发行离岸人民币地方政府债券。

2019年2月份，财政部印发《关于开展通过商业银行柜台市场发行地方政府债券工作的通知》，明确地方政府公开发行的一般债券和专项债券，可通过商业银行柜台市场在本地区范围内发行。2019年3月22日，宁波市20亿元政府债券中的3亿元通过商业银行柜台面向广大个人和中小投资者发售，这是国内第一只可通过商业银行柜台买到的地方债。

银行间债券市场的投资主体主要是以银行机构为主，交易所债券市场投资机构多样，证券公司、保险公司、基金公司等非银机构、理财产品等类型投资者更为活跃，而商业银行柜台市场直接面向个人和中小机构投资者，上海自由贸易区面向外资法人金融机构，地方债发行渠道拓宽能够使其投资主体更加多元化。

（二）特殊条款地方债于2018年开始发行

2018年，《关于做好2018年地方政府债务管理工作的通知》《试点发行地方政府棚户区改造专项债券管理办法》及“61号文”中均明确指出“研究开展地方债提前偿还、分年偿还等不同形式的本金偿还工作”，2018年9月份附特殊条款的地方债开始

发行，当前地方债的特殊条款主要有 2 种类型：提前偿还本金条款和赎回条款。

附提前偿还本金条款的地方债首只于 2018 年 9 月 27 日发行，深圳发行的 4 只专项债券设置了该条款，例如 2018 年深圳市福田区棚户区改造专项债券（一期）的期限为 15 年，约定在债券存续期的第 8—15 年每年分别偿还 20%的债券本金。

附赎回条款的地方债首只由广东省于 2019 年 2 月 20 日发行，2019 年广东省土地储备专项债券（二期）发行期限为 5 年，附第 3 年末发行人全额赎回选择权。

附特殊条款的地方债创新了地方债的期限结构设计，丰富地方债品种类型，同时增强地方政府偿还债券本金的灵活性，有利于地方政府主动加强债务管理，避免期限错配和资金闲置以节约利息成本。

八、对地方政府举债融资行为的监管

预算法"开前门、堵后门"，既赋予省级政府发行政府债券规范举债的权限，又加大对地方政府违法举债或担保的惩处力度。近年来，财政部会同有关部门积极采取措施，加强对地方政府举债融资行为的监管。财政部要求各地严格在批准的限额内发行地方政府债券举债，不得在限额之外通过企业举借政府债务，并及时制止一些市县政府违法违规为企业举债提供担保承诺的行为。发展改革委明确融资平台公司新发行的企业债券不得与地方政府债务率、财政收入等指标挂钩，实现与政府信用的隔离，并不再受理空壳类融资平台公司的发债申请。

推进融资平台公司市场化转型和融资。一是在妥善处理融资平台公司政府存量债务的基础上，关闭空壳类公司，推动实体类公司转型为自我约束、自我发展的市场主体。二是由企业承担的公益性项目或业务，政府通过完善价格调整机制、注入资本金、安排财政补贴、政府购买服务等方式予以支持，严禁安排财政资金为融资平台公司市场化融资买单。三是实体类公司转型过程中，做好存量债务处置、清产核资、人员安排等工作，切实防止出现国有资产流失、逃废债务等问题。四是由融资平台公司转型的企业按照市场化原则融资和偿债，消除政府隐性担保，实现风险内部化，其举借的债务不纳入政府债务。政府在出资范围内履行出资人职责，或依法承担政府采购合同、政府和社会资本合作协议等约定的责任，不得为企业举债承担偿还责任或提供担保。五是充分发挥市场的约束作用，完善市场化退出和重组机制，通过司法程序对违约的融资平台公司市场化债务进行处置，阻断风险传导。

加大对违法举债担保行为的惩处力度。国务院将加大对地方政府违法违规举债担保行为的监督和惩处力度。地方政府公益性项目建设确需举借政府债务的，应严格依法在限额内发行政府债券解决；通过企业融资的，应坚持市场化运作，不得变相举借政府债务。对地方违法举借债务、违反规定替企业偿债以及在国务院批准的外债转贷以外为其他债务提供担保的，依据预算法和担保法有关规定追究地方政府主要负责人的责任，并向社会公开。同时，加强对金融机构的监管，对违法违规向融资平台公司提供融资的金融机构，监管部门依法追究相关责任人的责任。

本章小结

本章从四个方面对政府债务管理进行了介绍。首先，结合我国的实际情况，介绍政府债务的性质、功能以及分类。其次，根据国际货币基金组织、世界银行发布的《公共债务管理指南》(修订版)，对政府债务管理的框架进行了全面介绍，包括债务管理目标、协调机制，管理体制、管理战略、风险管理以及公债市场的建设等方面。再次，介绍了中国、美国和欧盟在政府债务的总量管理上的主要做法。最后，从八个方面对我国地方政府债务管理进行了全面介绍，包括债券的分类、债务限额管理、预算管理、发行管理、风险评估和预警机制、信息公开、债券市场建设以及对违规举债的监管等。

本章名词解释

特别国债　债务余额管理　国债收益率曲线　储蓄国债　记账式国债

本章复习思考题

1. 试分析普通国债与特别国债在功能定位与预算管理方面的差异。
2. 试分析我国应对地方政府债务的风险应急处置机制与国外地方政府破产处置方案的差异。

第十一章　预算绩效管理和财政支出绩效评价

本章主要内容

本章主要介绍我国预算绩效管理的基本概念、历史演进、发展现状、核心制度和改革取向。第一，阐释预算绩效管理的基本含义，厘清预算绩效管理与企业绩效管理、政府绩效管理的区别；第二，回顾我国预算绩效管理的发展历程，总结改革经验；第三，从对象全方位、范围全覆盖和程序全过程三个方面介绍和分析全面实施预算绩效管理的政策框架体系；第四，从基本原理、评价指标体系、评价方式方法和结果应用介绍和分析财政支出绩效评价制度；第五，提出我国全面实施预算绩效管理的配套改革及协同推进机制。

中共十九大报告提出“加快建立现代财政制度……建立全面规范透明、标准科学、约束有力的预算制度，全面实施绩效管理”。财政是国家治理的基础和重要支柱，而全面实施预算绩效管理则是现代财政制度建立的落脚点。作为预算管理技术和流程的重大改变，预算绩效管理既是深化预算管理改革的方向，同时也是公共管理科学化的核心内容。

第一节　绩效和绩效预算

虽然我国自古就有“绩效”一词，但从现有研究文献看，通常认为“政府绩效”“绩效预算”等现代概念属于舶来品，发源于私人部门，伴随“新公共管理”运动引入各国政府部门。“预算绩效管理”则是我国在现代财政制度演进和预算改革深化进程中，为适应国情和预算管理实践而提出的一种预算管理模式。它源于“绩效预算”，并被赋予了新的特定内涵，是我国预算管理思维和方式的创新。

一、“绩效”“政府绩效”和“预算绩效”

(一)关于“绩效”的不同解释

“绩效”(performance)的相关定义涉及多项术语,诸如“成就”“实现”“完成”“表现”“履行”“性能”“业绩”等。正如贝茨和霍尔顿(Bates and Holton,1998)所言,“绩效是一多维建构,测量因素不同,其结果也会不同”①,对绩效的界定莫衷一是,存在较大分歧:一是以韦氏字典定义为代表的“结果说”,解释绩效是完成某种任务或达到某个目标。维基百科也采用了类似解释:绩效是指应用知识、技巧和能力完成某种任务②。二是以墨菲(Murphy,1990)、坎贝尔(Campbell,1993)、伯尔曼和摩托维德罗(Borman & Motowidlo,1993)、科尔尼和伯尔曼(Kearney & Berman,1999)等为代表的“行为说”,强调行为与过程所反映的绩效。三是 OECD 代表的“能力说”,解释绩效是一个机构或当局经济地获取资源以及高效率(投入—产出)、高效益(产出—结果)地利用资源实现绩效目标的熟练性。③ 四是综合绩效观,如国际绩效促进协会(ISPI)将绩效解释为“活动与可测量的结果”。

综上所述,“绩效”是行为过程与行为结果的结合,反映人们从事某一特定活动的投入和结果情况,投入表现为人力、物力、时间等资源,结果表现为产出和效果。具体来说,“绩”反映“量”,即成绩、业绩,强调产出;“效”则反映“质”,强调产出与投入是否配比,是否达到预期目标。因此,讲求“绩效”既注重资源投入和使用过程是否合理、合规,更关注结果实现效率和目标实现程度。

(二)“政府绩效”和“预算绩效”

1. 政府绩效

政府绩效(government performance)概念源自 20 世纪 70 年代的“新公共管理改革”,也称为“公共部门绩效”。区别于私人部门和个人绩效,政府绩效以政府职能界定为前提。正如奥斯本等人所言,“如果我们在做一件不该做的事情上效率很高,那是再愚蠢不过的”。④ 因此,公共部门绩效指向公共部门增进公共利益的外部结果,具有可测量性,可通过建立指标进行评价予以测定,并与一定规模的公共资源相联系,具有结果与投入的配比性。

格里兹尔(Grizzle,1982)认为政府绩效是一个多维概念,包括效率(efficiency)、成

---

① 付亚和、许玉林:《绩效管理》,复旦大学出版社 2002 年版:第 18—20 页。

② https://en.wikipedia.org/wiki/Performance。

③ OECD. Working Definitions. http://www.oecd.1rg.2000。

④ [美]戴维·奥斯本、特德·盖布勒:《改革政府》,上海译文出版社 1996 年版。

本一效益(cost-effectiveness)、服务提供质量、政府财政稳定性和政策一致性。[①] 希克斯(Heeks，1999)指出政府绩效需关注重要性依次递减的三个层次：效果(Effectiveness)，即是否做了应做的事；有效性(Efficacy)，即采取的行动和方式是否有效；效率(Efficiency)，即资源使用是否达到最小。[②] 20 世纪 80 年代初，作为新公共管理发源地的英国政府撒切尔内阁提出"3E"标准，即经济性(Economy)、效率性(Efficiency)和效益性(Effectiveness)，以取代传统的政府效率标准，并成为实践领域理解公共部门绩效的主流观点。后来，随着社会不断进步和发展，又有学者引入"公平性"(Equity)原则，合成"4E"标准，为理论界广泛接受。

2. 预算绩效

政府预算涵盖政府职能活动的范围，反映政府活动的方向。所谓"预算绩效"，则是指政府预算安排和执行所产生的结果。结合政府绩效的"4E"标准，预算绩效的内涵包括以下四个方面的内容：(1)预算的经济性。反映预算投入与成本的关系，关注预算资金节约，追求以最小支出获得一定数量和质量的产出。(2)预算的效率性。反映预算投入与产出间的比例关系，关注预算资金效率，追求投入产出比的最大化，即既定产出下的投入最小化或既定投入下的产出最大化。(3)预算的效益性。反映产出与效果的关系，关注政策目标的实现程度问题，追求预算资金安排和使用能够实现社会、经济、环境和政治等方面效益的预期目标。(4)预算的公平性。反映公共财政政策目标与社会公平的关系，注重公众满意度，追求作为政策对象的社会公众(尤其是弱势群体)能够公平享受公共产品和服务。

二、"政府绩效管理"和"绩效预算"

(一)新公共管理运动与政府绩效管理

20 世纪 70 年代开始，针对官僚主义、低效、浪费和腐败等传统管理型政府的内在弊症，也为应对国内经济和财政危机以及由此引发的政府信任危机，西方各国掀起了一场声势浩大且旷日持久的"新公共管理运动"，也称"重塑政府"运动。英国和美国率先开始启动并获得成功，其他国家纷纷效仿，如新西兰的"行政文化重塑运动"和"迈向公元 2010 年"、德国的"新领航行政模式"和"行政弹性工时"、法国的"行政现代化政策"、荷兰的"行政自动化"、加拿大的"2005 年文官改革法"等，"政府再造"运动迅速席卷西方各国。进入 20 世纪 90 年代以后，一些新兴工业化国家及发展中国家，如韩国、

① Gloria A. Grizzle. Measuring State and Local Government Performance: Issues to Resolve before Implementing a Performance Measurement System[J]. State & Local Government Review. 1998(14):132—136。

② Richard Heeks. Reinventing Government in the Information Age: International Practice in IT—Enabled Public Sector Reform[M]. New York: Routledge. 1999:3。

菲律宾、印度、巴西等也加入这场改革浪潮，形成政府管理理念的一次全球化革命。

新公共管理以现代经济学和企业管理理论为基础，是在对传统行政层级制管理和官僚行为模式反思的基础上提出的政府改革。它主张在政府部门广泛采用私营部门成功的管理方法和竞争机制来提高行政管理效率、公共服务质量和水平，强调对公共部门实行更加灵活而富有成效的管理。其具有代表性的学者和观点包括：弗里德曼和哈耶克的“小政府理论”；哈默和钱皮的“流程再造理论”；霍哲的绩效评估管理和全面质量管理理论。

服务型、效率型政府是各国“政府再造”的目标，是一种与后工业经济社会相适应的，以公共服务为中心，追求财政效率的政府行政范式，代表了政府行政的未来取向。而绩效管理则以其强调公共服务质量和顾客满意的理念而被各国纷纷提上改革的重要日程，成为建设服务型、效率政府的核心内容。

政府绩效管理(Government Performance Management)具体包括“三项再造”(政府职能再造、管理流程再造和预算再造)和“一项制度”(绩效评价制度)。在政府绩效管理改革背景下，美国、英国、新西兰、加拿大、澳大利亚、德国和法国等发达国家率先实行了以结果为导向的预算领域改革，即“绩效预算”。

(二)绩效预算的含义

西方主要国家的政府绩效管理改革延伸到预算领域，被广泛称为“绩效预算”。绩效预算是政府绩效管理的重要组成部分，实质上是一项政府预算的持久挑战，目的是与政治活动相协调，有计划地实现绩效信息与预算过程的整合，以加强对政府支出的控制和管理，提高政府行政效率和整体绩效，创造一个少花钱多办事的政府。实践中，凡是将绩效信息纳入预算框架的政府都声称自己执行的是绩效预算(performance-base budgeting，简称 PB)。绩效预算没有统一的定义，概念泛化与理论上人们所预期的绩效预算多少存有距离。

1. 国际组织的定义

世界银行(WB)认为，PB 是一种将增加资源分配与绩效提高紧密结合在一起的预算系统，是一种以结果为导向，以成本为衡量，以业绩评价为核心的预算制度。国际货币基金组织(IMF)认为，PB 是系统地利用绩效评价和其他正式绩效信息，把公共机构所获得的资金和它们实现的最终结果联结起来，以改进公共支出的分配和效益。经合组织(OECD)认为，PB 是把资金分配与可度量的结果联结起来的预算形式，为了更好地实现结果责任，管理者拥有相应增加的灵活性，以决定怎样提供最好的公共服务。

2. 各国政府的解释

美国政府最早提出“绩效预算”概念。针对公共收支浪费、赤字和无效率，1949 年胡佛委员会首次在《预算与会计报告》中做出完整定义：绩效预算是这样一种预算，它阐述请求拨款是为了达到什么目标，为实现这些目标而拟定的计划需要花费多少钱，以及用哪些量化的指标来测量他们在实施每项计划的过程中取得的成绩和完成工作的情况。但是限于当时的政治、技术等条件，绩效预算改革并未成功。在先后经历了“项目计划预算”“目标管理”和“零基预算”，直到20世纪90年代，美国才重新开始绩效预算改革。

澳大利亚政府认为，绩效预算是关于政府行政活动资金支持体系的一种评价模式，具体包括：明确政府要做的事，为政府所做的事配置资源，以结果为中心制定绩效目标，确定评价目标实现的标准，建立绩效评价的指标体系等。

3.理论界的不同理解

理论界对“绩效预算”的内涵界定大致可分为两类。一类定义较为宽泛，强调绩效预算与传统预算的最大不同在于预算绩效信息的生产和表达，凯瑟琳和朱莉娅(Katherine & Julia，2000)解释“绩效预算要求对政府机构的使命、目的和目标进行战略性规划，是一个采用可量化数据，提供项目结果有意义信息的过程”。希克(Schick，1966)将绩效预算宽泛地定义为“任何一种表达‘特定政府机构用所得到的拨款做了哪些事情或希望做哪些事’等信息的预算”。另一类定义则强调绩效信息与预算过程的整合。希克(Schick，1966)将绩效预算严格地定义为“明确地将每一项资源的增加与产出或其他成效的增长相联系的预算”。罗宾逊(Robinson，2007)阐述绩效预算是基于绩效信息(数量、质量和单位成本)的系统使用，通过预算准备和实施的设计，加强资金和绩效(产出和结果)的联系，以改善服务交付的分配和技术效率为目标。

波斯纳和芬顿(Posner & Fantone，2008)则概括地对绩效预算类型进行了区分：定义从一端的“绩效信息简单呈现”移动到另一端“与绩效联系的经费(基于绩效因素的资金分配公式)”和“基于结果的预算制定(产出被购买)”，阐明绩效信息与预算过程可能联系的全部范围。沈春丽(2007)进一步将绩效预算具体分为报告型绩效预算、知晓型绩效预算、决策型绩效预算和理论型绩效预算四类，并指出只有“理论型绩效预算”才能实现资源分配直接而明确地与绩效相联系，更多政府追求的是“决策型绩效预算”，即在资源分配中，绩效信息能与其他因素一并发挥重要作用。①

综上所述，严格意义上的绩效预算要求建立将预算分配与绩效直接关联的预算编制系统，而实践中，用绩效公式来代替预算过程的政治活动，自动“根据绩效分配预算”通常阻力重重。各国主要采用报告型(例如美国的大多数地方政府)和决策型(例如新西兰政府以产出为基础的预算编制)，即使预算改革起步较早的美国，也未能真正实现“理论型绩效预算”。因此，绩效预算实质上是一种符合新公共管理改革理念，以结果

① 沈春丽：《论绩效预算》，美国马里兰大学公共政策学院，2007年12月18日，http://www.crifs.org.cn。

为导向的预算管理模式。其核心是围绕支出绩效进行公共资源分配和预算安排。

(三)绩效预算的系统框架

如前所述,20世纪80年代以来,公共管理改革浪潮在世界范围内兴起。以美国、英国、新西兰和澳大利亚为代表的经济合作与发展组织(OECD)国家,陆续开始实行以产出和结果为导向的绩效预算,并逐步发展为包括中期框架与目标、项目方案与指标设置、绩效信息收集、绩效信息整合和财政透明度五大核心要素在内的新绩效预算系统框架。其中,预算绩效信息的应用是绩效预算框架的核心,其具体流程如图11—1所示。

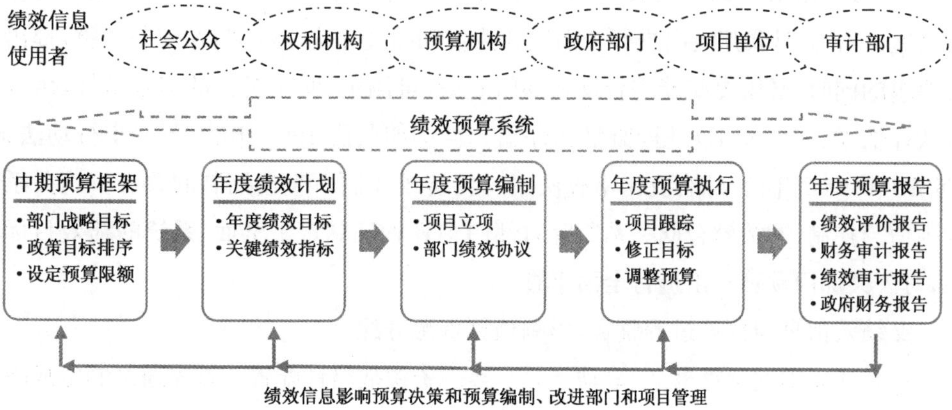

图11—1　以绩效信息为核心的绩效预算系统框架

基于上述框架和流程,各国绩效预算改革的路径虽然各有特色,却无一例外地生产出大量预算绩效信息,除绩效评价结果外,还包括政府、部门、机构和单位的战略规划、年度计划、项目计划及目标、资金水平、产出测量、效果测量和成本信息等。这些信息是否得以完整披露,能否被权力机构、审计部门、财政预算部门、政策执行部门等有关方面有效利用,成为各国绩效预算改革的关键内容。从公共委托代理的视角分析,公共资金是纳税人委托政府提供公共服务的成本补偿,因此绩效信息的使用者既包括预算资金的终极所有权人——社会公众、作为民意代表的立法机构和作为外部监督主体的审计部门,也包括受托统筹分配资源的政府预算机构和财政部门,还包括受托管理和使用公共资源的政府部门及预算单位。

(四)绩效预算的国际实践

截至目前,全球已有50多个国家开展了绩效预算改革,包括美国、英国、瑞典、日本、加拿大、法国、澳大利亚、新西兰、韩国等发达国家,也有巴西、菲律宾、马来西亚等发展中国家。绩效预算不仅是预算方法的一种创新,更是政府管理理念的一次革命。政府预算不再只是政府的管理工具,而且成为"管理政府的工具"。通过系统梳理美国、英国、新西兰和澳大利亚等OECD国家在绩效预算领域的实践情况，可以归纳总结出各国实践绩效预算的基本路径和典型做法。

1. 绩效预算改革在法律框架下得以推进

绩效预算是政府管理理念的一次革命，不仅涉及政府角色的重新定位，也涉及政府内部不同部门之间利益的重新调整，由此产生的改革阻力也是空前的，需要强有力的制度保障和组织保障。因此，各国基本上都建立了一套较为完善的绩效预算法律法规体系，以立法形式引入绩效概念与管理制度，有效保障了改革在法律框架指导和约束下进行，使得绩效理念深深根植于政府预算组织。例如：美国联邦政府1993年的《政府绩效与结果法案》(GPRA)和《项目评估与结果法案》(RAPA)，要求预算与管理办公室(OMB)对联邦支出进行全面绩效拨款和绩效评价，各部门在编制预算，提出支出要求的同时，必须提交能综合反映部门业绩、可测定、便于考核的绩效指标，由全国绩效评估委员会(NPR)进行监督和评估。再例如英国1998年的《下一步行动法案》(NSP)和1997年的《综合支出审查法案》，将传统体制下直接控制的政府权属关系转变为适当控制的"绩效合同关系"，针对部门预算管理制定了全面、系统的绩效目标体系，对公共部门预算支出进行全面审查。

2. 绩效信息与预算过程整合，影响预算资源分配

一是建立中期预算框架(滚动预算)，实现资源战略性配置。首先通过制定战略规划确定政策目标及实现目标所需资源，从而设定公共支出优先次序和预算限额，使资源配置与部门使命和战略目标相适应。例如：美国联邦政府要求每一联邦机构向管理与预算办公室(OMB)和国会提交不短于五年的战略规划。英国政府每隔三年或五年，会对政府政策和支出进行一次全面审查，然后确定未来三年或五年的政策和支出重点。在此基础上，要求部门根据政府重新确定的政策重点，制定部门战略规划和目标，选择能够实现目标的活动(项目)，再对这些项目进行绩效测量，测算其活动成本。新西兰政府1994年的《财政责任法案》(FRA)要求政府说明战略优先顺序，作为准备预算的指导性文件。澳大利亚政府各部门都要制定中长期财政计划，确定部门战略规划及未来支出重点。

二是制定年度绩效计划，预算需求与目标挂钩。绩效计划通常要求政府机构设定一个财年内完成且与所需资源相匹配、可测量的绩效目标，并制定每项计划的活动和拨款进度，以建立年度预算需求和绩效目标之间的直接联系。例如：法国自2006年开始按《财政组织法》(LOLF)编制公共预算，将国家预算转变为任务、项目、行动三个层级，并通过"任务"体现所有国家公共政策，任何一个"任务"和"项目"都与既定的结果目标及绩效指标紧密联系，由此进入"对每年每一分公共预算支出进行审核"的时代。

三是实行严格绩效评价，结果与预算调整挂钩。面对政府财政危机，各国绩效预

算改革客观上不同程度地发挥了削减预算的功能。每一财年结束，美国联邦各部门必须将绩效与责任报告和下一年度预算草案同时呈交 OMB，由其根据部门上年度预算支出和绩效目标实现情况，对部门预算进行初步审查和删减，然后呈交总统和国会。2009 年，奥巴马政府以绩效不充分为理由确定了部分应减少或停止拨款的项目清单。加拿大政府每年对 25%的政府项目进行战略评估，帮助财政部门进行竞争性预算资源分配，绩效评分处于最低 5%以内的项目将面临资金压缩或取消。韩国每年将 1/3 政府项目纳入自评系统，“战略与财务部”根据各部门报送的自评表，为不同项目确定绩效级别，并根据评级结果调整预算拨款，“无效”项目的次年预算拨款将最少削减 10%，明确地将评价结果与预算拨款挂钩。

3. 赋权与绩效问责结合，改进部门和项目管理

绩效管理侧重产出控制，由于存在信息不对称，管理者更了解如何优化配置资源以实现本部门的产出目标。因此，以分散管理代替集中管理，赋予管理者较充分的自主权就成了绩效预算的通行做法。当然，权利和责任也是对等的，赋予部门管理者较大预算弹性的国家，基本上也是问责机制比较健全的国家。一方面以责任换自由，通过绩效协议规范部门产出和效果目标，同时赋予管理者更多“责任制”下的自由裁量权；另一方面依托绩效目标建立合理的因果线索，通过评价搜集、反馈绩效信息，并据此实行奖惩，实现对管理者的监督和控制，促使其改进管理。例如，新西兰绩效预算的最显著特点是利用绩效合同建构公共服务责任体系，并在此基础上根据合同约定的产出配置资源。部长对结果（Outcomes）即产出对公众的影响负责，而部门行政首长只对产出（Outputs）的数量、质量、成本、生产是否及时、服务供给是否在地理上方便消费者等负责。部长通过与部门首长签订个人绩效合同，将其收入、任期与核心绩效目标的完成情况挂钩，以确保对管理者的问责。法国 LOLF 将所有公共预算资金进行整合，“项目”负责人可以在“责任框架”之内互换同一“项目”内不同“款”资金用途，以减少结构性浪费，提高支出效率；管理者须对原因进行书面说明，且只有在达到既定预算目标时，才能获得上述自主权。

4. 通过报告和公开绩效信息，强化内外部预算监督

依托信息公开传统及良好法制保障，实行绩效预算改革的国家大都注重保障公众、社会组织、立法机构等相关主体获取绩效信息的权利，实行预算绩效信息法定公开，并无一例外地通过报告形式将绩效信息提交政府和权力机构，作为政策制定、调整和预算审议的重要依据。例如：GPRA 要求美国各联邦机构公开年度绩效评估报告，政府责任办公室（GAO）也公开发布各种绩效审计报告，供国会、政府和公众使用。英国也有一套完善的预算信息反馈、公开流程，政府部门每年两次向议会提交绩效报告，两份报告均对外公布；审计机关的绩效审计报告也全部面向公众公开，公民可随时在

网站查阅，也可上网发表意见和建议。韩国的《政府成果管理法》明确了政府绩效和预算执行信息的公开制度，“让国民大众能够多种渠道了解政府经营成果与投入产出比率”。

5. 绩效评价与绩效审计协同，实现绩效信息共享

OECD国家在普遍开展绩效评价的同时也实行绩效审计。审计机构一般独立于政府，并通过严格立法保障绩效审计的权威性。审计不仅对预算本身具有外部监督作用，还有利于促进政府部门及项目单位绩效意识的建立和绩效预算的开展。例如美国联邦政府责任办公室（GAO）隶属于国会，受国会委托开展绩效审计，对公共项目决策和管理进行监督和引导。英国国家审计署（NAO）隶属于议会，负责对中央各部门行政及非政府公共机构进行财务审计和绩效审计。澳大利亚联邦审计署独立于政府部门，直接对议会负责，可对政府任何机构、企业、项目、行业进行绩效审计，衡量公共部门管理的经济性、效率性和效果。澳大利亚于2009年底将“财政与放松管制部”所属的“评估与审计办公室”划归国家审计署，标志着政府从独立绩效预算管理发展到与审计部门协同作战。

6. 建设绩效信息系统，技术支撑绩效预算管理

绩效预算系统客观上会产生海量绩效信息，通过电子政务整合绩效信息，打造信息资源共享平台，增强数据对比分析能力和信息使用效率，减轻公众获取绩效信息的成本，是各国绩效预算改革的重要经验。例如：英国政府自2009年开始全面运用“在线信息整合系统”，由财政部收集来自全国各地公共部门的原始财务数据进行整合和统计分析，为部门绩效目标设立和绩效标准制定提供了数据来源。美国得克萨斯州通过建立“自动预算和评估系统”，汇集战略规划和绩效预算体系中的所有绩效信息，实现了绩效信息的计算机网络化管理。

第二节　预算绩效管理及其在我国的发展

一、预算绩效管理的含义和特点

如前所述，各国的绩效预算实践，并非只是一种预算编制方式上的技术变革，而是一种适应服务型政府，以绩效信息为核心的公共管理新模式，实质上是预算的绩效管理。自20世纪90年代开始，一方面受到西方各国绩效预算改革广泛推进的影响，另一方面也为了适应政府转型背景下深化预算管理体制改革的内在要求，我国预算管理领域开始发展形成一类具有中国特色，符合我国预算管理背景和现状的新模式——预

算绩效管理。

自1998年至今,我国围绕建立公共财政的目标,积极开展了包括部门预算、政府采购和国库集中收付等财政预算制度改革,但是由于部门预算改革仍然依附于传统政府行政的过程管理模式,偏重于技术层面,无力解决支出与效果脱节的难题,因而随着时间推移,其自身的制度性缺陷逐渐暴露。随着绩效观念日渐普及,财政支出绩效评价、绩效目标管理、全过程预算绩效管理、全面预算绩效管理等系列改革在我国渐次展开,预算绩效管理本土化的取向越来越清晰。

(一)"预算绩效管理"的含义

预算绩效管理是政府绩效管理的重要组成部分,是将绩效管理理念和绩效管理方法贯穿于预算编制、执行、监督的全过程,并实现与预算管理有机融合的一种预算管理模式。其根本目的是通过改进预算管理,实现资源优化配置,提高财政资金使用效益,强化部门和单位支出责任意识,促进政府职能转变,提高公共产品质量和公共服务水平。

预算绩效管理的内涵包括以下几个方面:

(1)预算绩效管理是一种先进的管理理念,强调绩效理念,强化支出责任和政府效率意识,树立产出和结果导向。

(2)预算绩效管理是一项有效的预算管理技术,是借鉴市场主体目标管理和绩效管理的科学管理手段,是实现政府自我改进和完善预算管理的一种工具。

(3)预算绩效管理是一种全过程管理机制,结果导向和绩效改进理念贯穿于预算全过程,形成预算管理的闭环。

(4)预算绩效管理是一种创新的公共管理模式,通过实现预算和绩效管理一体化,融合资金和业务,以实现优化公共资源配置,提升公共部门整体履职能力和水平的目的。

(二)"预算绩效管理"的特点

现代国家政府预算不仅说明政府对公共资源的统筹支配能力,而且代表对政府活动范围和方向的约束。预算改革牵一发而动全身,是现代政府治理变革的重要手段之一。发达国家的政府预算改革和实践证明,适时引入绩效观念,建立与绩效挂钩的预算决策和预算管理制度,是确保财政资源有效利用,缓解政府财政压力,提高政府活动效率,改善政府公共事务管理质量的可行路径。

我国的预算绩效管理和各国开展的绩效预算改革在理念和方法上有许多相通之处:均以结果为导向,以提高财政支出效率、改进公共服务质量为目标;以明确绩效目标和开展绩效评价作为核心手段,与预算过程相融合;为改进预算管理、提高政府绩效服务。与此同时,我国的预算绩效管理实践也呈现出鲜明特色,并不完全等同于绩效预算。两者的主要区别在于：

(1)发展阶段上有先后。从历史进程看，先有绩效预算概念的提出，并在西方国家的多年实践中被不断加以完善和改良；预算绩效管理则是我国在借鉴绩效预算原理和实践经验基础上探索形成的一种创新管理模式，在一定程度上源于绩效预算，同时又与中国国情结合，丰富了绩效预算的内容。

(2)实施目标上有侧重。绩效预算是预算方法的一种创新，是为了提高财政支出的有效性，将政府预算资源的分配建立在可衡量的政府部门绩效基础之上，强调结果、责任和效率。而预算绩效管理则不单纯局限于预算技术本身的变革，而是作为政府绩效管理的组成部分，通过预算技术变革，实现现代公共治理手段的创新。

(3)实施范围呈渐进趋势。绩效预算主要侧重于项目和部门评价。我国的预算绩效管理在起步阶段也偏重于项目绩效评价和管理，后逐渐向政府、部门和单位整体，以及财政政策扩围，以实现预算全方位、全覆盖、全过程管理为目标。

(4)结果应用和信息公开受局限。在各类预算绩效评价结果和绩效信息应用上，我国现阶段上仍主要处于备案阶段，更偏重于提高财政资金管理水平和政府部门绩效理念，对预算和政府管理的影响不够显著，还谈不上“政府再造”，绩效信息公开透明的程度也有很大提升空间。

二、预算绩效管理在我国的发展历程

较之于发达国家，我国的预算绩效管理探索起步较晚。在财力资源有限的前提下，为了解决公众日益增长的物质文化需要与经济发展之间资源分配的矛盾，20 世纪末，我国各级财政部门开始试点项目支出绩效评价工作，预算管理从注重资金投入转向注重支出效果，引发预算绩效管理的系列改革。随着改革不断深入，评价对象逐渐从项目向政策、部门(单位)整体延伸，并逐步由事后评价拓展到目标管理、绩效跟踪、事前评估，直至全面实施预算绩效管理。从理论研究到实践活动，从中央部门到地方政府，我国预算绩效管理通过数十年的积累，经过四个发展阶段，逐步形成了一整套适合我国特殊国情的实践模式。

(一)自发萌芽和试点探索阶段(20 世纪 90 年代末至 2003 年)

1998 年，我国提出由建设性财政向公共财政“转型”的财政改革目标，开始启动以部门预算为核心的系列预算管理改革，如国库集中支付改革、建立政府采购制度、实行收支两条线、收支分类改革等。改革在提高资金管理规范性、强化投入控制方面作用显著，但由于尚未触及财政效率这一核心问题，无法有效提升财政资源配置效率和资金使用的有效性。同一时期，新公共管理和政府绩效理念开始引入我国，伴随国内政府改革和预算管理体制改革的不断深化推进，财政支出效率和资金绩效的问题开始日益引起重视，我国开始参考西方国家政府预算改革的经验，在预算管理实践中尝试引入绩效观念。

1998年，中央建立财政投资评审体系，是推行预算绩效评价的切入点和开端。2000年湖北省在恩施地区开启预算支出绩效评价试点，2002年在全省范围内扩大试点，与此同时北京、湖南、河北、福建等地也进行了小规模试点。2002年财政部印发《中央本级项目支出预算管理办法(试行)》，明确规定要对财政项目实施过程及完成结果进行绩效考评，并将考评结果作为财政部以后年度审批立项的参考依据。2003年，广东、浙江、江苏等省聚焦项目支出绩效评价开始试点并不断扩大范围。这一阶段的主要特点是引入绩效理念，属于一种自发的探索，地方和中央都是在尝试和摸索中前进，为形成系统的财政支出绩效评价体系奠定了基础。

(二)项目支出绩效评价体系建立和发展阶段(2003年至2009年)

2003年，党的十六届三中全会首次明确提出"建立预算绩效评价体系"的要求，以此为重要起点，财政部开始加强绩效评价试点工作，探索提高财政资金使用效益的新途径，各级地方政府和财政部门也纷纷开启试点探索。同年，财政部印发了《中央本级教科文部门绩效考评管理办法》，此后，陆续颁布了《中央级行政经费项目支出绩效考评管理办法(试行)》《中央政府投资项目预算绩效评价管理办法》《财政扶贫资金绩效考评试行办法》等，并先后选择了教育、科技、农业等领域的项目进行绩效考评试点。2005年，财政部出台《中央部门预算支出绩效考评管理办法(试行)》，着手对中央部门绩效评价试点工作进行引领和规范。从2006年起，财政部开始选择农业部、教育部等个别部门进行绩效评价试点。截至2008年，中央部门开展绩效评价试点的项目已达108个，资金超过20亿元。2009年，财政部在中央部门开展绩效评价试点工作的基础上，印发《财政支出绩效评价管理暂行办法》，加强对地方财政部门绩效评价工作的指导。至此，以项目支出为主要对象的绩效评价试点工作在中央和地方普遍开展。从地方层面看，在中央政府和财政部的示范下，全国部分地区政府和财政部门结合自身实际情况，出台相关地方制度，并开始在省级层面设立专职从事绩效评价工作的机构处室，广东、河南、江苏、湖北、云南、湖南、湖北、黑龙江等省还将绩效评价机构延伸到地市一级，按照"先简后繁，先易后难，由点及面"原则稳步推进改革，形成了如广东佛山、江苏无锡、上海闵行等诸多典型模式。

这一阶段的预算管理改革与同期政府改革深化的内在要求一致，形成了合力。2006年，中共中央首次正式提出要"建设服务型政府，强化社会管理和公共服务职能"。2007年进一步明确提出要"加快行政管理体制改革，建设服务型政府"。2008年《政府工作报告》进一步明确要"推行行政问责制度和政府绩效管理制度"。其重要意义在于：不是去变革社会制度，而是在既定的社会制度框架下改善政府，缓解社会矛盾。因此，确立绩效观念，并实际应用于政府管理是深化政府改革、提高政府效能、创新政府治理模式的客观要求，是我国新一轮政府改革的核心内容。在此大背景下，绩效评价和绩效预算管理改革已是势在必行。

这一阶段改革的主要特点是在中央层面基本建立起项目支出绩效评价制度框架，规范、完善了绩效评价形式，扩大了绩效评价试点范围，但基本上都属于事后评价，评价立足事后，与预算编制脱节，执行中的监控缺失，评价结果应用不够，“为评价而评价”，对预算管理的促进作用没有得到有效发挥整体上存在一定的局限性。

(三)全过程预算绩效管理机制建成和普及阶段(2011 年至 2017 年)

针对单纯事后绩效评价存在“与预算管理结合不紧密”等问题，为推进财政科学化精细化管理，强化预算支出的责任和效率，进一步提高财政资金使用效益，财政部在借鉴市场经济国家预算绩效管理的成功经验，总结绩效评价试点经验的基础上，开始推动绩效理念逐步向事前目标管理、事中绩效监控、事后评价结果应用方面延伸。2011 年，为进一步统一思想认识，明确绩效评价的下一步发展方向，财政部在广州召开“第一次全国预算绩效管理工作会议”，首次提出全过程预算绩效管理理念，会后财政部下发《关于推进预算绩效的指导意见》，正式提出“预算绩效管理”的概念，明确指出要逐步建立健全“预算编制有目标，预算执行有监控，预算完成有评价，评价结果有反馈，反馈结果有应用”的全过程预算绩效管理机制，标志着完整意义上的预算绩效管理理念得以正式确立。2012 年财政部召开全国财政厅(局)长座谈会，以预算绩效管理为主题，对下一阶段全面推进预算绩效管理进行了专题部署，并在会后印发了《预算绩效管理工作规划(2012—2015)》，明确提出到“十二五”期末实现“绩效目标逐步覆盖，评价范围明显扩大，重点评价全面开展，结果应用实质突破，支撑体系基本建立”的总体改革目标，推动预算绩效管理改革工作向纵深化推进。

2015 年 1 月 1 日起修订后的《中华人民共和国预算法》正式实施。新《预算法》以法律形式明确将“讲求绩效”列入各级预算应当遵循的基本预算原则，规定“各级政府、各部门、各单位应当对预算支出情况开展绩效评价”，并要求以支出绩效评价结果作为预算编制的依据，在预算编制、预算执行、监督管理等方面明确了绩效管理的重要性，在很大程度上提升了预算绩效管理的权威性。2015 年，《国务院关于深化预算管理制度改革的决定》(国发〔2014〕45 号)印发，明确提出要“健全预算绩效管理机制”，逐步“将绩效评价范围覆盖各级预算单位和所有财政资金，将绩效评价重点由项目支出拓展到部门整体支出和政策、制度、管理等方面，加强绩效评价结果应用”等等，对进一步扩大预算绩效评价范围，加强预算绩效信息应用指明改革方向。

此外，为进一步改进和强化中央层面的预算绩效管理，财政部在 2015—2017 年还陆续出台了一系列政策文件(表 11－1)，这些政策的制定，不仅促进了中央层面绩效目标管理范围的扩大与拓展，同时，也带动了中央部门项目支出绩效自评工作以及绩效目标执行监控试点工作的组织开展等，有效促进了中央层面预算绩效管理工作的快速发展。在此背景下，地方层面也纷纷加快绩效目标、绩效跟踪和绩效评价结果应用领域的探索和改革步伐。

表 11—1　　中央层面出台的预算绩效管理相关制度

年度	发文主体	制度名称	文号
2002	财政部预算司	中央本级项目支出预算管理办法(试行)	财预〔2002〕356 号
2003	财政部教科文司	中央级教科文部门项目绩效考评管理试行办法	财教〔2003〕28 号
2004	财政部建设司	关于开展中央政府投资项目预算绩效评价工作的指导意见	财建〔2004〕729 号
2005	财政部教科文司	中央级教科文部门项目绩效考评管理办法	财教〔2005〕149 号
2005	财政部预算司	中央部门预算支出绩效考评管理办法(试行)	财预〔2005〕86 号
2009	财政部预算司	财政支出绩效评价管理暂行办法	财预〔2009〕76 号
2009	财政部预算司	关于进一步推进中央部门预算项目支出绩效评价试点工作的通知	财预〔2009〕390 号
2011	财政部预算司	财政支出绩效评价管理暂行办法	财预〔2011〕285 号
2011	财政部预算司	关于推进预算绩效管理的指导意见	财预〔2011〕416 号
2012	财政部预算司	预算绩效管理工作规划(2012—2015 年)	财预〔2012〕396 号
2013	财政部预算司	关于印发《预算绩效评价共性体系框架》的通知	财预〔2013〕53 号
2014	国务院	国务院关于深化预算管理制度改革的决定	国发〔2014〕45 号
2015	财政部预算司	关于加强和改进中央部门项目支出预算管理的通知	财预〔2015〕82 号
2015	财政部预算司	中央部门预算绩效目标管理办法	财预〔2015〕88 号
2015	财政部预算司	关于加快推进中央本级项目支出定额标准体系建设的通知	财预〔2015〕132 号
2015	财政部预算司	中央对地方专项转移支付绩效目标管理暂行办法	财预〔2015〕163 号
2016	财政部办公厅	关于开展 2016 年度中央部门预算和项目支出绩效目标执行监控试点工作的通知	财办预〔2016〕85 号
2016	财政部办公厅	关于开展中央部门项目支出绩效自评工作的通知	财办预〔2016〕123 号
2017	财政部预算司	关于进一步完善中央部门项目支出预算管理的通知	财预〔2016〕96 号
2018	中共中央 国务院	中共中央 国务院关于全面实施预算绩效管理的意见	中发〔2018〕34 号
2018	财政部预算司	关于贯彻落实《中共中央国务院关于全面实施预算绩效管理的意见》的通知	财预〔2018〕167 号

续表

年度	发文主体	制度名称	文号
2020	财政部预算司	项目支出绩效评价管理办法	财预〔2020〕10号
2021	财政部预算司	关于委托第三方机构参与预算绩效管理的指导意见	财预〔2021〕6号
2021	财政部监督局	第三方机构预算绩效评价业务监督管理暂行办法	财监督〔2021〕4号

这一阶段改革的主要特点是立足于项目支出绩效评价工作的开展与发展，中央和地方财政部门开始将单纯的项目支出绩效评价工作延伸为预算管理工作，并跳出单一事后评价环节，明确提出全过程预算绩效管理的概念，明确了今后一个时期的预算管理方向和重点。

（四）全面实施预算绩效管理提速扩围阶段（2017年至2020年）

2017年10月，党的十九大报告明确提出“建立全面规范透明、标准科学、约束有力的预算制度，全面实施绩效管理”。这一目标将绩效管理作为加强现代预算管理制度和现代财政制度建设、推动国家治理体系和治理能力现代化的一项重要举措，具有重大的现实意义。2018年7月6日，中央全面深化改革委员会第三次会议指出，全面实施预算绩效管理是政府治理方式的深刻变革，要牢固树立正确政绩观，创新预算管理方式，突出绩效导向，落实主体责任，通过全方位、全过程、全覆盖实施预算绩效管理，实现预算和绩效管理一体化，着力提高财政资源配置效率和使用效益。

2018年9月1日，中共中央国务院发布《关于全面实施预算绩效管理的意见》（中发〔2018〕34号，以下简称“34号文”），提出全方位、全过程、全覆盖实施预算绩效管理，将改革意义从预算技术革新上升为推进国家治理体系和治理能力现代化的深刻变革，并将地方各级政府和各部门明确为预算绩效管理责任主体，明确提出从2018年开始，各地用三到五年时间基本建成以绩效目标为依据，以绩效监控为主线，以绩效评价为手段，以绩效结果应用为导向，以改进预算管理、优化资源配置、强调成本效益、硬化责任约束、提高资金使用效益为目的全方位、全过程、全覆盖预算绩效管理体系，实现预算和绩效管理一体化。

作为全面实施预算绩效管理的顶层设计，34号文的出台推动了预算绩效管理在各政府层级和部门提速扩围，加速落实。各省纷纷出台“关于全面实施预算绩效管理的实施意见”，并在地方层面积极探索，加快推进全面预算绩效管理改革。这一阶段的主要特征是，明确提出全方位、全过程、全覆盖实施预算绩效管理框架和实现预算和绩效管理一体化的核心目标，为预算绩效管理明确了发展的方向、路径，并提供了根本性的制度保障和体系框架。截至2020底，中央和绝大部分省市层级已大体实现绩效目标全覆盖、绩效运行监控有序推进、绩效自评全面实施、重点绩效评价范围逐步扩大等目标，预算绩效管理工作逐步体系化、规范化，指标库、信息系统等配套保障体系也逐步开始建设完善。

（五）预算绩效管理高质量发展阶段（2021 年至今）

2020 年 10 月，党的十九届五中全会指出，“我国已转向高质量发展阶段……高质量发展不只是一个经济要求，而是对经济社会发展方方面面的总要求”。以推动高质量发展为主题，推进国家治理体系和治理能力现代化是“十四五”乃至更长时期的改革主题。《国民经济和社会发展第十四个五年规划和 2035 年远景目标》针对预算管理提出具体要求：深化预算管理制度改革，强化对预算编制的宏观指导；推进财政支出标准化，强化预算约束和绩效管理。

自 2021 年开始，我国预算绩效管理进入高质量发展阶段。为推动预算绩效管理高质量发展，满足对“预算管理一体化”的支撑作用，中央和各地方的预算绩效管理改革向以下领域延伸：(1)搭建分行业、分领域、分部门绩效指标库；(2)构建绩效管理标准、绩效指标标准、支出标准和服务标准有机衔接配套的预算绩效管理标准体系；(3)绩效评价方法革新，引入成本效益法等量化评估范式；(4)发展一批高质量的第三方评价机构和咨询智库，为业务培训、咨询评价、行业标准建设等奠定基础；(5)构建财政预算绩效与政府审计监督、政府绩效考评、人大预算监督联动的协同推进机制；(6)全面预算绩效管理进一步扩围升级，各地纷纷开始探索实践地方公债、社保基金、PPP 项目、转移支付政策、国有资本经营预算等各领域的预算绩效管理。

综上经过近三十年的时间和五大发展阶段，从中央到地方，我国围绕预算绩效管理所开展的理论研究和实践探索逐渐由点及面、自下而上蓬勃发展起来，在组织管理、制度体系、路径模式上逐步架构形成了具有鲜明中国特色的全面预算绩效管理框架。

三、全面预算绩效管理体系框架与核心价值

（一）全面预算绩效管理的整体框架

依照预算绩效管理顶层设计——34 号文的表述，全面预算绩效管理体系由对象全方位、程序全过程和范围全覆盖三部分构成。整体框架如图 11－2 所示，各部分具体内容详见下节。

其一，构建全方位预算绩效管理格局，即构建包括政府、部门单位、政策和项目在内的预算绩效管理体系，涵盖所有政府层级和预算管理对象。根据不同对象的特征，结合全过程的绩效管理路径，依照不同层级开展绩效管理的需要开展重大政策和项目事前评估、绩效目标管理、绩效运行监控、绩效评价及结果应用。

其二，建立全过程预算绩效管理链条，即将绩效理念和绩效管理方法融入包括预

算决策、编制、执行、调整和决算在内的预算管理全过程，实现预算与绩效一体化。全过程预算绩效管理既贯穿于全方位的预算绩效管理之中，又贯穿于全覆盖的预算绩效管理之中，是全面实施预算绩效管理的关键机制。

其三，完善全覆盖的预算绩效管理体系，即预算绩效管理要覆盖包括一般公共预算、政府性基金预算、社会保险基金预算和国有资本经营预算在内的所有财政资金。除健全和完善一般公共预算绩效管理体系外，还要针对其他不同类型财政资金的属性和用途，分别搭建起其他三本预算的绩效管理体系，并借鉴一般公共预算全过程预算绩效管理经验，针对其他政府预算开展各有侧重的目标管理、跟踪监控、绩效评价和结果应用。

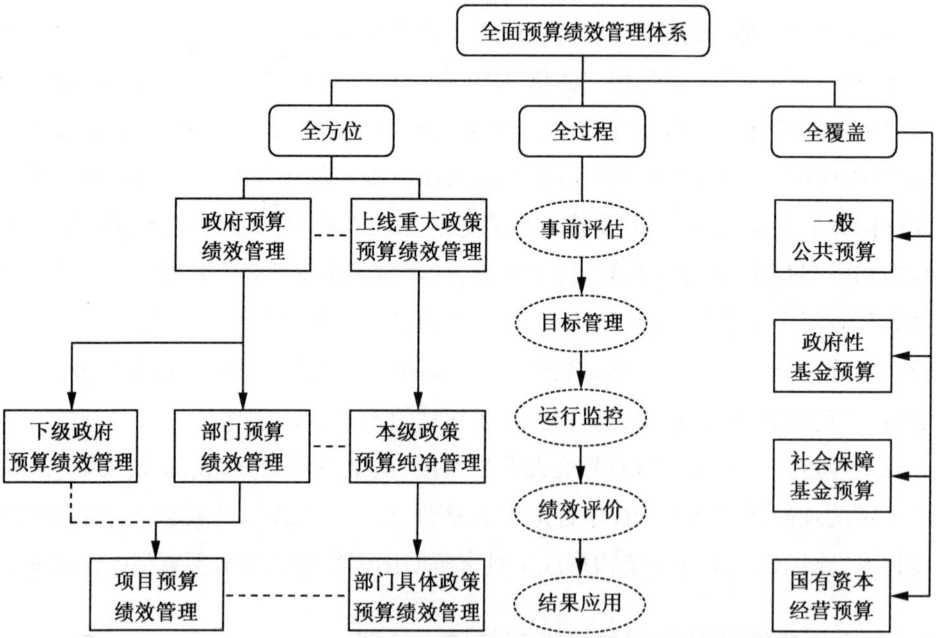

图 11—2 全面预算绩效管理体系框架

（二）全面预算绩效管理的核心价值和根本目标

实现预算与绩效管理一体化是全面实施预算绩效管理的核心价值和根本目标，集中体现了绩效为预算管理服务，通过绩效管理提升预算管理水平进而推进预算管理科学化的根本方向。预算和绩效一体化就是要求建立以结果为导向的预算管理模式，将政府预算完全建立在可衡量的绩效基础上，提高财政支出效率，改进公共服务质量；预算和绩效一体化就是将绩效目标贯穿在预算管理的过程中，强调成本核算，实现放权和问责相结合，从而推动建立财政资源分配与绩效状况紧密结合的预算系统。

没有绩效的预算是不科学的预算，实现预算与绩效一体化必须将绩效目标作为预算编制的前置条件和依据，将绩效管理的事前评估、目标管理、跟踪监控、评价实施和结果应用等环节与预算管理的决策、编制、执行、监督等环节有机统一，切实发挥绩效管理为预算管理服务的根本目标：(1)对新出台重大政策和项目开展事前绩效评估，且将评估结果作为申请预算的必备要件。(2)全面设置部门、政策和项目的绩效目标，并将绩效目标设置作为预算安排的前置条件。(3)改进预算编制，结合全面实施预算绩效管理的要求，从绩效目标出发，重新设计和改革当前预算编制方式，包括推动中期预算编制方式改革。(4)对绩效目标实现程度和预算执行进度实施双监控，确保绩效目标如期保质保量实现。(5)全面开展绩效自评、第三方评价和重大政策与项目预算绩效评价，健全绩效评价结果反馈制度和绩效问题整改责任制，加强绩效评价结果应用。

第三节　预算绩效管理的对象、范围和程序

从 34 号文关于全面实施预算绩效管理的要求看，为实现预算和绩效管理一体化，预算绩效管理的对象涉及全部政府层级、预算部门(单位)、财政政策和项目，管理范围覆盖所有财政资金，管理程序上实施全周期动态管理。

一、预算绩效管理的对象

从预算绩效管理的对象看，包括政府预算、部门和单位整体预算、政策预算和项目预算，实施全方位预算绩效管理。如图 11－3 所示，四类预算绩效管理对象并不相互独立、自成体系。一级政府的预算绩效管理包括收入预算和支出预算，支出预算又分为本级部门预算和对下级政府的转移支付预算；部门支出预算又分为基本支出和项目支出；政策性专项、转移支付项目和收入政策构成财政政策。

(一)政府预算绩效管理

1. 政府预算绩效管理的含义和要求

政府预算绩效管理，是指以某一层级政府的全部预算收支为对象开展的绩效管理。我国有五级政府，“一级政府、一级财政、一级预算”，因此政府预算绩效管理对象有五个级次。

34 号文要求将各级政府收支预算全面纳入绩效管理。各级政府预算收入要实事求是、积极稳妥、讲求质量，必须与经济社会发展水平相适应，严格落实各项减税降费政策，严禁脱离实际制定增长目标，严禁虚收空转、收取过头税费，严禁超出限额举借政府债务。各级政府预算支出要统筹兼顾、突出重点、量力而行，着力支持国家重大发展战略和重点领域改革，提高保障和改善民生水平，同时不得设定过高民生标准和擅

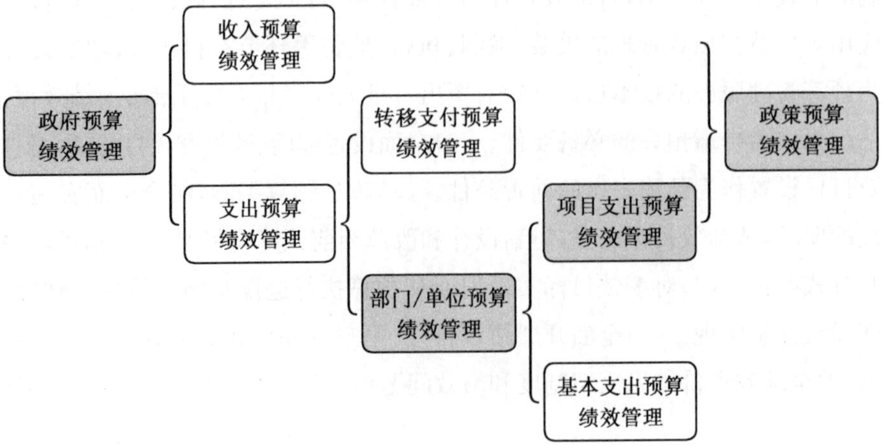

图 11—3 四类预算绩效管理对象

自扩大保障范围，确保财政资源高效配置，增强财政可持续性。

2. 政府预算绩效管理的主要内容

一是政府收入预算。在收入预算编制环节，关注财政收入目标是否与经济发展水平相适应，实事求是、积极稳妥，不脱离实际制定收入增长目标；关注税收收入是否按照法定税率和税基进行测算，宏观税负是否与宏观经济、社会发展指标相协调；关注非税收入增长是否合规和适度。在收入预算执行和决算环节，关注各项收入预算的执行绩效，包括各类收入目标的实现程度，以及各项收入政策绩效。

二是政府支出预算。在支出预算编制环节，关注本级财政支出和转移支付支出预算安排的科学性、公平性，以及与社会和经济发展规划、财政中期规划的适应性，关注对“三农”、教育、医疗卫生、社会保障及就业等以促进社会公平、改善民生为宗旨的各类支出倾斜性和保障性。在支出预算执行和决算环节，关注各类保障性和发展性支出、转移支付资金和国有资本经营预算支出绩效及重大支出政策绩效。

除预算收入和支出外，一级政府的预算绩效管理还要关注政府预算收支平衡和财政可持续性，关注政府债务风险水平及债务规模的可持续性。

3. 政府预算绩效管理的重点和难点

在所有政府层级绩效管理体系中，县（区）基层政府预算绩效管理是全面实施预算绩效管理的推进难点。县（区）政府是我国政府治理的基础，承担着多数公共服务的主体责任，压力大、管理基础薄弱、人手紧张，长期处在“上面千条线，下面一根针”的工作状态中，绩效意识贯彻难以到位。

因此，对开展预算绩效管理工作较晚的县（区）基层政府，上级政府可以从预算绩效管理制度、工作开展流程、专家支持和指标库建设、第三方机构平台等方面予以指导和技术支持,使其能从规范的高起点开始启动体系建设工作。上级政府可通过制定工作考核办法,将基层政府的预算绩效管理工作开展情况及成效纳入上级政府对下级政府施政绩效考核框架,推动县区基层政府开展预算绩效管理工作,并结合分税制深化改革,根据财政事权与支出责任相匹配的原则,以专项转移支付资金为载体,探索形成适应转移支付资金的联动预算绩效全过程管理机制和具体可行的方法体系。

(二)部门(单位)预算绩效管理

1. 部门(单位)预算绩效管理的含义和要求

部门预算绩效管理是部门预算与绩效管理的结合,即部门预算的绩效管理,是以政府部门公共预算作为管理对象的一种公共管理。部门预算是现代政府预算的基本组成部分,既是公共预算的基础,也是公共预算的反映形式,公共预算要通过各部门预算执行得以实现。作为申请预算、使用公共资金履行公共职能的责任主体,预算部门是预算绩效管理的第一责任人,部门单位预算绩效管理关乎主体责任落实,是全面实施预算绩效管理的重点。

34 号文指出:将部门和单位预算收支全面纳入绩效管理,赋予部门和资金使用单位更多管理自主权,围绕部门和单位职责、行业发展规划,以预算资金管理为主线,统筹考虑资产和业务活动,从运行成本、管理效率、履职效能、社会效应、可持续发展能力和服务对象满意度等方面,衡量部门和单位整体及核心业务实施效果,推动提高部门和单位整体绩效水平。

实施部门预算绩效管理的目的不只是改变预算模式,更重要的是通过优化部门资源配置,实现履职目标,提高政府部门提供公共服务的有效性和效率,提高政府行为的透明度和责任归属。总体要求:(1)建立以预算资金管理为主线的部门绩效管理框架,以部门职能和事业规划为出发点,以提高部门和单位整体绩效水平为目标,融合部门业务、资金、财务、人力资源和资产管理绩效,统筹实现各类绩效管理主体、对象、过程、信息整合协同。(2)回归绩效管理本质,实现“问责和放权”相结合。一方面将部门全部预算收支纳入绩效管理范围,通过绩效目标和绩效评价实现部门预算绩效的可问责性;另一方面,通过“结果导向”的绩效管理,淡化过程控制,赋予部门和资金使用单位更多自主管理权限,激发部门和单位改进管理、提升绩效的内在动力。

2. 部门(单位)预算绩效管理的主要内容

从部门预算的构成看,包括部门的收入预算绩效管理和部门的支出预算绩效管理(基本支出、项目支出、整体支出)。从部门预算的管理流程看,包括部门预算编制和绩效目标管理、部门预算执行和运行监控管理、部门预算绩效评价管理和部门预算绩效结果应用管理。

其中,部门(单位)整体支出绩效评价是部门预算绩效管理的重要环节。部门整体支出绩效评价是从部门预算出发，反映部门战略目标和年度绩效目标实现程度和职能履行情况，对部门资源配置合理性和资金运用效益进行的综合评价。为调整部门整体预算、优化部门履职、解脱部门公共支出责任提供依据。评价范围是部门（包括下属事业单位）的全部财政资金。评价内容包括部门决策（部门职能、部门战略规划、部门年度计划）、部门管理（资金投入管理、财务管理、政府采购管理、人员管理、资产管理、重点工作管理）、部门绩效（部门履职、履职效益）、部门能力及可持续发展建设。

部门（单位）整体支出绩效评价的重点在于：部门职能、规划计划、项目活动和预算安排之间的关联性和匹配性；部门人员、资金、资产等方面资源配置的合理性；部门管理制度和机制的健全性及对部门有效运行的保障程度；部门是否履职到位，是否完成年度绩效计划和预期绩效目标，长效机制是否健全。

3. 部门预算绩效管理的重点和难点

部门开展预算绩效管理的目标有三：一是明确部门预算绩效责任，在政府整体战略框架内，制定本部门规划、绩效计划，编制中期和年度预算，设定并公开部门阶段性绩效目标和关键绩效指标。二是落实部门预算绩效责任。在弹性绩效框架内配置部门资源，实施政策和项目的全过程管理，对绩效目标实现和预算执行自行监控并及时调整纠偏，完成年度履职目标。三是解脱部门预算绩效责任。通过自我评价、编制并公开绩效导向的部门财务报告，接受审计检查、财政评价、绩效听证等内外部监督并予以整改落实，回应财政、审计、人大等各方权威主体和公众对预算绩效信息的需求。

现行体制下，预算主管部门积极性难以得到有效发挥，财政部门也显现出职能错位的状况，国家治理关系无法有效理顺。通过全面实施预算绩效管理，财政部门应向预算主管部门全面放权，赋予其部门预算绩效管理权限，进而强化财政部门事前监督和事后监管的职能，达到依靠全面实施预算绩效管理全面优化部门履职状况的目的。从这个意义上来看，如何开展部门预算绩效管理已经成为全面实施预算绩效管理能否在国家治理中真正发挥其作用的关键。

构建部门整体预算绩效管理体系的重点：(1)建立科学的授权体系，明确部门权利与责任，与此同时落实预算部门的预算绩效管理责任主体，完善绩效管理的责任约束机制；(2)围绕预算资金，统筹考虑资产和业务活动，核心内容是按照“部门职能—部门机构设置—部门、行业事业发展规划（战略目标）—部门工作计划—年度重点项目—关键绩效指标”的分析逻辑，对部门和单位职责及核心业务进行梳理，构建优化涵盖整体收支的部门（单位）预算绩效目标和绩效评价指标体系；(3)围绕绩效目标构建部门自评价体系，实行部门（单位）自评价与财政重点评价相结合的绩效评价制度，强化以部门为主体的绩效信息应用，推动部门绩效整体提升。

（二）财政政策和项目预算绩效管理

1.财政政策与财政项目的关系

财政政策是重要的公共政策工具，是由国家制定、指导财政收支分配和处理有关分配关系的基本方针和准则。政府预算就是国家机关用货币数字显示的政策白皮书。从宏观看，财政政策是国家干预经济，实现宏观经济目标的工具；从微观看，财政政策是有关政府预算行为和公共预算资源配置的政策总称，包括财政收入政策、财政支出政策、预算平衡政策、财政管理政策。其中，财政支出政策是预算绩效管理关注的重点，是指在一定时间内，由财政预算安排，具有专门用途和政策目标的财政专项资金政策，以及专项转移支付政策。财政支出政策是政府履行公共职能的重要工具，具体体现为支出项目或基于相同政策目标的项目组合。其构成要素包括：(1)政策目标，反映财政支出政策所要实现的期望值，是政策实施预期实现的产出、效益和影响；(2)政策主体，包括政策决策主体和政策执行主体；(3)政策范围和对象，指政策扶持范围和需满足特定条件的扶持对象；(4)政策手段和标准，是政策扶持的具体方式、资金来源和扶持标准；(5)政策环节和流程，包括政策宣传、申报、审核或评审、公示、付款、监督、验收等政策实施环节和流程；(6)政策期限，是政策生效（实施）的起止时间，也指受益对象的政策享受期限。

财政支出政策由具有特定政策目标的项目组成，是为实现政府特定战略，明确特定扶持或受益对象和引导方向，由若干不同类型财政支出构成的项目或项目组合。政策与项目的区别主要表现在：(1)政策的决策、执行、评价程序往往较单一项目更为复杂，政策决策通常涉及政治、法律程序和复杂的府际关系网络；政策执行需要多级政府、多个部门和单位共同协作；政策评价基于多元目标，由多方主体参与。(2)支出政策所涉资金规模、政策覆盖范围和社会影响较大，绩效目标更加多元，除政策资金的经济性、效率性和效益性等事实标准外，还重点关注政策目标群体的需求满足程度（响应性）、资源配置的公平性以及政策效益的普惠性等价值标准。

由于政策与项目客观上存在上述区别，因此政策绩效管理既与项目预算绩效管理有类似的内容，又有不同：政策评价的目的往往不仅局限于个别项目和资金本身的绩效，还要关注政策制定和执行的过程，要求通过评价和分析资金使用效率、效益和影响，反思政策设计、决策、落实、执行过程中存在的问题，为政策存废、调整和完善等服务，促进政府政策目标的实现。

2.财政政策和项目绩效管理的含义和要求

财政政策预算绩效管理是以财政支出政策为对象开展的绩效管理，是将绩效理念融入财政政策制定、实施、监督的全过程，运用科学的方法和技术，从数量、质量、时效、成本、效益等维度综合衡量政策效果，及时反思政策本身的必要性和合理性，对政策清理、调整、优化资金分配使用提出建议，为政策继续还是终结提供依据，从而促进政策优化的一种管理方式。开展财政政策预算绩效管理有助于从源头上规范权力运行、优化公共资源配置，构筑政府科学决策的有效机制；有助于开展对财政政策的全周期、全链条跟踪问效，建立延续性财政支出政策的动态调整机制，及时清理和退出无效政策，减少公共资源浪费；有助于围绕政策目标，通过评价反思政策设计和执行的问题，厘清公共责任，为政府活动的自我纠错和政策持续改进提供依据；有助于补足预算绩效管理短板，回应内外部政策绩效信息需求，成为提升政府综合绩效和公共治理能力的突破口和推动力。

项目支出预算是部门支出预算的重要组成部分，是预算部门为完成其特定的履职责任和事业发展目标，在基本支出预算之外编制的年度项目支出计划。项目支出预算绩效管理是全面实施预算绩效管理的突破点，以特定财政支出项目为对象展开，是预算绩效管理最为普遍和基础的管理对象。项目预算绩效管理与项目周期和预算周期相适应，以项目绩效目标为主线，实行全过程动态管理，为改进项目预算编制和项目管理，提高项目资金的使用效率提供依据。

34 号文要求：实施政策和项目预算绩效管理。将政策和项目全面纳入绩效管理，从数量、质量、时效、成本、效益等方面，综合衡量政策和项目预算资金使用效果。对实施期超过一年的重大政策和项目实行全周期跟踪问效，建立动态评价调整机制，政策到期、绩效低下的政策和项目要及时清理退出。

3. 财政政策和项目预算绩效管理的内容和重点

开展政策预算绩效管理，一是要善于借助党委政府的力量，自上而下地调动人大、政协、监察部门、审计部门、组织人事部门的积极性，强化落实各个具体职能部门的主体责任，建立健全工作开展、结果反馈和问题整改的责任制，优化形成计划、执行、监督、改进的整体路径，建立财政政策事前决策绩效管理机制。二是要先进行现有政策分类，依据分类标准，综合相关政策管理办法内容梳理形成相应类别的政策目标，继而对相应类别的具体内容与实施部门的职能工作进行匹配，完成整体政策绩效评价指标体系设计，根据指标体系中相应指标综合判断对应政策的必要性、可行性、可持续性和效益性，从而形成具体政策调整、优化甚至废止的依据，最终建立延续性政策和项目的动态调整、清理和退出机制。

开展项目预算绩效管理，一是要科学构建项目分类体系，应当从资金的使用用途出发，突破当前财政资金经济科目分类的束缚，重新建立财政支出项目分类体系。二是要建立健全基于项目库管理的项目绩效管理机制，重视项目与财政政策的关联，继续优化和完善专项资金项目库管理，并会同其他部门对以专项资金相关财政政策名义申报的项目进行审核、筛选，按照年度工作方向、规划重点和绩效预估状况对项目进行分类排序储备。依照轻重缓急的原则将项目库中的储备项目排入预算，增强财政支出项目预算绩效管理的科学性和规范性。三是创新项目支出绩效评价模式，在现有财政支出绩效评价工作实践基础上，探索以判断预算合理性为主要内容的绩效评价工作方法路径，探索从项目绩效目标编制的合理性、项目预算编制的科学性、支出标准体系的建设情况及项目效益实现度及社会满意度等多维度入手，以部门为单位研究项目支出绩效评价工作路径。

二、预算绩效管理的范围

预算绩效管理的范围原则上应覆盖全部预算资金。《预算法》明确规定：政府预算包括一般公共预算、政府性基金预算、国有资本经营预算和社会保险基金预算“四本预算”。34号明确提出，要“完善全覆盖预算绩效管理体系、建立其他政府预算绩效管理体系”，除一般公共预算外，各级政府还要将政府性基金预算、国有资本经营预算、社会保险基金预算全部纳入绩效管理，实施全方位预算绩效管理格局。同时，积极开展涉及一般公共预算等财政资金的政府投资基金、主权财富基金、政府和社会资本合作、政府采购、政府购买服务、政府债务项目绩效管理。

党的十八大以来，财政部积极深化预算绩效管理改革，财政资金使用绩效不断提升，中央财政已经初步构建起以项目支出为主的一般公共预算绩效管理体系，部分地方也结合实际做出了有益探索，为全方位实施预算绩效管理奠定了良好基础。

（一）一般公共预算绩效管理

一般公共预算是以税收为主体的财政收入，安排用于保障和改善民生、推动经济社会发展、维护国家安全、维持国家机构正常运转等方面的收支预算。一般公共预算绩效管理涵盖收支两个部分。

1. 一般公共预算收入绩效管理

税收是一般公共预算的主要收入来源。因此，现阶段收入维度的一般公共预算管理主要体现在税收政策的预算绩效管理。这一领域，我国还处在探索阶段，主要在税收优惠政策的绩效管理维度体现。此外，在政府预算绩效管理中，关于税收收入绩效的绩效测量也有所体现，但整体上看，并未建立起系统的管理模式和评价框架。

2. 一般公共预算支出绩效管理

一是开展政府购买服务绩效目标管理，科学设置绩效目标，包括政府购买服务数量、质量、时效、成本、效益和服务对象满意度等绩效指标；二是开展政府购买服务绩效执行监控，定期对绩效目标及指标实现程度进行跟踪分析，并将绩效执行监控结果报告购买主体；三是推进政府购买服务绩效评价，建立由购买主体、服务对象及专业机构或专业人员组成的综合性绩效评价机制，对服务期内的服务实施情况定期进行绩效评价，对结束的政府购买服务项目全面开展绩效评价和履约验收。

3.政府债务绩效管理

《关于做好2018年地方政府债务管理工作的通知》(财预〔2018〕34号)提出建立健全“举债必问效、无效必问责”的政府债务资金绩效管理机制。政府债务绩效管理，是根据针对上述要求，应当重点开展以债务规划管理、债务项目滚动管理、债务资金绩效管理、债务风险预警为主要内容的政府债务绩效管理。一是针对债务资金使用部门提出的举债需求，明确举债资金绩效目标；二是以目标编制情况为重要参考，在充分考虑其他多方面因素的前提下，系统明确本级债务融资规模；三是建立财政、债务资金使用单位的双层债务项目库，经绩效评审通过的项目才能入各自的项目库进行动态管理；四是事后对债务资金使用状况进行评价，并将绩效信息作为债务项目是否持续开展、动态调整债务规模的重要考量因素；五是建立完善涵盖债务负担率、债务率、偿债率等指标的债务风险指标预警体系。

(二)其他三本预算绩效管理

1.政府性基金预算

政府性基金预算是国家通过向社会征收以及出让土地、发行彩票等方式取得收入，并专项用于支持特定基础设施建设和社会事业发展的财政收支预算。将政府性基金纳入绩效管理，应充分结合政府性基金“以收定支、专款专用、结余结转使用”的特点：(1)要对各种政府性基金进行分类研究，重点关注结合规制性收费、准入性收费、集资性收费、补偿性收费等收费纳入政府性基金的实际情况，确定不同类别政府性基金的绩效目标；(2)在绩效评价指标体系设计过程中，分别借助现有管理经验确定绩效管理方式，需要关注基金设立及延续的必要性、征收标准的合理性、资金使用的有效性、政府专项债务举借及偿还能力；(3)要选择管理状况较好的政府性基金，试点开展绩效评价工作，总结工作经验，进一步优化下一步工作。

2.社会保障基金预算

社会保险基金预算，是指根据社会保险制度的实施计划和任务编制的、经规定程序审批的各项收支预算。对社会保险基金开展预算管理活动，目的在于维持社保基金收支平衡、降低社保基金挪用风险和合理安排社保基金投资。社会保险基金包括养老保险基金、失业保险基金、工伤保险基金、医疗保险基金、生育保险基金五项基金，开展社会保险基金绩效管理应充分考虑不同基金的不同特点：(1)要结合基金设立目标和管理要求研究不同社保基金预算绩效管理的侧重点；(2)在社保基金预算绩效评价指标体系设计过程中重点关注各类社会保险基金的筹资方式、精算平衡、运行风险及基金运营管理的有效性；(3)选择条件成熟的地方试点开展绩效管理工作，从试点经验中逐渐摸索工作规律，进而将工作规律上升为管理模式。

3. 国有资本经营预算

国有资本经营预算，是指政府以所有者身份对国有资本实行存量调整和增量分配而发生的各项收支预算。围绕国有资本开展预算管理，目的在于履行政府作为国有资本所有者的监管职能、加强对国有资本经营者的约束控制和强化对国有资产的规范化管理。国有资本经营预算所涉及的国有企业经营性资金，既是企业生产经营性资金，又是财政性资金，具有营利性和公益性的双重特征，国有资本经营预算的绩效管理需要对其双重特征的平衡予以关注：一是要积极研究国有资本经营预算的绩效评价指标体系，既要重视国有企业经营与重大政策目标的匹配情况、国有资本经营收益上缴状况等公益性内容，也要重视企业经营状况、企业盈利情况、就业人数结构等经营性内容，还要注意与国有企业经营业绩考核体系的相互衔接；二是要选择典型性国有企业试点开展绩效管理工作，从试点经验中逐渐摸索工作规律，进而将工作规律上升为管理模式；三是要针对国有资本经营收益上缴的具体特点，研究国有资本经营预算资金纳入一般公共预算的实际操作方案，充实一般公共预算资金，并考虑政府财力需要和企业经营状况的综合平衡

三、预算绩效管理的程序

从预算绩效管理的程序和流程看，按照 34 号文的要求，实行全过程预算绩效管理。如图 11—4 所示，以财政项目为例，全过程预算绩效管理包括事前绩效评估管理、绩效目标管理、绩效运行监控管理、绩效评价管理和结果应用管理五个环节，分别与预算和项目管理周期的不同阶段相适应。其中，绩效目标作为全过程绩效管理的基础，结果应用作为绩效管理的核心价值，在实践中会贯穿预算管理的全过程。

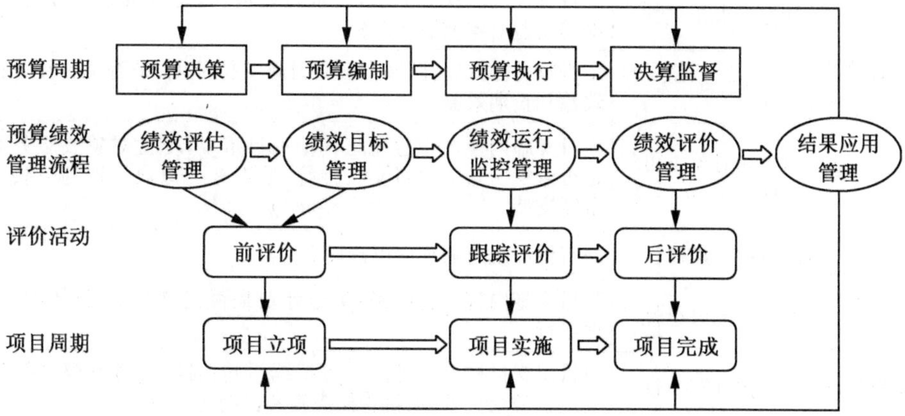

图 11—4 全过程预算绩效管理框架(以财政项目为例)

(一)事前绩效评估管理

1. 事前绩效评估的含义和范围

事前绩效评估是指在政策出台、项目立项前的预算决策阶段,由财政部门或预算主管部门自行组织或委托评价机构,按照部门战略规划、事业发展规划和项目申报书等内容,通过相应的评估机制,运用科学、合理的评估方法,对政策(项目)实施的必要性、可行性和绩效性进行客观公正评估,并根据评估结果确定政策(项目)是否设立、调整、安排预算等的一系列预算管理活动。

事前评估是项目立项审批、预算评审和绩效目标评审的结合,为政策和项目设立、预算编制、预算批复和基于绩效目标的中期跟踪和后评价提供依据。其范围主要涉及新增重大政策、新设重点项目及新增资金项目,具体指贯彻落实党中央、国务院重大方针和决策部署,贯彻落实地方党委、政府重点任务要求,覆盖面广、影响力大、社会关注度高、实施期限长的政策和项目。

2. 事前绩效评估的主要内容和指标体系

34 号文要求:各部门各单位对新出台重大政策、项目开展事前绩效评估,重点论证立项必要性、投入经济性、绩效目标合理性、实施方案可行性、筹资合规性等。事前绩效评估的主要内容包括以下四个方面。由此架构的事前绩效评估指标体系如表 11—2 所示。

表 11—2　　重大政策(项目)事前绩效评估指标体系框架

评估维度	评估指标	评估内容
设立必要性	立项依据充分性	与国家及地方法律法规、宏观政策、经济和社会发展规划是否相关;与部门(单位)职能、规划是否相关;是否有明确立项依据
	社会需求相关性	是否有现实的社会需求,需求是否迫切,是否可替代;是否有明确的受益对象或服务对象
	公共支出范围符合性	是否具有公共属性,属于公共财政支持范围;是否具有显著社会效益和长期效益
	内容和对象不可替代性	项目实施内容是否避免与其他项目重复;受益对象或服务对象是否避免与其他项目交叉重叠;是否有类似项目得到财政资金重复支持
实施可行性	决策程序规范性	是否按照规定的程序申请设立
	实施方案可行性	项目实施内容是否明确;实施计划是否完整有效、具体细化、合理可行
	过程控制有效性	项目组织机构是否健全和可持续运转;各项业务和财务管理制度是否健全有效;项目管控措施和机制是否健全
	长效机制健全性	持续性保障条件是否具备;项目设立的宏观政策和行业环境是否可持续,是否存在影响长期效果的风险性因素;是否有健全的风险管控措施

续表

评估维度	评估指标	评估内容
目标合理性	目标明确性	目标表述是否完整、规范；目标是否指向明确、具体细化为可衡量的绩效指标
	目标相关性	目标是否与部门职能和事业规划相关；目标是否与现实需求和政策问题相匹配；目标和指标是否与项目内容相关，能否充分反映预期绩效
	目标科学性	是否设定可衡量的目标值；目标值的测算依据是否充分；预期绩效目标是否合理可行，是否具有一定前瞻性和挑战性
筹资合规性	资金来源合规性	资金来源是否明确；筹资渠道和筹资程序是否经过相关论证，是否合规；各渠道资金到位时间、条件能否落实
	财政支持合理性	财政资金配套方式和承受能力是否科学合理；资金筹措是否体现财权和事权匹配；财政资金支持方式是否科学合理
	筹资风险可控性	财政资金支持方式和财政配套资金有无可能风险；是否有相应的保障措施和风险应对措施
投入经济性	成本可控性	是否采取有效成本控制措施；有无其他更加经济有效的替代方式
	预算合理性	预算测算是否依据充分，是否有明确支出标准，所依据标准是否合理
	目标匹配性	项目拟申请预算资金是否与项目预期绩效目标匹配

(1)政策和项目设立的必要性。回应政策或项目要不要设立的问题，主要关注政策或项目设立依据是否充分；政策或项目内容是否符合宏观政策、主管部门职能和事业规划；是否符合公共支出范围；政策受益对象是否明确，是否有明确和迫切的现实社会需求；是否有可替代性政策，内容和对象是否与其他项目重叠；是否有显著的预期经济、社会、环境效益和可持续性效益等。

(2)政策和项目实施方案的可行性。回应政策和项目本身是否存在影响实施及预期绩效实现和效益发挥的风险，主要关注政策和项目内容计划是否明确、政策决策程序是否科学；政策要素是否完整；技术方案是否科学可行；组织、制度、资源保障和管控措施是否健全有效、可持续等。

(3)政策和项目绩效目标的合理性。明确项目的预期绩效和支出责任，回应政策预期绩效是否明确、合理、可实现，关注预期政策和项目预期产生什么绩效、如何有效衡量预期绩效是否实现等，具体包括政策和项目是否设置明确总目标和阶段性目标；绩效指标和目标值是否细化、相关、可衡量、可实现等。

(4)政策和项目预算的合理性，回应财政投入的经济效率性和来源合规性，解决投入是否成本可控的问题，明确资金能否得到保障。关注预算与目标是否匹配；政策支持方式是否合理，有无其他更加经济有效的替代方式；资金来源是否明确，是否合法合规；资金测算、分配和配套是否科学合理等。

3. 事前绩效评估的结果应用

(1)与政策和项目设立结合。事前评估是专项资金设立的前置环节，将作为政策实施主管部门设立政策专项，申请年度预算的前提。对于有设立必要性的政策，评估意见将作为部门清理整合已有相关政策、调整完善政策内容、完善实施方案和相关配套、优化政策绩效目标和预算安排的重要依据。

(2)与预算评审结合。事前评估是预算安排的前置环节。财政部门结合预算评审，将审核后的事前绩效评估结果作为预算安排的重要依据，审核未通过的，不得纳入财政支出项目库，不得安排预算。

(3)与改进部门预算绩效管理和内外部监督问责结合。政策专项通过评估确定给予预算支持的，事前绩效评估结果将作为开展后续预算绩效管理的工作基础和重要依据。通过对重大项目事前绩效评估的报告机制，从政府和人大层面倒逼部门改进政策决策和政策专项管理。

(二)预算绩效目标管理

1. 绩效目标管理的内涵和要求

(1)预算绩效目标和绩效目标管理的含义和价值

预算绩效目标是指财政预算资金计划在一定期限内达到的产出和效果。绩效目标贯穿预算编制、执行、调整、决算、监督的各个环节。按照预算支出的范围和内容划分，绩效目标包括项目支出绩效目标、部门(单位)整体支出绩效目标和财政政策支出绩效目标。按照时效性划分，绩效目标包括战略绩效目标、中长期绩效目标(总体绩效目标)和年度绩效目标(阶段性绩效目标)。

目标管理是把目标作为管理手段，以自我控制为主，注重工作成果的管理方法和制度。预算绩效目标管理是将目标管理的管理思路融入预算绩效管理全过程，是指财政和预算部门及其所属单位以财政资金绩效目标为对象，以绩效目标的设定、审核、批复、调整等为主要内容所开展的一系列预算管理活动。

绩效目标管理是从绩效目标出发的全覆盖管理体系，是绩效责任落实与回归的过程，有助于部门(单位)支出责任的明确、落实和解脱；有助于部门(单位)实施自我监控和持续绩效改进；有助于促进财政预算编制的科学化和精细化，实现预算和绩效一体化；是建设项目库、进行事前绩效评估、编制部门预算、实施绩效运行监控、开展绩效评价等工作的重要基础和依据；为相关各方回顾和讨论绩效提供客观的、相互理解的、相互接受的基础。

(2)预算绩效目标管理的要求

绩效目标管理是全过程预算绩效管理的基础环节。按照 34 号文的要求，各地区各部门编制预算时，要全面设置部门和单位整体绩效目标、政策及项目绩效目标。各级财政部门要将绩效目标设置作为预算安排的前置条件，加强绩效目标审核，将绩效目标与预算同步批复下达。

预算绩效目标管理主体包括两类：一是目标编制主体和责任主体。按照“谁使用财政资金，谁申请预算，谁同步编制目标”的原则，申请使用财政资金的部门和单位在设立项目、政策和编制预算的同时编制绩效目标，申报预算（“一上”）时一并申报绩效目标。预算主管部门是本部门绩效目标管理的责任主体，其职责包括填报本级项目支出绩效目标；指导、汇总报送、审核、下达所属单位财政支出项目绩效目标；检查、督促所属项目单位按照下达的绩效目标使用资金及开展绩效评价等。二是目标审核和批复主体。按照“谁审核预算谁同步审核目标，谁批复预算谁同步批复目标”的要求，财政部门负责审核预算部门整体、财政政策及其申报项目的绩效目标，并在批复部门预算（“二下”）时，同步批复预算绩效目标。

2. 预算绩效目标的层级和内容

具体部门（单位）、政策和项目的预算绩效目标由预算部门的战略绩效目标（使命和愿景）分解而来。以财政支出政策为例，绩效目标体系由三个维度构成。一是整体性绩效目标：在某一领域的一揽子政策群中，是顶层指导性政策的绩效总目标；在上级政府联动下级政府形成的政策群中，是由中央或上级主管部门设定的整体性目标。二是层级性绩效目标：在某一领域的一揽子政策群中，是相关子政策、末级政策的细分目标；在上级政府联动下级政府形成的政策群中，由地方财政部门和主管部门设定“区域绩效目标”，体现区域规划和特征；由资金的具体实施单位设定项目绩效目标。三是阶段性绩效目标：是指不同政策实施阶段的具体绩效目标，对年度项目和政策而言，是指每一预算年度的具体绩效目标。

具体到某一特定政策或项目，绩效目标包括总目标、阶段性目标、目标分解、绩效指标和绩效标准（目标值）五层内容，如图 11－5 所示。其中，绩效指标是与特定阶段的预算资源相匹配，用于衡量目标实现程度的工具，是绩效目标内容的分解和细化。绩效标准，即“目标值”，是指绩效指标预期达到的具体绩效要求，具体包括行业标准、计划标准和历史标准等。绩效标准的确定，明确了绩效评价的依据。

从内容构成看，绩效目标要能清晰反映预算资金的预期产出和效果，并以相应的绩效指标予以细化、量化描述，具体可分解为产出、成本、经济效益、社会效益、生态效益、可持续影响和服务对象满意度等绩效指标。其中，预期产出，是指预算资金在一定期限内预期提供的公共产品和服务情况，包括产出的数量、质量和时效。预期效果是指上述产出可能对经济、社会、环境等带来的影响，以及服务对象或项目受益人对该项产出和影响的满意程度等。

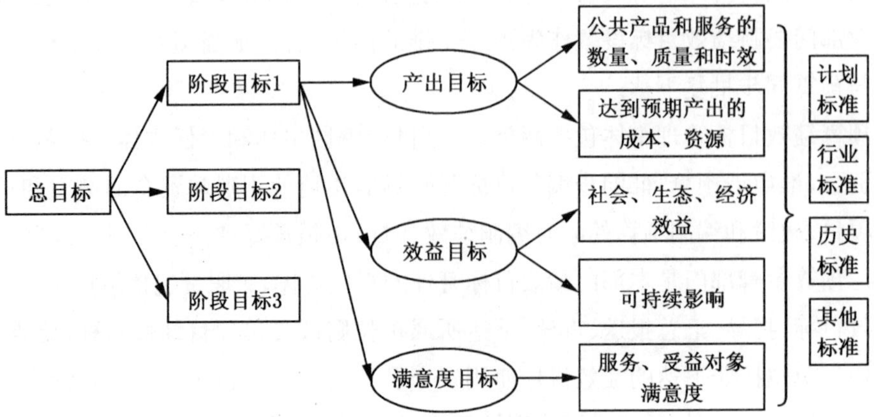

图 11－5　预算绩效目标的层级和内容

（二）事中绩效运行监控管理

1. 事中绩效运行监控的含义和范围

绩效运行监控也称为“绩效跟踪”，是指在政策（项目）实施中期，财政部门或预算部门（单位）根据确定的绩效目标，通过动态或定期采集绩效运行数据，对项目绩效目标完成情况和预算执行进度实施“双监控”，及时、系统反映绩效目标实现程度和预算执行进度等，对预算和绩效目标完成可能性做出判断，发现绩效运行偏差或问题，及时纠偏和整改，确保绩效目标如期保质保量实现的管理活动。从跟踪时间看，以预算年度或项目周期为跟踪期限，实践中往往以政策或项目周期内的某一段或者多段时间作为跟踪对象。在预算执行期间，原则上每年至少跟踪一次。跟踪结果将为政策和项目整改、预算和绩效目标调整、绩效评价提供依据。

绩效运行监控的全覆盖建立在绩效目标全覆盖基础上。原则上，纳入绩效目标管理的财政资金均应当进行绩效跟踪。通过由预算部门（单位）填报绩效跟踪表自行实施“双监控”，是绩效跟踪管理的主要形式。财政部门也要对重大政策建立绩效跟踪机制，按照项目进度和绩效情况拨款，对存在严重问题的，暂缓执行或停止预算拨款；对实施中与目标有较大偏差或存在问题的，及时分析原因，进行纠偏和整改，对于整改不及时、不到位的，酌情暂缓执行或停止预算拨款。

2. 绩效运行监控的主要内容

（1）目标保障情况。关注保障政策和项目各阶段有效实施的相关制度完整性、制度执行的有效性，其中进度管理、资金拨付、政府采购和资产管理制度执行是跟踪的重点。

（2）预算执行进度及偏差。关注预算执行情况和资源成本消耗情况，对比分析跟踪期预算数和执行数的偏差。

(3)目标实现程度及偏差。关注可跟踪绩效目标的阶段性完成情况及偏差，对比分析跟踪期目标计划完成和实际完成的偏差。

(4)偏差分析及纠偏措施。分析偏差原因，预测绩效目标和预算完成的可能性；结合项目实际，提出包括预算调整、绩效目标调整、改进管理加快进度等纠偏建议，并明确纠偏措施。

政策运行绩效监控的内容还会因政策所处阶段不同而有所不同。政策实施初期，运行监控更多关注政策落实和管理情况，以及部分产出及效益。政策实施中长期阶段，运行监控还要兼顾对上一阶段政策实施的事后评价，和对下一阶段政策实施事前评估。

3.绩效运行监控的结果应用

(1)与部门改进管理结合。部门和单位实施政策和项目绩效跟踪，发现与绩效目标有较大偏差的或存在问题的，及时分析原因进行纠偏和整改，改进过程管理；对可继续执行的政策进行优化和补充，及时废止无效或不合理的政策或条款；对有重大偏差的或难以继续实施的政策，及时与财政部门及相关部门沟通，及时申请预算和绩效目标调整。

(2)与预算调整结合。预算部门和单位自行跟踪，对实施中与目标有较大偏差的，及时分析原因，申请预算调整，进行纠偏和整改；财政部门建立重大政策绩效跟踪机制，按照项目进度和绩效情况拨款，对存在严重问题的，暂缓执行或停止预算拨款；对偏差较大的，申请纠偏和整改，对于整改不及时、不到位的，酌情暂缓执行或停止预算拨款。

(3)与监督问责结合。预算绩效管理主体可选择将政策和项目绩效运行监控结果信息按相关要求公开，接受社会公众监督；可将跟踪结果与相关部门的工作考核挂钩，督促政策任务的落实。

(三)事后绩效评价管理

1.绩效评价的含义、范围和类型

绩效评价是指在预算执行完成后，由财政部门或预算部门(单位)自行组织或委托评价机构，依据设定的绩效目标，运用科学、合理的评价指标、标准和方法，对预算支出的经济性、效率性、效益性、公平性和绩效目标实现程度，进行客观、公正的测量、分析和评判的管理活动。通过绩效评价管理，向相关方提供绩效信息，帮助决策者优化资源配置，为下年预算编制和评审提供依据；总结提炼经验做法，发现决策和实施管理中的问题，提供可行建议，改进管理；通过评价结果反馈、报告、公开、考评结合、问责等多种途径，强化政府部门分配和使用公共资金的绩效责任。

原则上纳入预算管理的财政项目支出均应进行绩效评价。其中,反映部门特点、行业特色和涉及重大民生、社会关注度高、政府购买服务等项目可进行重点评价。具体评价类型和评价内容因评价对象和评价主体而不同。

(1)部门(单位)整体支出绩效评价,包括自评价和重点评价。部门(单位)对年度整体支出绩效目标完成情况进行自评价,部门还可结合管理实际开展重点评价。财政部门根据管理需要,选择部分部门(单位)整体支出开展重点评价,对自评结果进行抽查或开展再评价。

(2)财政政策绩效评价,包括自评价和重点评价。预算部门对政策绩效目标实现情况进行自评价,并可结合管理要求实施重点评价;在政策执行到期后要组织开展重点评价。财政根据管理需要,对到期延续政策、涉及重大调整政策,提前组织开展重点评价。

(3)财政项目绩效评价,包括单位自评、部门重点评价和财政重点评价。按"谁支出、谁自评"原则,预算部门组织本级和所属单位对所有批复预算项目绩效目标完成情况进行自评,以"绩效自评表"反映。预算部门优先选择部门履职的重大发展改革项目,随机选择一般项目开展重点评价。财政部门根据工作需要优先选择预算部门重点项目,周期性地组织开展绩效评价。

2.绩效评价的主要内容

绩效评价的内容因评价对象和评价形式不同而不同,本章第四节具体加以阐述。以财政支出项目为例,绩效评价的主要内容包括:设立规范性、绩效目标的合理性;投入管理和资金使用的情况;实施管理制度建设及执行情况;绩效目标实现程度,包括预计产出、效益、影响力和满意度等。

从评价类型看,主要有单位或部门自评价和预算部门、财政部门重点评价两类。单位或部门自评价主要关注阶段性绩效目标完成情况以及预算执行情况,并要求就绩效目标偏离分析原因说明情况,提出改进措施。自评价内容主要通过"自评表"形式反映,部门自评和政策自评还需按要求形成评价报告,报送财政部门。部门和财政重点评价关注决策、管理实施和绩效等各方面的内容,并要求通过绩效分析提炼经验做法,分析存在问题的原因,提出完善政策(项目)和改进管理的建议。重点评价通常会采用委托第三方机构开展评价活动并出具"绩效评价报告"的形式予以实施。此外,实践中部分地方财政部门也在探索开展针对部门(单位)自评价的再评价。

3.绩效评价的结果应用

(1)与政策本身的存废、调整和完善结合。政策绩效评价的最终评价结论要落实到每一条政策的存废、修改或完善之上。评价结果作为决定政策变化、政策改进、新一轮政策规划与设立的重要依据。

(2)与改进预算相结合。财政部门对预算主管部门自评情况和整改落实情况进行抽查。按照奖优罚劣的原则,对绩效较好的政策和项目优先予以资金上的保障;对绩效一般的政策和项目要督促整改;对低效或无效的项目应削减或取消预算资金安排;对长期沉淀在下级财政部门或预算单位的财政资金按相关规定予以收回。

(3)与改进管理相结合。预算主管部门应对照自评和重点评价中发现的问题,及时落实整改措施,并进一步改进项目和政策实施管理、合理安排预算,提高财政预算绩效。

(4)与绩效问责相结合。政策实施的效果也是相关部门履职情况的重要体现。评价结果与相关部门的工作考核挂钩,作为开展绩效问责的依据。绩效管理主体可选择将绩效评价结果信息按相关要求公开,接受社会公众监督。

第四节　财政支出绩效评价管理框架和方法论

财政支出绩效评价是预算绩效管理的突破口和结果应用的关键,也是实践中最为普遍开展的管理活动。我国经过近 30 年的探索,已经形成包括基本原则、方法指标和结果应用在内,覆盖各类绩效评价对象和财政资金,相对较为成熟和统一的财政支出绩效评价框架。本节基于对预算绩效评价原理和我国预算绩效评价制度、相关实践经验的梳理和归纳,系统介绍财政支出绩效评价的基本原理和实施原则、指标体系、评价方式方法和结果应用。

一、财政支出绩效评价的基本原理和原则

(一)财政支出绩效评价的基本原理

1. 公共委托—代理理论

“委托—代理”也称受托责任制,指通过契约,委托人将某些事务授权代理人管理,并支付相应费用的制度。公共委托—代理理论认为,政府是公共事务受托人,是以其整体接受人民委托,税收是委托费用。政府履行受托责任,应按职能分工,将具体公共服务委托给相关的职能部门,部门可进一步委托事业单位等,形成多重委托关系,预算是委托费用。因此,公共委托代理既是建立行政问责制的依据,也是预算绩效评价的依据。它要求委托人加强监督,通过绩效评价实施结果监督,防止受托人利用信息不对称,产生“逆向选择”和“道德风险”等自利行为而损害委托人的利益。

2. 目标—结果导向管理理论

公共管理存在“过程管理”和“结果导向管理”两种模式。部门预算属于过程管理,

存在拨款与效果脱节的问题。预算绩效管理则属于结果导向管理模式，坚持“花钱买服务、买效果”的预算观，将公共服务生产过程委托给部门和单位，聚焦部门单位使用公共资金是否提供有效公共服务，将重点放在绩效目标确立、资金保障（绩效拨款）和结果评价上。

这一原理要求：(1)绩效评价属于结果评价，而非过程评价，因而绩效评价指标体系应以结果类指标为主。(2)绩效评价指标必须体现公共利益，不得将不符合公共利益的结果列为绩效。(3)绩效指标必须符合有效性原则，不得将无效、冗余服务列为绩效。(4)指标设计必须体现投入与结果匹配原则，评价必须反映公共服务的实际成本。

3. 多目标管理理论

多目标管理理论也称为“次优理论”。公共部门管理的一个主要特点是多目标性，而且这些目标之间彼此相互冲突。政府支出的效果是多方面的，而且具有外部性，即使一个部门的效果，也需要多项指标才能完整、客观描述。只有采用多目标管理，才能客观公正地评价公共支出绩效。例如：经济性追求的成本最小和效益性追求的效果最好。实施预算绩效评价的过程就是多目标协调的过程。例如：财政支出项目的产出目标包括数量、质量、时效和成本四项要素；效果目标既反映财政支出的经济效益、社会效益、生态效益，还必须关注服务对象或受益对象的满意度与可持续发展目标。

因此，预算绩效评价追求的不是单个目标的最优，而是多个目标同时优化的基础上，寻找绩效目标之间的协调与平衡：(1)根据部门职能来设定反映主要业绩的指标，设定多维评价指标体系；(2)按照相对重要性对不同指标赋权，通过加权评分，总体衡量预算支出的总体效率和效果；(3)运用绩效评价指标体系进行评价，追求的是多目标约束下的“次优”结果。

4. 逻辑分析法框架

逻辑分析法也称为逻辑模型或逻辑推理法，它通过分析，借助逻辑推理思维，寻求投入(Inputs)、活动(Activities)、产出(Outputs)、结果(Outcomes)和影响(Impacts)等要件之间的关系，找出投入资金与产出效果之间的内在联系。

如图11－6所示，逻辑分析法采用“If... then ...”(如果……那么……的关系)的逻辑思路来辨析事件之间的逻辑关系，从分析一个组织、一项政策或项目的背景开始，接着分析它们正常运作的假设条件，然后再确定所要达到的目标或目的，通过对投入、产出、期望的结果(Desired Outcomes)、影响和变化(Changes)的逻辑分析，来揭示事件之间的因果关系和动态联系，以此为基础确定相关利益者的权利、责任和义务。这为建立绩效预算、改进绩效等活动奠定了基础。

按照逻辑分析法搭建的财政支出绩效评价指标体系应包括以下四类指标：(1)投入成本指标，反映支出标准和成本控制；(2)过程管理指标，按照不同用途公共资金管

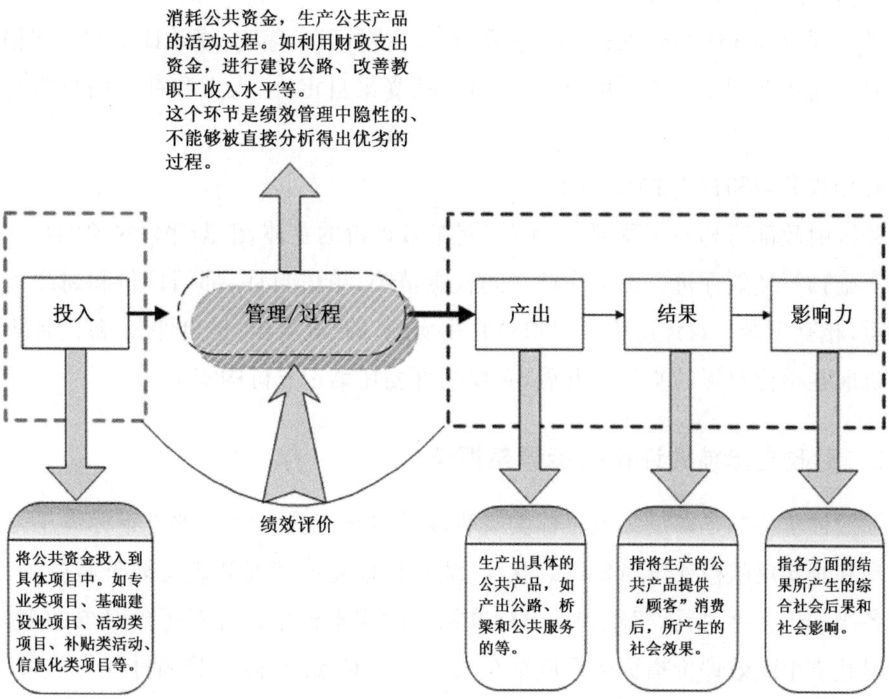

图 11—6 公共支出绩效的逻辑分析框架

理要素的不同，从预算管理、财务管理和业务管理维度进行设计；(3)产出指标，包括与预算和计划对应的产出数量、质量和时效；(4)结果指标，包括财政支出使用带来的经济、社会和环境效益，以及受益对象的主观评价；(5)影响力指标，反映影响公共资金使用可持续发挥效益的影响因素。

(二)财政支出绩效评价应遵循的基本原则

1. 指标科学和实施规范原则

指财政部门和预算部门(单位)应当根据设定的绩效目标，运用科学、合理可行的绩效评价指标、评价标准和评价方法，按照规范的程序，定量与定性分析相结合，对财政支出的经济性、效率性、效益性和公平性进行全面系统的反映。

2. 绩效相关和结果导向原则

绩效评价应当针对具体支出及其产出绩效进行，绩效指标应当与评价对象密切相关，与其履职目标、规划计划相适应。评价结果应能明确回应绩效目标的实现程度，清晰、恰当反映财政支出和产出绩效之间的对应关系；评价结果应能体现激励约束相容，应与预算安排、政策调整、改进管理实质性挂钩，体现奖优罚劣和激励相容导向，有效要安排、低效要压减、无效要问责。

3.公开透明和程序公正原则

绩效评价程序应当客观、公正，标准统一，资料可靠、翔实；绩效评价结果和相关绩效信息应与预算同步依法依规公开，并自觉接受来自审计、人大和社会的政府内外部监督。

4.分级分类和权责清晰原则

各级财政部门和各预算部门(单位)是绩效评价的主体，根据评价对象的特点分类组织实施预算绩效评价。相关主体之间权责清晰，单位自评、部门评价和财政评价各有侧重，相互衔接。自评应由项目单位自主实施，即"谁支出、谁自评"。部门评价和财政评价应在单位自评的基础上开展，必要时可委托第三方机构实施。

二、财政支出绩效评价指标体系框架

绩效评价指标是衡量绩效目标实现程度的考核工具。绩效评价指标体系是为充分体现和真实反映被评价对象绩效状况、绩效目标完成情况和满足评价需要，所搭建的由各级评价指标、指标权重和评价标准构成的完整框架。针对评价对象的多样性，构建财政支出绩效评价指标体系应结合具体评价对象的特点，兼顾过程与结果，坚持分类评价的原则。

(一)财政支出绩效评价指标的类型、原则和内容

1.绩效评价指标的主要类型

(1)按照指标的适用范围不同，可分为共性指标和个性指标。前者是指适用于所有评价对象的指标，主要包括决策类、管理类指标。后者是针对预算部门或项目特点设定的，适用于不同预算部门或项目的业绩评价指标，主要包括产出、效果类指标等。

(2)按照指标的评价内容不同，可分为经济性指标、效率性指标、效益性指标和公平性指标。经济性指标关注支出是否节约；效率性指标关注投入和产出的关系；效益性指标关注支出产生的经济、环境、社会和政治效益等预期目标；公平性指标关注支出程序、标准和内容、结果上的公平性。

(3)按照指标的评价维度不同，可分为过程性指标和结果性指标。前者是指以行为过程为导向，具有手段和效率涵义的指标，例如决策类、过程管理类指标；后者是指以行为后果为导向，具有目的和效果涵义的指标，例如产出类、效益类和满意度指标。

2.选择评价指标应遵循的基本原则

(1)相关性原则：绩效指标应当与评价对象密切相关，与绩效目标有直接的联系，能够恰当反映目标的实现程度。

(2)重要性原则：应当优先使用最具评价对象代表性，最能直接反映产出和效益，最能反映评价要求的核心指标。

(3)可比性原则:指标尽可能选取相对比值,对同类评价对象要设定共性的绩效评价指标和标准,便于评价结果相互比较;指标内涵应当明确、具体、可衡量,指标的取数或计算口径必须清晰一致,数据及佐证资料应当可采集、可获得。

(4)系统性原则:应当将定量指标与定性指标相结合,全面系统反映财政支出所产生的社会效益、经济效益、环境效益和可持续影响等。

(5)经济性原则:需考虑获得指标数据的现实条件和可操作性,避免反映同一方面业绩的指标被重复估算。指标应当通俗易懂、简便易行,精简实用,符合成本效益原则。

(6)稳定性与前瞻性相结合原则:为保持指标的纵向可比,指标体系要保持一定的稳定性,但也要逐步融入前瞻性指标,体现绩效导向。

3.绩效评价指标层级和内容要素

评价指标体系中一系列相互关联的评价指标,构成了一种多级递阶层次结构。(1)一级指标:亦称指标维度。维度是对评价对象、类型的区分,规定了评价的基本面向。通过维度区分,可使评价层面条理化,评价具有可比性。(2)二级指标:亦称基本指标,或称指标内容、中间段指标,是评价手段的体现,作为维度的载体和外在表现,需要根据项目的种类、特点、相关度和隶属性进行编制。(3)三级指标:亦称具体指标,是评价内容的实质性和具体表现,需对应设置完整指标要素。

其中,三级指标作为基础指标,其指标构成要素包括:(1)指标名称,是指与评价内容相符,简洁而无歧义的评价指标名称;(2)指标解释,是对指标所反映内容、指标性质和指标信息来源的具体文字解释;(3)指标权重,是指反映指标相对重要程度的权数;(4)业绩值计算公式,是指对定量指标实际业绩值的计算方法;(5)目标值,也称为标杆值,是指指标应达到的期望值,也是指标获得满分评价的业绩值;(6)评分规则,是指根据实际业绩值与标杆值之间的差距,计算评分的规则。其中,标杆值和评分规则通常也合称为指标的"评价标准"。

(二)分类绩效评价指标体系框架

按照评价对象的不同,参考中央及各地区出台的共性指标框架,可以将财政支出绩效评价指标体系分为部门(单位)整体支出、财政政策支出、财政项目支出三大类。

1.部门(单位)整体支出绩效评价指标体系

部门(单位)整体支出绩效评价需要考察部门围绕其目标开展的履职活动所产生的实际绩效。共性绩效评价指标体系如表 11－3 所示,从部门决策维度,考察部门职能定位、战略规划、年度计划和绩效目标情况;从部门管理维度,反映预算管理、内部管理和业务管理运行情况,从部门履职效果维度,考察部门绩效目标的实现情况。

表 11—3 部门(单位)整体支出绩效评价指标体系

一级指标	二级指标	三级指标	指标说明
部门决策(10)	部门职能定位	职能设定明确性	批复文件是否依据充分;机构职能设定是否明确;人员岗位职责是否明确
	部门战略规划	中长期规划合理性	是否制定中长期规划;规划是否与上级部门规划和部门职能适应;内容是否明确、完整
	部门年度工作计划	部门计划适应性	是否制定年度工作计划;计划是否与职能和规划适应;计划内容是否明确完整
	部门绩效目标设定	绩效目标合理性	是否设定年度绩效目标;目标是否与部门职能、规划和计划匹配;目标是否明确、细化、可衡量
部门管理(30)	预算管理	预算编审管理	支出预算编制合理准确性;预算编审程序规范性
		预算执行管理	预算执行率;预算调整率;非税收入执行合规性;三公经费控制率;结转结余资金管理规范性
		决算和财报管理	决算和财报编报数据完整、准确详尽、及时
		预算绩效管理	基础工作完整性;绩效目标申报覆盖率;绩效运行监控覆盖率;绩效评价覆盖率;结果应用情况
		预决算信息公开管理	信息公开制度健全;内容完整、及时、真实有效
	内部管理	财务管理	财务管理制度健全性、资金使用合规性
		人力资源管理	在编人员控制率;编外人员聘用管理规范
		资产管理	资产管理制度健全;资产管理制度执行有效;固定资产利用率
	业务管理	内部决策管理	内部决策制度健全;内部决策制度执行有效
		政府采购管理	采购管理规范;合同管理规范
		项目业务管理	项目管理制度健全;项目管理制度执行有效
部门绩效(60)	部门产出	工作计划完成情况	数量、质量、时效
		重点工作完成情况	数量、质量、时效
	部门效果	部门效益	社会效益、生态效益、经济效益
		满意度	服务对象满意度
		长效管理	管理机制创新、信息化技术应用、业务能力提升

2. 财政政策支出绩效评价指标体系

财政政策支出事后绩效评价除重点考核政策目标实现外,还要对政策制定和实施情况做全面评价。政策支出的共性绩效评价指标体系如表 11—4 所示。由于政策开展中不同层级政府、不同政策主体关注的重点不同,因此在政策评价实践中,需要有差异地设计具体的政策制定和实施维度的评价指标;政策效果则需要结合具体政策的绩效目标,根据不同政策内容选择相应的效益指标进行个性化设计。

表 11—4 **财政政策支出绩效评价指标体系**

一级指标	二级指标	三级指标	指标解释
政策制定（20）	政策决策	依据充分性	政策设立是否有明确依据；目标导向是否与法律法规、发展规划符合；是否与地区优先发展战略相适应
		需求充分性	政策设立是否回应公共需要和重大社会问题；是否与其他政策交叉重叠
		程序规范性	政策设立前期是否进行充分调研和意见征询，是否有民主参与决策；政策出台前是否进行事前政策评估
	政策内容	内容合理性	政策文本的各项政策要素是否完整；政策范围、资源分配规则等是否公平合理
	政策目标	目标合理性	政策的预期总目标和阶段性目标是否清晰、明确、可行
政策实施（20）	规范落实	规划分解情况	政策落实的规划、计划是否完备；政策任务是否分解到位具体部门、机构和人员
		政策配套情况	是否制定相关配套政策和管理制度；政策落实执行的组织管理架构、相关部门之间的协调机制是否建立健全
	实施执行	投入管理情况	反映政策实施过程中的资金到位、预算执行、资金拨付和资金使用情况
		实施执行情况	政策宣传、申报、评审、信息公开、验收等业务活动执行是否规范、公开公正
	过程监管	过程监管情况	是否建立进度和质量的动态跟踪和监管机制；监管机制在各层级单位是否得以有效执行
政策效果（60）	政策产出	产出数量	政策覆盖面、受益人数等指标
		产出质量	符合规定要求和标准的质量指标
		产出时效	政策规定的时间性要求
		成本指标	政策目标实现的成本是否相对较低，实际投入—产出是否相匹配、是否符合经济性原则
	政策效益	经济效益	政策实施对经济发展的直接或间接影响
		社会效益	政策实施对社会发展产生的影响
		生态效益	执行政策对生态环境的影响
	满足度	受益对象满意度	政策受益主体及潜在受益主体对政策的综合满意程度

3. 财政项目支出绩效评价指标体系

财政项目支出是为完成特定工作任务或事业发展目标，在基本支出预算外专项安排的支出，因此以项目支出为对象的绩效评价，一般以反映部门履职重点、行业特色，涉及重大民生、社会关注度高、政府购买服务等项目支出为评价重点。项目支出评价指标体系框架内在遵循“投入—过程—产出—效果”的基本逻辑，评价内容主要包括项目立项依据充分性、财政资金使用情况、项目管理制度配套及执行情况，以及项目预期绩效目标实现情况等。项目支出的共性绩效评价指标体系如表 11—5 所示。评价实践中,需要根据业务类、政策类、工程及维护类、设备购置及维护类、政府购买服务类等不同类型财政项目的资金用途和管理特点进行分类细化。

表 11—5　　财政项目支出绩效评价指标体系

一级指标	二级指标	三级指标	指标解释
项目决策(20)	项目立项	立项依据充分性	项目立项是否符合法律法规、相关政策、发展规划以及部门职责,用以反映和考核项目立项依据情况
		立项程序规范性	项目申请、设立过程是否符合相关要求,用以反映和考核项目立项的规范情况
	绩效目标	绩效目标合理性	项目所设定的绩效目标是否依据充分,是否符合客观实际,用以反映和考核项目绩效目标与项目实施的相符情况
		绩效指标明确性	依据绩效目标设定的绩效指标是否清晰、细化、可衡量等,用以反映和考核项目绩效目标的明细化情况
	资金投入	预算编制科学性	预算编制是否经科学论证、有明确标准,资金额度与年度目标是否适应,用以反映和考核项目预算编制的科学性、合理性
		资金分配合理性	资金分配是否有测算依据,与补助单位或地方实际是否相适应,用以反映和考核项目预算资金分配的科学性、合理性情况
项目过程(20)	资金管理	资金到位率	实际到位资金与预算资金的比率,用以反映和考核资金落实情况对项目实施的总体保障程度
		预算执行率	项目预算资金是否按照计划执行,用以反映或考核项目预算执行情况
		资金使用合规性	项目资金使用是否符合相关的财务管理制度规定,用以反映和考核项目资金的规范运行情况
	组织实施	管理制度健全性	项目实施单位的财务和业务管理制度是否健全,用以反映和考核财务和业务管理制度对项目顺利实施的保障情况
		制度执行有效性	项目实施是否符合相关管理规定,用以反映和考核相关管理制度的有效执行情况
项目产出(30)	产出数量	实际完成率	项目实施的实际产出数与计划产出数的比率,用以反映和考核项目产出数量目标的实现程度
	产出质量	质量达标率	项目完成的质量达标产出数与实际产出数的比率,用以反映和考核项目产出质量目标的实现程度
	产出时效	完成及时性	项目实际完成时间与计划完成时间的比较,用以反映和考核项目产出时效目标的实现程度
	产出成本	成本节约率	完成项目计划工作目标的实际节约成本与计划成本的比率,用以反映和考核项目的成本节约程度
项目效益(30)	项目效益	实施效益	项目实施所产生的效益
		满意度	社会公众或服务对象对项目实施效果的满意程度

三、财政支出绩效评价的主要方式和方法

（一）财政支出绩效评价的主要方式

1.绩效评价的组织方式

绩效评价具体分为部门（单位）自评和预算部门重点评价、财政部门重点评价三类方式。此外，也有一些地方财政部门在探索组织开展对部门（单位）自评价的再评价。自评价、再评价和重点评价在组织形式、评价对象、评价重点和评价内容上存在差异，详见表11－6。

表11－6　　绩效自评价、重点评价和再评价对比表

对比维度	部门（单位）自评价	部门（单位）重点评价	财政再评价
评价主体	预算部门和预算单位	预算主管部门和财政部门	财政部门
实施方式	自行开展	自行或委托第三方机构	自行或委托第三方机构
评价对象	本部门（单位）整体支出；纳入政府预算管理的所有项目支出	选择部分本级预算部门（单位）、本地区重点财政政策和项目支出	自评价的内容和结果
评价重点	总体绩效目标、各项绩效指标完成情况以及预算执行情况	决策及设立情况；资金管理和使用情况；相关管理制度办法的健全性及执行情况；实现的产出情况；取得的效益情况	自评价开展规范性和有效性；数据真实性；结论准确性；自评价结果应用情况

（1）部门（单位）自评价是预算部门组织部门本级和所属单位针对整体预算、政策和项目预算执行情况，将实际取得的绩效与绩效目标进行对比，对绩效目标的完成情况进行的自我评价。原则上绩效自评价应覆盖所有预算部门（单位）及其政策和项目的预算资金。

（2）部门重点评价是指或预算主管部门根据相关要求，运用科学、合理的绩效评价指标、评价标准和方法，对本部门的项目组织开展的绩效评价。部门重点评价对象应根据工作需要，优先选择部门履职的重大改革发展项目，随机选择一般性项目。原则上应以5年为周期，实现部门评价重点项目全覆盖。

（3）财政重点评价评价是指财政部门对重大政策和项目，以及部门整体支出周期性组织开展的重点绩效评价，旨在完善财政支出结构、促进部门履职、落实优化财政政策等。财政重点评价对象应根据工作需要，优先选择贯彻落实党中央、国务院重大方针政策和决策部署的项目，覆盖面广、影响力大、社会关注度高、实施期长的项目。

（4）财政部门组织的再评价。再评价一方面旨在对预算部门（单位）自行开展的绩效评价工作进行检查验证，包括工作的规范性、数据的真实性及结论的准确性，复核确

认自评价结果，不断改进绩效管理；另一方面可对部分重大专项政策和项目进行更专业、更系统的分析。再评价通常由财政部门组织，可自行开展或委托第三方机构开展。

2. 绩效评价的职责分工

（1）财政部门负责拟定绩效评价制度办法，指导本级各部门和下级财政部门开展绩效评价工作；会同有关部门对单位自评和部门评价结果进行抽查复核或再评价，督促部门充分应用自评和评价结果；根据需要组织实施绩效评价，加强评价结果反馈和应用。

（2）各部门负责制定本部门绩效评价办法，组织部门本级和所属单位开展自评工作，汇总自评结果，加强自评结果审核和应用；具体组织实施部门评价工作，加强评价结果反馈和应用。积极配合财政评价工作，落实评价整改意见。

（3）部门本级和所属单位按照要求具体负责自评工作，对自评结果的真实性和准确性负责，自评中发现的问题要及时进行整改。

（二）财政支出绩效评价的主要方法

绩效评价有多重目标和多元取证方式。评价过程会产生大量绩效信息，有些以货币计量，有些不可货币化；有些是量化的客观数据，也存在不能量化的其他信息。因此，绩效评价应坚持“价值标准”和“事实标准”并重的原则，以定量分析为主、定性分析为辅，综合采用各类评价和绩效分析方法。

1. 指标分析法

通过对绩效评价指标表中的扣分点进行定性分析，并重点剖析此项绩效指标的扣分对整个政策或项目实施的影响程度，针对指标分析揭示的问题，结合访谈及抽样调查的情况，提出针对性建议。

2. 因素分析法

通过综合分析影响财政资金绩效目标实现、实施效果的内部和外部因素，将影响投入和产出的各项因素罗列出来进行分析，计算投入产出比进行评价。很多公共项目的绩效评价都用到因素分析法，通过不同因素的权重评比进行综合评分，具体操作与指标分析法相类似。

3. 成本效益分析法

结合预算支出确定的目标，比较支出所产生的效益及所付出的成本，通过比较分析，选择以最小成本取得最大效益的方案。其适用范围具有一定的局限性，主要适用于成本和收益都能准确计量的评价，如公共工程项目等。

4. 最低成本法

是指对效益确定却不易计量的多个同类对象的实施成本进行比较，评价绩效目标实现程度。该方法只计算项目的有形成本，在效益既定的条件下分析其成本费用的高低，以成本最低为原则来确定最终的支出项目。

5.比较法

是指通过对绩效目标与实施效果、历史与当期情况、不同部门和地区同类支出的比较，综合分析绩效目标实现程度。比较法主要适用于财政政策和项目评价，通常也通过一些案例的对比分析来进行辅助评价。

6.专家咨询和公众评判法

对于无法直接用指标计量其效益的支出，可以选择对专家进行咨询访谈和对社会公众进行问卷调查以评判其效益，需要设计好相应访谈提纲和调查问卷，并有效选择被调查的对象。

7.定量模型分析法

应用计量经济方法，建立数学模型进行计算分析，找出影响财政资金绩效的主要因素，分析影响绩效的主要因素，针对性地提出具体改进建议。这类分析对数据质量和分析技术的要求较高。

四、财政支出绩效评价的结果应用

结果应用是财政支出绩效评价的终极价值所在。绩效评价结果无法得到有效应用是制约预算绩效管理全面推进的重要症结所在。对应不同绩效评价方式，绩效评价结果主要通过绩效自评表和绩效评价报告两种载体形式呈现。单位自评信息主要通过项目支出绩效自评表的形式反映；财政和部门评价信息主要以绩效评价报告的形式体现。无论是自评结果还是重点评价结果，均应依法自觉接受审计监督。其应用路径主要体现在三个方面。

（一）评价结果反馈、报告和公开

（1）结果反馈整改。财政部门和预算部门在重点绩效评价工作完成后，应将评价结论、存在的问题和意见建议反馈给被评价预算部门（单位）或资金使用单位，并明确整改时限。被评价部门（单位）应当针对评价反映的问题，按要求向财政部门或主管部门报送整改落实情况，确保整改措施落到实处。

（2）结果报告。一是自评结果向财政报告。各部门应当按照要求随同部门决算向本级财政部门报送绩效自评结果，说明预算支出绩效状况、存在问题、纠正措施及建议。对预算执行率偏低、自评结果较差的项目，要单独说明原因，提出整改方案。二是评价结果向政府、党委和上级财政部门报告。财政部门要对绩效评价情况进行总结，定期向同级政府和上级财政部门报告，作为开展部门综合绩效考评和政府预算绩效管理的重要依据；对党委政府关心、社会公众关注、对经济社会发展有重要影响的重大政策和项目绩效评价结果，财政部门或预算部门（单位）应向同级政府进行专题报告，为政府决策提供参考。三是评价结果向本级人大报告。各级财政部门、预算部门应当按照要求将绩效评价结果分别编入政府决算和本部门决算，报送本级人民代表大会常务委员会，为人大开展预算绩效监督提供依据。

(3)结果公开。根据政府信息公开有关规定，按照“谁使用，谁公开；谁组织实施，谁公开”的原则，在政府信息公开平台上，由财政部门公开重点绩效评价和再评价结果，由各预算部门负责与部门决算信息同步公开预算绩效自评结果，搭建社会公众参与绩效管理的途径和平台，主动接受社会监督。

(二)预算结合、政策完善和管理改进

部门和单位自评价结果应作为本部门安排预算、本单位完善政策和改进管理的重要依据；财政重点评价和再评价结果应作为安排政府预算、完善政策和改进管理的重要依据。财政评价结果作为项目支出评价结果主要为项目预算调整和项目管理改进提供依据；部门整体支出评价结果主要为部门整体预算调整和改进部门内部管理提供依据；政策支出绩效评价为政策本身的调整、完善、存废和政策预算调整提供依据。

(1)与预算安排相结合。建立绩效评价结果与预算安排挂钩机制，财政部门和预算部门(单位)要将预算绩效评价结果作为资金是否列入年度预算或支出项目库、预算调整和以后年度预算编制的重要依据；财政部门根据预算绩效评价结果，相应在下年度预算安排时给予重点支持、优先保障、减少资金、取消安排等处理；对预算绩效评价意见未实施整改或整改不到位的预算部门(单位)，在安排下年度资金时相应减少或不予安排；对长期沉淀的资金一律收回。

(2)与政策完善相结合。建立绩效评价结果与政策调整挂钩机制，对绩效好的政策原则上优先保障，对绩效一般的政策要督促改进，对交叉重复、碎片化的政策予以调整，对低效无效政策一律取消。

(3)与管理改进相结合。通过建立评价结果反馈整改、报告和信息公开机制，倒逼预算部门(单位)完善预算绩效目标编制和部门绩效指标、标准体系建设，改进部门预算管理和业务管理，提升管理绩效。

(三)考核结合和绩效问责

(1)实现与其他部门信息共享。预算绩效评价结果逐步与同级审计、纪检监察和组织人事等部门信息共享，相互利用工作成果，形成部门联动合力。

(2)与预算管理综合考核相结合。将部门绩效评价结果纳入部门预算管理综合考核体系，作为评价部门预算管理工作情况的重要依据；建立考核结果通报制度，对工作成效明显的地区和部门给予表彰，对工作推进不力的进行约谈并责令限期整改。

(3)与政府绩效评估相结合。将绩效评价结果和预算绩效管理开展情况纳入同级政府对同级预算部门(单位)和下级政府的绩效评估体系，与政府绩效考评结果挂钩。

(4)与干部政绩考核相结合。将预算绩效结果纳入干部政绩考核体系,作为领导干部选拔任用、公务员考核的重要参考。部门和单位主要负责同志对本部门本单位预算绩效结果负责,项目责任人对项目预算绩效结果负责。

(3)与绩效监督问责结合。审计机关要依法对预算绩效管理情况开展审计监督,财政、审计等部门发现评价结果中的违纪违法问题线索,及时移送纪检监察机关。

第五节　预算绩效管理的配套改革及联动协同

我国的预算绩效管理具有典型"内部控制"和"行政主导"的特点,且总体呈现"财政部门牵头""自下而上"的发展路径。经过近 30 年的实践,在财政部原则指引下,各级财政部门从制度建设、组织保障、绩效技术到实施路径,逐渐形成百花齐放的格局。2018 年 34 号文的出台,标志着我国预算绩效管理开始步入统一、规范、协同推进的新阶段。预算绩效管理改革将深刻影响国家治理的方方面面,触及多方利益和权责,能否突破有限政府层级、局部行政组织和预算管理技术本身,在国家层面建立起权威性制度安排、多方协同的行动网络予以支撑,将成为改革推进的重要制约。

一、预算绩效管理的流程延伸长

实现预算和绩效管理的一体化,必须建立起整体财政观和长期预算管理的视野,将预算绩效管理流程分别向前(财政预测、中期预算)、向后(绩效报告、外部问责)延伸,通过对传统公共预算管理流程再造,重点健全公共预算的外部问责和经济职能。

(一)树立"整体财政观",建立财政预测和分析框架

经济和财政预测相结合,建立收入和政策预测分析框架和支出审查框架、从整体财政平衡和风险控制的视角审视预算,是发达经济体实施绩效预算改革的主要经验之一。如果政策本身不合理,预算本身不科学,越强调预算执行率,损失和风险越大,预算绩效管理框架不能仅仅局限在以年度预算编制为起点,而应将其端口再向前推移至经济、财政预测和政策决策、规划环节。因此,理性的收入政策、重大支出政策、部门整体支出的预算绩效管理应该建立在一套基于经济预测基础上的财政预测和报告制度之上。

(二)树立长期视野,建立与国民经济发展规划、政府任期同步的中期预算框架

从各国实践经验看,中期支出框架(MTEF)被视为绩效预算过程的第一阶段。当前我国按"年度预算—中期财政规划—中期预算"的路径逐步推进,已初步建立按照三年滚动方式编制的中期财政规划。但是,一方面部门的中期财政规划普遍缺乏对宏观

形势的分析，例如对行业和领域的重点指标变动趋势及对财政收支重大可能影响预测、收入预测和支出需求预测不足，与重大政策的关联不明确，无法测量政策的长期成本，对财政风险的预测不足，无法体现预算的约束机制，难以实施问责。建议能够在强化财政预测分析功能的同时，制定周期更长的（五年）中长期预算框架，并根据外部经济环境变化及时调整，确保预算管理改革的可持续性。最后，通过中期预算管理，可相应赋予部门一定资源配置的弹性，将"放权"与"问责"更好地结合在一起，使绩效评价能够摆脱对过程的过度关注而真正实现结果导向。同时，也能缓解全面预算绩效管理客观上面临的一些实践难题。

（三）建立部门计划和绩效导向的财务报告制度

首先，通过制定部门年度计划，公开与部门预算相匹配的绩效目标，并提供详细数据和信息链接，将部门的预算绩效责任明确下来；其次，在政府会计制度改革的基础上，通过发布包含绩效信息的年度财务报告或单独绩效报告，并经财政、审计和人大审核监督，决定其绩效责任是否解除或问责。从而形成部门绩效责任明确、公开和解脱的制度框架，倒逼部门主动参与预算绩效管理，实现自我评估、自我改进的良性机制。

二、预算绩效管理的基础配套

预算绩效管理标准体系是全面实施预算绩效管理的基础支撑。构建绩效管理标准、绩效指标标准、支出标准和服务标准有机衔接配套的预算绩效管理标准体系，是推动预算绩效管理高质量发展的基础工作。

（一）预算绩效管理标准体系的基本构成

完整的预算绩效管理标准体系由以下部分构成：

（1）绩效管理标准体系。从管理主体区分，包括财政管理标准、预算部门管理标准、其他部门管理标准；从管理事项区分，包括制度编制标准、第三方机构管理标准、其他参与主体管理标准、预算管理绩效评价标准、预算绩效信息管理标准等。

（2）绩效指标和评价标准体系。包括共性绩效指标及标准体系和分行业、分领域、分层次的核心绩效指标及标准体系。

（3）预算支出标准体系。包括部门预算支出标准体系（基本支出、项目支出）、转移支付支出标准体系。

（4）公共服务标准体系。包括基本公共服务配置标准和公共服务支出标准。

（5）其他相关标准体系。政府采购标准、资产管理标准等

（二）推进预算绩效管理标准体系建设的方向和路径

（1）制定《预算绩效管理 基本术语规范标准》，实现预算绩效管理基本术语标准化。

(2)结合转移支付资金管理,实现不同层次预算绩效管理标准体系共建共享、互联互通,减少指标库重复建设;搭建全国性的“预算绩效管理标准共享平台”,提高标准建设效率和应用价值。

(3)以“预算绩效指标和标准库”建设为载体,实现各类预算绩效管理标准体系的协同配套和有机融合。

(4)完善绩效评价指标信息要素,融入支出标准、服务标准和其他标准。一是做实“成本指标”,将预算支出标准融入绩效指标和标准体系。二是细化各项评价指标来源和标准依据,实现政府采购标准、资产配置标准、基本公共服务标准与绩效指标标准对接。三是通过指标的可能适用范围选择,满足不同类型评价和不同层级预算管理的指标需求。

三、预算绩效管理的监督和协同

按照《关于全面实施预算绩效管理的意见》(中发〔2018〕34 号)的描述,全面实施预算绩效管理的整体组织架构已基本成型:党领导预算绩效管理工作;地方各级政府和各部门、单位是预算绩效管理的责任主体,负责对相应预算绩效负责;财政部门负责组织协调;审计部门负责对预算绩效管理进行监督;重要绩效信息同步报送同级人大,主动向社会公开;监察纪检部门在发生违纪时介入问责。但总体来看,各机构行动主体的职责分工还不够清晰,发改委等核心行政部门的职责未予以界定。当务之急应尽快出台具体办法,明确相关主体的权责分工和内部、外部监督机制,形成联动协同推进合力。

(一)预算绩效管理的审计监督和联动

1.明确审计部门参与预算绩效管理的具体审计监督职能

审计部门依照法律规定独立行使预算的审计监督权,是预算绩效管理的政府内部监督主体。全面实施预算绩效管理背景下,审计部门除聚焦政府活动的财务责任外,还应更多关注政府的绩效责任:(1)除对政府整体预算执行和收支情况进行审计外,审计部门还应重视对同级政府和政府部门编制的绩效导向的财务报告进行审计,提供更具独立性的审计报告,保证资源使用过程符合适当、透明程序,合乎预期目的,并对相关绩效信息的准确性、可靠性和相关性进行检验和复核,维护和促进政府整体的公共责任;(2)接受党委、人大和政府委托,对重大宏观政策落实情况和具有重大风险的政策、项目等,开展财务合规性和支出效益性并重的专项综合审计,提供审计报告,为事后问责或解除相应财务责任和绩效责任提供依据;(3)结合领导干部经济责任履行情况审计和离任审计,落实绩效“问责到人”和重大项目责任人绩效终身责任追究制。

2. 建立财政部门和审计部门的“财审联动”机制

一方面，随着绩效理念的全面融入，审计工作由传统财务合规性审计向绩效、效益审计延伸，客观上形成一定程度的职能交叉，如果分工不清晰，重复评价不仅会造成资源浪费，也会增加预算部门和单位的负担。“财审联动”通过预算绩效和审计监督“工作共商”和“信息共享”，能够有效地解决这一问题，实现资源节约，减少重复检查，提高整体工作绩效。另一方面，预算绩效管理以实现预算和绩效管理一体化为目标，注重“业财融合”和资金有效性评价，但是由于权威性不足，产生的大量绩效信息和评价结果难以有效应用。“财审联动”通过“成果共用”和“整改共促”，能够实现优势互补和相互支撑，在压实预算部门和单位责任，督促责任主体整改落实方面形成合力。

（二）加强人大对预算绩效管理的实质性监督

按照宪法、预算法和监督法的规定，各级人大及其常委会依法具有审查批准预算、决算和监督预算执行的权利。《预算法》在强调人大具有审查批准预算、决算和监督预算执行等传统职权之外，明确要求“人大对改进预算管理、提高预算绩效、加强预算监督等提出意见和建议；重点审查支出政策实施情况和重点支出、重大投资项目资金的使用及绩效情况”，从法律层面为地方人大开展预算绩效管理监督提供了明确法律依据。

近年来，各地人大积极探索推进政府预算绩效管理改革的有效举措，将推动政府全面实施预算绩效管理制度落地作为现阶段人大加强预算监督工作的重要任务和目标。例如广东省、重庆市沙坪坝区等地方人大直接委托第三方开展财政支出绩效评价。上海市闵行区通过信息联网、听取和审议政府专项工作报告、执法检查、询问、质询、特定问题调查、视察、专题调研、绩效听证、绩效管理监督重点项目满意度评价等有效方式，建立起覆盖预算编制、预算审查、预算执行和预算调整、决算环节的全过程预算绩效监督机制。

为充分发挥人大对预算绩效管理的实质性监督，形成权力机构对政府全面实施预算绩效管理的倒逼机制，人大及其常委会作为政府预算和预算绩效管理的外部监督主体，应进一步发挥各专业委员会和预算工委的制度潜力和监督活力，通过开展预算信息联网、绩效听证、预算绩效管理满意度测评等手段，广泛搜集、反映、传递民意，以重点监督政策或项目为载体，对同级政府开展预算绩效管理的有效性进行评价和监督，倒逼政府绩效信息公开和绩效结果应用。此外，人大及其常委会作为权力机构，还可以授权审计部门或独立机构，对政府整体预算绩效、跨行业或跨部门重大政策、财政收入政策等，开展重点评估，并将结果与预算审查、重大政策绩效审查相衔接，对部门提出质询和问责。

本章小结

我国的预算绩效管理伴随现代公共财政框架的建立而产生，并在深化预算管理改革的进程中不断发展完善，形成中国特色。本章围绕预算绩效管理的基本概念、历史演进、发展现状及改革趋势，介绍和分析了我国预算绩效管理改革的整体脉络和系统框架。

第一部分：解析预算绩效管理的基本概念和特点。首先，阐释绩效和绩效测量的概念，延伸出政府绩效的由来、内容和特点；其次，分析绩效预算和预算绩效的联系及区别；最后，阐述预算绩效管理的内涵和外延，分析其与企业绩效管理和政府绩效管理的区别与联系。

第二部分：回顾我国预算绩效管理改革的发展历程。按照改革的时间线，整体分为自发萌芽和试点、项目支出绩效评价、全过程预算绩效管理、全面实施预算绩效管理和预算绩效管理高质量发展五个阶段。在回顾中央和地方预算绩效管理改革历程的基础上，概括和总结近20年来的改革经验，解读全面实施预算绩效管理的整体框架和核心价值。

第三部分：阐释预算绩效管理的对象、范围和程序。首先，区分政府、部门(单位)、政策和项目，从“全方位”的视角就预算绩效管理对象展开分析；其次，区分一般公共预算和其他三本预算，从“全覆盖”的视角对预算绩效管理范围展开分析；最后，区分事前、事中和事后，从“全过程”的视角对预算绩效管理程序进行分析。

第四部分：介绍财政支出绩效评价制度。这部分内容不讨论具体操作流程，分别从基本原理、评价指标体系、评价方式方法和结果应用四个层次展开，分类梳理评价的共性指标体系，分析不同评价方式的特点及其适用性，最后着重分析评价结果的可能应用。

第五部分：分析预算绩效管理的配套改革及协同机制。延伸讨论预算绩效管理的流程延伸和基础配套，并分别从人大和审计的角度，聚焦分析全面实施预算绩效管理的监督和协同机制。

本章名词解释

绩效预算　预算绩效　预算绩效管理　预算事前绩效评估　预算绩效目标管理
预算绩效评价

本章复习思考题

1. 知晓型、报告型和决策型绩效预算有何区别？
2. 如何理解全面实施预算绩效管理的“全面”？
3. 政府、预算部门(单位)、政策和项目预算绩效管理之间有何区别与联系？
4. 如何理解“预算和绩效管理一体化”？
5. 如何理解预算绩效目标是全过程预算绩效管理的基础？
6. 如何完善全面实施预算绩效管理的协同推进机制？

第十二章　政府财务报告

本章主要内容

本章主要包括三部分的内容：第一，政府财务报告的目标与编制基础。包括政府财务报告目标的重要性和目标的主要内容；政府财务报告编制基础的类型及实行权责发生制的意义。第二，政府财务报告的主体与内容。这部分首先明确了政府及政府部门的范围；其次分析了政府财务报告主体与政府预算主体之间的关系，同时还介绍了美国的政府财务报告主体；最后，对我国及美国的政府财务报告的内容进行了介绍。第三，政府财务报告的管理。介绍了我国政府综合财务报告制度和我国政府会计制度的演变及其主要内容；同时也介绍了政府财务报告分析体系。

在市场经济发达国家，政府一般都需要公开披露自身的财务信息，信息披露的方式主要是两种：预决算报告和财务报告。这两种报告都是在政府会计基础上生成的报告，因而都是政府会计报告的组成部分。

预算报告反映政府在当前年度甚至以后若干年度的收支计划、政策意图和政策重点，民众借此可以预测相关经济政策，安排自身经济活动，并结合决算报告、财务报告等相关信息监督政府资金使用的绩效和效率。决算报告是政府预算执行的结果报告，反映政府收、支、余情况，一方面可以反映政府预算执行的情况，另一方面结合预算报告、财务报告等相关信息监督政府资金使用的绩效和效率。

国际会计师联合会的公共部门委员会（IFAC-PSC）在其 1991 年公布的第 1 号研究报告《中央政府的财务报告》中，对政府财务报告定义为：政府财务报告是报告主体为外部信息使用者提供信息的重要载体与外部信息使用者获取财务信息的重要来源，并且特别指出，虽然政府财务报告应该以政府财务报表为核心，但是政府财务报告也应该包含其他的如政府业绩和政府预算的信息。我国 2020 年《政府财务报告编制办法》指出：政府财务报告以权责发生制为基础编制，包括政府部门财务报告和政府综合财务报告。政府部门财务报告由政府部门编制，主要反映本部门财务状况、运行情况等，为加强政府部门资产负债管理、预算管理、绩效管理等提供信息支撑。政府综合财务报告由政府财政部门编制，包括本级政府综合财务报告和行政区政府综合财务报告，分别反映本级政府整体和行政区政府整体财务状况、运行情况和财政中长期可持续性等，可作为考核地方政府绩效、开展地方政府信用评级、评估预警地方政府债务风险、编制全国和地方资产负债表以及制定财政中长期规划和其他相关规划的重要依据。本级政府整体财务状况、运行情况，是指将政府财政、各部门和其他被合并主体的财务报表进行合并，以合并结果反映的财务状况和运行情况(横向合并)。行政区政府整体财务状况、运行情况是指将本级政府和所辖各级政府的财务报表进行合并，以合并结果反映的财务状况和运行情况(纵向合并)。

第一节　政府财务报告的目标与编制基础

一、政府财务报告的目标

财务报告目标是关于财务会计所要达到境地的抽象范畴，是人们对会计信息系统所期望要达到的境地和标准。国际会计师联合会下的公共部门委员会(IFAC-PSC)在1991年公布的第1号研究报告《中央政府的财务报告》中指出，政府财务报告的目标可以解释为：应予以报告信息的目的与性质，它们之所以重要，是因为它们为决定哪些会计原则用于计量和报告信息的质量提供了基础，并且为建立一套适用于政府的会计原则提供了基础。

(一) 政府财务报告目标的重要性

政府财务报告目标的定位是整个财务报告概念框架的逻辑起点，对整个财务报告体系的构建起着导向作用，政府财务报告的主体、编制基础的选择、信息质量特征、要素的确认、计量及报告等都要以报告的目标为引导，服从于政府财务报告的目标。

政府会计准则委员会(GASB)的前身——全国政府会计理事会(NCGA)在第1号概念公告《政府单位会计和财务报告目标》中即指出：目标是最高层次概念，它提供一个概念框架；对于建立政府单位会计和财务报告原则，以使其符合逻辑、首尾一贯及回应使用者的需要；并认为，如果目标不能清晰表达且前后保持一致，必然会被各种不同的利益集团所利用。

GASB还认为财务报告目标直接受到会计环境的影响，包括一个国家和地区的经济、法律、社会乃至政治环境，而且报告目标会随环境的不同而发生变化。至于政府会计环境，既包含政府组织内部的微观环境(比如政府组织结构、政府的资金来源)，也包含政府组织外部对政府会计有影响的宏观环境(如经济、法律、教育、文化、国际倡议等)。由于不同国家的政府会计环境存在必然的差异,因此,不同国家政府财务报告目标的定位和内容可能存在不同。重要的是,由于政府会计环境具有一定的稳定性,因此,以财务报告目标为逻辑起点而构建起来的概念框架,比以会计假设为导向的概念框架更具有稳定性。[①]

(二)政府财务报告目标的内容

国际公共部门会计准则理事会(IPSASB)认为,公共部门主体财务报告的目标是"为通用目的财务报告的使用者提供有关报告主体的信息,这些信息有助于评价报告主体的受托责任以及进行决策制定"。[②] 联邦会计准则咨询委员会(FASAB)将美国联邦政府财务报告目标设定为:第一,财务报告应促进政府履行其收支遵循预算及相关法规的受托责任;第二,财务报告应帮助使用者评估报告主体服务努力程度、成本及成果、提供服务有关的筹资方式及对资产和负债的管理情况;第三,财务报告应协助使用者评估政府当期运营和投资对国家的影响,并充分反映政府的财务状况变化及未来可能变化;第四,财务报告应帮助使用者了解财务管理系统、行政管理控制和内部会计的适用性。[③] GASB同样从使用者及其信息需求的角度出发,界定了政府财务报告的目标。GASB认为,政府财务报告应提供有助于使用者评价受托责任和进行经济、政治与社会决策的信息。[④]

我国《政府会计准则——基本准则》指出:财务报告的目标是向财务报告使用者提供与政府的财务状况、运行情况(含运行成本,下同)和现金流量等有关信息,反映政府会计主体公共受托责任履行情况,有助于财务报告使用者做出决策或者进行监督和管理。政府财务报告使用者包括各级人民代表大会常务委员会、债权人、各级政府及其有关部门、政府会计主体自身和其他利益相关者。我国的《政府会计准则——基本准则》还明确了决算报告的目标:决算报告的目标是向决算报告使用者提供与政府预算执行情况有关的信息,综合反映政府会计主体预算收支的年度执行结果,有助于决算报告使用者进行监督和管理,并为编制后续年度预算提供参考和依据。政府决算报告使用者包括各级人民代表大会及其常务委员会、各级政府及其有关部门、政府会计主体自身、社会公众和其他利益相关者。

总结学界和实务界对政府财务报告目标的表述。政府财务报告目标主要可以归

---

① 王丹瑰:《我国政府财务报告概念框架构建》,湖南大学硕士论文,2014年。

② 转引自王丹瑰:《IPSASB通用目的财务报告概念框架评介》,《财会月刊》2013年第11期(上)。

③ FASAB. Statement of Federal Financial Accounting Concepts 1: Objectives of Federal Financial Reporting, www. fasab. gov,

④ GASB. Concept Statement No. 1 of the Governmental Accounting Standards Board: objectives of Financial Reporting, www. gasb. org.

纳为两个：反映政府受托责任的履行情况和为信息使用者的决策提供有用信息。

1. 反映政府受托责任的履行情况

预算资金主要来自纳税人的税收，所以所有权属于纳税人。纳税人委托政府使用预算资金，以提供市场不能提供的公共服务。所以纳税人是委托人，而政府是受托人。受托人有责任和义务向委托人反映受托责任的履行情况。而政府财务报告就是政府履行公共受托责任所反映的财务信息，通过这些财务信息可以反映政府在履行公共受托责任时的运行过程和财务状况。纳税人也可以通过这些财务信息在一定程度上对政府的公共受托责任的履行情况进行评价。所以政府财务报告的首要目标就应该是能够全面地反映政府公共受托责任的履行情况，以便纳税人能做出正确的评价。

2. 为信息使用者的决策提供有用信息

政府财务报告使用者大致可以归纳为三类：外部信息使用者、准内部信息使用者和内部信息使用者。外部信息使用者包括社会公众、各级人民代表大会常务委员会、债权人和其他利益相关者；准内部信息使用者则为各级政府及其有关部门；内部信息使用者则是政府会计主体自身。纳税人和各级人民代表大会常务委员会主要是运用财务报告提供的信息对政府政策和财政行为进行评价和监督，财务报告应提供满足他们所需要的相关真实的信息，这一目标与“反映政府受托责任的履行情况”的财务目标其实是一致的。债权人则需要通过财务报告获得相关投资决策所需要的全面真实的信息，财务报告应满足他们的需要。而财务报告的内部使用者——政府会计主体则是运用财务报告进行日常运行和管理的决策，所以财务报告也必须为他们的运行管理决策提供充足的信息。

二、政府财务报告的编制基础

从世界各国看，现在各国政府的财务报告一般都采用权责发生制，但传统上曾经采用过收付实现制的财务报告。我国 2014 年的《预算法》第九十七条规定：各级政府财政部门应当按年度编制以权责发生制为基础的政府综合财务报告，报告政府整体财务状况、运行情况和财政中长期可持续性，报本级人民代表大会常务委员会备案。从而从法律层面上确定了我国的政府财务报告实行权责发生制。

2011 年 3 月，第十一届全国人民代表大会第四次会议批准的《中华人民共和国国民经济和社会发展第十二个五年规划纲要》提到“进一步推进政府会计改革，逐步建立政府财务报告制度”，正式提出了建立政府财务报告制度的要求。2011 年财政部选择了北京、天津等 11 个省市试编了权责发生制政府综合财务报告。到 2012 年新增了上海等 12 个省市，试编范围增加到 23 个省市及其所属 74 个市县(区)。到 2013 年更是将试编范围扩大到全国 36 个省市。至此，试编工作推广至全国所有的省份。但在

2019年1月1日政府会计制度实行权责发生制之前，虽然也是按照权责发生制度试编的政府财务报告，但这种试编是在收付实现制政府会计的基础上进行调整得到的，并不是真正意义的合并而成。2019年1月1日实行新的政府会计制度后，政府部门的财务报告可以通过合并获得权责发生制的部门财务报告了。但由于现行的财政总预算会计并没有实行权责发生制，导致在编制政府综合财务报告时，还需要调整由财政总预算会计得到的财务数据，然后与部门财务报告合并。所以我国的《财政总预算会计制度》还应该按照《政府会计准则——基本准则》(2015)进行改革，实行权责发生制的财务会计和收付实现制的预算会计，并按照权责发生制的财务会计合并编制政府综合财务报告。

（一）政府财务报告编制基础的类型

一般认为，可供选择的会计确认基础就是收付实现制和权责发生制两种。但是，国际会计师联合会(IFAC)认为，会计确认基础应存在一个区间，这个区间的范围从收付实现制基础这一端到完全权责发生制基础的另一端，在这两个极端中间，有很多变化，这些变化实际上或者是对收付实现制基础或者是对权责发生制基础的修正……积累财务数据所需的信息制度，其复杂程度随着会计基础沿会计基础区间从收付实现制基础向权责发生制基础的移动而逐渐提高。从会计实务情况看，除了收付实现制基础和权责发生制基础外，的确还存在中间带的会计基础，通常称为修正的收付实现制基础或修正的权责发生制基础。因此，可供政府等公共部门选择的会计确认基础有四种：收付实现制、权责发生制、修正的收付实现制和修正的权责发生制。[①]

收付实现制，即以现金的实际收付时间作为确认、记录和报告交易的基础。它适合处理实际发生现金流量的交易。如果现金流量并未实际发生，不予记录，也就是以收到现金的时间和金额来确认收入的实现，以现金支付的时间和金额来确认支出的实现。

修正的收付实现制，根据国际会计师联合会(IFAC)的观点，修正的收付实现制是指会计确认基础一般采用收付实现制，但对某些特殊交易或事项，则采用权责发生制基础进行确认与报告。最常见的一种形式是“附加期”模式，即在每个会计年度结束后的一段特定时期过后才结清上一年的账户，从而可以将与本年支出相关却发生在本年结束之后的现金流确认为本期收款或付款。例如财政年度结束后的30天为额外期间，那么在这30天内发生的应由上年承担的支付，也确认为上年的支出，而不作为新年度的支出；30天以后支付的上年费用，还是确认为新年度的支出。

---

① 徐曙娜：《2015中国财政发展报告：中国政府综合财务报告制度研究》，北京大学出版社2015年版，第159页。

修正的权责发生制是对权责发生制的一种改进，计量重点在于总财务资源及其变动。例如：对大部分资产和负债采用权责发生制基础确认，但对收支采用完全的或修正的收付实现制基础确认；对一些特殊性质的资产（如历史文化遗迹、国防资产、基础设施资产等）不予确认，在取得或建造时确认为费用；只对短期金融资产和金融负债进行确认；不确认养老金负债，只在支付时才作为费用处理。美国的政府会计就在收入上采用收付实现制，而在支出上采用权责发生制，是一种修正的权责发生制，又被称为契约制。

权责发生制，收入和支出以应收到或应支付时确认。具体来说，引起收入的交易一旦发生，不管是否真正有现金流入都确认为收入已经实现；引起费用的交易一旦发生，不管现金是否流出，都确认为支出的实现。

（二）实行权责发生制政府综合财务报告的意义

(1)权责发生制的会计基础更能全面真实地反映政府的财务状况和运营情况，并为政府预算决策提供信息。权责发生制基础有助于提供更全面的政府资产和负债信息。权责发生制可以弥补收付实现制的缺陷，提供更为全面的政府财务信息，全面反映政府的各项资产和负债，满足政府内部管理和外部监管的信息需求。对于跨期资本性支出，收付实现制在款项支付日就确认为费用，而不是根据其使用期限摊派到各期，因此政府财务报告就不包括此类支出的使用价值和服务年限信息，而采用权责发生制可以反映跨期的资本支出，政府的资产信息能够得到全面的反映。收付实现制只有在用现金偿付债务时，才会确认支出，而不能提前揭示对未来承诺、担保和其他因素形成的隐性负债。例如对政府部门的贷款、政府雇员的养老金保险计划等等，这些隐性负债都有可能造成若干年后的巨额现金流出，而这些负债在收付实现制基础下往往得不到反映，也有可能导致预算执行结果上的“虚假平衡”，如采用权责发生制，就能按一定的标准确认和反映政府的承诺和负债状况。政府资产和负债全面披露，有助于社会公众充分了解公共资源的管理和分配状况，对受托责任履行情况得以评估，利于政府财务受托责任的解脱。

(2)权责发生制基础有助于提供更准确的政府服务成本信息，为政府绩效评价提供技术基础。建立政府绩效评价制度是促进政府部门提高运行效率，更好地履行公共管理的职能和履行公共受托责任的重要措施，也是新公共管理改革的重要内容。准确的政府服务成本信息和财务信息是评价政府绩效的基础条件。收付实现制下的现金流入、流出和收入、费用没有相应的对应关系，无法进行准确的费用分配和核算。在收付实现制下，管理者可能通过操纵现金流入或流出的时间来操控各年的收入和支出，形成代理问题中的“道德风险”，这样政府的真正运行成本就得不到反映，从而导致政府财务信息缺乏可靠性，不利于正确评价政府绩效和成本的关系。因此，与收付实现制相比，权责发生制能够更加准确地反映政府的经营和财务状况。运用权责发生制能够反映主体的经营活动成果、经济资源及其变化，提供评价经营管理者绩效的依据。在政府财务报告中运用权责发生制，能够更准确地反映政府提供公共服务的资源耗费情况，为客观反映政府运营的真实成本和绩效提供评价依据。

(3)权责发生制政府综合财务报告制度可以为中期预算提供所需要的会计信息，并为科学的中长期财政政策提供基础。为了更科学地对未来几年财政收支情况进行分析预测，并制定年度预算限额，必须准确掌握现有年度财政收支的真实情况，未来需要承担偿付责任的支出情况，以及可以用于偿付的资产情况等财务信息。这就需要在以权责发生制为会计基础的政府综合财务报告上进行分析，才能准确预测未来的财政现金流量，并在准确预测的基础上制定科学合理的中长期财政政策。

(4)权责发生制政府综合财务报告制度为加强政府性债务管理提供了必需的技术支撑。权责发生制政府综合财务报告制度可以为政府信用评级、债务风险评定提供技术基础。权责发生制的政府综合财务报告能够真实地体现地方政府的资产、负债、收入、支出和净资产，有利于分析地方政府的综合偿债能力、短期偿债能力和长期偿债能力，为各级政府信用评级和债务风险评定提供必需的会计和财务信息。作为购买政府债券的投资者来说，也需要了解政府的偿债能力、财政健全性和财政风险性。而投资者只能通过公开的政府综合财务报告才能了解和分析地方政府的债务风险和财务状况，才能做出进一步的决策。所以权责发生制的政府综合财务报告才能提供有用的信息。

第二节 政府财务报告的主体与内容

一、政府财务报告的主体

我国的《政府会计准则——基本准则》第五十条规定："政府财务报告包括政府综合财务报告和政府部门财务报告。政府综合财务报告是指由政府财政部门编制的，反映各级政府整体财务状况、运行情况和财政中长期可持续性的报告。政府部门财务报告是指政府各部门、各单位按规定编制的财务报告。"可见，各级政府是政府综合财务报告的主体，而部门或者单位是部门财务报告的主体。其他国家也与我国类似，政府财务报告的主体有两个层次，一是政府；二是政府部门或者政府单位。所以必须界定政府和政府部门/单位。

（一）政府与政府部门/单位的界定

IMF《财政透明度守则2007》采用“政府”一词来描述联合国（UN）1993年《国民账户体系》（SNA）以及国际货币基金组织2001年《政府财政统计手册》（GFSM）中所定义的各级政府部门，各级政府部门包括由政府控制，并主要由政府提供资金的所有政府单位和所有非市场非营利机构。政府单位包括所有以行使政府职能为其主要活动的国家和地方机构单位——这包括通过各种转移、专项收入和其他政府来源获取其绝大部分资金，以便行使政府职能的任何实体，以及尽管不在机构安排之列，但却为财政之目的使用公共资金的任何实体。非市场非营利机构从事非商业活动，主要以政府转移或专项收入为其主要资金来源，但可能还有其他来源的收入。有时，确定政府实体的性质是一件很难的事。例如，有些实体可能具有独立的法定身份、具很大的行政自主权（包括自主确定支出构成）、税收来源直接来自转移或专项收入。但这些实体如果从事非市场活动，以税收（或其他强制性转移为其主要资金来源，和/或受政府实体的控制，那么事实上属于政府实体，应将其纳入政府活动的正式定义中。这些实体属于非市场非营利机构，应将其纳入各级政府活动中。所以IMF《财政透明度守则2007》认为也可以将各级政府部门定义为不在市场生产者之列的所有公共机构单位。对于政府控制的单位，如果属于市场生产者，则不在各级政府之列，而属于其他公共部门的范畴。[①]

我国的《政府会计准则—基本准则》第二条规定：政府各部门、各单位是指与本级政府财政部门直接或者间接发生预算拨款关系的国家机关、军队、政党组织、社会团体、事业单位和其他单位。

（二）我国政府财务报告主体与政府预算主体之间的关系

在我国本级政府综合财务报告是在部门财务报告、财政总预算会计报告和其他资料上合并而成的（横向合并）。而部门财务报告又由单位财务报告合并而成的。单位财务报告是在单位财务会计的基础上编制而成的。财政总预算会计报告是财政在总预算会计的基础上编制而成的。

我国的预算也分为单位预算、部门预算和政府预算之分，它们各自的主体与政府财务报告的主体是一致的。我国实行一级政府建立一级预算的原则。我国由中央、省、市（地区级）、县、乡五级政府组成，我国政府预算相应也有中央、省、市（地区级）、县、乡五级预算组成。我国预算按照级次范围的不同，有中央政府预算和地方政府预算、本级预算和各级总预算、部门预算和单位预算之分。

---

① 国际货币基金组织：《财政透明度手册》2007版，http://www.imf.org/external/np/fad/trans/chi/manualc.pdf，2020年8月1日。

1. 中央政府预算与地方政府预算对应中央政府综合财务报告与地方政府综合财务报告

中央政府预算反映着中央政府的收入来源和中央政府的支出用途及中央政府的职能，中央预算在政府预算中居于主导地位。地方预算由各省、自治区、直辖市总预算组成。地方预算收入主要来源于政府税收中属于地方的税收等，反映着发展地方经济和文化教育事业以及地方行政经费等所需要的资金，它是政府预算的组成部分，在政府预算中居于重要地位。中央政府作为一级政府，有自己的一级预算，当然也有自己的预算报告，同时也有自己的综合财务报告；每级地方政府，都有自己一级的预算，对应的也有各自的综合财务报告。

2. 各级总预算与本级预算对应行政区政府综合财务报告与本级政府综合财务报告

各级总预算是各级政府将本级预算与下级总预算汇总而成的。没有下一级预算的，总预算即指本级预算，如乡级预算。本级政府预算对应的财务报告就是本级政府综合财务报告，例如乡级预算对应乡级政府综合财务报告。各级总预算对应各级行政区政府综合财务报告，是由本级政府综合财务报告与下级政府行政区综合财务报告合并而成的(纵向合并)，例如县级政府行政区综合财务报告是指县本级政府综合财务报告与所有下属乡镇政府综合财务报告合并而成的合并财务报告；市级政府行政区综合财务报告是指市本级政府综合财务报告与所有下属县级政府行政区综合财务报告合并而成的合并财务报告。以此类推，可以合并到省级，甚至整个国家。

3. 部门预算与单位预算对应部门合并财务报告与单位财务报告

部门预算由本部门机关的单位预算和所属各单位的单位预算汇总而成。单位预算指列入部门预算的国家机关、社会团体和其他单位的收支预算，它是政府预算的重要组成部分。相应的，部门财务报告是本部门机关单位财务报告和所属各单位财务报告合并而成的。单位财务报告则是指与财政部门直接或者间接发生预算拨款关系的国家机关、军队、政党组织、社会团体、事业单位和其他单位编制的财务报告。

总之，按照我国相关规定，我国实行权责发生制的政府综合财务报告制度，包括政府综合财务报告和部门财务报告两部分。政府综合财务报告的主体是政府，主要由财政部门编制，政府综合财务报告又可以分为本级政府综合财务报告和行政区政府综合财务报告。政府部门财务报告的主体是政府部门或者政府单位，又可以分为单位财务报告和部门财务报告。

(三)美国政府财务报告主体

美国联邦政府财务报告主体与地方政府财务报告主体不同。

1. 美国联邦政府财务报告主体

联邦政府财务报告分为联邦部门与单位财务报告和联邦政府合并财务报告两大类。前者由联邦部门与单位编制，后者由财政部编制，前者是后者的基础。部门财务报告是单位财务报告合并而成的，而联邦政府合并财务报告又是由政府部门财务报告合并而成的（横向合并）。

1990 年《首席财务官法案》(the Chief Financial Officers Act)要求联邦 24 个主要部门提交经审计后的部门合并财务报告，1994 年《政府管理改革法案》(the Government Management Reform Act)要求部分部门的重要下属单位提交经审计后的财务报告，2002 年《税收责任法案》(the Accountability of Tax Dollars Act)要求其他 80 多个联邦部门与单位提交经审计后的财务报告。至此，除预算规模等于或小于 2 500 万美元的单位外，所有联邦部门与单位都要提供经审计的年度财务报告。根据 1994 年《政府管理改革法案》要求，财政部于 1997 财年开始编制联邦政府合并财务报告。联邦政府财务报表的合并范围包括联邦行政部门与单位、立法部门与司法部门。列入年初总统预算的部门与单位均纳入合并财务报表范围。由于法律不要求司法部门向财政部提交财务报表信息，因此司法部门只需提交预算活动的信息。纳入合并范围的联邦部门与单位的财务报告是联邦合并财务报告的基础。在形成联邦合并财务报告过程中，联邦部门与单位之间的交易结果被抵消。

美国联邦政府财务报告主体与我国类似，不过由于美国政府实行联邦制，所以上下级政府的整体合并财务报告（纵向合并）并没有被要求编制，这一点与我国不同。

2. 美国州和地方政府的财务报告主体

1999 年 6 月 GASB 颁布第 34 号公告，要求州与地方政府采用双重财务报告模式。除提供政府作为各独立基金的集合、采用修正的权责发生制基础编制的重要个别基金层面的报告外，还应编制将政府全部业务综合起来，以政府所有经济资源为计量对象，采用应计制基础的政府整体层面财务报告。也就是说州和地方政府的财务报告主体是基金和政府整体（横向合并）。

二、政府财务报告的内容

财务报告不仅包括财务信息还包括非财务信息，具体来说至少包括财务报表、报表附注以及文字说明和分析等在内的信息内容，其中财务报表是核心。财务报表是对政府会计主体财务状况、运行情况和现金流量等信息的结构性表述，一般包括资产负债表、收入费用表和现金流量表等。报表附注主要针对财务报表的内容提供需要进一步解释的附加信息，是政府财务报告不可或缺的组成部分。报表附注要对报表未包括的主体范围、会计政策、报表项目明细以及未在报表中反映的一些重要事项（比如承诺事项以及或有事项)等进行解释说明,目的是帮助报告使用者更好地理解财务报表。文字说明主要是以书面文字的形式对政府在报告期内的预算执行情况、整体财务状况及运营结果、宏观经济分析与展望、审计声明等所做的综合性说明。

(一)我国政府财务报告的内容[①]

正如前文所述,我国政府财务报告包括政府综合财务报告和部门财务报告,两者的具体内容不同。

1. 我国政府综合财务报告的主要内容

我国政府综合财务报告包括财务报表、财政经济分析和财政财务管理情况等。

财务报表包括会计报表和报表附注。会计报表主要包括资产负债表和收入费用表等。我国目前不需要编制现金流量表。资产负债表重点反映政府整体年末财务状况。资产负债表应当按照资产、负债和净资产分类分项列示。其中,资产应当按照流动性分类分项列示,包括流动资产、非流动资产等;负债应当按照流动性分类分项列示,包括流动负债、非流动负债等。收入费用表重点反映政府整体年度运行情况。收入费用表应当按照收入、费用和盈余分类分项列示。报表附注重点对会计报表作进一步解释说明,一般按照下列顺序披露:(1)会计报表编制基础;(2)遵循相关制度规定的声明;(3)会计报表包含的主体范围;(4)重要会计政策与会计估计变更情况;(5)会计报表重要项目明细信息及说明;(6)需要说明的其他事项。

政府财政经济分析包括财务状况分析、运行情况分析、财政中长期可持续性分析等。

政府财政财务管理情况,主要反映政府财政财务管理的政策要求、主要措施和取得成效等。

2. 我国政府部门财务报告的主要内容

我国政府部门财务报告包括财务报表和财务分析。

财务报表包括会计报表和报表附注。会计报表主要包括资产负债表和收入费用表等。目前不要求编制现金流量表。资产负债表重点反映政府部门年末财务状况。资产负债表应当按照资产、负债和净资产分类分项列示。其中,资产应当按照流动性分类分项列示,包括流动资产、非流动资产等;负债应当按照流动性分类分项列示,包括流动负债、非流动负债等。收入费用表重点反映政府部门年度运行情况。收入费用表应当按照收入、费用和盈余分类分项列示。报表附注重点对财务报表作进一步解释说明,一般应当按照下列顺序披露:(1)会计报表编制基础;(2)遵循相关制度规定的声

---

① 《政府财务报告编制办法 2020》,http://www.mof.gov.cn/zcsjtsgb/gfxwjts/201912/t20191212_3570683.htm,2020 年 8 月 31 日。

明；(3)合并范围；(4)重要会计政策与会计估计变更情况；(5)会计报表重要项目明细信息及说明；(6)需要说明的其他事项。

政府部门财务分析主要包括财务状况分析、运行情况分析、财务管理情况等。

(二)美国联邦政府财务报告的内容

美国联邦部门与单位的年度财务报告有4个内容：管理层讨论与分析(MD&A)、财务报表及相关附注、补充管理信息(RSSI)、补充资料(RSI)，主体是财务报表与附注。财务报表主要是4张表：资产负债表(Balance Sheet)、净成本表(Statement of Net Cost)、净资产变动表(Statement of Changes in Net Position)和预算资源表(Statement of Budgetary Resources)。近年来，美国联邦政府还要求汇报各部门的绩效情况。各部门与单位既可以选择与财务报告合并报送绩效与责任报告的方式，也可以选择报送独立的年度财务报告和独立的年度绩效报告。在财务报告中同时还附上了审计报告。

美国联邦政府合并财务报告的内容与部门财务报告类似，主要包括管理层讨论与分析、财务报表与附注、补充管理信息和补充资料，主体也是财务报表与附注。在财务报告中同时还附上了GAO审计报告。财务报表分为两部分：一是权责发生制的财务报表，有5张报表：资产负债表(Balance Sheets)、净成本表(Statements of Net Cost)、运营与净资产变动表(Statements of Operations and Changes in Net Position)、统一预算和其他活动现金余额变动表(Statements of Changes in Cash Balance from Unified Budget and Other Activities)、净运营成本和统一预算赤字协调表(Reconciliations of Net Operating Cost and Unified Budget Deficit)。资产负债表中，资产主要包括现金和其他货币资产、应收账款和税款、应收贷款、存货与房地产、有价证券、投资等，不包括联邦政府的自然资源、管制经济、增发货币等权力。负债主要是公众持有的联邦债券、联邦雇员与退伍军人薪酬、环境和治理负债、到期的应付社会保险福利、保险与担保负债、承诺和或有负债等。二是可持续性的财务报表，有3张：长期财政项目表(Statements of Long-Term Fiscal Projections)、社会保险表(Statements of Social Insurance)、社会保险金额变动表(Statement of Changes in Social Insurance Amounts)。长期财政项目表按联邦政府收入和非利息支出的主要类别显示了75年预测的现值，旨在帮助读者评估政府在现行政策继续不变的情况下未来的预算资源是否足以维持公共服务和履行到期义务。社会保险表包括社会保险信托基金(OASDI)、医疗保险等项目未来75年收入与支出的长期预测，并折算为现值进行统计。①

① https://fiscal.treasury.gov/reports－statements/financial－report/financial－statements.html，2020年8月6日。

第三节 政府财务报告的管理

我国通过建立权责发生制的政府综合财务管理制度对政府财务报告进行管理。在本节中我们主要介绍我国政府综合财务报告的制度和政府会计制度，然后介绍政府综合财务报告的分析。

一、我国政府综合财务报告制度

2012 年前我国只有预决算报告，并没有政府财务报告。但随着我国财税体制的改革不断深入，财政透明度和财政管理效率都被要求不断提升。为了更全面地反映我国各级财政的资产负债的信息，评价各级财政的长期可持续性，财政部自 2012 年年初开始启动从预算会计报告转变为政府综合财务报告的试编工作。2012 年 1 月 2 日，财政部发布《关于印发〈2011 年度权责发生制政府综合财务报告试编办法〉的通知》，要求采用"调表不调账"的方式，以 2011 年度在不同制度要求下编制的、提供分散信息的预算报表为基础，结合相关财务资料，根据经济事项实质进行抵销、调整和合并，编制更为集中、综合的财务报告。这为正式的权责发生制政府综合财务报告制度在报告体系设置、确认应计制基础的会计信息与财政管理需求之间的关系等方面提供了经验积累。

(一)我国政府综合财务报告制度的演变

自 2011 年起，各级财政部门开始启动政府综合财务报告试编工作。2011 年，财政部率先选择了北京、天津等 11 个省市试编权责发生制政府综合财务报告；2012 年新增了上海等 12 个省市，试编范围增加到 23 个省市及其所属 74 个市县(区)；到 2013 年更是将试编范围扩大到全国 36 个省市。至此，试编工作推广至全国所有的省份。至 2020 年财政部共颁布了四次关于政府综合财务报告的编制办法或指南，第一次是 2012 年 1 月 2 日，财政部发布《关于印发〈2011 年度权责发生制政府综合财务报告试编办法〉的通知》；第二次是 2015 年 11 月 16 日财政部发布了《政府财务报告编制办法(试行)》《政府综合财务报告编制操作指南(试行)》和《政府部门财务报告编制操作指南(试行)》；第三次是在 2018 年 3 月 1 日修订印发了《政府综合财务报告编制操作指南(试行)》；第四次在 2020 年 3 月 13 日再次修订并颁布了《政府财务报告编制办法(试行)》《政府综合财务报告编制操作指南(试行)》和《政府部门财务报告编制操作指南(试行)》。

我国除了财政部制定具体的政府财务报告编制办法外，还从法律上确定了权责发生制综合财务报告制度的法律地位。2014 修订的《预算法》第九十七条明确规定:“各级政府财政部门应当按年度编制以权责发生制为基础的政府综合财务报告,报告政府整体财务状况、运行情况和财政中长期可持续性,报本级人民代表大会常务委员会备案。”将“编制以权责发生制为基础的政府综合财务报告”首次写入《预算法》中,奠定了权责发生制的政府综合财务报告制度的法律地位。并在 2014 年 12 月国务院发布了《权责发生制政府综合财务报告制度改革方案》要求建立健全政府会计核算体系;建立健全政府财务报告体系;建立健全政府财务报告审计和公开机制;建立健全政府财务报告分析应用体系。目前我国已经基本完成了政府会计核算体系和财务报告体系,但政府财务报告审计和公开机制以及财务报告分析应用体系还在研究推进中。

(二)我国政府综合财务报告制度的主要内容

按照我国《权责发生制政府综合财务报告制度改革方案》,我国政府综合财务报告制度的主要内容包括:

1.编报政府部门财务报告

(1)清查核实资产负债。各部门、各单位要按照统一要求有计划、有步骤清查核实固定资产、无形资产以及代表政府管理的储备物资、公共基础设施、企业国有资产、应收税款等资产,按规定界定产权归属、开展价值评估;分类清查核实部门负债情况。清查核实后的资产负债统一按规定进行核算和反映。

(2)编制政府部门财务报告。各单位应在政府会计准则体系和政府财务报告制度框架体系内,按时编制以资产负债表、收入费用表等财务报表为主要内容的财务报告。各部门应合并本部门所属单位的财务报表,编制部门财务报告。

(3)开展政府部门财务报告审计。部门财务报告应保证报告信息的真实性、完整性及合规性,接受审计。

(4)报送并公开政府部门财务报告。部门财务报告及其审计报告应报送本级政府财政部门,并按规定向社会公开。

(5)加强部门财务分析。各部门应充分利用财务报告反映的信息,加强对资产状况、债务风险、成本费用、预算执行情况的分析,促进预算管理、资产负债管理和绩效管理有机衔接。

2.编报政府综合财务报告

(1)清查核实财政直接管理的资产负债。财政部门要清查核实代表政府持有的相关国际组织和企业的出资人权益;代表政府发行的国债、地方政府债券,举借的国际金融组织和外国政府贷款、其他政府债务以及或有债务。清查核实后的资产负债统一按规定进行核算和反映。

(2)编制政府综合财务报告。各级政府财政部门应合并各部门和其他纳入合并范围主体的财务报表，编制以资产负债表、收入费用表等财务报表为主要内容的本级政府综合财务报告。县级以上政府财政部门要合并汇总本级政府综合财务报告和下级政府综合财务报告，编制本行政区政府综合财务报告。

(3)开展政府综合财务报告审计。政府综合财务报告应保证报告信息的真实性、完整性及合规性，接受审计。

(4)报送并公开政府综合财务报告。政府综合财务报告及其审计报告，应依法报送本级人民代表大会常务委员会备案，并按规定向社会公开。

(5)应用政府综合财务报告信息。政府综合财务报告中的相关信息可作为考核地方政府绩效、分析政府财务状况、开展地方政府信用评级、编制全国和地方资产负债表以及制定财政中长期规划和其他相关规划的重要依据。

二、我国政府会计制度

我国现行的政府会计包括两部分，财政总预算会计和行政事业单位会计。

(一)我国政府会计制度的演变

新中国成立至今，我国的政府会计已经发展经历了三个阶段：

1. 第一阶段是2000年前的预算会计体系阶段

在这一阶段，我国借鉴了苏联的政府预算会计体系，后经多次修订和变革，最终形成财政总预算会计、行政单位会计和事业单位会计(包括一般事业单位会计和特殊事业单位会计)三部分的政府预算会计体系。于1997年正式颁布《财政总预算会计制度》《行政单位会计制度》《事业单位会计制度》和《事业单位会计准则》(事业单位实行准则和制度双规范模式)等系列预算会计改革文件，并于1998年1月1日起全面实行，简称为“一则三制”。在这一阶段，政府预算会计核算政府以及行政事业单位的政府预算资金的运动过程和结果，基本实行收付实现制；只有预算会计没有财务会计，只有决算报告没有财务报告。

2. 第二阶段是2000年到2015年预算会计体系向政府会计体系过渡阶段

21世纪初，为加强财政预算管理，我国先后推行了编制部门预算、政府收支重新分类、收支两条线、政府采购、国库单一账户制度等预算管理改革措施，初步构建起与公共财政相适应的政府预算管理框架。与此相适应，财政部对自1998年开始实施的“一则三制”进行了相应改进，并于2012－2013年对当时实行的政府预算会计体系做了全面的修订。

3. 第三阶段是2015年后现行政府会计体系建立阶段

2014年国务院发布了《权责发生制政府综合财务报告制度改革方案》，明确政府会计改革的目标规划和总体部署。2015年财政部成立政府会计准则委员会，作为政府会计准则制度制定的协调机制。2015 年 10 月 10 日修订发布了《财政总预算会计制度》，要求 2016 年 1 月 1 日开始执行；2015 年 10 月 23 日发布了《政府会计准则——基本准则》，要求 2017 年 1 月 1 日实施。然后陆续出台了一些具体准则，截至 2019 年底，我国已经发布了 10 个政府会计具体准则，和一个具体准则应用指南。2017 年 10 月 24 日财政部发布了《政府会计制度——行政事业单位会计科目和报表》，要求 2019 年 1 月 1 日开始执行。

此次政府会计制度的改革，建立了我国现行的规范的政府会计体系。它的重大制度和理论创新包括：构建了政府预算会计和财务会计适度分离并相互衔接的政府会计核算体系；确立了“3＋5 要素”的会计核算模式；科学界定了会计要素的定义和确认标准；明确了资产和负债的计量属性及其应用原则；构建了政府财务报告体系。尤其是相对于实行多年的预算会计核算体系，《政府会计准则——基本准则》强化了政府财务会计核算，即政府会计由预算会计和财务会计构成，前者一般实行收付实现制，后者实行权责发生制。通过预算会计核算形成决算报告，通过财务会计核算形成财务报告，全面、清晰反映政府预算执行信息和财务信息。

(二)我国政府会计标准体系

政府会计标准体系主要由 4 个层次组成：政府会计基本准则、政府会计具体准则、政府会计具体准则的应用指南、政府会计具体制度（包括财政总预算会计和行政事业单位会计）。

1. 政府会计基本准则

政府会计基本准则用于规范政府会计目标、政府会计主体、政府会计信息质量要求、政府会计核算基础，以及政府会计要素定义、确认和计量原则、列报要求等原则事项。政府会计基本准则作为政府会计的“概念框架”，统驭政府会计具体准则和政府会计制度的制定，并为政府会计实务问题提供处理原则，为编制政府财务报告提供基础标准。《政府会计基本准则》发布于 2015 年 10 月 23 日，要求 2017 年 1 月 1 日施行。

2. 政府会计具体准则

政府会计具体准则依据政府会计基本准则制定，用于规范政府会计主体发生的经济业务或事项的会计处理，详细规定经济业务或事项引起的会计要素变动的确认、计量、记录和报告。政府会计具体准则不能违背政府会计基本准则，是政府会计基本准则的下位法规。截至 2019 年底，我国已经发布了 10 个政府会计具体准则，具体包括：《政府会计准则第 1 号——存货》《政府会计准则第 2 号——投资》《政府会计准则第 3 号——固定资产》《政府会计准则第 4 号——无形资产》《政府会计准则第 5 号——公共基础设施》《政府会计准则第 6 号——政府储备物资》《政府会计准则第 7 号——会计调整》《政府会计准则第 8 号——负债》《政府会计准则第 9 号——财务报表编制和列报》《政府会计准则第 10 号——政府和社会资本合作项目合同》。

3. 政府会计具体准则的应用指南

政府会计具体准则的应用指南是对具体准则的实际应用作出的操作性规定。截至 2019 年底，我国只出台了《〈政府会计准则第 3 号——固定资产〉应用指南》，另外一些具体准则的应用指南有的还在征求意见中，有的有待制定。

4. 政府会计制度

按照我国《政府会计基本准则》的规定，政府会计主体是各级政府、各部门、各单位。所以政府会计制度应该包括财政总预算会计和行政事业单位会计。我国 2017 年发布了《政府会计制度——行政事业单位会计科目和报表》，要求 2019 年 1 月 1 日起各部门各单位按照此制度施行。而我国的各级政府则实行 2015 年发布的《财政总预算会计制度》。虽然从法律地位看，《财政总预算会计制度》和《政府会计制度——行政事业单位会计科目和报表》都属于政府会计制度，都应该符合《政府会计基本准则》和政府会计具体准则及其应用指南的规定，但由于我国《财政总预算会计制度》制定在先，从总体框架和具体规定看，与基本准则、具体准则及其应用指南还存在着一定的差距。但其应该会在后续的日子里进一步被修订。

按照《政府会计制度——行政事业单位会计科目和报表》规定，政府会计科目设置要实现预算会计和财务会计双重功能。预算会计科目应准确完整反映政府预算收入、预算支出和预算结余等预算执行信息，财务会计科目应全面准确反映政府的资产、负债、净资产、收入、费用等财务信息。条件成熟时，推行政府成本会计，规定政府运行成本归集和分摊方法等，反映政府向社会提供公共服务支出和机关运行成本等财务信息。

政府会计标准体系之间的关系应该从政府会计基本准则、政府会计具体准则、具体准则应用指南和政府会计制度，自上而下进行规范和约束。即基本准则约束具体准则及其应用指南和政府会计制度；具体准则约束其应用指南和政府会计制度；具体准则的应用指南也对政府会计制度有约束性。

另外除了这 4 层主要的标准体系外，我国财政部还出台了政府会计准则制度解释，截至 2019 年年底已经出台了 2 个解释：《政府会计准则制度解释第 1 号》和《政府会计准则制度解释第 2 号》。政府会计准则制度解释是对政府会计准则和制度的一些解释和补充，主要是为了回应和解决政府会计准则制度实施中的问题、对政府会计准则制度相关内容做进一步的解释说明、补充和完善政府会计准则制度中的相关规定。

最后因为有些事业单位的业务比较特殊，2019 年之前有自己的独立行业会计制度，如《医院会计制度》《科学事业单位会计制度》《高等学校会计制度》等。我国财政部考虑这些事业单位的特殊业务和新旧会计制度的衔接，出台了一系列的特殊行业事业单位关于执行《政府会计制度——行政事业单位会计科目和报表》的补充规定和衔接规定。

三、政府财务报告分析体系

政府财务报告分析也是政府财务报告的主要内容之一。既然政府财务报告分为政府综合财务报告和政府部门财务报告，那么财务报告分析也就分为政府综合财务报告分析和政府部门财务报告分析。

(一)我国政府综合财务报告分析

按照我国《预算法》的规定，各级政府财政部门编制以权责发生制为基础的政府综合财务报告，报告政府整体财务状况、运行情况和财政中长期可持续性。所以应该从政府财务状况、运行情况和财政中长期可持续性三个方面进行分析：

1. 政府财务状况分析

(1)资产方面，重点分析政府资产的构成及分布，对于货币资金、应收及预付款项、长期投资、固定资产、在建工程、公共基础设施、政府储备物资、保障性住房等重要项目，分析各项目比重、变化趋势以及对于政府偿债能力和公共服务能力的影响。

(2)负债方面，重点分析政府负债规模及结构，分析各项目比重以及变化趋势。

(3)通过政府资产负债率、现金比率、流动比率等指标，分析政府财务风险及可控程度，需要采取的措施等。

2. 政府运行情况分析

(1)收入方面，重点分析政府收入规模、结构及来源分布、重点收入项目的比重及变化趋势，特别是宏观经济运行、相关行业发展、税收政策、非税收入政策等对政府收入变动的影响。

(2)费用方面，重点按照经济分类分析政府费用规模及构成，特别是政府投融资情况对政府费用变动的影响。

(3)运用政府收入费用率、税收收入比重等指标，分析政府财政财务运行质量和效率。

3. 财政中长期可持续性分析

基于当前政府财政财务状况和运行情况，结合本地区经济形势、重点产业发展趋势、财政体制、财税政策、社会保障政策、通货膨胀率等，全面分析政府未来中长期收入支出变化趋势、预测财政收支缺口等。

4. 政府财政财务管理情况分析

主要反映政府财政财务管理的政策要求、主要措施和取得成效等。

我国现在分析政府财政经济状况时，用的分析指标如表12—1所示。

表 12—1　　分析指标表

序号	指标名称	公　式	指标说明
一、政府财务状况分析指标			
1	资产负债率	负债总额/资产总额	反映政府偿付债务的能力。
2	流动比率	流动资产/流动负债	反映政府利用流动资产偿还短期负债的能力。
3	现金比率	货币资金/流动负债	反映政府利用货币资金偿还短期负债的能力。
4	金融资产负债率	(流动资产总额－存货＋长期投资＋应收转贷款)/负债总额	反映政府利用金融资产偿还负债的能力。
5	总负债变动率	(负债总额年末数－负债总额年初数)/负债总额年初数	反映负债的增长速度。同比增速是否过快可参考全国地方政府债务限额增幅。
6	主要负债占比	主要负债项目/负债总额	反映政府主要负债项目占总负债的比重。
7	单位负债占比	单位负债总额/负债总额	反映政府单位负债占总负债的比重，进而评估政府的直接债务风险和间接债务风险。
8	流动负债占比	流动负债/负债总额	反映政府负债结构是否合理，政府面临负债集中偿付的压力。
9	净资产变动率	(净资产总额年末数－净资产总额年初数)/净资产总额年初数	反映净资产的同比变动情况。
二、政府运行情况分析指标			
10	收入费用率	年度总费用/年度总收入	反映政府收入和费用的配比情况。
11	政府自给率	(收入总额－政府间转移性收入)/(支出总额－政府间转移性支出)	反映地方政府自给能力大小。
12	税收收入比重	年度税收收入/年度收入总额	反映政府税收收入在年度总收入中的占比。
13	税收依存度	年度税收收入/年度一般公共预算收入	反映政府收入的稳定性及质量。
14	利息保障倍数	(本年盈余＋利息支出)/利息支出	反映政府偿还债务利息的能力。
15	人均工资福利费用	工资福利费用/政府年末实有人数	反映人均工资福利费用情况。
三、财政中长期可持续性分析指标			
16	负债率*	债务总额/本地区 *GDP*	反映经济增长对债务的依赖程度。
17	税收收入弹性*	年度税收收入增长率/本地区 *GDP* 增长率	反映税收收入变动对本地区 *GDP* 变动的敏感程度。

续表

序号	指标名称	公 式	指标说明
18	固定资产成新率	固定资产账面净值/固定资产原值	反映政府固定资产的持续服务能力。
19	公共基础设施成新率	公共基础设施净值/公共基础设施原值	反映政府公共基础设施的持续服务能力。
20	保障性住房成新率	保障性住房净值/保障性住房原值	反映政府保障性住房的持续服务能力。

注:标 * 指标,本级政府综合财务报告分析时可不使用。

(二)我国政府部门财务报告分析

我国政府部门财务报告分析一般包括政府部门财务状况分析、政府部门运行情况分析和政府部门财务管理情况分析三个方面。

1.政府部门财务状况分析

(1)分析政府部门的货币资金、长期投资、固定资产、在建工程、公共基础设施、政府储备物资、保障性住房等重要资产项目的结构特点和变化情况,并评估对政府部门提供公共服务能力的影响。

(2)结合短期借款、长期借款等重点负债项目的增减变化情况,分析政府部门债务规模和债务结构等。

(3)运用资产负债率、现金比率、流动比率等指标,分析政府部门财务状况。

2.政府部门运行情况分析

(1)分析政府部门的收入规模、结构及来源分布、重点收入项目的比重和变化趋势,以及经济形势、相关财政政策等对政府部门收入变动的影响等。

(2)分析政府部门费用规模、构成及变化情况,特别是政府部门控制行政成本的政策、投融资情况及对费用变动的影响等。

(3)运用政府部门的收入费用率等指标,分析政府部门收入与费用的比例情况。

3.政府部门财务管理情况分析

从部门预算管理、内控管理、资产管理、绩效管理、人才队伍建设等方面反映部门加强财务管理的主要措施和取得成效。

我国现在分析政府部门财务报告时,用的分析指标如表 12—2 所示。

表 12—2　　分析指标表

序号	指标名称	公式	指标说明
1	资产负债率	负债总额/资产总额	反映政府部门偿付全部债务本息能力的基本指标。

续表

序号	指标名称	公式	指标说明
2	现金比率	(货币资金+财政应返还额度)/流动负债	反映政府部门利用现金及现金等价物偿还短期债务的能力。
3	流动比率	流动资产/流动负债	反映政府部门流动资产用于偿还流动负债的能力。
4	固定资产成新率	固定资产净值/固定资产原值	反映政府部门固定资产的持续服务能力。
5	公共基础设施成新率	公共基础设施净值/公共基础设施原值	反映公共基础设施的持续服务能力。
6	保障性住房成新率	保障性住房净值/保障性住房原值	反映政府部门保障性住房的持续服务能力。
7	收入费用率	年度总费用/年度总收入	反映政府部门收入与费用的比例情况。

(三)美国联邦政府财务分析指标

美国政府的财务分析主要从宏观经济、政府收支平衡、政府财政可持续性和政府服务等四个方面进行。政府服务指标主要反映人均接受政府服务情况,主要包含人均税收、人均收入和人均支出。由于美国大部分公共支出服务事权由地方政府承担,因此联邦财政报告中并未涉及政府服务指标,但美国地方政府财务分析时就有这些指标。

1.宏观经济指标

宏观经济指标是了解一国财政状况的最基本指标。其中,国内生产总值(*GDP*)、投资、消费以及就业是最基本也是最为重要的指标。联邦政府财务报告披露的宏观经济指标包括:实际 *GDP* 增长率、民间投资增长率、失业率、平均月度工资和 *CPI*。

2.政府收支平衡指标

政府财政收支平衡与否可以反映出政府财政政策属于扩张型还是紧缩型。联邦政府财务报告披露的财政收支平衡指标主要有:预算赤字、收支缺口、预决算差额、收入增长率、分项目收入增长率和支出增长率、分项目支出增长率。

(1)预算赤字指标反映联邦政府的财政政策,如果预算赤字呈扩大态势说明财政政策是扩张型的,如果预算赤字呈缩小态势则说明财政政策逐步趋于稳健。

(2)预决算差额指标反映联邦政府的预算质量。预决算差额越大,说明未预见的收入或支出越多,也就说明预算质量越低。联邦政府财政报告还对造成预决算差额的原因进行了分析,通过分析可以看出哪些是不可预见性的,哪些是应该列入预算但未列入预算的,可对政府预算质量有更为深入的了解。

(3)收支相关指标反映联邦政府收支不平衡的程度和造成不平衡的主要原因。收支缺口反映联邦政府的运营质量，收支缺口越大说明政府运营质量越低。收入增长率和支出增长率还可以反映造成收支不平衡的主要原因，是收入增长乏力，还是支出增长过猛；哪种收入增长乏力，哪个支出项目增长过猛。这些问题都可以通过收入增长率、分项目收入增长率、支出增长率和分项目支出增长率四个指标中加以反映。

3. 政府财政可持续性指标

财政可持续性指标是财务报告中最为关键的指标。财务报告主要反映当前政府财政状况，其中财政是否可持续是关键，可分别从资产负债角度及财政缺口和 *GDP* 的比值两个角度予以披露。

(1)资产负债角度的财务指标包含负债构成、负债增长率、资产构成、资产增长率等四项指标。负债构成和资本构成反映联邦政府短期和长期债务以及短期和长期可变现资产，可用于分析联邦政府的债务风险构成。短期债务越大，短期可变现的资产(即流动资产)越小，说明政府短期偿债能力越弱，面临更大的短期债务风险；如果长期债务越多，长期可变现资产越小(即长期资产)，说明政府长期偿债能力较差，面临较大的长期债务风险。负债增长率和资产增长率则可以反映联邦政府的债务风险成因。负债增长率过高，说明政府的债务风险更多源于政府借贷，因此规避债务风险的方式是节流，即减少政府支出；如果资产增长率过高，说明政府债务风险更多来源于政府收入不足，降低债务风险的方式应转为开源，即增加税收等收入，以维持政府的正常支出。

(2)财政缺口和 *GDP* 的比值角度的财务指标包含总债务 *GDP* 比、基本赤字 *GDP* 比、利息支出 *GDP* 比、预算赤字 *GDP* 比和收支缺口 *GDP* 比。这些指标反映联邦政府面临的偿债风险及财政是否可持续。总债务 *GDP* 比越大，说明国民收入中用来偿还总债务的份额越多，政府面临的债务风险越大。联邦财政报告还披露了在现有财政政策下，未来 75 年的总债务 *GDP* 比、基本赤字 *GDP* 比和利息支出 *GDP* 比，如果这三项比重在未来 75 年不收敛，说明现有财政政策会导致财政赤字上升、债务累积，并造成财政不可持续。

表 12—3　　美国联邦政府财务指标披露情况

维　度	相关指标
宏观经济指标	实际 *GDP* 增长率、民间投资增长率、失业率、平均月度工资、*CPI*
政府收支平衡指标	预算赤字、收支缺口、预决算差额、收入增长率、分项目收入增长率、支出增长率、分项目支出增长率
政府财政可持续性指标	负债构成、负债增长率、资产构成、资产增长率、总债务 *GDP* 比、基本赤字 *GDP* 比、利息支出 *GDP* 比、预算赤字 *GDP* 比、收支缺口 *GDP* 比

本章小结

政府财务报告以权责发生制为基础编制，包括政府部门财务报告和政府综合财务报告。政府部门财务报告由政府部门编制，主要反映本部门财务状况、运行情况等，为加强政府部门资产负债管理、预算管理、绩效管理等提供信息支撑。政府综合财务报告由政府财政部门编制，包括本级政府综合财务报告和行政区政府综合财务报告，分别反映本级政府整体和行政区政府整体财务状况、运行情况和财政中长期可持续性等，可作为考核地方政府绩效、开展地方政府信用评级、评估预警地方政府债务风险、编制全国和地方资产负债表以及制定财政中长期规划和其他相关规划的重要依据。

政府财务报告的目标与编制基础。(1)政府财务报告目标的定位是整个财务报告概念框架的逻辑起点，对整个财务报告体系的构建起着导向作用。政府财务报告目标主要可以归纳为两个：反映政府受托责任的履行情况和为信息使用者的决策提供有用信息。(2)从世界各国看，现在各国政府的财务报告一般都采用权责发生制的编制基础，我国也不例外。权责发生制的会计基础更能全面真实地反映政府的财务状况和运营情况、提供更准确的政府服务成本信息为政府绩效评价提供技术基础、可以为中期预算提供所需要的会计信息、为加强我政府性债务管理提供必需的技术支撑。

政府财务报告的主体与内容。(1)政府财务报告的主体有两个层次，一是政府，二是政府部门或者政府单位。所以必须界定政府和政府部门/单位。我国财务报告的主体与预算报告的主体有着一一对应关系。按照我国相关规定，政府综合财务报告的主体是政府，主要由财政部门编制，政府综合财务报告又可以分为本级政府综合财务报告和行政区政府综合财务报告。政府部门财务报告的主体是政府部门或者政府单位，又可以分为单位财务报告和部门财务报告。美国联邦政府财务报告主体与我国类似。州与地方政府采用双重财务报告模式，实行个别基金报告和政府整体层面报告，也就是说其财务报告主体是基金和政府整体。(2)我国政府综合财务报告包括财务报表、财政经济分析和财政财务管理情况等；我国政府部门财务报告包括财务报表和财务分析。美国联邦部门与单位的年度财务报告包括管理层讨论与分析、财务报表及相关附注、补充管理信息、补充资料，主体是财务报表与附注。美国联邦政府合并财务报告的内容与部门财务报告类似，主要包括管理层讨论与分析、财务报表与附注、补充管理信息和补充资料，主体也是财务报表与附注。

政府财务报告的管理。(1)我国除了财政部制定具体的政府财务报告编制办法外，还通过《预算法》确定了权责发生制综合财务报告制度的法律地位。我国政府综合财务报告制度的主要内容包括编报政府部门财务报告和编报政府综合财务报告。(2)我国最近一次的政府会计制度改革构建了政府预算会计和财务会计适度分离并相互衔接的政府会计核算体系，为政府财务报告的编制提供了数据支持。(3)财务报告分析也就分为政府综合财务报告分析和政府部门财务报告分析。前者应该从政府财务状况、运行情况和财政中长期可持续性及政府财政财务管理情况四个方面进行分析；后者应该从政府部门财务状况、政府部门运行情况和政府部门财务管理情况三个方面进行分析。

本章名词解释

政府综合财务报告　政府部门财务报告　收付实现制　权责发生制　修正的收付实现制　修正的权责发生制　收入费用率　政府自给率　税收依存度　税收收入弹性

本章复习思考题

1. 请简述政府财务报告的主要目标。
2. 政府财务报告编制基础的类型有哪些？
3. 请简述实行权责发生制政府综合财务报告的意义。
4. 如何理解政府及政府单位的界定。
5. 请简述我国政府财务报告主体与政府预算主体之间的关系。
6. 我国政府综合财务报告的主要内容有哪些？
7. 我国政府部门财务报告的主要内容有哪些？
8. 请简述我国政府会计标准体系。
9. 请论述如何对政府综合财务报告进行分析。
10. 请论述如何对政府部门财务报告进行分析。

第十三章　财政信息管理

本章主要内容

财政信息精细化和收集能力是关系财政管理质量的内在条件，财政信息公开程度则是关系财政管理质量的外部监督程度的条件。本章主要阐述财政信息管理涉及的两个方面的内容：一是财政信息本身的质量，二是财政信息的公开。

第一节　财政信息收集和政府财政统计

财政信息本身的质量取决于财政信息体系的设置以及政府收集信息的能力。

一、财政信息和财政信息的收集

改革开放四十多年来，我国财政部门一直高度重视利用信息技术来支持和促进财政改革和管理，将信息化作为财政改革与管理的重要手段和方法。尤其是进入21世纪后，依据"政府财政管理信息系统"的建设规划，财政部门密切结合财政改革的发展和需要，依靠信息技术手段，成功开发并应用了部门预算管理应用软件系统、国库集中支付应用软件系统、非税收入收缴管理应用软件系统、工资统一发放应用软件系统、财政经济景气预测分析软件系统等多种软件系统，使部门预算、政府采购、国库集中收付等项财政管理改革得以成功实施并逐步完善。信息化技术和信息设备的使用已覆盖财政管理各个环节，并成为支撑各项财政改革顺利推进的基本物质条件。[①]

我国财政信息的收集工具主要是金财工程即政府财政信息管理系统，同时通过政府会计系统、政府财政统计系统和政府报告系统等表现出来。

---

① 贾康：《构建现代治理基础中国财税体制改革40年》，广东经济出版社2017年版，第379页。

(一)我国财政信息的收集工具——“金财工程”(原名“政府财政信息管理系统”)[①]

2000年8月21日,财政部成立了由国库司、预算司、信息中心、综合司和统计评价司有关人员组成的部“政府财政治理信息系统(GFMIS)工作小组”。小组的主要任务是设计政府财政治理信息系统(GFMIS)总体框架。

“金财工程”是利用先进的信息网络技术,支撑预算管理、国库集中收付和财政经济景气预测等核心业务的政府财政综合管理信息系统。具体地讲就是以覆盖各级政府财政管理部门和财政资金使用部门的大型信息网络为支撑,以细化的部门预算为基础,以所有财政收支全部进入国库单一账户为基本模式,以预算指标、用款计划、采购订单以及财政政策实施效果评价和宏观经济运行态势跟踪分析为预算执行主要控制机制,以出纳环节高度集中并实现国库现金有效调度为特征,体现了公共财政改革的要求。其涵盖预算编制审核系统、国库集中收付系统、工资统一发放系统、政府采购管理系统、基本建设项目管理系统等方面。它是在总结我国财政信息化工作实践,借鉴其他国家财政信息化管理先进理念和成功经验的基础上,提出的与我国建立公共财政体制框架目标相适应的一套先进信息管理系统,是我国正在实施的电子政务战略工程建设的重要组成部分。

按照系统工程规划设计,“金财工程”建设共分为财政业务应用系统、信息网络系统和安全保障体系三个方面,即以应用为中心,以网络为支撑,以安全为保障。一是建立财政业务应用系统,包括预算管理系统、国库集中支付管理系统、总账管理系统等12个业务应用系统;二是建立纵横向三级网络系统,包括本级局域网、纵向连接各级财政部门的广域网和横向连接同级各预算单位、国库、银行、税收等相关职能部门的城域网;三是建立安全保障体系,即建立以认证中心、数据加密为核心的统一安全保障体系,确保“金财工程”应用系统高效、稳定运行。

1. 财政业务应用系统

财政业务应用系统主要指预算管理系统、国库支付管理系统、总账管理系统、现金管理系统、工资发放管理系统、国债管理系统、政府采购管理系统、固定资产管理系统、收入管理系统、财政经济景气分析系统、标准代码系统和外部接口系统共12个业务管理系统。如图13－1所示。

(1)预算管理系统

该系统实现各级财政资金使用部门和各级财政管理部门的预算编制、预算审核、预算调整的规范化和科学化的管理,支持基本预算支出和项目预算支出的部门预算编制,能完成预算控制数编制及预算批复,支持预算科目新体系,系统通过数据库实现与

---

① http://wiki.mbalib.com/wiki/GFMIS;2002年初,国务院正式命名为“金财工程”。

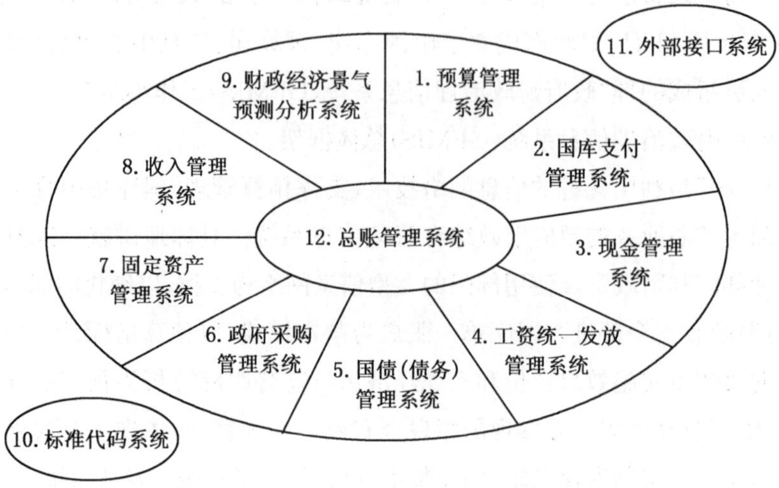

图 13—1　财政业务应用系统

国库支付管理、现金管理、收入管理、政府采购、宏观经济预测等系统的数据共享。其子系统有：部门预算管理系统；预算指标管理系统；定员定额管理系统；中央对地方专项拨款管理系统；地方预算汇总管理系统；转移支付测算管理系统；全国预算汇总管理系统；非贸易非经营性外汇管理系统。

(2)国库支付管理系统

该系统主要按照财政国库集中收付管理制度改革的要求，完成财政资金使用过程中的分月用款计划管理、支付管理、采购订单管理、账务管理和预算执行分析管理等，并实现与现金管理、预算管理、收入管理、国债管理、政府采购、宏观经济预测等系统的数据共享。其子系统有：国库集中支付管理系统；分月用款计划管理系统；预算单位财政资金支付管理系统。

(3)现金管理系统

该系统对国库现金账进行实时管理，并实现与国库支付管理、收入管理、国债管理、政府采购等系统的数据共享。主要功能模块包括与人民银行国库局和与商业银行连接的支付对账系统、现金流预测系统，可实现在现金流总体控制条件下的支付授权。

(4)工资统一发放管理系统

工资统一发放管理系统存储财政供养人员的基本信息、工资结构，并通过国库单一账户来管理和发放每个人的工资。通过系统的内部控制机制和财政、人事部门、编制机构的三方核对，能有效防止个人工资虚增冒领的现象。具备工资调整测算功能，具有与银行的接口，能够通过代理银行直接将工资发放到个人账户。该系统还将拓展用于住房补贴、住房公积金、个人医疗费的直接支付，并提供对外个人工资信息的网上授权查询功能。

(5)国债管理系统

具有对国债发行计划、国债发行及清偿进行管理,国债风险评估,国债经济效益分析等功能。并实现与预算管理、国库支付管理、现金管理、宏观经济预测等系统的数据共享。该系统包括四个子系统:国债发行计划系统;国债发行及清偿管理系统;国债风险评估系统;国债经济效益分析系统。

(6)政府采购管理系统

以网络化和电子商务的先进技术手段支持政府采购业务流程,并实现与预算管理中的政府采购预算、国库支付中的采购订单相连接,与固定资产管理等系统实现数据共享。政府采购管理系统的核心由四部分组成:采购项目管理系统;政府采购信息发布系统;政府采购订单管理系统;政府采购审计监督系统。

(7)固定资产管理系统

建立固定资产总分类账,支持固定资产添置、折旧、重估、报废等管理工作,实时更新和维护固定资产数据库,并实现与国库总分类账、政府采购等系统的数据共享。

(8)收入管理系统

主要管理预算内税收收入和非税收入,并实现与预算编制、国库支付管理、现金管理、宏观经济预测等系统的数据共享。该系统的预算内税收收入系统将与税务、海关连接,具有退税管理功能。非税收入系统是执行"收支两条线",实现综合预算的关键,也是收入管理系统的主体部分。

(9)财政经济景气分析系统

该系统以财政数据库的数据为基础,综合国内外宏观经济数据,建立财政收支分析预测模型、财政监测预警模型、政策分析模型、宏观经济预测模型、宏观经济景气与监测模型,科学、全面地掌握宏观经济和财政收支增减因素,合理控制债务规模,为政府财政预算编制、财政支出管理、财政政策调整提供辅助决策依据。

(10)标准代码系统

为实现"金财工程"各系统间的信息共享,必须首先建立规范、统一的数据标准。进一步扩充完善《财政信息分类与代码》,统一规范基础数据指标体系,建立财政业务各环节的主题数据表,对财政应用基础数据按主题进行科学定义和分解(元数据化),在此基础上建立"金财工程"核心数据模型。

(11)外部接口系统

"金财工程"需要与税务、海关、人民银行国库、代理商业银行进行信息交换和业务连接,需要与发改委、卫生、民政、统计等综合经济部门和管理部门相连接,通过对外接口向国务院、人大财经委、各综合经济管理部门提供相关信息。

(12)总账管理系统

总账管理系统是"金财工程"数据存储及管理的核心。既管理收入账,又管理支出账。利用该系统,可分解出每个部门、每个预算单位的明细账目。总分类账系统将完整记录国库单一账户收入、支付的每一笔资金的详细信息,真正实现一级财政一本账管理。

2.网络系统

建立一个覆盖全国各级财政部门和财政资金使用部门的纵横向三级网络系统。纵向上,建设财政部连接各省(区、市)财政厅(局)的一级骨干网,省级财政连接各市(地、州)级财政的二级骨干网,市(地、州)级财政连接县级财政的三级骨干网;横向上,实现各级财政部门与同级预算单位、人民银行、代理银行等部门的连接。建立政府财政管理信息系统的运行基础,以支撑财政核心业务应用。

为确保"金财工程"高效、稳定、可靠运行,需要提供对网络、系统、数据进行有效管理和监控的手段,实现财政部网络中心、省级网络中心的计算机系统硬件、操作系统、数据库平台的两级集中管理。

3.安全保障体系

建立统一的安全体系是"金财工程"建设的一个重要方面,要实现全系统的应用安全、系统安全、网络安全和物理安全的统一管理,重点建设以认证中心、数据加密为核心的应用安全平台,制定相应的安全管理制度,为"金财工程"提供有效的安全保障。

按照高可靠性和高标准的故障恢复能力,建立完善的备份与恢复系统。做好现场备份、同城备份及异地备份。待"电子签名"等具备法律依据,可以采用无纸化的网上支付及收缴时,采用实时模式灾难恢复技术,建立一个高度可靠和高度可用的系统。

(二)财政信息的表现工具

通过政府财政信息管理系统收集起来的财政信息工具还需要一定的表现工具体现出来,如政府会计体系、政府财政统计体系、财政报告体系等。我们将在本教材的其他章介绍政府会计的相关内容,我国"金财工程"中"总账管理系统"收集的信息可以为财政总预算会计提供足够的信息,但对于预算单位会计的信息还需要预算单位自己收集和补充。政府财政统计体系的相关内容我们将在下文中介绍。财政报告体系既包括财政部门向立法机构的报告,如预算报告、决算报告、财政收支执行报告、重大项目执行报告等;也包括预算单位向财政部门的报告,如预算单位财务报告、专项支出执行情况报告等等。

二、公共部门统计体系

公共部门为了进行日常的管理和服务需要进行一些相关的统计工作。公共部门

统计体系一般包括以下三个方面：[1]

第一，财政收支统计，从收入和支出角度描述政府活动及其对经济社会发展的影响；

第二，在国民经济核算中进行公共部门活动核算，从生产、分配、消费、投资以及资产负债等方面描述公共部门的活动；

第三，公共事业活动统计，针对不同的活动领域设定统计内容，描述政府直接完成或在政府主持下完成的各种公共物品和服务的生产提供活动，也就是对社会公共事业活动的统计。

政府财政统计我们将在下文中重点介绍，所以在本部分我们将介绍国民经济核算和公共事业活动统计。

（一）国民经济核算[2]

1. 国民经济核算的概念

国民经济核算是一个独立的国民经济统计体系，其本身并不属于公共部门统计体系。国民经济核算体系中涉及公共部门活动的核算才属于公共部门统计体系的一部分。

国民经济核算是以整个国民经济为对象的宏观核算。它采用统一的货币计量单位，借鉴来自工商会计的记录方法，运用一套相互有机联系在一起的数表，系统描述了一时期国民经济发展的整体状况，所提供资料构成了宏观经济信息系统的中心内容，或者说支撑起宏观经济信息系统的骨架。围绕国民经济核算所形成的一套理论和方法，被称为国民经济核算体系（system of national accounts ，SNA）。

国民经济核算的是一国国民经济整体，它表现为该国经济领土上的常住单位所完成的各种经济活动。所谓经济领土是指由该国政府控制或管理的地理领土，该国公民及货物和资本可在其上自由流动。所谓常住单位，是指在一国经济领土上拥有一定的活动场所，从事一定规模的经济活动，并超过一定的时期的经济单位。国民经济核算是宏观统计，不会直接体现特定单位的经济活动，而是要按照一定标准将各经济单位区分为不同的部门，表现各部门之间的经济关系。国民经济核算中主要应用以下两种部门分类：以机构单位为基础的机构部门分类，以基层单位为基础的产业部门分类。机构单位是指能以资金的名义拥有资产、发生负债，从事经济活动并与其他实体进行交易的经济实体，它体现独立的财务决策权。按照机构单位的经济行为性质，一般可以归为非金融企业部门、金融机构部门、政府部门和住户或称居民部门，以及与国内机

---

① 李静萍、高敏雪编著：《经济社会统计(第三版)》，中国人民大学出版社 2015 年版，第 88 页。

② 李静萍、高敏雪编著：《经济社会统计(第三版)》，中国人民大学出版社 2015 年版，第 246—265 页。

构部门相对应的国外部门。产业的分类则有三次产业分类法、标准产业分类法和资源密集度产业分类法，三次产业分类法将产业分为第一产业、第二产业和第三产业；标准产业分类法是联合国制定并推荐各国使用的产业分类标准，将全部经济活动划分为21个门类、88个大类、238个中类和419个小类；资源密集度产业分类法则把产业划分为资本密集型产业和劳动密集型产业。

2.国民经济核算体系的内容

国民经济核算体系的最新版本是由联合国支持制定的2008年版本。按照中国目前所执行的制度，国民经济核算体系包括中心框架和附属核算表两部分。

中心框架是国民经济核算体系的基本部分。在内容上，中心框架直接反映国民经济运行过程及其结果，国民经济分析中所应用的各种主要经济总量和分量几乎都是由中心框架来提供的；在方法上，以不同经济活动间内在联系的认识为基础，采用复式记账方法，使整个中心框架具有严密的逻辑一致性，不同核算部分保持了严格的数量联系。中心框架由*GDP*核算、投入产出核算、资金流量核算、国际收支核算和资产负债核算五个子体系组成。

(1)*GDP*及其使用核算，是对一时期国民经济最终产品生产、分配和使用总量的核算，以*GDP*为核心，一方面核算国民经济生产和初次分配状况，另一方面核算使用支出状况。

(2)投入产出核算，是*GDP*核算向生产领域的延伸，一方面核算各产业部门当期生产的产品总量及其使用分配去向，另一方面核算各产业部门生产过程的产品投入及其来源，由此详细描述了不同产业部门之间相互提供和利用的中间产品流量，揭示出国民经济各产业部门之间的技术经济联系。

(3)资金流量核算，是从分配和资金流动角度对*GDP*核算的补充，具体包括两部分内容。其一是实物交易核算，主要反映国民经济范围内的收入分配过程；其二是金融交易核算，主要反映各部门参与金融交易的状况，表现一时期的资金运动状况。

(4)国际收支核算，以国际收支平衡表为中心，运用借贷记账法原理，集中反映一国的对外经济往来关系，表现一国对外经济活动的规模和收支平衡状况。

(5)资产负债核算，是对一国和各部门经济存量的核算，一方面是非金融资产和金融资产的核算，另一方面是负债和资产净值的核算。

上述内容中，前四个子体系是关于经济流量的核算，反映核算期当期实际发生的经济活动总量；后一个子体系是关于存量的核算，反映在特定核算时点上一国或一部门所拥有的经济资产总量。附属核算表体现中心框架内容的扩展，通过对国民经济某一方面的进一步核算，或深化或补充中心框架的内容。

(二)公共事业活动统计①

政府的公共事业活动主要包括教育、卫生保健、社会保障和福利、基础科学研究、环境保护、国家防卫、安全、司法和行政管理等。所以公共事业活动统计也就是对上述领域的统计,描述其活动的规模、发生方式及其结果。

(1)教育活动统计:教育活动统计一般从投入和产出角度进行,前者一般包括教育机构数统计、教职工人数及状况统计、教育活动支出统计;后者一般包括学生人数统计和教育普及程度统计等。

(2)卫生保健活动统计:卫生保健活动统计同样从投入和产出角度进行,前者包括卫生机构数和床位数统计、卫生技术人员及其他就业人员统计和卫生保健活动支出统计;后者包括卫生保健活动量及其效果统计等。

(3)社会保障活动统计:由于社会保障包括社会保险、社会福利、社会救助和社会优抚,所以社会保障活动统计也可以分为社会保险活动统计和社会福利、社会救助和社会优抚活动统计。前者包括社会保险机构数和从业人员数、社会保险投保人数、享受社会保险人数、社会保险费用总额和社会保险基金总额等。后者包括社会救助人数统计、社会救助费用统计、社会优抚对象人数、实际享受优抚人数、优抚事业机构数、社会优抚事业费总额和人均数额、社会福利机构单位数及人数、社会福利费用总额,“三无”儿童,孤老、残疾人、精神病人人数和收养人数及收养率等。

三、政府财政统计

(一)财政统计的概念和内容

财政统计,是研究财政现象数量方面的统计方法论,它以财政现象数量方面为研究对象,研究各种财政现象在一定时间、地点和条件下等具体数量表现、数量关系及其发展变化规律性。财政统计的意义在于:反映财政收支状况,分析社会经济活动成果再分配所形成的各种数量关系,提高财政资金利用,从而为政府制定财政政策和有关宏观经济政策提供依据。财政统计主要包括收入统计、支出统计、收支平衡统计以及财政与社会经济活动成果及分配关系的统计。②

1.财政收入统计

财政收入的统计可以分为总量统计、结构统计和动态统计。

在总量统计中,有两种统计口径:一是包括债务收入的财政收入;二是不包括债务收入的财政收入。

---

① 李静萍、高敏雪编著:《经济社会统计(第三版)》,中国人民大学出版社2015年版,第106—120页。

② 邱东主编:《国民经济统计学》(第三版),东北财经大学出版社2018年版,第156页。

在结构统计中，有多种分类方式，可以按部门分，也可以按经济性质分，还可以按所有制经济分。在我国2007年以前，财政收入可以先分为预算内收入和预算外收入，然后在预算内收入和预算外收入下继续分类。但2007年政府收支分类改革以后，我国的财政收入主要分为六大类，即税收收入、社会保险基金收入、非税收入、贷款转贷回收本金收入、债务收入、转移性收入，每类下面再细分款、项和目，总共有40多款、300多项和700多目。

在动态统计中，既有环比统计又有定基统计。

2. 财政支出统计

财政支出统计与财政收入统计一样，也可以分为总量统计、结构统计和动态统计等。

总量上财政支出数与财政收入数是相对应的，但如果是债务安排的财政支出，也应该作为财政支出的组成部分。

在结构上，财政支出也可以按照部门分，可分为国防部门支出、教育部门支出等；按经济性质分，可分为经常性支出与资本支出；按照功能分，可分为社会保障支出、一般公共服务支出、国防支出等等。在我国2007年以前，财政支出可以先分为预算内支出和预算外支出，然后在预算内支出和预算外支出下继续分类。2007年政府收支分类改革中我国的财政支出改为两种分法，一种是按功能分类，另一种按经济分类。按照功能分类，我国财政支出共有17类、170多款、1 100多项，包括一般公共服务、外交、国防、公共安全、教育、科学技术、文化体育与传媒、社会保障和就业、社会保险基金支出、医疗卫生、环境保护、城乡社区事务、农林水事务、交通运输、工业商业金融等事务、其他支出、转移性支出。按照经济分类我国财政支出共有12类，90多款，包括工资福利支出、商品和服务支出、对个人和家庭的补助、对企事业单位的补贴、转移性支出、赠与、债务利息支出、债务还本支出、基本建设支出、其他资本性支出、贷款转贷及产权参股、其他支出。另外我国在功能分类的基础上还是保留了原来的一般预算收支分类、基金预算收支分类和债务预算收支分类，但取消了预算外收支分类。

财政支出的动态统计与财政收入统计很相似，这里不再重复。

3. 财政收支平衡统计

财政收支平衡是财政管理的内容之一，但由于种种原因，财政收支有可能不平衡。收支不平衡可能是事先计划的，也可能是事后才出现的。前者我们一般称为赤字财政政策，即政府为了刺激社会需求，拉动经济发展，特意安排的财政扩张政策，在财政收支平衡上就表现为事先的预算安排赤字。但也可能事先的安排是收支平衡，甚至有结余，但由于低估支出或者支出膨胀导致在预算执行时出现事后的赤字。关于收支平衡统计的指标有：

(1)财政收支差额。财政收支差额是财政收入减去财政支出后的数字,当该数字为正数时,我们把它称为财政盈余,当该数字为负数时,我们把它称为财政赤字。

但这里需要再次强调的是,从统计角度看,财政收入、财政支出、财政收支差额数一定都是决算数,而不是预算数或者计划数。所以如果是赤字,有可能是事先安排的,也可能不是事先安排。

(2)财政收支差率。由于财政收支差额是绝对数,很难运用于纵向和横向比较,所以为了便于分析,运用财政收支差率更为科学和合适。

财政收支差率＝财政收支差额/财政收入×100％

计算财政收支差额时,根据财政支出中是否包含国债利息支出,可以区分两种财政赤字,即总赤字和基本赤字。所谓基本赤字,等于财政收入减去不含国债利息支出的财政支出;所谓总赤字,等于财政收入减去含国债利息支出的财政支出。由于国债利息支出是过去时期财政失衡所造成的,由本期财政所负担的支出,因此在度量一定时期内政府支出所造成的赤字时,往往采用基本赤字,而不是总赤字。中国财政支出统计中,从2000年起,财政支出中包括国内外债务付息支出,因此在应用财政统计数据时,应注意统计口径的变化所带来的影响。①

4. 财政与社会经济活动成果及分配关系统计

财政收入来源于社会经济活动成果;财政支出或者直接用于社会经济活动,或者最终影响社会经济活动。所以我们完全有必要将财政收支与社会经济活动成果及分配关系结合起来统计。这部分的统计指标包括财政收入占GDP的比重、财政支出占GDP的比重、财政收支差额占GDP的比重等。

(二)政府财政统计核算体系(GFS)②

政府财政统计核算体系(A System of Government Finance Statistics,GFS)是从经济角度反映一个政府治理国家、管理经济活动运行情况的多功能体系。

与国民经济核算体系一样,政府财政统计核算体系也是一个逻辑严密、协调一致的经济核算体系,一个反映经济运行状况的宏观数据库。与国民经济核算体系不同,国民经济核算体系以国民为主体进行核算,政府财政统计核算体系则以政府为主体进行核算;国民经济核算体系对本期发生的经济活动进行核算而不管它是否本期支付。可见,仅仅依照国民经济核算体系的资料,或者仅仅依照政府财政统计核算体系的资料都不能完整地、全面地满足对宏观经济分析、评估和管理的需要。

在市场经济体制下,政府财政统计核算体系更有着独特的重要作用。

---

① 李静萍、高敏雪编著:《经济社会统计(第三版)》,中国人民大学出版社2015年版,第91—105页。

② 王德发、靳俊娇主编:《国民经济核算(第2版)》,上海财经大学出版社2017年版,第267页。

在市场体制中，经济主体多元化、经济决策多元化。各经济主体根据自己掌握的市场信息自主决策，政府不再像高度集权的计划经济那样以行政方式直接管理经济，而是通过市场间接地对各经济主体进行宏观调控，并且调控多采用经济手段，而不是行政手段。政府宏观调控的经济手段就是通过政府财政的收与支来影响多元经济主体的经济行为。很显然，宏观调控作用的广泛程度、细致程度、效率高低都依赖于对财政收支信息掌握的深度与广度。因此，对政府财政收支的统计核算便成为市场体制下国民经济管理不可缺少的重要工具。

具体而言，政府财政统计核算体系至少有以下几大重要作用：

第一，反映政府收支的全部规模，从整体上测定政府参与经济活动的广度与深度。

第二，反映各级政府收支的筹措和使用过程，收支的结构及相互关系。

第三，反映通过政府进行的资源分配状况，分析政府支配经济资源的能力与作用。

第四，分析政府经济管理业务活动（在政府财政统计核算体系中称为政府业务活动）对国民经济的影响。

第五，为政府制定财政政策、预算政策、税收政策、社会保障政策等提供科学的定量依据。

第六，为政府的宏观调控提供财政方面的充分的有效信息。

第七，与国民经济核算体系分工协调的政府财政统计核算体系可以为国民经济核算账户提供可靠的政府活动数据。

正因如此，发达国家在重视国民经济核算体系的同时，也十分重视政府财政统计核算体系，并将两者有机地结合应用，成为政府决策和制定政策的高精度的支持依据。

（三）我国现行的财政统计体制①

我国现行财政统计工作是由财政部门负责组织，其中地方各级政府财政部门负责编制本级财政统计报表，中央政府财政部负责中央政府的财政状况统计和全国财政状况统计汇总。全国性的统计报表制度是现行财政统计制度的中心，由于中央政府的财政部处于统计工作的最高层，一般由其负责主要财政统计报表体系的设计、编制，而地方政府的财政机关在遵照执行同时，负责制定适合本地区特点的财政统计报表体系。报表体系以年度报告为主，辅以一些预算执行的月度报表。在财政信息报告方面，目前的中国财政统计根据服务的对象和目的不同，提供了两类体系的报表：一是由统计部门公布的《中国统计年鉴》中“财政”部分，包括历年财政收支、外债余额等统计，是一般意义上的财政统计；二是由财政部门公布的《中国财政年鉴》或地方财政年鉴中财经统计部分，分为年度国家财政预算、决算，历年财政收支、企业（国有企业）财务、国

① 朱海平：《政府财政统计理论与中国财政统计改革研究》，2008年博士论文，第96—97页。

有资产管理等部分，这两类报表体系核心内容是一致的，后者增加了有关国有企业、国有资产等部分资料。

我国财政统计一直保持着统计核算和预算会计核算相统一的特点，财政统计核算以财政资金单位的预算会计核算为基础。各级财政部门根据总预算会计和国家财政预算管理的有关规定，对本级政府的财政收支情况进行会计核算，会计核算根据财政收支业务，经过会计凭证登记入账，编制财政收支统计月报和年度决算报告。财政统计的基础资料就是国家财政决算、其他预算资金收支决算和有关财务报表，具体来说就是来自决算收支总表、决算收入明细表和根据这些表的数据进行的加工整理的资料。

第二节　财政信息公开的依据和立法

一、市场信息不对称缺陷和政府弥补职责

在市场经济下存在着诸多的信息不对称，如生产者与消费者之间的信息不对称，政府与大众的信息不对称，管理者与被管理者之间的信息不对称等等，这些信息不对称都造成了一定的效率损失。

为了弥补市场信息不对称的缺陷，政府必须从信息管制、资格管制、质量管制以及直接的信息提供等方面提供与信息相关的管理与服务。

（一）信息管制

信息管制的主要内容就是建立信息披露制度。政府可以通过法律法规规定信息优势方必须建立规范的信息披露制度。例如政府可以规定生产者必须在生产的产品上标注出生产日期、到期日期、产品成分以及使用产品应注意的问题等，政府也可以要求被投资方定期公布财务报告和重大事项的发生，中央政府或者立法机构还可以规定各级政府披露公共信息的相关规范等等。

（二）资格管制

资格管制的主要内容有二部分，一部分是对产品或者服务提供商（单位）的资格管制，另一部分则是对直接从事产品或者服务提供的生产者个人的资格管制。前者是指政府会建立单位的资质认证制度，比如对建筑设计单位进行资格认证，分为甲、乙、丙几类；在证券发行市场也对证券商进行了证券承销资格的认证，并不是全部的证券商都有证券承销资格；等等。后者是对个人资质的认证，如注册税务师、注册会计师、注册建筑师等等，只有拥有相关资质的个人才能从事相关业务的生产和服务，在产品和

服务的质量方面提供了制度保证。

(三)质量管制

质量管制的主要内容也有两部分,一部分通过一些法律法规明确产品的质量,如药品中不得添加某些化学成分,或者某些食品中不得添加某些产品和化学制品等;另一部分则对产品的质量进行认证和检测,例如政府可以对某些产品进行质量检测。在质量管制中,政府还应该推动非政府机构、企业和私人组织建立专业化的质量技术体系。如在国际上广泛采用并行之有效的 ISO9000、ISO9001、ISO9002 质量认证体系,就是非政府性的行业私立标准。

(四)直接的信息提供

政府直接提供的信息一般包括两种:一种是政府拥有的社会经济、环境资源和人文发展等基本信息;第二种是市场获得这些信息的成本很高,而个人拥有的收益不大,个人就没有动力去收集,如果这些信息对社会而言很有必要收集时,政府就必须承担收集这些信息的职能,所以此时的信息本身就是一种具有很大外部效益的准公共品。对于这两种信息,政府不仅仅是收集或者拥有,政府还应该直接提供给社会,即信息公开。

二、公共信息公开的依据与原则

市场信息还可以分为公共信息与私人信息[①]。公共信息是指所有市场参与者都能够自由获得的信息。在竞争激烈的寡头垄断中,经济主体对市场知识的需求特别迫切。他们在客观上假定其他竞争者的行为是合理的,即假定所有的市场参与者都具备公共的市场知识。这种共同的市场知识即公共信息。

市场信息的另外一种重要形式是私人信息,指个别市场参与者所拥有的具有独占性质的市场信息。私人信息与公共信息没有严格的界限,私人信息也可以因为时机转换而转变为公共信息,反之亦然。当然,一旦市场参与者所掌握的私人信息要多于其他市场参与者所掌握的公共信息,该市场参与者就具有信息优势,从而有助于形成竞争优势;一旦占有的私人信息量小于公共信息量,该市场参与者就处于信息劣势。

公共信息使市场参与者成为市场活动中以自我利益为中心的价格受支配者,而私人信息则推动市场参与者成为以自我利益为中心的价格支配者。在这组互相矛盾的信息交流中,社会稀缺资源得到不同效率的配置。

所有市场参与者的信息集合中可以被这些参与者自由获取的信息构成公共信息,而私人信息则是市场参与者可单独获取的信息形式。公共信息是市场运行的基础,而

---

① 蔡岩兵编著:《新编信息经济学》,中国经济出版社 2014 年版,第 18 页。

私人信息是市场存在的基础。公共信息与私人信息对于市场交易而言均是必不可少的。

(一)公共信息公开的依据

一个民主社会下,公众应该拥有知情权、参与权、监督权和选择权等权利。而信息充分是公众实现这些权利的必要条件。

1. 公民的知情权与公民的参与权

詹姆斯・麦迪逊认为:“公众要想成为自己的主人,就必须用习得的知识中隐含的权力来武装自己;政府如果不能为公众提供充分的信息,或者公众缺乏畅通的信息渠道,那么所谓的面向公众的政府,也就沦为一场滑稽剧或悲剧或悲喜剧的序幕。”①

斯蒂格利茨也同样认为:“言论自由既是目的,又是手段,言论自由不仅是政府不可剥夺的公众的基本权利,同时也是实现其他基本权利的手段。通过言论自由可以对政府进行必要的控制:新闻自由不仅可以尽可能地减少政府权力的滥用,还可以促使政府更好地满足公众的基本诉求……在民主社会里,知情权是一项基本权利,公众应当知晓政府在做什么,为什么要这样做。更为直白地说,我认为这里隐含着一个假定,那就是政府行为必须透明公开。”②

从人民主权的理论分析,公众拥有选举权、知情权、选择权和参与权等权利。所以人民有权知晓公共部门的情况,有权要求政府部门公开信息,而且公开的内容应该由人民决定,政府部门公开信息是执行法律、履行法律义务,而不是政府对公众施以恩惠,不是政府想公开什么就公开什么,想如何公开就如何公开。从委托代理理论分析,公众是初始委托人,而政府部门是委托代理链中的代理人,作为代理人有义务回应初始委托人,这是代理人的责任,而回应的最主要方法就是公开信息,从而降低委托人的监督成本。从产权交易费用理论分析,由于公众获取信息的交易成本大于代理人,所以公共信息的产权应该归属于公众,所以公众有权处置公共信息,包括要求公开公共信息。

美国的《信息自由法》明确列举免予公开的具体内容,以避免抽象式地概括免予公开的内容。这一做法,值得我们借鉴。《政府信息公开条例》第 9 条至第 12 条以列举方式确定了政府信息公开的范围,第 14 条规定了不予公开的范围。问题在于:其一,以列举方式规定政府信息公开的范围,以概括方式规定不予公开的范围,与“以公开为原则,以不公开为例外”的基本原则存在差距。这一立法模式使政府能够在模糊地带可随意扩张其自由裁量权,从而易使政府信息公开在实施效果上大打折扣。“以公开

① Padover, Saul, Ed. 1953. The Complete Madison, New York: Harper.

② 斯蒂格利茨:《自由、知情权和公共话语——透明化在公共生活中的作用》,《环球法律评论》2002 年秋季号。

为原则，以不公开为例外”的宗旨在于使政府信息公开范围最大化，因此，我们应该坚持这一原则，概括规定公开范围并明确列举不予公开范围。按照这一要求，信息公开的对象可分为两类：对政府应主动公开的信息，立法应采取列举方式，以便社会进行监督；对政府主动公开之外的其他信息，公民有权申请公开，也就是说，依申请公开的信息，应采用概括方式予以规定，以尽可能缩小不予公开范围，扩大公开范围，切实保障公民知情权。其二，在政府信息公开与保守国家秘密之间，前者经常让位于后者。如对不予公开例外情形的规定过于宽泛和概括，易造成政府部门以保密为由拒绝公开信息，因此，在对公开与保密两者关系的处理上，首先要对保密的内容进行慎重甄别，尽量缩小其范围，使保密和公开都具有明确的界限与可操作性。要做到这一点，对不予公开信息的情形予以明确列举是比较可行做法。[①]

不管是何种理论，殊途同归，结论是一致的，政府部门作为公众的代理人就应该公开信息，而财政信息是公共信息之一，所以拥有财政信息的相关政府部门有责任和义务公开财政信息。

2.公民的监督权和政府权力约束

公民监督的本质就是对公共权力的制约，这也是公众保证其委托的权力不被滥用的根本措施。在国家治理中虽然委托人——公众将大部分的公共权力委托给了代理人——政府，但为了制约代理人，委托人自身还是保留了部分监督权。公民监督又可以称为公共监督，公共监督的途径很多，主要的有新闻媒体监督、社会中介机构监督等。公共监督与代理人的信息披露是相辅相成的，有效的公共监督需要有效的信息披露，而公共监督又会进一步促进信息披露，信息披露成为代理人的责任。

那么为什么在政府活动中必须由公民的监督（公共监督）来进行制约呢？

按照委托代理理论，委托人要解决代理人的机会主义行为，只能采用激励或者监督等约束制度。而在公共活动特别是政府活动中激励往往是低效的，这种现象又称为激励不足。激励可以是货币性的，也可以是非货币性的。“货币性的可以理解为即期的报酬，也可以理解为把整个职业生涯考虑在内的未来的物质报酬。非货币性可以理解为地位、权力和工作满意度。在政治领域中，非货币性的因素比货币性因素可能更为重要。”[②]在政府活动中不管是货币激励还是非货币激励相对于市场经济来讲都是不足的。例如在政府采购中，某政府官员采购某项资产为国家节约（或浪费）了近十亿美元，但对于这样的行为，国家对这些人的奖惩（无论是货币性还是非货币性）可能连零头都不到，这就是激励不足的具体表现。

---

① 齐延平主编：《人权研究》（第14卷），山东人民出版社2015年版，第256页。

② 阿维纳什·K.迪克西特：《经济政策的制定：交易成本政治学的视角》，中国人民大学出版社2004年版，第67页。

显然，公共财政运行机制客观要求政府财政应该实现民主化，即财政管理应按照民主程序进行。财政的民主化过程，是社会成员的公共需要得到充分反映的过程，是使公民在财政事务上的意见得到政府回应，政府财政行为受到公民监督的过程。在没有公共财政民主化和财政透明度的情况下，财政支出这种公共决策行为就很容易演变为政府领导的“随意”性安排，即财政预算“软约束”。财政预算支出不是以纳税人的偏好来进行，而是取决于领导的个人偏好，领导的偏好未必与纳税人的偏好保持一致。由于缺乏对财政支出的民主约束和监督，领导的偏好往往偏离纳税人的偏好，用于改善民众福祉的基本公共服务在财政预算支出中难以得到有效保障。①

（二）公共信息公开的原则——以公开为原则，以不公开为例外

世界各国信息公开法律制度的一个共同原则就是：政府信息以公开为原则，以不公开为例外。这一原则所表达的意思是凡是政府信息都应当公开，除了法律规定不公开的信息。也就是政府在法律中只规定不公开的范围，不规定公开的范围，除规定的不公开的信息外，其他所有政府信息全部公开。政府信息公开实践中的一个重要问题就是合理确定哪些该公开，哪些不该公开。为了避免政府职员以各种理由扩大不公开的范围，破坏政府信息公开制度，各种政府才都采用“以公开为原则，以不公开为例外”的原则。

信息公开法律制度不仅保护个人、企业和其他社会组织的有关信息，而且也保护政府的信息。我们不能期待政府将一切公之于众。当权利与权利冲突时，能够比较的是每项权利所表现的利益，比如公开给信息申请人带来的利益与披露信息给第三人或者政府、国家造成的损害进行比较，如果后者高于前者，这些信息就不应该公开，所以信息公开法律制度在解决权利冲突时，设计的平衡机制是规定例外信息。

三、纳税人权利和政府财政信息公开

上面我们论述了政府公共信息公开的依据。政府财政信息作为政府公共信息的一部分，同样也拥有公共信息公开的一般依据。但除一般依据为，财政信息公开还应该有另一比较特殊的依据，即纳税人权利依据。财政资金主要来自纳税人缴纳的税收，从契约经济学的角度分析，财政资金就是纳税人共同集资的资金，通过契约委托政府使用。纳税人也就有权利知道自己缴纳的财政资金的使用情况，所以从这个角度分析政府财政信息公开是纳税人的权利之一。

---

① 王家永：《转型时期地方财政问题研究——基于大连政府理财视角》，东北财经大学出版社2015年版，第82页。

四、《中华人民共和国政府信息公开条例》

2007年4月，我国公布了《中华人民共和国政府信息公开条例》(简称《政府信息公开条例》)，《政府信息公开条例》于2007年1月17日国务院第165次常务会议通过，并从2008年5月1日开始实行。《政府信息公开条例》共37条，分为总则、公开的范围、公开的方式和程序、监督和保障、附则共五章。

在第一章总则中，《政府信息公开条例》界定了政府信息的概念：政府信息，是指行政机关在履行职责过程中制作或者获取的，以一定形式记录、保存的信息；《政府信息公开条例》明确了各级人民政府办公厅(室)是政府信息公开工作的主管部门；并明确了政府信息公开工作机构的具体职责；同时《政府信息公开条例》还规定信息公开应该遵循的原则是公正、公平、便民。

在第二章公开的范围中，《政府信息公开条例》规定行政机关主动公开的信息是：(1)涉及公民、法人或者其他组织切身利益的；(2)需要社会公众广泛知晓或者参与的；(3)反映本行政机关机构设置、职能、办事程序等情况的；(4)其他依照法律、法规和国家有关规定应当主动公开的。《政府信息公开条例》还规定了县级以上各级人民政府及其部门重点公开的政府信息：(1)行政法规、规章和规范性文件；(2)国民经济和社会发展规划、专项规划、区域规划及相关政策；(3)国民经济和社会发展统计信息；(4)财政预算、决算报告；(5)行政事业性收费的项目、依据、标准；(6)政府集中采购项目的目录、标准及实施情况；(7)行政许可的事项、依据、条件、数量、程序、期限以及申请行政许可需要提交的全部材料目录及办理情况；(8)重大建设项目的批准和实施情况；(9)扶贫、教育、医疗、社会保障、促进就业等方面的政策、措施及其实施情况；(10)突发公共事件的应急预案、预警信息及应对情况；(11)环境保护、公共卫生、安全生产、食品药品、产品质量的监督检查情况。《政府信息公开条例》还规定了设区的市级人民政府、县级人民政府及其部门重点公开的政府信息；乡(镇)人民政府应当重点公开的政府信息。《政府信息公开条例》还明确：除主动公开外，公民、法人或者其他组织还可以根据自身生产、生活、科研等特殊需要，向国务院部门、地方各级人民政府及县级以上地方人民政府部门申请获取相关政府信息；行政机关应当建立健全政府信息发布保密审查机制，明确审查的程序和责任。

在第三章公开的方式和程序中，《政府信息公开条例》规定行政机关应当将主动公开的政府信息，通过政府公报、政府网站、新闻发布会以及报刊、广播、电视等便于公众知晓的方式公开；明确了公开的主体是制作或保存信息的行政机关；还明确了主动公开的时间——自该政府信息形成或者变更之日起20个工作日内；明确了行政机关编制、公布政府信息公开指南和政府信息公开目录的义务。同时明确申请公开一般采用

书面方式以及行政机关的答复内容、答复方式、答复时间

在第四章监督和保障中，《政府信息公开条例》规定各级人民政府应当建立健全政府信息公开工作考核制度、社会评议制度和责任追究制度，定期对政府信息公开工作进行考核、评议；建立政府信息公开工作年度报告制度，并明确了报告的具体内容；同时还规定了行政机关违反《政府信息公开条例》的相关处罚。

在第五章附则中，《政府信息公开条例》规定了本条例适用的范围。

五、国外政府财政信息公开立法情况

正是因为政府信息公开对于公民权利的维护、对于社会民主化进程的推动，对于政府施加的激励和约束以及对于政府公共治理水平的提升等所具有的意义和价值，在过去的几个世纪里，推进政府信息公开也已成为世界各国政治现代化进程的极其重要组成部分。在现代民主进程的早期阶段，受现代民主价值观念等诸多因素的影响，有诸多国家就开始通过了有关信息公开的立法。比如瑞典，它是信息公开立法最早的国家。在 1766 年的时候，它就颁布了信息公开法，并成为当今其国家宪法的一个组成部分。世界各地也纷纷颁布了信息公开相关法律。美国的宪法第一修正案规定国会不得制定限制言论或出版自由的法律，尽管它没有规定信息公开，但它对美国的信息公开制度具有决定性的作用。对宪法第一条修正案的重要补充是美国法律还明确禁止联邦政府援引版权法律保护联邦政府信息，以防止联邦政府借版权为名垄断信息。1966 年美国还通过了《信息自由法》，其后，美国连续出台了 1974 年《隐私法》、1976 年《阳光下的政府法》、1972 年《联邦咨询委员会法》，配合美国《宪法》第 1 条修正案、第 4 条修正案和第 14 条修正案，形成政务公开的法律保障体系。在美国《信息自由法》的影响下，自 20 世纪 70 年代以来各国纷纷制定了有关的法律并使政府公开制度成为当代各国公法领域中最有创造性的一项制度，日本、泰国等都相继通过了《信息自由法》，英国也于 2000 年 11 月通过了《信息公开法》。我国香港特别行政区也制定了《政府资讯公开守则》，要求除非有法律所列举的特别原因，政务机关应当根据要求或者在日常工作当中公开其政务信息。

另外，各国也都有相关的财政法律或规章制度规定政府部门公开财政信息义务。例如澳大利亚的《预算诚信章程》、英国的《财政稳定守则》、新西兰的《财政责任法案》、巴西的《财政责任法案》等。这些法律一般既规定了财政部门信息公开的义务，也规定了财政资金使用单位财政信息公开的义务。

（一）财政部门信息公开的法律义务

澳大利亚的《预算诚信章程》（Charter of Budget Honesty Act 1998）第一部分（part one）的第 3 条规定，财政部应公布和制定有规则的财政报告如下：在每个预算年

度提交的预算文件中应该包括一个预算经济和财政前景的报告；应该在每年的1月份或在上个预算年度结束后的6个月内提交年中的经济与财政情况报告；应在每个财政年度结束后的3个月内提交决算报告。澳大利亚的《预算诚信章程》第五部分第一小部分第12条规定：(1)每年的预算报告应包括联邦预算部门和联邦普通政府部门预算年度和以后3个财政年度的财政估计；得出预算年度和以后3年的财政估计的经济与其他假设；那些财政估计对经济与其他假设的灵敏度；预算年度和以后3年税式支出的估计；量化的财政风险如或有负责、公开发表但没有包括在预算中的政府承诺、政府必须完成的协议等。(2)年中财政报告中的信息应最大限度地包括政府的决定和其他影响经济和财政前景的因素；(3)年中财政报告应按照客观真实的原则提供信息；(4)这个报告可以不包括财政部认为不应该包括的，如机密的商业信息和公开后可能会影响国家安全的信息。第五部分第二小部分的第16条规定，年中财政执行报告应包括以下内容：(1)更新最近一次财政报告中包括的信息，包括详细的税式支出说明；(2)年中财政报告中的信息应最大限度地包括政府的决定和其他影响经济和财政前景的因素；(3)年中财政报告应按照客观真实的原则提供信息；(4)年中财政报告还应该说明某些在预算文件中提到但没有发生变化的信息；(5)这个报告可以不包括财政部认为不应该包括的，如机密的商业信息和公开后可能会影响国家安全的信息。澳大利亚的《预算诚信章程》第五部分第三小部分的第19条规定：年底的决算报告应包括联邦预算部门和联邦普通政府部门的一个财政年度的财政结果；同时这个报告应按照外部报告标准提出。澳大利亚的《预算诚信章程》还要求财政部公布代际财政报告(Intergenerational report)和大选前的财政报告(Preelection economic and fiscal outlook report)，前者一般为5年一次，后者则在大选命令下达后的10天内。

英国的《财政稳定守则》(Code for fiscal Stability)第六部分(More Transparent Fiscal Reporting)中规定：(1)财政申明和预算报告(fiscal statement and budget report)应提供如下信息：支持预测和计划的基本假设和习惯；经济前景的描述包括GDP的预测、通货膨胀和国际收支账户平衡，以及其他变量；在前面提到变量的变化下对经济前景风险的分析；财政情况的描述包括主要的财政收支、国际收支平衡、公共部门债务和净资产等；经济循环对财政总额影响的分析；在前面提到变量的变化下财政前景风险的分析；回顾预算与执行结果的差异，并尽可能地分析差异。(2)经济与财政策略报告(economic and fiscal strategy report)应提供如下信息：解释长期的经济与财政策略包括一些基本变量的长期目标；协调财政申明和预算报告中的短期财政展望与长期策略之间的关系，假设相互矛盾需解释适应长期策略的转化途径；评估长期策略与欧盟的政策是否一致等。(3)预算前报告(pre-budget report)应提供如下信息：财政形势和发展的最新信息；提出一些有意义的政策变化；这些信息应在预算前几个月提出。(4)其他信息:一个过去预算进展的评估;比较预算与实际执行结果;财政年度公共收支的重要趋向和经济展望的解释。

巴西的《财政责任法案》第 9 部分(fiscal transparency)规定:发布和广泛分发建议、法律和公共账户的概要,包括通过运用电子媒介,演示预测和执行目标、结果等;市政府的行政机构应合并账户并送到州政府和联邦政府,各级政府再进行合并;财政责任法要求的经济一财政绩效报告应每季和每年一次公开发行,并证明主要的财政变量是符合财政限制和目标的。

日本《财政法》第 46 条"财政状况报告"明确规定,内阁在预算成立时,必须立即将其预算、上年度的年收入支出决算以及公债、贷款、国有资产现额和其他与财政有关的一般事项,以印刷物、讲演及其他适当的形式,向国民报告。同时,内阁至少要在每个季度对预算的使用状况、国库状况以及其他财政状况,向国会以及国民报告。①

从前面各国财政法律的相关内容可见,各国一般都通过法律规定了财政部门提交立法机构预算报告中系列报告的内容、子报告的内容、财政报告的时间和报告的原则,有些还规定了特别情况下其他信息的公开

(二)财政资金使用单位财政信息公开的法律义务

在国外相关的财政法律中主要规定了财政部门应提交国会或向公众公开的报告和信息,而对财政资金使用单位的信息公开内容虽然也有规定,但并不占主要位置。如巴西的《财政责任法》第 6 点规定,所有联邦成员支出部门的领导必须一季度一次和一年一次公开其财政管理的责任。美国的《政府绩效与结果法案》(the Government Performance and Results Act of 1993)第四部分(SEC. 4. ANNUAL PERFORMANCE PLANS AND REPORTS)的 1116 条的 a 点规定,"不迟于 2000 年的 3 月 31 日,以及不迟于以后年份的 3 月 31 日,每个代理机构的行政领导应该准备并提交给总统和国会一份有关前一财政年度的项目绩效报告"。

第三节　财政信息公开的范围和内容

涉及和拥有财政信息的部门主要分为三个层次:一是立法机构,二是财政部门,三是财政资金使用部门。这三部门都是广义政府的组成部门,都是公民的代理人,都具有公开财政信息的责任和义务。

信息公开的方式主要有两类:一是依法主动公开,即政府机关依法对各种法律、法

① 施文泼:《财政透明度的国际经验与借鉴》,《财政科学》2016 年第 1 期:第 24—29 页。

规、规章等规范性文件，按照法定程序公开。二是依申请公开，即公众对与自己利益相关的政府信息可以向政府有关机构申请公开和使用。

一、立法机构的财政信息公开

立法机构应该公开两类信息：（1）立法机关应该披露所有的立法信息，美国国会图书馆目前就可以在全世界范围内免费提供国会的最新立法信息。（2）立法机关还应该披露通过立法监督所获取的信息（除国家机密外的信息），因为立法机关作为公民的初始代理人承担着对行政机关的监督责任，行政机关也必须向立法机关定期进行汇报，通过一定的立法监督手段和行政机关的主动汇报，立法机关会掌握较多的信息，这些信息也应在最大限度内对公民公开。需强调的是不管审计部门是隶属于立法部门、司法部门、行政部门或是独立的部门，都应该定期披露审计报告。

从财政信息公开看，立法机关应公开财政立法、国家预决算法案和预算监督等有关财政信息，审计机关有关财政资金的审计报告也应定期公告。一方面公众参与预算还需了解他们不掌握而政府掌握的信息，通过政府（广义）的信息公开，可以加深公众与政府（广义）之间的信息沟通，从而更有利于公众参与、公众监督和政府公共服务的提供。另一方面，通过政府（广义）的信息公开，同时作为纳税人的公众就可以清楚自己缴纳的税款如何在使用、发挥效益，看见每个人包括自己从中直接获得了利益，从而使公众真正明白“税收取之于民，用之于民”，提高公民的纳税意识。德国就非常注重社会公众对财政收支的监督。经议会批准的财政预算必须向社会公众公布；政府各部门每月财政支出报表都是公开的，审计院每个季度公开出版的刊物《财政和税收统计》公布实际发生的财政收支数据；审计院的年度财政审计报告和议会批准的财政决算也必须向社会公布，接受社会公众监督。在日本，立法机构除了和政府部门一起公开批准的预算书和决算书外，还公开预算审查情况。日本的宪法规定预算必须经国会审查通过，在每年的预算审查过程中，国会都有一番热闹的辩论和争吵，有时甚至吵得国会几次休会，电台、电视台直播国会讨论的情况。国会在审查预算中的辩论与争吵是代表不同利益集团的党派之争，但公开这些情况，有利于公民了解实情是非常重要的。日本的会计检查院与国会、最高法院一样是一个独立的机构，是针对国家财政进行监督检查的机构，其检查对象是中央财政，其每年都要编制检查报告，提交国会和内阁，同时编成《决算与检查》《会计检查梗概》等书刊，公开发行。在这类书刊中，明确报告政府哪个部门、什么单位发生了哪些问题、造成的经济损失，问题发生的原因，会计检查院提出的改进意见等。[1]

在我国，人大拥有预算的审批、监督权。预算的审批、监督对于财政资金的使用效率至关重要。但是在财政不透明，信息不完备，政府的预算报表只有几页纸的情况下，人大对预算的合理性，预算的具体流向无从掌握，预算的审批流于形式，怎么能体现公众的意志对财政支出加以控制呢？失去了成本控制的政府部门，在机会主义的驱使下预算的执行变得十分随意，导致财政运行的低效。[2] 因此，财政信息公开必须包含立法机构的财政资金信息公开。

二、财政部门的信息公开

财政部门除申请公开外，主要通过以下两个途径公开信息：一个是通过向立法机构提交预算文件，另一个则是通过有关载体直接向公众公开相关信息。

向立法机构提交的预算文件一般包括系列报告：

(1)正式预算报告。

(2)关于预算外资金的声明或报告。

(3)中期宏观经济框架和中期预算框架的报告。

中期宏观经济框架主要反映中期宏观经济预测和财政预测，还包括关键性的预测假设，这一假设又成为主要预算假设。在制定中期预算框架时，中期的宏观经济预测必须与财政目标结合起来，很多国家都是在这个基础上建立模型来帮助编制中期预算的。这里的中期预算框架并不只是简单的中期财政总量的预测，应该是按各支出机构分类的统一、一致的中期估计。中期的预算框架可以使预算与可行的财政目标保持一致，因为它是财政目标(中期)与年度预算的桥梁，作为规划底线，它可以起到限制年度预算的作用，而这种限制经常又与中期的财政目标相一致。现在很多 OECD 国家都在编制中期预算框架或多年度预算或中期支出规划或未来支出计划等，美国每年年初交给国会的总统预算包括各种预算底线，随后国会预算办公室会发布自己的预算底线(不一定与前者一致)。国会预算办公室的预算底线通常被拿来制定预算决议用，这个决议的覆盖期 1990 年前为 3 年，1990 年后为 5 年。德国的年度预算完全是在提交给国会的中期财政计划的指导下进行的，在德国制定中期财政计划最重要的目的是使项目优先次序与政府政策保持一致，并抑制对预算支出的过分要求，每年财政部发布的详细预算说明通常要求各部门把支出控制在当前财政计划规定的上限以下。在澳大

---

① 焦建国：《作为财政控制与组织系统的政府预算——日本的预算理念、制度与财政运行机制》，《经济社会体制比较》2002 年第 5 期。

② 程向阳、付达院：《财政透明度与财政绩效》，《湖北经济学院学报(人文社会科学版)》2006 第 3 期：第 73—74 页。

利亚和奥地利等国,政府每年都要编制未来三年每一年的预算支出。

(4)关于财政政策目标的声明或报告。

(5)财政可持续的量化评估的声明或报告。

(6)关于预算年度中将要实行的新财政政策的声明或报告。

英国就要求在预算文件中提供有关新预算措施及其影响的表格并对每一项新项目进行详细的介绍;法国则把财政支出分为"对现有服务的拨款"和"反映新政策的支出项目",前者只需议会的一次投票,而后者则需要通过详细的投票过程。

(7)可确认的主要财政风险报告。

国际货币基金组织在《财政透明度》一书中指出,主要的财政风险报告应包含以下类别的有关风险的信息:关键预测假设的变化——宏观经济预测所依据的关键假设发生变化的财政影响、有关收入和支出的预算预测所依据的关键假设发生变化的财政影响;或有负债——这可能包括担保、赔偿保证和保证、未交股本,以及针对政府的诉讼;有关具体支出承诺规模的不确定性——如果已在一项支出或活动拨出款项,但是,关于可能的成本的不确定性大于往常,那么应该披露该风险;因其时间、规模或发生的不确定程度而没有包括在预算中的其他项目——例如政府可能宣布了调整支出政策的打算,但是其细节还没有最终确定,因而未能纳入预算。

(8)关于准财政活动的报告。

由于准财政活动并不会直接增加或减少财政资金,所以一般不包括在正式的年度预算中。准财政业务大多不属于一般政府的业务范围,一般都是由中央银行、公共金融机构和非金融公共企业实施。中央银行、公共金融机构和非金融公共企业的某些行为是由于政府的政策所引起的,同时这些行为又会间接地影响财政收支,这些行为就是准财政活动。如果准财政活动不包括在预算中,预算资金就不全面不能体现所有的财政政策,从而也使准财政活动这部分公共资金逃出了立法机构和公众的监督。

(9)税式支出报告。

(10)关于政府负债和财务资产的报告。

一般可以采用资产负债表的形式报告,并且可以是一张比较资产负债表,提供前两年实际数和后两年的预测数,如果前后两年较难实现,则可退而求其次,提供前后一年的数据。同时为了较全面地反映一国或一级政府的全部负债和资产,可以在资产负债表的附录中提供实物资产的目录和或有负债的说明。

(11)审计报告。

上述预算文件是财政部门在预算决策阶段提交给立法机构的,而在预算执行和决算阶段,财政部门主要公布财政执行报告(包括年中报告、季度报告、月度报告、大选前报告等)和财政决算报告。但是该什么时间公开这些信息呢?因为如果不是及时公开这些信息,那么过时的信息是一文不值的;另一方面,在公开这些信息时,该怎样才能保证信息的真实性呢?

《经合组织预算透明度最佳做法》认为:至少应将年度预算列入日程的1个月之前提交预先的预算报告,说明政府的中期经济和财政意向,说明总收入、总支出、赤字或盈余以及债务情况;在财政年度开始之前的3个月以内向立法机构提交草案,并在财政年度开始之前批准预算;应每五年公布一次评估现行财政政策可持续性的长期报告;应在年中后的6周以内向立法机构提交年中预算报告;应公布月度预算报告,时滞不应超过1个月;应按季报告中央政府债务(及偿债预测),时滞不超过1个季度;应在年终后的12个月以内提供关于全部政府(中央政府和地方政府的汇总)预算结果的可靠信息;应在财政年度结束后的6个月以内向立法机构提交最终报告;应独立审计所有工作目标的执行结果,并在财政年度结束后的6个月以内提交立法机构。[①](后面几项是在预算执行阶段和决算阶段提交的财政信息。)在日本,大藏省于新财政年度开始之后的第二个月即每年的5月份,就会对外发行该财政年度预算的详细资料,并于每年的6、7月份,出版一本《图说日本财政(某年度)》,详细介绍该财政年度的背景资料、每项支出的来龙去脉、日本财政的历史演变、与美国英国等主要发达国家的财政对比状况等。在新西兰,政府会在每年的3月31日前公布"预算政策申明"包括即将出台的预算的战略要点、短期财政打算和长期财政目标,而新的财政年度是在7月1日开始。

如果财政部门确实按照我们前文所讨论的内容和时间全面且及时地提交和公布了财政信息,是否能确保公民获得真实的信息呢?

为了保证预算信息的真实性,在预测支出时应尽量按计划和活动的成本核算范围进行预测,即应包括政府全部的支出义务(过去的和现在的);同时公开以前年度和计划年度所采用的会计政策,并对会计政策的更改及会计政策更改后对财政信息的影响进行说明,从而有利于在同一会计口径下比较各财政年度的信息;确保财政报告(财政支出各阶段提交的财政报告包括预算文件、年内预算报告、决算账户、财务报告和《政府财政统计》财政报告等)之间数据的勾稽关系;当预算文件中提供上两年的财政信息时,还应披露除会计政策外其他因素的更改(如预算分类的更改等)以及由此所造成的影响,并进行适度的调整,同样是为了不同财政年度财政信息的纵向可比;协调财政数据与非财政数据,保证财政部门公开的信息与非财政部门公开的信息之间的一致性等。另外,为了保证信息的真实性,另一有效的途径是公开预算决策(包括编制和审批)过程,通过公开预算决策过程,使得一般大众对政府部门的预算编制、立法机构或

① 国际货币基金组织:《财政透明度》,人民出版社2001年版:导言。

有关行政机关的预算审批(因为并不是所有项目的支出预算都有立法机构审批,有关行政机构拥有部分预算审批权)的过程有所了解,从而使得有关利害关系人不得不权衡利弊,降低提供虚假信息的道德风险行为;同时公开决策程序,可以防止有权者为了特定的结果,再来寻找特定程序正当化自己所喜欢的结果,也就是说,强迫决策者尤其是政府部门决策者在决策程序上提出"事先的承诺"防止权力滥用,从而使年度预算真正能够指导年内预算的执行。

三、财政资金使用部门的财政信息公开

财政资金使用部门是使用财政资金为公众提供公共产品的部门。为实现本部门利益最大化,各部门利用自己的信息优势,往往夸大本部门的资金需求,追求更多的财政资金。争夺财政资金的途径就是极力游说有资金分配权的上级主管部门。有学者指出:在我国的省级预算中存在着"以关系为基础"的非正式制度。既然预算的分配是以关系为基础,那么财政资金使用单位的领导就要投入一定的时间和货币支出以求得与上级领导之间良好的私人关系,这不仅要耗费财政资金使用单位本该用于提供公共产品或公共服务的资金,也给上级主管领导创造了更多的寻租机会,在财政活动中形成了巨大的"阻耗"。①

因此,财政资金使用部门的财政信息需要有效的公开机制。因为有关的财政信息一般都集中于财政部门,所以财政信息很多都由财政部门负责对外公开。而对于财政资金使用单位而言,相关的财政信息主要是一些项目的绩效信息、项目的成本信息(如采购成本等)、自身的财政责任信息和属于该部门的公共账户信息,前三者一般可以有由财政资金使用单位可以独立地公开,而后者则一般经过层层汇总后,由财政部门公开。

四、我国财政信息公开的范围和内容

2010年3月1日我国财政部颁布了《关于进一步做好预算信息公开工作的指导意见》(以下简称《意见》),《意见》明确了预算公开主体:"各级政府财政部门负责本级政府总预算、决算的公开,各部门负责本部门预算、决算的公开"。

(一)《意见》明确了主动公开的范围

1. 财政部门的主动公开

经同级人大或其常委会审议批准的预算、决算要主动向社会公开。公开的预算、

① 程向阳、付达院:《财政透明度与财政绩效》,《湖北经济学院学报(人文社会科学版)》,2006年第3期:第73—74页。

决算，一要完整，原则上应包括一般预算收支预算表、一般预算收支决算表、政府性基金预算收支预算表、政府性基金预算收支决算表等。二要真实，预算、决算要真实反映本级财政收支情况，要将本地区从上级获得的转移性收入按规定列入本级预算、决算，同时在本级预算、决算中反映对下级的转移性支出。三要细化，一般预算收支预算表和一般预算收支决算表的收支项目按照《政府收支分类科目》的收入分类和支出功能分类基本编列到款级科目，政府性基金预算收支预算表和政府性基金预算收支决算表按照具体的基金收支项目编列。

2. 财政资金使用单位的主动公开

《意见》规定各政府部门要按照《政府信息公开条例》相关规定，做好本部门预算信息公开工作。凡是《政府信息公开条例》规定应该公开、能够公开的事项，都应及时、主动公开。中央部门在公开部门预算时，原则上应将报送全国人大审议通过的部门预算中的收支预算总表和财政拨款支出预算表，作为部门预算公开的最基本格式和内容先行公开。

（二）《意见》也明确了申请公开的范围

《意见》要求财政部门和财政资金使用单位要对申请内容进行认真分析与研究，区别不同情况进行答复。符合《政府信息公开条例》规定的，要及时向申请人公开。属于涉及秘密事项的信息，不予公开。属于制作过程中的信息或不存在的信息，以及不属于本部门公开的信息，要明确告知申请人。对申请人申请公开与本人生产、生活、科研等特殊需要无关的预算信息，可以不予提供。

附：上海财经大学公共政策研究中心对我国省级政府财政信息透明度的评估①

2009 年起，上海财经大学公共政策研究中心已经连续多年对我国 31 个省级政府财政信息透明度进行了排名，2010 年的评估结果并没有很大的进步，2017 年的评估结果也并不理想。下面是 2017 年的评估结果。

1. 评估结果

2017 年 31 个省份财政透明度的平均得分为 48.26 分，比 2009 年的平均分 21.71 分增长了一倍多，31 个省份之间的财政透明度存在明显差异，山东省财政透明度平均得分最高，湖北最低。项目组以“中国省级财政透明度排行榜”作为该项目评估结果的一个集中体现方式展示如表 13－1 所示。

① 上海财经大学公共政策研究中心：《2017 中国财政透明度报告——省级财政信息公开状况评估》，上海财经大学出版社 2017 年版。

表 13—1　　中国省级财政透明度排行榜(2017)

排名	省份	2017	2016	得分变化	排名	省份	2017	2016	得分变化
1	山东	70.01	56.82	13.19	17	广西	49.38	42.59	6.79
2	甘肃	68.24	38.21	30.03	18	云南	47.45	34.74	12.71
3	四川	65.94	24.83	41.11	19	北京	44.49	42.96	1.53
4	安徽	65.69	57.34	8.35	20	重庆	40.83	41.33	—0.5
5	湖南	64.88	65.18	—0.3	21	天津	40.24	40.64	—0.4
6	辽宁	61.73	51.53	10.2	22	吉林	37.8	35.41	2.39
7	福建	58.2	53.82	4.38	23	江西	37.41	41.65	—4.24
8	宁夏	56.29	65.53	—9.24	24	浙江	37.23	33.03	4.2
9	山西	56.22	55.39	0.83	25	海南	36.64	40.88	—4.24
10	上海	55.94	48.4	7.54	26	河北	36.41	29.16	7.25
11	江苏	55.08	23.71	31.37	27	贵州	33	33.96	—0.96
12	河南	55.01	44.62	10.39	28	西藏	32.67	27.94	4.73
13	内蒙古	52.83	38.07	14.76	29	青海	28.77	25.21	3.56
14	广东	52.78	50.47	2.31	30	陕西	27.24	27.92	—0.68
15	黑龙江	52.16	50.26	1.9	31	湖北	25.5	33.7	—8.2
16	新疆	49.89	54.34	—4.45		平均	48.26	42.25	6.01

另外,还存在一个重要问题就是政府资产负债信息公开被忽视。从具体项目看,省级财政透明度评估分为九项信息要素进行打分,按得分从高到低排序,依次是态度(77.27 分)、国有企业(57.78 分)、一般公共财政预算(57.50 分)、社会保险基金预算(49.11 分)、政府性基金预算(47.90 分)、部门预算(47.19 分)、国有资本经营预算(43.64 分)、资产负债(17.71 分)和财政专户储存资金(4.68 分)。

报告分析,在九项信息要素中,被调查者态度得分最高,得分率约为 80%,说明大部分政府部门能够积极回复课题组的政府信息公开申请;财政专户管理资金和政府资产负债的信息公开情况最差,平均得分不到 20 分,其中财政专户是九项信息要素中得分最低的,仅有 4.68 分,这反映了相关部门长期以来忽视对财政专户和政府资产负债的信息统计和信息公开。

2. 简要评述——超过 50%信息没有公开

根据报告,总体上看,省级政府决算信息公开的情况仍不理想,有超过 50%的信息未公开,而财政透明度最低省份仅公开不到 30%的调查信息。

报告称,公开透明是法治政府的基本特征,相对于财政信息公开的显著作用,以及公众对财政信息公开的期待，现实的财政信息公开工作仍显不足。

从公开主体看，31 省份间的财政透明度存在明显差异，2017 年财政透明度平均得分最高的山东省公开了 70％的调查信息，甘肃、四川、安徽、湖南、辽宁五省的财政透明度平均得分都在 60 分以上。

与此同时，湖北、陕西、青海三省的财政透明度平均得分却不到 30 分，与领先省份的差距高达一倍以上。另有西藏、贵州、河北、海南、浙江、江西、吉林七个省份的财政透明度平均得分没有超过 40 分。没有达到及格线 60 分的省份有 25 个，占全部被调查省份的 80.6％。

3.关于评估结果的几点说明

(1)本项目只是从某些侧面来考察我国各省份的财政透明度，并非是对财政透明度全方位的考察。因此，即使评分为满分，也并不表示在财政透明度方面已经做到尽善尽美。

(2)项目组只是希望通过这个评分来考察各个省份在财政透明度方面所存在的差别。项目组所提出的评判标准只是想与我国财政透明度的现状相适应，并以这个评判标准来作为提高我国财政透明度的近期目标。

(3)本项调查的结果可能不能准确无误地反映现实。尽管项目组已经尽可能去搜集信息，但某些已经公开的信息未收集到或者调查中出现某些差错是在所难免的，从这个意义上来说，评分只是大约地而非精确地反映各省份之间财政透明度的差别，项目组期望的也只是大致上反映出现状，以期对提高我国财政透明度起到一个促进作用。

(4)鉴于某些评分标准的制订不可避免地带有一定的武断性，因此各省份之间的分数差距并不能绝对地反映各省份之间财政透明程度的差距。评分只是用某种特定的方式大约地反映现状，目的在于提高各省份的财政透明度，推动我国政府信息公开制度的进一步完善。一些省份对本项目的研究积极地提供了信息，受项目截止时间的限制，有些信息未能完全反映在评估结果中。

第四节 财政信息公开的组织和协调

一、政府信息公开的边界

无论是在《政府信息公开条例》制定之前还是之后，关于政府信息公开范围问题一直备受关注，究竟是以公开为原则以不公开为例外，还是以不公开为原则以公开为例外，或者是别的什么原则。这个问题是如此的重要，以至于所有讨论政府信息公开问题的，或多或少都会涉及它。

(一)《政府信息公开条例》的规定

在《政府信息公开条例》中，没有明确规定以公开为原则，也没有规定以不公开为原则，或以别的什么为原则等。它只是直接规定了政府信息公开范围的几种情形。

(1)政府应当主动公开的四种情形：涉及公民、法人或者其他组织切身利益的，需要社会公众广泛知晓或者参与的，反映本行政机关机构设置、职能、办事程序等情况的，其他依照法律、法规和国家有关规定应当主动公开的。

(2)县级以上政府及其部门应当重点公开的十一种情形：行政法规、规章和规范性文件；国民经济和社会发展规划、专项规划、区域规划及相关政策；国民经济和社会发展统计信息；财政预算、决算报告；行政事业性收费的项目、依据、标准；政府集中采购项目的目录、标准及实施情况；行政许可的事项、依据、条件、数量、程序、期限，以及申请行政许可需要提交的全部材料目录及办理情况；重大建设项目的批准和实施情况；扶贫、教育、医疗、社会保障、促进就业等方面的政策、措施及其实施情况；突发公共事件的应急预案、预警信息及应对情况；环境保护、公共卫生、安全生产、食品药品、产品质量的监督检查情况。

(3)设区的市和县级政府及其部门还应当重点公开的四种情形：城乡建设和管理的重大事项，社会公益事业建设情况，征收或者征用土地、房屋拆迁及其补偿、补助费用的发放、使用情况，抢险救灾、优抚、救济、社会捐助等款物的管理、使用和分配情况。

(4)乡镇政府应当重点公开的八种情形：贯彻落实国家关于农村工作政策的情况，财政收支、各类专项资金的管理和使用情况，乡(镇)土地利用总体规划、宅基地使用的审核情况，征收或者征用土地、房屋拆迁及其补偿、补助费用的发放、使用情况，乡(镇)的债权债务、筹资筹劳情况，抢险救灾、优抚、救济、社会捐助等款物的发放情况，乡镇集体企业及其他乡镇经济实体承包、租赁、拍卖等情况，执行计划生育政策的情况。

(5)规定了申请政府信息公开的情形，即公民、法人或者其他组织还可以根据自身生产、生活、科研等特殊需要，向国务院部门、地方各级人民政府及县级以上地方人民政府部门申请获取相关政府信息。

(6)不予公开的三种情形，即行政机关不得公开涉及国家秘密、商业秘密、个人隐私的政府信息。

(7)公开政府信息不得危及“三安全一稳定”，即行政机关公开政府信息，不得危及国家安全、公共安全、经济安全和社会稳定。

(二)地方立法的规定

《广州市政府信息公开规定》第六条规定：政府信息以公开为原则，不公开为例外。

类似的规定在上海市、武汉市、哈尔滨市、江苏省、辽宁省等省市的地方立法中多有明确的规定也多确立了以公开为原则的法律概念或者法律原则。

(三)规范性文件的规定

关于政府信息公开、政务信息公开范围的原则问题，一些重要规范性文件也有规定。2000年中共中央办公厅、国务院办公厅制发的《关于在全国乡镇政权机关全面推行政务公开制度的通知》中提出的是“依法公开”原则。但在后来的文件规定中，则多表述为“以公开为原则”。2004年国务院《全面推进依法行政实施纲要》第五条规定：行政机关实施行政管理，除涉及国家秘密和依法受到保护的商业秘密、个人隐私的外，应当公开。2010年11月国务院发布的《关于加强建设法治政府的意见》中再次明确：认真贯彻实施政府信息公开条例，坚持以公开为原则、不公开为例外，凡是不涉及国家秘密、商业秘密和个人隐私的政府信息，都要向社会公开。2005年中共中央办公厅、国务院办公厅下发的《关于进一步推行政务公开的意见》中也规定：要严格按照法律法规和有关政策规定，对各类行政管理和公共服务事项，除涉及国家秘密和依法受到保护的商业秘密、个人隐私之外，都要如实公开。同样，在2010年中共中央办公厅、国务院办公厅下发的《关于深化政务公开加强政务服务的意见》中也再次明确：按照公开为原则、不公开为例外的要求，及时、准确、全面公开群众普遍关心、涉及群众切身利益的政府信息。

二、立法机构与职能部门之间的协调

立法机构在财政信息公开过程中的职能有三个：一是关于财政信息公开的立法，如我国人大应该修改《预算法》和《保密法》，并颁布《信息公开法》；二是监督政府部门的财政信息公开；三则是其本身的信息公开。

(一)财政信息立法

《预算法》的宗旨是为了规范政府的财政收支行为，保证在公共资金的筹集、分配、使用上最大限度地满足社会的共同需要，符合人民群众的根本利益。要实现预算法的宗旨，财政信息向公民及其代表机构公开是一个必要条件。为了规范政府及其所属机构的筹集、分配和使用公共资金和资产的行为，防止公共资源的浪费和滥用，让公共收支活动最大限度地满足社会公众的愿望和要求，《预算法》应该明确规定财政信息公开的法律要求。但我国现行的《预算法》并没有明确政府(包括立法机构)财政信息公开的相关内容、方法和时间等。所以我们必须修改《预算法》，明确预算信息公开应该以公开为原则，以不公开为例外。并且明确财政信息公开的主体、内容、方法和时间。

我国虽然已经颁布了《政府信息公开条例》，但《政府信息公开条例》在法律地位上不及法，为了更好地实现政府信息公开，我们应该提升政府信息公开法律法规的地位，应该颁布《政府信息公开法》。

我国的《保密法》虽然进行了修订,但对财政信息公开还是不够明确。所以也应该结合《预算法》和《政府信息公开法》进行修订,以免法律和法律之间的不统一。

(二)监督政府部门的财政信息公开——财政报告制度

在财政信息公开过程中政府各职能部门与立法机构之间的关系主要表现为财政报告制度,即各政府职能部门必须按照一定的规定和期限向立法机构报告财政资金的征缴和使用情况,从而有利于立法机构对财政资金预算编制、预算执行和决算的审批和监督。所以立法机构监督政府部门的财政信息公开主要在于财政报告制度的完善。

按照我国《财政部关于进一步做好预算信息公开工作的指导意见》规定:“各级人大对于预算、决算报表以及部门预算报表的格式和内容有其他要求的,或要求另行报送其他报表的,按人大要求报送。”

按照我国的《预算法》规定,政府只要向人大提交预算报告、决算报告,以及在每个预算内至少二次向人大或者人大常委会作预算执行报告。按照《审计法》规定我国政府还应该向人大提交财政收支审计报告,其他的报告相关法律都没有明确指出。事实上政府应该按照预算的阶段进行报告,准备和编制阶段应该提交宏观经济的预测报告、政府的计划报告、预算草案报告等;预算执行阶段应提供预算执行情况报告(一般一年至少四次)、专项审计报告、预算调整报告、绩效审计报告等;决算阶段应该提交决算报告和决算审计报告等。对重大项目和重大资金单独提供预算草案、执行情况、决算以及各阶段的审计报告等等。在政府报告中我国主要缺乏预算执行阶段预算调整草案报告、各类审计报告和项目报告,预算执行报告的次数太少,一般按照法律规定报告两次。这样非常不利于人大对预算执行情况的监督。

西方国家一般都拥有一套完整的政府财政报告体系,除了在预算草案审批的时候要提供一系列的报告(前文提到的 11 个报告)外,还包括预算执行报告。

预算执行报告一般分为两种,其一是在财政年度期间报告的,即预算执行阶段的预算执行报告,这种报告又可分为两种,即正式需经立法机构审批的报告和只要公开即可的报告;其二是在财政年度结束后政府向立法机构报告的,即决算阶段的预算执行报告。

1. 财政年度期间的报告

实际上,各国政府在财政年度期间提交报告的次数也是各不相同的。瑞典要求政府每年至少两次向议会报告预计的预算执行结果、国家债务以及执行结果与原预算预测之间的差异,并要求国家财政管理当局在网上公布有关财政业绩的详细的月度报告;在法国每年的 11 月或 12 月(法国的财政年度与日历年一致),财政部都要向国会提交一份关于预算执行情况的报告;在德国政府会每三个月一次告知国会所有预算计划中的重要事项的超支和额外支出，议会还要求财政审计院每月必须向议会报告财政预算的执行情况；在意大利，政府部门在执行阶段除了有时会向国会提交要求预算调整的报告外，在 6 月 30 日之前（意大利的财政年度与日历年一致），政府有义务向国会提交预算执行法案，其中至少包括从上一财政年度转来的资金的变化，同时每季度向国会提交资金状况报告，国会由此可以及时了解每季度国库借款需求和现金的管理状况。

2. 财政年度结束后的政府报告

一般各国都在财政年度结束后的一年内向立法当局提供决算报告。. 另外还会提交一些以项目为主体的预算执行结果报告。

在美国，预算年度结束后，由财政部与总统预算办公室编制反映预算年度内预算收支执行情况的决算报告，经审计机构审核，国会批准后即成为正式决算。在荷兰，决算报告拨款各科目账户的情况及其说明、年末资产负债表以及说明。另外还包括原始义务、支出、收入估计和预算调整，以及现有义务、支出和收入估计等情况。按照政府会计法案的规定，决算报告必须在财政年度（财政年与日历年一致）结束后次年的 3 月 15 日前由各部委的会计部门提交给财政部，然后由财政部部长将全部的决算及财政部的评述一齐送交审计署，以便审计署审计。审计署审计后将决算及审计报告反馈给财政部。在所有财政年度的财政决算都经审计署审计后，由财政部部长在 5 月中旬将决算提交议会。

另外，西方国家非常注重政府报告中绩效信息的提供，如预算报告、决算报告、预算执行报告和项目报告等都要求提供与绩效相关的信息。甚至专门提交绩效报告，如美国，要求联邦政府编制年度绩效报告，比较预算结果和实际结果，解释为什么某些目标没有实现，并报告方案的评估结果。很多实行绩效审计的国家都要求政府提交绩效审计报告。

三、信息公开之后的管理

政府信息公开的主体主要是行政机关和法律、法规授权的具有管理公共事务职能的组织。信息公开主体就涉及众多部门和机构，在实施中就存在统一建设和分布建设的问题。

公开目录中信息发布会根据不同部门和目录，设置相应的发布流程，需要支持可定制的多级发布审核流程；依申请公开对申请单的审批过程，需要支持满足业务的审批流程。

公开目录中信息发布会根据不同部门和目录，设置不同的数据格式内容，同时对原有目录的数据格式经常变更。

根据规范的评估原则、考核方式和用户需求，根据政府信息公开考核指标的设置，为如何实现考核数据的统计和分析，如何更好地为政府信息公开工作的日常监管和工作考核提供量化依据。

现实中，不同的人对公开的认识仍有深浅之分，公开的做法仍有高下之差，公开的效果因而也就有了好坏之别。一些地方，对“谈公开”顾虑重重，不愿甚至不敢向公众坦诚交底，造成了大量的信息迟滞和不对称。因此，未来需要进一步加强信息公开之后的管理与协调。

四、财政信息化建设的展望

我国政府信息公开范围需要进一步发展完善，应当确立以公开为原则以不公开为例外，即除法定不予公开的政府信息以外，其余的政府信息一律无条件公开。这个原则意味着，不仅政府信息公开事项的范围是无条件的，而且申请人的资格也应当是无条件的。

（一）强化财政信息化的管理

1. 以公开为原则的依据

逐步建立以公开为原则以不公开为例外的基本制度，其主要理论依据有以下内容。

(1)主权在民的宪法原则决定了政府信息公开的范围应当是以公开为原则。我国是人民民主专政的社会主义国家，主权在民或者人民主权原则是我国宪法的一项基本原则。我国《宪法》第二条规定：中华人民共和国的一切权力属于人民。主权在民原则既是宪法一项共有的基本原则，也是行政机关负有完全公开政府信息义务的宪法基础。

(2)政府信息的公共属性决定了政府信息公开的范围应当是以公开为原则。政府信息具有明显的公共属性。首先，政府信息是履行公共管理职能过程中制作、获取的信息，是因“公差”“公干”而获得的信息。其次，制作和拥有这些政府信息，是缘于公共权力。再次，政府信息直接或者间接的都与个人和组织相关，或者说就是关于个人或者组织的信息。即便是所谓纯粹的行政机关内部信息，也是因公共管理派生出来的相关信息。最后，政府信息的制作、获取、保管、使用等，是以公共财政资金保证为基础的，实际上就是用大家的钱来为大家办事，当然包括政府信息运作过程等。所以，政府信息并不属于政府所有，而是政府负责掌管、持有、使用这些具有公共属性的信息资源。既然政府机关掌管、持有的政府信息属于公众所有，政府信息取之于民，用之于民，服务社会大众，那么政府向公众公开其信息，也就是天经地义了。所以，以公开为原则，是政府信息公共属性的必然结果。

(3)政治与政策要求政府信息公开范围应当以公开为原则。如前所述,党中央、国务院就政府信息公开范围已经多次明确提出以公开为原则。2004年国务院《全面推进依法行政实施纲要》就规定:行政机关实施行政管理,除涉及国家秘密和依法受到保护的商业秘密、个人隐私的外,应当公开。2010年国务院发布的《关于加强建设法治政府的意见》中再次明确:认真贯彻实施政府信息公开条例,坚持以公开为原则、不公开为例外,凡是不涉及国家秘密、商业秘密和个人隐私的政府信息,都要向社会公开。2005年中共中央办公厅、国务院办公厅下发的《关于进一步推行政务公开的意见》中也明确:要严格按照法律法规和有关政策规定,对各类行政管理和公共服务事项,除涉及国家秘密和依法受到保护的商业秘密、个人隐私之外,都要如实公开。2010年中共中央办公厅、国务院办公厅下发的《关于深化政务公开加强政务服务的意见》中也明确:按照公开为原则、不公开为例外的要求,及时、准确、全面公开群众普遍关心、涉及群众切身利益的政府信息。中国共产党在积极推进党务公开方面,也同样提出了以公开为原则的要求。2010年中共中央办公厅下发的《关于党的基层组织实行党务公开的意见》中就明确:党内事务除涉及党和国家秘密等依照规定不宜公开或不能公开的外,都应向党员公开。如此等等说明,以公开为原则是我党和政府确定的信息公开原则之一。政治上的态度和政策上的要求,都是明确无误的。立法应当反映、体现这种政治和政策上的要求,适时进行完善,明确规定政府信息公开范围以公开为原则以不公开为例外。

(4)实现社会管理目标需要扩大政府信息公开范围,确立以公开原则。社会管理是对人的管理和服务,涉及广大人民群众切身利益。当前社会管理要实现的目标,主要是协调社会关系、规范社会行为、化解社会矛盾,维护好人民群众权益,促进社会公平正义,保持社会良好秩序,有效应对社会风险。而要实现这些社会管理目标,就必须坚持以人为本执政为民,全心全意为人民服务。要坚持以人为本,就政府信息公开来讲,就是必须坚持政府信息对人民大众开放,让人民大众知晓和了解政府的所作所为,参与政府的行政活动,有效监督政府的施政过程等。只有这样,才能充分调动人民大众的积极性,发挥其创造能力;只有这样,才可能有协调的社会关系和规范的社会行为;只有这样,才能化解社会矛盾,应对社会风险,从而从根本上维护好人民大众的权益。

2.进一步完善的内容

现有立法确立的是依法公开原则,从这个原则过渡到以公开为原则以不公开为例外,还必须对立法进行修改完善。对此,有以下几个问题需要解决。

(1)在立法总则中明确规定政府信息以公开为原则以不公开为例外,用以规范统帅立法的其他具体条文,进而指导政府信息公开工作实践,也消除疑惑和纷争,显示我国政府信息公开的开放态度和法律原则。

(2)建议取消《政府信息公开条例》第九条对主动公开政府信息范围的限制性规定,改为举例功能性规定。在该条文中增加一个开放性兜底条款规定,明确"其他不涉及国家秘密、商业秘密、个人隐私的政府信息一律公开"的规定。这样,使主动公开政府信息的事项范围,除了立法限制性规定外,实际上变成没有公开范围和程度的限制,将现有的依法公开原则变成以公开为原则。上述款项的列举,就成了举例和引导,而不再限制政府信息公开的范围。这在条文规定上,既可以保留列举方式,有利于行政机关和公民、法人、其他组织在实际工作中把握运用,又扩大了政府信息主动公开的范围,与总则中的以公开为原则规定相呼应。

(3)《政府信息公开条例》第十三条的规定,是关于申请政府信息公开资格条件的规定,即必须是与自己的生产、生活、科研等特殊需要有关。这个申请资格条件的限制,实际上也是对申请政府信息公开范围的限制。与自己生产、生活、科研等特殊需要无关的政府信息,就不能申请,行政机关也不予公开。这也是依法公开原则下的必然结果。完善政府信息公开范围,确立以公开为原则的公开范围,还必须修改完善申请政府信息公开的范围。我们建议在两个方面可进行完善:一是"小方案"修改,即对生产、生活、科研等特殊需要作出扩大解释,明确"等"特殊需要是"等外等",而不是"等内等"。这样的条文解释,实际上成了"自身特殊需要"的含义,而无论这种需要是生产、生活、科研,还是其他方面(如纯粹的知情信息需要)。二是"大方案"修改,即将这个条文改为公民、法人、其他组织可以根据自身需要向行政机关申请获取相关政府信息。对这种自身需要,无须再作限制性规定,实际上也就没有了申请政府信息范围的资格条件限制,与以公开为原则的总规定相一致。

(二)以大数据为支撑的财政信息化管理①

在我国财政管理体制改革中,制度安排固然最为重要,是一切的根本,但技术支撑的作用很多时候不可替代,尤其是出现革命性的技术创新时,其引发的效率变迁可能是传统条件下单纯靠制度优化根本无法实现的。比如古代基层行政区划管理范围的确定,往往根据从行政治所出发,当天步行往返的距离来确定其管辖面积。随着徒步被马车和驿道替代,管理幅度便进一步扩大,进入现代社会后,汽车移动电话的出现与普及,则使得政府的管理半径进一步拓宽,而网络的出现和广泛应用,更加使得管理半径的提升空间达到古人根本无法想象的程度。我们已经进入云计算和大数据时代,当我们仍然没有很好地摆脱各种"信息孤岛"状态的时候,信息技术支持对财政管理体制

① 本部分内容参考:连家明:《大数据时代财政信息化建设回顾与前瞻》,《地方财政研究》2017年第12期:第21—25页。

改革的意义可能只是算术级的,锦上添花的,但是一旦这种孤岛效应被打破,各级各类信息全面实现互联互通,我们迎来的可能就是几何级数的爆炸式的革命。为此,我们应在以下几个方面采取更加积极的应对措施,加速这一进程。

(1)加快构建跨部门、跨层级数据交换共享的财政大数据云平台。在财政信息化建设中,数据平台是重要的载体。一是研究建设以信息化标准和安全体系为保障的财政大数据云平台,融合各级财政、税务、金融、发改、工商、国资、国土、编办、人社等部门数据,实现跨部门、跨层级的财政经济税务等相关信息资源的共享和深度融合。加快数据仓库建设,使采集的数据越来越完备,使数据供需双方在数据交换过程中形成良性互动。二是充分发挥财政大数据云平台的基础作用,把各部门各级次共享归集的数据以科学的方式管理存放和使用。通过建立数据长效融合机制、构建财政经济社会大数据资源体系等方式,开展以财政数据为核心的多部门多层级数据采集,实现对不同部门数据的采集融合和分析、挖掘、利用,支持财政大数据的实时查询、分布式计算,实现数据信息面向全社会共享。

(2)构建协同共享的现代财政预算管理流程。针对当前各类财政业务相互独立,不能互通的状况,利用财政大数据云平台,实现财政部门内部各个处室之间、上下级财政部门之间、财政收入机构与征缴对象之间、财政支出机构与预算单位之间信息系统的互联互通,从而实现财政预算编制、预算执行、监督管理、绩效评价、决算编审的预算管理全部流程优化再造。建立真正能够支撑政府决策、财政管理的财政业务新流程,实现财政的业务流资金流和数据流的统一。

(3)将数据的采集分析作为财政大数据建设的核心内容。财政大数据时代,与以往财政信息化建设的最大不同,就在于过去偏重于硬件系统和软件系统的建设、开发与维护,而忽视了数据本身的挖掘和分析。在大数据时代,数据本身已经成为最关键的枢纽,成为推动经济社会发展的战略性资产。当前要加快财政大数据建设,必须强化“数据为王”意识,广泛收集各类数据,建立相对完善的数据集市或数据仓库,为数据挖掘提供坚实的基础。针对数据孤岛现象,积极争取各级政府的大力支持,采取“拿来主义”。在采集多方海量数据基础上,按照“总体分析—重点业务分析—重点事项分析”逐层深入的思路,在传统数据分析方法基础上,以财政重点疑点问题为导向,充分运用多维分析和数据挖掘技术,做好大数据的分析,发现疑点,分散核查,确认问题,极大地提升财政管理效率。

(4)加速财政大数据建设所需人才的培养。当今世界已经进入信息经济时代,这一阶段竞争优势的决定因素与以往有了巨大的不同。农业经济时代主要靠土地、资源、人力和畜力,工业经济时代主要靠资本、技术,而信息经济时代,人的因素起着决定性的作用,更多地依靠知识、创新和持续学习。要推进大数据背景下的财政信息化建设，必须有人才的强力支撑。

本章小结

我国财政信息的收集工具主要是金财工程。“金财工程”建设共分为财政业务应用系统、信息网络系统和安全保障体系三个方面。财政业务应用系统，包括预算管理系统、国库集中支付管理系统、总账管理系统等12个业务应用系统。公共部门统计体系一般包括财政收支统计、在国民经济核算中进行公共部门活动核算、公共事业活动统计。国民经济核算是以整个国民经济为对象的宏观核算。国民经济核算体系包括中心框架和附属核算表两部分。公共事业活动统计包括教育活动统计、卫生保健活动统计和社会保障活动统计等。财政统计主要包括收入统计、支出统计、收支平衡统计以及财政与会经济活动成果及分配关系的统计。政府财政统计核算体系是一般政府部门以系统方式组织运营数据的一套经济和统计概念、会计规则和分类指南。我国现行财政统计工作是由财政部门负责组织。

为了弥补市场信息不对称的缺陷，政府必须从信息管制、资格管制、质量管制以及直接的信息提供等方面提供与信息相关的管理与服务。在民主社会下，公众应该拥有知情权、参与权、监督权和选择权等权利，而信息充分是公众实现这些权利的必要条件。公共信息公开的原则——以公开为原则，以不公开为例外。纳税人有权利知道自己缴纳的财政资金的使用情况，所以从这个角度分析政府财政信息公开是纳税人的权利之一。2007年4月，我国公布了《中华人民共和国政府信息公开条例》，分为总则、公开的范围、公开的方式和程序、监督和保障、附则共五章。在过去的几个世纪里，推进政府信息公开也已成为世界各国政治现代化进程的极其重要组成部分。各国也都有相关的财政法律或规章制度规定政府部门公开财政信息义务。这些法律一般既规定了财政部门信息公开的义务，也规定了财政资金使用单位财政信息公开的义务。

涉及和拥有财政信息的部门主要分为三个层次：一是立法机构，二是财政部门，三是财政资金使用部门。信息公开有两种方式：依法主动公开和依申请公开。立法机关应公开财政立法、国家预决算法案和预算监督等有关财政信息，审计机关有关财政资金的审计报告也应定期公告。财政部门除申请公开外，还可以通过向立法机构提交预算文件和通过有关载体直接向公众公开相关信息。而对于财政资金使用单位而言，相关的财政信息主要是一些项目的绩效信息、项目的成本信息（如采购成本等）、自身的财政责任信息和属于该部门的公共账户信息，前三者一般可以由财政资金使用单位独立公开，而后者则一般经过层层汇总后，由财政部门公开。2010年3月1日我国财政部颁布了《关于进一步做好预算信息公开工作的指导意见》，明确了预算公开主体，明确了主动公开的范围，也明确了申请公开的范围。

各国在财政信息公开过程中各机构之间的关系不尽相同。我们以我国为例，介绍了财政信息公开过程中财政与其他部门和立法机构的关系。首先介绍了各级人民政府及其办公厅（室）的职能，接着介绍了政府信息公开工作机构的具体职责，还介绍了行政机关在政府信息公开中的职能。行政机关制作的政府信息，由制作该政府信息的行政机关负责公开；行政机关从公民、法人或者其他组织获取的政府信息，由保存该政府信息的行政机关负责公开。立法机构在财政信息公开过程中的职能有三个：一是关于财政信息公开的立法，如我国人大应该修改《预算法》和《保密法》，并颁布《信息公开法》；二是监督政府部门的财政信息公开；三则是其本身的信息公开。在财政信息公开过程中政府各职能部门与立法机构之间的关系主要表现为财政报告制度。政府应该按照预算的阶段进行报告。

本章名词解释

财政信息　财政报告制度　政府财政统计　GFS　金财工程

本章复习思考题

1.政府为何以及如何纠正市场信息不充分的缺陷?
2.我国何时颁发《中华人民共和国政府信息公开条例》?其主要内容是什么?
3.公共信息公开的基本依据是什么?
4.公共信息公开为何要“以公开为原则,以不公开为例外”?
5.试述政府财政信息公开的范围。
6.财政部门信息公开的范围有哪些?
7.政府信息公开机构的职能是什么?
8.政府为什么要定期进行财政报告?政府财政报告应主要包括哪些内容?

第十四章　财政风险管理和预警

本章主要内容

相比企业的市场经营，政府通常具有更良好的信誉，同时具有信用创造能力，可以在一定程度上吸收消化政府运行中可能产生的风险。但政府财政分配过程中，毕竟可能存在并在一定条件下可能实际发生的负债过大、财政能力过强或过弱、财政透支等方面的风险。因此，财政管理必须研究财政风险问题。本章计划从四个方面讨论财政风险管理问题。第一，产生财政风险的主要原因，财政体制不完善、官员追求短期政绩、债务管理体制缺失等都容易产生财政风险。第二，财政风险的分类与表现。有些财政风险是隐性的，但一旦爆发，对政府和整个社会的影响非常大。第三，对财政风险可以采用多种方法予以测定，有指标法、动态分析法、资产负债分析法和财政风险预警系统等。第四，具体介绍如何通过构建财政风险预警系统，客观有效地评估财政风险并予以预警。

第一节　财政风险的成因

在现阶段，中央财政风险和地方财政风险的成因各有其特殊性，中央财政风险突出表现为债务风险，其中又以国债为主；地方财政风险的成因则较为复杂。当前我国地方政府的负债规模非常庞大，增长也异常迅速，这主要是地方政府有着强烈的负债冲动，其背后既有深层次的体制原因，又有特定历史时期的客观原因。

一、财政需求相对无限大引发的风险

（一）快速工业化、城市化形成巨额资金缺口

从国际上看，经济的发展通常都伴随着工业化和城市化的快速发展，而无论是工业化还是城市化都需要大量的资本投入，表现为竞争性领域投资高增长和城市公共基

础设施投入高增长并存。依据城市化三阶段理论，中国目前正处在加速发展的第二阶段[①]，城市人口迅速膨胀。根据2019年国民经济和社会发展统计公报数据，年末我国大陆城镇常住人口84 843万人，占总人口比重（常住人口城镇化率）为60.60%，比上年末提高1.02个百分点；户籍人口城镇化率为44.38%，比上年末提高1.01个百分点。而许多城市的基础设施还是几十年前建设的，急需大量资金投入。

在城镇化战略的推动下，地方政府纷纷制定了城市扩张目标。一些地方出现了城镇建设"大跃进"倾向，急于求成，盲目扩大城市规模，相互攀比，大城市纷纷争建"国际大都市"，中小城市纷纷建设"大城市"，县乡则纷纷建设"小城镇"。投融资问题成为政府主导下的城镇化道路需要解决的主要问题。例如山东、河南、辽宁等省，一方面作为农业大省，在加速工业化进程的初期阶段，各级地方政府不仅需要积极引导企业，促进其经济竞争力的提高，而且需要在基础设施、公共服务等方面加大投入，以良好的投资环境促进外部资金的流入；另一方面，伴随着工业化而来的城市化建设，各级地方政府又要积极筹资，提供城市发展所需的各种城市生活基础设施，如水、气、电、暖的供给和排污治污等。[②]

面对工业化和城市化的双重重任，城市政府却资源有限，捉襟见肘。贾建群（2004）按较低标准估算我国每年城建投入需3 000亿元，而国家预算内投资、地方财政拨款以及城市建设维护税和城市公用事业附加两个专项资金全部加起来也远远不能满足需要。[③] 为此，各地政府都不约而同地采取了各种筹资手段，如"土地批租"融资、实施政府担保贷款以及向个人、单位贷款等，使自身的投融资能力得到了很大提高，以暂时缓解资金供求的矛盾，从而不可避免地形成地方政府债务。在一定程度上看，这也是一个地区工业化和城市化进程中的必然现象。

（二）地区经济发展不平衡以及地方政府间竞争

各地区对资本（投资）的竞争非常激烈，招商引资成功就意味着税收收入的增长和就业率的提高。地方政府吸引资本流入的主要手段是提供各种税收—服务组合，即一方面提供优惠税率和税收减免。地方政府要对流动性较强的资本，尤其是海外资本提供有足够诱惑力的税率优惠和减免，甚至常常以财政补贴来吸引投资，例如浙江省一些开发区土地转让只要每亩5万元/次，但该省成熟开发区用于基础设施的投入和土地出让支出至少每亩15万元。[④] 另一方面加大发展性财政支出，提供有利于企业投资的公共品和服务。然而这一财税政策面临根本的难题：加大发展性支出就必须掌握更多的财政收入，而降低税率却会导致税收减少。面对这一困境，负债为地方城市政

---

① 华伟：《城市化新形势与市制新构想——市制丛谈之四》，《中国方域》2000年第4期。

② 樊丽明、黄春蕾、李齐云等：《中国地方政府债务管理研究》，经济科学出版社2006年版，第75页。

③ 贾建群：《民营企业参与城市基础设施投资及相应的融资方式》，《城市燃气》2004年第1期。

④ 钟卫军、李涛：《沿海经济发达地区地方财政风险研究》，中国国家行政学院"经济安全：预警与风险化解"国际研讨会论文，2004年10月16—19日，重庆。

府提供了一个很好的替代方案。例如,我国西部某省农业品种结构失调,农业生产效率普遍下降,财政收入也随之下降,同时工业作为该省的主要财政收入来源,也存在以下问题:第一,传统工业比重偏大,自身结构失调,使主体税源的优势难以发挥。第二,企业平均规模小,技术创新能力差,缺乏市场竞争力,这不仅减少了企业利润,也给财政带来了压力。因此,该省只能依靠政府变相担保设立公司来融资,以满足城市建设、提供招商引资环境等方面的需要。

负债的做法有许多好处:第一,政府可以在不增税甚至减税的前提下筹措更多资金用于发展支出;第二,债务融资具有很大的隐蔽性,社会公众对其远不如对征税那么敏感,政治上更加可行;第三,负债,特别是长期负债,能够将偿还压力在时间上后移,使得现任政府和工商团体在享受好处的同时有可能逃避全部或部分债务。

(三)财政供养人员居高不下

在目前我国的行政管理制度中,政府机构改革尚未到位,机构设置片面强调上下对口,县乡两级基层政府的机构设置也是"麻雀虽小,五脏俱全",导致县乡机构臃肿、财政供养人口庞大。统计显示,全国县乡级财政供养人员占地方财政供养人员总数的70%,但县乡财力仅占全国地方财力的40%。以某县为例,2002年末该县仅超编事业人员和自聘人员即达3 000余人,按照每人每年2万元的支出计算,共需6 000余万元,占该县本级财政支出的40%左右,无疑使当地财政更加步履维艰。[①] 县乡政府对于普遍超编的情况又没有有效的制约手段,为了保证工资等刚性支出的增长,各种违规性借款不断出现。

二、财政体制不完善引发的风险

(一)各级政府之间事权财权划分不清,基层财政收入少、负担重

我国1994年的财政体制改革,对中央与地方政府之间的事权、财权、财力进行了初步划分,建立了分税制财政体制的基本框架。分税制将税收分为中央税、地方税、中央地方共享税,中央税收入约占全部税收收入的50%以上,地方税收入的份额不足一半。而且,在收入划分上,给地方留下的是大税种的小部分、小税种的大部分。此后,财政集中度大为提高,中央财政占全国财政收入的比重由1993年的22%大幅度提高到2002年的54.8%,省级财政所占比重也由1994年16.8%提高到2000年的28.8%,县市级政府的财力呈现下降趋势[②]。

在财政收入层层向上集中的同时,事权和财政负担却在层层下压[③]。分税制改革后,虽然中央与地方政府的事权和支出责任有了符合国际惯例的明文区分,但既不彻底也不够清晰细致,导致实际运作中大量的错位。省级以下政府收入大幅度减少,支

---

① 樊丽明、黄春蕾、李齐云等:《中国地方政府债务管理研究》,经济科学出版社2006年版,第77页。
② 宋立:《市政收益债券:解决地方政府债务问题的重要途径》,《管理世界》2004年第2期。
③ 樊丽明、黄春蕾、李齐云等:《中国地方政府债务管理研究》,经济科学出版社2006年版,第81页。

出责任却几乎未变,而且许多事权下放后却未有配套财权下放,例如社保资金等,增加了地方政府的负担。一些改革措施,如国企下岗工人最低保障等,也都增加了城市政府的负担。

(二)转移支付不到位使地方财政收支矛盾更加突出①

目前我国政府转移支付主要采取体制补助、中央对地方税收返还、中央专项拨款和过渡期转移支付等形式。由于均等化转移支付力度太小,欠发达省份无法通过正常的预算内收入和转移支付获得财力,不得不求助银行贷款、单位借款等,甚至有时挪用其他专项借款,才能保证本级政府基本职能的正常履行。由于政府间转移支付缺乏明确、严格的事权依据,导致财政资金的低效率运作。地方政府从中央获取的税收返还额取决于其基期年的实际收入额,而不是其履行职能的财力需要与其自身收入水平之间的差额。其结果是,地方经济越发达,基期年收入越多,"两税"增长越快,税收返还额就越多,反之就越小。而部分经济欠发达地区,财政收入规模偏小,获得转移支付资金的规模也偏小,导致其只能求助于各种借款或挪用其他专项拨款等手段保证基层政府职能的正常履行。

(三)国债转贷政策

为了扩大总需求,国家从1998年开始实施积极的财政政策,增发国债是其重要的措施之一。在国债的增发总额中,有一定比例用于国债转贷。根据中央政府文件的精神,国债转贷给地方政府的资金一般都用于水利、农村电网改造、城市污水处理、农村公路建设等公益项目和卫生等行业。尽管这些国债转贷资金为促进当地经济快速增长和提高人民生活水平发挥了重要作用,但是由于这些项目的经济收益毕竟很低,通过项目本身的收益难以偿还转贷资金的本息。地方国债投资项目资金使用效率不高有三种情况②:

一是投入后效益较低,长期处于亏损状态。如某省某市国债投资的飞机场项目,国债投资了2.4亿元,地方投资1亿多元,合计4亿多元。而且设计超前,大都是进口的先进设备,建有国际机场、商场、咖啡厅、观望台等设施,使用面积达20 000多平方米。但建成后顾客稀少,一直亏本,市政府每年大约要给航空公司1 000多万元补贴。好多设施闲置,进口设备生锈,机场面临报废的境地。

二是投资后没有效益。例如,2003年,审计署组织对山西、河南、辽宁等28个省(区、市)的526个利用国债资金建设的城市基础设施项目建设效果情况进行了审计,审计结果表明,在已建成的320个项目中,有32个基本未投入运营,18个长期处于试运营或开开停停状态,另有69个运营项目未达到当年设计生产能力,其中,污水、垃圾处理和供水项目平均实际生产能力分别只占当年设计能力的59%、56%和33%,设备

---

① 樊丽明、黄春蕾、李齐云等:《中国地方政府债务管理研究》,经济科学出版社2006年版,第81页。

② 赵云旗:《地方国债投资项目管理中的问题与对策》,《地方财政研究》,2004年第4期。

闲置问题比较突出。[①] 造成项目不能正常运营和未达到设计能力的直接原因是：配套管网建设滞后；运营经费不足；工艺和设备设计不合理；设备质量存在严重问题；少数项目建设规模过大，超过了实际需要。安徽省巢湖市污水处理厂 2001 年 6 月一期工程完工后，因缺少运营资金仅试运行了一个月，二期工程完工后，也只进行了设备联动试运行。辽宁省鞍山市西部污水处理项目投产一年来，由于运营资金不足，仅能从事维护性运转，污水仍被直接排入太子河和大辽河，未能实现可行性研究报告中提出的集中处理城市污水、改善辽河下游地区生态环境的投资目标。山西省榆次、阳泉市两个污水处理厂由于项目建设时没有考虑相应的管网建设，2000 年建成后一直无法投入运营。四川省阿坝州 4 个已建成的垃圾处理厂因设备质量严重不合格，处于瘫痪状态；都江堰市污水处理厂设计能力为每天 4 万吨，因管网不配套，仅能流进污水 0.15 万吨，达不到进水量的最低要求，生化处理无法运转。甘肃省白银市城市供水工程投产近一年来，平均日供水量不到 1 万吨，不到设计能力的 10%，设备利用率仅为交付使用设备的 15%。

三是投资项目与原有管理体制存在冲突，导致利用率很低。如某省部分污水处理厂项目完成后，污水处理成本过高而市场收费偏低。污水处理厂的运行成本加归还贷款本息，处理 1 吨污水约 0.80 元，而收取的污水处理费有的地区每吨是 0.60 元，还有的地区每吨是 0.30 元。加之污水处理管网配套滞后，不能满负荷运行等原因，投资效益得不到充分发挥，经济效益长期不佳。

如果把那些盲目建设和重复建设的项目也包括在内，国债资金使用效率就显得更低下了。造成国债投资资金使用效率低下的原因是多方面的，如资金投入不合理、重复建设和盲目投资、浪费严重、劣质工程、资金挪用等等，但关键还是项目缺乏科学论证，投资缺乏成本分析，地方政府图政绩、树形象，不实事求是。

按照现在的偿还办法，一旦地方政府不能按时偿还债务本息，中央就要从对其的税收返还资金中扣除，从而进一步加剧了地方财政运行的困难，诱致部分地方政府采用其他风险性更高的融资手段解决资金短缺，如直接向单位和个人的借款。

此外，由于中央政府实施国债转贷的一个重要目的在于吸引社会的各种资金投入，包括地方财政资金、银行等金融机构的资金以及企事业单位资金等，以实现扩大内需、拉动经济增长的目标，所以，国债资金在转贷地方使用时，通常要求地方必须要有足够的资金相配套。据统计，在地方利用国债转贷资金的项目中，只有约 15%～20% 是国债转贷资金，这意味着地方政府若想获得国债转贷资金，必须要有 80%以上的资金投入相配套。显然，对于许多财力已经捉襟见肘的地方政府而言，仅凭借有限的地方政府资金是难以达到上述配套资金要求的。例如，2003 年，审计署组织对山西、河南、辽宁等 28 个省（区、市）的 526 个利用国债资金建设的城市基础设施项目建设效果

---

① 审计署：《部分城市基础设施国债项目建设效果的审计结果》（2004 年第 3 号）。

情况进行了审计，审计结果表明，截至2003年6月，这526个项目中，中央补助国债和转贷地方国债已到位98%，而地方配套资金只到位78%，实际缺口近100亿元。①

由于财政部门无力提供国债转贷的配套资金，配套资金主要依赖于银行贷款，而对于银行来说，为了配合政府的财政政策，各级银行都要求积极支持国债转贷项目，银行资金通常要与国债资金捆绑使用，这种做法导致银行的配套资金实际上变成了政策性贷款，或者说是地方政府担保的贷款。因此，如果这类贷款不能依靠国债转贷项目获得足够的还款收益，那么这类债务的清偿责任最终就会落在各级财政的头上。

三、政府任期制下理财行为引发的风险

（一）债务管理的偿债责任不明，预算约束软化

预算软约束是地方政府不顾后果超规模举债现象产生的重要原因。世界银行的调查发现，全世界范围内普遍存在中央政府被迫对地方政府的紧急财政救助。即便如美国这样的联邦制国家，市政债券破产也十分罕见，而地方政府面临市政债券偿付危机时由上级政府救援的事例则屡见不鲜，如1996年佛罗里达州干预迈阿密市支付危机②。

在我国，预算软约束是众多体制和政策因素综合作用的结果。地方政府尽管在财政上享有较大的分权，但在行政系统上却仍须层层对上负责，接受上级指令。上级政府经常干预下级政府支出，随意增加支出项目，且层层加码，又不提供足额配套资金，是造成地方政府财政困难的很大原因，这样地方政府也就普遍缺乏风险责任意识，认为债务最终会由上级政府兜底，预算约束自然就软了下来，导致轻率借债和过度负债③。对于地方政府的转贷性债务而言，这一融资形式的重要缺陷主要体现在偿债责任往往缺乏硬性约束，即地方政府总是想方设法拖延转贷资金的归还，以期将这一偿还责任转嫁给中央政府；对于地方政府的非转贷性债务而言，由于其主要依托于地方商业银行或各职能部门所属的信托投资公司进行运作，债务融资的决策主体和投资主体之间在责、权、利等关系的界定上十分模糊，以至于这类机构用于商业目的的债务融资出现了到期无法支付的情况时，也往往寻找各种理由依赖于政府来偿还债务，从而在一定程度上加大了地方政府的隐性债务规模。

（二）地方主要官员变动频繁

现阶段我国地方领导干部任期短。尽管法律规定实行5年任期制，但事实上任期内的干部调动非常频繁。变动频繁的政府倾向于过度负债，因为它可以将借债成本外部化，让其后任来承担偿还责任。虽然按照宪法和组织规则，地方政府由本级人大产生，然而上级党委和政府却常常使用委任程序，导致很多地方政府尤其是市县政府的

---

① 审计署：《部分城市基础设施国债项目建设效果的审计结果》（2004年第3号）。

② 刘云中：《美国对市政债券的监管及其启示》，《证券市场导报》2004年第10期。

③ 樊丽明、李齐云等，《中国地方财政运行分析》，经济科学出版社2001年版。

主要官员很少任满一届，例如安徽省1999年时各县市党政正职领导中仅有6人在该岗位上连续工作满5年以上。[①] 强委任制和弱选举制的结合导致官员行为短期化，“一把手说了算”的决策体制则将官员的个人软约束转化为地方政府的软约束。因此每任官员都急于出政绩，忙于项目立项，很少顾及债务结构和实际偿债能力[②]，因为任期短意味着大量长期债务无须自己任期内偿还，举起债来后顾无忧。

(三)干部考核制度扭曲

一些地方政府的干部考核制度过于追求形象工程，助长了地方政府的过度举债。上级各主管部门组织的教育、计生、卫生、城建、水利、养殖等各种“达标”活动也往往被纳入地方党政领导的政绩考核内容，实行“乡镇长负责，一票否决制”，“不拿票子，拿帽子”，导致地方政府为了上项目、实现达标而到处举债。不可否认，达标考核机制大大强化了地方政府对基础设施和公共事业的投入，推动了这些领域的超常规发展，但“达标”最终往往只是一种形式。在这种情况下，“不怕还不了，就怕借不到”的思想普遍存在于各级地方政府行为中。一些地方政府部门的领导行为目标短期化，只注重眼前利益，缺乏长远规划。为了在有限任期内实现其“政绩”，超越财政承受能力大肆融资举债，加大基础设施、公共设施、公益事业的建设，搞一些所谓的“政绩工程”“形象工程”，一任政府用完几任政府的资金。

四、政府借债能力相对强大引发的风险

(一)政府对资金的需求主体有较强的影响力

预算法规定，地方政府不得对外举债。担保法也规定，政府也不得进行融资担保。但是，政府对其所属国有企业有绝对的控制权(人事任命和财务控制权)，因此，政府可以通过国有企业为主体对外融资(银行贷款、发行股票等)，并强制这些资金用于政府指定的用途。

(二)政府对资金的供给主体有较强的影响力

在资金的供给方面，政府国有金融体制改革滞后，导致政府的借款能力相对强大。

第一，地方政府对地方国有银行的影响力。目前我国的地方金融仍处于地方政府的垄断之下，各级地方政府事实上掌握着巨大的金融资源控制权，地方政府决定了地方国有银行高管人员的任命、工资福利甚至办公环境设施，这从供给方面为地方政府债务行为的发生提供了重要的融资条件。各地城市商业银行的经营状况可以间接反映这方面的问题。因为一般该银行的最大股东就是所在地政府，而地方政府对银行的干预，银行向大股东的关联贷款和金融管理当局监管不力，都是城市商业银行状况不佳的主要原因。

① 张道刚:《坚守任期制》,《安徽决策咨询》2004年第6期。

② 魏加宁:《中国地方政府债务风险与金融危机》,《商务周刊》2004年第5期。

第二，地方政府对其他银行的影响力。全国性国有银行、股份制银行以及外资银行虽然在产权方面与地方政府没有任何联系，但是，这些机构往往需要在政策（或监管）方面得到当地政府的支持，不得不给一些没有贷款条件的国有企业贷款。虽然银行给这些机构的贷款可能形成一定的坏账，但相对于其从当地政府获得的其他受益，还是值得的。当然，也有一些银行认为政府对这些企业实施了名义或隐性担保，因此，愿意冒风险给这些企业贷款。

五、债务管理机制缺失引发的风险

当前，地方政府债务管理机制不健全，管理方式过于粗放，扩大的债务风险。现行的债务管理机制，仍然是运用行政手段，对债务实行单纯的总量控制的计划管理，而没有引入运用法律手段和经济手段进行灵活有效的质量管理，主要表现在以下几个方面：

（一）债务统计不全面

目前我国各级地方政府除了对各种转贷性的债务和外债实施了较为统一和透明的管理以外，其他大量的债务融资分散于众多的职能部门及其所属的企事业单位，且未被纳入预决算管理，从而游离于本级及上级政府和地方人大的监督管理之外。由于债务融资的总额难以把握，控制债务风险的各种量化指标，如负债率、偿债率等也就无法操作。一方面，这会造成地方政府风险意识不强，不但没有及时采取行动抑制地方政府债务膨胀的措施，而且仍然继续各种政府担保的借债活动，只重借，不重还，缺乏危机感和紧迫感；另一方面，财政部门不可能将有关政府债务的偿还纳入年度预算，及早安排偿债资金，而只能到了还本付息时才被迫介入，或者通过财政预算扣款的方法被动偿债，或者安排部分后备基金或利用预算外资金暂时垫付。显然，如果这种体制不能得到及时纠正，一旦出现明显的偿债高峰期，并且偿债额巨大，那么就可能成为爆发地方政府债务危机的导火索。

（二）债务资金的投向未经充分论证

债务资金的使用缺乏整体规划和科学详实的项目论证。债务融资的多部门分散管理，使地方政府债务在总体上缺乏科学合理的规划，特别是仍有相当多的政府债务融资项目是竞争性领域的低水平重复建设，成为地方政府债务的重要来源。在实施工业化战略的推动下，各地各级出现了一股开发区或工业园区的建设热潮，其中许多开发区的建设并没有经过科学的规划和专业的论证。多数的开发区都是省级以下政府批准设立的，有的市县甚至“镇镇建区、乡乡办园”。而这些建设资金多半是由当地政府担保的借款。国家《担保法》明确规定，地方政府及有关部门无权对经济合同进行担保，但在实际工作中，地方政府要求财政违规担保的事例屡见不鲜。由于用款单位在市场调查、论证分析、项目确定、银行贷款以及项目效益和投资回报等方面都游离于财政监控之外，一旦被担保方不能如约履行还款义务，债权人就通过法律程序冻结担保方财政账户或要求财政部门划拨资金偿债，使财政部门非常被动。

六、投融资体制不完善引发的风险

与我国市场经济发展的需要相比，地方政府的职能转变明显滞后。政府职能的越位现象仍大量存在，政府投融资体制改革进展缓慢。

（一）地方政府仍然大量地介入竞争性领域

1999年以来，尽管我国实行了所得税分享改革，试图逐步割断地方政府与地方企业之间的利益纽带，但地方政府与地方企业之间的利益联盟关系仍然根深蒂固，成为转变政府职能的重要障碍。就地方政府与地方国有生产企业的关系来说，由于原有政企合一的管理模式，使地方政府一直有一种“准企业”倾向，地方政府的利益与地方国有企业的利益基本一致，特别是在某些城市和地区，从就业到财政收入，主要靠一批生产型企业来维持，有时一个企业集团就是某个城市或地区的“半边天”。企业兴则城市兴、地区兴，企业衰则城市衰、地区衰。因此，地方政府往往鼓励国企通过大量举债，“做大做强”。这时，国有企业的大量举债就可能成为当地财政的负担。即使财政部门没有担保过这些债务，但为了解决就业和维持社会稳定等原因，也不得不为一些国有企业偿还债务。

（二）公共事业领域市场化改革缓慢

在众多的非竞争性领域，政府投融资体制市场化改革进展缓慢。一方面，政府直接投资并运营公共事业的情况仍十分普遍。为了加快基础设施建设，各地方政府普遍成立了政策性投资公司，通过贷款和担保的形式进行融资，但这些渠道的融资具有极高的风险，容易形成政府的债务。另一方面，地方公共事业经营管理不善，普遍的行业性亏损构成了地方财政的沉重负担。

第二节　财政风险的分类与主要表现

国内对于财政风险的理解主要有两种：一种是狭义上的财政风险，即仅从财政自身的角度来考察，是指政府资不抵债和无力偿付到期债务，不能维持正常机构运转的风险。它包含两方面的内容：一是财政不能提供必要财力致使国家机器不能正常运转的可能性，二是财政资源分配不当引起的资源浪费和损失。另一种是广义上的财政风险，在一定意义上，政府是为化解和规避公共风险而存在的，政府的每一项公共政策，最终都要体现在财政上。因此，财政风险就是公共风险。财政是社会经济风险的最终承担者，银行风险、国企财务风险等都将最终转化为财政风险，甚至将财政风险等同于国家经济安全问题。

一、财政风险的分类

财政运行本身的复杂性导致了财政风险的多样性。因此,从不同的角度、按照不同的标准,可以对财政风险进行不同的分类。

(一)根据财政风险的显露程度划分

显性风险是指各种风险因素明显暴露,损失或损害能够测算的风险,如财政赤字、财政欠账、财政运行难度、财政职能实现程度等;隐性风险是指各种风险因素尚处于隐蔽状态,不容易被觉察的部分,如财政账面空转造成的虚收实支、非登记外债等。

(二)按照财政风险的归属情况划分

(1)按照财政风险在预算体制各级次上的表现划分,财政风险可分为中央财政风险和地方财政风险。地方财政风险又可细分为省财政风险、省辖市财政风险、县财政风险和乡镇财政风险。

(2)根据财政风险在财政运行各环节的具体表现划分,财政风险可分为财政收入风险、财政支出风险、财政赤字风险和债务风险。这几种风险都有规模风险和结构风险之分。从规模的角度分析,财政收入风险一般是指财政减收风险,财政支出风险一般是指财政增支风险,财政赤字风险和债务风险一般是指债务规模扩大的风险。

(三)根据财政风险的形成原因划分

(1)从内外因角度分析,可将财政风险分为内生风险和外生风险。内生风险是指财政系统内部因素(如财政政策不当、财政制度缺陷、预算管理体制不合理和管理低效率等)造成的财政风险。外生风险是指由财政系统外部因素造成的财政风险,一般是在经济和社会运行机制不健全时,由不确定性因素引起的需要财政"兜底"的风险,如自然风险、社会经济运行风险、技术风险、政治风险和战争风险等。

(2)从主客观的角度分析,可将财政风险分为主观性风险和客观性风险。主观性财政风险是指由主观因素引起,客观性风险主要由客观因素引起。技术风险、体制风险、决策风险、管理风险和政治风险带有很大的主观性,而自然风险和经济运行风险则主要由客观因素引起。

(四)根据风险因素的作用方式划分

一类是直接的财政风险,即由财政直接承担的债务,一般是通过财政预算安排并经过一定的法定程序批准的债务,这些债务是可预见、可计算出来的;另一类是间接的财政风险,即由财政间接承担的其他领域的债务,包括直接隐性债务、或有显性债务和或有隐性债务,一般是在财政预算以外可能要由财政来承担的债务,至于承担多少债务,是事先无法知道的。

综观财政风险的分类,可以看出:财政风险的各种类型不是绝对孤立的,我们必须对各类财政风险交互关系进行深层次的分析。

第一,不同财政风险的分类之间存在两种关系。一是近似等同关系,如内生风险对应于直接风险，外生风险对应于间接风险。二是衔接关系，即任何一种分类所得出的财政风险形式都可以按照其他的分类方式再进一步划分。这种衔接关系将会形成一个非常复杂的体系，这正说明了财政风险的复杂性。

第二，就某一个具体的风险因素而言，从不同角度可以构成不同的财政风险。如国有企业债务，是财政的或有债务，它可以构成外生风险，也可以构成间接风险；它会带来财政收入风险，也会带来财政支出风险。

第三，不同的财政风险形式相互影响，相互转化。如隐性风险可能转化为显性风险。显性风险也可以处理成隐性风险；地方财政风险与中央财政风险相互传导，财政运行各环节的风险传导性就更强。但在不同时期，财政风险总会以某些特定的表现形式让人更为关注。

二、收入风险

财政收入风险是指由于不可测因素而致财政收入达不到预期目标的可能性，具体体现在规模风险和结构风险两方面。我国目前财政收入规模风险表现为财政收入缺乏稳定的增长机制，在过去的近 20 年里财政收入的“两个比重”总体上呈不断下降的趋势。结构风险表现为财政收入结构不适应经济结构、国民收入分配结构的变化，主要是指税收收入与非税收收入、预算内收入与预算外收入的比例不合理，以及税制结构的不协调。

三、支出风险

财政支出风险是指财政资金不能满足政府需求或达不到预期目标的可能性，具体体现为：

第一，财政支出规模风险：财政支出负担沉重。一方面，财政为了保证政府机器的正常运转，刚性支出规模越来越大；另一方面，为促进经济和社会的稳定与发展，财政要在宏观调控中提供必要的财力支持，承担一些改革成本。

第二，财政支出结构风险：财政支出结构不合理。(1)财政职能的“缺位”与“越位”并存，一些应由企业、社会和个人承担的支出，如居民价格补贴和部分企业亏损补贴等还在由财政承担，而财政应承担的支出(基础教育、基础科学、环境保护等)却因财力不足而无法予以保障。(2)在法定支出的各形式中，财政可调节的余地十分有限。目前国务院已有明文规定要与 GDP 或财政收入直接挂钩的支出已多达十几项(如教育、支农、文化等)，大大削弱了财政部门的资金调控能力。

第三，财政支出效率风险。表现为财政资金严重浪费，财政支出不讲效益，投资乘数偏小。

四、赤字风险

赤字风险是指经常性的、长期的、规模不断扩大的财政赤字带来的不良后果超过财政自身承受能力的可能性，它是财政风险的一种最主要的外在表现。我国现阶段的赤字风险表现为显性财政赤字和隐性财政赤字大量存在。一方面，赤字数额大，持续时间长。主要是指中央财政和县乡级财政，特别是县乡级财政。另一方面，隐性赤字严重。除了财政性挂账形成的隐性赤字外，一些地方采用向银行或单位借款周转、虚收税款等办法增加财政收入，采用挪用专款、欠拨支出等手段掩盖真实情况，搞"假平衡、真赤字"，导致大量隐性财政赤字，使人们无法准确判断财政形势，财政风险进一步扩大，这种情况多出现在省级财政及有关部门。

五、债务风险

债务风险是指公债发行受阻或政府不能支出到期债务的可能性。在政府不能依靠从央行透支的情况下，债务风险是财政风险的集中体现。显然，政府债务并不局限于国债一种形式。白海娜（Hanna Polackova Brixi，1998）认为政府债务可分为直接债务与或有债务、隐性债务与显性债务四种类型，其矩阵型分析框架也为系统分析债务风险提供了便利。按照白海娜的界定，直接债务是指在任何情况下都要履行的债务，或有债务是在特定事件发生时才发生的债务；显性债务是法律或合同确认的政府债务，隐性债务是政府迫于公众和利益集团的压力而承担的道义债务（见表14—1）。

表14—1　　我国政府债务矩阵

债务	直接负债 （在任何条件下存在的债务）	或有债务 （在特定事件发生情况下的债务）
显性负债	1. 国债和外债 2. 预算法规定而未兑现的支出 3. 粮食收购和流通中的亏损挂账 4. 地方政府债务	1. 对下级政府负债的担保 2. 公共部门发行的由财政担保的债券 3. 国债投资项目的配套资金 4. 对农业贷款等各种贷款的保护性担保 5. 政府保险计划安排的有关支出
隐性负债	1. 公共投资项目的未来追加支出 2. 社会保障基金缺口形成的债务 3. 法律未要求的未来文教科卫等社会事业性支出	1. 对下级政府的欠款的清偿 2. 国有银行的不良资产、国有企业的未弥补亏损 3. 私人部门举借的非登记外债 4. 投资基金、社会保障基金破产时的救援 5. 灾害性事件发生时的超常救援

资料来源：丛树海：《财政扩张风险与控制》，商务印书馆2005年版，第15页。

第三节　测定财政风险的方法

由于财政风险本身抽象而空泛，界定、度量财政风险显得尤为困难。由于缺乏一致的财政风险界定和一个规范的评价标准，在评估我国财政风险的大小时，诸学者观点各异，归纳起来主要有下面几种思路。

一、指标分析法

指标分析法是指在未经系统化结构分析的前提下，直接使用某些宏观经济、债务规模等指标来评价财政风险。例如，借鉴《马斯特里赫特条约》所规定的国债依存度、赤字率和债务率等风险指标进行分析，或借用白海娜的财政风险矩阵测度政府债务规模，以此衡量我国财政风险的状况。财政风险指标大致可以分为[①]：

（一）国内经济指标

（1）*GDP* 指标（*GDP* 总值、人均 *GDP* 值、*GDP* 增长率）

（2）利率类指标

（3）货币和财政类指标（货币供应量、通货膨胀率、赤字率）

（4）进出口和汇率指标

（二）国债的风险指标

（1）国债的负担指标（国债相对规模、国债依存度、国债借债率）

（2）国债的偿还指标（国债偿债率、国债的期限结构）

（3）其他指标（国债资金的收益率、国债资金的资产形成率）

（三）外债的风险指标

（1）外债负担风险指标（外债负担率、外债债务率、外债余额增长率与外汇收入增长率的比值、饱和后外债余额增长率）

（2）外债偿还风险指标（外债偿债率、外债付息率、外债的期限结构、外债出口比率、债务服务率、短期外债与进口的比率）

（3）经济外向性指标（出口额与出口增长率、进口额和进口增长率、外汇储备额和外汇储备增长率、其他收支平衡项目）

（4）抗风险能力指标

二、动态分析法

近几十年来，许多国家每年都出现财政赤字，这导致了国债的存量不断增长。人们担心如果这一趋势持续不断，国债利息支付额将超过国民收入，从而导致政府破产。实行持续赤字的国家必然走向破产吗？这些问题可以通过对国债累积和国民收入增长的动态分析得到回答。刘迎秋（2001）对中国均衡的和动态均衡赤字率和债务率的决定进行了理论分析，在债务－赤字模型基础上，通过实证分析，论证和揭示了与中国

---

① 周成跃、周子康：《当代国债风险问题研究概况述评》，中国财政经济出版社 2004 年版，第 72－88 页。

现阶段国民经济发展相适应的赤字率和债务率及其警戒线,他认为一个更符合当前和今后 5～10 年甚至更长时期中国国情的关于赤字率和债务率的警戒线指标选择是:基本赤字率应以 2.15%为控制目标,其最高极限为 3.15%;全额均衡赤字率应以 3.15%为控制目标,其最高极限为 5.15%;全额均衡债务率应以 30%～35%为控制目标,其最高极限为 58%。

下面我们介绍一个简单的模型[①],看看债务累积与国民收入增长的互动过程。令 $D(t)$表示国债在时刻 t 的美元价值,$Y(t)$表示时刻 t 的 GDP。我们假定所有变量都以实际美元标价,从而去掉通货膨胀因素。我们假定赤字为任何时点 GDP 的常数比例。由于债务的变化恰好是赤字,我们有:

$$\dot{D}=by, b>0$$

它是描述国债性态的常微分方程。通常,在许多国家里,b 的值介于 0.02 和 0.08 之间,这意味着赤字大约相当于 GDP 的 2%～8%。我们进一步假定,GDP 随时间的增长满足如下微分方程:

$\dot{Y}=gY, g>0$,其中,g 为正常数,表示国民收入的增长率。

将上式改写成:

$$\frac{\dot{Y}}{Y}=g$$

两边积分可得:

$$\ln Y(t)+c_2=gt+c_1$$

上式可以重新写作:

$$Y(t)=C_1 e^{gt}$$

其中,$C_1=e^{c_1-c_2}$。假定初始时间为 $t_0=0$,GDP 和债务的初始值分别为 Y_0 和 D_0,我们要求 $Y(0)=Y_0=C_1$。因此,方程的初始值问题的解为:

$$Y(t)=Y_0 e^{gt}$$

将该解代入方程可得

$$\dot{D}=bY_0 e^{gt}$$

尽管该方程实际上是非自治的,但它的这种形式可以直接积分求解。两边积分可得:

---

① Michael Hoy, John Livernois, chris Mckenna, Ray Rees, Thanasis Stengos. Mathematics for Economics, MIT Press, 2nd Edition, 2001.

$$D(t)=bY_0\frac{e^{gt}}{g}+C_2$$

由于 $D(0)=D_0$，C_2 的值必须等于 $D_0-(b/g)Y_0$，利用这一值，我们得到如下解：

$$D(t)=D_0+\frac{b}{g}Y_0(e^{gt}-1)$$

该解表明，在本模型中，国债 $D(t)$ 可以无限制地增长下去。不过我们真正关心的是国家偿付债务利息的能力。我们假定利息率为常数 r，定义 $z(t)$ 为偿付国债利息所吸收的 GDP 份额：

$$Z(t)=\frac{rD(t)}{Y(t)}=r\frac{D_0+bY_0(e^{gt}-1)/g}{Y_0e^{gt}}=r\frac{D_0}{Y_0}e^{-gt}+r\frac{D_0}{Y_0}e^{-gt}+r\frac{b}{g}(1-e^{-gt})$$

这一表达式给出了本模型任何时点的利息支付和国民收入的比值。我们的主要兴趣是确定这一比值是否会收敛到一个小于 1 的极限（即利息支付永远都不会超过国民收入）。我们对上式求极限后得到：

$$\lim_{t\to\infty}z(t)=r\frac{b}{g}$$

国债的利息支付收敛到 GDP 的一个固定比例 rb/g。如果 $rb/g<1$，那么即使政府一直实行不断增长的固定比例的预算赤字，最终的债务负担也会收敛到国民收入的一个固定份额。这意味着经济总是能够满足债务的偿付，破产永远都不会发生。另一方面，如果报 $rb/g>1$，那么这一过程就会收敛到一个利息支付超过国民收入的有限值，此时，如果预算赤字持续下去，那么将注定会破产。

三、资产负债分析法

张春霖（2000）提出通过资产和负债存量及两者的差额（净资产）来评估财政的可持续性和财政风险。丛树海和郑春荣（2002）沿着这一思路，提出如何应用国家的资产负债表来衡量政府的财政状况，并讨论了传统的财政赤字规模分析法和资产负债表衡量法各自的缺点，强调应将两者结合起来评估财政风险。刘尚希（2003）提出，评估财政风险必须从两个方面入手①：

（一）政府拥有的公共资源

这包括存量资源和流量资源两个部分，前者指拥有的各类资产，如我们通常所说的国有资产、国有资源、土地以及金融资产等；后者指可预期的各种收入来源，如税收、收费、资产收益、债务收入等。由于政府的流量资源规模与经济的总体规模及其变化密切相关，因此，在分析政府拥有的公共资源时，应置于经济总量及其变化的背景下，

① 刘尚希：《财政风险：一个分析框架》，《经济研究》2003 年第 5 期。

不能作孤立的考察。

除了拥有的资源以外，在特定情况下还应当考虑政府虽不拥有，但政府可支配的资源，最典型的是国有银行的资金。这类资源的动用会使政府的预算约束放宽，扩大政府政策的运用空间，但同时会产生财政机会主义，逃避预算约束，导致未来财政成本的扩大。如在实施积极财政政策过程中，大量的银行配套资金进入国债投资项目，实际上就是政府绕过预算约束动用可支配资源的一个实例。

（二）政府应承担的公共支出责任与义务

这可以借鉴“财政风险矩阵”来分析。从法律的角度来看，政府应承担的公共支出责任与义务包括两个部分：一是法律明确规定的，或政府行为引致的法律责任。凡进入预算决策范围的事项，实际上就是法律“明文”规定的政府应承当的支出责任和义务。如公务员的工资、基础教育拨款、基础科学研究支出等等。同时，还有一些没有进入预算决策范围，却是由政府引致的事项，如各种类型的政府担保。这些事项往往不在当期的预算报告中反映，但却是政府实实在在应当承担的连带法律责任，当担保失败时，替人偿债就是政府的法定义务，尽管这种义务是未来的。二是推定的责任和义务。这是指依据法理精神和政府作为公共主体的性质，而推定给政府的责任和义务。这些责任和义务是由公共风险转化而来，是社会其他法律主体无法承担的。最明显的是对自然灾害的救助。再如，当金融机构（即使是私人的）面临破产时，从法律上讲是金融机构自己的事情，但事实上政府很难袖手旁观，因为这时社会面临着很大的公共风险，一旦真正破产，会产生多米诺骨牌效应，对整个经济和社会带来严重不良后果。尤其在国民经济日益金融化的时代，政府的这种推定责任和义务将会不断增多。此外，还有一些是与社会结构相关的推定责任和义务。

从确定性程度来分析，政府应当承担的公共支出责任与义务也包括两个部分：一是确定性的支出责任和义务。这种支出责任和义务不受其他任何事件的影响，在任何条件下都是需要政府出面来承担的。如公债的到期兑付、社会保障计划的实施、公共投资项目正常运转的维护成本等，不论法律是否做出明确的规定，都是政府的支出责任和义务，尽管在时间上有的是在当期履行，而有的是在未来履行。二是不确定（或有）的公共支出责任和义务。这类支出责任和义务要靠未来特定事件发生或不发生来证实，即可能发生，也可能不发生，因而是不确定的。但这种不确定性并非是一种人为的任意猜测，而是基于过去和现在已经发生的事实为基础的。如担保失败、金融机构破产之类事件发生的可能性是可以预期的，尽管准确的判断依赖于未来状况来证实，但至少可以得出这种可能性的大小，即事件发生与否的概率。当概率超过 50％时，即可以认为这类事件发生的可能性很大，需要政府财政做好充分准备；而当概率低于或远远低于 50％时，则表明这类事件发生的可能性很小，政府可以不予考虑。如何对此做出估算，现在还没有完备的方法和技术，但这并不等于无所作为，至少在预算决策时，就应充分考虑这种不确定的公共支出责任和义务。这对防范财政风险，或减少财政风险具有关键性意义。

政府的公共支出责任和义务最终都反映为政府的各类债务，故我们可用公共意义上的债务来表示。这样，财政风险的状况可通过以下三个层次的分析来评估。

第一个层次，公共债务与公共资源存量的对比分析。通过这一层次的分析，可发现财政风险是扩散，还是收敛。如果具有扩散的特征，则进入第二层次的分析。

第二个层次，公共债务与公共资源流量的对比分析。通过这一层次的分析，可发现财政风险扩散的程度。如果扩散的程度很大，即超出了现有的财政能力，则进入第三个层次的分析。

第三个层次，公共债务与经济总规模的对比分析。通过这一层次的分析，可发现财政风险是否处于可控的范围之内。

四、财政风险预警系统

财政风险预警系统的基本构建原理是在对财政经济运行机制和财政风险形成分析的基础上，选取指标并建立预警模型，从而对财政运行状况进行描述、判断、评价。其运用经济理论和各种数学模型方法为主要分析手段，结合历史经济时间序列数据，利用预警指标体系和预警模型产生预警结果，对财政运行状况进行总体模拟、分析、预测和反馈研究。为了实现上述功能，财政风险预警系统通过分为几个子系统，构建了财政风险指标、财政收支预测、财政政策模拟以及财政风险控制辅助决策等。详见下一节的介绍。

第四节　财政预警系统的建立与运用[①]

建立分析和评价财政风险的预警系统，首先需要对相关风险影响因素反映的各项指标做出界定，再根据各指标监测财政风险并设定财政风险警戒线，进而能够依据不同风险因素对相应指标的影响来预警财政风险，制定防范和控制、化解财政风险的具体措施。丛树海等(2004)提出了我国财政预警系统所要实现的三大理想目标：正确反映当前财政风险状况、准确预测财政运行的走势和及时分析宏观经济调控对财政状况的影响，沿着风险识别→风险估测→风险评价的理论逻辑，设计了我国财政风险预警

① 本节主要参考：丛树海：《财政扩张风险与控制》，商务印书馆 2005 年版，第 463—520 页。

系统，其组成部分包括数据库、预警方法、预警指标、预警模型、预警信号系统等，其中预警方法是预警系统的核心部分。

一、财政风险指标的建立

财政风险是一系列因素综合影响的结果，财政运行过程中存在着各种显性风险和隐性风险、体内风险和体外风险、即期风险和远期风险。因此，通过哪些指标来评估财政风险程度，仍然是一个较难解决的问题。我们按照系统性、相关性、代表性、动态性和层次性原则，主要根据因果关系来分析财政风险的成因，并进而确定财政风险的预警指标。

财政风险来自财政内部因素带来的风险和各种外部因素转嫁而来的风险，因此，我们可将财政风险指标分为内部风险指标和外部风险指标。其中，财政内部风险指标反映财政运行中的现实风险；财政外部风险指标反映可能转化为财政风险、对当前财政运行只是潜在影响的风险因素。我们根据财政内部风险和外部风险各指标对风险的影响程度，分别选取 8 个和 12 个核心指标编制成衡量和预警财政风险的内部合成指数和外部合成指数，形成全部财政风险的预警指数(见表 14－2)。

表 14－2　　财政风险的具体指标

指标分类	具体指标
财政内部风险指标	宏观税负、赤字率、财政平衡率、国债负担率、国债借债率、国债偿债率、国家财政债务依存度、中央财政债务依存度
财政外部风险指标	GDP 增长率、通胀率、经常项目赤字率、国有商业银行资本充足率、国有商业银行资产收益率、国有企业资产负债率、国有企业亏损面、外债偿债率、外债负债率、外债债务率、短期外债率、外汇储备月进口时间

二、财政风险指标的合成

财政风险预警信号系统就是把财政风险作为一个总体，在考察和计算出财政风险预警系统体系各指标的预警区间和实际值的基础上，运用科学的方法，进一步地对财政风险总体水平作出全面、综合的评价，并且通过图形形式具体、直观地描绘出当前的财政风险状况，从而对财政运行中的险情作出预报，事先引起人们的注意。预警信号系统在指标分析的基础上，运用有关的数据方法，将多个指标合并为一个综合性的指标，并通过类似于一组交通管制信号红、黄、绿灯的标志，根据这组指标和综合指标当前的状态参数发出不同的信号，通过观察分析信号的变动情况，来判断未来财政波动的趋势，并明确提示经济决策部门应当针对财政运行的动态采取何种调控措施，从而起到预警作用。

由于前述财政风险预警指标体系中每一个或每一组指标只能反映财政风险的某一方面，要全面反映和评价财政风险水平，就必须对其进行综合度量，从而要编制合成指数。

(一)将每个预警指标进行“标准化”处理

对每一个预警指标在某一期的实际指标值进行打分，分数最高为100，最低为0。为此，对指标的每一个预警区间赋予对应的分数区间，其中无警区间到重警区间的分数区间依次为[0,25]，[25,50]，[50,75]，[75,100]。

关于每个预警指标的打分，我们将通过指标指数化方法来解决。具体来讲，对于每一个指标值，根据其在不同预警区间中的相对位置，为了便于比较分析将具体的指标数值映射为相应的分数值，通过数据处理将指标指数化。计算公式如下：

$$\text{某指标值数}=\frac{|\text{指标实际值}-\text{该指标值所处预警区间上限}|}{\text{该指标值所处预警区间下限}-\text{该指标值所处预警区间上限}}\times 100\%$$

某指数值得分＝某指标指数×(该指标值对应的分数区间的下限－对应的上限)＋对应的上限

例如，1999年的经济增长率为8.1%，所处的预警区间为[6.5，9.5]为无警，将8.1置于该区间得到指标：(8.1－6.5)/(9.5－6.5)×100%＝53.3%。若该区间对应的分数区间是[0,20]，则该指标值得分＝53.3%×(20－0)＋0＝10.7。

若指标值所在的预警区间没有下限，那么采用以下方式处理：

$$\text{某指标值数}=\frac{|\text{指标实际值}-\text{该指标值所处预警区间上限}|}{\text{该指标值所处预警区间下限}-\text{该指标值所处预警区间上限}}\times 100\%$$

$$\text{某指标值得分}=\text{Min}\begin{cases}\text{某指标值指数}\times(\text{该指标对应的区间下限}-\text{对应的上限})+\text{对应的上限}\\\text{对应分数区间的下限}\end{cases}$$

例如，假设某年的财政赤字率为8%，所处的预警区间为“大于5%”，其相邻预警区间为[3%，5%]，那么8%置于其对应预警区间得到指数：(8－5)/(5－3)×100%＝150%；若该区间对应的分数区间是[75,100]，则该指标值得分＝Min{150%×(100－75)＋75,100}＝100。

若指标值所在的预警区间没有上限，那么采用以下方式处理：

$$\text{某指标值数}=\frac{\text{指标实际值}}{\text{相邻预警区间下限}-\text{相邻预警区间上限}}\times 100\%$$

$$\text{某指标值得分}=\text{Min}\begin{cases}\text{某指标值指数}\times(\text{该指标对应的区间下限}-\text{对应的上限})+\text{对应的上限}\\\text{对应分数区间的上限}\end{cases}$$

例如，假设某年的财政赤字率为1%，所处的预警区间为“小于1.5%”，其相邻的预警区间为[1.5%，3%]，那么1%置于其对应预警区间得到指数：1/(3－1.5)×100%＝66.7%；若该区间对应的分数区间是[0,25]，则该指标值得分＝Max{66.7%

$\times(25-0)+0,0\}=16.7$。

（二）赋予每个预警指标相应的权重

为了得到合成指数必须给每个指标赋予相应的权重而将其综合起来，计算公式如下：

$$合成指数=\frac{\sum W_i \times D_i}{\sum W_i}$$

其中，W_i，D_i 分别为第 i 个指标的权重、得分。

财政风险预警指标的风险权重由其在财政工作中的重要性决定。不同风险因素对我国财政经济的影响程度并不相同，导致各指标的重要性也有所差别。而且，不同风险因素和预警指标的重要性会随着时间和国内经济形势的变化而发生动态改变。然而，预警指标权重的科学确定一直是预警研究中的难点。比较可行的方法是采取层次分析法（AHP），应用专家调查法，通过财政金融领域的专家经验知识设置指标体系，并通过一致性检验判断专家意见的一致性，有效地将定性分析与定量分析结合在一起，不仅弥补了专家调查法的不足，还从数学分析的角度给出了各个风险因素比较的数量关系。

三、财政风险值的给定和预警

确定了指标的合成指数，从而完成了对财政风险总体水平的全面、综合的评价。但是为了直观、具体地描绘出财政风险状况，还需要描述不同时期合成指标所属信用区域。因此，必须确定综合指标分数的临界值。对合成指数分数临界值和预警信号灯的设置需要丰富的经验。在宏观经济预警研究中，通常采取如下的方法：若选择了 m 个预警指标，取满分 $5m$ 的 85％为红灯区与黄灯区的界线（四舍五入）。当 $m=10$ 时，满分为 50 分，这一界线的检查值为 43 分；取满分的 73％和 50％为绿灯区的上下界，这两个界线的检查值分别为 37 分和 25 分；取满分的 36％为浅蓝灯与蓝灯区的界限，为 18 分。[①]

我们可以采取类似方法，将合成指数分为四个区间，即[0,25]，[25,50]，[50,75]，[75,100]。上述每一区间赋予一个信号灯，分别为绿灯、蓝灯、黄灯和红灯。这些灯号分别对应财政运行的无警（安全）、轻警（基本安全）、中警（风险）、重警（较大风险）。当合成指标值落入上述四个区间中的某一个，则信号系统点亮相应的灯。信号灯系统如表 14－3 所示。

---

① 高铁梅、张桂莲、樊克勤：《我国经济预警信号系统的维护与应用》，《预测》1997 年第 5 期。

表 14—3 财政风险预警信号系统

合成指数值	0～25	25～50	50～75	75～100
财政风险状况	无警	轻警	中警	重警
灯号	绿灯	蓝灯	黄灯	红灯

案例 14－1 《地方政府性债务风险分类处置指南》摘录①

地方政府性债务风险处置，应当坚持法治化、市场化原则，按照《中华人民共和国预算法》《中华人民共和国担保法》《中华人民共和国合同法》及其司法解释等法律规定，依据不同债务类型特点，分类提出处置措施，明确地方政府偿债责任，实现债权人、债务人依法分担债务风险。

分类处置的基本原则：(一)对地方政府债券，地方政府依法承担全部偿还责任。(二)对非政府债券形式的存量政府债务，债权人同意在规定期限内置换为政府债券的，政府承担全部偿还责任；债权人不同意在规定期限内置换为政府债券的，仍由原债务人依法承担偿债责任，对应的地方政府债务限额由中央统一收回。(三)对清理甄别认定的存量或有债务，不属于政府债务，政府不承担偿债责任。属于政府出具无效担保合同的，政府仅依法承担适当民事赔偿责任，但最多不应超过债务人不能清偿部分的二分之一；属于政府可能承担救助责任的，地方政府可以根据具体情况实施一定救助，但保留对债务人的追偿权。此外，对 2014 年修订的预算法施行以后地方政府违法违规提供担保承诺的债务，参照(三)依法处理。

1. 地方政府债券

1.1 债务范围

是指 2009 年以来发行的地方政府债券，包括截至 2014 年底地方政府性债务存量中的地方政府债券、2015 年以来发行的地方政府一般债券和专项债券。

1.2 偿债责任界定

地方政府债券由地方政府依法承担全部偿还责任。

1.3 偿债责任履行

地方政府应当统筹安排预算资金妥善偿还到期地方政府债券。其中，一般债券主要以一般公共预算收入偿还，专项债券以对应的政府性基金或专项收入偿还。

2. 银行贷款

① 摘自关于印发《地方政府性债务风险分类处置指南》的通知(财预〔2016〕152 号)。

2.1　存量政府债务中的银行贷款

2.1.1　债务范围

2.1.1.1　政府存量债务中的银行贷款:是指清理甄别认定的截至2014年末地方政府性债务中,已经纳入政府债务范围的银行贷款。

2.1.2　偿债责任界定

2.1.2.1　债务单位:融资平台公司等债务单位举借的银行贷款,由签订借款合同的债务人(贷款借款人)依法承担偿债责任。

2.1.2.2　偿债责任转移:对清理甄别认定为政府负有偿还责任债务的银行贷款,经地方政府、债权人、债务人协商一致,可以按照《合同法》第八十四条等有关规定分类处置:

凡债权人同意按照国家有关存量地方政府债务依法转化为政府债券的要求,在规定期限内将相关债务置换为政府债券的,地方政府不得拒绝相关偿还义务转移。相关偿还义务转移给地方政府的,债务人应当将政府前期注入支持债务人举债的补贴收入、资产或资产变现收入等返还给地方政府。

因债权人不同意在规定期限内将相关债务依法置换成政府债券,导致合同义务无法转移的,仍由债务人依法承担偿债责任,相关债务对应的地方政府债务限额由中央统一收回。

2.1.3　偿债责任履行

2.1.3.1　对合同义务仍由融资平台公司等原债务人承担的银行贷款,债务人要加强财务管理、拓宽偿债资金渠道、统筹安排偿债资金。债务人无法偿还到期银行贷款的,债务人与债权人可以平等协商通过债务展期等方式进行债务重组,也可以依法通过企业破产等市场化方式处置。政府作为出资人,在出资范围内承担有限责任。

2.1.3.2　对按照2.1.2.2将相关偿还义务由原债务人转移给地方政府的银行贷款,地方政府应当通过预算安排、资产处置等多种方式积极筹措资金,偿还到期本金和利息。

2.1.3.3　经省级政府部门或市县级政府申请,省级政府在债券置换政策期限内,发行地方政府债券置换2.1.3.2所列尚未偿还的银行贷款。如因政府债券未如期发行原因,导致银行贷款未能在规定期限内置换的,地方政府继续在今后年度承担偿还责任;如因债权人违约,导致银行贷款未能在规定期限内置换的,由原债务人承担偿还责任。

2.1.3.4　对2.1.3.2所列银行贷款本金,如在置换债券资金到位前到期,在保障支付需要的前提下,地方政府可以通过库款垫付,或与债权人协商将银行贷款适当延期至置换债券资金到位之时。

2.1.3.5 对2.1.3.2所列银行贷款利息，在保证必要的基本民生支出和政府有效运转支出的基础上，如预算确实不足以安排的，地方政府应当与债权人平等协商，依法按照市场化原则处置，经债权人同意后可以采取降低利率水平、利息挂账等方式处置。

2.2 存量政府或有债务中的银行贷款

2.2.1 存量担保债务中的银行贷款

2.2.1.1 债务范围

2.2.1.1.1 存量担保债务中的银行贷款：是指清理甄别认定的截至2014年末地方政府性债务中，已经纳入政府担保债务范围的银行贷款。其中，政府担保债务，是指由政府提供担保，当被担保人无力偿还债务时，政府需承担担保责任或相应民事赔偿责任的债务，下同。

2.2.1.2 偿债责任界定

2.2.1.2.1 债务单位：融资平台公司等银行贷款的债务人依法承担银行贷款的偿债责任。

2.2.1.2.2 地方政府：按照《最高人民法院关于适用＜〈中华人民共和国担保法〉若干问题的解释》（以下简称担保法司法解释）第三条“国家机关和以公益为目的的事业单位、社会团体违反法律规定提供担保的，担保合同无效”规定，除外国政府和国际经济组织贷款外，政府对银行贷款的担保无效。按照第七条“主合同有效而担保合同无效……债权人、担保人有过错的，担保人承担民事责任的部分，不应超过债务人不能清偿部分的二分之一”，由于政府不具有除外债转贷之外的担保人资格，债权人接受政府担保存在过错。因此，除外国政府和国际经济组织贷款外，政府对银行贷款的担保过错承担适当民事赔偿责任，但最多不应超过债务人不能清偿部分的二分之一。政府担保额小于债务人不能清偿部分的二分之一，以担保额为限。

对于地方政府负有担保责任的外国政府和国际经济组织贷款，地方政府依法承担相关担保责任。

2.2.1.3 偿债责任履行

2.2.1.3.1 融资平台公司等银行贷款的债务人要加强财务管理、拓宽偿债资金渠道、统筹安排偿债资金。

2.2.1.3.2 按照担保法司法解释第一百三十一条，债务人将存款、现金、有价证券、交通工具等可以执行的动产和其他方便执行的财产偿还债务后剩余不能清偿的部分（下同），地方政府除对外国政府和国际经济组织贷款应当依法承担相关担保责任之外，最多在不超过债务人不能清偿部分二分之一金额内承担民事赔偿责任。具体金额由地方政府、债权人、债务人参照政府承诺担保金额、地方财政承受能力等协商确定。

2.2.1.3.3　地方政府赔偿可以依法定程序直接安排财政资金，也可以与债权人、债务人协商后采取用政府前期注入融资平台公司等债务人的资产抵扣等方式。地方政府履行民事赔偿责任后，保留对债务人的追偿权。

2.2.1.3.4　对债务人偿还债务、地方履行民事赔偿责任等确有困难的银行贷款，债务人与债权人可以平等协商通过债务展期等方式进行债务重组，也可以依法通过企业破产等市场化方式处置。涉及公立学校、公立医院等公益事业单位以及水电气热等公用事业企业资产处置的，要坚持“严格依法、保障民生”的原则，不得影响提供必要的公共服务(下同)。债务处置确实形成的损失，由各方协商处理或依法相应承担。

2.2.2　存量救助债务中的银行贷款

2.2.2.1　债务范围

2.2.2.1.1　存量救助债务中的银行贷款：是指清理甄别认定的截至2014年末地方政府性债务中，已经纳入政府救助债务范围的银行贷款。其中，政府救助债务，是指政府不负有法定偿还责任，但当债务人出现偿债困难时，政府可能需给予一定救助的债务，下同。

2.2.2.2　偿债责任界定

2.2.2.2.1　债务单位：融资平台公司等银行贷款的债务人依法承担银行贷款的偿债责任。

2.2.2.2.2　地方政府：地方政府在法律上不承担救助债务的偿债责任，可以根据具体情况实施一定救助，但保留对债务人的追偿权。

2.2.2.3　偿债责任履行

2.2.2.3.1　债务人要加强财务管理、拓宽偿债资金渠道、统筹安排偿债资金。

2.2.2.3.2　对公立学校、公立医院等公益事业单位以及水电气热等公用事业企业不能清偿的银行贷款本息，地方政府可以给予一定救助。具体救助金额由地方政府根据财政承受能力等确定。对其他企事业单位原则上不予救助。

2.2.2.3.3　地方政府救助可以依法定程序直接安排财政资金，也可以与债权人、债务人协商后采取政府前期注入债务人的资产抵扣等方式。地方政府救助后，保留对债务人的追偿权。

2.2.2.3.4　对债务人偿还债务、地方政府救助等确有困难的银行贷款，债务人与债权人应当依法按照市场化原则处理，可以平等协商通过债务展期等方式实施债务重组，也可以通过企业破产等方式处置。债务处置确实形成的损失，由各方协商处理或依法相应承担。

3. 建设—移交(BT)类债务

3.1　存量政府债务中的BT类债务

3.1.1 债务范围

3.1.1.1 存量政府债务中的BT类债务:是指清理甄别认定的截至2014年末地方政府性债务中,已经纳入政府债务范围的BT债务、拖欠工程款等应付工程款类债务。

3.1.1.2 存量政府债务中的BT类债务余额:清理甄别认定截至2014年末地方政府性债务时,BT项目已经竣工决算的,按清理甄别认定的债务余额确定政府债务余额;尚未办理竣工决算的,按决算认定的项目回购金额确定政府债务余额,但不得超过清理甄别已经认定的债务余额。

3.1.2 偿债责任界定

3.1.2.1 债务单位:融资平台公司等债务单位举借的BT类债务,由签订合同的债务人依法承担偿债责任。

3.1.2.2 地方政府:地方政府或其部门举借BT类债务的,由地方政府依法承担偿债责任。

3.1.2.3 偿债责任转移:对清理甄别认定为政府负有偿还债务责任的由3.1.2.1所列债务单位举借的BT类债务,经地方政府、债权人、债务人协商一致,可以按照《合同法》第八十四条等有关规定分类处置:

凡债权人同意按照国家有关存量地方政府债务依法转化为政府债券的要求,在规定期限内将相关债务置换为政府债券的,地方政府不得拒绝相关偿还义务转移。相关偿还义务转移给地方政府的,债务人应将政府前期注入支持债务人举债的补贴收入、资产或资产变现收入等返还给地方政府。

因债权人不同意在规定期限内将相关债务依法置换成政府债券,导致合同义务无法转移的,仍由债务人依法承担偿债责任,相关债务对应的地方政府债务限额由中央统一收回。

3.1.3 偿债责任履行

3.1.3.1 对合同义务仍由融资平台公司等原债务人承担的BT类债务,原债务人要加强财务管理、拓宽偿债资金渠道、统筹安排偿债资金。债务人无法偿还到期BT类债务的,债务人与债权人可以平等协商通过债务展期等方式进行债务重组,也可以依法通过企业破产等市场化方式处置。政府作为出资人,在出资范围内承担有限责任。

3.1.3.2 对合同义务由地方政府及其部门承担的BT类债务,以及按照3.1.2.3将相关偿还义务由原债务人转移给地方政府的BT类债务,地方政府应当督促债务人将地方政府前期注入支持债务人举债的补贴收入或资产变现收入等偿债,尚有不足的,通过预算安排、资产处置等多种方式积极筹措资金偿还。

3.1.3.3　地方政府偿还3.1.3.2所列BT类债务，应当按照“边规范、边偿还”的原则组织重新审核，对BT回购款明显高于BT项目成本和合理利润的，要与债权人协商修订合同，相应核减政府债务余额。

3.1.3.4　经省级政府部门或市县级政府申请，省级政府在债券置换政策期限内，发行地方政府债券置换3.1.3.2所列尚未偿还的BT类债务。如因政府债券未如期发行原因，导致BT类债务未能在规定期限内置换的，地方政府继续在今后年度承担偿还责任；如因债权人违约，导致BT类债务未能在规定期限内置换的，由原债务人承担偿还责任。

3.1.3.5　对3.1.3.4所列BT类债务本金，如在置换债券资金到位前到期，在保证支付需要的前提下，地方政府可以通过库款垫付，或者与债权人协商对BT类债务适当延期至置换债券资金到位之时。

3.1.3.6　地方政府若偿还3.1.3.2所列BT类债务本金或利息可能影响必要的基本民生支出和政府有效运转支出的，经与债权人协商，在保证必要的基本民生支出和政府有效运转支出及保障债权人合法权益的基础上，可以对尚未竣工项目暂停建设、终止合同，确需建设的通过其他低成本资金安排。

3.2　存量或有债务中的BT类债务

3.2.1　存量担保债务中的BT类债务

3.2.1.1　债务范围

3.2.1.1.1　存量担保债务中的BT类债务包括：清理甄别认定的截至2014年末地方政府性债务中，已经纳入政府担保债务范围的BT类债务。

3.2.1.2　偿债责任界定

3.2.1.2.1　债务单位：融资平台公司等BT类债务的债务人依法承担BT类债务的偿债责任。

3.2.1.2.2　地方政府：按照担保法、担保法司法解释有关规定，政府对BT类债务的担保无效。政府对BT类债务的担保过错依法承担民事赔偿责任，但最多不应超过债务人不能清偿部分的二分之一。政府担保额小于债务人不能清偿部分二分之一的，以担保额为限。

3.2.1.3　偿债责任履行

3.2.1.3.1　融资平台公司等BT类债务的债务人要加强财务管理、拓宽偿债资金渠道、统筹安排偿债资金。

3.2.1.3.2　对债务人BT类债务不能清偿的部分，地方政府可以在最多不超过债务人不能清偿部分二分之一金额内承担民事赔偿责任。具体金额由地方政府、债权人、债务人参照政府承诺担保金额、地方财政承受能力等协商确定。

3.2.1.3.3　地方政府赔偿可以依法定程序直接安排财政资金，可以与债权人、债务人协商后采取用政府前期注入融资平台公司等债务人的资产抵扣等方式。地方政府履行民事赔偿责任后，保留对债务人的追偿权。

3.2.1.3.4　对债务人偿还债务、地方政府履行民事赔偿责任等确有困难的BT类债务，债务人与债权人可以平等协商通过债务展期等方式进行债务重组，也可以依法通过企业破产等市场化方式处置。债务处置确实形成的损失，由各方协商处理或依法相应承担。

3.2.2　存量救助债务中的BT类债务

3.2.2.1　债务范围

3.2.2.1.1　存量救助债务中的BT类债务：是指清理甄别认定的截至2014年末地方政府性债务中，已经纳入政府救助债务范围的BT类债务。

3.2.2.2　偿债责任界定

3.2.2.2.1　债务单位：融资平台公司等BT类债务的债务人依法承担BT类债务的偿债责任。

3.2.2.2.2　地方政府：地方政府在法律上不承担救助债务的偿债责任，可以根据具体情况实施一定救助，但保留对债务人的追偿权。

3.2.2.3　偿债责任履行

3.2.2.3.1　债务人要加强财务管理、拓宽偿债资金渠道、统筹安排偿债资金。

3.2.2.3.2　对公立学校、公立医院等公益事业单位以及水电气热等公用事业企业不能清偿的BT类债务本息，地方政府可以给予一定救助。具体救助金额由地方政府根据财政承受能力等确定。对其他企事业单位原则上不予救助。

3.2.2.3.3　地方政府救助可以依法定程序直接安排财政资金，也可以与债权人、债务人协商后采取政府前期注入债务人的资产抵扣等方式。地方政府救助后，保留对债务人的追偿权。

3.2.2.3.4　对债务人偿还债务、地方救助等确有困难的BT类债务，债务人与债权人应当依法按照市场化原则处理，可以平等协商通过债务展期等方式实施债务重组，也可以通过企业破产等方式处置。债务处置确实形成的损失，由各方协商处理或依法相应承担。

本章小结

产生财政风险的原因有很多。从中央政府来看，由于其债务核算相对健全，融资形式较为单一，因此财政风险的原因也较为简单。从地方政府来看，产生财政风险的源头很多。一方面，地方政府的财政需求很大:工业化和城市化进程中需要大量的资金;招商引资的竞争中需要减税并增加公共服务;庞大的财政供养人员造成行政经费的紧张;地方政府官员追求政绩,大力建设形象工程;政府的职能转变没有完善,地方政府仍然热衷于竞争性领域的投资;公共事业领域市场化改革缓慢,财政包袱重。另一方面,地方政府的借债能力非常强大,可以通过事业单位、国有企业等主体对外融资,可以对银行等金融机构施加压力,成功贷款。因此,从融资的需求和供给两方面来看,地方政府的财政风险都很容易爆发。

财政风险的表现形式多种多样。有广义的财政风险,有狭义的财政风险;有显性的财政风险,也有隐性的财政风险;有外生的财政风险,也有内生的财政风险。

财政风险可以从不同的角度进行测定。传统上,我们一般以静态的指标分析来测量财政风险,例如债务依存度、债务负担率、赤字率等。动态分析法从动态和均衡的角度,分析了一段时期内财政风险波动情况,给出财政风险警戒区间。资产负债分析法将资产和负债综合起来,强调了资产变化对债务风险的影响,也使得分析结果更为客观。财政风险预警系统,则是通过建立财政风险指标,并进行合成形成合成指数,然后根据事先设定风险预警指标,把合成指数转化为信号灯系统。

本章名词解释

预算软约束　政府债务　财政赤字　财政风险　或有负债　债务矩阵　黄灯预警　红灯预警

本章复习思考题

1. 试述中央政府财政风险与地方政府风险的联系与区别。
2. 试述政府任期制局限与财政风险产生的关系。
3. 简述财政风险主要表现形式和内容。
4. 试述财政风险产生的原因。
5. 什么是财政风险测定的指标分析法?
6. 比较各种财政风险测定方法的利弊之处。

第十五章　我国财政管理制度改革与展望

本章主要内容

本章主要对我国70年来的财政管理实践及其改革历程进行总结，为学习财政管理提供一个背景。同时，根据前面所学的知识和国家治理体系和治理能力现代化的要求，从财政管理手段、财政管理程序、财政管理机构等方面对我国财政管理现状中仍存在的一些问题进行剖析，并对今后需要继续深化改革的领域与方向做一简要分析。

第一节　我国财政管理制度改革的历程[①]

一、改革开放前的财政管理

从1949年新中国成立至改革开放近30年的时间里，中国“进行社会主义革命和建设，积累了重要的思想、物质、制度条件，积累了正反两方面经验”[②]，为改革开放的顺利推行奠定基础。在这30年中，财政管理大体经历了如下四个时期的变迁。

（一）国民经济恢复时期

新中国的财政是以革命根据地和解放区的财政为雏形建立和发展起来的。1947年，华北、华东、西北三大解放区逐渐连成一片，财经管理工作也随之统一。首先是货币的统一，继而又陆续统一了税则、税目、税率等。但就财政管理总体上来说，各地区基本仍然是分散经营的，只统一了支出而未统一收入。而当时地域、交通、物资交流、关内货币等方面都已经统一，这为全国的财政进行统一管理也提供了可能。1949年3月，党的七届二中全会召开，决定建立全国财经工作的统一指挥机构，中央财政经济委

① 本小节主要参考高培勇等著：《中国财政70年》，经济科学出版社2019版。

② 习近平：《关于坚持和发展中国特色社会主义的几个问题》，《求是》2019年第7期。

员会进一步推进全国财经工作的统一。[①]

1949年10月1日，中华人民共和国中央人民政府成立，中国历史翻开了新的一页。从1949年10月到1952年底，根据党的七届二中全会决议和《中国人民政治协商会议共同纲领》，该时期的基本任务为过渡到社会主义社会和迅速恢复国民经济。这对于财政管理则意味着：(1)接受旧政权的人员和维持新政权的运转；(2)治理通货膨胀、整顿财经秩序，促进恢复国民经济。新中国成立后，10月21日，根据中央人民政府组织法，中央财政经济委员会正式称为中央人民政府政务院财政经济委员会，简称“中财委”，作为政务院所属行政机构，统一领导全国财政经济工作。[②]

新中国成立后为应对几近崩溃的国民经济、巩固新生政权，国家迅速开始着手统一全国的财政工作。其中包括：统一全国编制和待遇、财政收支管理、税收制度、预算管理、全国物资管理、现金管理等。此外，还建立了基本建设拨款制度和财政监察制度。

编制和待遇方面，中财委成立了全国编制委员会，各大区、省、市均分设编制委员会，制定并颁布各级财政机关人员、马匹、车辆等编制与供给标准。[③]

关于财政收入，除地方附加公粮和批准的地方税外，全国各地所征收的公粮和税收均由中央政府统一调拨使用。公粮征收额(包括地方附加公粮征收额)、税则、税目、税率统一由中央政府决定实施，地方政府不得增减变动。政务院在1950年颁布的《全国税政实施要则》指出：明确规范税收立法权限，税制结构和税收管理体制，依据合理负担原则，尽快建立统一税制。特别的，公私企业使用同一套税制，但在征管过程中实行“区别对待、繁简不同”的方法。

关于财政支出，为保证军队和地方政府的开支和恢复国民经济的必要投资，厉行节约原则。在预算拨款上，坚持先前方后后方和先军队后地方的原则。[④] 严格执行预决算制度、审计会计制度和财政监察制度。

预算管理层面，《共同纲领》第40条中指出：“建立国家预决算制度，划分中央和地方财政范围，逐步实现平衡财政收支，积累国家生产资金。”1950年10月1日，政务院又颁布了《关于预决算制度、预算审核、投资的施工计划和货币管理的决定》，决定实行预算审核制度和决算制度。1951年7月20日，政务院发布了《预算决算暂行条例》。该条例是新中国成立以来第一个预算方面的正式法规。至此，新中国预算制度初步建

---

① 贾康等著：《中国财政制度史》，立信会计出版社2019年版，第279、280页。

② 贾康等著：《中国财政制度史》，立信会计出版社2019年版，第280页。

③ 同上。

④ 同上，第281页。

立起来。[①]

对于全国物资的管理,国家将所有重要物资纳入管理范围,如粮食、纱布、工业器材等,集中用于国家急需的方面。1950 年 3 月成立全国仓库物资清理调配委员会,进行清查仓库,所有物资均归中财委统一调度、合理使用。

对于现金的管理,1950 年 3 月,中央人民政府指定中国人民银行为国家现金调度的总机构。人民银行设立分支机构,代理国库。外汇牌价和外汇调度均统一由人民银行管理。国营经济部门及各地机关申请外汇统一由中财委审核。人民银行应尽可能吸收公私存款,通过现金管理达到减少货币流通量的效果。

在基本建设拨款制度方面,政务院规定建设项目必须审慎设计,做出施工计划、施工图案和财务支拨计划,并要经过相应的各级人民政府和有关机关批准后方可拨款。随后又在 1951 年 3 月颁布了《基本建设程序暂行办法》,1952 年 1 月颁布了《基本建设工作暂行办法》,1952 年 8 月颁布了《基本建设拨款暂行办法》,逐步建立了较为正规的基本建设拨款制度。[②]

为对财政资金的建立、分配和使用加强监督,1949 年中央人民政府成立之际,中央财政部就建立了专门的财政监察组织。1950 年 10 月,政务院批准公布《中央人民政府财政部设置财政检查机构办法》(1951 年 9 月政务院批准将“财政检查”改为“财政监察”),该文件规定了财政监察机构的组织系统、各级监察机构的职权等内容,从而进一步加强了财政监察工作。[③]

随着全国财经工作的统一,我国建立了统收统支、高度集中的财政管理体制。这一体制对于实现财政收支平衡、稳定市场和国民经济的初步恢复起到了保障作用,但地方财力机动性较小。随着国民经济形势趋稳定,其弊病逐渐暴露出来。在抗美援朝战争的背景下,为使财政管理适应生产力的发展,政府对已建立的财政体制做了一定的调整。

1951 年 3 月 29 日,政务院在《关于 1951 年度财政收支系统划分决定》中正式提出“国家财政的收支系统,采取统一领导分级负责的方针”。这与此前统收统支的财政管理相比,由收支两条线改为了收支挂钩,地方有了自己的收支范围。这一改革成为我国有统一财政管理体制向分级财政管理体制过渡的开端,同时对于调动地方征税的积极性有了一定的激励效应。

(二)第一个五年计划时期

1951 年 2 月,中共中央鉴于国民经济有所好转以及朝鲜战争的局势开始扭转,据

---

① 贾康等著:《中国财政制度史》,立信会计出版社 2019 年版,第 282 页。

② 同前,第 284 页。

③ 同前,第 285 页。

毛泽东提出的“三年准备，十年计划经济建设”的指示精神，指定周恩来、陈云等人负责编制“一五”计划，探寻我国的工业化道路。从 1953 年至 1957 年，我国启动了大规模的经济建设，这是我国发展国民经济的第一个五年计划时期。国家通过高度集中的计划经济体制，强制扭曲了所有生产要素和产品的价格，实现国家工业化和对农业、手工业和资本主义工商业的社会主义改造，简称“一化三改”。

对于财政整体来说，其承担了为工业化筹集巨资和促进社会主义改造的任务。在重工业优先发展战略指引下，计划经济体制下的财政体制专注于生产建设，而不是整个公共服务领域。为了促进社会主义改造，国家根据所有制的不同，提供区别的财税待遇。为了使低工资、低物价、低消费和高积累、高福利、高增长体制能够得以运转，国家实行城乡分治。对农业和农村实行统购统销的计划管理，国家通过低价收购，再低价销售的办法使城市低工资制度得以维持，使用农业剩余来补贴工业建设。同时，国家实行严格的户口制度，取消城乡间人口自由流动。

为尽可能多地将资源用于工业化建设，国家将个人消费等非生产性支出压缩到了最低限度。国家以政治力量统治了社会领域的各方各面，淹没了企业和个人在经济社会领域的私人空间。微观经济个体的私人决策，如消费、储蓄、投资等全部纳入国家财政的范围。企业的生产决策均听命于政府的计划安排。企业自身没有投资权，也不具备扩大再生产的能力；企业的经营利润和固定资产折旧均上缴国家，由财政统一使用；新增投资也来自财政或银行信贷的拨款。

“一五”时期，为调动各方的生产积极性，在维持中央财政集中统一的前提下，适当地对财税体制作了局部的调整，降低了集中程度，在许多方面具有一定的分散性和灵活性。

1953 年，大行政区由一级政权机构改为中央派出机构，并于 1954 年撤销。财政管理体制也由中央、大行政区和省(市)三级改为中央、省(市)和县(市)三级，适当降低了集中程度，下放了财政管理权限。1953 年 8 月，周恩来在全国财政经济工作会议上明确提出了改进预算管理体制的方针和任务：财政体制，要在中央统一领导和计划下，确定财政制度，划定职权范围，分级管理，层层负责。

1954 年，邓小平在著名的“六条方针”中进一步对中央和地方财政划分做出了指示，我国开始实行“统一领导、划分收支、分级管理、侧重集中”的预算管理体制。这一体制对收入和支出均进行了明确的划分。财政收入划分为固定收入、固定比例分成收入和调剂收入三类。财政支出基本按照隶属关系进行划分。预算分为中央预算和地方预算，地方预算每年由中央核定。地方财政支出首先由地方的固定收入和固定比例分成收入抵补，不足的差额由中央划给调剂收入弥补，分成比例一年一定。地方财政年终结余不再上缴，由各地下年度使用。

在税收收入管理方面，遵循“保证税收，简化税制”的原则，1953年我国修正了税制。同时“区别对待”成为计划经济时期制定税收政策的根本原则。税收不仅是取得财政收入的一种手段，更重要的是成为限制甚至取消私有制的有力政策武器。

随着国民经济的恢复，国家财政状况的逐步好转，我国进入了大规模经济建设时期。为了保证重点建设资金和地方机动财力的筹集使用，各级财政的财政监察工作都得到了进一步的加强。1952年至1956年上半年，国家陆续制定发布了一系列关于财政监察工作的政策法规和规章制度，如财政监察工作实施细则以及金库条例、税务机关监察工作细则、预算编制程序、基本建设拨款办法和各种会计制度等。据统计，从1950年到1956年6月，各级财政监察机构共检查了35 000多个单位(次)，查出贪污浪费违反财经纪律问题57 646件，涉及款项4.2亿元。[①]

为加强财政管理，国家于1954年9月设立了中国人民建设银行，作为办理基本建设拨款监督的专业银行。凡是中央和地方各部门对基本建设的投资，其监督拨款业务均集中于该行统一办理。中国人民建设银行必须按照国家计划来拨款，不仅要审查预算，还要参与预算定额的编制，从而更好地执行以国家计划和财政预算为主体的基本建设拨款管理。

“一五”时期国家对财政管理的调整，是与高度集中的计划经济体制相适应的。国家一方面集中资金进行重点建设，另一方面通过对预算管理体制、税收收入管理等进行灵活调节，有力地保证了工业化的建设和社会主义改造的顺利进行，促进了经济发展，改善了人民生活。

(三)“大跃进”时期与经济调整

1956年4月25日，毛泽东在政治局扩大会议上做了《论十大关系》的报告，指出要更多地发挥地方和单位的积极性。1956年9月，党的八大决定根据“统一领导、分级管理、因地制宜、因事制宜”的原则，适当扩大各省、自治区、直辖市的管理权限。自此，中国开始了以行政性分权为核心的分权化过程。而地方分权化的趋势，助长了随之而来的“大跃进”时期的过度放权。

1957年10～11月间，《关于改进工业管理体制的规定(草案)》《关于改进商业管理体制的规定(草案)》《关于改进财政管理体制的规定(草案)》三个规定相继获得通过，决定从1958年开始实施。三个规定，无一例外地聚焦于改善中央和地方关系、国家和企业关系，以及地方、企业适当扩权等方面，力图解决高度集中的财政经济管理体制产生的诸多弊端。

在中央和地方关系的处理上，一改过去实行“以支定收，一年一变”的体制，1958

① 贾康等著:《中国财政制度史》，立信会计出版社2019年版，第288页。

年后，改为实行“以收定支，五年不变”，地方可以在五年之内按其收入情况来安排支出。在国家与企业的关系上，实行利润分成，改进财务管理制度。企业留用的利润在国家规定的范围内自行安排使用。在基本建设财务管理制度方面，实行投资包干制度。将满足一定条件的基本建设投资交由建设部门和单位统一掌握，自行安排包干使用。在税收收入的管理上，实行合并税种、简化征税办法。1958 年，国务院发布试行《中华人民共和国工商统一税条例(草案)》。将商品流通税、货物税、营业税和印花税等合并为工商统一税；减少对“中间产品”征税；简化计税价格，改为一律按销售收入计税。

“大跃进”运动带来了一系列虚假浮夸的现象。这期间财政形势从表面来看似乎很好。1958—1960 年间，三年合计财政结余 3.97 亿元。但这样的财政结余是“有名无实”的。各部门、各地区发生的各种虚假现象：生产单位为片面追求高指标，只求产品数量不求质量，有些甚至虚报产量导致财政收入的虚假；同时，国家靠银行增发钞票不断掩盖“假结余，真赤字”这一现象。这些原因造成了问题不断积累，最终完全爆发出来。直到 1962 年经过清查发现，需要由国家财政核销退款或弥补的“大跃进”期间造成的损失共约 348 亿元，实际处理结果达 370 亿元。“大跃进”给国民经济带来了巨大的损失，国家为此而进行了相关的经济调整。为了应付经济困难，国家从财政管理上采取了一系列的措施，重新加强了财权财力的集中统一。

1961 年 1 月，中共中央批转了财政部《关于改进财政体制加强财政管理的报告》，3 个月后，中共中央随即又发布《关于调整管理体制的若干规定》。这两个文件明确提出，国家财权应当基本上集中到中央、大区和省、自治区、直辖市三级。大区是一级财政，它拥有对各省财政指标的分配调剂权，对所属省份财政工作的领导权和监督权。

在财政体制方面，除了继续执行 1959 年开始的“收支下放、地区调剂、总额分成、一年一变”的办法之外，收回了一部分重点企业、事业单位的收入，作为中央固定收入，并将基本建设拨款改为中央专案拨款，以便对基本建设资金进行更严格的控制。在“大跃进”中不适当下放给地方的一些财权，也一律取消，做到“全国一盘棋”。对各地区、各部门的预算外资金，加强财政监督，有的纳入预算，有的减少数额，进行整顿。财政部对税收管理体制也进行了改进，将税率税目的调整权限适当集中。

关于企业财务体制的经济调整，1961 年 1 月，中共中央批转财政部《关于调低企业利润留成比例，加强企业利润留成资金管理的报告》，对全国企业的平均利润和企业利润留成基金做了明确规定。另外，对企业成本开支范围、流动资金和基本建设资金的界限等都作了明确而严格的规定。

这一时期的财政体制有一个重要特点：“该松的松，该紧的紧”，集中程度比较高，“大跃进”中下放的许多权力被收了回来。它很好地调动了地方和企业的积极性，从而对迅速扭转国民经济的困难局面发挥了良好作用。

(四)"文化大革命"时期

1964年底到1965年初召开的第三届全国人民代表大会,曾宣布调整国民经济的任务已经基本完成。但1966年5月至1976年10月,由领导者错误发动的"文化大革命",被反革命集团利用,给党、国家和人民带来了严重灾难。[①]

随着1967年和1968年全国出现了"打倒一切""全面内战"的动荡局面,干扰了正常的社会生产和工作秩序。1967年初国家财政大权一度被"财政部造反司令部"夺去。虽然中共中央国务院及时发出《关于对财政部实行军事管制的决定》,全国财政工作得以在混乱局面中有效地运行,整个财政管理工作仍处于被动和遭受困扰的状态,地方各级财政、税务、建设银行,撤的撤、并的并,大大削弱了财政管理职能作用的发挥。

"文化大革命"十年期间,经济起伏变化。为保证国家发展,财政方面尽了极大的努力。账面上看十年间的财政收支相抵,只有赤字约19亿元,且收支均达到了一定的规模,似乎问题不大。但这种平衡是在紧缩支出、许多事业停办缓办、"勒紧裤腰带"过日子的情况下进行的,并且采取了非常措施,如:1967年和1976年两次为应付财政经济困难,被迫采取冻结银行存款的措施(这在新中国成立后除此之外也仅出现过一次),动员了全社会财力才实现了财政收支大致平衡。

在"文化大革命"期间,为顺应局势的发展和经济形势的变化,在"综合平衡"的思想指导下,财政管理变动得尤其频繁。从"总额分成、一年一变"的体制,到1968年"收支两条线"即凡是预算范围内的财政收入全部上缴,完全由中央支配,不搞收支挂钩,再到1970年后财政权力适当下放并对财政管理体制不断探索。"文化大革命"十年间财政管理体制是变动最频繁的时期,创下了历史纪录,也反映出了中央集权和地方分权之间的矛盾与冲突。

1975年起,邓小平开始主持中央工作,着手全面整顿。1975年初,中国共产党第四次全国人民代表大会决定撤销财政部军事管制委员会,恢复"文化大革命"前的司、局组织建制,从组织架构上逐步把财政工作纳入了正常轨道。1975年财政部起草了《关于整顿财政金融的意见》,提出要努力促进工农业生产的发展,调整财政收入,节约财政支出,迅速扭转企业亏损局面,加强基本建设拨款的管理,管好用好更新改造资金,加强信贷管理,控制货币发行,改进财政和信贷管理体制,严格财经纪律。围绕贯彻落实"财政十条",财政部还起草了关于改进财政体制,加强预算管理、固定资产管理、国营企业财务管理和农业财务管理,以及扭亏增盈等一系列整顿文件。

在税收管理方面,为改变"文化大革命"中税收管理的混乱状况,1975年4月召开

① 《中国共产党中央委员会关于建国以来党的若干历史问题的决议》,人民出版社1981年版,第21、25页。

的全国税务工作会议着重讨论了税收的地位、作用以及如何加强税收工作等问题。会议在揭露几年来削弱税收管理、政出多门、制度混乱、偷税漏税现象严重等问题的基础上，强调必须加强税收工作，充分发挥税收的作用。要求各级财政税务部门，加强税收管理工作，采取有力措施，坚决堵塞漏洞，维护国家财政收入。为了进一步落实全国税务工作会议的精神，1975 年 7 月，财政部发出通知，要求清理漏欠税款，进一步整顿和加强纳税纪律。财政部税务局也在 1975 年恢复了“税务总局”的名称，以加强对全国税收工作的领导。

国务院于 1977 年 11 月向全国转发《关于税收管理体制的规定》，明确规定了国务院、财政部和省、自治区、直辖市的税收管理权限。省、自治区、直辖市不得超越管理权限不适当地层层下放，不得任意扩大减税、免税范围，不得任意停征税种、税目。财政部还根据一些企业单位偷税、漏税的情况作出规定。

这些规定的贯彻执行、措施的贯彻落实，对扭转财政收支的不正常情况和整顿财经纪律，指导新时期的财政管理工作，起到了很好的作用。

(五)小结

从 1949 年新中国成立到 1978 年党的十一届三中全会，中国从新民主主义经济向社会主义单一公有制和计划经济转型并力图完善这一经济体制。虽然中间经历了不少波折，计划经济的高度集中和强调政府的统一计划仍为其重要表现。那么与这一经济体制相匹配的财政管理，作为计划经济的基本手段，渗透进入了社会生产和消费的方方面面。这 30 年间的财政管理，在重点关注“如何实现财政收支平衡”的基础上，建立了高度集中的“统收统支”的财政体制。而在财政管理的实践过程中，为调动地方积极性，也进行了适度分权和分级管理的探索，这些探索为改革开放至今的财政管理改革积累了宝贵的经验。

二、改革开放后的财政管理改革

经历了“文化大革命”，国民经济遭受严重破坏，经济社会发展几乎停滞不前。1978 年，党的十一届三中全会确定了对内搞活，对外开放的重大战略方针，把全党的工作重心转移到社会主义现代化建设上来。而沿袭多年的高度集中的计划经济体制经过了数十年的实践，暴露出了不少问题。其中最突出的是很大程度上压抑了地方、企业和个人的积极性。因此，在长期未摆脱贫困的内部压力与我国同其他国家(地区)的经济社会发展差距日益扩大的双重压力下，唯有改革才有出路。

(一)市场经济初期的财政管理改革

党的十一届三中全会后不久，1979 年 3 月，李先念和陈云根据国民经济中存在的问题，向中央提出了对国民经济进行调整的建议。中共中央最终决定成立国务院财政经济委员会，以陈云为主任，李先念为副主任，姚依林为秘书长，作为研究制定财经工作的方针政策和决定财经工作中大事的决策机关。

1979 年 4 月，中央召开工作会议，讨论修改 1979 年国民经济计划和政治经济领域的一些理论问题。李先念受国务院委托，在会上作了题为《关于国民经济调整问题》的讲话。他在阐述了当前经济形势和进行经济调整的必要性后，提出了今后一段时期经济工作的方针"调整、改革、整顿、提高"。要"以调整为中心，边调整边前进，在调整中改革，在调整中整顿，在调整中提高"。同时，他还具体提出了 12 条原则和措施。简单来说就是放权让利，将更多的决策权下放给地方政府和生产单位。在财权以及财力分配上进行突破，改变以往的利益分配格局，激发各方面发展经济，提高人民生活水平的积极性。而这其中财政管理的率先改革，并以此作为突破口，成了一种自然的选择。

1. 央地关系调整："分灶吃饭"

1979 年，财政管理体制就分别在四川省和江苏省展开了改革试点。其中，四川省试行的是"划分收支，分级包干"，江苏省试行的是"收支挂钩，总额分成，比例包干，三年不变"，即所谓的"四川式体制"和"江苏式体制"。两种办法都扩大了地方的财权，加大了地方的责任。

为缓解财政压力，中央需要引入新的财政分配制度，调整中央与地方的财政关系，扩大地方自主权，使其承担相当的支出责任。于是，中央将四川、江苏两省的试点向全国全面推广。1980 年 2 月，国务院颁布了《关于实行"划分收支，分级包干"的财政管理体制的暂行规定》。这次财权的下放伴随着经济管理体制改革的推进。这一规定按经济管理体制的隶属关系，明确划分了中央财政与地方财政的收支范围，从以往中央与地方"一灶吃饭"变为中央与地方"分灶吃饭"，高度集中统一的体制被打破，地方独立利益主体的地位开始形成，并逐步得到加强。

在实际运行中，由于形势变化，后续年份中又对包干范围等进行了一定的调整。1985 年，"划分收支，分灶吃饭"的形式改为"划分税种，核定收支，分级包干"，即按照税种和企业隶属关系，确定中央、地方的固定收入以及中央与地方共享税收入。从 1988 年起，全国 39 个省、自治区、直辖市和计划单列市分别推行"收入递增包干""总额分成""总额分成加增长分成""上解额递增包干""定额上解""定额补助"等六种财政包干形式。

分权让利使地方政府成为独立的利益主体，调动了地方政府改善财政收支的积极性，很大程度上促进了经济建设和社会事业的发展。但同时财政包干体制存在中央政府宏观调控能力弱化，调整频繁暴露的制度非规范性，财力分配不合理，财权分配公平性考虑不够等问题。

2. 政企关系调整:“利税改革”

1983 年,国务院决定在全国试行国营企业“利改税”。即将新中国成立后实行了 30 多年的国营企业上缴利润的制度改为缴纳企业所得税的制度。1984 年 10 月起,在全国推行了第二步“利改税”的改革。其在第一步的基础上,对国有企业的所得税和调节税进一步进行改革和完善:将国营企业原来上缴国家的财政收入改为分别按 11 个税种向国家纳税。从而完成将第一步“利改税”的税利并存向完全以税代利过渡。

“利改税”是财政退出企业直接经营过程,并最终把企业推向市场的突破口,成为财政对企业由指令性的直接调控向指导性间接性调控转变的起点。以国有企业所得税(当时称为“国营企业所得税”)的开征为标志,政府改变了直接干预的方式管理企业,通过法律的形式确立处理政府与企业分配关系的基本准则,对于此后实现政企分开,两权分离培养市场主体,建立现代企业制度等一系列制度变革具有奠基性意义。

3. 工商税制改革

在 1978 年以后,在逐渐引入并强化市场配置社会资源的过程中,国民经济发生巨大改变,所有制结构呈现多元化趋势。外资、中外合资以及私营企业多种经济成分蓬勃发展,合作、合伙、独资等多种经营方式大量并存。这导致全民所有制(国有制)经济成分比重下降,其他多种所有制经济成分比重上升。此外,国有企业作为参与市场竞争的经济主体,逐步走向独立,接受市场信号的导向。政府调控逐渐由直接调控向间接调控转变。在价格不能大幅度调整的情况下,税收应更多地被赋予组织政府财政收入,调节政府、各类企业、个人等多方利益,贯彻执行经济政策的职能。工商税收在经济中的作用,重新被定位。

在改革开放初期,我国工商税制的改革主要包含了以下几个部分:

建立和健全涉外税制以调节外资经济,我国涉外税制初步建立。将开放后数量日增的外国企业和外国在华工作人员纳入征税范围;恢复征收关税,补充完善了关税管理;规定国家的进出关境监督管理机关及其职权;确立进出境运输工具、进出境货物和进出境物品管理制度;成立国务院关税税则委员会,不定期地对涉及国家利益及行业的重大关税事项进行审议。[①] 这些措施初步适应了外资经济蓬勃发展对税制建设的要求,保障对外开放后国家的经济利益

原工商税“一分为四”,用以调节产供销关系。1984 年 9 月,国务院颁布了产品税、增值税、营业税和盐税等 4 个条例(草案),将原工商税“一分为四”。产品税是针对烟酒、手表、化妆品、焚化品等二十多种特定产品征收的税;增值税是针对产品新增价值和附加值所征的税;恢复和改进营业税,主要针对商业、交通运输、金融保险、邮电电

---

① 贾康等著:《中国财政制度史》,立信会计出版社 2019 年版,第 341－343 页。

讯、建筑安装服务等行业征收，增加对商业批发营业税的征收；调整盐税。从工商税中单独制定税收条款，恢复盐税的独立性。

扩大地方税的征收范围，加强地方的税收自主性。地方税的征收原则和税率最高限额决定权在中央，但开征、停征、减免税以及具体征税规定则由省、自治区、直辖市根据实际情况而定。此外在恢复一些已有税种的同时，新开征如土地使用税和城市建设税等税种。

自此，我国初步建立起了以流转税和所得税为主体、包含多个税种的复合工商税制框架（如图 15－1 所示）。

- 工商税制改后的税制结构
  - 流转税
    - 产品税
    - 增值税
    - 营业税
    - 工商统一税
    - 特别消费税
  - 所得税
    - 国营企业所得税
    - 集体企业所得税
    - 私营企业所得税
    - 城乡个体工商业户所得税
    - 个人收入调节税
    - 国营企业奖金税
    - 集体企业奖金税
    - 事业单位奖金税
    - 国营企业工资调节税
    - 外商投资企业和外国企业所得税
    - 个人所得税
  - 其他税
    - 资源税
    - 盐税
    - 城镇土地使用税
    - 固定资产投资方向调节税
    - 城市维护建设税
    - 烧油特别税
    - 筵席税
    - 房产税
    - 车船使用税
    - 印花税
    - 屠宰税
    - 集市交易税
    - 牲畜交易税
    - 城市房地产税
    - 车船使用牌照税

图 15－1　工商税制改革后的税制结构

4. 财政支出调整

对财政支出结构“有保有压”：投向传统生产领域的支出减少，而能源交通和基础设施成了支出重点。将部分基本建设投资项目由财政无偿拨款改为银行贷款有偿使用(简称“拨改贷”),1984年7月,国务院颁布了《建筑业和基本建设管理体制改革的规定》,规定指出:为了促使建设单位、项目主管部门缩短工期,按期或提前建成,投产发挥效益,凡是需要国家财政预算内安排的基本建设投资,都需按照资金有偿使用的原则改财政拨款为银行贷款。1984年12月,国家计划委员会、财政部、中国人民建设银行发布了《关于国家预算内基本建设投资全部由拨款改为贷款的暂行规定》。后因实际运行中的困难和问题,实行拨款和“拨改贷”的双轨制。①

为解决80年代后期,由于在“分灶吃饭”背景下导致的资金分散使用导致了一般性的重复建设屡禁不止、效率低下和难以实现投资的宏观调控目标两大问题,提出了建立基本建设基金制度,并设立若干国家专业投资公司从事经营性基金经营管理的改革思路。1988年国务院发出了《关于印发投资管理体制近期改革方案的通知》,并附发了《国家基本建设基金管理办法》,决定对中央级预算基本建设投资实行基本建设基金制度。基本建设基金在国家预算中列收支,但与财政经费性开支分开,由财政部按期拨给中国人民建设银行,中国人民建设银行按计划负责实施,实行专款专用。实行基本建设基金制度以后,尽管国家财政十分困难,但在每年的国家预算中尽可能地保证了基金基数,使能源、交通、原材料等重点建设项目有了稳定的资金来源。②

5. 国有资产管理

1988年,为加强国有资产管理、推进国有资产保值增值、防止国有资产流失,按照政府的社会经济管理职能与国有资本所有者职能分开的原则,国务院决定设立国家国有资产管理局作为国家国有资产的代表者,行使国家赋予的国有资产所有者的代表权、国有资产的监督管理权、国家投资的收益权、国有资产的处置权。该局为国务院直属机构归财政部管理,工作范围是对境内和境外的全部国有资产行使管理职能,重点是管理国家投入各类企业的国有资产。国家国有资产管理局成立后做了大量国有企业改革及基础性的管理工作。

6. 财会制度改革

为真实反映企业经营情况和利润信息记录,据实向政府缴纳税收和利润,与财税体制相吻合的新的财会制度随之建立了起来。1985年1月,第六届全国人大常委会第九次会议审议通过了《中华人民共和国会计法》(以下简称《会计法》)。在实施《会计法》、奠定符合新形势要求的会计制度的基础后,财政部继续推进会计制度的改革。按照社会主义市场经济的要求,建立适合中国国情、与国际会计准则相协调的会计准则

---

① 贾康等著:《中国财政制度史》,立信会计出版社2019年版,第348—349页。

② 同上,第351—352页。

体系成为改革的目标。1992 年，财政部发布了《企业会计准则》、行业会计制度和《企业财务通则》、行业财务制度，简称“两则两制”。至此，中国会计核算制度与国际会计惯例的相互协调基本实现，适应我国国情和市场经济体制的财会模式初步确立。

7. 财政监督建设

为了加强财政监督，整顿财政纪律，以保证国民经济调整的顺利进行，国务院于 1980 年 4 月抽调了 138 人，组成了 28 个工作组，分别到各省、直辖市、自治区协助当地党委和政府开展了以全面检查核实 1979 年财政支出为内容的财政纪律大检查。为了加强财政监督工作，在这次财经纪律大检查结束之后，国务院明确了全国各地财政部门中财政监督机构的设置问题，规定了财政监督工作任务、职权范围等。

1985 年 8 月，国务院转发了财政部关于开展税收、财务大检查的通知，决定当年起在全国范围内开展税收、财务、物价大检查，并决定设立非常设机构——税收、财务大检查办公室(1986 年更名为税收、财务、物价大检查办公室，简称“大检办”)，同时国务院要求各地设立“大检办”。1989 年 8 月，国务院要求把“大检办”变为常设机构，挂靠同级财政部门(也有的地区与财政部门并列)，负责本地区大检查工作的日常工作。与此同时，作为维护当时财经秩序的重要组成力量，财政部门的驻厂员机构也发挥了积极的作用。

这一时期的财务大检查工作，为避免国家财政收入流失，维护正常的国民经济秩序作出了重要贡献。

(二)分税制改革

针对财政承包制出现的种种问题，1985 年在《中共中央关于制定国民经济和社会发展第七个五年计划的建议》中就提出：“要按税种划分中央税、地方税、中央地方共享税，同时明确划分中央、地方的财政支出范围，做好财政的分级管理。” 1993 年 12 月 15 日，国务院颁布《关于实行分税制财政管理体制的决定》，规定“从 1994 年 1 月 1 日起改革现行地方财政包干体制，对各省、自治区、直辖市以及计划单列市实行分税制财政管理体制”。

分税制改革的原则和主要内容是：按照中央与地方政府的事权划分，合理确定各级财政的支出范围；根据事权与财权相结合原则，将税种统一划分为中央税、地方税和中央地方共享税，并建立中央税收和地方税收体系，分设中央与地方两套税务机构分别征管；科学核定地方收支数额，逐步实行比较规范的中央财政对地方的税收返还和转移支付制度；建立和健全分级预算制度，硬化各级预算约束。

具体而言，分税制财政体制改革内容主要有：依据事权和税种，划分中央与地方的财政收入与支出的范围(具体划分见表15－1和表15－2)[①];分设中央和地方两套税务机构分别征税;同时,为使财政体制改革顺利进行,实行中央对地方的税收返还,减少因改革导致的地方既得利益受到影响;建立规范的转移支付制度。

表15－1　　分税制改革下的中央与地方税收收入划分

中央固定收入	地方固定收入	中央与地方共享收入
1. 关税 2. 海关代征的消费税和增值税 3. 消费税 4. 中央企业所得税 5. 地方银行和外资银行及非银行金融企业所得税 6. 铁道部门、各银行总行、各保险总公司等集中缴纳的营业税、所得税、利润和城市维护建设税 7. 中央企业上缴的利润 8. 外贸企业的出口退税	1. 营业税(不含铁道部门、各银行总行、各保险公司集中缴纳的营业税) 2. 地方企业所得税(不含地方银行和外资银行及非银行金融企业的所得税) 3. 地方企业上缴利润 4. 个人所得税 5. 城镇土地使用税 6. 固定资产投资方向调节税 7. 城市维护建设税(不含铁道部门、各银行总行、各保险总公司集中缴纳的部分) 8. 房产税 9. 车船使用税 10. 印花税 11. 屠宰税 12. 农牧业税 13. 农业特产税 14. 耕地占用税 15. 契税 16. 遗产和赠与税 17. 土地增值税 18. 国有土地有偿使用收入	1. 增值税 中央分享75% 地方分享25% 2. 资源税(海洋石油资源税归中央,其他资源税归地方) 3. 证券交易税(中央分享50%、地方分享50%)

表15－2　　分税制改革下的中央与地方财政支出划分

中央财政支出	地方财政支出
1. 国防费 2. 武警经费 3. 外交和援外支出 4. 中央级行政管理费 5. 中央统管的基本建设投资 6. 中央直属企业技改和新产品试制费 7. 地质勘探费 8. 由中央财政安排的支农支出 9. 国内外债务的还本付息支出 10. 中央本级负担的公检法支出 11. 中央本级负担的文化支出 12. 中央本级负担的教育支出 13. 中央本级负担的卫生支出 14. 中央本级负担的科学支出	1. 地方行政管理费 2. 公检法支出 3. 部分武警经费 4. 民兵事业费 5. 地方统筹的基本建设投资 6. 地方企业技改和新产品试制费 7. 支农支出 8. 城市维护建设支出 9. 地方文化支出 10. 地方教育支出 11. 地方卫生支出 12. 价格补贴支出 13. 其他支出

① 贾康等著:《中国财政制度史》,立信会计出版社2019年版,第374页。

分税制财政体制改革初步建立了与市场经济体制相适应、相对规范稳定的财政体制。这一改革建立了有效保障中央收入的机制，同时调动了中央和地方的积极性，财政收入大幅度增加的同时，促进了资源的优化配置和产业结构的合理调整。它有利于缩小地区间财力差异，逐步实现公共服务均等化。

(三)新税制改革及其完善

20世纪90年代初，在改革开放初期实行的以计划经济价格体制和以所有制"区别对待"为基础的税制存在的弊病日益暴露出来：以所有制为基础区别对待的税制结构，不符合以公平竞争为核心的社会主义市场经济的要求；为平衡不合理的计划价格而设计的、极其复杂的间接税税率结构也无存在的必要；在税收收入管理层面，地方政府实际掌控了税收的征管权，因此尽可能向地方企业减免税，地方政府可以"藏富于企业"而减少与中央政府的税收分成。

1.1994年税制改革

1993年11月14日，中国共产党第十四届三中全会审议通过了《中共中央关于建立社会主义市场经济体制若干问题的决议》(以下简称《决议》)，专设"积极推进财税体制改革"一节，其中税制改革的重点内容确立如下：按照统一税法、公平税负、简化税制和合理分权的原则改革和完善税收制度。推行以增值税为主体的流转税制度，对少数商品征收消费税，对大部分非商品经营继续征收营业税。在降低国有企业所得税税率，取消能源交通重点建设基金和预算调节基金的基础上，企业依法纳税，理顺国家和国有企业的利润分配关系。统一企业所得税和个人所得税，规范税率，扩大税基。开征和调整某些税种，清理税收减免，严格税收征管，堵塞税收流失。

其基本内容包括：建立以增值税为主体、消费税和营业税为补充的流转税制，改革后的流转税制统一适用于内外资企业，取消原对外商投资企业征收的工商统一税；统一内资企业所得税，对国有企业、集体企业、私营企业以及股份制和各种形式的联营企业，均实行统一的企业所得税制，相应取消原只对国有大中型企业征收的调节税；将原来分别征收的个人所得税、个人收入调节税、城乡个体工商户所得税合并为统一的个人所得税；扩大资源税征收范围、开征土地增值税；加强税收基本规范的管理如严格控制减免税，除税法规定的减免税以外，各级政府和任何部门都不能开减免税的口子，税务机关依法征税，任何地方、部门、企业都不能"包税"或者任意改变税率，建立严格的税务稽核制度等等。

2.税费改革

税制改革之后，在"创收"的旗号下，各个政府职能部门开始自立收费项目，众多的公共权力机构插手分配领域。收费种类繁多、数额巨大、管理失控，对财税体制及运行机制构成了一场严重的冲击。"费改税"以及后来其内涵与外延加以拓展的"税费改革”在全国拉开了帷幕。

针对向企业乱收费的问题，中共中央、国务院出台文件《中共中央、国务院关于治理向企业乱收费、乱罚款和各种摊派等问题的决定》要求，坚决取消不符合规定的向企业的行政事业性收费、罚款、集资、基金项目和各种摊派；建立健全审批管理制度；加强收缴和使用管理的监督；加强监督检查，加大执法力度；充分发挥新闻舆论的监督作用。

与此同时，根据农村乱收费、乱集资、乱摊派现象屡禁不止，农民税外负担沉重，干群关系紧张，群体性事件时有发生的状况，1998 年，国务院农村税费改革工作小组成立，开始对农村税费改革工作进行先期调查研究，其办公室设在财政部。2002 年 3 月 27 日国务院办公厅发布文件《关于做好 2002 年扩大农村税费改革试点工作的通知》中将这项改革进一步推广到全国 20 个省份。

3. 新一轮税制改革

2003 年召开的党的十六届三中全会通过了《中共中央关于完善社会主义市场经济体制若干问题的决定》，其中作为 1994 年税制改革的延伸和完善，新一轮税制改革被概括为八个项目："改革出口退税制度；统一各类企业税收制度；增值税由生产型改为消费型，将设备投资纳入增值税抵扣范围；完善消费税，适当扩大税基；改进个人所得税，实行综合和分类相结合的个人所得税制；实施城镇建设税费改革，条件具备时对不动产开征统一规范的物业税，相应取消有关收费；在统一税政前提下，赋予地方适当的税政管理权；创造条件逐步实现城乡税制统一。"

2006 年通过的“十一五”规划，又进一步将新一轮税制改革归纳为十个方面：“在全国范围内实现增值税由生产型转为消费型；适当调整消费税征收范围，合理调整部分应税品目税负水平和征缴办法；适时开征燃油税；合理调整营业税征税范围和税目；完善出口退税制度；统一各类企业税收制度；实行综合和分类相结合的个人所得税制度；改革房地产税收制度，稳步推行物业税并相应取消有关收费；改革资源税制度；完善城市维护建设税、耕地占用税、印花税。”

4. “营改增”

为从制度上解决货物和服务税制不统一和重复征税的问题，我国于 2012 年启动营业税改增值税改革后，试点地区和行业不断扩大。这一改革有利于贯通服务业内部和第二、第三产业之间的抵扣链条，从而减轻企业税负，并简化税制，降低征纳成本，有助于促进服务业的发展，促进就业尤其是新型劳动力的就业，出口退税也增强了出口的竞争力。

(四)公共财政框架建立

无论是财政支出方面的调整，还是以“税费改革”为代表的收入方面的变动，所涉及的，终归只是财税体制及其运行机制的局部而非全局。若没有作为一个整体的财税体制及其运行机制的重新构造，并将局部的或限于某方面的改革纳入整体财税体制及其运行机制的框架之中，就不可能真正构建起适应社会主义市场经济的财税体制及其运行机制。于是，将包括收入、支出、管理以及体制在内的所有财税改革事项融入一个整体的框架之中，并且，作为一个系统工程加以推进，便被提上了议事日程。

1998年12月15日，每年一度的全国财政工作会议在北京召开。这次会议被赋予了为中国财税体制改革的总体目标定位的重要使命。时任中共中央政治局常委、当时主管财政工作的国务院副总理李岚清到会，并且代表中共中央明确宣布，要“积极创造条件，逐步建立公共财政基本框架”。他在会上还指出，保证公共支出应当作为财政的首要任务，这是实行社会主义市场经济的基本要求。在财力有限和需求不断增长的条件下，应当合理确定公共支出的范围，并实施坚决而有效的管理。要通过财政立法，贯彻公平分配，依法理财，依法监督，以促进收入分配公平合理、社会保障能力增强、市场竞争有序进行。国家主要通过预算、税收政策、国债等，参与调节宏观经济，促进地区经济协调发展。各级财政对国有企业，要从直接管理向间接管理转变，对国有资产应实行国家统一所有、政府代表分级分类监督、企业依法自主经营的方法，促使国有资产保值、增值。同时继续有重点、有步骤地调整财政支出结构，逐步向公共财政的职能转变。自此，整个财政体制改革和发展目标被明确定位，公共财政的建设目标被正式确认。

(五)预算管理制度改革

1992年颁布《国家预算管理条例》，规定实施复式预算。1994年，财税体制改革取得初步成功，财政支出改革提到议事日程，预算管理制度改革随之推开。1995年，《中华人民共和国预算法》及《中华人民共和国预算法实施条例》颁布实施，形成了我国预算制度的基本框架，标志着中国政府预算的法制化建设达到新高度。1998年，建立公共财政框架目标要求提出后，财政部门按照公共财政的导向，积极推进部门预算、国库集中收付、政府采购等预算管理制度改革，促进了财政资金使用效益的进一步提高。2015年新《预算法》颁布实施，进一步明确我国预算制度的下一步改革方向是提高预算的全面性、规范性、完整性、公开性及绩效性。

1. 部门预算改革

实行部门预算改革前，我国预算编制有几个明显的缺陷：一是过于分散，一个部门同时编制多个预算，互相之间没有整合，部门规费等预算外收入没有纳入预算管理，整个部门没有一个完整的预算，收支盘子和家底不清；二是内容太粗，预算支出的具体内容不明晰、不清楚，内行说不清，外行看不懂；三是编制不规范，预算编制缺乏严格可操作的标准和依据。这些问题的存在，也导致了预算执行的随意性较大，追加支出的现象较多，资金使用难以得到有效的监管。针对传统预算编制存在的问题，财政部在深入研究的基础上，1999年7月向国务院报送了《关于落实全国人大常委会意见改进和规范预算管理工作的请示》，提出了细化预算编制，实施部门预算改革的构想。经国务院批准，财政部提出了《关于改进2000年中央预算编制的意见》，决定从2000财政年度开始，推行中央部门预算改革试点。[①]

目前在中央及省级政府预算管理中，已基本实现了"一个部门一本预算"、提前编报和批复预算、细化预算、增加透明度、强化预算监督等阶段性工作目标，初步建立起一个统一、规范的部门预算框架。从编制范围看，部门预算涵盖了部门或单位的所有收入和支出，不仅包括财政预算内资金收支，还包括各项预算外收支、经营收支以及其他收支；从支出角度看，部门预算包括部门或单位所有按功能分类的不同用途的资金；从编制程序看，部门预算是汇总预算，它是由基层预算单位编制、逐级汇总形成的。从细化的程度看，部门预算既细化到了具体预算单位和项目，又细化到了按预算科目划分的各项支出功能。

2. 国库集中收付改革

国库是政府预算的重要执行机构，国库管理也是政府宏观管理的重要政策工具。在传统国库制度下，机构设置不到位，在收入方面，多头设置账户，财政资金收入滞后，给财政收入带来了应缴未缴和此项目变为彼项目的问题。在支出方面，财政资金分层次、多重设置银行账户，资金层层转拨，财政资金支付迟缓，资金分散拨款环节多、周期长，资金挪用、浪费和违规使用现象普遍，且财政资金过早流出国库，减少了宏观调控的可用财力。同时，资金运行信息反馈不充分，不能满足政府宏观调控的需要。因而，国库宏观调控职能弱化制约了预算改革进程。

针对传统国库制度存在的问题，我国从2001年推行了国库集中收付制度改革。这次改革按照社会主义市场经济体制下公共财政的发展要求，借鉴国际通行的做法和成功经验，结合我国具体国情，建立和完善以国库单一账户体系为基础，资金缴拨以国库集中收付为主要形式的财政国库管理制度，进一步加强财政监督，提高资金使用效益，更好地发挥了财政在宏观调控中的作用。建立的国库单一账户体系包括：国库单一账户；零余额账户；预算外资金财政专户；小额现金账户和特设专户。改革规范了收入收缴程序，即直接缴库和集中汇缴两种。更为重要的是规范了支出拨付程序，即直接支付和授权支付。

3. 政府采购制度改革

政府采购是指各级政府为了开展日常政务活动或为公众提供服务，在财政的监督

---

① 贾康等著：《中国财政制度史》，立信会计出版社2019年版，第400页。

下,以法定的方式、方法和程序,由财政部门以直接向供应商付款的方式,从国内、外市场上为政府部门或所属团体购买货物、工程和劳务的行为。政府采购制度改革前,各财政资金使用单位的采购行为是分散进行的,采购资金分配和使用脱节,采购过程不透明,资金使用效益不高,对于"吃回扣"等损公肥私的腐败行径,财政无法实施有效的监督,而且还往往强化了地方保护主义,不利于全国统一市场的形成。

在广泛深入研究西方国家公共财政支出管理以及国际政府采购规则的基础上,财政部于1996年10月完成了政府采购第一阶段的研究任务,提出了把推行政府采购制度作为我国财政支出改革方向的政策建议,并于次年正式向国务院提出制定政府采购条例的请示。在财政部加强研究政府采购制度的同时,上海市、河北省、深圳市等地陆续开展了政府采购试点活动,为推进政府采购制度改革提供了宝贵的经验。1998年,国务院赋予财政部"拟定和执行政府采购政策"职能,标志着政府采购制度改革正式开始。1999年4月,财政部制定发布了我国有关政府采购的第一部部门规章,即《政府采购管理暂行办法》,明确我国政府采购试点的框架体系。2000年6月,财政部在国库司内设立了政府采购管理处,负责全国政府采购的管理事务。2003年开始,政府采购制度开始全面推行。①

(六)政府债务管理改革

1968年公债全部偿清后,我国出现了一段"既无外债,又无内债"的时期。改革开放后,随着经济体制改革深入和国民收入分配关系调整,1979年和1980年中央财政连续两年出现赤字。为平衡财政预算、改变困难局面,我国决定重新启用国债工具。继1979年恢复举借外债后,中国政府从1981年开始恢复内债发行,以发行国债的方式筹集财政收入。

1. 国债管理②

我国国债管理改革大体可以分为发行额管理和余额管理两个阶段。

为控制国债规模,自1981年恢复内债发行起至2005年,我国一直采用控制国债年度发行额的方式管理国债。每年3月初,财政预算经全国人民代表大会审议批准后,国债发行规模一般成为刚性指标,不得突破也不得减少,财政部按照债务预算制定国债年度发行计划。国债发行规模由当年财政赤字和以前年度发行的到期国债本金构成。财政部于3月底将制定完成的发行计划上报国务院,在得到批准后,由财政部具体组织国债发行工作。在每年财政预算报告批准前的第一季度,国债发行额度控制在此期间国债到期还本付息额度内。

① 贾康等著:《中国财政制度史》,立信会计出版社2019年版,第404—405页。

② 同上,第412—413页。

为了适应新形势下国内债务管理的需要，2005 年 12 月，第十届全国人民代表大会常务委员会审议通过了国务院关于实行国债余额管理的建议，决定从 2006 年开始改国债年度发行额管理为余额管理，实现了国债管理方式的重大变革并沿用至今。国债余额管理是指每年全国人民代表大会及其常务委员会为当年年末国债余额规定一个限额指标，当年中央政府可在该限额指标内自行决定国债品种结构、期限结构和发债节奏。

我国国债余额管理制度主要包括以下内容：(1)在每年向全国人民代表大会作预算报告时，报告当年年度预算赤字和年末国债余额限额，全国人民代表大会予以审批；(2)在年度预算执行中，如出现特殊情况需要增加年度预算赤字或发行特别国债，由国务院提请全国人民代表大会常务委员会审议批准，相应追加年末国债余额限额；(3)当年年末国债余额不得突破年末国债余额限额；(4)国债借新还旧部分由国务院授权财政部自行运作，财政部每半年向全国人民代表大会有关专门委员会书面报告一次国债发行兑付情况；(5)每年第一季度在中央预算批准以前，由财政部在该季度到期国债还本数额以内合理安排国债发行数额。

2. 地方债务管理①

2014 年 8 月 31 日，全国人民代表大会常务委员会通过了《中华人民共和国预算法》修正案。新的《预算法》贯彻对地方政府债务“开明渠、堵暗沟”的“堵不如疏”原则，正面规定了中国地方债“怎么借，怎么用，怎么还”的相关制度规范和要领，成为中国地方政府债务管理制度建设的重大创新突破。

2014 年 9 月，国务院印发了《关于深化预算管理制度改革的决定》提到加强地方政府性债务管理。2014 年 10 月，根据修订后的预算法，国务院印发《关于加强地方政府性债务管理的意见》，从如何规范地方政府举债融资、如何控制地方举债规模、如何防范地方债务风险、如何完善配套制度以及如何妥善处理存量债务和在建项目后续融资等多方面作出部署。2015 年 8 月，全国人民代表大会常务委员会批准《国务院关于提请审议批准 2015 年地方政府债务限额的议案》，正式启动了对地方政府债务的限额管理，将 2015 年的地方政府债务限额定为 16 万亿元。另外，财政部还下达了 6 000 亿元新增地方政府债券和 3.2 万亿元地方政府债券置换存量债务额度，以缓解地方政府偿债压力和支持地方发展。

2015 年 12 月，财政部发布《关于对地方政府债务实行限额管理的实施意见》，提出要合理确定地方政府债务总限额，在对地方政府债务实行限额管理中，要求逐级下达分地区地方政府债务限额。该文件明确了地方政府限额确定的程序、方式及类别。

---

① 贾康等著：《中国财政制度史》，立信会计出版社 2019 年版，第 444—445 页。

其中,明确省级和计划单列市地方政府为债务的举借主体。同时,从建立债务预警指标体系、风险化解应急处置机制和监督考核问责机制等方面加强对地方政府债务的管理。此外,该文件还强调了对存量债务和或有债务的妥善处理,明确了对或有债务的处置原则和方式。

(七)小结

1979 年,党的十一届三中全会召开,中国进入了改革开放的新时期。为顺应市场化改革的要求,中国的财政管理初期主要是"放权让利",并由此形成了与有计划的商品经济基本相适应的财政管理制度。随着改革开放初期的财政管理潜藏的各种弊病日益暴露,财政管理体制也需要更深层次的变革。分税制改革、新税制改革等改革措施应运而生。随着与社会主义市场经济体制相适应的公共财政体制构建成功,各相关财政管理做出了相应的变革,财政管理在宏观经济调控中扮演着更加重要的角色。随着中国经济社会进入了新的阶段,2013 年党的十八届三中全会着力聚焦全面深化改革问题,在《中共中央关于全面深化改革若干重大问题的决定》中呼吁深化财税体制改革,给予财政和财税体制全新的定位。《决定》提出了建立现代财政制度的伟大构想。从此,中国在包括了预算管理、税收管理以及中央和地方财政关系等方面的财政管理进行了进一步的探索。

第二节 我国财政管理制度的现状

财政管理即是研究资金如何流入各个公共部门又如何在各个公共部门间流动以及流出的过程,即包含了各财政管理主体对财政资金筹集、分配、使用所进行的计划、领导、组织、控制、协调和监督等活动。公共资金使用得正确与否,如何通过税收、公共服务、公共政策等多种方式进行管理,都会对每一个公民产生着重要的影响。

自从 1949 年新中国成立以来,我国的财政管理经历了多次变迁。随着政治体制、经济体制的改革和深化,每一阶段的财政管理改革都在财政收支的具体内容、管理方法和体制制度上进行了多维度的探索。从具有浓重中央集权色彩、行政主导的财政管理,变化为财政权力下放、进行"行政性分权"的财政管理,再进而围绕着建立公共财政制度框架的改革目标进行公共财政管理改革,最终向着建设现代财政制度迈进。我国目前在深化财政管理改革的工作领域,已取得了不同程度的进展。在本节中,笔者将从手段、程序和机构三个维度对我国财政管理制度的现状进行介绍。

一、财政管理手段[①]

财政管理的手段即是指财政管理机构所选择的用以达到财政管理目标的各种方法和工具。我国现行的财政管理手段大体上可分为经济手段、法律手段和行政手段三类。

(一)经济手段

财政管理的经济手段是指财政管理机构按照客观经济规律的要求,利用预算、税收、转移支付、成本、奖金和补贴等各种经济杠杆,通过对被管理对象经济利益的调整,控制、约束和诱导其财政行为,以达到财政管理目标。比如通过公债资金的有偿使用可以强化使用者的责任,提高资金使用效果;通过有条件转移支付可以促使相关资金的使用符合政府的宏观意图;通过加收滞纳金可以促使纳税人及时缴税等。

我国现行财政管理的经济手段,是在不损害各经济主体经营权利与市场机制运作条件的前提下进行的,因而符合社会主义市场经济的要求,也是社会主义市场经济条件下财政管理中运用得最为广泛的一种方法。

(二)法律手段

财政管理的法律手段是指为了保证财政职能的实现而进行的财政立法、财政执法、财政执法监督以及财政法制宣传等一系列管理活动。在财政管理中运用和强化法律手段是十分必要的。推进财政立法,是运用法律手段强化财政管理的基础与前提,而健全财政执法和监督机制、维护财政管理对象的合法权益、提高财政工作人员和公民的财政法律意识和法制观念,则是依法管理财政的核心内容。

市场经济是法治经济。自从1992年党的十四大明确提出建立社会主义市场经济体制后,我国围绕贯彻落实"实行依法治国,建设社会主义法治国家"的基本方略,在财政法制建设层面不断完善并加强,对推进和深化财政管理改革起到了有力的支撑作用。在积极推进财政立法的过程中,由财政部门组织实施的现行法律、行政法规和部门规章等规范性文件,逐步涵盖了税收管理、支出管理、财务会计管理、国有资产管理、财政监督等财政管理工作的各个方面。我国现行的财政管理法律体系框架基本建立完成。

(三)行政手段

财政管理的行政手段是指财政机关依靠国家的行政力量,采用命令、指示、规定、指令性计划等方式,对财政分配活动及相关经济活动实施各种管理职能的一系列活动。

---

① 寇铁军等编著:《中国财政管理》,北京师范大学出版社2012年版,第6—7页。

财政行政管理主要包括财政管理机构的设置、财政人员的管理、财政机关的事务管理、财政行政法规和行政监督等内容。财政管理机构的设置通常取决于一国的行政管理机构和财政管理体制，我国的财政管理机构是按照行政级次来设置的，一级政府一级财政。财政人员管理是指按照法律、法规以及工作制度、工作纪律、道德规范等，对财政人员进行管理和约束，提高财政人员的素质，调动财政人员的积极性。财政机关的事务管理则是为保证财政机关对财政分配活动及相关经济活动正常管理的进行而实施的机关日常性管理。财政行政法规和行政监督是指财政部门内部为了提高其管理水平，制定财政工作法规，对管理活动进行部门内部的监督和检查。

运用财政的行政管理手段可以直接体现国家及上级机关的意志，保证国家统一的方针政策、统一的规章制度、统一的财政计划得以贯彻实施。当经济运行和财政分配中出现不正常波动、国民经济中的重要比例关系严重失调等情况时，采用行政方法实施财政管理，一般可以在较短时间内收到熨平经济波动、矫正经济结构、协调分配关系的效果。但行政手段有时不利于发挥被管理者自身的积极性和主动性，使用过当时，可能会破坏市场机制的正常运作，因此，我国现行的财政管理工作仅会适时适度地采用行政管理手段。

二、财政管理程序

因为财政管理是指对财政收支活动进行计划、调节、监督、控制等一系列活动的总称，而公共预算是对公共收入和支出进行决策的过程，所以对于财政管理程序的研究很大程度上是对于公共预算管理程序的研究。

2014年8月31日，全国人民代表大会常务委员会通过了《中华人民共和国预算法》修正案，并于2015年1月1日正式实施。在具体工作方面，2019年4月国务院印发了《关于深化预算管理制度改革的决定》。2017年10月，党的十九大对预算改革提出了新的明确部署，提出要建立全面规范透明、标准科学、约束有力的预算制度，全面实施绩效管理。2018年9月25日，中共中央、国务院印发《关于全面实施预算绩效管理的意见》，我国现代预算管理制度初步建立。

（一）政府预算流程

我国现行的公共预算管理流程包括：预算准备和编制、预算审查和批准、预算执行和调整、政府决算和绩效评价。

根据新《预算法》，在预算准备与编制环节，财政部门根据法律法规要求、国民经济和社会发展计划指标等测算主要财政收支指标，各预算单位和部门按照财政部门经过决策下达的收支控制指标以及部门预算的编制要求、基本支出的编制原则和定员定额标准、项目支出的编制原则和排序规定，经过“两上两下”的编制程序编制完成预算草案。

在预算草案编制完成后，按照法定的程序进入我国各级人民代表大会对政府预算的审查批准环节。

政府预算通过批准后，进入执行环节，即将预算安排的收支计划指标实现的过程。各财政部门通过合理组织收入和有序安排支出，实现既定目标。如需改变已经批准的预算，则需要经过法定的调整程序。

每个执行周期完成后，需要对预算的执行情况进行总结即进入决算环节。政府的决算草案在提请立法机关批准前，需要经过审计机关的审计。按照一定的财务会计预算规定，对政府预算实施的结果进行检查和评价。在整个预算的全过程中引入绩效管理和控制监督，对于预算全过程的效率和效益进行控制和监督。[①]

(二)我国预算周期

我国的预算年度实行历年制，自每年的 1 月 1 日至 12 月 31 日。预算周期从政府各部门编制预算开始，到预算执行后的审计直至决算报各级人大常委会审批为止，每个预算周期长达近 30 个月。同样，在一个预算年度内，要在审批、执行本预算年度预算的同时，审核上一预算年度的预算执行情况，并编制下一预算年度的预算。我国预算周期的具体环节如下：

1. 预算编制准备(每年年中)

我国在每年的年中就开始了对下年预算的编制工作。《预算法》第三十一条规定："国务院应当及时下达关于编制下一年预算草案的通知。编制预算草案的具体事项由国务院财政部门部署。"国务院每年要在预算正式编制前，根据经济增长和社会发展要求下达中央预算编制的通知，对编制下年预算提出要求，同时还向地方下达编制地方预算的通知。各级政府、各部门、各单位应当按照国务院规定的时间编制预算草案。

2. 编制预算草案(每年 6 月左右至 12 月底)

《预算法》第三十一条规定："各级政府、各部门、各单位应当按照国务院规定的时间编制预算草案。"一般的时间节点是：

一般在每年年中，各中央部门根据财政部的具体部署开始编制本部门的部门预算。在每年 9 月底以前，中央各部门需按统一的部门预算编报格式，编制本部门预算报送财政部，项目支出要同时报送"中央部门项目申报文本"和项目排序建议，其中涉及有预算分配职能的部门的，还要提前报送这些相关部门。

财政部要在 10 月底以前，依据中央各部门上报的预算报表及项目排序建议进行审核，会同有预算分配职能的部门提出分配意见，将综合平衡汇总后的预算方案上报

① 李燕主编：《政府预算理论与实务》，中国人民大学出版社 2018 年版，第 55—56 页。

国务院审定。在11月底以前，财政部根据国务院审定的按功能分类的中央支出预算(草案)确定分部门的预算分配方案，并向各部门下达预算控制数。

中央各部门根据财政部下达的预算控制数编制正式部门预算，并于12月上中旬报送财政部。财政部审核汇总后编制中央预算(草案)，于年底前报国务院审批。拟提请全国人大审议的中央有关部门的预算也一并上报。

3.审查批准及批复预算(每年1月至5月左右)

每年1月中上旬，财政部将当年中央预算(草案)送全国人大常委会预算工作委员会，预算工作委员会从工作层面进行预先审查，为初审和审批做准备。每年2月上中旬，财政部将当年中央预算(草案)提交全国人大财政经济委员会，由财政经济委员会进行初步审查。每年3月上中旬，全国人民代表大会审查批准中央预算草案，法定预算正式产生。

按照《预算法》规定，财政部在全国人民代表大会批准中央预算草案后的30日内批复中央各部门预算。中央各部门在财政部批复本部门预算之日起15日内，批复所属各单位的预算。

4.执行收支预算(每年1月1日至12月31)

经过各级人民代表大会批准的预算具有法律效力，进入预算的执行阶段。在实践中，我国的预算执行期实际覆盖了整个预算年度，即从1月1日至12月31日。

5.决算与审计(每年1月1日至8月)

每一预算年度终了后，各级政府、各部门、各单位按照国务院规定的时间和财政部的具体部署编制决算草案。县级以上各级政府决算草案在报送本级人民代表大会常务委员会审查批准之前，需要经过本级政府审计部门审计。各级政府财政部门应在本级人民代表大会常务委员会举行会议审查批准本级决算草案的30日前，将上一年度本级决算草案提交本级人民代表大会有关专门委员会或工作机构进行初步审查或征求意见。

根据《中华人民共和国各级人民代表大会常务委员会监督法》第十五条的规定：国务院应当在每年6月，将上一年度的中央决算草案提请全国人民代表大会常务委员会审查和批准。县级以上地区各级人民政府应当在每年6月至9月期间，将上一年度的本级决算草案提请本级人民代表大会常务委员会审查和批准。

我国《预算法》第八十条规定："各级决算经批准后，财政部门应当在二十日内向本级各部门批复决算。各部门应当在接到本级政府财政部门批复的本部门决算后十五日内向所属单位批复决算。"

至此，完成一个完整的预算周期，耗时将近30个月(地方预算周期可能更长)。①

三、财政管理机构

全国人民代表大会及其常委会是财政管理的最高立法机构，负责制定具有重要地位、用以明确基本法律责任和义务、具有全局性和长期性的财政法律，如：《预算法》《会计法》和《税收征收管理法》等；负责审查、批准一般中央预算和决算。各级地方人民代表大会及其常委会负责制定地方性财政法规；负责审查、批准本级预算和决算。

国务院是财政管理的最高行政机构，负责制定财政行政法规。国务院负责制定全国性的重大财政政策，并负责中央预算的执行。地方各级人民政府是地方财政的决策主体，负责制定地方性的财政规章，并负责本级预算的执行。

各级财政部门是财政管理的具体执行主体，负责制定财政规章制度，全面、具体地实施财政收支计划，对财政活动进行日常管理。②

具体而言，财政管理机构可以分为立法机构、决策机构、执行机构和监督机构四类。

(一)立法机构

以财政收入和支出进行决策这一活动，即公共预算管理为例，根据我国《预算法》规定，我国立法机关具有审查预算草案、预算执行情况报告，批准预算执行情况报告，改变和撤销关于预算、决算的不恰当的决议，监督预算的执行审查和批准预算的调整方案，审查和批准决算等权限。

在我国各级人民代表大会、各级人民代表大会常务委员会均隶属于我国财政管理工作的立法机构。其中各级人大专门委员会以及人大常委会下设的工作机构——人大预算工作委员会的设立也使得立法机关的工作更加的专业化和经常化。

(二)决策机构

财政管理的决策机构包括各级政府和各级财政部门。

各级政府是财政管理的行政管理机构，负责政府预算管理的组织领导机关是国务院与地方各级政府。国务院作为国家最高行政机关，负责组织中央预算和全国预算的管理；地方各级人民政府负责本级政府预算和本行政区域内总预算的管理，并负责对本级各部门和所属下级政府预算管理进行检查和监督。各级政府是本级预算的行政管理机关，其主要职权有：预算编制权，即国家行政机构对预算编制的指导思想、收支范围、收支安排进行统筹决策的权利；组织执行权，即国家行政机构将预算通过一定的

---

① 李燕主编：《政府预算理论与实务》，中国人民大学出版社2018年版第59－62页。

② 寇铁军等编著：《中国财政管理》，北京师范大学出版社2012年版，第3页。

方式付诸实施的权利;提请审批、报告权;改变或撤销权等等。

各级财政部门是承担组织财政管理、国家宏观调控等重要职能的部门,其内部具体管理要按收支性质和宏观调控要求由各业务职能机构负责。以财政部为例,目前其内部主要业务司局构成为:综合、条法、税政、关税、预算、国库、国防、行政政法、教科文、经济建设、农业、社会保障、资产管理、金融司、国际关系、国际财金合作、会计、监督检查等。地方各级财政与上级对口,根据需要设置内部职能部门,一般不设置条法、关税、国防、国际关系等机构。

(三)执行机构

国家还根据财政收入和财政支出的不同性质和不同的管理办法,设立或指定了专门的执行机构,负责参与有关工作。

组织财政收入执行的机关主要有税务机关和海关;参与组织财政支出执行的机关主要有中央银行、有关商业银行和有关政策性银行。国家金库担负着政府预算执行的重要任务,具体负责办理预算收入的收纳、划分和留解,办理预算资金的拨付,办理现金余额的管理等。

各职能部门、预算单位是财政管理中部门预算和单位预算的执行主体。中央和地方各级主管部门负责执行本部门的部门预算和财务收支计划、提出本部门预算调整方案,定期向同级财政部门报告预算执行情况;各行政事业单位、国有企业负责本单位预算和企业财务收支计划的执行,编制本单位预算、决算草案;按照国家规定上缴预算收入,安排预算支出,并接受国家有关部门的监督。

(四)监督机构

我国财政管理的监督机构,除了上级政府对下级政府的监督以及财政部门进行财政管理活动时对各预算部门及单位进行稽查和监督这样的内部监督之外,还有着包括人大监督、司法监督、审计监督和社会监督这样的外部监督。

我国宪法确立了国家权力机关即各级人民代表大会及其常务委员会行使国家立法权、审批和监督政府预算的制度。因此,对政府预算的编制和执行情况的监督就成了人大,即立法机关对于政府财政管理一项最重要的监督。

检察机关对政府预算监督的内容集中体现在:依法对国家机关工作人员和全体公民是否遵守国家财经法律、法规实行监督;对严重违反财经纪律的行为提起公诉;对其他预算监督机关的执法行为是否合法进行监督。人民法院对政府预算的监督主要通过人民法院刑事审判权和审判监督程序来实现。

我国的审计机关长期属于政府序列,是政府的内审机构。尽管如此,我国立法机关即人大对政府预算执行情况及决算草案的审查是基于审计机关的审计报告,特别是中央审计委员会的组建更是提高了审计监督的地位。因此,相对于财政监督来说审计监督也应是外部监督的一种重要形式。

社会监督包括的内容非常广泛，贯穿政府预算的每个环节，也是国家大力提倡的“阳光行政”的表现，其监督方式包括信访、多种传播媒介以及行政复议和行政诉讼等。[①]

第三节　我国财政管理制度改革展望

2017 年 10 月 18 日，党的十九大在北京开幕，习近平总书记在党的十九大报告中提出了中国发展新的历史方位——中国特色社会主义进入了新时代。党的十九大报告从全局和战略的高度强调加快建立现代财政制度，并明确了深化财税体制改革的目标要求和主要任务：建立权责清晰、财力协调、区域均衡的中央和地方财政关系；建立全面规范透明、标准科学、约束有力的预算制度，全面实施绩效管理；深化税收制度改革，健全地方税体系。

随着深化财税体制改革的逐步推进，财政管理已取得了不同程度的进展，也体现出不少问题。建立现代化的财政管理制度，是更好地发挥财政在国家治理中的基础和重要支柱作用的客观需要，是服务于加快国家治理体系和治理能力现代化进程，决胜全面建成小康社会、实现现代化“中国梦”的重要保障。

一、我国财政管理制度存在的问题

（一）财政收入管理存在的问题

改革开放至今，我国逐步建立起了适应社会主义市场经济体制下的复合税制体系，这对于适应经济社会形势的发展有着重要的意义。但其运行过程中存在一些急需解决的问题，如税收结构存在不合理、宏观调控能力有待提高等问题。我国的税收收入，间接税比重偏高，直接税比重偏低；税制结构以商品劳务税等间接税为主体，税收结构缺乏一定的科学性，不利于我国经济高质量发展。对于肩负筹集财政收入、调节分配和稳定经济三大功能的税收来说，其在我国的筹资能力不断增强，税收收入规模持续增长，但对于收入分配调节以及经济的宏观调控能力仍待加强。我国税收的行政管理也需要加强。税收工作的信息化程度较低，部分地方公共服务信息化平台建设缺乏，财政税收的工作效率不高；此外，部分税收工作人员素质有待提升，专业素养有待提高。

① 李燕主编：《政府预算理论与实务》，中国人民大学出版社 2018 年版，第 261－264 页。

中国财政收入来源中，有相当部分是国有土地出让金收入。政府性基金收入中绝大部分是国有土地出让金收入。国有土地出让金收入不在一般公共预算收入中罗列，但是它构成了政府可支配财力，特别是地方政府可支配收入中的重要组成部分，这就形成了事实上的土地财政模式。中国式土地财政主要靠国有土地使用权转让收入，俗称"卖地收入"，这样的土地财政模式与各地土地供应的状况有密切的关系，并推动了房价的持续快速上涨。随着"房住不炒"政策的落实，这样的土地财政模式已经越来越缺乏可持续性，亟待改变。更重要的是，这种土地财政模式与高质量发展的要求有诸多相悖之处，不利于新发展理念的落实。土地财政让一些地方"饮鸩止渴"，高度依赖卖地收入。事实上，不是所有土地都可以卖高价，结果是商品房价格高企，这进一步抬高了居住成本，在一定程度上导致各行各业为房地产行业和银行业打工的局面，影响供给侧结构性改革的进行。因此，转变土地财政依赖是贯彻新发展理念的内在要求。①

（二）财政支出结构存在的问题

改革开放至今，我国的经济发展取得了巨大的成就。但是受外部环境等因素的制约，经济增速放缓；同时近几年为了支持经济增长，我国实行了诸多减税降费的政策，诸多因素导致了财政收入增长有限。在此背景下，财政收支的矛盾进一步凸显，而其中财政支出结构固化的问题尤为突出。

无论是从财政支出整体来看，还是从各个部门的财政支出来看，财政支出都呈现刚性增长态势，且各部门增长趋势高度一致，这说明财政支出的固化程度非常高。而从项目支出层面来看，无论经济情况如何，基本建设、教育、科技各大类支出规模均未出现下降情况。2020 年 5 月 22 日在第十三届全国人民代表大会第三次会议的《政府工作报告》里提出政府要过紧日子，一般性支出要进一步压减，非急需非刚性支出压减 50%。但在预算草案报告里"中央本级支出下降 0.2%，其中非急需非刚性支出压减 50%以上"恰恰说明非急需非刚性支出并不多，最多也就是中央本级支出的 0.2%。这也反映出政府基本支出压减空间已所剩无几；项目支出的固化问题尤其值得关注。

财政资金分配渠道的固化问题也非常突出，其中包括部门"二次分配权"、专项转移支付部门条条分配等。预算分配权统一、完整是预算管理的核心要求。我国虽然在过去通过将预算外资金纳入预算内管理、不断完善政府预算体系等措施，使预算的完整性和统一性有了很大程度提高，但是大量的部门的二次分配权依然存在，对应的就是财政资金的"块"分配问题，比如基建、教育、科技等方面都存在此类问题，这样资金分配的渠道就固化到部门，形成资金支出结构固化。1994 年分税制改革以来，财政转

---

① 杨志勇：《"十四五"时期中国财政治理需要注意的八个问题》，《财政科学》2021 年第 1 期：第 9－16 页。

移支付规模不断增加，专项转移支付种类于2012年增加到220种，并且都固定在部门通过条条进行分配，只有设立没有退出，规模只增不减，形成资金支出结构的固化。而一般性转移支付，也在一定程度上存在用途“专项化”，地方实际可统筹比重较小。[①]

（三）预算绩效管理存在的问题

要树立预算绩效总体观。从大的方面来看，是预算资金的配置，是加强财政资源的统筹，其中重要的内容之一是不同子预算之间的资金调剂利用，国有资本经营预算资金转一般公共预算、政府性基金预算资金转一般公共预算、一般公共预算资金转社会保险基金预算，是相互联系的。要充分发挥一般公共预算在预算体系中的枢纽地位。不同子预算之间的资金调剂原则需要尽快确立起来，子预算编制也需要进一步规范。

国有资本经营预算的收入来源是国有资本经营收益。按照目前操作，只有国有资本所对应的少数利润（分配的部分）才列入国有资本经营收益，显然，这无法充分反映年度国有资本经营状况。国有资本经营的业绩不会因为收入编入预算的多少的形式而改变，但国有资本收益可转入一般公共预算的数量就相应减少。如何体现国有资本是全民所有的性质，显然还需要在国有资本经营预算的编制技术上做文章。[②]

一般公共预算编制应该更加细化，对于各部门预算支出不应仅显示总额，而应适当列示项目预算，全面展示政府的所作所为。同时信息公开的范围也应进一步扩大。2020年中央部门预算显示中央部门共计148个，提交人大审议的部门预算104个，还有44个部门作为涉密单位和中央企业没有细化提交人大审议，只作为“财政管理的其他预算单位”列示，涉及金额7 000多亿元，占中央本级一般公共预算总支出的四分之一。

（四）地方债务管理存在的问题

在2008年国际金融危机的冲击下，为了让地方政府在对冲国际金融危机中发挥更大的作用，国家鼓励地方政府成立了各种投融资平台，通过市场融资方式，累积了大量的地方政府债务，之后逐渐采取了一些措施化解这些存量债务。随着新冠肺炎疫情的冲击，中央政府给地方政府下达可发行债券的限额，让地方政府通过债券市场自主发行债券，对原有的一些在建项目，投融资平台也可以适当向银行等金融机构去借债，以保证项目的正常资金需求。但主要还是由中央给地方政府明确指标，实际上属于有控制地允许地方政府去发债。尽管从宏观层面来看，我国地方政府债务规模依然保持在适度可控的范围之内，但从地方政府的角度来看，在债务方面尚存在债务风险上升、

---

① 《财政支出结构固化问题研究》课题组，赵福昌，于长革：《财政支出结构固化问题研究》，《财政科学》2019年第6期：第5—23页。

② 杨志勇：《“十四五”时期中国财政治理需要注意的八个问题》，《财政科学》2021年第1期：第9—16页。

财力水平与债务存量之间存在缺口、专项债发行进度与项目库匹配度较低以及一般债与专项债结构有待进一步优化等问题。

一般公共财政收入的增速放缓,地方政府财力紧张;在宏观审慎监管力度不断增强的大背景下,地方政府债务发行进度受到了一定程度的影响。企业再融资难度增加,借新还旧的偿债方式受阻,债务风险已经有所上升,并出现了个别地方国企债券违约事件,对债券市场产生了一定影响。

基于目前基层财政一般公共预算收入增速较低的状况,潜在偿债压力十分明显。财力水平与债务存量之间缺口的持续存在使财政可持续性成为社会各界普遍关注的重要问题。在实施限额管理的体制下,债务限额是地方政府债务新增发行规模的“红线”,充分有效使用限额内的债务资金是财政政策实施效果能够有所保障的重要前提。全国大多数省份普遍存在债务限额并未“用满”的情况,其缺口通常被地方政府用来针对存量债务进行偿还。

在专项债资金形成实物工作量的过程中,基层政府项目库中的储备项目难以与之相匹配,存在临时寻找项目以便使债务资金落地的情形。对于这些项目,存在事前的论证和评审不够充分、项目未来的回报率难以准确评估等问题,这不仅导致专项债资金在投向上存在一定的偏差,而且也可能因项目缺乏未来现金流的支撑从而增加了专项债的偿还风险。

按照财政部规定,一般债和专项债均为公益性项目发行,两者的区别在于,一般债券项目没有收益,主要以一般公共预算收入作为还本付息资金来源,计入赤字;专项债券项目需要一定收益,以项目对应的政府性基金收入或专项收入还本付息,不计入赤字,纳入政府性基金预算管理。出于规避赤字率限制等方面的考虑,在地方新增债券限额的分配中,越来越倾向于配置专项债券。这与不同地区财力状况不相匹配的同时,加大了基层财政风险程度,且与未来财政支出投向匹配性不高。①

二、对我国财政管理制度改革的展望

如今,我国发展的内部条件和外部环境正在发生深刻复杂变化。世界经济增速放缓;贫富差距日益拉大,一些国家和地区民粹主义兴起;某些发达经济体掀起了逆全球化的浪潮,世界局势复杂多变。国内经济增速持续下滑,结构性问题依旧突出,财政风险如债务风险和系统性金融风险不容小觑。国际形势日益严峻,国内外风险挑战显著上升,面对这百年未有之大变局,我国的财政管理制度应该更加积极有为,注重改革质量和效果,为国家经济发展和民生改善提供支持。

---

① 郭长林:《从地方政府债务角度看中国财政政策实施》,《第一财经日报》2021 年 1 月—26 日第 A11 版。

作为我国现代化建设的重要组成部分，财政管理应该提质增效、更可持续；加强财政资源统筹，保持适度支出强度，加大优化支出结构力度，增强国家重大战略任务财力保障；坚持艰苦奋斗、勤俭节约、精打细算，全面落实党政机关要坚持过紧日子的要求；加快建立现代财税体制，强化预算约束和绩效管理；加强地方政府债务管理，抓实化解地方政府隐性债务风险工作。

坚持系统集成、协同高效，加快建立现代财税体制。完善税收制度。健全地方税体系，推进消费税征收环节后移改革并下划地方。通过税收立法授权，适当扩大省级税收管理权限。研究适时完善综合与分类相结合的个人所得税制度。积极推进增值税、消费税等税收立法。加快财政体制改革。推进知识产权保护、养老保险等领域中央与地方财政事权和支出责任划分改革。积极推动省以下财政体制改革。深化预算管理制度改革。制定进一步深化预算管理制度改革的意见。大力推进财政支出标准化建设，强化标准应用和调整机制。加快推进政府采购制度改革。加强和规范政府购买服务。推进国资国企改革。扎实落实国企改革三年行动相关工作。健全国有金融资本授权经营体制和激励约束机制，推动国有重点金融机构改革。加强行政事业性国有资产管理。不断完善国资报告机制和成果运用。

健全制度机制，进一步强化财政管理和监督。加强预算执行管理。严格执行预算法及其实施条例，依法依规组织收入、安排支出。强化预算对执行的控制，加强预算执行动态监控，严禁超预算、无预算支出。进一步加强地方财政暂付款管理。加快预算管理一体化建设。各地要尽快完成系统建设，与财政部全国预算管理汇总系统对接。中央一体化系统建设要抓紧研究推进。完善财会监督体制机制。建立健全以政府部门财会监督为主导的体系框架，加大财会监督与其他监督的贯通协调。推动会计准则高质量实施，进一步加强会计审计监管。更好发挥监管局作用。各地监管局要在联席会议机制领导下，聚焦财政中心工作，推动重大财税政策在地方落实见效，强化部门预算和转移支付监管，提升财政资金使用绩效。[①]

做好重点领域风险防范化解工作，确保财政经济稳健运行、可持续。面对越来越多的影响财政收支的不确定性因素，再加上如人口老龄化所带来的财政风险等确定性因素，如何保证财政安全，是财政管理面对的一个挥之不去的重要问题。要真正发挥财政政策的作用，首先必须保证财政运行的平稳。所以要树立财政风险观，增强财政风险意识，将重视财政风险付诸行动，这应该体现在财政管理制度的完善上。在试编的基础之上尽快构建并完善政府综合财务报告体系，为应对各种可能的财政风险提供信息支持。贯彻落实新发展理念，形成新发展格局，离不开财政的保驾护航，因此，应

---

① 刘昆：《在全国财政工作会议上的讲话》（节选），《中国财经报》2021年1月7日第1版。

更加重视财政风险问题，在短期应对的同时，强调通过财政管理制度的完善来防范化解风险。①

本章小结

从1949年新中国成立至今，已有70余年，这是中国人民从计划经济逐步走向市场经济，探索社会主义市场体制和建设现代化强国的历程。回顾我国70多年来的财政管理实践及其改革历程，其间虽有曲折，但我们也看到，社会主义中国的财政管理功能与作用始终强大。在迈向市场经济、走向财政现代化的征程中，在进入中国特色社会主义新时代的历史背景下，财政的定位越来越明晰，财政管理所发挥的作用越来越强大。面对严峻复杂的国际形势、艰巨繁重的国内改革发展稳定任务，我国的财政管理应该在中国共产党的领导下，更加积极有为，继续深化改革，推动经济高质量发展；推动国家治理体系和治理能力现代化水平进一步提升；为全面建设社会主义现代化国家、实现中华民族伟大复兴的中国梦增光添彩！

本章名词解释

统收统支 城乡分治 分灶吃饭 分税制改革 财政管理手段 公共预算管理流程

本章复习思考题

1. 我国改革开放前的财政管理主要思路是什么？
2. 我国改革开放后财政管理改革遵循怎样的逻辑？
3. 我国目前的财政管理有哪些手段？
4. 新中国成立至今70余年的财政管理实践对于我国当下的制度建设来说有哪些经验和教训？
5. 我国应该建立怎样的财政管理制度？

① 杨志勇：《"十四五"时期中国财政治理需要注意的八个问题》，《财政科学》2021年第1期：第9—16页。

参考文献

1. 常丽.政府财务报告主体的国际比较及思考[J].会计与经济研究,2012(3).

2. 常丽.政府财务报告主体的重整——基于财政透明度的视角[J].财经问题研究,2008(4).

3. 陈工.政府预算与管理[M].北京:清华大学出版社,2004.

4. 陈共.财政学[M].北京:中国人民大学出版社,2017.

5. 陈共.财政学[M].北京:中国人民大学出版社,2004

6. 陈通,任登魁,朱玲玲.我国政府投资项目管理新机制的实践与创新研究[J].管理世界,2015,(4):178—179.

7. 陈志勇,陈思霞.制度环境、地方政府投资冲动与财政预算软约束[J].经济研究,2014(3):78—89.

8. 储敏伟,章辉.财政学[M].北京:高等教育出版社,2018.

9. 丛树海.财政支出学[M].北京:中国人民大学出版社,2002.

10. 戴维·奥斯本,特德·盖布勒.改革政府[M].上海:上海译文出版社,1996

11. 单学勇.国库制度——理论分析与运作管理[M].合肥:中国科学技术大学出版社,2004.

12. 邓晓兰.国库现金管理模式创新的制度经济学分析[J].财政研究,2007(2).

13. 邓晓兰.国库现金管理与国库资金余额投资运作构想[J].当代财经,2005(6).

14. 邓子基.财政学[M].北京:中国人民大学出版社,2001.

15. 付亚和,许玉林.绩效管理[M].上海:复旦大学出版社,2002:18—20

16. 高波.我国城市住房制度改革研究——变迁、绩效与创新[M].北京:经济科学出版社,2017.

17. 高培勇.中国财税体制改革30年研究[M].北京:中国财政经济出版社,2008.

18. 葛守中.政府财政核算体系(GFS)与中国政府财政统计改革研究[M].上海:上海财经大学出版社,2016.

19. 郭庆旺,贾俊雪.财政分权、政府组织结构与地方政府支出规模[J].经济研究,2010,11:59—72.

20. 国际货币基金组织.2014年政府财政统计手册.

21.《国库集中支付实务》编写组.国库集中支付实务[M].北京:中国水利水电出版社,2004.

22. 黄同鹤,杨钧博,马奇巧.权责发生制与收付实现制政府财务报告差异分析[J].财会月刊,2014(10).

23. 贾康. 中国住房制度与房地产税改革[M]. 北京:企业管理出版社,2017.

24. 姜晓萍. 基本公共服务均等化知识图谱与研究热点述评[M]. 北京:中国人民大学出版社,2016.

25. 课题组. 推进国库集中收付制度改革从源头上构筑预防腐败机制——关于国库集中收付制度管理改革的调研报告[J]. 财政研究,2007(3).

26. 寇铁军等. 中国财政管理[M]. 北京:北京师范大学出版社,2012.

27. 匡远配. 中国财政支农资金整合问题研究[M]. 北京:中国经济出版社,2010.

28. 李建发. 政府财务报告研究[M]. 厦门:厦门大学出版社,2006.

29. 李培林,魏后凯,吴国宝. 中国扶贫开发报告(2016)[M]. 北京:社会科学文献出版社,2017.

30. 李友志. 新政府收支分类应用指南[M]. 长沙:湖南人民出版社,2006.

31. 梁富昌. 财政国库管理制度改革中亟待解决的问题[J]. 农业科研经济管理,2006(4).

32. 刘剑文. 法治财税论——治理现代化的中国路径[M]. 北京:中国财政经济出版社,2017.

33. 刘小兵. 2019 中国财政发展报告——我国政府收支分类科目改革研究[M]. 北京:北京大学出版社,2020.

34. 柳建光. 商业银行定期存款的中央国库现金管理方式对货币政策的影响研究[J]. 财政研究,2007(6).

35. 吕炜,高帅雄,周潮. 投资建设性支出还是保障性支出——去杠杆背景下的财政政策实施研究[J]. 中国工业经济, 2016, (8):5－22.

36. 吕炜,周佳音,陆毅. 理解央地财政博弈的新视角——来自地方债发还方式改革的证据[J]. 中国社会科学, 2019, 10: 134－159.

37. 马蔡琛,潘美丽. 中期支出框架视角下的预算绩效管理改革[J]. 广东社会科学. 2021(1)

38. 马蔡琛. 政府预算 [M]. 大连:东北财经大学出版社,2007.

39. 马国贤,任晓辉. 全面实施绩效管理:理论、制度与顶层设计[J]. 中国行政管理,2018(4)

40. 马海涛,姜爱华. 政府采购管理[M]. 北京:北京大学出版社,2008.

41. 马海涛. 国库集中收付制度问题研究[M]. 北京:经济科学出版社,2004.

42. 马克思,恩格斯. 马克思恩格斯全集(第 21 卷)[M]. 北京:人民出版社,1965

43. 孟庆瑜. 保障性住房政策法律问题研究[M]. 北京:法律出版社,2016.

44. 任晓辉. 全面实施预算绩效管理的推进机制研究[J]. 财政监督,2018(10).

45. 孙开. 财政转移支付手段整合与分配方式优化研究[J]. 财贸经济,2009(7).

46. 汤春莲. 财政集中支付模式下政府采购资金运行方式的探讨[J]. 商业经济与管理,2005(4).

47. 童星. 中国应急管理:理论、实践、政策[M]. 北京:社会科学文献出版社,2012.

48. 王丹瑰. IPSASB 通用目的财务报告概念框架评介[J]. 财会月刊,2013(11).

49. 王丹瑰. 我国政府财务报告概念框架构建[D]. 长沙:湖南大学,2014

50. 王国静,田国强. 政府支出乘数[J]. 经济研究, 2014(9):4－19.

51. 王美涵. 税收大辞典[M]. 沈阳:辽宁人民出版社,1991.

52. 王敏. 国库集中收付制度研究[M]. 北京:经济科学出版社,2002.

53. 王秀芝. 财政管理[M]. 北京:中国人民大学出版社,2012

54. 王宇澄,张莉,郑新业."准财政政策"能指望么?——中央投资对地方投资的带动效应评估[J]. 管理世界,2018,34(8):67—83.

55. 王元. 建立完善统一规范透明的财政转移支付制度[J]. 宏观经济管理,2008(11).

56. 韦士歌. 中国国库现金管理战略思考与操作安排——从近几年中央国库存款余额持续较高谈起[J]. 财政研究,2005(9).

57. 文小才. 我国财政转移支付制度存在的问题及对策[J]. 郑州经济管理干部学院学报,2007(2).

58. 吴妍妍. 中国政府间财政转移支付制度问题分析与对策研究[J]. 华东经济管理,2007(8).

59. 谢旭人. 中国财政管理[M]. 北京:中国财政经济出版社,2011.

60. 徐茂义,陈雅月. 库集中支付制度在尼尔基工程建设中的运用[J]. 水力发电,2005(11).

61. 徐曙娜. 2015中国财政发展报告:中国政府综合财务报告制度研究[M]. 北京:北京大学出版社,2015.

62. 徐衣显. 转型期中国政府经济职能研究[M]. 北京:中国财政经济出版社,2007.

63. 杨真祝,刘朝明等. 公共财政管理[M]. 上海:上海财经大学出版社,2001.

64. 叶希胜. 推进国库管理制度改革要处理好五个关系[J]. 湖北财税,2002(9).

65. 于凌云. 分形理论用于分析区域财政不平衡及转移支付模式的探讨[J]. 财政研究,2007(2).

66. 翟钢. 现代国库制度研究[M]. 北京:中国宇航出版社,2006.

67. 詹静涛. 现代国库管理制度:管理型公共财政的正确选择[J]. 财政研究,2007(3).

68. 张恒龙. 政府间转移支付对地方财政努力与财政均等的影响[J]. 经济科学,2007(1).

69. 张宏翔. 环境税理论和实践——基于西方先进国家的成功经验分析[J]. 北京:科学出版社,2015.

70. 张璐源. 政府综合财务报告研究[D]. 北京:财政部财政科学研究所,2014.

71. 张琦. 公共物品理论的分歧与融合[J]. 经济学动态, 2015, 11: 147—158.

72. 章辉. 政府采购风险及其控制[M]. 北京:中国财政经济出版社,2009.

73. 章辉. 中国政府采购市场开放风险与防范[M]. 上海:上海三联书店,2014.

74. 郑涌,郭灵康. 全面实施预算绩效管理[M]. 北京:中国财政经济出版社,2021.

75. 周飞舟. 生财有道:土地开发中的政府与农民[J]. 社会学研究,2007(1).

76. 朱军,姚军. 中国公共资本存量的再估计及其应用——动态一般均衡的视角 [J]. 经济学(季刊), 2017, (4):1367—1398.

77. 邹铭. 自然灾害风险管理与预警体系[M]. 北京:科学出版社,2012.

78. 左常升. 中国扶贫开发政策演变(2001—2015年)[M]. 北京:中国财政经济出版社,2016.

79. [美]B. J. 理德,约翰·W. 斯韦恩. 公共财政管理[M]. 朱萍,蒋洪译. 北京:中国财政经济出版社,2001.

80.[南非]C. B. 维萨，P. W. 艾瑞斯莫斯. 公共财政管理学[M]. 马海涛等译. 北京：经济科学出版社，2006.

81.[印度]阿玛蒂亚·森. 贫困与饥荒[M]. 北京：商务印书馆，2011.

82. MBA智库百科网站：http://wiki. mbalib. com/wiki.

83. 爱词霸网站"百科词典"：http://hanyu. iciba. com.

84."政府会计核算基础探讨"，会计论文网：http://www. kjlww. com/lunwen_show. php?lunwen_id=18398.

85. 中国上海政府网站：http://www. shanghai. gov. cn/shanghai/node2314/node2317/node2350/node2748/userobject30ai4245. html.

86. 中立诚法律法规中心网站：http://www. falvfagui. com/fagui/fagui/bumenguizhang/caizheng/196205/fagui_1572326. html.

87. Acconcia, A., Corsetti, G., & Simonelli, S. (2014). Mafia and public spending: Evidence on the fiscal multiplier from a quasi－experiment. American Economic Review, 104(7), 2185－2209.

88. Allen Schick. The Road to PPB: The Stages of Budget Reform[J]. Public Administration Review, 1966, 26(4):243－258.

89. Borman, W. C. and Motowidlo, S. J. 1993. Expanding the Criterion Domain to Include Elements of Contextual Performance. In: Schmitt, Personnel Selection in Organizations, Wiley, New York, 71－98.

90. Campbell, J. P., McCloy, R. A., Oppler, S. H. and Sager, C. E. A Theory of Performance. In N. Schmitt, W. C. Borman and Associates Personnel Selection in Organizations, San Francisco, CA: Jossey-Bass, 1993.

91. Gadenne, L. (2017). Tax me, but spend wisely? Sources of public finance and government accountability. American Economic Journal: Applied Economics, 274－314.

92. Gloria A. Grizzle. Measuring State and Local Government Performance: Issues to Resolve before Implementing a Performance Measurement System. State & Local Government Review, 1998 (14)

93. Marc Robinson(ed), Performance Budgeting: Linking Funding and Results, IMF, Palgrave Macmillan 2007, Chap 1.

94. Michael Armstrong and Angela Baronl. Performance Management. London: The Cromwell Press, 1998: P. 15, P. 16, P. 41, P52.

95. Ke, Y., Wang, S., Chan, A. P., & Lam, P. T. (2010). Preferred risk allocation in China's public-private partnership (PPP) projects. International Journal of Project Management, 28(5), 482－492.

96. K. J. Murphy. 1990. Performance pay and top-management incentives. Journal of Political Economy 98(2):225－264.

97. Posner, Paul L., and Denise L. Fantone. 2008. Performance Budgeting: Prospects for Sustainability. In Performance Measurement and Budgeting: How Government Can Learn from Experience, NY: M. E. Sharpe Buss, 49—66. Armonk, NY: M. E. Sharpe

98. Public - Sector Performance. Richard C. Kearney and Evan M. Berman, eds. 1999. Public Sector Performance: Management, Motivation, and Measurement. Boulder, Colo.: Westview Press. 372 pp

99. Ramey, V. A. (2011). Identifying government spending shocks: It's all in the timing. The Quarterly Journal of Economics, 126(1), 1—50.

100. Richard Heeks. Reinventing Government in the Information Age: International Practice in IT-Enabled Public Sector Reform[M], New York: Routledge. 1999:3

101. Tang, L., Shen, Q., & Cheng, E. W. (2010). A review of studies on public-private partnership projects in the construction industry. International journal of project management, 28 (7), 683—694.

102. Taylor, T. (2012). The Instant Economist: Everything You Need to Know About How the Economy Works, Penguin Random House.

103. Wallace E. Oates, An Essay on Fiscal Federalism, Journal of Economic Literature, Vol. 37, No. 3. (Sep., 1999), p1120.

104. Willoughby, Katherine G., & Melkers, Julia E. 2000. Implementing PBB: Conflicting views of success. Public Budgeting and Finance, 20(1), 85—120.